元本伊川程先生周易經傳

第一册

宋 程頤撰

中國國家圖書館藏元刻本（卷十配鈔本）

山[illegible]民出版社·濟南

圖書在版編目（CIP）數據

元本伊川程先生周易經傳 /（宋）程頤撰 .— 濟南：山東人民出版社，2024.3
（儒典）
ISBN 978-7-209-14324-0

Ⅰ.①元… Ⅱ.①程… Ⅲ.①《周易》- 注釋 Ⅳ.① B221.2

中國國家版本館 CIP 數據核字（2024）第 036280 號

項目統籌：胡長青
責任編輯：張艷艷
裝幀設計：武　斌
項目完成：文化藝術編輯室

元本伊川程先生周易經傳
〔宋〕程頤撰

主管單位　山東出版傳媒股份有限公司
出版發行　山東人民出版社
出 版 人　胡長青
社　　址　濟南市市中區舜耕路517號
郵　　編　250003
電　　話　總編室（0531）82098914
　　　　　市場部（0531）82098027
網　　址　http://www.sd-book.com.cn
印　　裝　山東華立印務有限公司
經　　銷　新華書店

規　　格　16開（160mm×240mm）
印　　張　52.25
字　　數　418千字
版　　次　2024年3月第1版
印　　次　2024年3月第1次
ISBN　978-7-209-14324-0
定　　價　126.00圓（全三册）

《儒典》選刊工作團隊

學術顧問　杜澤遜　李振聚　徐　泳

項目統籌　胡長青

責任編輯　劉　晨　劉嬌嬌　張艷艷　呂士遠　趙　菲　劉一星

前言

中國是一個文明古國、文化大國，中華文化源遠流長，博大精深。在中國歷史上影響較大的是孔子創立的儒家思想，因此整理儒家經典、注解儒家經典，爲儒家經典的現代化闡釋提供权威、典范、精粹的典籍文本，是推進中華優秀傳統文化創造性轉化、創新性發展的奠基性工作和重要任務。

中國經學史是中國學術史的核心，歷史上創造的文本方面和經解方面的輝煌成果，大量失傳了。西漢是經學的第一個興盛期，除了當時非主流的《詩經》毛傳以外，其他經師的注釋後來全部失傳了。東漢的經解衹有鄭玄、何休等少數人的著作留存下來，其餘也大都失傳了。南北朝至隋朝興盛的義疏之學，其成果僅有皇侃《論語疏》幸存於日本。五代時期精心校刻的《九經》、北宋時期國子監重刻的《九經》以及校刻的單疏本，也全部失傳。南宋國子監刻的單疏本，我國僅存《周易正義》、《爾雅疏》、《春秋公羊疏》（三十卷殘存七卷）、《春秋穀梁疏》（十二卷殘存七卷），日本保存了《尚書正義》、《毛詩正義》、《禮記正義》（七十卷殘存八卷）、《周禮疏》（日本傳抄本）、《春秋公羊疏》（日本傳抄本）、《春秋正義》（日本傳抄本）。南宋兩浙東路茶鹽司刻八行本，我國保存下來的有《周禮疏》、《禮記正義》、《春秋左傳正義》（紹興府刻）、《論語注疏解經》（二十卷殘存十卷）、《孟子注疏解經》（存臺北『故宫』），日本保存有《周易注疏》《尚書正義》（凡兩部，其中一部被清楊守敬購歸）。南宋福建刻十行本，我國僅存《春秋穀梁注疏》、《春秋左傳注疏》（六十卷，一半在大陸，一半在臺灣），日本保存有《毛詩注疏》《春秋左傳注疏》。從這些情況可以看出，經書代表性的早期注釋和早期版本國内失傳嚴重，有的僅保存在東鄰日本。

鑒於這樣的現實，一百多年來我國學術界、出版界努力搜集影印了多種珍貴版本，但是在系統性、全面性和準確性方面都還存在一定的差距。例如唐代開成石經共十二部經典，石碑在明代嘉靖年間地震中受到損害，明代萬曆初年西安府學等學校師生曾把損失的文字補刻在另外的小石上，立於唐碑之旁。近年影印出版唐石經拓本多次，都是以唐代石刻與明代補刻割裂配補的裱本爲底本。由於明代補刻采用的是唐碑的字形，這種配補本難以區分唐刻與明代補刻，不便使用，亟需單獨影印唐碑拓本。

爲把幸存於世的、具有代表性的早期經解成果以及早期經典文本收集起來，系統地影印出版，我們規劃了《儒典》編纂出版項目。

《儒典》出版後受到文化學術界廣泛關注和好評，爲了滿足廣大讀者的需求，現陸續出版平裝單行本。共收録一百十一種元典，共計三百九十七册，收録底本大體可分爲八個系列：經注本（以開成石經、宋刊本爲主。開成石經僅有經文，無注，但它是用經注本删去注文形成的）、經注附釋文本、纂圖互注本、單疏本、八行本、十行本、宋元人經注系列、明清人經注系列。

《儒典》是王志民、杜澤遜先生主編的。本次出版單行本，特請杜澤遜、李振聚、徐泳先生幫助酌定選目。特此説明。

二〇二四年二月二十八日

目録

第三册

伊川程先生周易上經傳卷之一

☰ 乾下乾上 乾元亨利貞

乾竭然反亨許庚反○上古聖人始畫八卦三才之道備矣因而重之以盡天下之變故六畫而成卦重乾爲乾乾天也天者天之形體乾者天之性情乾健也健而无息之謂乾夫天專言之則道也天且弗違是也分而言之則以形體謂之天以主宰謂之帝以功用謂之鬼神以妙用謂之神以性情謂之乾乾者萬物之始故爲天爲陽爲父爲君元亨利貞謂之四德元者萬物之始亨者萬物之長利者萬物之遂貞者萬

物之成唯乾坤有此四德在他卦則隨
事而變焉故元專爲善大利主於正固
亨貞之體各稱其事潛
四德之義廣矣大矣

初九潛龍勿用

捷
鹽反○下爻爲初九陽數之盛故以名
陽爻理无形也故假象以顯義乾以龍
爲象龍之爲物靈變不測故以象乾道
變化陽氣消息聖人進退初九在一卦
之下爲始物之端陽氣方萌聖人側微
若龍之潛隱未可自用當晦養以俟時

九二見龍在田利見大人

見賢遍反利
見如字下皆
同○田地上也出見於地上其德已著
以聖人言之舜之田漁時也利見大德

之君以行其道君亦利見大德之臣以共成其功天下利見大德之人以被其澤大德之君九五也乾坤純體不分剛柔而以同德相應

九三君子終日乾乾夕惕若厲无咎 惕他歷反厲力世反咎其九反後同○三雖人位已在下體之上未離於下而尊顯者也舜之玄德升聞時也日夕不懈而兢惕則雖處危地而无咎在下之人而君德已著天下將歸之其危懼可知雖言聖人事苟不設戒則何以爲教作易之義也

九四或躍在淵无咎 躍羊灼反○淵龍之所安也或疑辭謂非必也

躍不躍唯及時以就安耳聖人**九五飛**之動无不時也舜之歷試時也**龍在天利見大人**進位乎天位也聖人既得天位則利見在下大德之人與共成天下之事**上九亢**天下固利見夫大德之君也**龍有悔**亢苦浪反○九五者位之極中正者得時之極過此則亢矣上九至於亢極故有悔也有過則有悔唯聖人知進退存亡而无過則不至於悔也**用九見羣龍无首吉**用九者處乾剛之道以陽居乾體純乎剛者也剛柔相濟爲中而乃以純剛是過乎剛也見羣龍謂觀諸陽之

義无爲首則吉也以剛爲天下先凶之道也

彖曰大哉乾元萬物資始乃統天雲行雨施品物流形大明終始六位時成時乘六龍以御天乾道變化各正性命保合大和乃利貞首出庶物萬國咸寧

卦下之辭爲彖夫子從而釋之通謂之彖彖者言一卦之義故知者觀其彖辭則思過半矣大哉乾元贊乾元始萬物之道大也四德之元猶五常之仁偏言則一事專言則包四者萬物資始乃

統天言元也乾元統言天之道也天道始萬物物資始於天也雲行雨施品物流形言亨也天道運行生育萬物也大明天道之終始則見卦之六位各以時成卦之初終乃天道終始乘此六爻之時乃天運也以御天謂以當天運乾道變化生育萬物洪纖高下各以其類各正性命也天所賦爲命物所受爲性保合大和乃利貞保謂常存合謂常和保合大和是以利且貞也天地之道常久而不已者保合大和也天爲萬物之祖王爲萬邦之宗乾道首出庶物而萬彙亨君道尊臨天位而四海從王者體天道則萬國咸寧也

象曰天行

健君子以自彊不息卦下象解一卦之象爻下象解一爻之象諸卦皆取象以爲法乾道覆育之象至大非聖人莫能體欲人皆可取法也故取其行健而已至健固足以見天道也君子以自彊不息法天行之健也潛龍勿用陽在下也陽氣在下君子處微未可用也見龍在田德施普也見於地上德化及物其施已普也終日乾乾反復道也復芳服反○進退動息必以道也或躍在淵進无咎也量可而進適其時則无咎也飛龍

在天大人造也造祖早反王肅七到反○大人之爲聖人之事也亢龍有悔盈不可久也盈則變有悔也用九天德不可爲首也用九天德也天德陽剛復用剛而好先則過矣文言曰元者善之長也亨者嘉之會也利者義之和也貞者事之幹也長上聲幹古旦反○他卦彖象而已獨乾坤更設文言以發明其義推乾之道施於人事元亨利貞乾之四德在人則元者衆善之首也亨者嘉美之會也利者和合於

義也貞者幹事之用也君子體仁足以長人體法於乾之仁乃爲君長之道足以長人也體仁體元也比而效之謂之體嘉會足以合禮得會通之嘉乃合於禮也不合禮則非理豈得爲嘉非理安有亨乎利物足以和義和於義乃能利物豈有不得其宜而能利物者乎貞固足以幹事貞固所以能幹事也君子行此四德者故曰乾元亨利貞行此四德乃合於乾也初九曰潛龍勿用何謂也子曰龍

德而隱者也不易乎世不成乎名遯世无悶不見是而无悶樂則行之憂則違之確乎其不可拔潛龍也確苦學反○自此以下言乾之用用九之道也初九陽之微龍德之潛隱乃聖賢之在側陋也守其道不隨世而變晦其行不求知於時自信自樂見可而動知難而避其守堅不可奪潛龍之德也

九二曰見龍在田利見大人何謂也子曰龍德而正中者也庸言之信

庸行之謹閑邪存其誠善世而不伐德博而化易曰見龍在田利見大人君德也行下孟反邪似嗟反○以龍德而處正中者也在卦之正中爲得正中之義庸信庸謹造次必於是也既處无過之地則唯在閑邪邪既閑則誠存矣善世而不伐不有其善也德博而化正己而物正也皆大人之事雖非君位君之德也九三曰君子終日乾乾夕惕若厲无咎何謂也子曰君子進德脩業忠信所

以進德也脩辭立其誠所以居業也知至至之可與幾也知終終之可與存義也是故居上位而不驕在下位而不憂故乾乾因其時而惕雖危无咎矣幾音機○

三居下之上而君德已著將何爲哉唯進德脩業而已內積忠信所以進德也擇言篤行所以居業也知至至之致知也求知所至而後至之知之在先故可與幾所謂始條理者知之事也知終終之力行也既知所終則力進而終之守

之在後故可與存義所謂終條理者聖之事也此學之始終也君子之學如是故知處上下之道而无驕憂不惕而知懼雖在危地而无咎也

九四曰或躍在淵无咎何謂也子曰上下无常非爲邪也進退无恒非離羣也君子進德脩業欲及時也故无咎 恒胡登反離力智反○或躍或處上下无常或進或退去就從宜非爲邪枉非離羣類進德脩業欲及時耳時行時止不可恒也故云或深淵者龍之所安也在淵謂躍就所安淵在深

而言躍但取進就所安之義或疑辭隨時而未可必也君子之順時猶影之隨形可離非道也九五曰飛龍在天利見大人何謂也子曰同聲相應同氣相求水流濕火就燥雲從龍風從虎聖人作而萬物覩本乎天者親上本乎地者親下則各從其類也人之與聖人類也五以龍德升尊位人之類莫不歸仰况同德乎上應於下下從於上同聲相應同氣相求也流濕就燥從龍從虎皆以

氣類故聖人作而萬物皆覩上既見下
下亦見上物人也古語云人物物論謂
人也易中利見大人其言則同義則有
異如訟之利見大人謂宜見大德中正
之人則其辯明言在見前乾之二五則
聖人既出上下相見共成其事所利者
見大人也言在見後本乎天者如日月
星辰本乎地者如蟲獸草木陰陽各從
其類人物莫不然也**上九曰亢龍有悔何謂也子**
曰貴而无位高而无民賢人在下位而无
輔是以動而有悔也九居上而不當尊位是以无民无輔

動則有悔也潛龍勿用下也此以下言乾之時勿用以在下未可用也見龍在田時舍也舍去聲○隨時而止也終日乾乾行事也進德脩業也或躍在淵自試也隨時自用也飛龍在天上治也治直吏反○得位而行上之治也亢龍有悔窮之災也窮極而災至也乾元用九天下治也用九之道天與聖人同得其用則天下治也潛龍勿用陽氣潛藏此以下言乾之義方陽微潛藏

之時君子亦當晦隱未可用也**見龍在田天下文明**龍德見於地上則天下見其文明之化也**終日乾乾與時偕行**隨時而進也**或躍在淵乾道乃革**離下位而升上位上下革矣**飛龍在天乃位乎天德**正位乎上位當天德**亢龍有悔與時偕極**時既極則處時者亦極矣**乾元用九乃見天則**用九之道天之則也天之法則謂天道也或問乾之六爻皆聖人之事乎曰盡其道者聖人也得失則吉凶存焉豈特乾哉諸

卦皆然也乾元者始而亨者也又反復詳說以盡其義既

始則必亨不亨則息矣利貞者性情也乾之性情也既始而

亨非利貞其能不息乎乾始能以美利利天下不

言所利大矣哉乾始之道能使庶類生成天下蒙其美利而不

言所利者蓋无所不利非可指名也故贊其利之大曰大矣哉大哉乾

乎剛健中正純粹精也六爻發揮旁通

情也時乘六龍以御天也雲行雨施天

下平也大哉贊乾道之大也以剛健中
正純粹六者形容乾道精謂六
者之精極以六爻發揮旁通盡其情義
乘六爻之時以當天運則天之功用著
矣故見雲行雨施陰陽
溥暢天下和平之道也君子以成德為
行日可見之行也潛之為言也隱而未
見行而未成是以君子弗用也行下孟反見賢
遍反○德之成其事可見者行也德成
而後可施於用初方潛隱未見其行未
成未成未著也是以君子弗用也君子學以聚之問以

辯之寬以居之仁以行之易曰見龍在田利見大人君德也辯扶免反○聖人在下雖已顯而未得位則進德脩業而已學聚問辯進德也寬居仁行脩業也君德已著利見大人而進以行之耳進居其位者舜禹也進行其道者伊傅也

九三重剛而不中上不在天下不在田故乾乾因其時而惕雖危无咎矣重直龍反下同○三重剛剛之盛也過中而居下之上上未至於天而下已離於田危懼之地也因時順

厲乾乾兢惕以防危故雖危而不至於咎君子順時兢惕所以能泰也九四重剛而不中上不在天下不在田中不在人故或之或之者疑之也故无咎四不在天不在田而出人之上矣危地也疑者未決之辭處兆可必也或進或退唯所安耳所以无咎也夫大人者與天地合其德與日月合其明與四時合其序與鬼神合其吉凶先天而天弗違後天而奉天

時天且弗違而況於人乎況於鬼神乎夫音符先悉薦反○大人與天地日月四時鬼神合者合乎道也天地者道也鬼神者造化之跡也聖人先於天而天同之後於天而能順天者合於道而已合於道則人與鬼神豈能違也亢之爲言也知進而不知退知存而不知亡知得而不知喪其唯聖人乎知進退存亡而不失其正者其唯聖人乎喪息浪反○極之甚爲亢至於亢者不知進退存亡

得喪之理也聖人則知而處之皆不失其正故不至於亢也

䷁ 坤下坤上

坤元亨利牝馬之貞 牝頻忍反○坤乾之對也四德同而貞體則異乾以剛固爲貞坤則柔順而貞牝馬柔順而健行故取其象曰牝馬之貞 **君子有攸往** 攸音由○君子所行柔順而利且貞合坤德也 **先迷後得主利** 陰從陽者也待唱而和陰而先陽則爲迷錯居後乃得其常也主利利萬物則主於坤生成皆地之功也臣道亦然君令臣行勞於事者臣之職也 **西南得朋東北喪**

朋安貞吉喪息浪反○西南陰方東北陽方陰必從陽離喪其朋類乃能成化育之功而有安貞之吉得其常則安安於常則貞是以吉也

彖曰至哉坤元萬物資生乃順承天坤厚載物德合无疆疆居良反下同○資生之道可謂大矣乾既稱大故坤稱至至義差緩不若大之盛也聖人於尊卑之辨謹嚴如此萬物資乾以始資坤以生父母之道也順承天施以成其功坤之厚德持載萬物合於乾之无疆也含弘光大品物咸亨牝馬地類行

地无疆柔順利貞君子攸行以含弘光大四者形

容坤道猶乾之剛健中正純粹也含包容也弘寛裕也光昭明也大博厚也有此四者故能成承天之功品物咸得亨遂取牝馬爲象者以其柔順而健行地之類也行地无疆謂健也乾健坤順坤亦健乎曰非健何以配乾未有乾行而坤止也其動也剛不害其爲柔也柔順而利貞乃坤德也君子之所行也君子之道合坤德也

先迷失道後順得常西南得朋乃與類行東北喪朋乃終有慶安貞之

吉應地无疆乾之用陽之爲也坤之用陰之爲也形而上曰天地之道形而下曰陰陽之功先迷後得以下言陰道也先唱則迷失陰道後和則順而得其常理西南陰方從其類得朋也東北陽方離其類喪朋也離其類而從陽則能成生物之功終有吉慶也與類行者本也從於陽者用也陰體柔躁故從於陽則能安貞而吉應地道之无疆也陰而不安貞豈能應地之道彖有三无疆蓋不同也德合无疆天之不已也應地无疆地之无窮也行地无疆馬之健行也

象曰地勢坤君子以厚德載物坤道

之大猶乾也非聖人孰能躰之地厚而其勢順傾故取其順厚之象而云地勢坤也君子觀坤厚之象以深厚之德容載庶物

初六履霜堅冰至

陰爻稱六陰之盛也八則陽生矣非純盛也陰始生於下至微也聖人於陰之始生以其將長則爲之戒陰之始凝而爲霜履霜則當知陰漸盛而至堅冰矣猶小人始雖甚微不可使長長則至於盛也

象曰履霜堅冰陰始凝也馴致其道至堅冰也

凝魚冰反

馴似遵反○陰始凝而爲霜漸盛則至於堅冰小人雖微長則漸至於盛故戒

於初馴謂習習而至於盛習因循也**六二直方大不習无不利**二陰位在下故爲坤之主統言坤道中正在下地之道也以直方大三者形容其德用盡地之道矣由直方大故不習而无所不利不習謂其自然在坤道則莫之爲而爲也在聖人則從容中道也直方大孟子所謂至大至剛以直也在坤體故以方易剛猶貞加牝馬也言氣則先大大氣之體也於坤則先直方由直方而大也直方大足以盡地道在人識之耳乾坤純體以位相應二坤之主故不取五應不以君道處五也乾則二五相應**象曰六二**

之動直以方也不習无不利地道光也承天而動直以方耳直方則大矣直方之義其大无窮地道光顯其功順成豈習而後利哉

六三含章可貞或從王事无成有終三居下之上得位者也爲臣之道當含晦其章美有善則歸之於君乃可常而得正上无忌惡之心下得柔順之道也可貞謂可貞固守之又可以常久而无愆咎也或從上之事不敢當其成功唯奉事以守其終耳守職以終其事臣之道也

象曰含章可貞以時發也夫子懼人

之守文而不違義也又從而明之言爲臣處下之道不當有其功善必含晦其美乃正而可常然義所當爲者則以時而發不有其功耳不失其宜乃以時也非含藏終不爲也含而不爲不盡忠者也

或從王事知光大也

象只舉上句解義則并及下文他卦皆然或從王事而能无成有終者是其知之光大也唯其知之光大故能含晦淺暗之人有善唯恐人之不知豈能含章也

六四括囊无咎无譽

括古活反譽音餘又音預

○四居近五之位而无相得之義上下閉隔之時其自處以正危疑之地也若

晦藏其知如括結囊口而不露則可得无咎不然則有害也既晦藏則无譽矣

象曰括囊无咎愼不害也能愼如此則无害也

六五黃裳元吉坤雖臣道五實君位故爲之戒云黃裳元吉黃中色裳下服守中而居下則元吉謂守其分也元大而善也爻象唯言守中居下則元吉不盡發其義也黃裳既元吉則居尊爲天下大凶可知後之人未達則此義晦矣不得不辯也五尊位也在他卦六居五或爲柔順或爲文明或爲暗弱在坤則爲居尊位陰者臣道也婦道也臣居尊位羿莽是也猶可言也婦居尊

位女媧氏武氏是也非常之變不可言也故有黃裳之戒而不盡言也或疑在革湯武之事猶盡言之獨於此不言何也曰廢興理之常也以陰居尊位非常之變也

象曰黃裳元吉文在中也 黃中之文在中不過也內積至美而居下故爲元吉

上六龍戰于野其血玄黃 陰從陽者也然盛極則抗而爭六既極矣復進不已則必戰故云戰于野野謂進至於外也既敵矣必皆傷故其血玄黃

象曰龍戰于野其道窮也 陰盛至於窮極則必爭而傷也

用六利永

貞坤之用六猶乾之用九用陰之道也陰道柔而難常故用六之道利在常永貞固**象曰用六永貞以大終也**陰既貞固不足則不能永終故用六之道利在盛大於終能大於終乃永貞也**文言曰坤至柔而動也剛至靜而德方後得主而有常含萬物而化光坤道其順乎承天而時行**坤道至柔而其動則剛坤體至靜而其德則方動剛故應乾不違德方故生物有常陰之道不唱而和故居後爲得而主利成萬物坤之

常也含容萬類其功化光大也主字下脫利字坤道其順乎承天而時行承天之施行不違時贊坤道之順也

積善之家必有餘慶積不善之家必有餘殃臣弒其君子弒其父非一朝一夕之故其所由來者漸矣由辯之不早辯也易曰履霜堅冰至蓋言順也

殃於良反弒式志反辯如字○天下之事未有不由積而成家之所積者善則福慶及於子孫所積不善則災殃流於後世其大至於弒逆之

禍皆因積累而至非朝夕所能成也明者則知漸不可長小積成大辯之於早不使順長故天下之惡无由而成乃知霜冰之戒也霜而至於冰小惡而至於大皆事勢之順長也

直其正也方其義也君子敬以直內義以方外敬義立而德不孤直方大不習无不利則不疑其所行也

直言其正也方言其義也君子主敬以直其內守義以方其外敬立而內直義形而外方義形於外非在外也敬義既立其德盛矣不期大而大矣德不孤也无所正

用而不周无所施而不利孰爲疑乎陰雖有美含之以從王事弗敢成也地道也妻道也臣道也地道无成而代有終也爲下之道不居其功含晦其章美以從王事代上以終其事而不敢有其成功也猶地道代天終物而成功則主於天也妻道亦然天地變化草木蕃天地閉賢人隱易曰括囊无咎无譽蓋言謹也蕃伐袁反○四居上近君而无相得之義故爲隔絶之象天地交感則變化萬物草

木蕃盛君臣相隙而道亨天地閉隔則
萬物不遂君臣道絶賢者隱遯四於閉
隔之時括囊晦藏則雖无令
譽可得无咎言當謹自守也　君子黄中
通理正位居體美在其中而暢於四支
發於事業美之至也暢救亮反○黄中文居中也君子文
中而達於理居正位而不失為下之體
五尊位在坤則惟取中正之義美積於
中而通暢於四體發見
於事業德美之至盛也　陰疑於陽必戰
爲其嫌於无陽也故稱龍焉猶未離其

類也故稱血焉夫玄黃者天地之雜也天玄而地黃

陽大陰小陰必從陽陰既盛極與陽偕矣是疑於陽也不相從則必戰卦雖純陰恐疑无陽故稱龍見其與陽戰也于野進不已而至於外也盛極而進不已則戰矣雖盛極不離陰類也而與陽爭其傷可知故稱血陰既盛極至與陽爭雖陽不能无傷故其血玄黃玄黃天地之色謂皆傷也

䷂ 震下坎上 屯 序卦曰有天地然後萬物生焉盈天地之間者唯萬

物故受之以屯屯者盈也屯者物之始生也萬物始生鬱結未通故爲盈塞於天地之間至通暢茂盛則塞意士矣天地生萬物屯物之始生故繼乾坤之後以二象言之雲雷之興陰陽始交也以二體言之震始交於下坎始交於中陰陽相交乃成雲雷陰陽始交雲雷相應而未成澤故爲屯若已成澤則爲解也又動於險中亦屯之義陰陽不交則爲否始交而未暢則爲屯在時則天下屯難未亨泰之時也

屯元亨利貞勿用有攸往利建侯

屯張倫反○屯有大亨之道而處之利在貞固非貞固何以濟屯方

正

屯之時未可有所往也天下之屯豈獨力所能濟必廣資輔助故利建侯也

彖曰屯剛柔始交而難生動乎險中以雲雷二象言之則剛柔始交也以坎震二體言之動乎險中也剛柔始交未能通暢則艱屯故云難生又動於險中爲艱屯之義**大亨貞雷雨之動滿盈**所謂大亨而貞者雷雨之動滿盈也陰陽始交則艱屯未能通暢及其和洽則成雷雨滿盈於天地之間生物乃遂屯有大亨之道也所以能大亨由夫貞也非貞固安能出屯人之處屯有致大亨之道亦在夫貞固也

天造草昧宜建侯而不寧造祖早反上文言天地生
物之義此言時事天造謂時運也草草
亂无倫序昧冥昧不明當此時運所宜
建立輔助則可以濟屯雖建侯自輔又
當憂勤兢畏不遑寧處聖人之深戒也
象曰雲雷屯君子以經綸坎不云雨而云雲者雲爲
雨而未成者也未能成雨所以爲屯君
子觀屯之象經綸天下之事以濟於屯
難經緯綸緝訓營爲也初九磐桓利居貞利建侯
磐步干反○初以陽爻在下乃剛明之
才當屯難之世居下位者也未能便往

濟屯故磐桓也方屯之初不磐桓而遽進則犯難矣故宜居正而固其志凡人處屯難則鮮能守正苟无貞固之守則將失義安能濟時之屯乎居屯之世方屯於下所宜有助乃居屯濟屯之道也故取建侯之義謂求輔助也**象曰雖磐桓志行正也**賢人在下時苟未利雖磐桓未能遂往濟時之屯然有濟屯之志與濟屯之用志在行其正也**以貴下賤大得民也**九當屯難之時以陽而來居陰下爲以貴下賤之象方屯之時陰柔不能自存有一剛陽之才衆所歸從也更能自處卑下所以大得民也或

疑方屯于下何有貴乎夫以剛明之才而下於陰柔以能濟屯之才而下於不能乃以貴下賤也況陽之於陰自爲貴乎

六二屯如邅如乘馬班如匪寇婚媾女子貞不字十年乃字

邅張連反乘繩證反又音繩○二以陰柔居屯之世雖正應在上而逼於初剛故屯難邅廻如辭也乘馬欲行也欲從正應而復班如不能進也班分布之義下馬爲班與馬異處也二當屯世雖不能自濟而居中得正有應在上不失義者也然逼近於初陰乃陽所求柔者剛所陵柔當屯時固難自濟又爲剛

陽所逼故爲難也設匪逼於寇難則往求於婚媾矣婚媾正應也寇非理而至者二守中正不苟合於初所以不字苟貞固不易至于十年屯極必通乃獲正應而字育矣以女子陰柔苟能守其志節久必獲通況君子守道不回乎初爲賢明剛正之人而爲寇以侵逼於人何也曰此自據二以柔近剛而爲義更不計初之德如何也易之取義如此

象曰六二之難乘剛也十年乃字反常也六二居屯之時而又乘剛爲剛陽所逼是其患難也至於十年則難久必通矣乃得反其常與正應合也十數之終

也
六三即鹿无虞惟入于林中君子幾
幾音機舍音捨又式夜反
不如舍往吝 ○六三以陰柔居剛柔既
不能安屯居剛而不中正則妄動雖貪
於所求既不足以自濟又无應援將安
之乎如即鹿而无虞人也入山林者必
有虞人以導之无導之者則惟陷入于
林莽中君子見事之幾微不若
舍而勿逐往則徒取窮吝而已 象曰即
鹿无虞以從禽也君子舍之往吝窮也
事不可而妄動以從欲也无虞而即鹿
以貪禽也當屯之時不可動而動猶无

虞而即鹿以有從禽之心也君子則見幾而舍之不從若往則可吝而困窮也

六四乘馬班如求婚媾往吉无不利

六四以柔順居近君之位得於上者也而其才不足以濟屯故欲進而復止乘馬班如也己既不足以濟時之屯若能求賢以自輔則可濟矣初陽剛之賢乃是正應己之婚媾也若求此陽剛之婚媾往與共輔陽剛中正之君濟時之屯則吉而无所不利也居公卿之位己之才雖不足以濟時之屯若能求在下之賢親而用之何所不濟哉

象曰求而往明也

知己不足求賢自輔

而後往可謂明矣居得致之地已不能而遂已至暗者也

九五屯其膏小貞吉大貞凶

五居尊得正而當屯時若有剛明之賢爲之輔則能濟屯矣以其无臣也故屯其膏人君之尊雖屯難之世於其名位非有損也唯其施爲有所不行德澤有所不下是屯其膏人君之屯也既膏澤有所不下是威權不在已也威權去已而欲驟正之求凶之道魯昭公高貴鄉公之事是也故小貞則吉也小貞則漸正之也若盤庚周宣脩德用賢復先王之政諸侯復朝謂以道馴致爲之不暴也又非恬然不爲若唐之僖昭也不爲則

常屯以至於亡矣**象曰屯其膏施未光也**施式豉反

○膏澤不下及是其德施未能光大也人君之屯也**上六乘馬班如泣血漣如**漣音連○六以陰柔居屯之終在險之極而无應援居則不安動无所之乘馬欲往復班如不進窮厄之甚至於泣血漣如屯之極也若陽剛而有助則屯既極可濟矣**象曰泣血漣如何可長也**長直良反○屯難窮極莫知所爲故至泣血顛沛如此其能長久乎

夫卦者事也爻者事之時也分三而又兩之足以包括衆理引而伸之觸類而

長之天下之能事畢矣

䷃ 坎下艮上 ○蒙序卦屯者盈也屯者物之始生也物生必蒙故受之以蒙蒙者蒙也物之穉也屯者物之始生物始生穉小蒙昧未發蒙所以次屯也爲卦艮上坎下艮爲山爲止坎爲水爲險山下有險遇險而止莫知所之蒙之象也水必行之物始出未有所之故爲蒙及其進則爲亨義

蒙亨

匪我求童蒙童蒙求我初筮告再三瀆瀆則不告利貞 蒙莫公反告古毒反三息暫反瀆音獨蒙有開

發之理亨之義也卦才時中乃致亨之道六五爲蒙之主而九二發蒙者也我謂二也二非蒙主五五既順巽於二二乃發蒙者也故主二而言匪我求童蒙童蒙求我五居尊位有柔順之德而方在童蒙與二爲正應而中德又同能用二之道以發其蒙也二以剛中之德在下爲君所信嚮當以道自守待君至誠求己而後應之則能用其道匪我求於童蒙乃童蒙來求於我也筮占決也初筮告謂至誠一意以求己則告之再三則瀆慢矣故不告也發蒙之道利以貞正又二雖剛中然居陰故宜有戒

彖曰蒙山下有險險而

止蒙蒙亨以亨行時中也匪我求童蒙童蒙求我志應也應於證亙○山下有險内險不可處外止莫能進未知所爲故爲昏蒙之義蒙亨以亨行時中也蒙之能亨以亨道行也所謂亨道時中也時謂得君之應中謂處得其中得中則時也匪我求童蒙童蒙求我志應也二以剛明之賢處於下五以童蒙居上非是二求於五蓋五之志應於二也賢者在下豈可自進以求於君苟自求之必无能信用之理古之人所以必待人君致敬盡禮而後往者非欲自爲尊大蓋其尊德樂道不如是

不足與有爲也**初筮告以剛中也再三瀆瀆則不告瀆蒙也**初筮謂誠一而來求決其蒙則當以剛中之道告而開發之再三煩數也來筮之意煩數不能誠一則瀆慢矣不當告也告之必不能信受徒爲煩瀆故曰瀆蒙也求者告者皆煩瀆矣**蒙以養正聖功也**卦辭曰利貞彖復伸其義以明不止爲戒於二實養蒙之道也未發之謂蒙以純一未發之蒙而養其正乃作聖之功也發而後禁則扞格而難勝養正於蒙學之至善也蒙之六爻二陽爲治蒙者四陰皆處蒙者也**象曰**

山下出泉蒙君子以果行育德行下孟反○山下出泉出而遇險未有所之蒙之象也若人蒙穉未知所適也君子觀蒙之象以果行育德觀其出而未能通行則以果決其所行觀其始出未有所向則以養育其明德也初六發蒙利用刑人用說桎梏以往吝說吐活反桎音質梏古毒反○初以陰闇居下下民之蒙也交言發之之道發下民之蒙當明刑禁以示之使之知畏然後從而教導之自古聖王爲治設刑罰以齊其衆明教化以善其俗刑罰立而後教化行雖聖人尚

德而不尚刑未嘗偏廢也故爲政之始立法居先治蒙之初威之以刑者所以說去其昏蒙之桎梏桎梏謂拘束也不去其昏蒙之桎梏則善教无由而入既以刑禁率之雖使心未能喻亦當畏威以從不敢肆其昏蒙之欲然後漸能知善道而革其非心則可以移風易俗矣苟專用刑以爲治則蒙雖畏而終不能發苟免而无恥治化不可得而成也故以往則可吝

象曰利用刑人以正法也

治蒙之始立其防限明其罪罰正其法也使之由之漸至於化也或疑發蒙之初遽用刑人无乃不教而誅乎不知立法制刑乃所

以敎也蓋後之論刑者**九二包蒙吉納**不復知教化在其中矣

婦吉子克家包含容也二居蒙之世有剛明之才而與六五之君相應中德又同當時之任者也必廣其含容哀矜昏愚則能發天下之蒙庶治蒙之功其道廣其施博如是則吉也卦唯二陽爻上九剛而過唯九二有剛中之德而應於五用於時而獨明者也苟恃其明專於自任則其德不弘故雖婦人之柔闇尚當納其所善則其明廣矣又以諸爻皆陰故云婦堯舜之聖天下莫能及也尚曰清問下民取人爲善也二能包納則克濟其君之事猶子能治

其家也五既陰柔故發蒙之功皆在於二以家言之五父也二子也二能主蒙之功乃人子克治其家也**象曰子克家剛柔接也**子而克治其家者父之信任專也二能主蒙之功者五之信任專也二與五剛柔之情相接故得行其剛中之道成發蒙之功苟非上下之情相接則二雖剛中安能尸其事乎

六三勿用取女見金夫不有躬无攸利取七住反○三以陰柔處蒙闇不中不正女之妄動者也正應在上不能遠從近見九二為羣蒙所歸得時之盛故捨其正應而從之是女之

見金夫也女之從人當由正禮乃見人之多金説而從之不能保有其身者也无所往而利矣**象曰勿用取女行不順也**女之如此其行邪僻不順不可取也**六四困蒙吝**四以陰柔而蒙闇无剛明之親援无由自發其蒙困於昏蒙者也其可吝甚矣吝不足也謂可少也**象曰困蒙之吝獨遠實也**遠于亙反○蒙之時陽剛爲發蒙者四陰柔而最遠於剛乃愚蒙之人而不比近賢者無由得明矣故困於蒙可羞吝者以其獨遠於賢明之人也不能親賢以致困可吝之甚也實謂陽剛

也

六五童蒙吉

五以柔順居君位下應於二以柔中之德任剛明之才足以治天下之蒙故吉也童取未發而資於人也爲人君者苟能至誠任賢以成其功何異乎出於己也

象曰童蒙之吉順以巽也

舍己從人順從也降志下求卑巽也能如是優於天下矣

上九擊蒙不利爲寇利禦寇

九居蒙之終是當蒙極之時人之愚蒙既極如苗民之不率爲寇爲亂者當擊伐之然九居上剛極而不中故戒不利爲寇治人之蒙乃禦寇也肆爲剛暴乃爲寇也若舜之征有苗周公之

誅三監禦寇也秦皇漢武窮兵誅伐爲寇也**象曰利用禦寇上下順也**利用禦寇上下皆得其順也上不爲過暴下得擊去其蒙禦寇之義也

䷄乾下坎上○需序卦蒙者蒙也物之穉也物穉不可不養也故受之以需需者飲食之道也夫物之幼穉必待養而成養物之所需者飲食也故曰需者飲食之道也雲上於天有蒸潤之象飲食所以潤益於物故需爲飲食之道所以次蒙也卦之大意須待之義序卦取所須之大者耳乾健之性必進

者也乃處坎險之下險爲之阻故須待而後進也**需有孚光亨貞吉利涉大川**需者須待也以二體言之乾之剛健上進而遇險未能進也故爲需待之義以卦才言之五居君位爲需之主有剛健中正之德而誠信充實於中中實有孚也有孚則光明而能亨通得貞正而吉也以此而需何所不濟雖險无難矣故利涉大川也凡貞吉有既正且吉者有得正則吉者當辨也

彖曰需須也險在前也剛健而不陷其義不困窮矣需之義須也以險在於前未可遽進

故需待而行也以乾之剛健而能需待不輕動故不陷於險其義不至於困窮也剛健之人其動必躁乃能需待而動處之至善者也故夫子贊之云其義不困窮矣**需有孚光亨貞吉位乎天位以正中也**五以剛實居中爲孚之象而得其所需亦爲有孚之義以乾剛而至誠故其德光明而能亨通得貞正而吉也所以能然者以居天位而得正中也居天位指五以正中兼二言故云正中**利涉大川往有功也**既有孚而貞正雖涉險阻往則有功也需道之至善也以乾剛而能需何

所不利 **象曰雲上於天需君子以飲食宴樂** 雲氣蒸而上升於天必待陰陽和洽然後成雨雲方上於天未成雨也故爲須待之義陰陽之氣交感而未成雨澤猶君子畜其才德而未施於用也君子觀雲上於天需而爲雨之象懷其道德安以待時飲食以養其氣體宴樂以和其心志所謂居易以俟命也 **初九需于郊利用恒无咎** 需者以遇險故需而後進初最遠於險故爲需于郊郊曠遠之地也處於曠遠利在安守其常則无咎也不能安常則躁動犯難豈能需於遠而无過也

象曰需于郊不犯難行也利用恒无咎未失常也處曠遠者不犯冒險難而行也陽之爲物剛健上進者也初能需待於曠遠之地不犯險難而進復宜安處不失其常則可以无咎矣雖不進而志動者不能安其常也君子之需時也安靜自守志雖有須而恬然若將終身焉乃能用常也

九二需于沙小有言終吉沙郊作沚○坎爲水水近則有沙二去險漸近故爲需于沙漸近於險難雖未至於患害已小有言矣凡患難之辭大小有殊小者至於有言言語之傷至小

者也二以剛陽之才而居柔守中寬裕自處需之善也雖去險漸近而未至於險故小有言語之傷而无大害終得其吉也**象曰需于沙衍在中也雖小有言以吉終也**衍寬綽也二雖近險而以寬裕居中故雖小有言語及之終得其吉善處者也**九三需于泥致寇至**泥逼於水也既進逼於險當致寇難之至也三剛而不中又居健體之上有進動之象故致寇也苟非敬慎則致喪敗矣**象曰需于泥災在外也自我致寇敬慎不敗也**

三切逼上體之險難故云災在外也災患難之通稱對眚而言則分也三之致寇由己進而逼之故云自我寇自己致若能敬慎量宜而進則无喪敗也需之時須而後進也其義在相時而動非戒其不得進也直使敬慎毋失其宜耳

六四需于血出自穴四以陰柔之質處於險而下當三陽之進傷於險難者也故云需于血既傷於險難則不能安處必失其居故云出自穴穴物之所安也順以從時不競於險難所以不至於凶也以柔居陰非能競者也若陽居之則必凶矣蓋无中正之德徒以剛競於險適足以致凶耳

象曰：需于血，順以聽也。
四以陰柔居於險難之中，不能固處，故退出自穴。蓋陰柔不能與時競，不能處則退，是順從以聽於時，所以不至於凶也。

九五，需于酒食，貞吉。
五以陽剛居中得正位乎天位，克盡其道矣。以此而需，何需不獲？故宴安酒食以俟之，所須必得也。既得貞正而所需必遂，可謂吉矣。

象曰：酒食貞吉，以中正也。
需于酒食而貞且吉者，以五得中正而盡其道也。

上六，入于穴，有不速之客三人來，敬之終吉。
需以險在

前需時而後進上六居險之終終則變矣在需之極久而得矣陰止於六乃安其處故爲入于穴穴所安也安而既止後者必至不速之客三人謂下之三陽乾之三陽非在下之物需時而進者也需既極矣故皆上進不速不促之而自來也上六既需得其安處羣剛之來苟不起忌疾忿競之心至誠盡敬以待之雖甚剛暴豈有侵陵之理故終吉也或疑以陰居三陽之上得爲安乎曰三陽乾躰志在上進六陰位非所止之正故无爭奪之意敬之則吉也象曰

不速之客來敬之終吉雖不當位未大

失也不當位謂以陰而在上也爻以六居陰爲所安象復盡其義明陰宜在下而居上爲不當位也然得敬順以自颽則陽不能陵終得其吉雖不當位而未至於大失也

䷅ 坎下乾上 ○ 訟序卦飲食必有訟故受之以訟人之所需者飲食既有所須爭訟所由起也訟所以次需也爲卦乾上坎下以二象言之天陽上行水性就下其行相違所以成訟也以二體言之上剛下險剛險相接能无訟乎又人內險阻而外剛強所以訟也

訟有孚窒惕中吉終

凶窒張栗反○訟之道必有其孚實中无其實乃是誣妄之道也卦之中實爲有孚之象訟者與人爭辯而待決於人雖有孚亦須窒塞未通不窒則已明无訟矣事既未辯吉凶未可必也故有畏惕中吉得中則吉也終凶終極其事則凶也**利見大人不利涉大川**訟者求辯其曲直也故利見於大人大人則能以其剛明中正決所訟也訟非和平之事當擇安地而處不可陷於危險故不利涉大川也**彖曰訟上剛下險險而健訟**訟之爲卦上剛下險險而又健也又爲險險健相接內險外

健皆所以爲訟也若健而不險不生訟也險而不健不能訟也險而又健是以訟也

訟有孚窒惕中吉剛來而得中也

訟之道固如是又據卦才而言九二以剛自外來而成訟則二乃訟之主也以剛處中中實之象故爲有孚處訟之時雖有孚信亦必艱阻窒塞而有惕懼不窒則不成訟矣又居險陷之中亦爲窒塞惕懼之義二以陽剛自外來而得中爲以剛來訟而不過之義是以吉也卦有更取成卦之由爲義者此是也卦義不取成卦之由則更不言所變之爻也據卦辭二乃善也而爻中不見其善蓋卦辭

取其有孚得中而言乃善也爻則終凶以自下訟上爲義所取不同也訟不可成也訟非善事不得已也安可終極其事極意於其事則凶矣故曰不可成也成謂窮盡其事也利見大人尚中正也訟者求辯其是非也辯之當乃中正也故利見大人以所尚者中正也聽者非其人則或不得其中正也中正大人九五是也不利涉大川入于淵也與人訟者必處其身於安平之地若蹈危險則陷其身矣乃入于深淵也卦中有中正險陷之象象曰天與水違行

訟君子以作事謀始天上水下相違而行二躰違矣訟之由也若上下相順訟何由興君子觀象知人情有争訟之道故凡所作事必謀其始絶訟端於事之始則訟无由生矣謀始之義廣矣若愼交結明契劵之類是也

初六不永所事小有言終吉六以柔弱居下不能終極其訟者也故於訟之初因六之才爲之戒曰若不長永其事則雖小有言終得吉也蓋訟非可長之事以陰柔之才而訟於下難以吉矣以上有應援而能不永其事故雖小有言終得吉也有言災之小者也不永其事而不至

於凶乃訟之吉也**象曰不永所事訟不可長也**六以柔弱而訟於下其義固不可長永也永其訟則不勝而禍難及矣又於訟之初即戒訟非可長之事也**雖小有言其辯明也**柔弱居下才不能訟雖不永所事既訟矣必有小災故小有言也既不永所事又上有剛陽之正應辯理之明故終得其吉也不然其能免乎在訟之義同位而相應相與者也故初於四爲獲其辯明同位而不相得相訟者也故二與五爲對敵也

九二不克訟歸而逋其邑人三百戶

无眚逋補吳反眚生領反○二五相應之地而兩剛不相與相訟者也九二自外來以剛處險爲訟之主乃與五爲敵五以中正處君位其可敵乎是爲訟而義不克也若能知其義之不可退歸而逋避以寡約自處則得无過眚也必逋者避爲敵之地也三百户邑之至小者若處強大是猶競也能无眚乎眚過也處不當也與知惡而爲有分也

象曰不克訟歸逋竄也義既不敵故不能訟歸而逋竄避去其所也

自下訟上患至掇也掇都活反○自下而訟其上義乖勢屈禍患之至猶拾掇而取

之言易得也

六三食舊德貞厲終吉

三雖居剛而應上然質本陰柔處險而介二剛之間危懼非爲訟者也祿者稱德而受食舊德謂處其素分貞謂堅固自守厲終吉謂雖處危地能知危懼則終必獲吉也守素分而无求則不訟矣處危謂在險而承乘皆剛與居訟之時也

或從王事无成

柔從剛者也下從上者也三不爲訟而從上九所爲故曰或從王事无成謂從上而不在已也訟者剛健之事故初則不永三則從上皆非能訟者也二爻皆以陰柔不終而得吉四亦以不克而渝得吉訟以能止

爲善也

象曰食舊德從上吉也守其素分雖從上之所爲非由巳也故无成而終得其吉也

九四不克訟復即命渝安貞吉渝以朱反○四以陽剛而居健躰不得中正本爲訟者也承五履三而應初五君也義不克訟三居下而柔不與之訟初正應而順從非與訟者也四雖剛健欲訟无與對敵其訟无由而興故不克訟也又居柔而應柔亦爲能止之義既義不克訟若能克其剛忿欲訟之心復即就於命革其心平其氣變而爲安貞則吉矣命謂正理失正理爲方命故以即命爲復也

方不順也書云方命圮族孟子云方命虐民夫剛健而不中則躁動故不安處非中正故不貞不安貞所以好訟也若義不克訟而不訟反就正理變其不安貞爲安貞則吉矣

象曰復即命渝安貞不失也能如是則爲无失矣所以吉也

九五訟元吉以中正居尊位治訟者也治訟得其中正所以元吉也元吉大吉而尽善者也吉大而不盡善者有矣

象曰訟元吉以中正也中正之道何施而不元吉

上九或錫之鞶帶終朝三褫之錫星歷反鞶步

于反○王肅作槃三息暫反褫敕紙反
○九以陽居上剛健之極又處訟之終
極其訟者也人之肆其剛強窮極於訟
取禍喪身固其理也設或使之善訟能
勝窮極不已至於受服命之賞是亦與
人仇爭所獲其能安保之乎故終一朝
而三見褫奪也**象曰以訟受服亦不足敬也**窮極
訟事設使受服命之寵亦且不足敬而
可賤惡况又禍患隨至乎

䷆
坎下　師序卦訟必有衆起故之
坤上○以師師之興由有爭也所
以次訟也爲卦坤上坎下以二體言之
地中有水爲衆聚之象以二卦之義言

之內險外順險道而以順行師之義也以爻而言一陽而爲衆陰之主統衆之象也比以一陽爲衆陰主而在上君之象也師以一陽爲衆陰主而在下將帥之象也

師貞丈人吉无咎

師之道以正爲本興師動衆以毒天下而不以正民弗從也強驅之耳故師以貞爲主其動雖正也帥之者必丈人則吉而无咎也蓋有吉而有咎者有无咎而不吉者吉且无咎乃盡善也丈人者尊嚴之稱帥師總衆非衆所尊信畏服則安能得人心之從故司馬穰苴擢自微賤授之以衆乃以衆心未服請莊賈爲將也所謂丈人不必素居崇

責但其才謀德業衆所畏服則是也如穰苴既誅莊賈則衆心畏服乃丈人矣又如淮陰侯起於微賤遂爲大將蓋其謀爲有以使人尊畏也

彖曰師衆也貞正也能以衆正可以王矣能使衆人皆正可以王天下矣得衆心服從而歸正王道止於是也

剛中而應行險而順言二也以剛處中剛而得中道也六五之君爲正應信任之專也雖行險道而以順動所謂義兵王者之師也上順下險行險而順也

以此毒天下而民從之吉又何咎矣師旅

之興不无傷財害人毒害天下然而民心從之者以其義動也古者東征西怨民心從也如是故吉而无咎吉謂必克无咎謂合義又何咎矣　其義故无咎也

象曰地中有水師君子以容民畜衆

地中有水水聚於地中爲衆聚之象故爲師也君子觀地中有水之象以容保其民畜聚其衆也

初六師出以律否臧凶

否音鄙臧作郎反○初師之始也故言出師之義及行師之道在邦國興師而言合義理則是以律法也謂以禁亂誅暴而動苟動不以義則雖善亦凶道也善爲克勝

凶爲殃民害義也在行師而言律謂號令節制行師之道以號令節制爲本所以統制於衆不以律則雖善亦凶雖使勝捷猶凶道也制師无法幸而不敗且勝者時有之矣聖人之所戒也**象曰師出以律失律凶也**師出當以律失律則凶矣雖幸而勝亦凶道也**九二在師中吉无咎王三錫命**師卦唯九二一陽爲衆陰所歸五居君位是其正應二乃師之主專制其事者也居下而專制其事唯在師則可自古命將闔外之事得專制之在師專制而得中道故吉而无咎蓋恃專則失爲下之

道不專則无成功之理故得中爲吉凡師之道威和並至則吉也既處之盡其善則能成功而安天下故王錫寵命至于三也凡事至于三者極也六五在上既專倚任復厚其寵數蓋禮不稱則威不重而下不信也他卦九二爲六五所任者有矣唯師專主其事而爲衆陰所歸故其義最大人臣之道於事无所敢專唯閫外之事則專制之雖制之在己然因師之力而能致者皆君所與而職當爲也世儒有論魯祀周公以天子禮樂以爲周公能爲人臣不能爲之功則可用人臣不得用之禮樂是不知人臣之道也夫居周公之位則爲周公之事

由其位而能爲者皆所當爲也周公乃盡其職耳子道亦然唯孟子爲知此義故曰事親若曾子者可也未嘗以曾子之孝爲有餘也蓋子之身所能爲者皆所當爲也

象曰在師中吉承天寵也王三錫命懷萬邦也

在師中吉者以其承天之寵任也天謂王也人臣非君寵任之則安得專征之權而有成功之吉象以二專主其事故發此義與前所云世儒之見異矣王三錫以恩命褒其成功所以懷萬邦也

六三師或輿尸凶

三居下卦之上居位當任者也不唯其才陰柔不中正師

旅之事任當專一二既以剛中之才爲上信倚必專其事乃有成功若或更使衆人主之凶之道也輿尸衆主也盖指三也以三居下之上故發此義軍旅之事任不專一覆敗必矣**象曰師或輿尸大无功也**倚付二三安能成功豈唯无功所以致凶也**六四師左次无咎**師之進以強勇也四以桑居陰非能進而克捷者也知不能進而退故左次左次退舍也量宜進退乃所當也故无咎見可而進知難而退師之常也唯取其退之得宜不論其才之能否也度不能勝而完師以退愈於覆敗遠矣可

進而退乃爲咎也易之發此義以示後世其仁深矣

象曰左次无咎未失常也行師之道因時施宜乃其常也故左次未必爲失也如四退次乃得其宜是以无咎

六五田有禽利執言无咎長子帥師弟子輿尸貞凶長上聲○五君位輿師之主也故言輿師任將之道師之輿必蠻夷猾夏寇賊姦宄爲生民之害不可懷來然後奉辭以誅之若禽獸入于田中侵害稼穡於義宜獵取則獵取之如此而動乃得无咎若輕動以毒天下其咎大矣執言奉辭也明其罪以討之

也若秦皇漢武皆窮山林以索禽獸者也非田有禽也任將授師之道當以長子帥師二在下為師之主長子也若以弟子衆主之則所為雖正亦凶也弟子凡非長者也自古任將不專而致覆敗者如晉荀林父邲之戰唐郭子儀相州之敗是也

象曰長子帥師以中行也弟子輿尸使不當也長子謂二以中正之德合於上而受任以行若復使其餘者衆尸其事是任使之不當也其凶宜矣

上六大君有命開國承家小人勿用上師之終也功之成也大君以爵命

賞有功也開國封之爲諸侯也承家以爲卿大夫也承受也小人者雖有功不可用也故戒使勿用師旅之興成功非一道不必皆君子也故戒以小人有功不可用也賞之以金帛祿位可也不可使有國家而爲政也小人平時易致驕盈況挾其功乎漢之英彭所以亡也聖人之深慮遠戒也此專言師終之義不取爻義蓋以其大者若以爻言則六以柔居順之極師既終而在无位之地善處而无咎者也

象曰大君有命以正功也小人勿用必亂邦也大君持恩賞之柄以正軍旅之功師之終也雖

賞其功小人則不可以有功而任用之用之必亂邦小人恃功而亂邦者古有之矣

☵☷坤下坎上

○比序卦衆必有所比故受之以比比親輔也人之類必相親輔然後能安故既有衆則必有所比比所以次師也爲卦上坎下坤以二體言之水在地上物之相切比无間莫如水之在地上故爲比也又衆爻皆陰獨五以陽剛居君位衆所親附而上亦親下故爲比也

比吉原筮元永貞无咎

比吉道也人相親比自爲吉道故雜卦云比樂師憂

人相親比必有其道苟非其道則有悔咎故必推原占決其可比者而比之筮謂占決卜度非謂以蓍龜也所比得元永貞則无咎元謂有君長之道永謂可以常久貞謂得正道上之比下必有此三者下之從上必求此三者則无咎也

不寧方來後夫凶

人之不能自保其安寧方且來求親比得所比則能保其安當其不寧之時固宜汲汲以求比若獨立自恃求比之志不速而後則雖夫亦凶矣夫猶凶況柔弱者乎夫剛立之稱傳曰子南夫也又曰是謂我非夫凡生天地之間者未有不相親比而能自存者也雖剛強之至未

有能獨立者也比之道由兩志相求而兩志不相求則睽矣君懷撫其下下親輔於上親戚朋友鄉黨皆然故當上下合意以相從苟无相求之意則離而凶矣大抵人情相求則合相持則睽相持相待莫先也人之相親固有道然而欲比之志不可緩也

彖曰比吉也比輔也下順從也

比吉也比比者吉之道也物相親比乃吉道也比比輔也釋比之義比者相親輔也下順從也解卦所以爲比也五以陽居尊位羣下順從以親輔之所以爲比也

原筮元永貞无咎以剛中也

推原筮決相比之道

得元永貞而後可以无咎所謂元永貞如五是也以陽剛居中正盡比道之善者也以陽剛當尊位為君德元也居中得正能永而貞也卦辭本泛言比道彖言元永貞者九五以剛處中正是也**不寧方來上下應也**人之生不能保其安寧方且來求附比民不能自保故戴君以求寧君不能獨立故保民以為安不寧而來比者上下相應也以聖人之公言之固至誠求天下之比以安民也以後王之私言之不求下民之附則危亡至矣故上下之志必相應也在卦言之上下羣陰比於五五比其衆乃上下應也**後夫凶**

其道窮也衆必相比而後能遂其生天地之間未有不相親比而能遂者也若相從之志不疾而後則不能成比雖夫亦凶矣无所親比困屈以致凶窮之道也象曰地上有水比先王以建萬國親諸侯夫物相親比而无間者莫如水在地上所以爲比也先王觀比之象以建萬國親諸侯建立萬國所以比民也親撫諸侯所以比天下也初六有孚比之无咎初六比之始也相比之道以誠信爲本中心不信而親人人誰與之故比之始必有孚誠乃无咎也孚信之在中也

有孚盈缶終來有它吉誠信充實於內若物之盈滿於缶中也缶質素之器言若缶之盈實其中外不加文飾則終能來有它吉也它非此也外也若誠實充於內物无不信豈用飾外以求比乎誠信中實雖它外皆當感而來從孚信比之本也象曰比之初六有它吉也言比之初六者比之道在乎始也始能有孚則終致有它之吉其始不誠終焉得吉上六之凶由无首也六二比之自內貞吉二與五爲正應皆得中正以中正之道相比者也二處於內自內謂由己也擇才而

用雖在乎上而以身許國必由於己己以得君道合而進乃得正而吉也以中正之道應上之求乃自內也不自失也汲汲以求比者非君子自重之道乃自失也

象曰比之自內不自失也

守己中正之道以待上之求乃不自失也易之爲戒嚴密二雖中正質柔體順故有貞吉自失之戒戒之自守以待上之求无乃涉後凶乎曰士之脩已乃求上之道降志辱身非自重之道也故伊尹武侯救天下之心非不切必待禮至然後出也

六三比之匪人

匪非鬼反○三不中正而所比皆不中正四陰柔而不中

二存應而比初皆不中正匪人也比於匪人其失可知悔吝不假言也故可傷二之中正而謂之匪人**象曰比之匪人**隨時取義各不同也**不亦傷乎**人之相比求安吉也乃比於匪人必將反得悔吝其亦可傷矣深戒失所比也**六四外比之貞吉**四與初不相應而五比之外比於五乃得貞正而吉也君臣相比正也相比相與宜也五剛陽中正賢也居尊位在上也親賢從上比之正也故爲貞吉以六居四亦爲得正之義又陰柔不中之人能比於剛明中正之賢乃得正而吉也又比賢從上必以正

道則吉也數說相須其義始備**象曰外比於賢以從上也**外比謂從五也五剛明中正之賢又居君位四比之是比賢且從上所以吉也

九五顯比王用三驅失前禽邑人不誠吉驅匪愚反鄭作敺○五居君位處中得正盡比道之善者也人君比天下之道當顯明其比道而已如誠意以待物恕已以及人發政施仁使天下蒙其惠澤是人君親比天下之道也如是天下孰不親比於上若乃暴其小仁違道干譽欲以求下之比其道亦已狹矣其能得天下之比乎故聖人以九五

盡比道之正取三驅爲喻曰王用三驅失前禽邑人不誡吉先王以四時之畋不可廢也故推其仁心爲三驅之禮乃禮所謂天子不合圍也成湯祝網是其義也天子之畋圍合其三面前開一路使之可去不忍盡物好生之仁也止取其不用命者不出而反入者也禽獸前去者皆免矣故曰失前禽也王者顯明其比道天下自然來比來者撫之固不煦煦然求比於物若田之三驅禽之去者從而不追來者則取之也此王道之大所以其民皞皞而莫知爲之者也邑人不誡吉言其至公不私无遠邇親踈之別也邑者居邑易中所言邑皆同王

者所都諸侯國中也誠期約也待物之一不期誠於居邑如是則吉也聖人以大公无私治天下於顯比見之矣非唯人君比天下之道如此大率人之相比莫不然以臣於君言之竭其忠誠致其才力乃顯其比君之道也用之與否在君而已不可阿諛逢迎求其比已也在朋友亦然脩身誠意以待之親已與否在人而已不可巧言令色曲從苟合以求人之比已也於鄉黨親戚於衆人莫不皆然三驅失前禽之義也

象曰顯比之吉位正中也

顯比所以吉者以其所居之位得正中也處正中之地乃由正中之道也

比以不偏爲善故云正中凡言正中者其處正得中也比與隨是也言中正者得中與正也訟與需是也**舍逆取順失前禽也**舍音捨○禮取不用命者乃是舍順取逆也順命而去者皆免矣比以向背而言謂去者爲逆來者爲順也故所失者前去之禽也言來者撫之去者不追也**邑人不誡上使中也**不期誡於親近上之使下中平不偏遠近如一也**上六比之无首凶**六居上比之終也首謂始也凡比之道其始善則其終善矣有其始而无其終者或有矣未有无其始而有終者也

故比之无首至終則凶也此此據比終而言然上六陰柔不中處險之極固非克終者也始比不以道隙於終者天下多矣**象曰比之无首无所終也**比既无首何所終乎相比有首猶或終違始不以道終復何保故曰无所終也

伊川程先生周易上經傳卷之二

䷈ 乾下巽上 ○小畜序卦比必有所畜故受之以小畜物相比附則爲聚聚畜也又相親比則志相畜小畜所以次比也畜止也止則聚矣爲卦巽上乾下乾在上之物乃居巽下夫畜止剛健莫如巽順爲巽所畜故爲畜也然巽陰也其體柔順唯能以巽順柔其剛健非能力止之也畜道之小者也又四以一陰得位爲五陽所說得位得柔巽之道也能畜羣陽之志是以爲畜也小畜謂以小畜大所畜聚者小所畜之事小以陰故也彖專以六四畜諸陽爲成

卦之義不言二體蓋舉其重者**小畜密雲不雨自我西郊**畜勑六反○雲陰陽之氣二氣交和而和則相畜固而成雨陽唱而陰和順也故和若陰先陽唱不順也故不和不和則不能成雨雲之畜聚雖密而不成雨者自西郊故也東北陽方西南陰方自陰唱故不和而不能成雨以人觀之雲氣之興皆自四遠故云郊據四而言故云自我畜陽者四畜之主也**彖曰小畜柔得位而上下應之曰小畜**言成卦之義也以陰居四又處上位柔得位也上下五陽皆應之爲所畜也以

一陰而畜五陽能係而不能固是以爲小畜也彖解成卦之義而加曰字者皆重卦名文勢當然單名卦唯革有曰字亦文勢然也

健而巽剛中而志行乃亨以卦才言也内健而外巽健而能巽也二五居中剛中也陽性上進下復乾體志在於行也剛居中爲剛而得中又爲中剛言畜陽則以柔巽言能亨則由剛中以成卦之義言則爲陰畜陽以卦才言則陽爲剛中才如是故畜雖小而能亨也

密雲不雨尚往也自我西郊施未行也施始豉反○畜道不能成大如密雲而不成雨

陰陽交而和則相固而成雨二氣不和陽尚往而上故不成雨蓋自我陰方之氣先唱故不和而不能成雨其功施未行也小畜之不能成大猶西郊之雲不能成雨也**象曰風行天上小畜君子以懿文德**乾之剛健而爲巽所畜夫剛健之性唯柔順爲能畜止之雖可以畜止之然非能固制其剛健也但柔順以擾系之耳故爲小畜也君子觀小畜之義以懿美其文德畜聚爲蘊畜之義君子所蘊畜者大則道德經綸之業小則文章才藝君子觀小畜之象以懿美其文德文德方之道義爲小也**初九復**

自道何其咎吉初九陽爻而乾體陽在上之物又剛健之才足以上進而復與在上同志其進復於上乃其道也故云復自道復既自道何過咎之有无咎而又有吉也諸爻言无咎者如是則无咎矣故云无咎者善補過者也雖使爻義本善亦不害於不如是則有咎之義初九乃由其道而行无有過咎故云何其咎无咎之甚明也象曰復自道其義吉也初九陽剛之才由其道而復其義吉也九二與四爲正應在畜時乃相畜者也

二牽復吉二以陽居下體之中五以陽居上體之中皆以陽剛居中

爲陰所畜俱欲上復五雖在四上而爲其所畜則同是同志者也夫同患相憂二五同志故相牽連而復二陽並進則陰不能勝得遂其復矣故吉也曰遂其復則離畜矣乎曰凡爻之辭皆謂如是則可以如是若已然則時已變矣尚何敎誡乎五爲巽體巽畜於乾而反與二相牽何也曰舉二體而言則巽畜乎乾全卦而言則一陰畜五陽也在易隨時取義皆如此也

象曰牽復在中亦不自失也二居中得中者也剛柔進退不失乎中道也陽之復其勢必強二以處中故雖強於進亦不至於過剛過剛乃自失也爻

止言牽復而吉之義象九三輿說輻夫
復發明其在中之美
妻反目輿音餘說音脫輻音福○三以
陽爻居不得中而密比於四陰
陽之情相求也又暱比而不中爲陰畜
制者也故不能前進猶車輿說去輪輻
言不能行也夫妻反目陰制於陽者也
今反制陽如夫妻之反目也反目謂怒
目相視不順其夫而反制之也婦人爲
夫寵惑既而遂反制其夫未有夫不失
道而妻能制之者也故象曰夫妻反目
說輻反目三自爲也
不能正室也夫妻反目蓋由不能正其
室家也三自處不以道故

四得制之不使進猶夫不能正其室家故致反目也**六四有孚血去惕出无咎**血馬作恤去起呂反○四於畜時處近君之位畜君者也若内有孚誠則五志信之從其畜也卦獨一陰畜衆陽者也諸陽之志係乎四四苟欲以力畜之則一柔敵衆剛必見傷害唯盡其孚誠以應之則可以感之矣故其傷害遠其危懼免也如此則可以无咎不然則不免乎害矣此以柔畜剛之道也以人君之威嚴而微細之臣有能畜止其欲者蓋有孚信以感之也**象曰有孚惕出上合志也**四既有孚則五信任

之與之合志所以得惕出而无咎也惕出則血去可知舉其輕者也五既合志衆陽皆從之矣九五有孚攣如富以其鄰攣力專反○小畜衆陽爲陰所畜之時也五以中正居尊位而有孚信則其類皆應之矣故曰攣如謂牽攣相從也五必援挽與之相濟是富以其鄰也五以居尊位之勢如富者推其財力與鄰比共之也君子爲小人所困正人爲羣邪所厄則在下者必攀挽於上期於同進在上者必援引於下與之勠力非獨推已力以及人也固資在下之助以成其力耳象曰有孚攣如不獨

富也有孚攣如蓋其鄰類皆牽攣而從之與衆同欲不獨有其富也君子之處艱厄唯其至誠故得衆力之助而能濟其衆也**上九既雨既處尚德載婦貞厲**九以巽順之極居卦之上處畜之終從畜而止者也爲四所止也既雨和也既處止也陰之畜陽不和則不能止既和而止畜之道成矣大畜畜之大故極而散小畜畜之小故極而成尚德載四用柔巽之德積滿而至於成也陰柔之畜剛非一朝一夕能成由積累而至可不戒乎載積滿也詩云厥聲載路婦貞厲婦謂陰以陰而畜陽以柔而制剛婦若貞

固守此危厲之道也安有婦制 **月幾望**
其夫臣制其君而能安者乎
君子征凶 月望則與日敵矣幾望言其
盛將敵也陰已能畜陽而云
幾望何也此以柔巽畜其志也非力能
制也然不已則將盛於陽而凶矣於幾
望而爲之戒曰婦將敵矣君子動則凶
也君子謂陽征動也幾望將盈之時若
已望則陽已消矣尚何戒乎 **象曰既雨既處德積載也君子征凶有所疑也**
既雨既處言畜道積滿而成也
陰將盛極君子動則有凶也陰敵陽則
必消陽小人抗君子則必害君子安得

不疑慮乎若前知疑慮而警懼求所以制之則不至於凶矣

䷉ 兌下乾上 ○ 履序卦物畜然後有禮故受之以履夫物之聚則有大小之別高下之等美惡之分是物畜然後有禮履所以繼畜也履禮也禮人之所履也爲卦天上澤下天而在上澤而處下上下之分尊卑之義理之當也禮之本也常履之道也故爲履履踐也藉也履物爲踐履於物爲藉以柔藉剛故爲履也不曰剛履柔而曰柔履剛者剛乘柔常理不足道故易中唯言柔乘剛不言剛乘柔也言履藉於剛乃見卑順說應之義

履虎尾不咥

人亨履利貞反咥直結反○履人所履之道也天在上而澤處下以柔履藉於剛上下各得其義事之至順理之至當也人之履行如此雖履至危之地亦无所害故履虎尾而不見咥嚙所以能亨也

彖曰履柔履剛也說而應乎乾是以履虎尾不咥人亨說音悅下同○兌以陰柔履藉乾之陽剛柔履剛也兌以說順應乎乾剛而履藉之下順乎上陰承乎陽天下之正理也所履如此至順至當雖履虎尾亦不見傷害以此履行其亨可知

剛中正履帝位而不疚

光明也疚久又反○九五以陽剛中正至善光明者也疚謂疵病夬尊履帝位苟无疚病得履道之履是也光明德盛而輝光也**象曰上天下澤履君子以辯上下定民志**天在上澤居下上下之正理也人之所履當如是故取其象而爲履君子觀履之象以辯别上下之分以定其民志夫上下之分明而後民志有定民志定然後可以言治民志不定天下不可得而治也古之時公卿大夫而下位各稱其德終身居之得其分也位未稱德則君舉而進之士脩其學學至而君求之皆非有預於己也

農工商賈勤其事而所享有限故皆有定志而天下之心可一後世自庶士至于公卿日志于尊榮農工商賈日志于富侈億兆之心交騖於利天下紛然如之何其可一也欲其不亂難矣此由上下无定志也君子觀履之象而分辯上下使各當其分以定民之心志也

初九素履往无咎

履不處者行之義初處至下素在下者也而陽剛之才可以上進若安其卑下之素而往則无咎矣夫人不能自安於貧賤之素則其進也乃貪躁而動求去乎貧賤耳非欲有為也既得其進驕溢必矣故往則有咎賢者則安履其素其處也

樂其進也將有爲也故得其進則有爲而无不善乃守其素履者也**象曰素履之往獨行願也**安履其素而往者非爲利也獨行其志願爾獨專也若欲貴之心與行道之心交戰于中豈能安履其素也**九二履道坦坦幽人貞吉**九二居柔寬裕得中其所履坦坦然平易之道也雖所履得坦易之道亦必幽靜安恬之人處之則能貞固而吉也九二陽志上進故有幽人之戒**象曰幽人貞吉中不自亂也**履道在於安靜其中恬正則所履安裕中若躁動豈能安其所

履故必幽人則能堅固而吉蓋其中心安靜不以利欲自亂也**六三眇能視跛能履履虎尾咥人凶武人爲于大君**眇妙小反跛波我反○三以陰居陽志欲剛而體本陰柔安能堅其所履故如盲眇之視其見不明跛躄之履其行不遠才既不足而又處不得中履非其正以柔而務剛其履如此是履於危地故曰履虎尾以不善履履危地必及禍患故曰咥人凶武人爲于大君如武暴之人而居人上肆其躁暴而已非能順履而遠到也不中正而志剛乃爲羣陽所與是以剛躁蹈危而得凶也

象曰眇能視不足以有明也跛能履不
足以與行也陰柔之人其才不足視不能明行不能遠而乃務剛所履如此其能免於害乎咥人之凶位不當也武人
爲于大君志剛也以柔居三履非其正所以致禍害被咥而凶也以武人爲喻者以其處陽才弱而志剛也志剛則妄動所履不由其道如武人而爲大君也九四履虎尾愬愬終吉愬山華反
○九四陽剛而乾體雖居四剛勝者也在近君多懼之地无相得之義五復剛

決之過故爲履虎尾愬愬畏懼之皃若
能畏懼則當終吉蓋九雖剛而志柔四
雖近而不處故能兢慎畏
懼則終免於危而獲吉也**象曰愬愬終**
吉志行也能愬愬畏懼則終得其吉者
志在於行而不處也去危則
獲吉矣陽剛能行者也
居柔以順自處者也**九五夬履貞厲**
夬剛決也五以陽剛乾體居至尊之位
任其剛決而行者也如此則雖得正猶
危厲也古之聖人居天下之尊明足以
照剛足以決勢足以專然而未嘗不盡
天下之議雖蒭蕘之微必取乃其所以
爲聖也履帝位而光明者也若自任剛

明決行不顧雖使得正亦危道也可固守乎有剛明之才苟專自任猶爲危道況剛明不足者乎易中云貞厲義各不同隨卦可見

象曰夬履貞厲位正當也 戒夬履者以其正當尊位也居至尊之位據能專之勢而自任剛決不復畏慎雖使得正亦危道也

上九視履考祥其旋元吉 旋旬緣反○上處履之終於其終視其所履行以考其善惡禍福若其旋則善且吉也旋謂周旋完備无不至也人之所履考視其終若終始周完无疚善之至也是以元吉人之吉凶繫其所履善惡之多寡吉凶之小

大也象曰元吉在上大有慶也上履之終也人之所履善而吉至其終周旋无虧乃大有福慶之人也人之行貴乎有終

䷊乾下坤上○泰序卦履而泰然後安故受之以泰履得其所則舒泰泰則安矣泰所以次履也爲卦坤陰在上乾陽居下天地陰陽之氣相交而和則萬物生成故爲通泰

泰小往大來吉亨小謂陰大謂陽往往之於外也來來居於內也陽氣下降陰氣上交也陰陽和暢則萬物生遂天地之泰也以人事言之大則君上小則臣下君推誠以任下臣盡誠以事君

上下之志通朝廷之泰也陽爲君子陰爲小人君子來處於內小人往處於外是君子得位小人在下天下之泰也泰之道吉而且亨也不云元吉元亨者時有汚隆治有小大雖泰豈一槩哉言吉亨則可包矣

彖曰泰小往大來吉亨則是天地交而萬物通也上下交而其志同也

小往大來陰往而陽來也則是天地陰陽之氣相交而萬物得遂其通泰也在人則上下之情交通而其志意同也

內陽而外陰內健而外順內君子而外小

人君子道長小人道消也長上聲○陽來居內陰往居外陽進而陰退也乾健在內坤順在外爲內健而外順君子之道也君子在內小人在外是君子道長小人道消所以爲泰也既取陰陽交和又取君子道長陰陽交和乃君子之道長也

象曰天地交泰后以財成天地之道輔相天地之宜以左右民

左音佐右音祐○天地交而陰陽和則萬物茂遂所以泰也人君當體天地通泰之象而以財成天地之道輔相天地之宜以左右生民也財成謂體天地交

泰之道而財制成其施爲之方也輔相天地之宜天地通泰則萬物茂遂人君體之而爲法制使民用天時因地利輔助化育之功成其豐美之利也如春氣發生萬物則爲播殖之法秋氣成實萬物則爲收斂之法乃輔相天地之宜以左右輔助於民也民之生必賴君上爲之法制以教率輔翼之乃得遂其生養是左右之也

初九拔茅茹以其彙征吉拔蒲八反茹汝據反彙音胃○初以陽爻居下是有剛明之才而在下者也時之否則君子退而窮處時既泰則志在上進也君子之進必與其朋類相牽援如茅之根

然拔其一則牽連而起矣茹根之相牽連者故以爲象彙類也賢者以其類進同志以行其道是以吉也君子之進必以其類不唯志在相先樂於爲善實乃相賴以濟故君子小人未有能獨立不賴同類之助者也自古君子得位則天下之賢萃於朝廷同志協力以成天下之泰小人在位則不肖者並進然後其黨勝而天下否矣蓋各從其類也

象曰拔茅征吉志在外也時將泰則羣賢皆欲上進三陽之志欲進同也故取茅茹彙征之象志在外上進也

九二包荒用馮河不遐遺朋亡

得尚于中行包必交反荒本作巟音同馮音憑○二以陽剛得中上應於五五以柔順得中下應於二君臣同德是以剛中之才爲上所專任故二雖居臣位主治泰者也所謂上下交而其志同也故治泰之道主二而言包荒用馮河不遐遺朋亡四者處泰之道也人情安肆則政舒緩而法度廢弛庶事无節治之之道必有包含荒穢之量則其施爲寬裕詳密弊革事理而人安之若无含弘之度有忿疾之心則无深遠之慮有暴擾之患深弊未去而近患巳生矣故在包荒也用馮河泰寧之世人情習於久安安於守常惰於因循憚

於更變非有馮河之勇不能有爲於斯時也馮河謂其剛果足以濟深越險也自古泰治之世必漸至於衰替蓋由狃習安逸因循而然自非剛斷之君英烈之輔不能挺持奮發以革其弊也故曰用馮河或疑上云包荒則是包含寬容此云用馮河則是奮發改革似相反也不知以含容之量施剛果之用乃聖賢之爲也不遐遺泰寧之時人心狃於泰則苟安逸而已烏能復深思遠慮及於遐遠之事哉治夫泰者當周及庶事雖遐遠不可遺若事之微隱賢才之在僻陋皆遐遠者也時泰則固遺之矣朋亡夫時之既泰則人習於安其情肆而失

節將約而正之非絕去其朋與之私則不能也故云朋亡自古立法制事牽於人情卒不能行者多矣若夫禁奢侈則害於近戚限田產則妨於貴家如此之類既不能斷以大公而必行則是牽於朋比也治泰不能朋亡則爲之難矣治泰之道有此四者則能合於九二之德故曰德尚于中行言能配合中行之義也尚配也

象曰包荒得尚于中行以光大也

象舉包荒一句而通解四者之義言如此則能配合中行之德而其道光明顯大也

九三无平不陂无往不復艱貞无咎

勿恤其孚于食有福三居泰之中在諸陽之上泰之盛也物理如循環在下者必升居上者必降泰久而必否故於泰之盛與陽之將進而爲之戒曰无常安平而不險陂者謂无常泰也无常往而不返者謂陰當復也平者陂往者復則爲否矣當知天理之然方泰之時不敢安逸常艱危其思慮正固其施爲如是則可以无咎處泰之道既能艱貞則可常保其泰不勞憂恤得其所求也不失所期爲孚如是則於其禄食有福益也禄食謂福祉善處泰者其福可長也蓋德善日積則福禄日臻德踰於禄則雖盛而非滿自古隆

盛未有不失道而喪敗者也**象曰无往不復天地際也**无往不復言天地之交際也陽降于下必復于上陰升于上必復于下屈伸往來之常理也因天地交際之道明否泰不常之理以爲戒也**六四**六四處泰之過中以陰在上志在下復上二陰亦志在趍下

翩翩不富以其鄰不戒以孚

翩翩疾飛之皃四翩翩就下與其鄰同也鄰其類也謂五與上夫人富而其類從者爲利也不富而從者其志同也三陰皆在下之物居上乃失其實其志皆欲下行故不富而相從不待戒告而誠

意相合也夫陰陽之升降乃時運之否泰或交或散理之常也泰既過中則將變矣聖人於三尚云艱貞則有福蓋三爲將中知戒則可保四已過中矣理必變也故專言始終反復之道五泰之主則復言處泰之義

象曰翩翩不富皆失實也不戒以孚中心願也

翩翩下往之疾不待富而鄰從者以三陰在上皆失其實故也陰本在下之物今乃居上是失實也不待告戒而誠意相與者蓋其中心所願故也理當然者天也衆所同者時也

六五帝乙歸妹以祉元吉

史謂湯爲

天乙厥後有帝祖乙亦賢王也後又有帝乙多士曰自成湯至于帝乙罔不明德（恤祀）稱帝乙者未知誰是以爻義觀之帝乙制王姬下嫁之禮法者也自古帝女雖皆下嫁至帝乙然後制爲禮法使降其尊貴以順從其夫也六五以陰柔居君位下應於九二剛明之賢五能倚任其賢臣而順從之如帝乙之歸妹然降其尊而順從於陽則以之受祉且元吉也元吉大吉而盡善者也謂成治泰之功也

象曰以祉元吉中以行願也

所以能獲祉福且元吉者由其以中道合而行其志願也有中德所以能任剛中之賢所

聽從者皆其志願也非其所欲能從之乎

上六城復于隍勿用師自邑告命貞吝

掘隍土積累以成城如治道積累以成泰及泰之終將反于否如城土頹圮復反于隍也上泰之終六以小人處之行將否矣勿用師君之所以能用其衆者上下之情通而心從也今泰之將終失泰之道上下之情不通矣民心離散不從其上豈可用也用之則亂衆既不可用方自其親近而告命之雖使所告命者得其正亦可羞吝邑所居謂親近大率告命必自近始凡貞凶貞吝有二義有貞固守此則凶吝者有雖得正亦

凶吝者此不云貞凶而云貞吝者將否
而方告命爲可羞吝否不由於告命也

象曰城復于隍其命亂也 城復于隍矣雖其命之亂不可止也

䷋ 坤下乾上 ○ 否序卦泰者通也物不可以終通故受之以否夫物
理往來通泰之極則必否否所以次泰
也爲卦天上地下天地相交陰陽和暢
則爲泰天處上地處下是天地隔絕不相交通所以爲否也

否之匪人 天地交而萬物生於中然後三才備
人爲最靈故爲萬物之首凡生天地

之中者皆人道也天地不交則不生萬物是无人道故曰匪人謂非人道也消長闔闢相因而不息泰極則復否終則傾无常而不變之理人道豈能无也旣否則**不利君子貞大往小來**夫上下交通剛柔和會君子之道也否則反是故不利君子貞君子正道否塞不行也大往小來陽往而陰來也小人道長君子道消之象故爲否也**彖曰否之匪人不利君子貞大往小來則是天地不交而萬物不通也上下不交而天下无**

邦也内陰而外陽内柔而外剛内小人
而外君子小人道長君子道消也夫天地之
氣不交則萬物无生成之理上下之義
不交則天下无邦國之道建邦國所以
爲治也上施政以治民民戴君而從命
上下相交所以治安也今上下不交是
天下无邦國之道也陰柔在内陽剛在
外君子往居於外小人來處於内小人
道長君子道消之時也象曰天地不交否君子以
儉德辟難不可榮以禄天地不相交通故爲否否塞之

時君子道消當觀否塞之象而以儉損之德避免禍難不可榮居祿位也否者小人得志之時君子居顯榮之地禍患必及其身故宜晦處窮約也

初六

拔茅茹以其彙貞吉亨

泰與否皆取茅爲象者以羣陽羣陰同在下有牽連之象也泰之時則以同征爲吉否之時則以同貞爲亨始以內小人外君子爲否之義復以初六否而在下爲君子之道易隨時取義變動无常否之時在下者君子也否之三陰上皆有應在否隔之時隔絕不相通故无應義初六能與其類貞固其節則處否之吉而其道之亨也當否而能進

者小人也君子則伸道免禍而已象曰
君子進退未嘗不與其類同也
拔茅貞吉志在君也爻以六自守於下
明君子處下之道
象復推明以盡君子之心君子固守其
節以處下者非樂於不進獨善也以其
道方否不可進故安之耳心固未嘗不
在天下也其志常在得君而進以康濟
天下故曰
志在君也六二包承小人吉大人否亨
六二其質則陰柔其居則中正以陰柔
小人而言則方否於下志所包畜者在
承順乎上以求濟其否爲身之利小人
之吉也大人當否則以道自處豈肯枉

己屈道承順於上唯自守其否而已身之否乃其道之亨也或曰上下不交何所承乎曰正則否矣小人順上之心未嘗无也**象曰大人否亨不亂羣也**大人於否之時守其正節不雜亂於小人之羣類身雖否而道之亨也故曰否亨不以道而身亨乃道否也不云君子而云大人能如是則其道大也**六三包羞**三以陰柔不中不正而居否又切近於上非能守道安命窮斯濫矣極小人之情狀者也其所包畜謀慮邪濫无所不至可羞恥也**象曰包羞位不當也**陰柔居否而不中不正所

爲可羞者慼不當故也慼
不當位所爲不以道也**九四有命无**
咎疇離祉四以陽剛健體居近君之位
是有濟否之才而得高位者
也足以輔上濟否然當君道方否之時
慼逼近之地所惡在居功取忌而已若
能使動必出於君命威柄一歸於上則
无咎而其志行矣能使事皆出於君命
則可以濟時之否其疇類皆附離其福
祉離麗也君子道行則與其類同進以
濟天下之否疇離祉也小
人之進亦以其類同也**象曰有命无**
咎志行也有君命則得无咎乃可
以濟否其志得行也**九五**

休否大人吉其亡其亡繫于苞桑　五以陽剛中正之德居尊位故能休息天下之否大人之吉也大人當位能以其道休息天下之否以循致於泰猶未離於否也故有其亡之戒否既休息漸將反泰不可便爲安肆當深慮遠戒常虞否之復來曰其亡矣其亡矣其繫于苞桑謂爲安固之道如維繫于苞桑也桑之爲物其根深固苞謂叢生者其固尤甚聖人之戒深矣漢王允唐李德裕不知此戒所以致禍敗也繫辭曰危者安其位者也亡者保其存者也亂者有其治者也是故君子安而不忘危存而不忘亡治

而不忘亂是以身安而國家可保也象曰大人之吉位正當也有大人之德而得至尊之正位故能休天下之否是以吉也无其位則雖有其道將何爲乎故聖人之大寶曰位謂之大寶上九傾否先否後喜上九否之終也物理極而必反故泰極則否否極則泰上九否既極矣故否道傾覆而變也先極否也後傾喜也否傾則泰矣後喜也象曰否終則傾何可長也否終則必傾豈有長否之理極而必反理之常也然反危爲安易亂爲治必有剛陽之才而後能也故否之上九則

能傾否屯之上六則不能變屯也

離下乾上○同人序卦物不可以終否故受之以同人夫天地不交則爲否上下相同則爲同人與否義相反故相次又世之方否必與人同力乃能濟同人所以次否也爲卦乾上離下以二象言之天在上者也火之性炎上與天同也故爲同人以二體言之五居正位爲乾之主二爲離之主二爻以中正相應上下相同同人之義也又卦唯一陰衆陽所欲同亦同人之義也它卦固有一陰者在同人之時而二五相應天火相同故其義大

同人于

野亨利涉大川利君子貞野謂曠野取遠與外之義

夫同人者以天下大同之道則聖賢大公之心也常人之同者以其私意所合乃暱比之情耳故必于野謂不以暱近情之所私而于郊野曠遠之地既不係所私乃至公大同之道无遠不同也其亨可知能與天下大同是天下皆同之也天下皆同何險阻之不可濟何艱危之不可亨故利涉大川利君子貞上言于野止謂不在暱比此復言宜以君子正道君子之貞謂天下至公大同之道故雖居千里之遠生千歲之後若合符節推而行之四海之廣兆民之衆莫不

同小人則唯用其私意所比者雖非亦同所惡者雖是亦異故其所同者則爲阿黨蓋其心不正也故同人之道利在君子之貞正彖曰同人柔得位得中而應乎乾曰同人言成卦之義柔得位謂二以陰居陰得其正位也五中正而二以中正應之得中而應乎乾也五剛健中正而二以柔順中正應之各得其正其德同也故爲同人五乾之主故云應乎乾象取天火之象而彖專以二言此三字羨文同人曰同人于野亨利涉大川乾行也至誠无私可以蹈險

難者乾之行也无私天德也**文明以健中正而應君子正也**又以二體言其義有文明之德而剛健以中正之道相應乃君子之正道也**唯君子爲能通天下之志**天下之志萬殊理則一也君子明理故能通天下之志聖人視億兆之心猶一心者通於理而已文明則能燭理故能明大同之義剛健則能克己故能盡大同之道然後能中正合乎乾行也**象曰天與火同人君子以類族辨物**不云火在天下天下有火而云天與火者天在上火性炎

上火與天同故爲同人之義君子觀同人之象而以類族辨物各以其類族辨物之同異也若君子小人之黨善惡是非之理物情之離合事理之異同凡同異者君子能辨明之故處物不失其方也**初九同人于門无咎**九居同人之初而无係應是无所偏私同人之公者也故爲出門同人出門謂在外在外則无踈暱之偏其同博而公如此則无過咎也**象曰出門同人又誰咎也**出門同人于外是其所同者廣无所偏私人之同也有厚薄親踈之異過咎所由生也既无所偏黨誰其咎之**六二**

同人于宗吝二與五爲正應故曰同人于宗宗謂宗黨也同於所係應是有所偏與在同人之道爲私狹矣故可吝二若陽爻則爲剛中之德乃以中道相同不爲私也**象曰同人于宗吝道也**諸卦以中正相應爲善而在同人則爲可吝故五不取君義蓋私比非人君之道相同以私爲可吝也**九三伏戎于莽升其高陵三歲不興**莽莫蕩亙○三以陽居剛而不得中是剛暴之人也在同人之時志在於同卦唯一陰諸陽之志皆欲同之三又與之比然二以中正之道與

五相應三以剛強居二五之間欲奪而同之然理不直義不勝故不敢顯發伏藏兵戎于林莽之中懷惡而內負不直故又畏懼時升高陵以顧望如此至於三歲之久終不敢興此爻深見小人之情狀然不曰凶者既不敢發故未至凶也

象曰伏戎于莽敵剛也三歲不興安行也

所敵者五既剛且正其可奪乎故畏憚伏藏也至於三歲不興矣終安能行乎

九四乘其墉弗克攻吉

四剛而不中正其志欲同二亦與五爲仇者也墉垣所以限隔也四切近於五如隔墉耳乘其

墉欲攻之知義不直而不克也苟能自知義之不直而不攻則爲吉也若肆其邪欲不能反思義理妄行攻奪則其凶大矣三以剛居剛故終其強而不能反四以剛居柔故有困而能反之義能反則吉矣畏義而能改其吉宜矣

象曰乘其墉義弗克也其吉則困而反則也

所以乘其墉而弗克攻之者以其義之弗克也以邪攻正義不勝也其所以得吉者由其義不勝困窮而反於法則也二者衆陽所同欲也獨三四有爭奪之義者二爻居二五之間也初終遠故取義别

九五同人

先號咷而後笑大師克相遇號戶羔反咷道刀反○九

五同於二而爲三四二陽所隔五自以義直理勝故不勝憤抑至於號咷然邪不勝正雖爲所隔終必得合故後笑也大師克相遇五與二正應而二陽非理隔奪必用大師克勝之乃得相遇也云大師云克者見二陽之強也九五君位而交不取人君同人之義者蓋五專以私暱應於二而失其中正之德人君當與天下大同而獨私一人非君道也又先隔則號咷後遇則笑是私暱之情非大同之體也二之在下尚以同於宗爲吝況人君乎五既於君道无取故更不

言君道而明二人同心不可間隔之義繫辭云君子之道或出或處或默或語二人同心其利斷金中誠所同出處語默无不同天下莫能間也同者一也一不可分分乃二也一可以通金石冒水火无所不能入故云其利斷金其理至微故聖人贊之曰同心之言其臭如蘭謂其言意味深長也**象曰同人之先以中直也大師相遇言相克也**先所以號咷者以中誠理直故不勝其忿切而然也雖其敵剛強至用大師然義直理勝終能克之故言能相克也相克謂能勝見二陽之強也**上九**

同人于郊无悔郊在外而遠之地求同者必相親相與上九居外而无應終无與同者也始有同則至終或有睽悔勲遠而无與故雖无同亦无悔雖欲同之志不遂而其終无所悔也**象曰同人于郊志未得也**居遠莫同故終无所悔然而在同人之道求同之志不得遂雖无悔非善勲也

䷍ 乾下離上 ○ 大有序卦與人同者物必歸焉故受之以大有夫與人同者物之所歸也大有所以次同人也爲卦火在天上火之勲高其明及遠

萬物之衆无不照見爲大有之象又一柔居尊衆陽竝應居尊執柔物之所歸也上下應之爲大有之義大有盛大豐有也

大有元亨卦之才可以元亨也凡卦德有卦名自有其義者如比吉謙亨是也有因其卦義便爲訓戒者如師貞丈人吉同人于野亨是也有以其卦才而言者大有元亨是也由剛健文明應天時行故能元亨也

彖曰大有柔得尊位大中而上下應之曰大有言卦之所以爲大有也五以陰居君位柔得尊位也處中得大中之道也爲諸陽所宗上下應之也夫居

尊執柔固衆之所歸也而又有虛中文明大中之德故上下同志應之所以爲大有也

其德剛健而文明應乎天而時行是以元亨

卦之德內剛健而外文明六五之君應於乾之九二五之性柔順而明能順應乎二二乾之主也是應乎乾也順應乾行順乎天時也故曰應乎天而時行其德如此是以元亨也王弼云不大通何由得大有乎大有則必元亨矣此不識卦義離乾成大有之義非大有之義便有元亨由其才故得元亨大有而不善者與不能亨者有矣諸卦具元亨利貞則彖皆釋爲大亨恐

疑與乾坤同也不兼利貞則釋爲元亨盡元義也元有大善之義有元亨者四卦大有蠱升鼎也唯升之彖誤隨它卦作大亨曰諸卦之元與乾不同何也曰元之在乾爲元始之義爲首出庶物之義它卦則不能有此義爲善爲大而已曰元之爲大可矣爲善何也曰元者物之先也物之先豈有不善者乎事成而後有敗敗非先成者也興而後有衰衰固後於興也得而後有失非得則何以有失也至於善惡治亂是非天下之事莫不皆然必善爲先故文言曰元者善之長也

象曰火在天上大有君子以遏惡

揚善順天休命火高在天上照見萬物之衆多故爲大有大有繁庶之義君子觀大有之象以遏絕衆惡揚明善類以奉順天休美之命萬物衆多則有善惡之殊君子享大有之盛當代天工治養庶類治衆之道在遏惡揚善而已惡懲善勸所以順天命而安羣生也

初九无交害匪咎艱則无咎九居大有之初未至於盛處卑无應與未有驕盈之失故无交害未涉於害也大凡富有鮮不有害以子貢之賢未能盡免况其下者乎匪咎艱則无咎言富有本匪有咎也人因富有自爲咎耳若能享富有而

知難處則自无咎也處富有而不能思艱兢畏則驕侈之心生矣所以有咎也

象曰大有初九无交害也在大有之初克念艱難則驕溢之心无由生矣所以不交涉於害也

九二大車以載有攸往无咎九以陽剛居二爲六五之君所倚任剛健則才勝居柔則謙順得中則无過其才如此所以能勝大有之任如大車之材強壯能勝載重物也可以任重行遠故有攸往而无咎也大有豐盛之時有而未極故以二之才可往而无咎至於盛極則不可以往矣

象曰大車以載積

中不敗也壯大之車重積載於其中不損敗猶九二材力之强能勝大有之任也**九三公用亨于天子小人弗克**三居下體之上在下而居人上諸侯人君之象也公侯上承天子天子居天下之尊率土之濱莫非王臣在下者何敢專其有凡土地之富人民之衆皆王者之有也此理之正也故三當大有之時居諸侯之位有其富盛必用亨通乎天子謂以其有爲天子之有也乃人臣之常義也若小人處之則專其富有以爲私不知公己奉上之道故曰小人弗克也**象曰公用亨于天**

子小人害也 公當用亨于天子若小人處之則爲害也自古諸侯能守臣節忠順奉上者則蕃養其衆以爲王之屏翰豐殖其財以待上之徵賦若小人處之則不知爲臣奉上之道以其有爲己之私民衆財豐則反擅其富強益爲不順是小人大有則爲害又大有爲小人之害也

九四匪其彭无咎 彭步郎反○九四居大有之時已過中矣是大有之盛者也過盛則凶咎所由生也故處之之道匪其彭則得无咎謂能謙損不處其太盛則得无咎也四近君之高位苟處太盛則致凶咎彭盛多之皃詩載驅云汶水湯湯

湯行人彭彭行人盛多之狀雅大明云駟騵彭彭言武王戎馬之盛也**象曰匪其彭无咎明辯晢也**能不處其盛而得无咎者蓋有明辯之智也晢明智也賢智之人明辯物理當其方盛則知咎之將至故能損抑不敢至於滿極也**六五厥孚交如威如吉**六五當大有之時居君位虛中爲孚信之象人君執柔守中而以孚信接於下則下亦盡其信誠以事於上上下孚信相交也以柔居尊位當太有之時人心安易若專尚柔順則陵慢生矣故必威如則吉威如有威嚴之謂也旣以柔和孚信

接於下衆志説從又有威嚴使**象曰厥孚交如信以發志也威如之吉易而无備也**下之志從乎上者也上以孚信接於下則下亦以誠信事其上故厥孚交如由上有孚信以發其下孚信之志下之從上猶響之應聲也威如之所以吉者謂若无威嚴則下易慢而无戒備也謂无恭畏備上之道備謂備上之求責也**上九自天祐之吉无不利**上九在卦之終居无位之地是大有之極而不居其有者也處離之上明之極也唯至明所以

不居其有不至於過極也有極而不處
則无盈滿之災能順乎理者也五之孚
信而履其上爲蹈履誠信之義五有文
明之德上能降志以應之爲尚賢崇善
之義其處如此合道之至也自當享其
福慶自天祐之行順乎天而獲天祐故
所往皆吉无所不利也

象曰大有上吉自天祐也

大有之上有極當變由其所爲順天合
道故天祐助之所以吉也君子滿而不
溢乃天祐也繫辭復申之云天之所助
者順也人之所助者信也履信思乎順
又以尚賢也是以自天祐之吉无不利
也履信謂履五五虛中信也思順謂謙

退不居尚賢謂志從於五大有之世不
可以盈豐而復匱盈焉非所宜也六爻
之中皆樂據權位唯初上不匱其位故
初九无咎上九无不利上九在上履信
思順故在上而得
吉蓋自天祐也

䷎ 艮下坤上 ○謙序卦有大者不可以盈故受之以謙其有既大不可
至於盈滿必在謙損故大有之後受之
以謙也爲卦坤上艮下地中有山也地
體卑下山高大之物而居地之下謙之
象也以崇高之德而處卑之下謙之義
也

謙亨君子有終 謙有亨之道也有其
德而不居謂之謙人

以謙巽自處何往而不亨乎君子有終君子志存乎謙巽達理故樂天而不競内充故退讓而不矜安履乎謙終身不易自卑而人益尊之自晦而德益光顯此所謂君子有終也在小人則有欲必競有德必伐雖使勉慕於謙亦不能安行而固守不能有終也

彖曰謙亨天道下濟而光明地道卑而上行

濟當爲際此明謙而能亨之義天之道以其氣下際故能化育萬物其道光明下際謂下交也地之道以其處卑所以其氣上行交於天皆以卑降而亨也

天道虧盈而益謙

天

行而言盈者則虧謙者**地道變盈而流**則益日月陰陽是也**謙**以地勢而言盈滿者傾變而**鬼神害**反陷卑下者流注而益增也**盈而福謙**鬼神謂造化之跡盈滿者禍害之謙損者福祐之凡過而損不足而益**人道惡盈而好謙**人情疾者皆是也惡於盈滿而好與於謙巽也謙者人之至德**謙**故聖人詳言所以戒盈而勸謙也**尊而光卑而不可踰君子之終也**謙爲卑巽也而其道尊大而光顯自處雖卑屈而其德實高不可加尚是不可踰也君子

至誠於謙恒而不變有終也故尊光**象曰地中有山謙君子以裒多益寡稱物平施**裒蒲侯反○地體卑下山之高大而在地中外卑下而内藴高大之象故爲謙也不云山在地中而曰地中有山言卑下之中藴其崇高也若言崇高藴於卑下之中則文理不順諸象皆然觀文可見君子以裒多益寡稱物平施君子觀謙之象山而在地下是高者下之卑者上之見抑高舉下損過益不及之義以施於事則裒取多者增益寡者稱物之多寡以均其施與使得其平也**初六謙謙君子**

用涉大川吉 初六以柔順處謙又居一卦之下爲自處卑下之至謙而又謙也故曰謙謙能如是者君子也自處至謙衆所共與也雖用涉險難亦无患害況居平易乎何所不吉也初處謙而以柔居下得无過於謙乎曰柔居下乃其常也但見其謙之至故爲謙謙未見其失也 象曰謙謙君子卑以自牧也 謙謙謙之至也謂君子以謙卑之道自牧也自牧自處也詩云自牧歸荑 六二鳴謙貞吉 二以柔順居中是爲謙德積於中謙德充積於中故發於外見於聲音顏色故曰鳴謙居中得

正有中正之德也故云貞吉凡貞吉有爲貞且吉者有爲得貞則吉者六二之貞吉所自有也**象曰鳴謙貞吉中心得也**二之謙德由至誠積於中所以發於聲音中心所自得也非勉爲之也**九三勞謙君子有終吉**三以陽剛之德而居下體爲衆陰所宗履得其位爲下之上是上爲君所任下爲衆所從有功勞而持謙德者也故曰勞謙古之人有當之者周公是也身當天下之大任上奉幼弱之主謙恭自牧夔夔如畏然可謂有勞而能謙矣既能勞謙又須君子行之有終則吉夫樂高喜勝人

之常情平時能謙固已鮮矣況有功勞可尊乎雖使知謙之善勉而爲之若矜負之心不忘則不能常久欲其有終不可得也唯君子安履謙順乃其常行故久而不變乃所謂有終有終則吉也九三以剛居正能終者也此爻之德最盛故象辭特重

象曰勞謙君子萬民服也能勞謙之君子萬民所尊服也繫辭云勞而不伐有功而不德厚之至也語以其功下人者也德言盛禮言恭謙也者致恭以存其位者也有勞而不自矜伐有功而不自以爲德是其德弘厚之至也言以其功勞而自謙以下於人也德言盛禮言

恭以其德言之則至盛以其自處之禮言之則至恭此所謂謙也夫謙也者謂致恭以存其位者也存守也致其恭巽以守其位故高而不危滿而不溢是以能終吉也夫君子履謙乃其常行非爲保其位而爲之也而言存其位者蓋能致恭所以能存其位言謙之道如此如言爲善有令名君子豈爲令名而爲善也哉亦言有令名者爲善之故也

六四无不利撝謙撝毁皮反○四居上體切近君位六五之君又以謙柔自處九三又有大功德爲上所任衆所宗而已居其上當恭畏以奉謙德之君卑巽以讓勞謙之臣動作施

爲无所不利於撝謙也撝施布之象如人手之撝也動息進退必施其謙蓋居多懼之地又在賢臣之上故也**象曰无不利撝謙不違則也**凡人之謙有所宜施不可過其宜也如六五或用侵伐是也唯四以處近君之地據勞臣之上故凡所動作靡不利於施謙如是然後中於法則故曰不違則也謂得其宜也**六五不富以其鄰利用侵伐无不利**富者衆之所歸唯財爲能聚人五以君位之尊而執謙順以接於下衆所歸也故不以富而能有其鄰也鄰近也不富而得人之親也爲

人君而持謙順天下所歸心也然君道不可專尚謙柔必須威武相濟然後能懷服天下故利用行侵伐也威德並著然後盡君道之宜而无所不利也葢五之謙柔當防於過故發此義

象曰利用侵伐征不服也

征其文德謙巽所不能服者也文德所不能服而不用威武何以平治天下兆人君之中道謙之過也

上六鳴謙利用行師征邑國

六以柔處柔順之極又處謙之極極乎謙者也以極謙而反居高未得遂其謙之志故至發於聲音又柔處謙之極亦必見於聲色故曰鳴謙雖居

无位之地非任天下之事然人之行已必須剛柔相濟上謙之極也至於太甚則反爲過矣故利在以剛武自治邑國已之私有行師謂用剛武征邑國謂自治其私

象曰鳴謙志未得也可用行師征邑國也謙極而居上欲謙之志未得故不勝其切至於鳴也雖不當位謙既過極宜以剛武自治其私故云利用行師征邑國也

伊川程先生周易上經傳卷二

伊川程先生周易上經傳卷三

䷏ 坤下震上

○豫序卦有大而能謙必豫故受之以豫承二卦之義而爲次也有既大而能謙則有豫樂也豫者安和說樂之義爲卦震上坤下順動之象動而和順是以豫也九四爲動之主上下羣陰所共應也坤又承之以順是以動而上下順應故爲和豫之義以二象言之雷出於地上陽始潛閉於地中及其動而出地奮發其聲通暢和豫故爲豫也

豫利建侯行師

豫順而動也豫之義所利在於建侯行師夫建侯樹屏所以共安天下諸

侯和順則萬民說服兵師之興衆心和說則順從而有功故說豫之道利於建侯行師也又上動而下順諸侯從王師衆順令之象君萬邦聚大衆非和說不能使之服從也

彖曰豫剛應而志行順以動豫

剛應謂四爲羣陰所應剛得衆應也志行謂陽志上行動而上下順從其志得行也順以動豫震動而坤順爲動而順理順理而動又爲動而衆順所以豫也

豫順以動故天地如之而況建侯行師乎

以豫順而動則天地如之而弗違況建侯行師豈有不順乎天地之道萬

物之理唯至順而已大人所以先天後天而不違者亦順乎理而已**天地以順動故日月不過而四時不忒聖人以順動則刑罰清而民服**復詳言順動之道天地之運以其順動所以日月之度不過差四時之行不忒聖人以順動故經正而民興於善刑罰清簡而萬民服也**豫之時義大矣哉**既言豫順之道矣然其旨味淵永言盡而意有餘也故復贊之云豫之時義大矣哉欲人研味其理優柔涵泳而識之也時義謂豫之時義諸卦之時與義用大者

皆贊其大矣哉豫以下十一卦是也豫遯姤旅言時時義坎睽蹇言時用頤大過解革言時各以其大者也

象曰雷出地奮豫先王以作樂崇德殷薦之上帝以配祖考

雷者陽氣奮發陰陽相薄而成聲也陽始潛閉地中及其動則出地奮震也始閉鬱及奮發則通暢和豫故為豫也坤順震發和順積中而發於聲樂之象也先王觀雷出地而奮和暢發於聲之象作聲樂以襃崇功德其殷盛至於薦之上帝推配之以祖考殷盛也禮有殷奠謂盛也薦上帝配祖考盛之至也

初六鳴

豫凶初六以陰柔居下四豫之主也而應之是不中正之小人處豫而爲上所寵其志意滿極不勝其豫至發於聲音輕淺如是必至於凶也鳴發於聲也

象曰初六鳴豫志窮凶也云初六謂其以陰柔處下而志意窮極不勝其豫至於鳴也必驕肆而致凶矣

六二介于石不終日貞吉逸豫之道放則失正故豫之諸爻多不得正才與時合也唯六二一爻處中正又无應爲自守之象當豫之時獨能以中正自守可謂特立之操是其節介如石之堅也介于石其介如石也人之於豫樂心

說之故遲遲遂至於耽戀不能已也二
以中正自守其介如石其去之速不俟
終日故貞正而吉也處豫不可安且久
也久則溺矣如二可謂見幾而作者也
夫子因二之見幾而極言知幾之道曰
知幾其神乎君子上交不諂下交不瀆
其知幾乎幾者動之微吉之先見者也
君子見幾而作不俟終日易曰介于石
不終日貞吉介如石焉寧用終日斷可
識矣君子知微知彰知柔知剛萬夫之
望夫見事之幾微者其神妙矣乎君子
上交不至於諂下交不至於瀆者蓋知
幾也不知幾則至於過而不已交於上
以恭巽故過則爲諂交於下以和易故

過則爲瀆君子見於幾微故不至於過也所謂幾者始動之微也吉凶之端可先見而未著者也獨言吉者見之於先豈復至有凶也君子明哲見事之幾微故能其介如石其守既堅則不惑而明見幾而動豈俟終日也斷別也其判別可見矣微與彰柔與剛相對者也君子見微則知彰矣見柔則知剛矣知幾如是衆所仰也故贊之曰萬夫之望

象曰不終日貞吉以中正也

能不終日而貞且吉者以有中正之德也中正故其守堅而能辯之早去之速爻言六二處豫之道爲教之意深矣

六三盱豫悔

遲有悔 盱況于反○六三陰而居陽不中不正之人也以不中正而處豫動皆有悔盱上視也上瞻望於四則以不中正不爲四所取故有悔也四豫之主與之切近苟遲遲而不前則見棄絶亦有悔也蓋處身不正進退皆有悔吝當如之何在正身而已君子處己有道以禮制心雖處豫時不失中正故无悔也

象曰盱豫有悔位不當也 自處不當失中正也是以進退有悔

九四由豫大有得勿疑朋盍簪 盍胡獵反簪側林反○豫之所以爲豫者由九四也爲動之主動而衆陰說順

爲豫之義四大臣之位六五之君順從之以陽剛而任上之事豫之所由也故云由豫大有得言得大行其志以致天下之豫也勿疑朋盍簪四居大臣之位承柔弱之君而當天下之任危疑之地也獨當上之倚任而下无同德之助所以疑也唯當盡其至誠勿有疑慮則明類自當盍聚夫欲上下之信唯至誠而已苟盡其至誠則何患乎其无助也簪聚也簪之名簪取聚髮也或曰卦唯一陽安得同德之助曰居上位而至誠求助理必得之姤之九五曰有隕自天是也四以陽剛迫近君位而專主乎豫聖人宜爲之戒而不然者豫和順之道也

由和順之道不失爲臣之正也如此而專主於豫乃是任天下之事而致時於豫者也故唯戒以至誠勿疑

象曰由豫大有得志大行也由已而致天下於樂豫故爲大有得謂其志得大行也

六五貞疾恒不死六五以陰柔居君位當豫之時沉溺於豫不能自立者也權之所主衆之所歸皆在於四四之陽剛得衆非耽惑柔弱之君所能制也乃柔弱不能自立之君受制於專權之臣也居得君位貞也受制於下有疾苦也六居尊位權雖失而位未亡也故云貞疾恒不死言貞而有疾常疾而不

死如漢魏末世之君也人君致危亡之道非一而以豫爲多在四不言失正而於五乃見其強逼者四本无失故於四言大臣任天下之事之義於五則言柔弱居尊不能自立威權去已之義各據爻以取義故不同也若五不失君道而四主於豫乃是任得人安享其功如太甲成王也蒙亦以陰居尊位二以陽爲蒙之主然彼吉而此疾者時不同也童蒙而資之於人宜也耽豫而失之於人危亡之道也故蒙相應則倚任者也豫相逼則失權者也又上下之心專歸於四也

象曰六五貞疾乘剛也恒不死中未

亡也貞而疾由乘剛爲剛所逼也恒不死中之尊位未亡也上六

冥豫成有渝无咎冥覔經反○上六陰柔非有中正之德以陰居上不正也而當豫極之時以君子居斯時亦當戒懼況陰柔乎乃耽肆於豫昏迷不知反者也在豫之終故爲昏冥已成也若能有渝變則可以无咎矣在豫之終有變之義人之失苟能自變皆可以无咎故冥雖已成能變則善也聖人發此義所以勸遷善也故更不言冥之凶專言渝之无咎

象曰冥豫在上何可長也昏冥於豫至於終極災咎行及矣其可長

然乎當
速渝也

䷐ 震下兌上 ○隨序卦豫必有隨故受之以隨夫說豫之道物所隨也隨所以次豫也爲卦兌上震下兌爲說震爲動說而動動而說皆隨之義女隨人者也以少女從長男隨之義也又震爲雷兌爲澤雷震於澤中澤隨而動隨之象也又以卦變言之乾之上來居坤之下坤之初往居乾之上陽來下於陰也以陽下陰陰必說隨爲隨之義凡成卦既取二體之義又有取爻義者復有更取卦變之義者如隨之取義尤爲詳備

隨元亨利貞无

咎　隨之道可以致大亨也君子之道與衆所隨與己隨於人及臨事擇所隨皆隨也隨得其道則可以致大亨也凡人君之從善臣下之奉命學者之徙義臨事而從長皆隨也隨之道利在於貞正隨得其正然後能大亨而无咎失其正則有咎矣豈能亨乎

彖曰隨剛來而下柔動而說隨大亨貞无咎而天下隨時　下遐嫁反說音悅下皆同

○卦所以爲隨以剛來而下柔動而說也謂乾之上九來居坤之下坤之初六往居乾之上以陽剛來下於陰柔是以上下下以貴下賤能如是物

之所說隨也又下動而上說動而可說也所以隨也如是則可大亨而得正能大亨而得正則爲无咎不能亨不得正則非可隨之道豈能使天下隨之乎天下所隨者時也故云天下隨時**隨時之義大矣哉**君子之道隨時而動從宜適變不可爲典要非造道之深知幾能權者不能與於此也故贊之曰隨時之義大矣哉凡贊之者欲人知其義之大玩而識之也此贊隨時之義大與豫等諸卦不同諸卦時與義是兩事**象曰澤中有雷隨君子以嚮晦入宴息**雷震於澤中澤隨震而動爲隨

之象君子觀象以隨時而動隨時之宜萬事皆然取其最明且近者言之君子以嚮晦入宴息君子晝則自強不息及嚮昏晦則入居於内宴息以安其身起居隨時適其宜也禮君子晝不居内夜不居外隨時之道也

初九官有渝貞吉出門交有功

九居隨時而震體且動之主有所隨者也官主守也既有所隨是其所主守有變易也故曰官有渝貞吉所隨得正則吉也有渝而不得正乃過動也出門交有功人心所從多所親愛者也常人之情愛之則見其是惡之則見其非故妻孥之言雖失而多從所憎之言

雖善爲惡也苟以親愛而隨之則是私情所與豈合正理故出門而交則有功也出門謂非私暱交不以私故其隨當而有功

象曰官有渝從正吉也既有隨而變必所從得正則吉也所從不正則有悔吝**出門交有功不失也**出門而交非牽於私其交必正矣正則无失而有功

六二係小子失丈夫二應五而比初隨先於近柔不能固守故爲之戒云若係小子則失丈夫也初陽在下小子也五正應在上丈夫也二若志係於初則失九五之正應是失丈夫也係小子而失丈夫捨

正應而從不正其咎大矣二有中正之德非必至如是也在隨之時當爲之戒也

象曰係小子弗兼與也人之所隨得正則遠邪從非則失是无兩從之理二苟係初則失五矣弗能兼與也所以戒人從正當專一也

六三係丈夫失小子隨有求得利居貞丈夫九四也小子初也陽之在上者丈夫也居下者小子也三雖與初同體而切近於四故係於四也大抵陰柔不能自立常親係於所近者上係於四故下失於初舍初從上得隨之宜也上隨則善也如昏之隨明事之從善上隨

也背是從非舍明逐暗下隨也四亦无應无隨之者也近得三之隨必與之親善故三之隨四有求必得也人之隨於上而上與之是得所求也又凡所求者可得也雖然固不可非理枉道以隨於上苟取愛說以遂所求如此乃小人邪諂趨利之爲也故云利居貞自處於正則所謂有求而必得者乃正事君子之隨也

象曰係丈夫志舍下也 舍音捨○既隨於上則是其志舍下而不從也舍下而從上舍卑而從高也於隨爲善矣

九四隨有獲貞凶有孚在道以明何咎 九四以陽剛之

才處臣位之極若於隨有獲則雖正亦凶有獲謂得天下之心隨於己爲臣之道當使恩威一出於上衆心皆隨於君若人心從己危疑之道也故凶居此地者柰何唯孚誠積於中動爲合於道以明哲處之則又何咎古之人有行之者伊尹周公孔明是也皆德及於民而民隨之其得民之隨所以成其君之功致其國之安其至誠存乎中是有孚也其所施爲无不中道在道也唯其明哲故能如是以明也復何過咎之有是以下信而上不疑位極而无逼上之嫌勢重而无專強之過非聖人大賢則不能也其次如唐之郭子儀威震主而主不疑

亦由中有誠孚而處无甚
失也非明哲能如是乎
象曰隨有獲
其義凶也有孚在道明功也
居近君之
位而有獲
其義固凶能有孚而在道
則无咎蓋明哲之功也
九五孚于嘉
吉
九五居尊得正而中實是其中誠在
於隨善其吉可知嘉善也自人君至
于庶人隨道之吉唯在隨善而
已下應二之正中爲隨善之義
象曰孚
于嘉吉位正中也
處正中之位由正中
之道孚誠所隨者正
中也所謂嘉也其吉可知所孚之嘉謂
六二也隨以得中爲善隨之所防者過

也蓋心所說隨則不知其過矣

上六拘係之乃從維之王用亨于西山

拘句于反○上六以柔順而居隨之極極乎隨者也拘係之謂隨之極如拘持縻係之乃從維之又從而維繫之也謂隨之固結如此王用亨于西山隨之極如是昔者大王用此道亨王業于西山大王避狄之難去豳來岐豳人老稚扶携以隨之如歸市蓋其人心之隨固結如此用此故能亨盛其王業於西山西山岐山也周之王業蓋興於此上居隨極固爲太過然在得民之隨與隨善之固如此乃爲善也施於他則過矣

象曰

拘係之上窮也隨之固如拘係維持隨道之窮極也

䷑ 巽下艮上 ○蠱序卦以喜隨人者必有事故受之以蠱承二卦之義以爲次也夫喜說以隨於人者必有事也无事則何喜何隨蠱所以次隨也蠱事也蠱非訓事蠱乃有事也爲卦山下有風風在山下遇山而回則物亂是爲蠱象蠱之義壞亂也在文爲蟲皿皿之有蟲蠱壞之義左氏傳云風落山女惑男以長女下於少男亂其情也風遇山而回物皆撓亂是爲有事之象故云蠱者事也既蠱而治之亦事也以卦之象言之所以成蠱也以卦之才言之所

以治蠱也**蠱元亨利涉大川**蠱音古○既蠱則有復治之理自古治必因亂亂則開治理自然也如卦之才以治蠱則能致元亨也蠱之大者濟時之艱難險阻也故利涉大川**先甲三日後甲三日**甲數之首事之始也如辰之甲乙甲第甲令皆謂首也事之端也治蠱之道當思慮其先後三日蓋推原先後爲救弊可久之道先甲謂先於此究其所以然也後甲謂後於此慮其將然也一日二日至於三日言慮之深推之遠也究其所以然則知救之之道慮其將然則知備之之方善救則前弊可革善備則後

利可久此古之聖王所以新天下而垂後世也後之治蠱者不明聖人先甲後甲之誠慮浅而事近故勞於救亂而亂不革功未及成而弊已生矣甲者事之首庚者變更之首制作政教之類則云甲舉其首也發號施令之事則云庚庚猶更也有所更變也

彖曰蠱剛上而柔下巽而止蠱

以卦變及二體之義而言剛上而柔下謂乾之初九上而為上九坤之上六下而為初六也陽剛尊而在上者也今往居於上陰柔卑而在下者也今來居於下男雖少而居上女雖長而在下尊卑得正上下順理治蠱之道也由剛

之上，柔之下，變而爲艮巽。艮，止也；巽，順也。下巽而上止，止於巽順也。以巽順之道治蠱，是治蠱之以元亨也。**蠱元亨而天下治也。**道如卦之才，則元亨而天下治矣。夫治亂者，苟能使尊卑上下之義正，在下者巽順，在上者能止齊安定之事，皆止於順，則何蠱之不治也？其道大善而亨也。如此則天下治矣。**利涉大川，往有事也。**方天下壞亂之際，宜涉艱險以往而濟之，是往有所事也。**先甲三日，後甲三日，終則有始，天行也。**夫有始則必有終，既終則必有始，天之道也。聖

人知終始之道，故能原始而究其所以
然，要終而備其將然，先甲後甲而爲之
慮，所以能治蠱
而致元亨也。
象曰：山下有風，蠱。君子以振民育德。
山下有風，風遇山而回，則物皆散亂，故爲有事之象。
君子觀有事之象，以振濟於民，養育其
德也。在己則養德，於天下則濟民，君子
之所事，无大
於此二者。
初六：幹父之蠱，有子，考无咎，厲終吉。
初六雖居最下，成卦由之，有主之義。居内在下而爲主，子
幹父蠱也。子幹父蠱之道，能堪其事，則
爲有子，而其考得无咎；不然，則爲父之

累故必惕厲則得終吉也處卑而尸尊事自當兢畏以六之才雖能巽順體乃陰柔在下无應而主幹非有能濟之義若以不克幹而言則其義甚小故專言爲子幹蠱之道必克濟則不累其父能厲則可以終吉乃備見爲子幹蠱之大法也

象曰幹父之蠱意承考也

子幹父蠱之道意在承當於父之事也故祗敬其事以置父於无咎之地常懷惕厲則終得其吉也盡誠於父事吉之道也

九二幹母之蠱不可貞

九二以剛陽爲六五所應是以剛陽之才在下而幹夫在上陰柔之事也故取子幹

母蠱爲義以剛陽之臣輔柔弱之君義亦相近二巽體而處柔順義爲多幹母之蠱之道也夫子之於母當以柔巽輔導之使得於義不順而致敗蠱則子之罪也從容將順豈无道乎以婦人言之則陰柔可知若伸已剛陽之道遽然矯拂則傷恩所害大矣亦安能入乎在乎屈己下意巽順將承使之身正事治而已故曰不可貞謂不可貞固盡其剛直之道如是乃中道也又安能使之爲甚高之事乎若於柔弱之君盡誠竭忠致之於中道則可矣又安能使之大有爲乎且以周公之聖輔成王成王非甚柔弱也然能使之爲成王而已守成不失

道則可矣，固不能使之爲羲黄堯舜之事也。二巽體而得中，是能巽順而得中道，合不可貞之義，得幹母蠱之道也。**象曰：幹母之蠱，得中道也。**二得中道而不過剛，幹母蠱之善者也。**九三，幹父之蠱，小有悔，无大咎。**三以剛陽之才居下之上，主幹者也，子幹父之蠱也。以陽處剛而不中，剛之過也。然而在巽體，雖剛過而不爲无順。順，事親之本也。又居得正，故无大過。以剛陽之才克幹其事，雖以剛過而有小小之悔，終无大過咎也。然有小悔，已非善事親也。**象曰：幹父之蠱，**

終无咎也以三之才幹父之蠱雖小有悔終无大咎也蓋剛斷能幹不失正而有順所以終无咎也

六四裕父之蠱往見吝裕羊樹反○四以陰居陰柔順之才也所處得正故爲寬裕以處其父事者也夫柔順之才而處正僅能循常自守而已若往幹過常之事則不勝而見吝也以陰柔而无應助往安能濟

象曰裕父之蠱往未得也以四之才守常居寬裕之時則可矣欲有所往則未得也加其所任則不勝矣

六五幹父之蠱用譽五居尊位以陰柔之質當人君

之幹而下應於九二是能任剛陽之臣也雖能下應剛陽之賢而倚任之然已實陰柔故不能爲創始開基之事承其舊業則可矣故爲幹父之蠱夫創業垂統之事非剛明之才則不能繼世之君雖柔弱之質苟能任剛賢則可以爲善繼而成令譽也太甲成王皆以臣而用譽者也

象曰幹父用譽承以德也 幹父之蠱而用有令譽者以其在下之賢承輔之以剛中之德也

上九不事王侯高上其事 上九居蠱之終无係應於下處事之外无所事之地也以剛明之才无應援而處无事之地是

賢人君子不偶於時而高潔自守不累於世務者也故云不事王侯高尚其事古之人有行之者伊尹太公望之始曾子子思之徒是也不屈道以徇時既不得施設於天下則自善其身尊高敦尚其事守其志節而已士之自高尚亦非一道有懷抱道德不偶於時而高潔自守者有知止足之道退而自保者有量能度分安於不求知者有清介自守不屑天下之事獨潔其身者所處雖有得失小大之殊皆自高尚其事者也象所謂志可則者進退合道者也**象曰**

不事王侯志可則也 如上九之處事外不累於世務不臣

事於王侯蓋進退以道用捨隨時非賢者能之乎其所存之志可爲法則也

䷒ 兑下坤上

○臨序卦有事而後可大故受之以臨臨者大也蠱者事也有事則可大矣故受之以臨也韓康伯云可大之業由事而生二陽方長而盛大故爲臨也爲卦澤上有地澤上之地岸也與水相際臨近乎水故爲臨天下之物密近相臨者莫若地與水故地上有水則爲比澤上有地則爲臨也臨者臨民臨事凡所臨皆是在卦取自上臨下臨民爲義

臨元亨利貞以卦才言也臨之道如卦之才則大亨而正也**至于八月有**

凶二陽方長於下陽道嚮盛之時聖人豫爲之戒曰陽雖方盛至於八月則其道消矣是有凶也大率聖人爲戒必於方盛之時方盛而慮衰則可以防其滿極而圖其永久若既衰而後戒亦无及矣自古天下安治未有久而不亂者蓋不能戒於盛也方其盛而不能知戒故狃安富則驕侈生樂舒肆則綱紀壞忘禍亂則釁孽萌是以浸淫不知亂之至也

彖曰臨剛浸而長說而順剛中而應大亨以正天之道也

浸漸也二陽長於下而漸進也下兌上坤和說而順也剛得中道而有應

助是以能大亨而得正合天之道剛正而和順天之道也化育之功所以不息者剛正和順而已以此臨人臨事臨天下莫不大亨而得正也兌爲說說乃和也夬彖云決而和

至于八月有凶消不久也

臨二陽生陽方漸盛之時故聖人爲之戒云陽雖方長然至于八月則消而凶矣八月謂陽生之八月陽始生於復自復至遯凡八月自建子至建未也二陰長而陽消矣故云消不久也在陰陽之氣言之則消長如循環不可易也以人事言之則陽爲君子陰爲小人方君子道長之時聖人爲之誡使知極則有凶之理

而寘備之常不至於滿極則无凶也**象曰澤上有地臨君子以教思无窮容保民无疆**澤之上有地澤岸也水之際也物之相臨與含容无若水之在地故澤上有地爲臨也君子觀親臨之象則教思无窮親臨於民則有教導之意思也无窮至誠无斁也觀含容之象則有容保民之心无疆廣大无疆限也含容有廣大之意故爲无窮无疆之義

初九咸臨貞吉咸感也陽長之時感動於陰四應於初感之者也比它卦相應尤重四近君之位初得正位與四感應是以正道爲當位

所信任得行其志獲乎上而得行其正道是以吉也它卦初上爻不言得位失位蓋初終之義爲重也臨則以初得位居正爲重凡言貞吉有既正且吉者有得正則吉者有貞固守之則吉者各隨其事也**象曰咸臨貞吉志行正也**所謂貞吉九之志在於行正也以九居陽又應四之正其志正也**九二咸臨吉无不利**二方陽長而漸盛感動於六五中順之君其交之親故見信任得行其志所臨吉而无不利也吉者已然如是故吉也无不利者將然於所施爲无所不利也**象曰咸臨吉**

无不利未順命也 未者非遷之辭孟子或問勸齊伐燕有諸曰未也又云仲子所食之粟伯夷之所樹歟抑亦盜蹠之所樹歟是未可知也史記侯嬴曰人固未易知古人用字之意皆如此今人大率用對巳字故意似異然實不殊也九二與五感應以臨下蓋以剛德之長而又得中至誠相感非由順上之命也是以吉而无不利五順體而二說體又陰陽相應故象特明其非由說順也

六三甘臨无攸利既憂之无咎 三居下之上臨人者也陰柔而說體又處不中正以甘說臨人者也在上而以

甘說臨下失德之甚无所利也兊性既說又乘二陽之上陽方長而上進故不安而益甘既知危懼而憂之若能持謙守正至誠以自處則无咎也邪說由己能憂而改之復何咎乎

象曰甘臨位不當也既憂之咎不長也

陰柔之人處不中正而居下之上復乘二陽是處不當位也既能知懼而憂之則必勉強自改故其過咎不長也

六四至臨无咎

四居上之下與下體相比是切臨於下臨之至也臨道尚近故以比為至四居正位而下應於剛陽之初處近君之位守正而任賢以親臨於

下是以无咎所處當也**象曰至臨无咎位當也**居近君之位爲得其任以陰處四爲得其正與初相應爲下賢所以无咎蓋由位之當也

六五知臨大君之宜吉五以柔中順體居尊位而下應於二剛中之臣是能倚任於二不勞而治以知臨下者也夫以一人之身臨乎天下之廣若區區自任豈能周於萬事故自任其知者適足爲不知唯能取天下之善任天下之聰明則无所不周是不自任其知則其知大矣五順應於九二剛中之賢任之以臨下乃已以明知臨天下大君之所宜也其吉可知

象曰大君之宜行中之謂也君臣道合盖以氣類相求五有中德故能倚任剛中之賢得大君之宜成知臨之功蓋由行其中德也人君之於賢才非道同德合豈能用也

上六敦臨吉无咎上六坤之極順之至也而居臨之終敦厚於臨也與初二雖非正應然大率陰求於陽又其至順故志在從乎二陽尊而應卑高而從下尊賢取善敦厚之至也故曰敦臨所以吉而无咎陰柔在上非能臨者宜有咎也以其敦厚於順剛是以吉而无咎六居臨之終而不取極義臨无過極故止爲厚義上无位之地

止以在上言**象曰敦臨之吉志在內也**志在內應乎初與二也志順剛陽而敦篤其吉可知也

䷓ 坤下巽上

○觀序卦臨大也物大然後可觀故受之以觀觀所以次臨也凡觀視於物則爲觀爲觀於下則爲觀如樓觀謂之觀者爲觀於下也人君上觀天道下觀民俗則爲觀修德行政爲民瞻仰則爲觀風行地上徧觸萬類周觀之象也二陽在上四陰在下陽剛居尊爲群下所觀仰觀之義也在諸爻則唯取觀見隨時爲義也

觀盥而不薦有孚顒

若予聞之胡翼之先生曰君子居上爲天下之表儀必極其莊敬則下觀仰而化也故爲天下之觀當如宗廟之際始盥之時不可如既薦之後則下民盡其至誠顒然瞻仰之矣盥謂祭祀之始盥手酌鬱鬯於地求神之時也薦謂獻腥獻熟之時也盥者事之始人心方盡其精誠嚴肅之至也至既薦之後禮數繁縟則人心散而精亦不若始盥之時矣居上者正其表儀以爲下民之觀當莊嚴如始盥之初勿使誠意少散如既薦之後則天下之人莫不盡其孚誠顒然瞻仰之矣

彖曰大觀在上順而巽中

顒仰望也

正以觀天下五居尊位以剛陽中正之德爲下所觀其德甚大故曰大觀在上下坤而上巽是能順而巽也五居中正以巽順中正之德爲觀於天下也**觀盥而不薦有孚顒若下觀而化也**爲觀之道嚴敬如始盥之時則下民至誠瞻仰而從化也不薦謂不使誠意少散也**觀天之神道而四時不忒聖人以神道設教而天下服矣**天道至神故曰神道觀天之運行四時无有差忒則見其神妙聖人見天道之神體神道以設教故天下莫不

服也夫天道至神故運行四時化育萬物无有差忒至神之道莫可名言唯聖人默契體其妙用設爲政教故天下之人涵泳其德而不知其功鼓舞其化而莫測其用自然仰觀而戴服故曰以神道設教而天下服矣 **象曰風行地上觀先王以省方觀民設教** 風行地上周及庶物爲由歷周覽之象故先王體之爲省方之禮以觀民俗而設政教也天子巡省四方觀視民俗設爲政教如奢則約之以儉儉則示之以禮是也省方觀民也設教爲民觀也 **初六童觀小人无咎君子**

吝六以陰柔之質居遠於陽是以觀見者淺近如童稚然故曰童觀陽剛中正在上聖賢之君也近之則見其道德之盛所觀深遠初乃遠之所見不明如童蒙之觀也小人下民也所見昏淺不能識君子之道乃常分也不足謂之過咎若君子而如是則可鄙吝也

象曰初六童觀小人道也所觀不明如童稚乃小人之分故曰小人道也

六二闚觀利女貞二應於五觀於五也五剛陽中正之道非二陰暗柔弱所能觀見也故但如闚覘之觀耳闚覘之觀雖少見而不能甚明也二既不能明見剛陽中

正之道則利如女子之貞雖見之不能甚明而能順從者女子之道也在女子爲貞也二既不能明見九五之道能如女子之順從則不失中正乃爲利也

象曰闚觀女貞亦可醜也 君子不能觀見剛陽中正之大道而僅闚覘其仿佛雖能順從乃同女子之貞亦可羞醜也

六三觀我生進退 三居非其位處順之極能順時以進退者也若居當其位則无進退之義也觀我生我之所生謂動作施爲出於己者觀其所生而隨宜進退所以處雖非正而未至失道也隨時進退求不失道故无悔咎以能

順也

象曰觀我生進退未失道也觀己之生而進退以順乎宜故未至於失道也

六四觀國之光利用賓于王觀莫明於近五以剛陽中正居尊位聖賢之君也四切近之觀見其道故云觀國之光觀見國之盛德光輝也不指君之身而云國者在人君而言豈止觀其行一身乎當觀天下之政化則人君之道德可見矣四雖陰柔而巽體居正切近於五觀見而能順從者也利用賓于王夫聖明在上則懷抱才德之人皆願進于朝廷輔戴之以康濟天下四既觀見人君之德國家之治光華

盛美所宜賓于王朝效其智力上輔於君以施澤天下故云利用賓于王也古者有賢德之人則人君賓禮之故士之仕進於王朝則謂之賓**象曰觀國之光尚賓也**君子懷負才業志在乎兼善天下然有卷懷自守者蓋時无明君莫能用其道不得已也豈君子之志哉故孟子曰中天下而立定四海之民君子樂之既觀見國之盛德光華古人所謂非常之遇也所以志願登進王朝以行其道故云觀國之光尚賓也尚謂志尚其志意願慕賓於王朝

九五觀我生君子无咎九五居人君之位時也

之治亂俗之美惡係乎已而已觀已之生若天下之俗皆君子矣則是已之所爲政化善也乃无咎矣若天下之俗未合君子之道則是已之所爲政治未善不能免於咎也

象曰觀我生觀民也

我生出於已者人君欲觀已之施爲善否當觀於民民俗善則政化善也王弼云觀民以察已之道是也

上九觀其生君子无咎

上九以剛陽之德處於上爲下之所觀而不當位是賢人君子不在於位而道德爲天下所觀仰者也觀其生觀其所生也謂出於已者德業行義也既爲天下所觀仰故自觀其所生

若皆君子矣，則无過咎也；苟未君子，則何以使人觀仰矜式？是其咎也。**象曰：觀其生，志未平也。**雖不在位，然以人觀其德用爲儀法，故當自慎省，觀其所生，常不失於君子，則人不失所望而化之矣。不可以不在於位，故安然放意，无所事也。是其志意未得安也，故云志未平也。平謂安寧也。

䷔ 震下離上

○噬嗑，序卦：「可觀而後有所合，故受之以噬嗑。嗑者，合也。」既有所觀，然後有來合之者也，噬嗑所以次觀也。噬，齧也；嗑，合也。口中有物間之齧而後合之也卦上下二剛爻而中柔外剛中虛人頤口之象也中虛之中又一剛爻爲頤中有物之象口中有物則隔其上下不得嗑必齧之則得嗑故爲噬嗑聖人以卦之象推之於天下之事在口則爲有物隔而不得合在天下則爲有強梗或讒邪間隔於其間故天下之事不得合也當用刑法小則懲戒大則誅戮以除去之然後天下之治得成矣凡天下至於一國一家至於萬事所以不和合者皆由有間也无間則合矣以至天地之生萬物之成皆合而後能遂凡未合者皆爲間也若君臣父子親戚朋友之間有離貳怨隙者蓋讒

邪間於其間也除去之則和合矣故間隔者天下之大害也聖人觀噬嗑之象推之於天下萬事皆使去其間隔而合之則无不和且治矣噬嗑者治天下之大用也去天下之間在任刑罰故卦取用刑爲義在二體明照而威震乃用刑之象也

噬嗑亨利用獄

噬嗑亨卦自有亨義也天下之事所以不得亨者以有間也噬而嗑之則亨通矣利用獄噬而嗑之之道宜用刑獄也天下之間非刑獄何以去之不云利用刑而云利用獄者卦有明照之象利於察獄也獄者所以究察情僞得其情則知爲間之道然後可以設防與致刑

匕

彖曰頤中有物曰噬嗑噬嗑而亨頤中有物故爲噬嗑有物閒於頤中則爲害噬而嗑之則其害亡乃亨通也故云噬嗑而亨

剛柔分動而明雷電合而章以卦才言也剛爻與柔爻相閒剛柔分而不相雜爲明辨之象明辨察獄之本也動而明下震上離其動而明也雷電合而章雷震而電耀相須並見合而章也照與威並行用獄之道也能照則无所隱情有威則莫敢不畏上既以二象言其動而明故復言威照並用之意

柔得中而上行雖不當位

利用獄也六五以柔居中爲用柔得中之義上行謂居尊位雖不當位謂以柔居五爲不當而利於用獄者治獄之道全剛則傷於嚴暴過柔則失於寬縱五爲用獄之主以柔處剛而得中得用獄之宜也以柔居剛爲利用獄以剛居柔爲利否曰剛柔質也居用也用柔非治獄之宜也**象曰雷電噬嗑先王以明罰敕法**象无倒置者疑此文互也雷電相須並見之物亦有嗑象電明而雷威先王觀電雷之象法其明與威以明其刑罰飭其法法令法者明事理而爲之防者也**初九屨校滅**

趾无咎九居初最在下无位者也下民之象爲受刑之人當用刑之始罪小而刑輕校木械也其過小故屨之於足以滅傷其趾人有小過校而滅其趾則當懲懼不敢進於惡矣故得无咎繫辭云小懲而大誡此小人之福也言懲之於小與初故得无咎也初與上无位爲受刑之人餘四爻皆爲用刑之人初居最下无位者也上處尊位之上過於尊位亦无位者也王弼以爲无陰陽之位陰陽繫於奇耦豈容无也然諸卦初上不言當位不當位者蓋初終之義爲大臨之初九則以位爲正若需上六云不當位乾上九云无位爵位之位非

陰陽之位也**象曰屨校滅趾不行也**屨校而滅傷其趾則知懲誡而不敢長其惡故云不行也古人制刑有小罪則校其趾蓋取禁止其行使不進於惡也**六二噬膚滅鼻无咎**二應五之位用刑者也四爻皆取噬爲義二居中得正是用刑得其中正也用刑得其中正則罪惡者易服故取噬膚爲象噬齧人之肌膚爲易入也滅沒也深入至沒其鼻也二以中正之道其刑易服然乘初剛是用刑於剛強之人刑剛強之人必須深痛故至滅鼻而无咎也中正之道易以服人與嚴刑以待剛強義不相

妨象曰噬膚滅鼻乘剛也深至滅鼻者乘剛故也乘剛乃用刑於剛強之人不得不深嚴也深嚴則得宜乃所謂中也六三噬腊肉遇毒小吝无咎三居下之上用刑者也六居三處不當位自處不得其當而刑於人則人不服而怨懟悖犯之如噬齧乾腊堅韌之物而遇毒惡之味反傷於口也用刑而人不服反致怨傷是可鄙吝也然當噬嗑之時大要噬間而嗑之雖其身處位不當而強梗難服至於遇毒然用刑非爲不當也故雖可吝而亦小噬而嗑之非有咎也象曰遇毒

位不當也六三以陰居陽處位不當自處不當故所刑者難服而反毒之也

九四噬乾胏得金矢利艱貞吉

九四居近君之位當噬嗑之任者也四已過中是其間愈大而用刑愈深也故云噬乾胏胏肉之有聯骨者乾肉而兼骨至堅難噬者也噬至堅而得金矢金取剛矢取直九四陽德剛直爲得剛直之道雖用剛直之道利在克艱其事而貞固其守則吉也九四剛而明體陽而居柔剛明則傷於果故戒以知難居柔則守不固故戒以堅貞剛而不貞者有矣凡失剛者皆不貞也在噬嗑四最爲善

象曰利艱貞吉未光也凡言未光其道未光大也戒於利艱貞蓋其所不足也不得中正故也六五噬乾肉得黃金貞厲无咎五在卦愈上而爲噬乾肉反易於四之乾胏者五居尊位乘在上之勢以刑於下其勢易也在卦將極矣其爲間甚大非易噬也故爲噬乾肉也得黃金黃中色金剛物五居中爲得中道處剛而四輔以剛得黃金也五无應而四居大臣之位得其助也貞厲无咎六五雖處中剛然實柔體故戒以必正固而懷危厲則得无咎也以柔居尊而當噬嗑之時豈可不貞固

而懷危懼哉**象曰貞厲无咎得當也**所以能无咎者以所爲得其當也所謂當居中用剛而能守正慮危也**上九何校滅耳凶**何何可反○上過乎尊位无位者也故爲受刑者居卦之終是其聞大噬之極也繫辭所謂惡積而不可揜罪大而不可解者也故何校而滅其耳凶可知矣何負也謂在頸也**象曰何校滅耳聰不明也**人之聾暗不悟積其罪惡以至於極古人制法罪之大者何之以校爲其无所聞知積成其惡故以校而滅傷其耳誡聰之不明也

䷕ 離下艮上○賁序卦噬嗑者合也物不可以苟合而已故受之以賁賁者飾也物之合則必有文文乃飾也如人之合聚則有威儀上下物之合聚則有次序行列合則必有文也賁所以次噬嗑也爲卦山下有火山者草木百物所聚也下有火則照見其上草木品彙皆被其光彩有賁飾之象故爲賁也

賁亨小利有攸往

賁彼僞反○物有飾而後能亨故曰无本不立无文不行有實而加飾則可以亨矣文飾之道可增其光彩故能小利於進也

彖曰賁亨柔來而文剛故亨分剛上

而文柔故小利有攸往天文也文明以止人文也卦爲賁飾之象以上下二體剛柔交相爲文飾也下體本乾柔來文其中而爲離上體本坤剛往文其上而爲艮乃爲山下有火止於文明而成賁也天下之事无飾不行故賁則能亨也柔來而文剛故亨柔來文於剛而成文明之象文明所以爲賁也賁之道能致亨實由飾而能亨也分剛上而文柔故小利有攸往分乾之中爻往文於艮之上也事由飾而加盛由飾而能行故小利有攸往夫往而能利者以有本也賁飾之道非能增其實也但加

之文彩耳事由文而顯盛故爲小利有攸往亨者亨通也往者加進也二卦之變共成賁義而彖分言上下各主一事者蓋離明足以致亨文柔又能小進也天文也文明以止人文也此承上文言陰陽剛柔相交者天之文也止於文明者人之文也止謂處於文明也質必有文自然之理理必有對待生生之本也有上則有下有此則有彼有質則有文一不獨立二則爲文非知道者孰能識之天文天之理也人文人之道也

觀乎天文以察時變

天文謂日月星辰之錯列寒暑陰陽之代變觀其運行以察四時之遷改也

觀乎人文以化成天下人文人理之倫序觀人文以教化天下天下成其禮俗乃聖人用賁之道也賁之象取山下有火又取卦變柔來文剛剛上文柔凡卦有以二體之義及二象而成者如屯取動乎險中與雲雷訟取上剛下險與天水違行是也有取一爻者成卦之由也柔得位而上下應之曰小畜柔得尊位大中而上下應之曰大有是也有取二體又取消長之義者雷在地中復山附於地剥是也有取二象兼取二爻交變爲義者風雷益兼取損上益下山下有澤損兼取損下益上是也有既以二象成卦復取爻之

義者夬之剛決柔姤之柔遇剛是也有以用成卦者巽乎水而上水井木上有火鼎是也鼎又以卦形爲象有以形爲象者山下有雷頤頤中有物曰噬嗑是也此成卦之義也如剛上柔下損上益下謂剛居上柔在下損於上益於下據成卦而言非謂就卦中升降也如訟无妄云剛來豈自上體而來也凡以柔居五者皆云柔進而上行柔居下者也乃居尊位是進而上也非謂自下體而上也卦之變皆自乾坤先儒不達故謂賁本是泰卦豈有乾坤重而爲泰又由泰而變之理下離本乾中爻變而成離上艮本坤上爻變而成艮離在内故云柔

來艮在上故云剛上非自下體而上也乾坤變而爲六子八卦重而爲六十四皆由乾坤而變也

象曰山下有火賁君子以明庶政无敢折獄

山者草木百物之所聚生也火在其下而上照庶類皆被其光明爲賁飾之象也君子觀山下有火明照之象以脩明其庶政成文明之治而无果敢於折獄也折獄者人君之所致慎也豈可恃其明而輕自用乎乃聖人之用心也爲戒深矣象之所取唯以山下有火明照庶物以用明爲戒而賁亦自有无敢折獄之義折獄者專用情實有文飾則没其情矣故

无敢用文以折獄也**初九賁其趾舍車而徒**舍音捨○

初九以剛陽居明體而處下君子有剛明之德而在下者也君子在无位之地无所施於天下唯自賁飾其所行而已趾取在下而所以行也君子脩飾之道正其所行守節處義其行不苟義或不當則舍車輿而寧徒行衆人之所羞而君子以爲賁也舍車而徒之義兼於比應取之初比二而應四應四正也與二非正也九之剛明守義不近與於二而遠應於四舍易而從難如舍車而徒行也守節義君子之賁也是故君子所貴世俗所羞世俗所貴君子所賤以車徒

爲言者因趾與行爲義也象曰舍車而徒義弗乘也舍車而徒行者於義不可以乘也初應四正也從二非正也近舍二之易而從四之難舍車而徒行也君子之賁守其義而已六二賁其須卦之爲賁雖由兩爻之變而文明之義爲重二實賁之主也故主言賁之道飾於物者不能大變其質也因其質而加飾耳故取須義須隨頤而動者也動止唯繫於所附猶善惡不由於賁也二之文明唯爲賁飾善惡則繫其質也象曰賁其須與上興也以須爲象者謂其與上同興也隨上而動

動止唯繫所附也猶加飾於物因其質而賁之善惡在其質也**九三賁如濡如永貞吉**濡如吏反○三處文明之極與二四二陰間處相賁賁之盛者也故云賁如如辭助也賁飾之盛光彩潤澤故云濡如光彩之盛則有潤澤詩云麀鹿濯濯永貞吉三與二四非正應相比而成相賁故戒以常永貞正賁者飾也賁飾之事難乎常也故永貞則吉三與四相賁又下比於二二柔文一剛上下**象曰永貞之吉終**交賁為賁之盛也

莫之陵也飾而不常且非正人所陵侮也故戒能永正則吉也其賁

既常而正誰能陵之乎

六四賁如皤如白馬翰如皤白波反翰户旦反媾古豆反

匪寇婚媾○四與初爲正應相賁者也本當賁如而爲三所隔故不獲相賁而皤如皤白也未獲賁也馬在下而動者也未獲相賁故云白馬其從正應之志如飛故云翰如匪爲九三之寇讎所隔則婚媾遂其相親矣已之所乘與動於下者馬之象也初四正應終必獲親第始爲其間隔耳

象曰六四當位疑也匪寇婚媾終无尤也四與初相遠而三介於其間是所當之位爲可疑也

雖爲三寇讎所隔夫得親其婚媾然其
正應理直義勝終必得合故云終无尤
也尤怨也終得相賁故无怨尤也

六五賁于丘園束帛戔戔吝終吉

戔在干反○六五以陰柔之質密比於上九剛陽之
賢陰比於陽復无所係應從之者也受
賁於上九也自古設險守國故城壘多
依丘坂丘謂在外而近且高者園圃之
地最近城邑亦在外而近者丘園謂在
外而近者指上九也六五雖居君位而
陰柔之才不足自守與上之剛陽相比
而志從焉獲賁於外比之賢賁于丘園
也若能受賁於上九受其裁制如束帛

而戔戔則雖其柔弱不能自爲爲可吝
少然能從於人成賁之功終獲其吉也
戔戔剪裁紛裂之狀帛未用則束之故
謂之束帛及其制爲衣服必裁剪紛裂
戔戔然束帛喻六五本質戔戔謂受人
裁製而成用也其資於人與蒙同而蒙
不言吝者蓋童蒙而賴於人乃其宜也
非童幼而資賁於人爲可吝耳然亨其
功終爲吉也

象曰六五之吉有喜也

能從人以成賁之功亨其吉美是有喜也

上九白賁无咎

上九賁之極也賁飾
之極則失於華僞唯能質白其賁則无
過飾之咎白素也尚質素則不失其本

眞所謂尚質素者非无飾也不使華没實耳

象曰白賁无咎上得志也

白賁无咎以其在上而得志也上九爲得志者在上而文柔成賁之功六五之君又受其賁故雖居无位之地而實尸賁之功爲得志也與他卦居極者異矣既在上而得志處賁之極將有華僞失實之咎故戒以質素則无咎飾不可過也

坤下 艮上

○剥序卦賁者飾也致飾然後亨則盡矣故受之以剥夫物至於文飾亨之極也極則必反故賁終則剥也卦五陰而一陽陰始自下

生漸長至於盛極羣陰消剥於陽故爲剥也以二體言之山附於地山高起地上而反附著於地頽剥之象也

剥不利有攸往剥邦角反○剥者羣陰長盛消剥於陽之時衆小人剥喪於君子故君子不利有所往唯當巽言晦迹隨時消息以免小人之害也

彖曰剥剥也柔變剛也不利有攸往小人長也剥剥也謂剥落也柔變剛也柔長而剛剥也夏至一陰生而漸長一陰長則一陽消至於建戌則極而成剥是陰柔變剛陽也陰小人之道方長盛而剥消於陽故君子不利有所往也

順而止之觀象也君子尚消息盈虛天行也

君子當剝之時知不可有所往順時而止乃能觀剝之象也卦有順止之象乃處剝之道君子當觀而體之君子尚消息盈虛天行也君子存心消息盈虛之理而能順之乃合乎天行也理有消衰有息長有盈滿有虛損順之則吉逆之則凶君子隨時敦尚所以事天也

象曰山附於地剝上以厚下安宅

艮重於坤山附於地也山高起於地而反附著於地圮剝之象也上謂人君與居人上者觀剝之象而厚固其下以安其

居也下者上之本未有基本固而能剥者也故上之剥必自下下剥則上危矣爲人上者知理之如是則安養人民以厚其本乃所以安其居也書曰民惟邦本本固邦寧

初六剥牀以足蔑貞凶

陰之剥陽自下而上以牀爲象者取身之所處也自下而剥漸至於身也剥牀以足剥牀之足也剥始自下故爲剥足陰自下進漸消蔑於貞正凶之道也蔑无也謂消亡於正道也陰剥陽桒變剛是邪侵正小人消君子其凶可知

象曰剥牀以足以滅下也

取牀足爲象者以陰侵沒陽於下也滅沒也侵

滅正道自下而上也**六二剝牀以辨蔑貞凶**辨分隔上下者牀之幹也陰漸進而上剝至於辨愈蔑於正也凶益甚矣**象曰剝牀以辨未有與也**陰之侵剝於陽得以益盛至於剝辨者以陽未有應與故也小人侵剝君子若君子有與則可以勝小人不能爲害矣唯其无與所以被蔑而凶當消剝之時而无徒與豈能自存也言未有與剝之未盛有與猶可勝也示人之意深矣**六三剝之无咎**衆陰剝陽之時而三獨居剛應剛與上下之陰異矣志從於正在剝之時爲无咎者也三

之爲可謂善矣不言吉何也曰方群陰剥陽衆小人害君子三雖從正其勢孤弱所應在无位之地於斯時也難乎免矣安得吉也其義爲无咎耳言其无咎所以勸也

象曰剥之无咎失上下也 三居剥而无咎者其所處與上下諸陰不同是與其同類相失於處剥之道爲无咎如東漢之呂强是也

六四剥牀以膚凶 始剥於牀足漸至於膚膚身之外也將滅其身矣其凶可知陰長已盛陽剥已甚貞道已消故更不言蔑貞直言凶也

象曰剥牀以膚切近災也 五爲君位剥已

及四在人則剥其膚矣剥及其膚身垂於亡矣切近於災禍也**六五貫魚以宫人寵无不利**剥及君位剥之極也其凶可知故更不言剥而别設義以開小人遷善之門五羣陰之主也魚陰物故以爲象五能使羣陰順序如貫魚然反獲寵愛於在上之陽如宫人則无所不利也宫人宫中之人妻妾侍使也以陰言且取獲寵愛之義以一陽在上衆陰有順從之道故發此義**象曰以宫人寵終无尤也**羣陰消剥於陽以至於極六五若能長率羣陰駢首順序反獲寵愛於陽則終无過尤也於剥

之將終復發此義聖人勸遷善之意深切之至也

上九碩果不食君子得輿小人剝廬

諸陽消剝已盡獨有上九一爻尚存如碩大之果不見食將有復生之理上九亦變則純陰矣然陽无可盡之理變於上則生於下无間可容息也聖人發明此理以見陽與君子之道不可亡也或曰剝盡則爲純坤豈復有陽乎曰以卦配月則坤當十月以氣消息言則陽剝爲坤陽來爲復陽未嘗盡也剝盡於上則復生於下矣故十月謂之陽月恐疑其无陽也陰亦然聖人不言耳陰道盛極之時其亂可知亂極則自當

思治故衆心願載於君子君子得輿也詩匪風下泉所以居變風之終也理既如是在卦亦衆陰宗陽爲共載之象小人剥廬若小人則當剥之極剥其廬矣无所容其身也更不論爻之陰陽但言小人處剥極則及其廬矣廬取在上之象或曰陰陽之消必待盡而後復生於下此在上便有復生之義何也夬之上六何以言終有凶曰上九居剥之極止有一陽陽无可盡之理故明其有復生之義見君子之道不可亡也夬者陽消陰陰小人之道也故但言其消亡耳何用更言却有復生之理乎

象曰君子得輿民所載也

小人剥廬終不可用也正道消剥既極則人復思治故陽剛君子爲民所承載也若小人處剥之極則小人之窮耳終不可用也非謂九爲小人但言剥極之時小人如是也

伊川程先生周易上經傳卷之三

元本伊川程先生周易經傳

第二册

宋 程頤撰

中國國家圖書館藏元刻本（卷十配鈔本）

山東人民出版社·濟南

伊川程先生周易上經傳卷之四

䷗ 震下坤上 ○復序卦物不可以終盡剝窮上反下故受之以復物无剝盡之理故剝極則復來陰極則陽生陽剝極於上而復生於下窮上而反下也復所以次剝也爲卦一陽生五陰之下陰極而陽復也歲十月陰盛既極冬至則一陽復生於地中故爲復也陽君子之道陽消極而復反君子之道消極而復長也故爲反善之義

復亨出入无疾朋來无咎

復亨既復則亨也陽氣復生於下漸亨盛而生育萬物君子之道既復則

漸以亨通澤於天下故復則有亨盛之理也出入无疾出入謂生長復生於内入也長進於外出也先云出語順耳陽生非自外也來於内故謂之入物之始生其氣至微故多屯艱陽之始生其氣至微故多摧折春陽之發爲陰寒所折觀草木於朝暮則可見矣出入无疾謂微陽生長无害之者也既无害之而其類漸進而來則將亨盛故无咎也所謂咎在氣則爲差忒在君子則爲抑塞不得盡其理陽之當復雖使有疾之固不能止其復也但爲阻礙耳而卦之才有无疾之義乃復道之善也一陽始生至微固未能勝羣陰而發生萬物必待諸

陽之來然後能成生物之功而无差忒以朋來而无咎也三陽子丑寅之氣生成萬物衆陽之功也若君子之道既消而復豈能便勝於小人必待其朋類漸盛則能協力 **反復其道七日來復利有攸往** 謂消長之道反復迭至陽之消至七日而來復姤陽之始消也七變而成復故云七日謂七更也臨云八月有凶謂陽長至於陰長歷八月也陽進則陰退君子道長則小人道消故利有攸往也 **彖曰復亨剛反動而以順行是以出入无疾朋來无咎**

復亨謂剛反而亨也陽剛消極而來反既來反則漸長盛而亨通矣動而以順行是以出入无疾朋來无咎以卦才言其所以然也下動而上順是動而以順行也陽剛反而順動是以得出入无疾朋來无咎也朋之來亦順動也

反復其道七日來復天行也利有攸往剛長也復其見天地之心乎

其道反復往來迭消迭息七日而來復者天之運行如是也消長相因天之理也陽剛君子之道長故利有攸往一陽復於下乃天地生物之心也先儒皆以靜爲見天地之心蓋不知

動之端乃天地之心也非知道者孰能識之**象曰雷在地中復先王以至日閉關商旅不行后不省方**雷者陰陽相薄而成聲當陽之微未能發也雷在地中陽始復之時也陽始生於下而甚微安靜而後能長先王順天道當至日陽之始生安靜以養之故閉關使商旅不得行人君不省視四方觀復之象而順天道也在一人之身亦然當安靜以養其陽也**初九不遠復无祇悔元吉**

祇音支○復者陽反來復也陽君子之道故復爲反善之義初剛陽來復處卦

之初復之最先者也是不遠而復也失而後有復不失則何復之有唯失之不遠而復則不至於悔大善而吉也祇宜音祇抵也玉篇云適也義亦同无祇悔不至於悔也坎卦曰祇既平无咎謂至既平也顔子无形顯之過夫子謂其庶幾乃无祇悔也過既未形而改何悔之有既未能不勉而中所欲不踰矩是有過也然其明而剛故一有不善未嘗不知既知未嘗不遽改故不至於悔乃不遠復也

象曰不遠之復以脩身也

不遠而復者君子所以脩其身之道也學問之道无它也唯其知不善則速改以從善而已

六二休復吉二雖陰爻處中正而切比於初志從於陽能下仁也復之休美者也復者復於禮也復禮則爲仁初陽復復於仁也二比而下之所以美而吉也象曰休復之吉以下仁也爲復之休美而吉者以其能下仁也仁者天下之公善之本也初復於仁二能親而下之是以吉也六三頻復厲无咎三以陰躁處動之極復之頻數而不能固者也復貴安固頻復頻失不安於復也復善而屢失危之道也聖人開遷善之道與其復而危其屢失故云厲无咎不可以頻失而戒其復也頻失

則爲危屢復何咎過在失而不在復也

象曰頻復之厲義无咎也

頻復頻失雖爲危厲然復善之義則无咎也

六四中行獨復

此爻之義最宜詳玩四行羣陰之中而獨能復自處於正下應於剛陽其志可謂善矣不言吉凶者蓋四以柔居羣陰之間初方甚微不足以相援无可濟之理故聖人但稱其能獨復而不欲言其獨從道而必凶也曰然則不云无咎何也曰以陰居陰柔弱之甚雖有從陽之志終不克濟非无咎也

象曰中行獨復以從道也

稱其獨復者以其從陽剛

君子之善道也**六五敦復无悔**六五以中順之德處君位能敦篤於復善者也故无悔雖本善戒亦在其中矣陽復方微之時以柔居尊下復无助未能致亨吉也能无悔而已**象曰敦復无悔中以自考也**以中道自成也五以陰居尊處中而體順能敦篤其志以中道自成則可以无悔也自成謂成其中順之德**上六迷復凶有災眚用行師終有大敗以其國君凶至于十年不克征**眚所景反○以陰柔居復之終終迷不復者也

迷而不復其凶可知有災眚災天災自外來眚己過由自作既迷不復善在己則動皆過失災禍亦自外而至蓋所招也迷道不復无施而可用以行師則終有大敗以之爲國則君之凶也十年者數之終至於十年不克征謂終不能行既迷於道何時而可行也

象曰迷復之凶反君道也

復則合道既迷於復與道相反也其凶可知以其國君凶謂其反君道也人君居上而治衆當從天下之善乃迷於復反君之道也非止人君凡人迷於復者皆反道而凶也

震下 ○ 无妄序卦復則不妄矣故
乾上 受之以无妄復者反於道
也既復於道則合正理而无妄故復之
後受之以无妄也爲卦天上震下震動
也動以天爲无妄動以人欲
則妄矣无妄之義大矣哉 **无妄元亨**
利貞其匪正有眚不利有攸往 无妄者至誠也
至誠者天之道也天之化育萬物生生
不窮各正其性命乃无妄也人能合无
妄之道則所謂與天地合其德也无妄
有大亨之理君子行无妄之道則可以
致大亨矣无妄天之道也卦言人由无
妄之道也利貞法无妄之道利在貞正

失貞正則妄也雖无邪心苟不合正理則妄也乃邪心也故有匪正則爲過眚既已无妄不宜有往往則妄也**彖曰无妄剛自外來而爲主於内**謂初九也坤初爻變而爲震剛自外而來也震以初爻爲主成卦由之故初爲无妄之主動以天爲无妄動而以天動爲主也以剛變柔爲以正去妄之象又剛正爲主於内无妄之義也九居初正也**動而健**下動而上健是**剛中而應大亨以正天之命也**其動剛健也剛健无妄之體也剛中而應五以剛居中正二復以中正相應是

順理而不妄也故其道大亨通而貞正乃天之命也天命謂天道也所謂无妄也

其匪正有眚不利有攸往无妄之往何之矣天命不祐行矣哉所謂无妄正而已小失於正則爲有過乃妄也所謂匪正蓋由有往若无妄而不往何由有匪正乎无妄者理之正也更有往將何之矣乃入於妄也往則悖於天理天道所不祐可行乎哉

象曰天下雷行物與无妄先王以茂對時育萬物雷行於天下陰陽交和相薄而成聲於是驚蟄藏振

萠芽發生萬物其所賦與洪纖高下各正其性命无有差妄物與无妄也先王觀天下雷行發生賦與之象而以茂對天時養育萬物使各得其宜如天與之无妄也茂盛也盛對之爲言猶盛行永言之比對時謂順合天時天道生萬物各正其性命而不妄王者體天之道養育人民以至昆蟲草木使各得其宜乃對時育物之道也

初九无妄往吉

九以剛陽爲主於內无妄之象以剛實變柔而居內中誠不妄者也以无妄而往何所不吉卦辭言不利有攸往謂既无妄不可復有往也過則妄矣爻言往吉謂以无妄之道而行則

吉也

象曰无妄之往得志也以无妄而往无不得其志也蓋誠之於物无不能動以之脩身則身正以之治事則事得其理以之臨人則人感而化无所往而不得其志也

六二不耕穫不菑畬則利有所往穫黃郭反菑側其反畬羊諸反○凡理之所然者非妄也人所欲爲者乃妄也故以耕穫菑畬譬之六二居中得正又應五之中正居動體而柔順爲動能順乎中正乃无妄者也故極言无妄之義耕農之始穫其成終也田一歲曰菑三歲曰畬不耕而穫不菑而畬謂不首造其事因其事

理所當然也首造其事則是人心所作爲乃妄也因事之當然則是順理應物非妄也穫與畬是也蓋耕則必有穫菑則必有畬是事理之固然非心意之所造作也如是則爲无妄不妄則所往利而无害也或曰聖人制作以利天下者皆造端也豈非妄乎曰聖人隨時制作合乎風氣之宜未甞先時而開之也若不待時則一聖人足以盡爲矣豈待累聖繼作也時乃事之端聖人隨時而爲也

象曰不耕穫未富也 未者非必之辭臨卦曰未順命是也不耕而穫不菑而畬因其事之當然既耕則必有穫既菑則必成畬非必

以穫畬之富而爲也其始耕菑乃設心在於求穫畬是以其富也心有欲而爲者則妄也

六三无妄之災或繫之牛行人之得邑人之災

三以陰柔而不中正是爲妄者也又志應於上欲也亦妄也在无妄之道爲災害也人之妄動由有欲也妄動而得亦必有失雖使得其所利其動而妄失亦大矣況復凶悔隨之乎知者見妄之得則知其失必與稱也故聖人因六三有妄之象而發明其理云无妄之災或繫之牛行人之得邑人之災言如三之爲妄乃无妄之災害也設如有得其失隨至如或繫之

牛或謂設或也或繫得牛行人得之以爲有得邑人失牛乃是災也借使邑人繫得馬則行人失馬乃是災也言有得則有失不足以爲得也行人邑人但言有得則有失非以爲彼已也妄得之福災亦隨之妄得之得失亦稱之固不足以爲得也人能知此則不爲妄動矣

象曰行人得牛邑人災也

行人得牛乃邑人之災也有得則有失何足以爲得乎

九四可貞无咎

四剛陽而居乾體復无應與无妄者也剛而无私豈有妄乎可貞固守此自无咎也九居陰得爲正乎曰以陽居乾體若復處剛則爲過

矣過則妄也居四无尚剛之志也可貞與剛貞不同可貞謂其所處可貞固守之利貞謂利於貞也**象曰可貞无咎固有之也**貞固守之則无咎也**九五无妄之疾勿藥有喜**九以中正當尊位下復以中正順應之可謂无妄之至者也其道无以加矣疾爲之病者也以九五之无妄如其有疾勿以藥治則有喜也人之有疾則以藥石攻去其邪以養其正若氣體平和本无疾病而攻治之則反害其正矣故勿藥則有喜也有喜謂疾自亡也无妄之所謂疾者謂若治之而不治率之而不從化之而

不革以妄而爲无妄之疾舜之有苗周公之管蔡孔子之叔孫武叔是也既已无妄而有疾之者則當自如无妄之疾不足患也若遂自攻治乃是渝其无妄而遷於妄也五既處无妄之極故唯戒在動動則妄矣

象曰无妄之藥不可試也

人之有妄理必修改既无妄矣復藥以治之是反爲妄也其可用乎故云不可試也試暫用也猶曰少嘗之也

上九无妄行有眚无攸利

上九居卦之終无妄之極者也極而復行過於理也過於理則妄也故上九[illegible]行則有過眚而无所利矣

象曰无

妄之行窮之災也 无妄既極而復加進乃爲妄矣是窮極而爲災害也

䷙ 乾下艮上○大畜序卦有无妄然後可畜故受之以大畜无妄則爲有實故可畜聚大畜所以次无妄也爲卦艮上乾下天而在於山中所畜至大之象畜爲畜止又爲畜聚止則聚矣取天在山中之象則爲蘊畜取艮之止乾則爲畜止止而後有積故止爲畜義 **大畜利貞不家食吉利涉大川** 畜敕六反○莫大於天而在山中艮在上而止乾於

正

下皆蘊畜至大之象也在人爲學術道德充積於内乃所畜之大也凡所畜聚皆是專言其大者人之蘊畜宜得正道故云利貞若夫異端偏學所畜至多而不正者固有矣既道德充積於内宜在上位以享天禄施爲於天下則不獨於一身之吉天下之吉也若窮處而自食於家道之否也故不家食則吉所畜既大宜施之於時濟天下之艱險乃大畜之用也故利涉大川此只據大畜之義而言彖更以卦之才德而言諸爻則唯有止畜之義蓋易體道隨宜取明且近者

彖曰大畜剛健篤實煇光日新其德

以卦之才德而言也乾體剛健艮體篤實人之才剛健篤實則所畜能大充實而有輝光畜之不已則其德日新也**剛上而尚賢能止健大正也**剛上陽居上也陽剛居尊位之上爲尚賢之義止居健上爲能止健之義止乎健者非大正則安能以剛陽在上與尊尚賢德能止至健皆大正之道也**不家食吉養賢也利涉大川應乎天也**大畜之人所宜施其所畜以濟天下故不食於家則吉謂居天位享天祿也國家養賢賢者得行其道也利涉大川謂大有蘊畜之人宜濟天下之

艱險也彖更發明卦才云所以能涉大川者以應乎天也六五君也下應乾之中爻乃大畜之君應乾而行也所行能應乎天无艱險之不可濟況其它乎

象曰天在山中大畜君子以多識前言往行以畜其德 天爲至大而在山之中所畜至大之象君子觀象以大其蘊畜人之蘊畜由學而大在多聞前古聖賢之言與行考跡以觀其用察言以求其心識而得之以畜成其德乃大畜之義也

初九有厲利已 大畜艮止畜乾也故乾三爻皆取被止爲義艮三爻皆取止之爲義

初以陽剛又健體而居下必上進者也六四在上畜止於己安能敵在上得位之勢若犯之而進則有危厲故利在己而不進也在它卦則四與初爲正應相援者也在大畜則相應乃爲相止畜上與三皆陽則爲合志蓋陽皆上進之物故有同志之象而无相止之義

象曰有厲利已不犯災也

有危則宜已不可犯災危而行也不度其勢而進有災必矣

九二輿說輹

說吐活反輹音福○二爲六五所畜止勢不可進也五據在上之勢豈可犯也二雖剛健之體然其得中道故進止无失雖志於進度其勢

之不可則止而不行如車**象曰輿說輹**
輿脫去輪輹謂不行也
中无尤也中輿說輹而不行者蓋其處得
中道動不失宜故无過尤也
善莫善於剛中柔中者不至於過柔耳
剛中中而才也初九處不得中故戒以
有危宜巳二得中進止自无過差故但
言輿說輹謂其能不行也不行則无尤
矣初與二乾體剛健而不足以進四與
五陰柔而能止時之盛衰勢之強弱學
易者所宜**九三良馬逐利艱貞曰閑輿**
深識也
衞利有攸往曰一作日○三剛健之極
而上九之陽亦上進之物

又處畜之極而思變也與三乃不相畜而志同相應以進者也三以剛健之才而在上者與合志而進其進如良馬之馳逐言其速也雖其進之勢速不可恃其才之健與上之應而忘備與愼也故宜艱難其事而由貞正之道輿者用行之物衛者所以自防當自日常閑習其車輿與其防衛則利有攸往矣三乾體而居正能貞者也當其銳進故戒以知難與不失其貞也志既銳於進雖剛明有時而失不得不戒也

象曰利有攸往上合志也

所以利有攸往者以與在上者合志也

上九陽性上進且畜已極故不下畜三

而與合志

上進也

六四童牛之牿元吉牿古毒反○以位而言則四下應於初畜初者也初居最下陽之微者微而畜之則易制猶童牛而加牿大善而吉也槩論畜道則四艮體居上位而得正是以正德居大臣之位當畜之任者也大臣之任上畜止人君之邪心下畜止天下之惡人人之惡止於初則易既盛而後禁則扞格而難勝故上之惡既甚則雖聖人救之不能免違拂下之惡既甚則雖聖人治之不能免刑戮莫若止之於初如童牛而加牿則元吉也牛之性觝觸以角故牿以制之若童犢始角而加之以牿使觝

觸之性不發則易而无傷以況六四能畜止上下之惡於未發之前則大善之吉也

象曰六四元吉有喜也

天下之惡已盛而止之則上勞於禁制而下傷於刑誅故畜止於微小之前則大善而吉不勞而无傷故可喜也四之畜初是也上畜亦然

六五豶豕之牙吉

豶符云反○六居君位止畜天下之邪惡夫以億兆之衆發其邪欲之心人君欲力以制之雖密法嚴刑不能勝也夫物有總攝事有機會聖人操得其要則視億兆之心猶一心道之斯行止之則戢故不勞而治其用若豶豕之牙也豕剛躁

之物而牙爲猛利若強制其牙則用力勞而不能止其躁猛雖縶之維之不能使之變也若豶去其勢則牙雖存而剛躁自止其用如此所以吉也君子法豶豕之義知天下之惡不可以力制也則察其機持其要塞絕其本原故不假刑法嚴峻而惡自止也且如止盜民有欲心見利則動苟不知教而迫於饑寒雖刑殺日施其能勝億兆利欲之心乎聖人則知所以止止之道不尚威刑而修政教使之有農桑之業知廉恥之道雖賞之不竊矣故止惡之道在知其本得其要而已不嚴刑於彼而修政於此是猶患豕牙之利不制其牙而豶其勢也

象曰六五之吉有慶也在上者不知止惡之方嚴刑以敵民欲則其傷甚而无功若知其本制之有道則不勞无傷而俗革天下之福慶也上九何天之衢亨亐聞之胡先生曰天之衢亨誤加何字事極則反理之常也故畜極而亨小畜畜之小故極而成大畜畜之大故極而散極既當變又陽性上行故遂散也天衢天路也謂虛空之中雲氣飛鳥往來故謂之天衢天衢之亨謂其亨通曠闊无有蔽阻也在畜道則變矣變而亨非畜道之亨也象曰何天之衢道大行也何以謂之

正

天衢以其无止礙道路大通行也以天衢非常語故象特設問曰何謂天之衢以道路大通行取空豁之狀也以象有何字故爻下亦誤加之

䷚震下艮上　○頤序卦物畜然後可養故受之以頤夫物既畜聚則必有以養之无養則不能存息頤所以次大畜也卦上艮下震上下二陽爻中含四陰上止而下動外實而中虛人頤頷之象也頤養也人口所以飲食養人之身故名爲頤聖人設卦推養之義大至於天地養育萬物聖人養賢以及萬民與人之養生養形養德養人皆頤養之道也動息節宣以養生也飲食衣服

以養形也威儀行義以養德也推己及物以養人也**頤貞吉觀頤**

自求口實頤之道以正則吉也人之養身養德養人養於人皆以正

道則吉也天地造化育養萬物各得其宜者亦正而已矣觀頤自求口實觀人

之所頤與其自求口實之道則善惡吉凶可見矣**彖曰頤貞吉**

養正則吉也觀頤觀其所養也自求口

實觀其自養也貞吉所養者正則吉也所養謂所養之人與養

之之道自求口實謂其自求養身之道皆以正則吉也**天地養萬**

物聖人養賢以及萬民頤之時大矣哉

聖人極言頤之道而贊其大天地之道則養育萬物養育萬物之道正而已矣聖人則養賢才與之共天位使之食天禄俾施澤於天下養賢以及萬民也養賢所以養萬民也夫天地之中品物之衆非養則不生聖人裁成天地之道輔相天地之宜以養天下至於鳥獸草木皆有養之之政其道配天地故夫子推頤之道贊天地與聖人之功曰頤之時大矣哉或云義或云用或止云時以其大者也萬物之生與養時爲大故云時

象曰山下有雷頤

君子以慎言語節飲食以二體言之山下有雷雷震於山下山之生物皆動其根荄發其萌芽爲養之象以上下之義言之艮止而震動上止下動頤頷之象以卦形言之上下二陽中含四陰外實中虛頤口之象口所以養身也故君子觀其象以養其身慎言語以養其德節飲食以養其體不唯就口取養義事之至近而所繫至大者莫過於言語飲食也在身爲言語於天下則凡命令政教出於身者皆是慎之則必當而无失在身爲飲食於天下則凡貨資財用養於人者皆是節之則適宜而无傷推養身之道養德養天

下莫不然也

初九，舍爾靈龜，觀我朶頤，凶。舍音捨朶多果反

○蒙之初六，蒙者也，爻乃主發蒙而言。頤之初九，亦假外而言。爾謂初也。舍爾之靈龜，乃觀我而朶頤，我對爾而設，初之所以朶頤者四也，然非四謂之也，假設之辭爾。九陽體剛明，其才智足以養正者也。龜能咽息不食，靈龜喻其明智而可以不求養於外也。才雖如是，然以陽居動體，而在頤之時，求頤人所欲也，上應於四，不能自守，志在上行，說所欲而朶頤者也。心既動，則自失必矣。迷欲而失已，以陽而從陰，則何所不至？是以凶也。朶頤爲朶動其頤頷

人見食而欲之則動頤垂涎故以爲象象曰觀我朶頤亦不足貴也九動體朶頤謂其說陰而志動既爲欲所動則雖有剛健明智之才終必自失故其才亦不足貴也人之貴乎剛者爲其能立而不屈於欲也貴乎明者爲其能照而不失於正也既惑所欲而失其正何剛明之有爲可賤也六二顚頤拂經于丘頤征凶女不能自處必從男陰不能獨立必從陽二陰柔不能自養待養於人者也天子養天下諸侯養一國臣食君上之祿民賴司牧之養皆以上養下理之正也二既不能

自養必求養於剛陽若反下求於初則爲顛倒故云顛頤顛則拂違經常不可行也若求養於丘則往必有凶丘在外而高之物謂上九也卦止二陽既不可顛頤于初若求頤于上九往則有凶在頤之時相應則相養者也上非其應而往求養非道妄動是以凶也顛頤則拂經不獲其養爾妄求於上往則得凶也今有人才不足以自養見在上者勢力足以養人非其族類妄往求之取辱得凶必矣六二中正在它卦多吉而凶何也曰時然也陰柔既不足以自養初上二爻皆非其與故往求則悖理而得凶也

象曰六二征凶行

失類也征而從上則凶者非其類故也往求而失其類得凶宜矣行往也

六三拂頤貞凶十年勿用无攸利頤之道唯正則吉三以陰柔之質而處不中正又在動之極是柔邪不正而動者也其養如此拂違於頤之正道是以凶也得頤之正則所養皆吉求養養人則合於義自養則成其德三乃拂違正道故戒以十年勿用十數之終謂終不可用无所往而利也

象曰十年勿用道大悖也所以戒終不可用以其所由之道大悖義理也

六四顛頤吉虎視耽耽

耽其欲逐逐无咎　耽丁南反○四在人上大臣之位六以陰居之陰柔不足以自養況養天下乎初九以剛陽居下在下之賢也與四爲應四又柔順而正是能順於初賴初之養也以上養下則爲順今反求下之養顛倒也故曰顛頤然己以不勝其任求在下之賢而順從之以濟其事則天下得其養而已无曠敗之咎故爲吉也夫居上位者必有才德威望爲下民所尊畏則事行而衆心服從若或下易其上則政出而人違刑施而怨起輕於凌犯亂之由也六四雖能順從剛陽不廢厥職然質本陰柔賴人以濟人之所輕故必

養其威嚴耽耽然如虎視則能重其體
貌下不敢易又取於人者必有常若間
或无繼則其政敗矣其欲謂所須用者
必逐逐相繼而不乏則其事可濟若取
於人而无繼則困窮矣既有威嚴又施
施不窮故能无咎也二顛頤則拂經四
則吉何也曰二在上而反求養於下下
非其應類故爲拂經四則居上位以貴
下賤使在下之賢由己以行其道上下
之志相應而施於民何吉如之自三以
下養口體者也四以上養德義者也以
君而資養於臣以上位而賴養於下皆
養德也**象曰顛頤之吉上施光也**顛倒求養而所

以吉者蓋得剛陽之應以濟其事致己居上之德施光明被于天下吉孰大焉

六五拂經居貞吉不可涉大川

之時居六五頤君位養天下者也然其陰柔之質才不足以養天下上有剛陽之賢故順從之賴其養己以濟天下君者養人者也反賴人之養是違拂於經常既以己之不足而順從於賢師傅上師傅之位也必居守貞固篤於委信則能輔翼其身澤及天下故吉也陰柔之質无貞剛之性故戒以能居貞則吉以陰柔之才雖倚賴剛賢能持循於平時不可處艱難變故之際故云不可涉大川也以成王之

才不至甚柔弱也當管蔡之亂幾不保於周公況其下者乎故書曰王亦未敢誚公賴二公得終信故艱險之際非剛明之主不可恃也不得已而濟艱險者則有矣發此義者所以深戒於爲君也於上九則據爲臣致身盡忠之道言故不同也

象曰居貞之吉順以從上也 居貞之吉者謂能堅固順從於上九之賢以養天下也

上九由頤厲吉利涉大川 上九以剛陽之德居師傅之任六五之君柔順而從於己賴己之養是當天下之任天下由之以養也以人臣而當是任必常懷危厲則

吉也如伊尹周公何嘗不憂勤兢畏故
得終吉夫以君之才不足而倚賴於己
身當天下大任宜竭其才力濟天下之
艱危成天下之治安故曰利涉大川得
君如此之專受任如此之重苟不濟天
下之艱危何足稱委遇而謂之賢乎當
盡誠竭力而不顧慮
然惕厲則不可忘也

象曰由頤厲吉大有慶也

若上九之當大任如是能兢畏
如是天下被其德澤是大有福
慶也

䷛ 巽下兌上 ○ 大過 序卦曰頤者養也不養則不可動故受之以大

過凡物養而後能成成則能動動則有
過大過所以次頤也爲卦上兌下巽澤
在木上滅木也澤者潤養於木乃至滅
沒於木爲大過之義大過者陽過也故
爲大者過過之大與大事過也聖賢道
德功業大過於人凡事之大過於常者
皆是也夫聖人盡人道非過於理也其
制事以天下之正理矯失之用小過於
中者則有之如行過乎恭喪過乎哀用
過乎儉是也蓋矯之小過而後能及於
中乃求中之用也所謂大過者常事之
大者耳非有過於理也唯其大故不常
見以其比常所見者大故謂之大過如
堯舜之禪讓湯武之放伐皆由道也道

无不中无不常以世人所不**大過棟橈**常見故謂之大過於常也**利有攸往亨**棟丁貢反橈乃教反○小過陰過過於上下大過陽過於中陽過於中而上下弱矣故爲棟橈之象棟取其勝重四陽聚於中可謂重矣九三九四皆取棟象謂任重也橈取其本末弱中強而本末弱是以橈也弱而陽強君子盛而小人衰故利有攸往而亨也棟今人謂之檁**彖曰大過大者過也**大者過謂陽過也在事爲事之大者過與其過之大**棟橈本末弱也**謂上下二陰衰弱陽盛則陰衰故爲大者

過在小過則曰小者過陰過也剛過而中巽而說行利有攸往乃亨言卦才之善也剛雖過而二五皆得中是處不失中道也下巽上兌是以巽順和說之道而行也也在大過之時以中道巽說而行故利有攸往乃所以能亨也大過之時大矣哉大過之時其事甚大故贊之曰大矣哉如立非常之大事興不世之大功成絕俗之大德皆大過之事也象曰澤滅木大過君子以獨立不懼遯世无悶澤潤養於木者也乃至滅沒於木則過甚矣故爲大

過君子觀大過之象以立其大過人之行君子所以大過人者以其能獨立不懼遯世无悶也天下非之而不顧獨立不懼也舉世不見知而不悔遯世无悶也如此然後能自守所以爲大過人也

初六藉用白茅无咎

藉在夜反○初以陰柔巽體而處下過於畏慎者也以柔在下用茅藉物之象不措諸地而藉以茅過於慎也是以无咎茅之爲物雖薄而用可重者以用之能成敬慎之道也慎守斯術而行豈有失乎大過之用也繫辭云苟措諸地而可矣藉之用茅何咎之有慎之至也夫茅之爲物薄而用可重也慎斯術

也以往其无所失矣言敬愼之至也茅雖至薄之物然用之可甚重以之藉薦則爲重愼之道是用之重也人之過於敬愼爲之非難而可以保其安而无過苟能愼斯道推而行之於事其无所失矣

象曰藉用白茅柔在下也

以陰柔處卑下之道唯當過於敬愼而已以柔在下爲以茅藉物之象敬愼之道也

九二枯楊生稊老夫得其女妻无不利

稊徒稽反○陽之大過比陰則合故二與五皆有生象九二當大過之初得中而居柔與初密比而相與初既切比於二二復无應於上

其相與可知是剛過之人而能以中自處用柔相濟者也過剛則不能有所爲九三是也得中用柔則能成大過之功九二是也楊者陽氣易感之物陽過則枯矣楊枯槁而復生稊陽過而未至於極也九二陽過而與初老夫得女妻之象老夫而得女妻則能成生育之功二得中居柔而與初故能復生稊而无過極之失无所不利也在大過陽爻居陰則善二與四是也二不言吉方言无所不利未遽至吉也稊根也劉琨勸進表云生繁華於枯荑謂枯根也鄭玄易亦作荑字與稊同

象曰老夫女妻過以相與也老夫

之説少女少女之順老夫其相與過於常分謂九二初六陰陽相與之和過於常也

九三棟橈凶

夫居大過之時興大過之功立大過之事非剛柔得中取於人以自輔則不能也既過於剛強則不能與人同常常之功尚不能獨立況大過之事乎以聖人之才雖小事必取於人當天下之大任則可知矣九三以大過之陽復以剛自居而不得中剛過之甚者也以過甚之剛動則違於中和而拂於衆心安能當大過之任乎故不勝其任如棟之橈傾敗其室是以凶也取棟爲象者以其无輔而不能勝重任也或曰三巽體而應於上豈

无用柔之象乎曰言易者貴乎識勢之重輕時之變易三居過而用剛巽既終而且變豈復有用柔之義應者謂志相從也三方過剛上能係其志乎

象曰棟橈之凶不可以有輔也 剛強之過則不能取於人人亦不能親輔之如棟橈折不可支輔也棟當室之中不可加助是不可以有輔也

九四棟隆吉有它吝 四居近君之位當大過之任者也居柔爲能用柔相濟既不過剛則能勝其任如棟之隆起是以吉也隆起取不下橈之義大過之時非陽剛不能濟以剛處柔爲得宜矣若又與初六

之陰相應則過也既剛柔得宜而志復應陰是有它也有它則有累於剛雖未至於大害亦可吝也蓋大過之時動則過也有它謂更有它志吝爲不足之義謂可少也或曰二比初則无不利四若應初則爲吝何也曰二得中而比於初爲以柔相濟之義四與初爲正應志相係者也九既居四剛柔得宜矣復牽係於陰以害其剛則可吝也

象曰棟隆之吉不橈乎下也棟隆起則吉不橈曲以就下也謂不下係於初也

九五枯楊生華老婦得其士夫无咎无譽九五當大過之

時本以中正居尊位然下无應助固不能成大過之功而上比過極之陰其所相濟者如枯楊之生華枯楊下生根稊則能復生如大過之陽興成事功也上生華秀雖有所發无益於枯也上六過極之陰老婦也五雖非少比老婦則爲壯矣於五无所賴也故反稱婦得過極之陰得陽之相濟不爲无益也以士夫而得老婦雖无罪咎殊非美也故云无咎无譽象復言其可醜也

象曰枯楊生華何可久也老婦士夫亦可醜也

枯楊不生根而生華旋復枯矣安能久乎老婦而得士夫豈能成生育之

功亦爲可醜也**上六過涉滅頂凶无咎**上六以陰柔處過極是小人過常之極者也小人之所謂大過非能爲大過人之事也直過常越理不恤危亡履險蹈禍而已如過涉於水至滅沒其頂其凶可知小人狂躁以自禍蓋其宜也復將何尤故曰无咎言自爲之无所怨咎也因澤之象而取涉義**象曰過涉之凶不可咎也**過涉至溺乃自爲之不可以有咎也言无所怨咎

䷜坎下坎上

○習坎序卦物不可以終過故受之以坎坎者陷也理

无過而不已過極則必陷坎所以次大過也習謂重習它卦雖重不加其名獨坎加習者見其重險險中復有險其義大也卦中一陽上下二陰陽實陰虛上下无據一陽陷於二陰之中故爲坎陷之義陽居陰中則爲陷陰居陽中則爲麗凡陽在上者止之象在中陷之象在下動之象陰在上説之象在中麗之象在下巽之象陷則爲險習重也如學習温習皆重複之義也坎陷也卦之所言處險難之道坎水也一始於中有生之最先者也故爲水陷水之體也

習坎有孚維心亨行有尚陽實在中爲中有孚信維心亨

維其心誠一故能亨通至誠可以通金石蹈水火何險難之不可亨也行有尚謂以誠一而行則能出險有可嘉尚謂有功也不行則常在險中矣

彖曰：習坎，重險也。水流而不盈，行險而不失其信。

習坎者，謂重險也。上下皆坎，兩險相重也。初六云坎窞，是坎中之坎，重險也。水流而不盈，陽動於險中而未出於險，乃水性之流行而未盈於坎，既盈則出乎坎矣。行險而不失其信，陽剛中實，居險之中，行險而不失其信者也。坎中實，水就下，皆爲信義有孚也。

維心亨，乃以剛中也。

維其心可以亨通者乃以其剛中也中實爲有孚之象至誠之道何所不通以剛中之道而行則可

以濟險難而亨通也**行有尚往有功也**以其剛中之才而往則有功故可嘉尚若止不行則常在險中矣坎以能行爲功

天險不可升也地險山川丘陵也王公設險以守其國險之時用大矣哉高不可升者天之險也山川丘陵地之險也王公君人者觀坎之象知險之不可陵也故設爲城郭溝池之險以守其國保其民人是有用險之時其用甚大故贊

其大矣哉山河城池設險之大端也若
夫尊卑之辨貴賤之分明等威異物采
凡所以杜絶陵僭限隔
上下者皆體險之用也**象曰水洊至習**
坎君子以常德行習教事洊在薦反○坎爲水水流
仍洊而至兩坎相習水流仍洊之象也
水自涓滴至於尋丈至於江海洊習而
不驟者也其因勢就下信而有常故君
子觀坎水之象取其有常則常久其德
行人之德行不常則僞也故當如水之
有常取其洊習相受則以習熟其教令
之事夫發政行教必使民熟於聞聽然
後能從故三令五申之若驟告未喻遽

責其從雖嚴刑以驅之不能也故當如水之洊習

初六習坎入于坎窞凶窞徒坎反○初以陰柔居坎險之下柔弱无援而處不得當非能出乎險也唯益陷於深險耳窞坎中之陷處已在習坎中更入坎窞其凶可知

象曰習坎入坎失道凶也由習坎而更入坎窞失道也是以凶能出於險乃不失道也

九二坎有險求小得二當坎險之時陷上下二陰之中乃至險之地是有險也然其剛中之才雖未出乎險中亦可小自濟不至如初益陷入于深險是所求小得也君

子處險艱而能自保者剛中而已**象曰**剛則才足自衛中則動不失宜

求小得未出中也 方爲二陰所陷在至險之地以剛中之才不至陷於深險是所求小得然未能出坎中之險也

六三來之坎坎險且枕入于坎窞勿用 枕職任反○六三在坎陷之時以陰柔而居不中正其處不善進退與居皆不可者也來下則入于險之中之上則重險也退來與進之皆險故云來之坎坎既進退皆險而居亦險枕謂支倚居險而支倚以處不安之甚也所處如此唯益入於深險耳故云入于

坎窞如三所處之道**象曰來之坎坎終**不可用也故戒勿用若用此道**无功也**進退皆險處又不安當益入于險終豈能有功乎以陰柔處不中正雖平易之地尚致悔咎況處險乎險者人之所欲出也必得其道乃能去之求去而失其道益困窮耳故聖人戒如三所處不可用也**六四樽酒簋貳用缶納約自牖終无咎**簋音軌缶方有反○六四陰柔而下无助非能濟天下之險者以其在高位故言爲臣處險之道大臣當險難之時唯至誠見信於君其交固而不可間又能開明

君心則可保无咎矣夫欲上之篤信唯
當盡其質實而已多儀而尚飾莫如燕
享之禮故以燕享喻之言當不尚浮飾
唯以質實所用一樽之酒二簋之食復
以瓦缶爲器質之至也其質實如此又
須納約自牖納約謂進結於君之道牖
開通之義室之暗也故設牖所以通明
自牖言自通明之處以況君心所明處
詩云天之牖民如壎如篪毛公訓牖爲
道亦開通之謂人臣以忠信善道結於
君心必自其所明處乃能入也人心有
所蔽有所通所蔽者暗處也所通者明
處也當就其明處而告之求信則易也
故云納約自牖能如是則雖艱險之時

終得无咎也且如君心蔽於荒樂唯其蔽也故爾雖力詆其荒樂之非如其不省何必於所不蔽之事推而及之則能悟其心矣自古能諫其君者未有不因其所明者也故訐直強勁者率多取忤而溫厚明辯者其說多行且如漢祖愛戚姬將易太子是其所蔽也羣臣爭之者衆矣嫡庶之義長幼之序非不明也如其蔽而不察何四老者高祖素知其賢而重之此其不蔽之明心也故因其所明而及其事則悟之如反手且四老人之力孰與張良羣公卿及天下之心其言之切孰與周昌叔孫通然而不從彼而從此者由攻其蔽與就其明之異

耳又如趙王太后愛其少子長安君不肯使質於齊此其蔽於私愛也大臣諫之雖强既曰蔽矣其能聽乎愛其子而欲使之長久富貴者其心之所明也故左師觸龍因其明而導之以長久之計故其聽也如響非唯告於君者如此爲教者亦然夫教必就人之所長所長者心之所明也從其心之所明而入然後推及其餘孟子所謂成德達才是也

象曰樽酒簋貳剛柔際也

象只舉首句此比多矣樽酒簋貳質實之至剛柔相際接之道能如此則可終保无咎君臣之交能固而常者在誠實而已剛柔指四與五謂君臣

之交際也**九五坎不盈祇既平无咎**九五在坎之中是不盈也盈則平而出矣祇宜音祇抵也復卦云无祇悔必抵於巳平則无咎既曰不盈則是未平而尚在險中未得无咎也以九五剛中之才居尊位宜可以濟於險然下无助也二陷於險中未能出餘皆陰柔无濟險之才人君雖才安能獨濟天下之險居君位而不能致天下出於險則爲有咎必祇既平乃得无咎

象曰坎不盈中未大也九五剛中之才而得尊位當濟天下之險難而坎尚不盈乃未能平乎險難是其剛中之道未光大也險

難之時，非君臣協力，其能濟乎？五之道未大，以无臣也，人君之道不能濟天下之險難，則爲未大，不稱其位也。

上六，係用徽纆，寘于叢棘，三歲不得，凶。徽許韋反，纆音墨，寘之豉反。○上六以陰柔而居險之極，其陷之深者也。以其陷之深，取牢獄爲喻，如係縛之以徽纆，囚寘於叢棘之中。陰柔而陷之深，其不能出矣，故云至于三歲之久不得免也，其凶可知。

象曰：上六失道，凶三歲也。以陰柔而自處極險之地，是其失道也，故其凶至于三歲也。三歲之久而不得免焉，終凶之辭也。言

久有曰十有曰三隨其事也陷于獄至于三歲久之極也它卦以年數言者亦各以其事也如三歲不興十年乃字是也

䷝ 離下離上 ○離序卦坎者陷也陷必有所麗故受之以離離者麗也陷於險難之中則必有所附麗理自然也離所以次坎也離麗也明也取其陰麗於上下之陽則爲附麗之義取其中虛則爲明義離爲火火體虛麗於物而明者也又爲日亦以虛明之象

離利貞亨畜牝牛吉

離列池反牝頻忍反○離麗也萬物莫不皆有所麗有形則有麗矣在人則爲

所親附之人所由之道所主之事皆其所麗也人之所麗利於貞正得其正則可以亨通故曰離利貞亨畜牝牛吉牛之性順而又牝焉順之至也既附麗於正必能順於正道如牝牛則吉也畜牝牛謂養其順德人之順德由養以成既麗於正當養習以成其順德也

彖曰離麗也日月麗乎天百穀草木麗乎土

離麗也謂附麗也如日月則麗於天百穀草木則麗於土萬物莫不各有所麗天地之中无无麗之物在人當審其所麗麗得其正則能亨也

重明以麗乎正乃化成天

下以卦才言也上下皆離重明也五二皆處中正麗乎正也君臣上下皆有明德而處中正可以化天下成文明之俗也柔麗乎中正故亨是以畜牝牛吉也二五以柔順麗於中正所以能亨人能養其至順以麗中正則吉故曰畜牝牛吉也或曰二則中正矣五以陰居陽得爲正乎曰離主於所麗五中正之位六麗於正位乃爲正也學者知時義而不失重輕則可以言易矣象曰明兩作離大人以繼明照于四方若云兩明則是二明不見繼明之義故云明兩明而重兩

謂相繼也作離明兩而為離繼明之義
也震巽之類亦取洊隨之義然離之義
尤重也大人以德言則聖人以位言則
王者大人觀離明相繼之象以世繼其
明德照臨于四方大凡以明相繼皆繼
明也舉其大者故以世襲繼照言之

初九履錯然敬之无咎 錯七各反○陽固好動又居下
而離體陽居下則欲進離性炎上志在
上麗幾於躁動其履錯然謂交錯也雖
未進而跡已動矣動則失居下之分而
有咎也然其剛明之才若知其義而敬
慎之則不至於咎矣初在下无位者也
明其身之進退乃所麗之道也其志既

動不能敬慎則妄動是
不明所麗乃有咎也
象曰履錯之敬以辟咎也辟音避○履錯然欲動而知
敬洪不敢進所以求辟免過
咎也居明而剛故知而
能辟不剛明則妄動矣**六二黃離元吉**
二居中得正麗於中正也黃中之色文
之美也文明中正美之盛也故云黃離
以文明中正之德上同於文明中順之
君其明如是所麗如是大善之吉也
象曰黃離元吉得中道也所以元吉者
以其得中道
也不云正者離以中爲重所以
成文明由中也正在其中矣**九三曰**

昃之離不鼓缶而歌則大耋之嗟凶與

昳同田節反昃音仄○八純卦皆有二體之義乾内外皆健坤上下皆順震威震相繼巽上下順隨坎重險相習離二明繼照艮内外皆止兌彼己相說而離之義在人事最大九三居下體之終是前明將盡後明當繼之時人之始終時之革易也故爲日昃之離日下昃之明也昃則將没矣以理言之盛必有衰始必有終常道也達者順理爲樂缶常用之器也鼓缶而歌樂其常也不能如是則以大耋爲嗟憂乃爲凶也大耋傾没也人之終盡達者則知其常理樂天而

已遇常皆樂如鼓缶而歌不逹者則恐怛有將盡之悲乃大耋之嗟爲其凶也此處生死之道也**象曰日昃之離何可久也**日既傾昃明能久乎明者知其然也故求人以繼其事退處以休其身安常處順何足以爲凶也**九四突如其來如焚如死如棄如**突如忽反○九四離下體而升上體繼明之初故言繼承之義在上而近君繼承之地也以陽居離體而處四剛躁而不中正且重剛以不正而剛盛之勢突如而來非善繼者也夫善繼者必有巽讓之誠順承之道若舜啓然今四

突如其來失善繼之道也又承六五陰柔之君其剛盛陵爍之勢氣焰如焚然故云焚如四之所行不善如此必被禍害故曰死如失繼紹之義承上之道皆逆德也衆所棄絶故云棄如至於死棄禍之極矣故不假言凶也

象曰突如其來如无所容也上陵其君不順所承人惡衆棄天下所不容也

六五出涕沱若戚嗟若吉涕他米反又音替沱徒河反○六五居尊位而守中有文明之德可謂善矣然以柔居上在下无助獨附麗於剛強之間危懼之勢也唯其明也故能畏懼之深至於出

涕憂慮之深至於戚嗟所以能保其吉也出涕戚嗟極言其憂懼之深耳時當然也居尊位而文明知憂畏如此故得吉若自恃其文明之德與所麗中正泰然不懼則安能保其吉也

象曰六五之吉離王公也

六五之吉者所麗得王公之正位也據在上之勢而明察事理畏懼憂虞以持之所以能吉也不然豈能安乎

上九王用出征有嘉

九以陽居上在離之終剛明之極者也明則能照剛則能斷能照足以察邪惡能斷足以行威刑故王者宜用如是剛明以辨天下之邪惡而行其征伐則有嘉美

之功也征伐用刑之大者**折首獲匪其醜无咎**夫明極則无微不照斷極則无所寬宥不約之以中則傷於嚴察矣去天下之惡若盡究其漸染詿誤則何可勝誅所傷殘亦甚矣故但當折取其魁首所執獲者非其醜類則无殘暴之咎也書曰殲厥渠魁脅從罔治**象曰王用出征以正邦也**王者用此上九之德明照而剛斷以察除天下之惡所以正治其邦國剛明居上之道也

伊川程先生周易上經傳卷之四

伊川程先生周易下經傳卷之五

䷞ 艮下兌上 ○ 咸序卦有天地然後有萬物有萬物然後有男女有男女然後有夫婦有夫婦然後有父子有父子然後有君臣有君臣然後有上下有上下然後禮義有所錯天地萬物之本夫婦人倫之始所以上經首乾坤下經首咸繼以恒也天地二物故二卦分爲天地之道男女交合而成夫婦故咸與恒皆二體合爲夫婦之義咸感也以說爲主恒常也以正爲本而說之道自有正也正之道固有說焉巽而動剛柔皆應說也咸之爲卦兌上艮下少女

少男也男女相感之深莫如少者故二少爲咸也艮體篤實止爲誠慤之義男志篤實以下交女心說而上應男感之先也男先以誠感則女說而應也

咸亨利貞取女吉取七具反○咸感也不曰感者咸有皆義男女交相感也物之相感莫如男女而少復甚焉凡君臣上下以至萬物皆有相感之道物之相感則有亨通之理君臣能相感則君臣之道通上下能相感則上下之志通以至父子夫婦親戚朋友皆情意相感則和順而亨通事物皆然故咸有亨之理也利貞相感之道利在於正也不以正則入於惡矣如夫婦之以

淫姣君臣之以媚說上下之以邪僻皆
相感之不以正也取女吉以卦才言也
卦有柔上剛下二氣感應相與止而說
男下女之義以此義取女則得正而吉
也

彖曰咸感也柔上而剛下二氣感應
以相與止而說男下女是以亨利貞取
女吉也咸之義感也在卦則柔爻上而
剛爻下柔上變剛而成兌剛下
變柔而成艮陰陽相交爲男女交感之
義又兌女在上艮男居下亦柔上剛下
也陰陽二氣相感相應而和合是相與
也止而說止於說爲堅慤之意艮止於

下篤誠相下也兌說於上和說相應也以男下女和之至也相感之道如此是以能亨通而得正取女如是則吉也卦才如此大率感道利於正也

天地感而萬物化生聖人感人心而天下和平觀其所感而天地萬物之情可見矣

既言男女相感之義復推極感道以盡天地之理聖人之用天地二氣交感而化生萬物聖人至誠以感億兆之心而天下和平天下之心所以和平由聖人感之也觀天地交感化生萬物之理與聖人感人心致和平之道則天地萬物

之情可見矣感通之理
知道者黙而觀之可也**象曰山上有澤**
咸君子以虛受人澤性潤下土性受潤
澤在山上而其漸潤
通徹是二物之氣相感通也君子觀山
澤通氣之象而虛其中以受於人夫人
中虛則能受實則不能入矣虛中者无
我也中无私主則无感不通以量而容
之擇合而受之非聖
人有感必通之道也**初六咸其拇**初六
在下
卦之下與四相感以微處初其感未深
豈能動於人故如人拇之動未足以進
也拇足大指人之相感有淺深輕重
之異識其時勢則所處不失其宜矣**象**

曰咸其拇志在外也初志之動感於四也故曰在外志雖動而感未深如拇之動未足以進也六二咸其腓凶居吉腓旁非反○二以陰在下與五爲應故設咸腓之戒腓足肚行則先動足乃舉之非如腓之自動也二若不守道待上之求而如腓自動則躁妄自失所以凶也安其居而不動以待上之求則得進退之道而吉也二中正之人以其在咸而應五故爲此戒復云居吉若安其分不自動則吉也象曰雖凶居吉順不害也二居中得正所應又中正其才本善以其在咸

之時質柔而上應故戒以先動求君則凶居以自守則吉象復明之云非戒之不得相感唯順理則不害謂守道不先動也

九三咸其股執其隨往吝九三以陽居剛有剛陽之才而爲主於内居下之上是宜自得於正道以感於物而乃應於上六陽好上而説陰上居感説之極故三感而從之股者在身之下足之上不能自由隨身而動者也故以爲象言九三不能自主隨物而動如股然其所執守者隨於物也剛陽之才感於所説而隨之如此而往可羞吝也

象曰咸其股亦不處也志在

隨人所執下也云亦者蓋象辭本不與爻之象辭意有相續者此言亦者承上爻辭也上云咸其拇志在外也雖凶居吉順不害也咸其股亦不處也前二陰爻皆有感而動三雖陽爻亦然故云亦不處也不處謂動也有剛陽之質而不能自主志反在於隨人是所操執者卑下之甚也九四貞吉悔亡憧憧往來朋從爾思憧昌容反○感者人之動也故皆就人身取象拇取在下而動之微腓取先動股取其隨九四无所取直言感之道不言咸其心感乃心也四在中而居

上當心之位故爲感之主而言感之道貞正則吉而悔亡感不以正則有悔也又四説體居陰而應初故戒於貞感之道无所不通有所私係則害於感通乃有悔也聖人感天下之心如寒暑雨暘无不通无不應者亦貞而已矣貞者虚中无我之謂也憧憧往來朋從爾思夫貞一則所感无不通若往來憧憧然用其私心以感物則思之所及者有能感而動所不及者不能感也是其朋類則從其思也以有係之私心既主於一隅一事豈能廓然无所不通乎繫辭曰天下何思何慮天下同歸而殊途一致而百慮天下何思何慮夫子因咸極論感

通之道夫以思慮之私心感物所感狹矣天下之理一也途雖殊而其歸則同慮雖百而其致則一雖物有萬殊事有萬變統之以一則无能違也故貞其意則窮天下无不感通焉故曰天下何思何慮用其思慮之私心豈能无所不感也日往則月來月往則日來日月相推而明生焉寒往則暑來暑往則寒來寒暑相推而歲成焉往者屈也來者信也屈信相感而利生焉此以往來屈信明感應之理屈則有信信則有屈所謂感應也故日月相推而明生寒暑相推而歲成功用由是而成故曰屈信相感而利生焉感動也有感必有應凡有動皆

爲感感則必有應所應復爲感感復有應所以不巳也尺蠖之屈以求信也龍蛇之蟄以存身也精義入神以致用也利用安身以崇德也過此以往未之或知也前云屈信之理矣復取物以明之尺蠖之行先屈而後信蓋不屈則无信信而後有屈觀尺蠖則知感應之理也龍蛇蟄藏所以存息其身而後能奮迅也不蟄則不能奮矣動息相感乃屈信也君子潛心精微之義入於神妙所以致其用也潛心精微積也致用施也積與施乃屈信也利用安身以崇德也承上文致用而言利其施用安處其身所以崇大其德業也所爲合理則事正而

身安聖人能事盡於此矣故云過此以往未之或知也窮神知化德之盛也旣云過此以往未之或知更以此語結之云窮極至神之妙知化育之道德之至盛也无加於此矣

象曰貞吉悔亡未感害也憧憧往來未光大也貞則吉而悔亡未爲私感所害也係私應則害於感矣憧憧往來以私心相感感之道狹矣故云未光大也

九五咸其脢无悔九居尊位當以至誠感天下而應二比上若係二而說上則偏私淺狹非人君之道豈能感天下乎脢背肉也與心相背而所不見

也言能背其私心感非其所見而說**象**

者則得人君感天下之正而无悔也

曰咸其脢志末也戒使背其心而咸脢者爲其存心淺末係二而說上感於私欲也**上六咸其輔頰舌**輔音甫頰兼叶亥○上陰柔而說體爲說之主又居感之極是其欲感物之極也故不能以至誠感物而發見於口舌之間小人女子之常態也豈能動於人乎不直云口而云輔頰舌亦猶今人謂口過曰脣吻曰頰舌也輔頰舌皆所用以言也**象曰**

咸其輔頰舌滕口說也唯至誠爲能感人乃以柔說騰

揚於口舌言說豈能感於人乎

䷟ 巽下震上 ○恒序卦夫婦之道不可以不久也故受之以恒恒久也咸夫婦之道夫婦終身不變者也故咸之後受之以恒也咸少男在少女之下以男下女是男女交感之義恒長男在長女之上男尊女卑夫婦居室之常道也論交感之情則少爲深切論尊卑之敘則長當謹正故兌艮爲咸而震巽爲恒也男在女上男動于外女順于內人理之常故爲恒也又剛上柔下雷風相與巽而動剛柔相應皆恒之義也

恒亨无咎利貞利有

攸往恒胡登反○恒者常久也恒之道可以亨通恒而能亨乃无咎也恒而不可以亨非可恒之道也為有咎矣如君子之恒於善可恒之道也小人恒於惡失可恒之道也恒所以能亨由貞正也故云利貞夫所謂恒謂可常久之道非守一隅而不知變也故利於有往唯其有往故能恒也一定則不能常矣又常久之道何往不利

彖曰恒久也恒者常久之義也**剛上而柔下雷風相與巽而動剛柔皆應恒**卦才有此四者成恒之義也剛上而柔下謂乾之初上居於四坤之初下

居於初剛爻上而柔爻下也二爻易處則成震巽震上巽下亦剛上而柔下也剛處上而柔居下乃恒道也雷風相與雷震則風發二者相須交助其勢故云相與乃其常也巽而動下巽順上震動爲以巽而動天地造化恒久不已者順動而已巽而動常久之道也動而不順豈能常也剛柔皆應一卦剛柔之爻皆相應剛柔相應理之常也此四者恒之道也卦所以爲恒也

恒亨无咎利貞久於其道也

恒之道可致亨而无過咎但所恒宜得其正失正則非可恒之道也故曰久於其道其道可恒之正道也不恒其德

與恒於不正皆不能亨而有咎也

天地之道恒久而不已也

天地之所以不已蓋有恒久之道人能恒於可恒之道則合天地之理也

利有攸往終則有始也

天下之理未有不動而能恒者也動則終而復始所以恒而不窮凡天地所生之物雖山嶽之堅厚未有能不變者也故恒非一定之謂也一定則不能恒矣唯隨時變易乃常道也故云利有攸往明理之如是懼人之泥於常也

日月得天而能久照四時變化而能久成聖人久於其

道而天下化成觀其所恒而天地萬物之情可見矣此極言常理日月陰陽之精氣耳唯其順天之道往來盈縮故能久照而不已得天理也四時陰陽之氣耳往來變化生成萬物亦以得天故常久不已聖人以常久之道行之有常而天下化之以成美俗也觀其所恒謂觀日月之久照四時之久成聖人之道所以能常久之理觀此則天地萬物之情理可見矣天地常久之道天下常久之理非知道者孰能識之

象曰雷風恒君子以立不易方君子觀雷

風相與成恒之象以常久其德自立於大中常久之道不變易其方所也

初六浚恒貞凶无攸利浚荀潤反○初居下而四爲正應柔暗之人能守常而不能度勢四震體而陽性以剛居高志上而不下又爲二三所隔應初之志異乎常矣而初乃求望之深是知常而不知變也浚深之也浚恒謂求恒之深也守常而不度勢求望於上之深堅固守此凶之道也泥常如此无所往而利矣世之責望故素而至悔吝者皆浚恒者也志既上求之深是不能恒安其處者也柔微而不恒安其處亦致凶之道凡卦之初終淺與深微

與盛之地也在下而求深亦不知時矣象曰浚恒之凶始求深也居恒之始而求望於上之深是知常而不知度勢之甚也所以凶陰暗不得九二悔亡在恒之義居得恒之宜也其正則常道也

九陽爻居陰位非常理也處非其常本當有悔而九二以中德而應於五五復居中以中而應中其處與動皆得中也是能恒久於中也能恒久於中則不失正矣中重於正中則正矣正不必中也九二以剛中之德而應於中德之勝也足以亡其悔矣人能識重象曰九二悔輕之勢則可以言易矣

亡能久中也所以得悔亡者由其能恒久於中也人能恒久於中豈上亡其悔德之善也**九三不恒其德或承之羞貞吝**三陽爻居陽位處得其位是其常處也乃志從於上六不唯陰陽相應風復從雷於恒處而不處不恒之人也其德不常則羞辱或承之矣或承之謂有時而至也貞吝固守不恒以爲恒豈不可羞吝乎**象曰不恒其德无所容也**人既无常何所容處當處之地既不能恒處非其據豈能恒哉是不恒之人无所容處其身也**九四田无禽**以陽

居陰處非其位處非其所雖常何益人之所爲得其道則久而成功不得其道則雖久何益故以田爲喻言九之居四雖使恒久如田獵而无禽獸之獲謂徒用力而无功也

象曰久非其位安得禽也

處非其位雖久何所得乎以田爲喻故云安得禽也

六五恒其德貞婦人吉夫子凶

五應於二以陰柔而應陽剛居中而所應又中陰柔之正也故恒久其德則爲貞也夫以順從爲恒者婦人之道在婦人則爲貞故吉若丈夫而以順從於人爲恒則失其剛陽之正乃凶也五君位而不以君道

言者如六五之義在夫夫猶凶况人君之道乎在它卦六居君位而應剛未爲失也在恒故不可耳君道豈可以柔順爲恒也

象曰婦人貞吉從一而終也夫子制義從婦凶也

如五之從二在婦人則爲正而吉婦人以從爲正以順爲德當終守於從一夫子則以義制者也從婦人之道則爲凶也

上六振恒凶

六居恒之極在震之終恒極則不常震終則動極以陰居上非其安處又陰柔不能堅固其守皆不常之義也故爲振恒以振爲恒也振者動之速也如振衣如振書抖擻運動之

意在上而其動无節以此爲恒其凶宜矣**象曰振恒在上大无功也**居上之道必有恒德乃能有功若躁動不常豈能有所成乎居上而不恒其凶甚矣象又言其不能有所成立故曰大无功也

䷠ 艮下乾上

○遯序卦恒者久也物不可以久居其所故受之以遯遯者退也夫久則有去相須之理也遯所以繼恒也遯退也避也去之之謂也爲卦天下有山天在上之物陽性上進山高起之物形雖高起體乃止物有上陵之象而止不進天乃上進而去之下陵而上去是相違遠故爲遯去之義二

陰生於下陰長將盛陽消而退小人漸盛君子退而避之故爲遯也**遯亨****小利貞**遯者陰長陽消君子遯藏之時也君子退藏以伸其道道不屈則爲亨故遯所以有亨也在事亦有由遯避而亨者雖小人道長之時君子知幾退避固善也然事有不齊與時消息无必同也陰爲方長而未至於甚盛君子尚有遲遲致力之道不可大貞而尚利小貞也**彖曰遯亨遯而亨也**小人道長之時君子遯退乃其道之亨也君子遯藏所以伸道也此言處遯之道自**剛當位而應以**下則論時與卦才尚有可爲之理也

當位而應與時行也雖遯之時君子處之未有必遯之義五以剛陽之德處中正之位又下與六二以中正相應雖陰長之時如卦之才尚當隨時消息苟可以致其力无不至誠自盡以扶持其道未必於遯藏而不爲故曰與時行也**小利貞浸而長也遯之時義大矣哉**當陰長之時不可大貞而尚小利貞者蓋陰長必以浸漸未能遽盛君子尚可小貞其道所謂小利貞扶持使未遂亡也遯者陰之始長君子知微故當深戒而聖人之意未便遽已也故有與時行小利貞之教聖賢之於

天下雖知道之將廢豈肯坐視其亂而不救必區區致力於未極之間強此之衰艱彼之進圖其暫安苟得為之孔孟之所屑為也王允謝安之於漢晉是也若有可變之道可亨之理更不假言也此處遯時之道也故聖人贊其時義大矣哉或久或速其義皆大也

象曰天下有山遯君子以遠小人不惡而嚴天下有山山下起而乃止天上進而相違是遯避之象也君子觀其象以避遠乎小人遠小人之道若以惡聲厲色適足以致其怨忿唯在乎矜莊威嚴使知敬畏則自然遠矣

初六遯

尾厲勿用有攸往它卦以下爲初遯者往遯也在前者先進故初乃爲尾尾在後之物也遯而在後不及者也是以危也初以柔處微既已後矣不可往也往則危矣微者易於晦藏往既可危不若不往之无災也**象曰遯尾之厲不往何災也**見幾先遯固爲善也遯而爲尾危之道也往既有危不若不往而晦藏可免於災處微故也古人處微下隱亂世而不去者多矣**六二執之用黄牛之革莫之勝說**勝升證反又音升說如字○二與五爲正應雖在相違遯之時

二以中正順應於五五以中正親合於二其交自固黃中色牛順物革堅固之物二五以中正順道相與其固如執繫之以牛革也莫之勝說謂其交之固不可勝言也在遯之時故極言之

象曰執用黃牛固志也上下以中順之道相固結其心志甚堅如執之以牛革也

九三係遯有疾厲畜臣妾吉陽志說陰三與二切比係乎二者也遯貴速而遠有所係累則安能速且遠也害於遯矣故爲有疾也遯而不速是以危也臣妾小人女子懷恩而不知義親愛之則忠其上係戀之私恩懷小人女子

之道也故以畜養臣妾則得其心爲吉也然君子之待小人亦不如是也三與二非正應以暱比相親非待君子之道若以正則雖係不得爲有疾蜀先主之不忍棄士民是也**象曰係遯之厲有疾憊也畜臣妾吉不可大事也**遯而有係雖危爲无咎矣累必以困憊致危其有疾乃憊也蓋力亦不足矣以此暱愛之心畜養臣妾則吉豈可以當大事乎**九四好遯君子吉小人否**四與初爲正應是所好愛者也君子雖有所好愛義苟當遯則去而不疑所謂克己復禮以道

制欲是以吉也小人則不能以義處[illegible]
於所好牽於所私至於陷辱其身而不
能已故在小人則否也否不善也四乾
體能剛斷者聖人以其處陰而有係故
設小人之戒恐 **象曰君子好遯小人否**
其失於正也
也 君子雖有好而能遯不失於義小人
則不能勝其私意而至於不善也
九五嘉遯貞吉 九五中正遯之嘉美者
也處得中正之道時止
時行乃所謂嘉美也故爲貞正而吉九
五非无係應然與二皆以中正自處是
其心志及乎動止莫非中正而无私係
之失所以爲嘉也在彖則槩言遯時故

正

云與時行小利貞尚有濟遯之意於爻至五遯將極矣故唯以中正處遯言之遯非人君之事故不主君位言然人君之所避遠乃遯也亦在中正而已

象曰嘉遯貞吉以正志也　志正則動必由正所以爲遯之嘉也居中得正而應中正是其志正也所以爲吉人之遯也止也唯在正其志而已矣

上九肥遯无不利　肥者充大寬裕之意遯者唯飄然遠逝无所係滯之爲善上九乾體剛斷在卦之外矣又下无所係是遯之遠而无累可謂寬綽有餘裕矣遯者窮困之時也善處則爲肥矣其遯如此何所

不利

象曰肥遯不利无所疑也其遯之遠无所疑滯也蓋在外則巳遠无應則无累故爲剛決无疑也

䷡乾下震上○大壯序卦遯者退也物不可以終遯故受之以大壯遯爲違去之義壯爲進盛之義遯者陰長而陽遯也大壯陽之壯盛也衰則必盛消息相須故既遯則必壯大壯所以次遯也爲卦震上乾下乾剛而震動以剛而動大壯之義也剛陽大也陽長巳過中矣大者壯盛也又雷之威震而在天上亦大壯之義也

大壯利貞大壯之道利於貞正也大壯而

不得其正強猛之爲耳**彖曰大壯大者**
非君子之道壯盛也

壯也剛以動故壯所以名大壯者謂大
大陽長已盛是大者壯也下剛而上動
以乾之至剛而動故爲大壯爲大者壯
與壯之**大壯利貞大者正也正大而天**
大也

地之情可見矣大者既壯則利於貞正
正而大者道也極正大
之理則天地之情可見矣天地之道常
久而不巳者至大至正也正大之理學
者默識心通可也不云大正
而云正大恐疑爲一事也**象曰雷在**

天上大壯君子以非禮弗履雷震於天上大而壯也君子觀大壯之象以行其壯君子之大壯者莫若克己復禮古人云自勝之謂強中庸於和而不流中立而不倚皆曰強哉矯赴湯火蹈白刃武夫之勇可能也至於克己復禮則非君子之大壯不可能也故云君子以非禮弗履**初九壯于趾征凶有孚**初陽剛乾體而處下壯于進者也在下而用壯壯于趾也趾在下而進動之物九在下用壯而不得其中夫以剛處壯雖居上猶不可行況在下乎故征則其凶有孚孚信也謂以壯往則得凶可

正

必也象曰壯于趾其孚窮也在最下而用壯以行可必信其窮困而凶也九二貞吉二雖以陽剛當大壯之時然居柔而處中是剛柔得中不過於壯得貞正而吉也或曰貞非以九居二爲戒乎曰易取所勝爲義以陽剛健體當大壯之時處得中道无不正也在四則有不正之戒人能識時義之輕重則可以學易矣象曰九二貞吉以中也所以貞正而吉者以其得中道也中則不失正況陽剛而乾體乎九三小人用壯君子用罔貞厲羝羊觸

藩羸其角九三以剛居陽而處壯又當乾體之終壯之極者也極壯如此在小人則爲用壯在君子則爲用罔小人尚力故用其壯勇君子志剛故用罔罔无也猶云蔑也以其至剛蔑視於事而无所忌憚也君子小人以地言如君子有勇而无義爲亂剛柔得中則不折不屈施於天下而无不宜苟剛之太過則无和順之德多傷莫與貞固守此則危道也凡物莫不用其壯齒者齧角者觸蹄者踶羊壯於首羝爲喜觸故取爲象羊喜觸藩籬以藩籬當其前也蓋所當必觸喜用壯如此必羸困其角矣猶人尚剛壯所當必用必至摧困也

三壯甚如此而不至凶何也曰如三之爲其往足以致凶而方言其危故未及於凶也凡可以致凶而未至者則曰厲也**象曰小人用壯君子罔也**在小人則爲用其強壯之力在君子則爲用罔志氣剛強蔑視於事靡所顧憚也 **九四貞吉悔亡藩決不羸壯于大輿之輹** 四陽剛長盛壯已過中壯之甚也然居四爲不正方君子道長之時豈可有不正也故戒以貞則吉而悔亡蓋方道長之時小失則害亨進之勢是有悔也若在它卦重剛而居柔未必不爲善也大過是也藩所

以限隔也藩籬決開不復羸困其壯也高大之車輪輹強壯其行之利可知故云壯于大輿之輹輹輪之要處也車之敗常在折輹輹壯則車強矣云壯于輹謂壯於進也輹與輻同

象曰藩決不羸尚往也

剛陽之長必至於極四雖已盛然其往未止也以至盛之陽用壯而進故莫有當之藩決開而不羸困其力也尚往其進不已也

六五喪羊于易无悔

喪易並去聲○羊羣行而喜觸以象諸陽並進四陽方長而並進五以柔居上若以力制則難勝而有悔唯和易以待之則羣陽无所用其剛是喪

其壯于和易也如此則可以无悔五以位言則正以德言則中故能用和易之道使羣陽雖壯无所用也**象曰喪羊于易位不當也**所以必用柔和者以陰柔居尊位故也若以陽剛中正得尊位則下无壯矣以六五位不當也故設喪羊于易之義然大率治壯不可用剛夫君臣上下之勢不相侔也苟君之權足以制乎下則雖有強壯跋扈之人不足謂之壯也必人君之勢有所不足然後謂之治壯故治壯之道不可以剛也 **上六羝羊觸藩不能退不能遂无攸利艱則吉**

羝羊但取其用壯故陰爻亦稱之六以陰處震終而當壯極其過可知如羝羊之觸藩籬進則礙身退則妨角進退皆不可也才本陰柔故不能勝己以就義是不能退也陰柔之人雖極用壯之心然必不能終其壯有摧必縮是不能遂也其所為如此无所往而利也陰柔處壯不能固其守若遇艱困必失其壯失其壯則反得柔弱之分矣是艱則得吉也用壯則不利知艱而處柔則吉也居壯之終有變之義也

象曰不能退不能遂不詳也艱則吉咎不長也

非其處而處故進退不能是其自處之不

詳愼也艱則吉柔遇艱難又居壯終自當變矣變則得其分過咎不長乃吉也

䷢坤下離上

○晉序卦物不可以終壯故受之以晉晉者進也物无壯而終止之理既盛壯則必進晉所以繼大壯也爲卦離在坤上明出地上也日出於地升而益明故爲晉晉進而光明盛大之意也凡物漸盛爲進故彖云晉進也卦有有德者有无德者隨其宜也乾坤之外云元亨者固有也云利貞者所不足而可以有功也有不同者革漸是也隨卦可見晉之盛而无德者无用有也晉之明盛故更不言

晉康侯用亨順乎大明无用戒正也

錫馬蕃庶晝日三接晉爲進盛之時大明在上而下體順
附諸侯承王之象也故爲康侯康侯者
治安之侯也上之大明而能同德以順
附治安之侯也故受其寵數錫之馬衆
多也車馬重賜也蕃庶衆多也不唯錫
與之厚又見親禮晝日之中至於三接
言寵遇之至也晉進盛之時上明下順
君臣相得在上而言則進於明盛在
臣而言則進升高顯受其光寵也　彖
曰晉進也明出地上順而麗乎大明柔
進而上行是以康侯用錫馬蕃庶晝日

三接也晉進也明進而盛也明出於地益進而盛故爲晉所以不謂之進者進爲前進不能包明盛之義明出地上離在坤上也坤麗於離以順麗於大明順德之臣上附於大明之君也柔進而上行凡卦離在上者柔居君位多云柔進而上行噬嗑睽鼎是也六五以柔居君位明而順麗爲能待下寵遇親密之義是以爲康侯用錫馬蕃庶晝日三接也大明之君安天下者也諸侯能順附天子之明德是康民安國之侯也故謂之康侯是以享寵錫而見親禮晝日之間三接見於天子也不曰公卿而曰侯天子治於上者也諸侯治於下者

也在下而順附於大明之君諸侯之象也象曰明出地上晉

君子以自昭明德昭明之也傳曰昭德塞遠昭其度也君子觀明出地上而益明盛之象而以自昭其明德去蔽致知昭明德於已也明明德於天下昭明德於外也明明德在已故云自昭初六晉如摧

如貞吉罔孚裕无咎摧罪雷反○初居晉之下進之始也晉如升進也摧如抑退也於始進而言遂其進不遂其進唯得正則吉也罔孚者在下而始進豈遽能深見信於上苟上未見信則當安中自守雍容寬裕无

急於求上之信也苟欲信之心切非汲汲以失其守則悻悻以傷於義矣皆有咎也故裕則无咎君子觀進退之道也

象曰晉如摧如獨行正也裕无咎未受命也

无進无抑唯獨行正道也寬裕則无咎者始欲進而未當位故也君子之於進退或遲或速唯義所當未嘗不裕也聖人恐後之人不達寬裕之義居位者廢職失守以爲裕故特云初六裕則无咎者始進未受命當職任故也若有官守不信於上而失其職一日不可居也然事非一槩久速唯時亦容有爲之兆者

六二晉如愁

如貞吉受茲介福于其王母六二在下上无應援以中正柔和之德非強於進者也故於進爲可憂愁謂其進之難也然守其貞正則當得吉故云晉如愁如貞吉王母祖母也謂陰之至尊者指六五也二以中正之道自守雖无上應援不能自進然其中正之德久而必彰上之人自當求之蓋六五大明之君與之同德必當求之加之寵禄受介福於王母也介大也

象曰受茲介福以中正也受茲介福以中正之道也人能守中正之道久而必亨況大明在上而同德必受大福也

六三

衆允悔亡以六居三不得中正宜有悔咎而三在順體之上順之極者也三陰皆順上者也是三之順上與衆同志衆所允從其悔所以亡也有順上向明之志而衆允從之何所不利或曰不由中正而與衆同得爲善乎曰衆所允者必至當也況順上之大明豈有不善也是以悔亡蓋亡其不中正之失矣古人曰謀從衆則合天心

象曰衆允之志上行也上行上順麗於大明也上從大明之君衆志之所同也

九四晉如鼫鼠貞厲鼫音石○以九居四非其位也非其位而居之貪據其位

者也貪據高位既非所安而又與上同德順麗於上三陰皆在已下勢必上進故其心畏忌之貪而畏人者鼫鼠也故云晉如鼫鼠貪於非據而存畏忌之心貞固守此其危可知言貞厲者開有改之道也 **象曰鼫鼠貞厲位不當也** 賢者以正德宜在高位不正而處高位則為非據貪而懼失則畏人固處其地危可知也 **六五悔亡失得勿恤往吉无不利** 六以柔居尊位本當有悔以大明而下皆順附故其悔得亡也下既同德順附當推誠委任盡衆人之才通天下之志勿復自任其明恤

正

其失得如此而往則吉而无不利也六五大明之主不患其不能明照患其用明之過至於察察失委任之道故戒以失得勿恤也夫私意偏任不察則有蔽盡天下之公豈當復用私察也**象曰失得勿恤往有慶也**以大明之德得下之附推誠委任則可以成天下之大功是往而有福慶也

上九晉其角維用伐邑厲吉无咎貞吝角剛而居上之物上九以剛居卦之極故取角爲象以陽居上剛之極也在晉之上進之極也剛極則有強猛之過進極則有躁急之失以剛而極於進

失中之甚也无所用而可維獨用於伐邑則雖厲而吉且无咎也伐四方者治外也伐其居邑者治内也言伐邑謂内自治也人之自治剛極則守道愈固進極則遷善愈速如上九者以之自治則雖傷於厲而吉且无咎也嚴厲非安和之道而於自治則有功也復云貞吝以盡其義極於剛進雖自治有功然非中和之德故於貞正之道爲可吝也不失中正爲貞

象曰維用伐邑道未光也維用伐邑既得吉而无咎復云貞吝者其道未光大也以正理言之猶可吝也夫道既光大則元不中正安有過也今以過剛自治

雖有功矣然其道未光大故亦可吝聖人言盡善之道

䷣離下坤上 ○明夷序卦晉者進也進必有所傷故受之以明夷夷者傷也夫進之不已必有所傷理自然也明夷所以次晉也爲卦坤上離下明入地中也反晉成明夷故義與晉正相反晉者明盛之卦明君在上羣賢並進之時也明夷昏暗之卦暗君在上明者見傷之時也日入於地中明傷而昏暗也故爲明夷

明夷利艱貞

君子當明夷之時利在知艱難而不失其貞正也在昏暗艱難之時而能不失其正所以爲明君子也

彖曰

明入地中明夷內文明而外柔順以蒙大難文王以之明入於地其明滅也故爲明夷內卦離離者文明之象外卦坤坤者柔順之象爲人內有文明之德而外能柔順也昔者文王如是故曰文王以之當紂之昏暗乃明夷之時而文王內有文明之德外柔順以事紂蒙犯大難而內不失其明聖而外足以遠禍患此文王所用之道也故曰文王以之利艱貞晦其明也內難而能正其志箕子以之明夷之時利於處艱戹而不失其貞正謂能晦

藏其明也不晦其明則被禍患不守其正則非賢明箕子當紂之時身處其國內切近其難故云內難然箕子能藏晦其明而自守其正志箕子所用之道也故曰箕子以之**象曰明入地中明夷君子以莅衆用晦而明**明所以照君子无所不照然用明之過則傷於察太察則盡事而无含弘之度故君子觀明入地中之象於莅衆也不極其明察而用晦然後能容物和衆衆親而安是用晦乃所以爲明也若自任其明无所不察則已不勝其忿疾而无寬厚含容之德人情睽疑而不安失莅衆之道適所

以爲不明也古之聖人設前旒**初九明**
屏樹者不欲明之盡乎隱也
夷于飛垂其翼君子于行三日不食有
攸往主人有言初九明體而居明夷之
初見傷之始也九陽明
上升者也故取飛象昏暗在上傷陽之
明使不得上進是于飛而傷其翼也翼
見傷故垂朶凡小人之害君子害其所
以行者君子于行三日不食君子明照
見事之微雖始有見傷之端未顯也君
子則能見之矣故行去避之君子于行
謂去其禄位而退藏也三日不食言困
窮之極也事未顯而處甚艱非見幾之

明不能也夫知幾者君子之獨見非衆
人所能識也故明夷之始其見傷未顯
而去之則世俗孰不疑怪故有所往適
則主人有言也然君子不以世俗之見
怪而遲疑其行也若俟衆人盡識則傷
已及而不能去矣此薛方所以爲明而
楊雄所以不獲其去也或曰傷至於垂
翼傷已明矣何得衆人猶未識也曰初
傷之始也云垂其翼謂傷其所以飛爾
其事則未顯也君子見幾故亟去之世
俗之人未能見也故異而非之如穆生
之去楚申公白公且非之況世俗之人
乎但譏其責小禮而不知穆生之去避
胥靡之禍也當其言曰不去楚人將鉗

我於市雖二儒者亦以爲過甚之言也又如表閎於黨事未起之前名德之士方鋒起而獨潛身土室故人以爲狂生卒免黨錮之禍所往而人有言胡足怪也**象曰君子于行義不食也**君子遯藏而困窮義當然也唯義之當然故安處而无悶雖不食可也**六二明夷夷于左股用拯馬壯吉**六二以至明之才得中正而體順順時自處處之至善也雖君子自處之善然當陰闇小人傷明之時亦不免爲其所傷但君子自處有道故不能深相傷害終能遠避之爾足者所以行也股在

脛足之上於行之用爲不甚切左又非便用者手足之用以右爲便雖蹶張用左蓋右立爲本也夷于左股謂傷害其行而不甚切也雖然亦必自免有道拯用壯健之馬則獲免之速而吉也君子爲陰闇所傷其自處有道故其傷不甚自拯有道故獲免之疾用拯之道不壯則被傷深矣故云馬壯則吉也二以明居陰闇之下所謂吉者得免傷害而已非謂可以有爲於斯時也

象曰

六二之吉順以則也

六二之得吉者以其順處而有法則也則謂中正之道能順而得中正所以處明傷之時而能保其吉也

九三

明夷于南狩得其大首不可疾貞九三離之

上明之極也又處剛而進上六坤之上暗之極也至明居下而爲下之上至暗在上而處窮極之地正相敵應將以明去暗者也斯義也其湯武之事乎南在前而明方也狩畋而去害之事也南狩謂前進而除害也當克獲其大首大首謂暗之魁首上六也三與上正相應爲至明克至暗之象不可疾貞謂誅其元惡舊染汙俗未能遽革必有其漸革之遽則駭懼而不安故酒誥云惟殷之迪諸臣惟工乃湎于酒勿庸殺之姑惟教之至於既久尚曰餘風未殄是漸漬之

俗不可以遽革也故曰不可疾貞正之不可急也上六雖非君位以其居上而暗之極故爲暗之主謂之大首**象曰南狩之志乃大得也**夫以下之明除上之暗其志在去害而已如商周之湯武豈有意於利天下乎得其大首是能去害而大得其志矣志苟不然乃悖亂之事也**六四入于左腹獲明夷之心于出門庭**六四以陰居陰而在陰柔之體處近君之位是陰邪小人居高位以柔邪順於君者也六五明夷之君位傷明之主也四以柔邪順從之以固其交夫小人之事君未有

由顯明以道合者也必以隱僻之道自
結於上右當用故爲明顯之所左不當
用故爲隱僻之所人之手足皆以右爲
用世謂僻所爲僻左是左者隱僻之所
也四由隱僻之道深入其君故云入于
左腹入腹謂其交深也其交之深故得
其心凡姦邪之見信於其君皆由奪其
心也不奪其心能无悟乎于出門庭旣
信之於心而後行之於外也邪臣之
事暗君必先蠱其心而後能行於外**象**
曰入于左腹獲心意也 入于左腹謂以
邪僻之道入於
君而得其心意也得
其心所以終不悟也 **六五箕子之明夷**

利貞　五爲君位乃常也然易之取義變動隨時上六處坤之上而明夷之極陰暗傷明之極者也五切近之聖人因以五爲切近至暗之人以見處之之義故不專以君位言上六陰暗傷明之極故以爲明夷之主五切近傷明之主若顯其明則見傷害必矣故當如箕子之自晦藏則可以免於難箕子商之舊臣而同姓之親可謂切近於紂矣若不自晦其明被禍可必也故徉狂爲奴以免於害雖晦藏其明而內守其正所謂內難而能正其志所以謂之仁與明也若箕子可謂貞矣以五陰柔故爲之戒云利貞謂宜如箕子之貞固也若以君

道言義亦如是人君有當含晦之**象曰**
時亦亦外晦其明而内正其志也
箕子之貞明不可息也箕子晦藏不失其貞固雖遭患
難其明自存不可滅息也若逼禍患遂
失其其所守則是亡其明乃滅息也古之
人如楊雄 **上六不明晦初登于天後入**
者是也
于地 上居卦之終爲明夷之主又爲明
夷之極上至高之地明在至高本
當遠照明既夷傷故不明而反昏晦也
本居於高明當及遠初登于天也乃夷
傷其明而昏暗後入于地也上明夷
之終又坤陰之終明傷之極者也 **象**

曰初登于天照四國也後入于地失則也

初登于天居高而明則當照及四方也乃被傷而昏暗是後入于地失明之道也失則失其道也

䷤ 離下巽上

○家人序卦夷者傷也傷於外者必反於家故受之以家人夫傷困於外則必反於內家人所以次明夷也家人者家內之道父子之親夫婦之義尊卑長幼之序正倫理篤恩義家人之道也卦外巽內離為風自火出火熾則風生風生自火自內而出也自內而出由家而及於外之象二與

五正男女之位於內外爲家人之道明
於內而巽於外處家之道也夫人有諸
身者則能施於家行於家者則能施於
國至於天下治治天下之道蓋治家之
道也推而行之於外耳故取自內而出
之象爲家人之義也文中子書以明內
齊外爲義古今善之非取象之意也所
謂齊乎巽言萬物潔齊於巽方非巽有
齊義也如戰乎乾乾非有戰義也
家人利女貞家人之道利在
女正女正則家道正矣夫夫婦婦而家
道正獨云利女貞者夫正者身正也女
正者家正也女正則男正可知矣
彖曰家人女正位乎

內男正位乎外男女正天地之大義也彖以卦才而言陽居五在外也陰居二處內也男女各得其正位也尊卑內外之道正合天地陰陽之大義也家人有嚴君焉父母之謂也家人之道必有所尊嚴而君長者謂父母也雖一家之小无尊嚴則孝敬衰无君長則法度廢有嚴君而後家道正家者國之則也父父子子兄兄弟弟夫夫婦婦而家道正正家而天下定矣父子兄弟夫婦各得其道則家道正矣推一家之道

可以及天下故家正則天下定矣**象曰風自火出家人君子以言有物而行有恒**正家之本在正其身正身之道一言一動不可易也君子觀風自火出之象知事之由内而出故所言必有物所行必有恒也物謂事實恒謂常度法則也德業之著於外由言行之謹於内也言慎行脩則身正而家治矣**初九閑有家悔亡**初家道之始也閑謂防閑法度也治其有家之始能以法度爲之防閑則不至於悔矣治家者治乎衆人也苟不閑之以法度則人情流放必至於有悔失長幼之

序亂男女之別傷恩義害倫理无所不至能以法度閑之於始則无是矣故悔亡也九剛明之才能閑其家者也不云无悔者羣居必有悔以能閑故云耳

象曰閑有家志未變也閑之於始家人志意未變動之前也正志未流散變動而閑之則不傷恩不失義處家之善也是以悔亡志變而後治則所傷多矣乃有悔也

六二无攸遂在中饋貞吉人之處家在骨肉父子之間大率以情勝禮以恩奪義唯剛立之人則能不以私愛失其正理故家人卦大要以剛爲善初三上是也六二以陰柔之才

而居柔不能治於家者也故无攸遂无所爲而可也夫以英雄之才尚有溺情愛而不能自守者況柔弱之人其能勝妻子之情乎如二之才若爲婦人之道則其正也以柔順處中正婦人之道也故在中饋則得其正而吉也婦人居中而主饋者也故云中饋

象曰六二之吉順以巽也

二以陰柔居中正能順從而卑巽者也故爲婦人之貞吉也

九三家人嗃嗃悔厲吉婦子嘻嘻終吝

嗃呼洛反嘻喜悲反○嗃嗃未詳字義然以文義及音意觀之與嗷嗷相類又若急束之意九

三在内卦之上主治乎内者也以陽居剛而不中雖得正而過乎剛者也治内過剛則傷於嚴急故家人嗃嗃然治家過嚴不能无傷故必悔於嚴厲骨肉恩勝嚴過故悔也雖悔於嚴厲未得寛猛之中然而家道齊肅人心祗畏猶爲家之吉也若婦子嘻嘻則終至羞吝矣在卦非有嘻嘻之象蓋對嗃嗃而言謂與其失於放肆寧過於嚴也嘻嘻笑樂无節也自恣无節則終至敗家可羞吝也蓋嚴謹之過雖於人情不能无傷然苟法度立倫理正乃恩義之所存也若嘻嘻无度乃法度之所由廢倫理之所由亂安能保其家乎嘻嘻之甚則致敗家

之凶但云吝者可吝之甚**象曰家人嗃**
則至于凶故未遽言凶也 雖嗃
嗃未失也婦子嘻嘻失家節也 於治家
之道未爲甚失若婦子嘻嘻是 **六四富**
无禮法失家之節家必亂矣
家大吉 六以巽順之體而居四得其正
位居得其正爲安處之義巽順
於事而由正道能保有其富者也居家
之道能保有其富則爲大吉也四高位
而獨云富者於家而言高位家之尊也
能有其富是能保其家也吉孰大焉
象曰富家大吉順在位也 以巽順而居
正位正而巽

順能保有其富者也富家之大吉也**九五王假有家勿恤吉**假更白反○九五男而在外剛而處陽居尊而中正又其應順正於內治家之至正至善者也王假有家五君位故以王言假至也極乎有家之道也夫王者之道修身以齊家家正則天下治矣自古聖王未有不以恭己正家爲本故有家之道既至則不憂勞而天下治矣勿恤而吉也五恭己於外二正家於內內外同德可謂至矣**象曰王假有家交相愛也**王假有家之道者非止能使之順從而已必致其心化誠合夫愛其內助婦愛

其刑家交相愛也能如䢔文王之妃乎若身修法立而家未化未得爲假有家之道

上九有孚威如終吉

上卦之終家道之成也故極言治家之本治家之道非至誠不能也故必中有孚信則能常久而衆人自化爲善不由至誠已且不能常守也況欲使人乎故治家以有孚爲本治家者在妻孥情愛之間慈過則无嚴恩勝則掩義故家之患常在禮法不足而瀆慢生也長失尊嚴少忘恭順而家不亂者未之有也故必有威嚴則能終吉保家之終在有孚威如二者而已故於卦終言之

象曰威如之吉

反身之謂也治家之道以正身爲本故云反身之謂爻辭謂治家當有威嚴而夫子又復戒云當先嚴其身也威嚴不先行於巳則人怨而不服故云威如而吉者能自反於身也孟子所謂身不行道不行於妻子也

伊川程先生周易下經傳卷之五

伊川程先生周易下經卷之六

䷥ 兌下離上

○睽序卦家道窮必乖故受之以睽睽者乖也家道窮則睽乖離散理必然也故家人之後受之以睽也爲卦上離下兌離火炎上兌澤潤下二體相違睽之義也又中少二女雖同居而所歸各異是其志不同行也亦爲睽義

睽小事吉

睽者睽乖離散之時非吉道也以卦才之善雖處睽時而小事吉也

彖曰睽火動而上澤動而下二女同居其志不同行

先釋睽

義次言卦才終言合睽之道而賛其時
用之大火之性動而上澤之性動而下
二物之性違異故爲睽義中少二女雖
同居其志不同行亦爲睽義女之少也
同處長則各適其歸其志異也言**說而**
睽者本同也本不同則非睽也

麗乎明柔進而上行得中而應乎剛是

以小事吉說音悅○卦才如此所以小
事吉也兊說也離麗也又爲
明故爲說順而附麗於明凡麗在上而
彖欲見柔居尊者則曰柔進而上行晉
鼎是也方睽乖之時六五以柔居尊位
有說順麗明之善又得中道而應剛雖

不能合天下之睽成天下之大事亦可以小濟是於小事吉也五以明而應剛不能致大吉何也曰五陰柔雖應二而睽之時相與之道未能深固故二必遇主于巷五噬膚則无咎也天下睽散之時必君臣剛陽中正至誠協力而後能合也

天地睽而其事同也男女睽而其志通也萬物睽而其事類也睽之時用大矣哉

推物理之同以明睽之時用乃聖人合睽之道也見同之爲同者世俗之知也聖人則明物理之本同所以能同天下而和合萬類也以天地男女

萬物明之天高地下其體睽也然陽降陰升相合而成化育之事則同也男女異質睽也而相求之志則通也生物萬殊睽也然而得天地之和稟陰陽之氣則相類也物雖異而理本同故天下之大羣生之衆睽散萬殊而聖人爲能同之處睽之時合睽之用其事至大故云大矣哉

象曰上火下澤睽君子以同而異

上火下澤二物之性違異所以爲睽離之象君子觀睽異之象於大同之中而知所當異也夫聖賢之處世在人理之常莫不大同於世俗所同者則有時而獨異蓋於秉彝則同矣於世俗之失則異

也不能大同者亂常拂理之人也不能獨異者隨俗習非之人也要在同而能異耳中庸曰和而不流是也

初九悔亡喪馬勿逐自復見惡人无咎

喪去声○九居卦初睽之始也在睽乖之時以剛動於下有悔可知所以得亡者九四在上亦以剛陽睽離无與自然同類相合同是陽爻同居下又當相應之位二陽本非相應者以在睽故合也上下相與故能亡其悔也在睽諸爻皆有應夫合則有睽本異則何睽唯初與四雖非應而同德相與故相遇馬者所以行也陽上行者也睽獨无與則不能行是喪

其馬也四既與之合則能行矣是勿逐而馬復得也惡人與己乖異者也見者與相通也當睽之時雖同德者相與然小人乖異者至衆若棄絶之不幾盡天下以仇君子乎如此則失含弘之義致凶咎之道也又安能化不善而使之合乎故必見惡人則无咎也古之聖王所以能化姦凶爲善良革仇敵爲臣民者由弗絶也

象曰見惡人以辟咎也辟音避○睽離之時人情乖違求和合之且病其不能得也若以惡人而拒絶之則將衆仇於君子而禍咎至矣故必見之所以免辟怨咎也无怨咎則有可合之道

九二

遇主于巷无咎二與五正應爲相與者也然在睽乖之時陰陽相應之道衰而剛柔相戾之意勝學易者識此則知變通矣故二五雖正應當委曲以相求也二以剛中之德居下上應六五之君道合則志行成濟睽之功矣而居睽離之時其交非固二當委曲求於相遇覬其得合也故曰遇主于巷必能合而後无咎君臣睽離其咎大矣巷者委曲之塗也遇者會逢之謂也當委曲相求期於會遇與之合也所謂委曲者以善道宛轉將就使合而已非枉已屈道也**象曰遇主于巷未失道也**當睽之時君心

未合賢臣在下竭力盡誠期使之信合而已至誠以感動之盡力以扶持之明義理以致其知杜蔽惑以誠其意如是宛轉以求其合也遇非枉道迎逢也巷非邪僻曲徑也故夫子特云遇主于巷未失道也未非必也非必謂失道也

六三見輿曳其牛掣其人天且劓无初有終曳以制反掣音逝反劓魚器反○陰柔於平時且不足以自立況當睽離之際乎三居二剛之間處不得其所安其見侵陵可知矣三以正應在上欲進與上合志而四阻於前二牽於後車牛所以行之具也輿曳牽於後也牛

掣阻於前也在後者牽曳之而已當前者進者之所力犯也故重傷於上爲四所傷也其人天且劓天髡首也劓截鼻也三從正應而四隔止之三雖陰柔處剛而志行故力進以犯之是以傷也天而又劓言重傷也三不合於二與四睽之時自无合義適合居剛守正之道也其於正應則睽極有終合之理始爲二陽所戹是无初也後必得合是有終也掣從制從手執止之義也

象曰見輿曳位不當也无初有終遇剛也

以六居三非正也非正則不安又在二陽之間所以有如是艱戹由位不當也无初

有終者終必與上九相遇而合乃遇剛也不正而合未有久而不離者也合以正道自无終睽之理故賢者順理而安行智者知幾而固守

九四睽孤遇元夫交孚厲无咎

九四當睽時居非所安无應而在二陰之間是睽離孤煢者也以剛陽之德當睽離之時孤立无與必以氣類相求而合是以遇元夫也夫陽稱元善也初九當睽之初遂能與同德而亡睽之悔處睽之至善者也故目之爲元夫猶云善士也四則過中爲睽已甚不若初之善也四與初皆以陽處一卦之下居相應之位當睽乖之時各无應援自

然同德相親故會遇也同德相遇必須至誠相與交孚各有孚誠也上下二陽以至誠相合則何時之不能行何危之不能濟故雖處危厲而无咎也當睽離之時孤居二陰之間處不當位危且有咎也以遇元夫而交孚故得无咎也

象曰交孚无咎志行也 初四皆陽剛君子當睽乖之時上下以至誠相交協志同力則其志可以行不止无咎而已卦辭但言无咎夫子又從而明之云可以行其志救時之睽也蓋以君子陽剛之才而至誠相輔何所不能濟也唯有君則能行其志矣

六五悔亡厥宗噬膚

往何咎六以陰柔當睽離之時而居尊位有悔可知然而下有九二剛陽之賢與之爲應以輔翼之故得悔亡厥宗其黨也謂九二正應也噬膚噬齧其肌膚而深入之也當睽之時非入之者深豈能合也五雖陰柔之才二輔以陽剛之道而深入之則可往而有慶復何過咎之有以周成之幼稚而興盛王之治以劉禪之昏弱而有中興之勢蓋由任聖賢之輔而姬公孔明所以入之者深也

象曰厥宗噬膚往有慶也爻辭但言厥宗噬膚則可以往而无咎象復推明其義言人君雖已才不足若能信任賢輔使

以其道深入於巳則可以有爲是往而有福慶也

上九睽孤見豕負塗載鬼一車先張之弧後說之弧匪寇婚媾往遇雨則吉

弧音胡說吐活反媾古豆反○上居卦之終睽之極也陽剛之極也在離之上用明之極也睽極則咈戾而難合剛極則躁暴而不詳明極則過察而多疑上九有六三之正應實不孤而其才性如此自睽孤也如人雖有親黨而多自疑猜妄生乖離雖骨肉親黨之間而常孤獨也上之與三雖爲正應然居睽極无所不疑其見三如豕

之汚穢而又背負泥塗見其可惡之甚也既惡之甚則猜成其罪惡如見載鬼滿一車也鬼本无形而見載之一車言其以无爲有妄之極也物理極而必反以近明之如人適東東極矣動則西也如升高高極矣動則下也既極則動而必反也上之睽乖既極三之所處者正理大凡失道既極則必反正理故上於三始疑而終必合也先張之弧始疑惡而欲射之也疑之者妄也妄安能常故終必復於正三實无惡故後說弧而弗射睽極而反故與三非復是冦讎乃婚媾也此匪冦婚媾之語與它卦同而義則殊也陰陽交而和暢則爲雨上於三

始疑而睽睽極則不疑而合陰陽合而益和則爲雨故云往遇雨則吉往者自此以往也謂既合而益和則吉也

象曰遇雨之吉羣疑亡也 雨者陰陽和也始睽而能終和故吉也所以能和者以羣疑盡亡也其始睽也无所不疑故云羣疑睽極而合則皆亡也

䷦ 艮下坎上 ○ 蹇序卦睽者乖也乖必有難故受之以蹇蹇者難也睽乖之時必有蹇難蹇所以次睽也蹇險阻之義故爲蹇難爲卦坎上艮下坎險也艮止也險在前而止不能進也前有險陷後有峻阻故爲蹇也

蹇利

西南不利東北利見大人貞吉西南坤方坤地也體順而易東北艮方艮山也體止而險在蹇難之時利於順處平易之地不利止於危險也處順易則難可紓止於險則難益甚矣蹇難之時必有聖賢之人則能濟天下之難故利見大人也濟難者必以大正之道而堅固其守故貞則吉也凡處難者必在乎守貞正設使難不解不失正德是以吉也若遇難而不能固其守入於邪濫雖使苟免亦惡德也知義命者不爲也

彖曰蹇難也險在前也蹇難也蹇之爲難如乾之爲健若易之爲難則

義有未足蹇有險阻之義屯亦難也困亦難也同爲難而義則異屯者始難而未得通困者力之窮蹇乃險阻艱難之義各不同也險在前也坎險在前下止而不進故爲蹇**見險而能止知矣哉**知去声○以卦才言處蹇之道也上險而下止見險而能止也犯險而進則有悔咎故美其能止爲知也方蹇難之時唯能止爲善故諸爻除五與二外皆以往爲失來爲得也**蹇利西南往得中也不利東北其道窮也**蹇之時利於處平易西南坤方爲順易東北艮方爲險阻九上居五而得中正之位

是往而得平易之地故爲利也五居坎險之中而謂之平易者蓋卦本坤由五往而成坎故但處往而得中不取成坎之義也方蹇而又止危險之地則蹇益甚矣故不利東北其道窮也謂蹇之極也**利見大人往有功也當位貞吉以正邦也**蹇難之時非聖賢不能濟天下之蹇故利於見大人也大人當位則成濟蹇之功矣往而有功也能濟天下之蹇者唯大正之道夫子又取卦才而言蹇之諸爻除初外餘皆當正位故爲貞正而吉也初六雖以陰居陽而處下亦陰之正也以如此正道正其邦可以濟

於蹇矣**蹇之時用大矣哉**處蹇之時濟蹇之道其用至大故云大矣哉天下之難豈易平也非聖賢不能其用可謂大矣順時而處量險而行從平易之道由至正之理乃蹇之時用也**象曰山上有水蹇君子以反身脩德**山之峻阻上復有水坎水爲險陷之象上下險阻故爲蹇也君子觀蹇難之象而以反身脩德君子之遇艱阻必反求諸已而益自脩孟子曰行有不得者皆反求諸已故遇艱蹇必自省於身有失而致之乎是反身也有所未善則改之无歉於心則加勉乃自脩其德也君

子脩德以俟時而已初六往蹇來譽六居蹇之初往進則益入於蹇往蹇也當蹇之時以陰柔无援而進其蹇可知來者對往之辭上進則爲往不進則爲來止而不進是有見幾知時之美來則有譽也象曰往蹇來譽宜待也方蹇之初進則益蹇時之未可進也故宜見幾而止以待時可行而後行也諸爻皆蹇往而善來然則无出蹇之義乎曰在蹇而往則蹇也蹇終則變矣故上已有碩義六二王臣蹇蹇匪躬之故二以中正之德居艮體止於中正者也與五相應是中正之人

爲中正之君所信任故謂之王臣雖上下同德而五方在大蹇之中致力於蹇難之時其艱蹇至甚故爲蹇於蹇也二雖中正以陰柔之才豈易勝其任所以蹇於蹇也志在濟君於蹇難之中其蹇蹇者非爲身之故也雖使不勝志義可嘉故稱其忠藎不爲已也然其才不足以濟蹇也小可濟則聖人當盛稱以爲勸矣

象曰王臣蹇蹇終无尤也 雖艱戹於蹇時然其志在濟君難雖未能成功然終无過尤也聖人取其志義而謂其无尤所以勸忠藎也

九三往蹇來反 九三以剛居正處下體之上當蹇之

時在下者皆柔必依於三是爲下所附者也三與上爲正應上陰柔而无位不足以爲援故上往則蹇也來下來也反還歸也三爲下二陰所喜故來爲反其所也稍安之地也

象曰往蹇來反内喜之也在内下之陰也方蹇之時陰柔不能自立故皆附於九三之陽而喜愛之九之處三在蹇爲得其所也處蹇而得下之心可以求安故以來爲反猶春秋之言歸也

六四往蹇來連往則益入於坎險之深往蹇也居蹇難之時同處艱厄者其志不謀而同也又四居上位而與在下者同有得位之正又與三

相比相親者也二與初同類相與者也是與下同志衆所從附也故曰來連來則與在下之衆相連合也能與衆合得濟蹇之道也**象曰往蹇來連當位實也**四當蹇之時居上位不往而來與下同志固足以得衆矣又以陰居陰爲得其實以誠實與下故能連合而下之二三亦各得其實初以陰居下亦其實也當同患之時相交以實其合可知故來而連者當位以實也處蹇難非誠實何以濟當位不曰正而曰實上下之交主於誠實用各有其所也**九五大蹇朋來**五居君位而在蹇難之中是天下之

大蹇也當蹇而又在險中亦爲大蹇大蹇之時而二在下以中正相應是其朋助之來也方天下之蹇而得中正之臣相輔其助豈小也得朋來而无吉何也曰未足以濟蹇也以剛陽中正之君而方在大蹇之中非得剛陽中正之臣相輔之不能濟天下之蹇也二之中正固有助矣欲以陰柔之助濟天下之難非所能也自古聖王濟天下之蹇未有不由賢聖之臣爲之助者湯武得伊吕是也中常之君得剛明之臣而能濟大難者則有矣劉禅之孔明唐肅宗之郭子儀德宗之李晟是也雖賢明之君苟无其臣則不能濟於難也故凡六君五九

居二者則多由助而有功蒙泰之類是也九居五六居二則其功多不足屯否之類是也蓋臣賢於君則輔君以君所不能臣不及君則贊助之而已故不能成大功也

象曰大蹇朋來以中節也

朋者其朋類也五有中正之德而二亦中正雖大蹇之時不失其守蹇於蹇以相應助是以其中正之節也上下中正而弗濟者臣之才不足也自古守節秉義而才不足以濟者豈少乎漢李固王允晉周顗王尊之徒是也

上六往蹇來碩吉利見大人

六以陰柔居蹇之極冒極險而往所以蹇也不

往而來從五求三得剛陽之助是以碩也蹇之道充塞窮蹙碩大也寬裕之稱來則寬大其蹇舒矣蹇之極有出蹇之道上六以陰柔故不得出得剛陽之助可以舒蹇而已在蹇極之時得舒則爲吉矣非剛陽中正豈能出乎蹇也利見大人蹇極之時見大德之人則能有濟於蹇也大人謂五以相比發此義五剛陽中正而居君位大人也在五不言其濟蹇之功而上六利見之何也曰在五不言以其居坎險之中无剛陽之助故无能濟蹇之義在上六蹇極而見大德之人則能濟於蹇故爲利也各爻取義不同如屯初九之志正而於六二則目

之爲冦也諸爻皆不言吉上獨言吉者諸爻皆得正各有所善然皆未能出於蹇故未足爲吉唯上變蹇極而得寛裕乃爲吉也

象曰往蹇來碩志在内也利見大人以從貴也上六應三而從五志在内也蹇既極而有助是以碩而吉也六以陰柔當蹇之極密近剛陽中正之君自然其志從附以求自濟故利見大人謂從九五之貴也所以云從貴恐人不知大人爲指五也

䷧ 坎下震上 ○解序卦蹇者難也物不可以終難故受之以解物无

終難之理難極則必散解者散也所以次蹇也為卦震上坎下震動也坎險也動於險外出乎險也故為患難解散之象又震為雷坎為雨雷雨之作蓋陰陽交感和暢而緩散故為解解者天下患難解散之時也

解利西南解音蟹○西南坤方

无所往其來復吉有攸往夙吉

坤方坤之體廣大平易當天下之難方解人始離艱苦不可復以煩苛嚴急治之當濟以寬大簡易乃其宜也如是則人心懷而安之故利西南也湯除桀之虐而以寬治武王誅紂之暴而反商政皆從寬易也无所往其來復吉有攸

往夙吉无所往謂天下之難已解散无
所爲也有攸往謂尚有所當解之事也
夫天下國家必紀綱法度廢亂而後禍
患生聖人既解其難而安平无事矣是
无所往也則當修復治道正紀綱明法
度進復先代明王之治是來復也謂反
正理也天下之吉也其發語辭自古聖
王救難定亂其始未暇遽爲也既安定
則爲可久可繼之治自漢以下亂既除
則不復有爲姑隨時維持而已故不能
成善治蓋不知來復之義也有攸往夙
吉謂尚有當解之事則早爲之乃吉也
當解而未盡者不早去則將復盛事之
復生者不早爲則將漸大故夙則吉也

彖曰解險以動動而免乎險解坎險震動險以
動也不險則非難不動則不能出難動
而出於險外是免乎險難也故爲解
解利西南往得衆也解難之道利在廣大平易以寬易而
往濟解則得衆心之歸也其來復吉乃得中也不云无所
往省文爾救亂除難一時之事未能成
治道也必待難解无所往然後來復先
王之治乃得中道謂合宜也有攸往夙吉往有功也
有所爲則夙吉也早則往而有功緩則惡滋而害深矣天地解而

雷雨作雷雨作而百果草木皆甲坼解之時大矣哉既明處解之道復言天地之解以見解時之大天地之氣開散交感而和暢則成雷雨雷雨作則萬物皆生發甲坼天地之功由解而成故贊解之時大矣哉王者法天道行寬宥施恩惠養育兆民至於昆蟲草木乃順解之時與天地合德也象曰雷雨作解君子以赦過宥罪天地解散而成雷雨故雷雨作而爲解也與明兩而作離語不同赦釋之宥寬之過失則赦之可也罪惡而赦之則非義也故寬之而已

君子觀雷雨作解之象體其發育則施恩仁體其解散則行寬釋也**初六无咎**六居解初患難既解之時以柔居剛以陰應陽柔而能剛之義既无患難而自處得剛柔之宜患難既解安寧无事唯自處得宜則爲无咎矣方解之初宜安靜以休息之爻之辭寡所以示意**象曰剛柔之際義无咎也**初四相應是剛柔相際接也剛柔相際爲得其宜難既解而處之剛柔得宜其義无咎也**九二田獲三狐得黃矢貞吉**九二以陽剛得中之才上應六五之君用於時者也天下小人常衆

剛明之君在上則明足以照之威足以懼之剛足以斷之故小人不敢用其情然猶常存警戒慮其有間而害正也六五以陰柔居尊位其明易蔽其威易犯其斷不果而易惑小人一近之則移其心矣況難方解而治之初其變尚易二既當用必須能去小人則可以正君心而行其剛中之道田者去害之事狐者邪媚之獸三狐指卦之三陰時之小人也獲謂能變化除去之如田之獲狐也獲之則得中直之道乃貞正而吉也黃中色矢直物黃矢謂中直也羣邪不去君心一入則中直之道无由行 象曰九矣桓敬之不去武三思是也

二貞吉得中道也所謂貞吉者得其中道也除去邪惡使其中直之道得行**六三負且乘致寇至貞吝**乃正而吉也

乘如字石證反○六三陰柔居下之上處非其位猶小人宜在下以負荷而且乘車非其據也必致寇奪之至雖使所爲得正亦可鄙吝也小人而竊盛位雖勉爲正事而氣質卑下本非在上之物終可吝也若能大正則如何曰大正非陰柔所能也若能之則是化爲君子矣三陰柔小人宜在下而反處下之上猶小人宜負而反乘當致寇奪也**象**難解之時而小人竊位復致寇矣

曰負且乘亦可醜也自我致戎又誰咎

負荷之人而且乘載爲可醜惡也處非其據德不稱其器則寇戎之致乃己招取將誰咎乎聖人又於繫辭明其致寇之道謂作易者其知盜乎盜者乘釁而至苟无釁隙則盜安能犯負者小人之事乘者君子之器以小人而乘君子之器非其所能安也故盜乘釁而奪之小人而居君子之位非其所能堪也故滿假而陵慢其上侵暴其下盜則乘其過惡而伐之矣伐者聲其罪也盜橫暴而至者也貨財而輕慢其藏是教誨乎盜使取之也女子而夭冶其容是教

語淫者使暴之也小人而乘君子之器是招盜使奪之也皆自取之之謂也

九四解而拇朋至斯孚九四以陽剛之才居上位承六五之君大臣也而下與初六之陰爲應拇在下而微者謂初也居上位而親小人則賢人正士遠退矣斥去小人則君子之黨進而誠相得也四能解去初六之陰柔則陽剛君子之朋來至而誠合矣不解去小人則己之誠未至安能得人之孚也初六其應故謂遠之爲解

象曰解而拇未當位也四雖陽剛然居陰於正疑不足若復親比小人則其失正必矣故戒必解

其拇然後能來君子以其𨒪未當位也解者本合而離之也必解拇而後朋孚蓋君子之交而小人容於其間是與君子之誠未至也**六五君子維有解吉有孚于小人**六五居尊位爲解之主人君之解也以君子通言之君子所親比者必君子也所解去者必小人也故君子維有解則吉也小人去則君子進矣吉孰大焉有孚者世云見驗也可驗之於小人小人之黨去則是君子能有解也小人去則君子自進正道自行天下不足治也**象曰君子有解小人退也**君子之所解者謂退

去小人也小人去則君子之道行是以吉也

上六公用射隼射食亦反隼荀尹反墉音容**于高墉之上獲之无不利**

○上六尊高之地而非君位故曰公但據解終而言也隼鷙害之物象爲害之小人墉墻内外之限也害若在内則是未解之時也若出墉外則是无害矣復何所解故在墉上離乎内而未去也云高見防限之嚴而未去者上解之極也解極之時而獨有未解者乃害之堅強者也上居解極解道已至器已成也故能射而獲之既獲之則天下之患解已盡矣何所不利夫子於繫辭復伸其

我曰隼者禽也弓矢者器也射之者人也君子藏器於身待時而動何不利之有動而不括是以出而有獲語成器而動者也鷙害之物在墉上苟无其器與不待時而發則安能獲之所以解之之道器也事之當解與已解之之道至者時也如是而動故无括結發而无不利矣括結謂阻礙聖人於此發明藏器待時之義夫行一身至於天下之事苟无其器與不以時而動小則括塞大則喪敗自古喜有為而无成功或顛覆者皆由是也

象曰公用射隼以解悖也 解佳買反悖布内反○至解終而未解者悖亂之大者也

正

射之所以解之也

解則天下平矣

䷨ 兑下艮上 ○損序卦解者緩也緩必有所失故受之以損縱緩則必有所失失則損也損所以繼解也爲卦艮上兑下山體高澤體深下深則上益高爲損下益上之義又澤在山下其氣上通潤及草木百物是損下而益上也又下爲兑說三爻皆上應是說以奉上亦損下益上之義又下兑之成兑由六三之變也上艮之成艮自上九之變也三本剛而成柔上本柔而成剛亦損下益上之義損上而益於下則爲益取下而益於上則爲損在人上者施其澤

以及下則益也取其下以自厚則損也譬諸壘土損於上以培厚其基本則上下安固矣豈非益乎取於下以增上之高則危墜至矣豈非損乎故損者損下益上之義益則反是**損有孚元吉无咎可貞利有攸往**損減損也凡損抑其過以就義理皆損之道也損之道必有孚誠謂至誠順於理也損而順理則大善而吉所損无過差可貞固常行而利有所往也人之所損或過或不及或不常皆不合正理非有孚也非有孚則无吉而有咎非可貞之道不可行也**曷之用二簋可用享**曷何葛反

簋音軌○損者損過而就中損浮末而就本實也聖人以寧儉為禮之本故於損發明其義以享祀言之享祀之禮其文最繁然以誠敬為本多儀備物所以將飾其誠敬之心飾過其誠則為偽矣損飾所以存誠也故云曷之用二簋可用享二簋之約可用享祭言在乎誠而已誠為本也天下之害无不由末之勝也峻宇彫牆本於宮室酒池肉林本於飲食淫酷殘忍本於刑罰窮兵黷武本於征討凡人欲之過者皆本於奉養其流之遠則為害矣先王制其本者天理也後人流於末者人欲也損之義損人欲以復天理而已

彖曰損損

下益上其道上行損之所以爲損者以損於下而益於上也取下以益上故云其道上行夫損上而益下則爲益損下而益上則爲損損基本以爲高者豈可謂之益乎**損而有孚元吉无咎可貞利有攸往**謂損而以至誠則有此元吉以下四者損道之盡善也**曷之用二簋可用享二簋應有時損剛益柔有時**夫子特釋曷之用二簋可用享卦辭簡直謂當損去浮飾曰何所用哉二簋可以享也厚本損末之謂也夫子恐後人不達遂以爲

文飾當盡去故詳言之有本必有末有實必有文天下萬事无不然者无本不立无文不行父子主恩必有嚴順之體君臣主敬必有承接之儀禮讓存乎内待威儀而後行尊卑有其序非物采則无别文之與實相須而不可闕也及夫文之勝末之流遠本喪實乃當損之時也故云曷所用哉二簋足以薦其誠矣謂當務實而損飾也夫子恐人之泥言也故復明之曰二簋之質用之當有時非其所用而用之不可也謂文飾未過而損之與損之至於過甚則非也損剛益柔有時剛爲過柔爲不足損益皆損剛益柔也必順時而行不當時而損益

之則非也**損益盈虛與時偕行**或損或益或盈或虛唯隨時而已過者損之不足者益之虧者盈之實者虛之與時偕行也**象曰山下有澤損君子以懲忿窒欲**懲直升反忿芳粉反窒珍栗反○山下有澤氣通上潤與深下以增高皆損下之象君子觀損之象以損於已在修已之道所當損者唯忿與欲故以懲戒其忿怒窒塞其意欲也**初九巳事遄往无咎酌損之**巳音以遄市專反○損之義損剛益柔損下益上也初以陽剛應於四四以陰柔居上位賴初

之益者也下之益上當損已而不自以爲功所益於上者事既已則速去之不居其功乃无咎也若享其成功之美非損已益上也於爲下之道爲有咎矣四之陰柔賴初者也故聽於初初當酌度其宜而損已以益之過與不及皆不可也

象曰已事遄往尚合志也尚上也時之所崇用爲尚初之所尚者與上合志也四賴於初初益於四與上合志也

九二利貞征凶弗損益之二以剛中當損剛之時居柔而說體上應六五陰柔之君以柔說應上則失其剛中之德故戒所利在貞正也征行

也離乎中則失其貞正而凶矣守其中乃貞也弗損益之不自損其剛貞則能益其上乃益之也若失其剛貞而用柔說適足以損之而已非損已而益上也毌之愚者有雖无邪心而唯知竭力順上爲忠者蓋不知弗損益之之義也

象曰九二利貞中以爲志也 九居二非正也處說非剛也而得中爲善若守其中德何有不善豈有中而不正者豈有中而有過者二所謂利貞謂以中爲志也志存乎中則自正矣大率中重於正中則正矣正不必中也能守中則有益於上矣

六三三人行則損一

人一人行則得其友損者損所餘也益者益不足也三人謂下三陽上三陰三陽同行則損九三以益上三陰同行則損上六以爲三三人行則損一人也上以柔易剛而謂之損但言其減一耳上與三雖本相應由二爻升降而一卦皆成兩相與也初二二陽四五二陰同德相比三與上應皆兩相與則其志專皆爲得其友也三雖與四相比然異體而應上非同行者也三人則損一人一人則得其友蓋天下无不二者一與二相對待生生之本也三則餘而當損矣此損益之大義也夫子又於繫辭盡其義曰天地絪縕萬物

化醇男女構精萬物化生易曰三人行則損一人一人行則得其友言致一也絪緼交密之狀天地之氣相交而密則生萬物之化醇醇謂醲厚醲厚猶精一也男女精氣交構則化生萬物唯精醇專一所以能生也一陰一陽豈可二也故三則當損言專致乎一也天地之**象**間當損益之明且大者莫過此也

曰一人行三則疑也 一人行而得一人乃得友也若三人行則疑所與矣理當損去其一人損其餘也

六四損其疾使遄有喜无咎 四以陰柔居上與初之剛陽相應在損時而應剛能

自損以從剛陽也損不善以從善也初之益四損其柔而益之以剛損其不善也故曰損其疾疾謂疾病不善也損於不善唯使之遄速則有喜而无咎人之損過唯患不速速則不至於深過爲可喜也

象曰損其疾亦可喜也

損其所疾固可喜也云亦發語辭

六五或益之十朋之龜弗克違元吉

六五於損時以中順居尊位虛其中以應乎二之剛陽是人君能虛中自損以順從在下之賢也能如是天下孰不損己自盡以益之故或有益之之事則十朋助之矣十衆辭龜者決是非

吉凶之物衆人之公論必合正理雖龜筴不能違也如此可謂大善之吉矣古人曰謀從衆則合天心**象曰六五元吉自上祐也**所以得元吉者以其能盡衆人之見上合天地之理故自上天降之福祐也上**九弗損益之无咎貞吉利有攸往得臣无家**凡損之義有三損己從人也自損以益於人也行損道以損於人也損己從人徙於義也自損益人及於物也行損道以損於人行其義也各因其時取大者言之四五二爻取損己從人下體三爻取自損以益人損時之用行

損道以損天下之當損者也上九則取不行其損爲義九居損之終損極而當變者也以剛陽居上若用剛以損削於下非爲上之道其咎大矣若不行其損變而以剛陽之道益於下則无咎而得其正且吉也如是則宜有所往往則有益矣在上能不損其下而益之天下孰不服從從服之衆无有内外也故曰得臣无家得臣謂得人心歸服无家謂无有遠近内外之限也**象曰弗損益之大得志也**居上不損下而反益之是君子大得行其志也君子之志唯在益於人而已

䷩震下巽上○益序卦損而不已必益故受之以益盛衰損益如循環損極必益理之自然益所以繼損也爲卦巽上震下雷風二物相益者也風烈則雷迅雷激則風怒兩相助益所以爲益此以象言也巽震二卦皆由下變而成陽變而爲陰者損也陰變而爲陽者益也上卦損而下卦益損上益下所以爲益此以義言也下厚則上安故益下爲益

益利有攸往利涉大川益者益於天下之道也故利有攸往益之道可以濟險難利涉大川也

彖曰益損上益下民說无疆自上

下下其道大光 說音悅疆居良反下上遐嫁反下如字○以卦義與卦才言也卦之爲益以其損上益下也損於上而益下則民說之无疆謂无窮極也自上而降已以下下其道之大光顯也陽下居初陰上居四爲自上下下之義 **利有攸往中正有慶** 五以剛陽中正居尊位二復以中正應之是以中正之道益天下天下受其福慶也 **利涉大川** 益之爲道於平常无事之際其益猶小當艱危險難則所益至大故利涉大川也於濟艱險乃益道大行之時也益誤作木或以爲上巽 **木道乃行**

下震故云**益動而巽日進无疆**又以二體言卦

木道非也才下動而上巽動而巽也爲益之道其

動巽順於理則其益日進廣大无有疆限也動而不順於

理豈能成大盛也**天施地生其益无方**

施始䜴反○以天地之功言益道之大聖人體之以益天下也天道資始地道

生物天施地生化育萬物各正性命其益可謂无方矣方所也有方所則有限

量无方謂廣大无窮極也天地之益萬物豈有窮際乎**凡益之道**

與時偕行天地之益无窮者理而已矣聖人利益天下之道應時順

理與天地合與時偕行也**象曰風雷益君子以見善則遷有過則改**風烈則雷迅雷激則風怒二物相益者也君子觀風雷相益之象而求益於己爲益之道无若見善則遷有過則改也見善能遷則可以盡天下之善有過能改則无過矣益於人者无大於是**初九利用爲大作元吉无咎**初九震動之主剛陽之盛也居益之時其才足以益物雖居至下而上有六四之大臣應於己四巽順之主上能巽於君下能順於賢才也在下者不能有爲也得在上者應從之則宜以其

道輔於上作大益天下之事利用爲大作也居下而得上之用以行其志必須所爲大善而吉則无過咎不能元吉則不唯在已有咎乃累乎上爲上之咎也在至下而當大任小善不足以稱也故必元吉然後得无咎象曰元吉无咎下不厚事也在下者本不當處厚事厚事重大之事也以爲在上所任所以當大事必能濟大事而致元吉乃爲无咎能致元吉則在上者任之爲知人已當之爲勝任不然則上下皆有咎也六二或益之十朋之龜弗克違永貞吉王用享

于帝吉六二處中正而體柔順有虛中之象人處中正之道虛其中以求益而能順從天下孰不願告而益之孟子曰夫苟好善則四海之內皆將輕千里而來告之以善夫滿則不受虛則來物理自然也故或有可益之事則衆朋助而益之十者衆辭衆人所是理之至當也龜者占吉凶辯是非之物言其至是龜不能違也求永貞吉就六二之才而言二中正虛中能得衆人之益者也然而質本陰柔故戒在常永貞固則吉也求益之道非永貞則安能守也損之六五十朋之則元吉者蓋居尊自損應下之剛以柔而居剛柔爲虛受剛爲固

守求益之至善故元吉也六二虛中求益亦有剛陽之應而以柔居柔疑從益之未固也故戒能常永貞固則吉也王用享于帝吉如二之虛中而能永貞用以享上帝猶當獲吉況與人接物其意有不通乎求益於人有不應乎祭天天子之事故云王用也

象曰或益之自外來也

既中正虛中能受天下之善而固守則有有益之事衆人自外來益之矣或曰自外來豈非謂五乎曰如二之中正虛中天下孰不願益之五爲正應固在其中矣

六三益之用凶事无咎有孚中行告公用

圭三居下體之上在民上者也乃守令也居陽應剛處動之極居民上而剛決果於爲益者也果於爲益用之於凶事則无咎凶事謂患難非常之事三居下之上上在下當承稟於上安得自任擅爲益乎唯於患難非常之事則可量宜應卒奮不顧身力庇其民故无咎也下專自任上必忌疾雖當凶難以義在可爲然必有其孚誠而所爲合於中道則誠意通於上而上信與之矣專爲而无誠意則不可也雖有誠意爲上愛民之至誠固不可也雖有誠意而所爲不合中行亦不可也圭者通信之物禮云大夫執圭而使所以申信也凡祭祀朝聘用圭玉所以通達誠信也

有誠孚而得中道則能使上信之是猶告公上用圭玉也其孚能通達於上矣在下而有爲之道固當有孚中行又三陰爻而不中故發此義或曰三乃陰柔何得反以剛果任事爲義曰三質雖本陰然其居陽乃自勵以剛也應剛乃志在乎剛也居動之極剛果於行也以此行益非剛果而何易以所勝爲義故不論其本質也

象曰益用凶事固有之也

六三益之獨可用於凶事者以其固有之也謂專固自任其事也居下當禀承於上乃專任其事唯救民之凶災拯時之艱急則可也乃勵急難變故之權宜故得无咎

若平時則不可也 六四中行告公從利用爲依遷國 四當益時處近君之位居得其正以柔巽輔上而下順應於初之剛陽如是可以益於上也唯處不得其中而所應又不中是不足於中也故云若行得中道則可以益於君上告於上而獲信從矣以柔巽之體非有剛特之操故利用爲依遷國爲依依附於上也遷國順下而動也上依剛中之君而致其益下順剛陽之才以行其事利用如是也自古國邑民不安其居則遷遷國者順下而動也 象曰告公從以益志也 爻辭但云得中

行則告公而獲從象復明之曰告公而獲從者告之以益天下之志也志苟在於益天下上必信而從之事君者者不患上之不從患其志之不誠也**九五**

有孚惠心勿問元吉有孚惠我德五剛陽中正居尊位又得六二之中正相應以行其益何所不利以陽實在中有孚之象也以九五之德之才之位而中心至誠在惠益於物其至善大吉不問可知故云勿問元吉人君居得致之位操可致之權苟至誠益於天下天下受其大福其元吉不假言也有孚惠我德人君至誠益於天下天下之人无不至誠愛戴

以君之德澤爲恩惠也

象曰有孚惠心勿問之矣人君有至誠惠益天下之心其元吉不假

惠我德大得志也言也故云勿問之矣天下至誠懷吾德以爲惠是其道大行人君之志得矣

上九莫益之或擊之立心勿恒凶上居无位之地非行益於人者也以剛處益之極求益之甚者也所應者[illegible]非取善自益者也利者衆人所同欲也專欲益己其害大矣欲之甚則昏蔽而忘義理求之極則侵奪而致仇怨故夫子曰放於利而行多怨孟子謂先利則不奪不饜聖

賢之深戒也九以剛而求益之極衆人所共惡故无益之者而或攻擊之矣立心勿恒凶聖人戒人存心不可專利云勿恒如是凶之道也所當速改也象

曰莫益之偏辭也或擊之自外來也理

天下之至公利者衆人所同欲苟公其心不失其正理則與衆同利无侵於人人亦欲與之若切於好利蔽於自私求自益以損於人則人亦與之力爭故莫肯益之而有擊奪之者矣云莫益之者非其偏己之辭也苟不偏已合於公道則人亦益之何爲擊之乎既求益於人至於甚極則人皆惡而欲攻之故擊之者

者自外來也人爲善則千里之外應之六二中正應己益之者自外而至是也苟爲不善則千里之外違之上九求益之極擊之者自外而至是也繫辭曰君子安其身而後動易其心而後語定其交而後求君子脩此三者故全也危以動則民不與也懼以語則民不應也无交而求則民不與也莫之與則傷之者至矣易曰莫益之或擊之立心勿恒凶君子言動與求皆以其道乃完善也不然則取傷而凶矣

䷪ 乾下兌上 ○夬序卦益而不已必決故受之以夬夬者決也益之

極必決而後止理无常益益而不巳乃
決也夬所以次益也爲卦兌上乾下以
二體言之澤水之聚也乃上於至高之
處有潰決之象以爻言之五陽在下長
而將極一陰在上消而將盡衆陽上進
決去一陰所以爲夬也夬者剛決之義
衆陽進而決去一陰君子道
長小人消衰將盡之時也

夬揚于王庭孚號有厲

夬古快反號去聲○小人
方盛之時君子之道未勝
安能顯然以正道決去之故含晦俟時
漸圖消之之道今既小人衰微君子道
盛當顯行之於公朝使人明知善惡故
云揚于王庭孚信之在中誠意也號者

命衆之辭君子之道雖長盛而不敢忘戒備故至誠以命衆使知尚有危道雖以此之甚盛決彼之甚衰若易而无備則有不虞之悔是尚有危理必有戒懼之心則无患也聖人設戒之意深矣**告自邑不利即戎利有攸往**君子之治小人以其不善也必以己之善道勝革之故聖王誅亂必先修己舜之敷文德是也邑私邑告自邑先自治也以衆陽之盛決去一陰力固有餘然不可極其剛至於太過太過乃如𡖋上九之爲寇也戎兵者強武之事不利即戎謂不宜尚壯武也即從也從戎尚武也利有攸往陽雖盛未

極乎上陰雖微猶有未去是小人尚有存者君子之道有未至也故宜進而往也不尚剛武而其道益進乃夬之善也

彖曰夬決也剛決柔也健而說決而和說音悅○夬爲決義五陽決上之一陰也健而說決而和以二體言卦才也下健而上說是健而能說決而能和決之至善也兌說爲和

揚于王庭柔乘五剛也柔雖消矣然居五剛之上猶爲乘陵之象陰而乘陽非理之甚君子勢既足以去之當顯揚其罪於王朝大庭使衆知善惡也

孚號有厲其危乃光

也盡誠信以命其衆而知有危懼則君子之道乃无虞而光大也告自邑不利即戎所尚乃窮也當先自治不宜專尚剛武即戎則所尚乃至窮極矣夬之時所尚謂剛武也利有攸往剛長乃終也陽剛雖盛長猶未終尚有一陰更當決去則君子之道純一而无害之者矣乃剛長之終也象曰澤上於天夬君子以施禄及下居德則忌澤水之聚也而上於天至高之勢故爲夬象君子觀澤決於上而注漑於下之象則以施禄及下謂施其

禄澤以及於下也觀其決潰之象則以居德則忌居德謂安處其德則約也忌防也謂約立防禁有防禁則无潰散也王弼作明忌亦通不云澤在天上而云澤上於天上於天則意不安而有決潰之勢云在天上乃安辭也

初九

壯于前趾往不勝爲咎九陽爻而乾體剛健在上之物乃在下而居決時壯于前進者也前趾謂進行人之決於行也行而宜則其決爲是往而不宜則決之過也故往而不勝則爲咎也夬之時而往往決也故以勝負言九居初而壯於進躁於動者也故有不勝之戒陰雖將盡而已之躁動

自宜有不勝之咎不計彼也**象曰不勝而往咎也**人之行必度其事可爲然後決之則无過矣理不能勝而且往其咎可知凡行而有咎者皆決之過也**九二惕號莫夜有戎勿恤**莫音暮○夬者陽決陰君子決小人之時不可忘戒備也陽長將極之時而二處中居柔不爲過剛能知戒備處夬之至善也內懷兢惕而外嚴誡號雖暮夜有兵戎亦可勿恤矣**象曰有戎勿恤得中道也**暮夜有兵戎可懼之甚也然可勿恤者以自處之善也既得中道又知惕懼且有戒備何

事之足恤也九居二雖得中然非正其爲至善何也曰陽決陰君子決小人而得中豈有不正也知時識勢學易之大方也

九三壯于頄有凶君子夬夬獨行遇雨若濡有慍无咎

頄音求平聲慍紆運反○爻辭差錯安定胡公移其文曰壯于頄有凶獨行遇雨若濡有慍君子夬夬无咎亦未安也當云壯于頄有凶獨行遇雨君子夬夬若濡有慍无咎夬決尚剛健之時三居下體之上又乾健體之極剛果於決者也頄顴骨也在上而未極於上者也三居下體之上雖在上而未爲最上上有

君而自任其剛決壯于頄者也有凶之道也獨行遇雨三與上六爲正應方羣陽共決一陰之時已若以私應之故不與衆同而獨行則與上六陰陽和合故云遇雨易中言雨者皆謂陰陽和也君子道長決去小人之時而己獨與之和其非可知唯君子處斯時則能夬夬謂夬其夬果決其斷也雖其私與當遠絶之若見濡污有慍惡之色如此則无過咎也三健體而處正非必有是失也因此義以爲教耳爻文所以交錯者由有遇雨字又有濡字故誤以爲連也象

曰君子夬夬終无咎也牽梏於私好由无決也君子義

之與比決於當決故終不至於有咎也**九四臀无膚其行**臀音豚次七私反且七餘

次且牽羊悔亡聞言不信

反○臀无膚居不安也行次且進不然
也次且進難之狀九四以陽居陰剛決
不足欲止則衆陽並進於下勢不得安
獨臀傷而居不能安也欲行則居柔失
其剛壯不能強進故其行次且也牽羊
悔亡羊者羣行之物牽者挽拽之義言
若能自強而牽挽以從羣行則可以亡
其悔然既處柔必不能也雖使聞是言
亦必不能信用也夫過而能改聞善而
能用克己以從義唯剛明者能之在它

卦九居四其失未至如此之象曰其行
甚在夬而居柔其害大矣
次且位不當也聞言不信聰不明也九處
陰位不當也以陽居柔失其剛決故不
能强進其行次且剛然後能明處柔則
遷失其正性豈復有明也故聞言
而不能信者蓋其聰聽之不明也九五
莧陸夬夬中行无咎莧俟辨反○五雖
剛陽中正居尊位
然切近於上六上六說體而卦獨一陰
陽之所比也五爲決陰之主而反比之
其咎大矣故必決其決如莧莧陸然則於
其中行之德爲无咎也中行中道也莧

陸今所謂馬齒莧是也曝之難乾感陰氣之多者也而脆易折五若如莧陸雖感於陰而決斷之易則於中行无過咎矣不然則失其中正也感陰多之物莧陸爲易斷故取爲象

象曰中行无咎中未光也卦辭言夬夬則於中行爲无咎矣象復盡其義云中未光也夫人心正意誠乃能極其中正之道而充實光輝五心有所比以義之不可而決之雖行於外不失中正之義可以无咎然於中道未得爲光大也蓋人心一有所欲則離道矣夫子於此示人之意深矣

上六无號終有凶○號戶羔反　陽長將

極陰消將盡獨一陰處窮極之地是衆君子得時決去危極之小人也其勢必須消盡故云无用號咷畏懼終必有凶也

象曰无號之凶終不可長也

陽剛君子之道進而益盛小人之道既已窮極自然消亡豈復能長久乎雖號咷无以爲也故云終不可長也先儒以卦中有孚號惕號欲以无號爲无號作去聲謂无用更加號令非也一卦中適有兩去聲字一平聲字何害而讀易者率皆疑之或曰聖人之於天下雖大惡未嘗必絕之也今直使之无號謂必有凶可乎曰夬者小人之道消亡之時也決去小人之道豈

必盡誅之乎使之變革乃小人之道亡也道亡乃其凶也

䷫巽下乾上○姤序卦夬決也決必有遇故受之以姤姤遇也決判也物之決判則有遇合本合則何遇姤所以次夬也爲卦乾上巽下以二體言之風行天下天之下者萬物也風之行无不經觸乃遇之象又一陰始生於下陰與陽遇也故爲姤

姤女壯勿用取女

一陰始生自是而長漸以盛矣是女之將長壯也陰長則陽消女壯則男弱故戒勿用取如是之女取女者欲其柔和順從以成家道姤乃方進之陰漸壯而敵陽者是以不可取

也女漸壯則失男女之正家道敗矣姤雖一陰甚微然有漸壯之道所以戒也

彖曰姤遇也柔遇剛也姤之義遇也卦之爲姤以柔遇剛也一陰方生始與陽相遇也**勿用取女不可與長也**一陰既生漸長而盛陰盛則陽衰矣取女者欲長久而成家也此漸盛之陰將消勝於陽不可與之長久也凡女子小人夷狄勢苟漸盛何可與久也故戒勿用取如是之女**天地相遇品物咸章也**陰始生於下與陽相遇天地相遇也陰陽不相交遇則萬物不生天地相遇則化育庶類品物

咸章萬物章明也**剛遇中正天下大行也**以卦才言也五與二皆以陽剛居中與正以中正相遇也君得剛中之臣臣遇中正之君君臣以剛陽遇中正其道可以大行於天下矣**姤之時義大矣哉**贊姤之時與姤之義至大也天地不相遇則萬物不生君臣不相遇則治不興聖賢不相遇則道德不亨事物不相遇則功用不成姤之時與義皆甚大也

象曰天下有風姤后以施命誥四方風行天下无所不周爲君后者觀其周徧之象乃施其命令周誥四方也風行

地上與天下有風皆爲周徧庶物之象而行於地上徧觸萬物則爲觀經歷觀省之象也行於天下周徧四方則爲姤施發命令之象也諸象或稱先王或稱后或稱君子大人稱先王者先王所以立法制建國作樂省方勑法閉關育物享帝皆是也稱后者后王之所爲也財成天地之道施命誥四方是也君子則上下之通稱大人者王公之通稱

初六繫于金柅貞吉有攸往見凶羸豕孚蹢躅柅女几反○姤陰始生而將長之卦一陰生則長而漸盛陰長則陽消小人道長也制之當於其微而未

盛之時柅止車之物金爲之堅強之至也止之以金柅而又繫之止之固也固止使不得進則陽剛貞正之道吉也使之進往則漸盛而害於陽是見凶也羸豕孚蹢躅聖人重爲之戒言陰雖甚微不可忽也豕陰躁之物故以爲況羸弱之豕雖未能強猛然其中心在乎蹢躅蹢躅跳躑也陰微而在下可謂羸矣然其中心常在乎消陽也君子小人異道小人雖微弱之時未嘗无害君子之心防於微則无能爲矣

象曰繫于金柅柔道牽也

牽者引而進也陰始生而漸進柔道方牽也繫之于金柅所以止其進也不使進則

不能消正道乃貞吉也

九二包有魚无咎不利賓

姤遇也二與初密比相遇者也在它卦則初正應於四在姤則以遇爲重相遇之道主於專一二之剛中遇固以誠然初之陰柔羣陽在上而又有所應者其志所求也陰柔之質鮮克貞固二之於初難得其誠心矣所遇不得其誠心遇道之乖也包者苴裹也魚陰物之美者陽之於陰其所說美故取魚象二於初若能固畜之如包苴之有魚則於遇爲无咎矣賓外來者也不利賓包苴之魚豈能及賓謂不可更及外人也遇道當專一二則雜矣

象曰包有

魚義不及賓也二之遇初不可使有二於外當如包苴之有魚包苴之魚義不及於賓客也九三臀无膚其行次且二與初既相遇三說初而密比於二非所安也又爲二所厲无大咎忌惡其居不安若臀之无膚也處既不安則當去之而居姤之時志求乎遇一陰在下是所欲也故處雖不安而其行則又次且也次且進難之狀謂不能遂合也然三剛正而處巽有不終迷之義且知其不正而懷危懼不敢妄動則可以无大咎也非義求遇固已有咎矣知危而止則不至於大也象曰其

行次且行未牽也 其始志在求遇於初故其行遲遲未牽不促其行也既知危而改之故未至於大咎也

九四包无魚起凶 包者所裹蓄也魚所美也四與初爲正應當相遇者也而初已遇於二矣失其所遇猶包之无魚亡其所有也四當姤遇之時居上位而失其下下之離由己之失德也四之失者不中正也以不中正而失其民所以凶也曰初之從二以比近也豈四之罪乎曰在四而言義當有咎不能保其下由失道也豈有上不失道而下離者乎遇之道君臣民主夫婦朋友皆在焉四以下睽故主民

而言爲上而下離必有凶變起者將生之謂民心既離難將作矣**象曰**

无魚之凶遠民也遠去声○下之離由已致之遠民者已遠之也爲上者有以使之離也

九五以杞包瓜含章有隕自天九五下亦无應非有遇也然得遇之道故終必有遇夫上下之遇由相求也杞高木而葉大處高體大而可以包物者杞也美實之在下者瓜也美而居下者側微之賢之象也九五尊居君位而下求賢才以至高而求至下猶以杞葉而包瓜能自降屈如此又其內蘊中正之德充實章美人君如是

則无有不遇所求者也雖屈己求賢若其德不正賢者不屑也故必含畜章美内積至誠則有隕自天矣猶云自天而降言必得之也自古人君至誠降屈以中正之道求天下之賢未有不遇者也高宗感於夢寐文王遇於漁釣皆由是道也

象曰九五含章中正也所謂含章謂其含蘊中正之德也德充實則成章而有煇光

有隕自天志不舍命也命天理也舍違也至誠中正屈己求賢存志合於天理所以有隕自天必得之矣

上九姤其角吝无咎至剛而在最上者角也九

以剛居上故以角爲象人之相遇由降屈以相從和順以相接故能合也上九高亢而剛極人誰與之以此求遇固可吝也己則如是人之遠之非它人之罪也由己致之故无所歸咎

象曰姤其角上窮吝也旣亂

窮上剛亦極矣是上窮而致吝也以剛極居高而求遇不亦難乎

䷬

坤下兌上 ○萃序卦姤者遇也物相遇而後聚故受之以萃萃者聚也物相會遇則成羣聚萃所以次姤也爲卦澤上於地水之聚也故爲萃不言澤在地上而云澤上於地言上於地則爲方聚之義也

萃亨王假

有廟 假更白反下同○王者萃聚天下之道至於有廟極也羣生至衆也而可一其歸仰人心莫知其鄉也而能致其誠敬鬼神之不可度也而能致其來格天下萃合人心揔攝衆志之道非一其至大莫過於宗廟故王者萃天下之道至於有廟則萃道之至也祭祀之報本於人心聖人制禮以成其德耳故豺獺能祭其性然也萃下有亨字羨文也亨字自在下與渙不同渙則先言卦才萃乃先言卦義彖辭甚明

利見大人亨利貞 天下之聚必得大人以治之人聚則亂物聚則爭事聚則紊非大人治之則萃所以致爭

亂也萃以不正則人聚爲苟合財聚爲悖入安得亨乎故利貞**用大牲吉利有攸往**稱故用大牲吉事莫重於祭故以祭享而言上交鬼神下接民物百用莫不皆然當萃之時而交物以厚則是享豐富之吉也天下莫不同其富樂矣若時之厚而交物以薄乃不享其豐美天下莫之與而悔吝生矣蓋隨時之宜順理而行故彖云順天命也夫不能有爲者力之不足也當萃之時故利有攸往大凡興功立事貴得可爲之時萃而後用是以動而有裕天理然也**彖曰萃聚也順以說**

剛中而應故聚也 說音悅下同○萃之義聚也順以說以卦才言也上說而下順爲上以說道使民而順於人心下說上之政令而順從於上既上下順說又陽剛處中正之位而下有應助如此故能聚也欲天下之萃才非如是不能也

王假有廟致孝享也 王者萃人心之道至於建立宗廟所以致其孝享之誠也祭祀人心之所自盡也故萃天下之心者无如孝享王者萃天下之道至於有廟則其極也

利見大人亨聚以正也 萃之時見大人則能亨蓋聚以正道也見大人則其聚以正道得其正則亨矣萃不

以正其能亨乎用大牲吉利有攸往順天命也用大牲承上有廟之文以享祀而言凡事莫不如是豐聚之時交於物者當厚稱其宜也物聚而力贍乃可以有爲故利有攸往皆天理然也故云順天命也

觀其所聚而天地萬物之情可見矣觀萃之理可以見天地萬物之情也天地之化育萬物之生成凡有者皆聚也有无動靜終始之理聚散而已故觀其所以聚則天地萬物之情可見矣

象曰澤上於地萃君子以除戎器戒不虞澤上

於地爲萃聚之象君子觀萃象以除治戎器用戒備於不虞凡物之萃則有不虞度之事故衆聚則有爭物聚則有奪大率既聚則多故矣故觀萃象而戒也除謂簡治也去弊惡也除而聚之所以戒不虞也

初六有孚不終乃亂乃萃若號一握爲笑勿恤往无咎

號呼報反○初與四爲正應本有孚以相從者也然當萃時三陰聚處柔无守正之節若捨正應而從其類乃有孚而不終也乃亂惑亂其心也乃萃與其同類聚也初若守正不從號呼以求正應則一握笑之矣一握俗語一團也

謂衆以爲笑也若能勿恤而往從剛陽之正應則无過咎不然則入小人之羣矣

象曰乃亂乃萃其志亂也其心志爲同類所惑亂故乃萃於羣陰也不能固其守則爲小人所惑亂而失其正矣

六二引吉无咎孚乃利用禴初陰柔又非中正恐不能終其孚故因其才而爲之戒二雖陰柔而得中正故雖戒而微辭凡爻之辭關得失一端者爲法爲戒亦各隨其才而設也引吉无咎引者相牽也人之交相求則合相待則離二與五爲正應當萃者也而相遠又在羣陰之間必相牽引則得

其萃矣五居尊位有中正之德二亦以中正之道往與之萃乃君臣和合也其所共致豈可量也是以吉而无咎也无咎者善補過也二與五不相引則過矣孚乃利用禴孚信之在中誠之謂也禴祭之簡薄者也菲薄而祭不尚備物直以誠意交於神明也孚乃者謂有其孚則可不用文飾專以至誠交於上也以禴言者謂薦其誠而已上下相聚而尚飾爲是未誠也蓋其中實者不假飾於外用禴之義也孚信者萃之本也不獨君臣之聚凡天下之聚在誠而已

象曰引吉无咎中未變也萃之時以得聚爲吉故九四爲

得上下之萃二與五雖正應然異處有間乃當萃而未合者也故能相引而萃則吉而无咎以其有中正之德未遽至改變也變則不相引矣或曰二既有中正之德而象云未變辭若不足何也曰羣陰比處乃其類聚方萃之時居其間能自守不變遠須正應剛立者能之二陰柔之才以其有中正之德可覬其至於變耳故象含其意以存戒也

六三萃如嗟如无攸利往无咎小吝

三陰柔不中正之人也求萃於人而人莫與求四則非其正應又非其類是以不正爲四所棄也與二則二自以中正應五是以不

正爲二所不與也故欲萃如則爲人棄絶而嗟如不獲萃而嗟恨也上下皆不與无所利也唯往而從上六則得其萃爲无咎也三與上雖非陰陽正應然萃之時以類相從皆以柔居一體之上又皆无與居相應之地上復處說順之極故得其萃而无咎也易道變動无常在人識之然而小吝何也三始求聚於四與二不獲而後往從上六人之動爲如此雖得所求亦可小羞吝也

象曰

往无咎上巽也上居柔說之極三往而无咎者上六巽順而受之也

九四大吉无咎四當萃之時上比九五之君得君臣之聚

也。下比下體羣陰，得下民之聚也。得上下之聚，可謂善矣。然四以陽居陰，非正也。雖得上下之聚，必得大吉，然後爲无咎也。大爲周徧之義，无所不周，然後爲大；无所不正，則爲大吉；大吉則无咎也。夫上下之聚，固有不由正道而得者，非理枉道而得君者，自古多矣；非理枉道而得民者，蓋亦有焉，如齊之陳常、魯之季氏是也。然得爲大吉乎？得爲无咎乎？故九四必能大吉，然後爲无咎也。

象曰：大吉无咎，位不當也。以其位之不當，疑其所爲未能盡善，故云必得大吉，然後爲无咎也。非盡善，安得爲大吉乎？

九五：萃

有位无咎匪孚元永貞悔亡九五居天下之尊萃

天下之衆而君臨之當正其位脩其德以陽剛居尊位稱其位矣爲有其位矣得中正之道无過咎也如是而有不信而未歸者則當自反以脩其元永貞之德則无思不服而悔亡矣元永貞者君之德民所歸也故比天下之道與萃天下之道皆在此三者王者既有其位又有其德中正无過咎而天下尚有未信服歸附者蓋其道未光大也元永貞之道未至也在脩德以來之如苗民逆命帝乃誕敷文德舜德非不至也蓋有遠近昏明之異故其歸有先後既有未歸

則當脩德也所謂德元永貞之道也元首也長也爲君德首出庶物君長羣生有尊大之義焉有主統之義焉而又恒永貞固則通於神明光於四海无思不服矣乃无匪孚而其悔亡也所謂悔志之未光心之未慊也

象曰萃有位志未光也

象舉爻上句王者之志必欲誠信著於天下有感必通含生之類莫不懷歸若尚有匪孚是其志之未光大也

上六齎咨涕洟无咎

齎將池反咨音諮涕音體洟池麗反○六說之主陰柔小人說高位而處之天下孰肯與也求萃而人莫之與其窮至於齎咨而涕

洟也齎咨咨嗟也人之絶之由已自取又將誰咎爲人惡絶不知所爲則隕穫而至嗟涕眞小人之情狀也**象曰齎咨涕洟未安上也**小人所處常失其宜既貪而從欲不能自擇安地至於困窮則顛沛不知所爲六之涕洟蓋不安於處上也君子愼其所處非義不居不幸而有危困則泰然自安不以累其心小人居不擇安常履非據及其窮迫則隕穫躁撓甚至涕泣爲可羞也未者非遽之辭猶俗云未便也未便能安於上也陰而居上孤處无與既非其據豈能安乎

周易下經傳卷之六

伊川程先生周易下經傳卷之七

䷭ 巽下坤上 ○ 升序卦萃者聚也聚而上者謂之升故受之以升物之積聚而益高大聚而上也故爲升所以次於萃也爲卦坤上巽下木在地下爲地中生木木生地中長而益高爲升之象也

升元亨用見大人勿恤南征吉 升者進而上也升進則有亨義而以卦才之善故元亨也用此道以見大人不假憂恤前進則吉也南征前進也

彖曰柔以時升巽而順剛中而應是以大亨

以二體言柔升謂坤上行也巽既體卑而就下坤乃順時而上升以時也謂時當升也柔既上而成升則下巽而上順以巽順之道升可謂時矣二以剛中之道應於五五以中順之德應於二能巽而順其升以時是以元亨也彖文誤作大亨解在大有卦

用見大人勿恤有慶也

凡升之道必由大人升於位則由王公升於道則由聖賢用巽順剛中之道以見大人必遂其升勿恤不憂其不遂也遂其升則巳之福慶而福慶及物也

南征吉志行也

南人之所向南征謂前進也前進則遂其升而得行其志

是以吉也象曰地中生木升君子以順德積小以高大木生地中長而上升爲升之象君子觀升之象以順脩其德積累微小以至高大也順則可進逆乃退也萬物之進長皆以順道也善不積不足以成名學業之充實道德之崇高皆由積累而至積小所以成高大升之義也

初六允升大吉初以柔居巽體之下又巽之主上承於九二之剛巽之至者也二以剛中之德上應於君當升之任者也允者信從也初之柔巽唯信從於二信二而從之同升乃大吉也二以德言則剛中以力

言則當任初之陰柔又无應援不能自
升從於剛中之賢以進是由剛中之道
也吉孰大焉
象曰允升大吉上合志也
與在上者合志同升也上謂九二從二而升乃與
二同志也能信從剛中之賢所以大吉
九二孚乃利用禴无咎
二陽剛而在下五陰柔而居上
夫以剛而事柔以陽而從陰雖有時而
然非順道也以暗而臨明以剛而事弱
若既勉於事勢非誠服也上下之交不
以誠其可以久乎其可以有爲乎五雖
陰柔然居尊位二雖剛陽事上者也當
內存至誠不假文飾於外誠積於中則

自不事外飾故曰利用禴謂尚誠敬也自古剛強之臣事柔弱之君未有不爲矯飾者也禴祭之簡質者也云孚乃謂既孚乃宜不用文飾專以其誠感通於上也如是則得无咎以剛強之臣而事柔弱之君又當升之時非誠意相交其能免於咎乎

象曰九二之孚有喜也

二能以孚誠事上則不唯爲臣之道无咎而已可以行剛中之道澤及天下是有喜也凡象言有慶者如是則有福慶及於物也言有喜者事既善而又有可喜也如大畜童牛之牿元吉象云有喜蓋牿於童則易又免強制之難是有可喜也

九三

升虛邑三以陽剛之才正而且巽上皆順之復有援應以是而升如入无人之邑孰禦哉

象曰升虛邑无所疑也入无人之邑其進无疑阻也

六四王用亨于岐山吉无咎四柔順之才上順君之升下順下之進已則止其所焉以陰居柔陰而在下止其所也昔者文王之居岐山之下上順天子而欲致之有道下順天下之賢而使之升進已則柔順謙恭不出其位至德如此周之王業用是而亨也四能如是則亨而吉且无咎矣四之才固自善矣復有无咎之辭何也曰四之才雖善

而其位當戒也居近君之位在升之時不可復升升則凶咎可知故云如文王則吉而无咎也然處大臣之位不得无事於升當上升其君之道下升天下之賢己則止其分焉分雖當止而德則當升也道則當亨也盡斯道者其唯文王乎

象曰王用亨于岐山順事也 四居近君之位而當升時得吉而无咎者以其有順德也以柔居坤之順至也文王之亨于岐山亦以順時順事而已上順於上下順乎下己順處其義故云順事也

六五貞吉升階 五以下有剛中之應故能居尊位而吉然質本陰柔必守

貞固乃得其吉也若不能貞固則信賢不篤任賢不終安能吉也階所由而升也任剛中之賢輔之而升猶登進自階言有由而易也指言九二正應然在下之賢皆用升之階也能用賢則彙升矣

象曰貞吉升階大得志也倚任賢才而能貞固如是而升可以致天下之大治其志可大得也君道之升患无賢才之助爾有助則由自階而升也

上六冥升利于不息之貞六以陰居升之極昏冥於升知進而不知止者也其爲不明甚矣然求升不已之心有時而用於貞正而當不息之事則爲宜

矣君子於貞正之德終日乾乾自強不息如上六不已之心用之於此則利也以小人貪求无已之心移於進德則何善如之**象曰冥升在上消不富也**昏冥於升極上而不知已唯有消亡豈復有加益也不富无復增益也升既極則有退而无進也

䷮ 坎下兌上 ○ 困序卦升而不已必困故受之以困升者自下而上自下升上以力進也不已必困矣故升之後受之以困也困者憊乏之義爲卦兌上而坎下水居澤上則澤中有水也乃在澤下枯涸无水之象爲困乏之義

又兌以陰在上坎以陽居下與上六在二陽之上而九二陷於二陰之中皆陰柔揜於陽剛所以爲困也君子爲小人所掩蔽窮困之時也

困亨貞大人吉无咎有言不信

如卦之才則困而能亨且得貞正乃大人處困之道也故能吉而无咎大人處困不唯其道自吉樂天安命乃不失其吉也況臨時善處復有裕乎有言不信當困而言人誰信之

彖曰困剛揜也

揜於檢反○卦所以爲困以剛爲柔所掩蔽也陷於下而掩於上所以困也陷亦揜也剛陽君子而爲陰柔小人所掩蔽君子之道困窒

之時也險以說困而不失其所亨其唯君子乎說音悅○以卦才言處困之道也下險而上說爲處險而能說雖在困窮艱險之中樂天安義自得其說樂也時雖困也處不失義則其道自亨困而不失其所亨也能如是者其唯君子乎若時當困而反亨身雖亨乃其道之困也君子大人通稱貞大人吉以剛中也困而能貞大人所以吉也蓋其以剛中之道也五與二是也非剛中則遇困而失其正矣有言不信尚口乃窮也當困而言人所不信欲以口免困乃

所以致窮也以說處困故有尚口之戒**象曰澤无水困君子以致命遂志**澤无水困乏之象也君子當困窮之時既盡其防慮之道而不得免則命也當推致其命以遂其志知命之當然也則窮塞禍患不以動其心行吾義而已苟不知命則恐懼於險難隕穫於窮戹所守亡矣安能遂其爲善之志乎

初六臀困于株木入于幽谷三歲不覿六以陰柔處於至卑又居坎險之下在困不能自濟者也必得在上剛明之人爲援助則可以濟其困矣初與四爲正應九四以陽

而居陰，陰爲不正，失剛而不中，又方困於陰揜，是惡能濟人之困？猶株木之不能蔭覆於物。株木，无枝葉之木也。四近君之位，在他卦不爲无助，以居困而不能庇物，故爲株木。臀，所以居也。臀困於株木，謂无所庇而不得安其居。居安則非困也。入於幽谷，陰柔之人，非能安其所遇，既不能免於困，則益迷闇妄動，入於深困。幽谷，深暗之所也。方益入於困，无自出之勢，故至於三歲不覿，終困者也。不覿，不遇其所亨也。

象曰：入于幽谷，幽不明也。幽者，不明也，謂益入昏闇，自陷於深困也。明則不至於陷矣。

九二：困于

酒食朱紱方來利用享祀征凶无咎酒食人所欲而所以施惠也二以剛中之才而處困之時君子安其所遇雖窮戹險難无所動其心不恤其爲困也所困者唯困於所欲耳君子之所欲者澤天下之民濟天下之困也二未得遂其欲施其惠故爲困于酒食也大人君子懷其道而困於下必得有道之君求而用之然後能施其所蘊二以剛中之德困於下上有九五剛中之君道同德合必來相求故云朱紱方來方且來也朱紱王者之服蔽膝也以行來爲義故以蔽膝言之利用享祀享祀以至誠通神明也

在困之時利用至誠如享祀然其德既誠自能感通於上自昔賢哲困於幽遠而德卒升聞道卒爲用者唯自守至誠而已征凶无咎方困之時若不至誠安處以俟命往而求之則犯難得凶乃自取也將誰咎乎不度時而征乃不安其所爲困所動也失剛中之德自取凶悔何所怨咎諸卦二五以陰陽相應而吉唯小畜與困乃戹於陰故同道相求小畜陽爲陰所畜困陽爲陰所揜也

象曰困于酒食中有慶也

雖困於所欲未能施惠於人然守其剛中之德必能致亨而有福慶也雖使時未亨通守其中德亦君子之道

亨乃有慶也

六三困于石據于蒺蔾入于其宫不見其妻凶

六三以陰柔不中正之質處險極而用剛居陽用剛也不善處困之甚者也石堅重難勝之物蒺蔾刺不可據之物三以剛險而上進則二陽在上力不能勝堅不可犯益自困耳困于石也以不善之德居九二剛中之上其不安猶藉刺據于蒺蔾也進退既皆益困欲安其所益不能矣宫其居所安也妻所安之主也知進退之不可而欲安其居則失其所安矣進退與處皆不可唯死而已其凶可知繫辭曰非所困而困焉名必辱非所據而據

爲身必危既辱且危死期將至妻其可得見邪二陽不可犯也而犯之以取困是非所困而困也名辱其事惡也三在二上固爲據之然苟能謙柔以下之則无害矣乃用剛險以乘之則不安而取困如據蒺藜也如是死期將至所安之主可得而見乎**象曰據于蒺藜乘剛也入于其宮不見其妻不祥也**據于蒺藜謂乘九二之剛不安猶藉剌也不祥者不善之徵失其所安者不善之效故云不見其妻不祥也

九四來徐徐困于金車吝有終唯力不足故困亨困

之道必由援助當困之時上下相求理當然也四與初爲正應然四以不中正處困其才不足以濟人之困初六比二二有剛中之才足以拯困則宜爲初所從矣金剛也車載物者也二以剛在下載己故謂之金車四欲從初而阻於二故其來遲疑而徐徐是困于金車也己之所應疑其少己而之它將從之則猶豫不敢遽前豈不可羞吝乎有終者事之所歸者正也初四正應終必相從也寒士之妻弱國之臣各安其正而已苟擇勢而從則惡之大者不容於世矣二與四皆以陽居陰而二以剛中之才所以能濟困也居陰者尚柔也得中者不

失剛柔之宜也**象曰來徐徐志在下也雖不當位有與也**四應於初而隔於二志在下求故徐徐而來雖居不當位爲未善然其正應相與故有終也**九五劓刖困于赤紱乃徐有說利用祭祀**劓魚器反刖音月紱音弗○截鼻曰劓傷於上也去足爲刖傷於下也上下皆揜於陰爲其傷害劓刖之象也五君位也人君之困由上下无與也赤紱臣下之服取行來之義故以紱言人君之困以天下不來也天下皆來則非困也五雖在困而有剛中之德下有九二剛

中之賢道同德合徐必相應而來共濟天下之困是始困而徐有喜說也利用祭祀祭祀之事必致其誠敬而後受福人君在困時宜念天下之困求天下之賢若祭祀然致其誠敬則能致天下之賢濟天下之困矣五與二同德而云上下无與何也曰陰陽相應者自然相應也如夫婦骨肉分定也五與二皆陽爻以剛中之德同而相應相求而後合者也如君臣朋友義合也方其始困安有上下之與有與則非困也故徐合而後有說也二云享祀五云祭祀大意則宜用至誠乃受福也祭與祀享泛言之則可通分而言之祭天神祀地示享人鬼

五君位言祭二在下言象曰劓刖志未
享各以其所當用也
得也乃徐有說以中直也利用祭祀受
福也始爲陰揜无上下之與方困未得
志之時也徐而有說以中直之道
得在下之賢共濟於困也不曰中正與
二合者云直乃宜也直比正意差緩盡
其誠意如祭祀然以求天下之賢則
能享天下之困而享受其福慶也上
六困于葛藟于臲卼曰動悔有悔征吉
藟力軌反臲五結反卼五骨反○物極
則反事極則變困既極矣理當變也葛

藟纏束之物臲卼危動之狀六處困之極爲困所纏束而居最高危之地困于葛藟與臲卼也動悔動輙有悔无所不困也有悔咎前之失也曰自謂也若能曰如是動皆得悔當變前之所爲有悔也能悔則往而得吉也困極而征則出於困矣故吉三以陰在下卦之上而凶上居一卦之上而无凶何也曰三居剛而處險困而用剛險故凶上以柔居說唯爲困極耳困極則有變困之道也困與屯之上皆以无應居卦終屯則泣血漣如困則有悔征吉屯險極而困說體故也以說順進可以離乎困也

象曰困于葛藟未當也

動悔有悔吉行也 爲困所纏而不能變未得其道也是動之未當也知動則得悔遂有悔而去之可出於困是其行而吉也

巽下坎上 ○井序卦困乎上者必反下故受之以井承上升而不巳必困爲言謂上升不巳而困則必反於下也物之在下者莫如井井所以次困也爲卦坎上巽下坎水也巽之象則木也巽之義則入也木器之象木入於水下而上乎水汲井之象也

井改邑不改井无喪无得往來井井 喪息浪反○井之爲物常而不可改也邑可改而之

宅井不可遷也故曰改邑不改井汲之而不竭存之而不盈无喪无得也至者皆得其用往來井井也无喪无得其德也常往來井井其用也周常也周也井之道 **汔至亦未繘井羸其瓶凶** 汔許訖反繘音橘羸律悲反○汔幾也繘綆也井以濟用爲功幾至而未及用亦與未下繘於井同也君子之道貴乎有成所以五穀不熟不如荑稗掘井九仞而不及泉猶爲棄井有濟物之用而未及物猶无有也羸敗其瓶而失之其用喪矣是以凶也羸毀敗也

彖曰巽乎水而上水井井養而

不窮也改邑不改井乃以剛中也巽入於水下而上其水者井也井之養於物不有窮已取之而不竭德有常也邑可改井不可遷亦其德之常也二五之爻剛中之德其常乃如是卦之才與義合也

汔至亦未繘井未有功也羸其瓶是以凶也雖使幾至旣未爲用亦與未繘井同井以濟用爲功水出乃爲用未出則何功也瓶所以上水而致用也羸敗其瓶則不爲用矣是以凶也

象曰木上有水井君子以勞民勸相木承水而

上之乃器汲水而出井之象君子觀井之象法井之德以勞徠其民而勸勉以相助之道也勞徠其民法井之用也勸民使相助法井之施也

初六井泥不食舊井无禽

井與鼎皆物也就物以爲義六以陰柔居下上无應援无上水之象不能濟物乃井之不可食也井之不可食以泥汚也在井之下有泥之象井之用以其水之養人也无水則舍置不用矣井水之上人獲其用禽鳥亦就而求焉舊廢之井人既不食水不復上則禽鳥亦不復往矣蓋无以濟物也井本濟人之物六以陰居下无上水之象故爲不食井之不食以泥也猶人當濟物之時而

才弱无援不能及物爲時所舍也**象曰井泥不食下也**舍上声○以陰而居井之下泥之象也无水而泥人所不食也人不食則水不上无以及禽鳥禽鳥亦不至矣見其不能濟物爲時所舍置不用也若能及禽鳥是亦有所濟也**舊井无禽時舍也**

九二井谷射鮒甕敝漏射食亦反鮒音附○二雖剛陽之才而居下上无應而比於初不上而下之象也井之道上行者也澗谷之水則旁出而就下二居井而就下失井之道乃井而如谷也井上出則養人而濟物今乃下就汚泥注

於鮒而已鮒或以爲蝦或以爲蟇井泥中微物耳射注也如谷之下流注於鮒也甕敝漏如甕之破漏也陽剛之才本可以養人濟物而上无應援故不能上而就下是以无濟用之功如水之在甕本可爲用乃破敝而漏之不爲用也井之初二无功而不言悔咎何也曰失則有悔過則爲咎无應援而不能成用非悔咎也居二比初豈非過乎曰處中非過也不能上由无援非以比初也

象曰井谷射鮒无與也

井以上出爲功二陽剛之才本可濟用以在下而上无應援是以下比而射鮒若上有與之者則當汲引而上成井

之功矣

九三井渫不食爲我心惻可用汲王明並受其福

渫息列反惻初力反汲音急○三以陽剛居得其正是有濟用之才者也在井下之上水之清潔可食者也井以上爲用居下未得其用也陽之性上又志應上六處剛而過中汲汲於上進乃有才用而切於施爲未得其用則如井之渫治清潔而不見食爲其心之惻怛也三居井之時剛而不中故切於施爲異乎用之則行捨之則藏者也然明王用人豈求備也故王明則受福矣三之才足以濟用如井之清潔可用汲而食也若上有明

王則當用之而得其効賢才見用則己得行其道君得亨其功下得被其澤上下並受其福也**象曰井渫不食行惻也求王明受福也**井渫治而不見食乃人有才知而不見用以不得行爲憂惻也既以不得行爲惻則豈免有求也故求王明而受福志切於行也

六四井甃无咎甃側舊反○四雖陰柔而處正上承九五之君才不足以廣施利物亦可自守者也故能脩治則得无咎甃砌累也謂脩治也四雖才弱不能廣濟物之功脩治其事不至於廢可也若不能脩治廢其養人之功則失

井之道其咎大矣居高位而得剛陽中正之君但能𠢕正承上不廢其事亦可以免咎也**象曰井甃无咎脩井也**甃者脩治於井也雖不能大其濟物之功亦能脩治不廢也故无咎僅能免咎而已若在剛陽自不至如是如是則可咎矣**九五井洌寒泉食**五以陽剛中正居尊位其才其德盡善盡美井洌寒泉食也洌謂甘潔也井泉以寒爲美甘潔之寒泉可爲人食也於井道爲至善也然而不言吉者井以上出爲成功未至於上未及用也故至上而後言元吉**象曰寒泉之食中正**

也泉寒而可食井道之至善者也上六九五中正之德爲至善之義

井收勿幕有孚元吉收詩救反○井以上出爲用居井之上井道之成也收汲取也幕蔽覆也取而不蔽其利无窮井之施廣矣大矣有孚有常而不變也博施而有常大善之吉也夫體井之用博施而有常非大人孰能它卦之終爲極爲變唯井與鼎終乃爲成功是以吉也

象曰元吉在上大成也以大善之吉在卦之上井道之大成也井以上爲成功

䷰ 離下兌上

○革序卦井道不可不革故受之以革井之爲物存之則穢敗易之則清潔不可不革者也故井之後受之以革也爲卦兌上離下澤中有火也革變革也水火相息之物水滅火火涸水相變革者也火之性上水之性下若相違行則睽而已乃火在下水在上相就而相克相滅息者也所以爲革也又二女同居而其歸各異其志不同爲不相得也故爲革也

革已日乃孚元亨利貞悔亡

革者變其故也變其故則人未能遽信故必已日然後人心信從元亨利貞悔亡弊壞而後革之革之所以致

其通也故革之而可以大亨革之而利於正道則可久而得去故之義无變動之悔乃悔亡也革而无甚益猶可悔也況反害乎古人所以重改作也**彖曰革水火相息二女同居其志不相得曰革**澤火相滅息又二女志不相得故爲革息爲止息又爲生息物止而後有生故爲生義革之相息謂止息也**巳日乃孚革而信之**事之變革人心豈能便信必終日而後孚在上者於改爲之際當詳告申令至於巳日使人信之人心不信雖強之行不能成也先王政令人心始以爲

疑者有矣然其久也必信終不孚而成善治者未之有也**文明以說**說音悅○以卦才言**大亨以正革而當其悔乃亡**革之道也離爲文明兌爲說文明則理无不盡事无不察說則人心和順革而能照察事理和順人心可致大亨而得貞正如是變革得其至當故悔亡也天下之事革之不得其道則反致弊害故革有悔之道唯革之至當則新舊之悔皆亡也**天地革而四時成湯武革命順乎天而應乎人革之時大矣哉**推革之道極乎天地

變易時運終始也天地陰陽推遷改易而成四時萬物於是生長成終各得其宜革而後四時成也時運既終必有革而新之者王者之興受命於天故易世謂之革命湯武之王上順天命下應人心順乎天而應乎人也天道變改世故遷易革之至大也故贊之曰革之時大矣哉

象曰澤中有火革君子以治歷明時

水火相息爲革革變也君子觀變革之象推日月星辰之遷易以治歷數明四時之序也夫變易之道事之至大理之至明跡之至著莫如四時觀四時而順變革則與天地合其序矣

初九

鞏用黄牛之革變革事之大也必有其時有其位有其才審慮而慎動而後可以无悔九以時則初也動於事初則无審慎之意而有躁易之象以位則下也无時无援而動於下則有僭妄之咎而无體勢之重以才則離體而陽也離性上而剛體健皆速於動也其才如此有爲則凶咎至矣蓋剛不中而體躁所不足者中與順也當以中順自固而无妄動則可也鞏局束也革所以包束黄中色牛順物鞏用黄牛之革謂以中順之道自固不妄動也不云吉凶何也曰妄動則有凶咎以中順自固則不革而已安得便有吉凶乎象

曰鞏用黄牛不可以有爲也以初九時位才皆不可以有爲故當以中順自固也

六二已日乃革之征吉无咎以六居二柔順而得中正又文明之主上有剛陽之君同德相應中正則无偏蔽文明則盡事理應上則得權勢體順則无違悖時可矣位得矣才足矣處革之至善者也然臣道不當爲革之先又必待上下之信故已日乃革之也如二之才德所居之地所逢之時足以革天下之弊新天下之治當進而上輔於君以行其道則吉而无咎也不進則失可爲之時爲有咎也以二體柔

而應當位體柔則其進緩當位則其應固變革者事之大故有此戒二得中而應剛未至失於柔也聖人因其有可戒之疑而明其義耳使賢才不失可爲之時也

象曰巳日革之行有嘉也巳日而革之征則吉而无咎者行則有嘉慶也謂可以革天下之弊新天下之事處而不行是无救弊濟世之心失時而有咎也

九三征凶貞厲革言三就有孚九三以剛陽爲下之上又居離之上而不得中躁動於革者也在下而躁於變革以是而行則有凶也然居下之上事苟當革豈可不爲也在

乎守貞正而懷危懼順從公論則可行之不疑革言謂當革之論就成也合也審察當革之言至於三而皆合則可信也言重慎之至能如是則必得至當乃有孚也巳可信而衆所信也如此則可以革矣在革之時居下之上事之當革若畏懼而不爲則失時爲害唯當慎重之至不自任其剛明審稽公論至於三就而後革之**象曰革言三就又何之矣**則无過矣

稽之衆論至於三就事至當也又何之矣乃俗語更何往也如是而行乃順理時行非已之私意所欲爲也必得其宜矣**九四悔亡有孚改**

命吉九四革之盛也陽剛革之才也離下體而進上體革之時也居水火之際革之勢也得近君之位革之任也下无係應革之志也以九居四剛柔相際革之用也四既具此可謂當革之時也事之可悔而後革之革之而當其悔乃亡也革之既當唯在處之以至誠故有孚則改命吉改命改爲也謂革之也既事當而弊革行之以誠上信而下順其吉可知四非中正而至善何也曰唯其處柔也故剛而不過近而不逼順承中正之君乃中正之人也易之取義无常也隨時而已

象曰改命之吉信志也改命而吉以上

下信其志也誠既至則上下信矣革之道以上下之信爲本不當不孚則不信當而不信猶不可行也況不當乎

九五大人虎變未占有孚

九五以陽剛之才中正之德居尊位大人也以大人之道革天下之事无不當也无不時也所過變化事理炳著如虎之文采故云虎變龍虎大人之象也變者事物之變曰虎何也曰大人變之乃大人之變也以大人中正之道變革之炳然昭著不待占決知其至當而天下必信也天下𫎇大人之革不待占決知其至當而信之也

象曰大人虎變其文炳

也炳兵領反○事理明著若虎文之炳煥明盛也天下有不孚平上六

君子豹變小人革面征凶居貞吉革之終革

道之成也君子謂善人良善則已從革而變其著見若豹之彬蔚也小人昏愚難遷者雖未能心化亦革其面以從上之教令也龍虎大人之象故大人云虎君子云豹也人性本善皆可以變化然有下愚雖聖人不能移者以堯舜爲君以聖繼聖百有餘年天下被化可謂深且久矣而有苗有象其來格烝乂蓋亦革面而已小人既革其外革道可以爲成也苟更從而深治之則爲已甚已甚

非道也故至革之終而又征則凶也當貞固以自守革至於極而不守以貞則所革隨復變矣天下之事始則患乎難革已革則患乎不能守也故革之終戒以居貞則吉也居貞非爲六戒乎曰爲革終言也莫不在其中矣人性本善有不可革者何也曰語其性則皆善也語其才則有下愚之不移所謂下愚有二焉自暴也自棄也人苟以善自治則无不可移者雖昏愚之至皆可漸磨而進也唯自暴者拒之以不信自棄者絕之以不爲雖聖人與居不能化而入也仲尼之所謂下愚也然天下自棄自暴者非必皆昏愚也往往強戾而才力有過

人者商辛是也聖人以其自絕於善謂之下愚然考其歸則誠愚也旣曰下愚其能革面何也曰心雖絕於善道其畏威而寡罪則與人同也唯其有與人同所以知其非性之罪也

象曰君子豹變其文蔚也小人革面順以從君也

君子從化遷善成文彬蔚章見於外也中人以上莫不變革雖不移之小人則亦不敢肆其惡革易其外以順從君上之教令是革面也至此革道成矣小人勉而假善君子所容也更往而治之則凶矣

䷱ 巽下 鼎序卦革物者莫若鼎故
離上○受之以鼎鼎之爲用所以
革物也變腥而爲熟易堅而爲柔木火
不可同處也能使相合爲用而不相害
是能革物也鼎所以次革也爲卦上離
下巽所以爲鼎則取其象焉取其義焉
取其象者有二以全体言之則下植爲
足中實爲腹中實受物在中之象對峙
於上者耳也横亘乎上者鉉也鼎之象
也以上下二体言之則中虛在上下有
足以承之亦鼎之象也取其義則木從
火也巽入也順從之義以木從火爲然
之象火之用唯燔與烹燔不假器故取
烹象而爲鼎以木巽火烹飪之象也制

器取其象也乃象器以爲卦乎曰制器取於象也象存乎卦而卦不必先器聖人制器不待見卦而後知象以衆人之不能知象也故設卦以示之卦器之先後不害於義也或疑鼎非自然之象乃人爲也曰固人爲也然烹飪可以成物形制如是則可用此非人爲自然也在井亦然器雖在卦先而所取者乃卦之象卦復用器以爲義也

鼎元吉亨

以卦才言也如卦之才可以致元亨也止當云元亨文羡吉字卦才可以致元亨未便有元吉也彖復止云元亨其羡明矣

彖曰鼎象也

卦之爲鼎取鼎之象也鼎之爲器法

卦之象也有象而後有器卦復用器而爲義也鼎大器也重寶也故其制作形摸法象尤嚴鼎之名正也古人訓方方實正也以形言則耳對植於上足分峙於下周圓内外高甲厚薄莫不有法而至正至正然後成安重之象故鼎者法象之器卦之爲鼎以其象也

以木巽火亨飪也聖人亨以享上帝而大亨以養聖賢飪入甚反○以二體言鼎之用也以木巽火以木從火所以烹飪也鼎之爲器生人所賴至切者也極其用之大則聖人亨以享上帝大亨以養聖賢聖人古之聖王大言其

廣巽而耳目聰明柔進而上行得中而應乎剛是以元亨上時掌反○上既言鼎之用矣復以卦才言人能如卦之才可以致元亨也下體巽爲巽順於理離明而中虛於上爲耳目聰明之象凡離在上者皆云柔進而上行柔在下之物乃居尊位進而上行也以明居尊而得中道應乎剛能用剛陽之道也五居中而又以柔而應剛爲得中道其才如是所以能元亨也

象曰木上有火鼎君子以正位凝命木上有火以木巽火也烹飪之象故爲鼎君子

觀鼎之象以正位凝命鼎者法象之器其形端正其體安重取其端正之象則以正其位謂正其所居之位君子所處必正其小至於席不正不坐毋跛毋倚取其安重之象則以凝其命令安重其命令也凝聚止之義謂安重也今世俗有凝然之語以命令而言耳凡動爲皆當安重也

初六鼎顚趾利出否得妾以其子无咎

六在鼎下趾之象也上應於四趾而向上顚之象也鼎覆則趾顚趾顚則覆其實矣非順道也然有當顚之時謂傾出敗惡以致絜取新則可也故顚趾利在於出否否惡也四近君大

臣之位初在下之人而相應乃上求於下下從其上也上能用下之善下能輔上之爲可以成事功乃善道如鼎之顛趾有當顛之時未爲悖理也得妾以其子无咎六陰而畀故爲妾得妾謂得其人也若得良妾則能輔助其主使无過咎也子主也以其子致其主於无咎也六陰居下而畀巽從陽妾之象也以六上應四爲顛趾而發此義初六本无才德可取故云得妾言得其人則如是也

象曰鼎顛趾未悖也鼎覆而趾顛悖道也然非必爲悖者蓋有傾出否惡之時也**利出否以從貴也**去故而納新寫

正

惡而受美從貴之義也應於四上從於貴者也**九二鼎有實我仇有疾不我能即吉**仇音求○二以剛實居中鼎中有實之象鼎之有實上出則爲用二陽剛有濟用之才與五相應上從六五之君則得正而其道可亨然與初密比陰從陽者也九二居中而應中不至失正已雖自守彼必相求故戒能遠之使不來即我則吉也仇對也陰陽相對之物謂初也相從則非正而害義是有疾也二當以正自守使之不能來就已人能自守以正則不正不能就之矣所以吉也**象曰鼎有實慎所之**

也鼎之有實乃人之有才業也當慎所趨向不慎所往則亦陷於非義二能不暱於初而上從六五之正應乃是慎所之也**我仇有疾終无尤也**我仇有疾舉上文也我仇對已者謂初也初比已而非正是有疾也既自守以正則彼不能即我所以終无過尤也**九三鼎耳革其行塞雉膏不食方雨虧悔終吉**雉丈几反○鼎耳六五也爲鼎之主三以陽居巽之上剛而能巽其才足以濟務然與五非應而不同五中而非正三正而非中不同也未得於君者也不得於君則其道何

由而行革變革爲巽也三與五巽而不合也其行塞不能亨也不合於君則不得其任无以施其用膏甘美之物象禄位雉指五也有文明之德故謂之雉三有才用而不得六五之禄位是不得雉膏食之也君子藴其德久而必彰守其道其終必亨五有聰明之象而三終上進之物陰陽交暢則雨方雨且將雨也言五與三方將和合虧悔終吉謂不足之悔終當獲吉也三懷才而不偶故有不足之悔然其有陽剛之德上聰明而下巽正終必相得故吉也三雖不中以巽體故无過剛之失若過剛則豈能終吉**象曰鼎耳革失其**

義也始與鼎耳革異者失其相求之義也與五非應失求合之道也不中非同志之象也是以其行塞而不遇然上明而下才終必和合故方雨而吉也

九四鼎折足覆公餗其形渥凶折之折反餗送鹿反○四大臣之位任天下之事者也天下之事豈一人所能獨任必當求天下之賢智與之協力得其人則天下之治可不勞而致也用非其人則敗國家之事貽天下之患四下應於初初陰柔小人不可用者也而四用之其不勝任而敗事猶鼎之折足也鼎折足則傾覆公上之餗餗鼎實也居大臣之位當天

下之任而所用非人至於覆敗乃不勝其任可羞愧之甚也其形渥謂赧汗也其凶可知繫辭曰德薄而位尊知小而謀大力少而任重鮮不及矣言不勝其任也蔽於所私德薄知小也

象曰覆公餗信如何也

大臣當天下之任必能成天下之治安則不誤君上之所倚下民之所望與已致身任道之志不失所期乃所謂信也不然則失其職誤上之委任得爲信乎故曰信如何也

六五鼎黄耳金鉉利貞鉉玄典反○五在鼎上耳之象也鼎之舉指在耳爲鼎之主也五有中德故云黄耳鉉加耳者

也二應於五求從於耳者鉉也二有剛中之德陽體剛中色黃故爲金鉉五文明得中而應剛二剛中巽體而上應才无不足也相應至善矣所利在貞固而巳六五居中應中不至於失正而質本陰柔故戒以貞固於中也

象曰鼎黃耳中以爲實也 六五以得中爲善是以中爲實德也五之所以聰明應剛爲鼎之主得鼎之道皆由得中也

上九鼎玉鉉大吉无不利 井與鼎以上出爲用處終鼎功之成也在上鉉之象剛而溫者玉也九雖剛陽而居陰履柔不極剛而能溫者也居成功之道

唯善處而已剛柔適宜動靜不過則爲大吉无所不利矣在上爲鉉雖居無位之地實當用也與它卦異矣井亦然**象曰玉鉉在上剛柔節也**剛而溫乃有節也上居功成致用之地而剛柔中節所以大吉无不利也井鼎皆以終爲成功而鼎不云元吉何也曰井之功用皆在上出又有博施有常之德是以元吉鼎以亨飪爲功居上爲成德與井異以剛柔節故得大吉也

䷲ 震下震上

○震序卦主器者莫若長子故受之以震鼎者器也震

爲長男故取主器之義而繼鼎之後長子傳國家繼位號者也故爲主器之主序卦取其一義之大者爲相繼之義震之爲卦一陽生於二陰之下動而上者也故爲震震動也不曰動者震有動而奮發震驚之義乾坤之交一索而成震生物之長也故爲長男其象則爲雷其義則爲動雷有震奮之象動爲驚懼之義

震亨陽生於下而上進有亨之義又震爲動爲恐懼爲有主震而奮發動而進懼而修有主而保大皆可以致亨故震則有亨

震來虩虩笑言啞啞虩許逆反啞烏客反○當震動之來則恐懼不敢自寧旋

顧周慮虩虩然也虩虩顧慮不安之皃蠅虎謂之虩者以其周環顧慮不自寧也處震如是則能保其安裕故笑言啞啞啞啞言笑和適之皃

震驚百里不喪匕鬯

匕必以反鬯勑亮反○言震動之大而處之之道動之大者莫若雷震爲雷故以雷言雷之震動驚及百里之遠人无不懼而自失雷声所及百里也唯宗廟祭祀執匕鬯者則不至於喪失人之致其誠敬莫如祭祀匕以載鼎實升之於俎鬯以灌地而降神方其酌祼以求神薦牲而祈饗盡其誠敬之心則雖雷震之威不能使之懼而失守故臨大震懼能安而不自

失者唯誠敬而已此處震之道**彖曰震**也卦才无取故但言處震之道**亨震來虩虩恐致福也笑言啞啞後有則也**震自有亨之義非由卦才震來而能恐懼自脩自慎則可反致福吉也笑言啞啞言自若也由能恐懼而後自處有法則也有法則安而不懼矣處震之道也**震驚百里驚遠而懼邇也**雷之震及於百里遠者驚邇者懼言其威遠大也**出可以守宗廟社稷以爲祭主也**彖文脫不喪匕鬯一句卦辭云不喪匕鬯本謂誠敬

之至威懼不能使之自失彖以長子宜
如是因承上文用長子之義通解之謂
其誠敬能不喪匕鬯則君出而可以守
宗廟社稷爲祭主也長子如是而後可
以守世祀
承國家也
象曰洊雷震君子以恐懼脩省
洊重襲也上下皆震故爲洊雷雷重
仍則威益盛君子觀洊雷威震之象
以恐懼自脩飭循省也君子畏天之威
則脩正其身思省其過咎而改之不唯
雷震凡遇驚懼
之事皆當如是
初九震來虩虩後笑言啞啞吉
初九成震之主致震者也在卦
之下處震之初也知震之來當

震之始若能以爲恐懼而周旋顧慮虩虩然不敢寧止則終必保其安吉故後笑言啞啞也**象曰震來虩虩恐致福也笑言啞啞後有則也**震來而能恐懼周顧則无患矣是能因恐懼而反致福也因恐懼而自脩省不敢違於法度是由震而後有法則故能保其安吉而笑言啞啞也**六二震來厲億喪貝躋于九陵勿逐七日得**躋子西反○六二居中得正善處震者也而乘初九之剛九震之主震剛動而上奮孰能禦之厲猛也危也彼來旣猛則已處

危矣億度也貝所有之資也躋升也九陵陵之高也逐往追也以震來之厲度不能當而必喪其所有則升至高以避之也九言其重崗陵之重高之至也九重之多也如九天九地也勿逐七日得二之所貴者中正也遇震懼之來雖量勢巽避當守其中正无自失也億知必喪也故遠避以自守過則復其常矣是勿逐而自得也逐即物也以己即物失其守矣故戒勿逐避遠自守處震之大方也如二者當危懼而善處者也卦位有六七乃更始事既終時既易也不失其守雖一時不能禦其來然時過事已則復其常故云七日得

象曰震

來厲乘剛也當震而乘剛是以彼厲而已危震剛之來其可禦乎

六三震蘇蘇震行无眚眚生領反○蘇蘇神氣緩散自失之狀三以陰居陽不正處不正於平時且不能安況處震乎故其震懼而蘇蘇然若因震懼而能行去不正而就正則可以无過眚過也三行則至四正也動以就正爲善故二勿逐則自得三能行則无眚以不正而處震懼有眚可知

象曰震蘇蘇位不當也其恐懼自失蘇蘇然由其所處不當故也不中不正其能安乎

九四震遂泥泥乃計反○九四居

震動之時不中不正處柔失剛健之道居四无中正之德陷溺於重陰之間不能自震奮者也故云遂泥泥滯溺也以不正之陽而上下重陰安能免於泥乎遂无反之意處震懼則莫能守也欲震動而莫能奮也震道亡矣豈復能光亨也

象曰震遂泥未光也　陽者剛物震者動義以剛處動本有光亨之道乃失其剛正而陷於重陰以致遂泥豈能光也云未光見陽剛本能震也以失德故泥耳

六五震往來厲億无喪有事　六五雖以陰居陽不當位爲不正然以柔居剛又得中乃有中德者也不

失中則不違於正矣所以中爲貴也諸卦二五雖不當位多以中爲美三四雖當位或以不中爲過中常重於正也蓋中則不違於正正不必中也天下之理莫善於中於六二六五可見五之動上往則忝不可居動之極下來則犯剛是往來皆危也當君位爲動之主隨宜應變在中而已故當億度无喪失其所有之事而已所有之事謂中德苟不失中雖有危不至於凶也億度謂圖慮求不失中也五所以危由非陽剛而无助若以剛陽有助爲動之主則能亨矣往來皆危時則甚難但期於不失中則可自守以忝主動固不能致亨濟也 象

曰震往來厲危行也其事在中大无喪也往來皆厲行則有危也動皆有危唯在无喪其事而已其事謂中也能不失其中則可自守也大无喪以无喪爲大也上六震索索視矍矍征凶震不于其躬于其鄰无咎婚媾有言矍矍俱縛反○索索消索不存之狀謂其志氣如是六以陰柔居震動之極其驚懼之甚志氣殫索也矍矍不安定兒志氣索索則視瞻徊徨以陰柔不中正之質而處震動之極故征則凶也震之及身乃于其躬也不于其

躬謂未及身也鄰者近於身者也能震
懼於未及身之前則不至於極矣故得
无咎苟未至於極尚有可改之道震終
當變柔不固守故有畏鄰戒而能變之
義聖人於震終示人知懼能改之義為
勸深矣婚媾所親也謂同動者有言有
怨咎之言也六居震之上始為衆動之
首今乃畏鄰戒而不敢進與諸處震者
異矣故婚媾有言也**象曰震索索中未得也雖凶**
无咎畏鄰戒也所以恐懼自失如此以
未得於中道也謂過中也使之得中則
不至於索索矣極而復征則凶也若能
見鄰戒而知懼變於未

極之前則无咎也上六動之極震極則有變義也

䷳ 艮下艮上

○艮序卦震者動也物不可以終動止之故受之以艮艮者止也動靜相因動則有靜靜則有動物无常動之理艮所以次震也艮者止也不曰止者艮山之象有安重堅實之意非止義可盡也乾坤之交三索而成艮一陽居二陰之上陽動而上進之物既至於上則止矣陰者靜也上止而下靜故爲艮也然則與畜止之義何異曰畜止者制畜之義力止之也艮止者安止之義止其所也

艮其背不獲其身行其庭不

見其人无咎 背必内亙○人之所以不能安其止者動於欲也欲牽於前而求其止不可得也故艮之道當艮其背所見者在前而背乃背之是所不見也止於所不見則无欲以亂其心而止乃安不獲其身不見其身也謂忘我也无我則止矣不能无我无可止之道行其庭不見其人庭除之間至近也在背則雖至近不見謂不交於物也外物不接内欲不萌如是而止乃得止之道於止爲无咎也

彖曰艮止也時止則止時行則行動靜不失其時其道光明 艮爲止止之道

唯其時行止動靜不以時則妄也不失其時則順理而合義在物爲理處物爲義動靜合理義不失其時也乃其道之光明也君子所貴乎時仲尼行止久遠是也艮體篤實有光明之義**艮其止止其所也**艮其止謂止之而止也止之而能止者由止得其所也止不得其所則无可止之理夫子曰於止知其所止謂當止之所也夫有物必有則父止於慈子止於孝君止於仁臣止於敬萬物庶事莫不各有其所得其所則安失其所則悖聖人所以能使天下順治非能爲物作則也唯止之各於其所而已**上下敵應**

不相與也以卦才言也上下二體以敵相應无相與之義陰陽相應則情通而相與乃以其敵故不相與也不相與則相背爲艮其背止之義也相背故不獲其身不見其人**是以不獲其身行其庭不見其人无咎也**是以能止能止則无咎也**象曰兼山艮君子以思不出其位**上下皆山故爲兼山此而并彼爲兼謂重復也重艮之象也君子觀艮止之象而思安所止不出其位也位者所處之分也萬事各有其所得其所則止而安若當行而止當速而久或

過或不及皆出其位也況踰分非據乎 **初六艮其趾无咎利永貞** 六在最下趾之象趾動之先也艮其趾止於動之初也事止於初未至失正故无咎也以柔處下當止之時也行則失其正矣故止乃无咎陰柔患其不能常也不能固也故方止之初戒以利在常永貞固則不失止之道也 **象曰艮其趾未失正也** 當止而行非正也止之於初故未至失正事止於始則易而未至於失也 **六二艮其腓不拯其隨其心不快** 腓符肥反○六二居中得正得止之道若

也上无應援不獲其君矣三居下之上成止之主主乎止者也乃剛而失中不得止之宜剛止於上非能降而下求二雖有中正之德不能從也二之行止繫乎所主非得自由故爲腓之象股動則腓隨動止在股而不在腓也二既不得以中正之道拯救三之不中則必勉而隨之不能拯而唯隨也雖咎不在已然豈其所欲哉言不聽道不行也故其心不快不得行其志也士之處高位則有拯而无隨在下位則有當拯有當隨有拯之不得而後隨

象曰不拯其隨未退聽也所以不拯之而唯隨者在上者未能下從也退

聽下從也**九三艮其限列其夤厲薰心**限分隔也謂上下之際三以剛居剛而不中爲成艮之主決止之極也已在下體之上而隔上下之限皆爲止義故爲艮其限是確乎止而不復能進退者也在人身如列其夤夤膂也上下之際也列絕其夤則上下不相從屬言止於下之堅也止道貴乎得宜行止不能以時而定於一其堅強如此則處世乖戾與物睽絕其危甚矣人之固止一隅而舉世莫與宜者則艱蹇忿畏焚撓其中豈有安裕之理厲薰心謂不安之勢薰爍其中也**象曰艮其限危薰心**

也謂其固止不能進退危懼之慮常薰爀其中心也六四艮其身无咎四大臣之位止天下之當止者也以陰柔而不遇剛陽之君故不能止物唯自止其身則可无咎所以能无咎者以止於正也言止其身无咎則見其不能止物施於政則有咎矣在上位而僅能善其身无取之甚也象曰艮其身止諸躬也不能爲天下之止能止於其身而已豈足稱大臣之位也六五艮其輔言有序悔亡五君位艮之主也主天下之止者也而陰柔之才不足以當此義故止以在上取

輔義言之人之所當愼而止者唯言行也五在上故以輔言輔言之所由出也艮於輔則不妄出而有序也言輕發而无序則有悔止之於輔則悔亡也有序中節有次序也輔與頰舌皆言所由出而輔在中艮其輔謂止於中也

象曰艮其輔以中正也

五之所善者中也艮其輔謂止於中也言以得中爲正止之於輔使不失中乃得正也

上九敦艮吉

九以剛實居上而又成艮之主在艮之終止之至堅篤者也敦篤實也居止之極故不過而爲敦人之止難於久終故節或移於晚守或失於終事或廢於久人

之所同患也上九能敦厚於終止道之至善所以吉也六爻之德唯此爲吉

象曰敦艮之吉以厚終也天下之事唯終守之爲難能敦於止有終者也上之吉以其能厚於終也

䷴ 艮下巽上 ○ 漸序卦艮者止也物不可以終止故受之以漸漸者進也止必有進屈伸消息之理也止之所生亦進也所反亦進也漸所以次艮也進以序爲漸今人以緩進爲漸進以序不越次所以緩也爲卦上巽下艮山上有木木之高而因山其高有因也其高有因乃其進有序也所以爲漸也

漸女歸吉利貞漸捷撿反○以卦才兼漸義而言也乾坤之變爲巽艮巽艮重而爲漸在漸體而言中二爻交也由二爻之交然後男女各得正位初終二爻雖不當位亦陽上陰下得尊卑之正男女各得其正亦得位也與歸妹正相對女之歸能如是之正則吉也天下之事進必以漸者莫如女歸臣之進於朝人之進於事固當有序不以其序則陵節犯義凶咎隨之然以義之輕重廉恥之道女之從人最爲大也故以女歸爲義且男女萬事之先也諸卦多有利貞而所施或不同有涉不正之疑而爲之戒者有其事必正乃得宜

者有言所以利者以其有貞也所謂涉不正之疑而爲之戒者損之九二是也乃得宜者大畜是也言所畜利於貞也有言所以利者以其有貞者漸是也言女歸之所以吉利於如此貞正也蓋其固有非設戒也漸之義宜能亨而不云亨者蓋亨者通達之義非漸進之義也

彖曰漸之進也女歸吉也如漸之義而進乃女歸之吉也謂正而有漸也女歸爲大耳他進亦然**進得位往有功也**漸進之時而陰陽各得正位進而有功也四復由上進而得正位三離下

而爲上遂得正位**進以正可以正邦也**亦爲進得位之義以正道而進可以正邦國至於天下也以進於事進於德進於位莫不皆當以正也**其位剛得中也**上云進得位往有功也統言陰陽得位是以進而有功復云其位剛得中也所謂位者五以剛陽中正得尊位也諸爻之得正亦可謂之得位矣然未若五之得尊位故特言之**止而巽動不窮也**內艮止外巽順止爲安靜之象巽爲和順之義人之進也若以欲心之動則躁而不得其漸故有困窮在漸之義內止靜而外巽順故其進動

不有困窮也**象曰山上有木漸君子以居賢德善俗**山上有木其高有因漸之義也君子觀漸之象以居賢善之德化美於風俗人之進於賢德必有其漸習而後能安非可陵節而遽至也在己且然教化之於人不以漸其能入乎移風易俗非一朝一夕所能成故善俗必以漸也

初六鴻漸于干小子厲有言无咎漸諸爻皆取鴻象鴻之爲物至有時而羣有序不失其時序乃爲漸也干水湄水鳥止於水之湄水至近也其進可謂漸矣行而以時乃所謂漸進不失漸得

其宜矣六居初至下也陰之才至弱也而上无應援以此而進常情之所憂也君子則深識遠照知義理之所安時事之所宜處之不疑小人幼子唯能見已然之事從衆人之知非能燭理也故危懼而有言蓋不知在下所以有進也用柔所以不躁也无應所以能漸也於義自无咎也若漸之初而用剛急進則失漸之義不能進而有咎必矣

象曰小子之厲義无咎也

雖小子以爲危厲在義理實无咎也

六二鴻漸于磐飲食衎衎吉

衎苦旦反○二居中得正上應於五進之安裕者也但居

漸故進不速磐石之安平者江河之濱所有象進之安自干之磐又漸進也二與九五之君以中正之道相應其進之安固平易莫加焉故其飲食和樂衎衎然吉可知也**象曰飲食衎衎不素飽也**爻辭以其進之安平故取飲食和樂爲言夫子恐後人之未喻又釋之云中正君子遇中正之主漸進于上將行其道以及天下所謂飲食衎衎謂其得志和樂不謂空飽飲食而已素空也**九三鴻漸于陸夫征不復婦孕不育凶利禦寇**平高曰陸平原也三在下卦之上進至於

陸也陽上進者也居漸之時志將漸進而上无應援當守正以俟時安處平地則得漸之道若或不能自守欲有所牽志有所就則失漸之道四陰在上而密比陽所說也三陽在下而相親陰所從也二爻相比而无應相比則相親而易合无應則无適而相求故爲之戒夫陽也謂三三若不守正而與四合是知征而不知復征行也復反也不復謂不反顧義理婦謂四若以不正而合則雖孕而不育蓋非其道也如是則凶也三之所利在於禦寇非理而至者寇也守正以閑邪所謂禦寇也不能禦寇則自失而凶矣

象曰夫征不復

離羣醜也婦孕不育失其道也利用禦寇順相保也夫征不復則失漸之正從欲而失正離叛其羣類爲可醜也卦之諸爻皆无不善若獨失正是離其羣類婦孕不由其道所以不育也所利在禦寇謂以順道相保君子之與小人比也自守以正豈唯君子自完其已而已乎亦使小人得不陷於非義是以順道相保禦止其惡故曰禦寇

六四鴻漸于木或得其桷无咎○桷音角當漸之時四以陰柔進據剛陽之上陽剛而上進豈能安處陰柔之下故四之處非

安地如鴻之進于木也木漸高矣而有
不安之象鴻趾連不能握枝故不木棲
桷橫平之柯唯平柯之上乃能安處謂
四之處本危或能自得安寧之道則无
咎也如鴻之於木本不安或得平柯而
處之則安也四居正而巽順宜无咎者
也必以得失言者因
得失以明其義也
象曰或得其桷順以巽也
桷者平安之處求安之道唯順
與巽若其義順正其處卑巽何
處而不安如四之順
正而巽乃得桷也
九五鴻漸于陵婦三歲不孕終莫之勝吉
陵高阜也鴻之
所止最高處也

象君之位雖得尊位然漸之時其道之行固亦非遽與二爲正應而中正之德同乃隔於三四三比二四比五皆隔其交者也未能即合故三歲不孕然中正之道有必亨之理不正豈能隔害之故終莫之能勝但其合有漸耳終得其吉也以不正而敵中正一時之爲耳久其能勝乎

象曰終莫之勝吉得所願也

君臣以中正相交其道當行雖有間其間者終豈能勝哉徐必得其所願乃漸之吉也

上九鴻漸于陸其羽可用爲儀吉

安定胡公以陸爲逵逵雲路也謂虛空之中爾雅九

逵謂之逵逵通達无阻蔽之義上九在至高之位又益上進是出乎位之外在它時則爲過矣於漸之時居巽之極必有其序如鴻之離所止而飛于雲空在人則超逸乎常事之外者也進至於是而不失其漸賢達之高致也故可用爲儀法而吉也羽鴻之所用進也**象曰其**以其進之用況上九進之道也

羽可用爲儀吉不可亂也 君子之進自下而上由微而著跬步造次莫不有序不失其序則无所不時而吉故九雖窮高而不失其吉可用爲儀法者以其有序而不可亂也

䷵ 兌下震上 ○歸妹序卦漸者進也進必有所歸故受之以歸妹進則必有所至故漸有歸義歸妹所以繼漸也歸妹者女之歸也妹少女之稱爲卦震上兌下以少女從長男也男動而女說又以說而動皆男說女女從男之義卦有男女配合之義者四咸恒漸歸妹也咸男女之相感也男下女二氣感應止而說男女之情相感之象恒常也男上女下巽順而動陰陽皆相應是男女居室夫婦唱隨之常道漸女歸之得其正也男下女而各得正位止靜而巽順其進有漸男女配合得其道也歸妹女之嫁歸也男上女下女從男也而有

說少之義以說而動動以說則不得其正矣故位皆不當初與上雖當陰陽之位而陽在下陰在上亦不當位也與漸正相對咸恒夫婦之道漸歸妹女歸之義咸與歸妹男女之情也咸止而說歸妹動於說皆以說也恒與漸夫婦之義也恒巽而動漸止而巽皆以巽順也男女之道夫婦之義備於是矣歸妹爲卦澤上有雷雷震而澤動從之象也物之隨動莫如水男動於上而女從之嫁歸從男之象震長男兌少女少女從長男以說而動動而相說也人之所說者少女故云妹爲女歸之象又有長男說少女之義故爲歸妹也

歸妹征

凶无攸利以説而動動而不當故凶不當位不當也征凶動則凶也

如卦之義不獨女歸无所往而利也彖曰歸妹天地之大

義也一陰一陽之謂道陰陽交感男女配合天地之常理也歸妹女歸於

男也故云天地之大義也男在女上陰從陽動故爲女歸之象天地不

交而萬物不興歸妹人之終始也天地不交

則萬物何從而生女之歸男乃生生相

續之道男女交而後有生息有生息而

後其終不窮前者有終而後者

有始相續不窮是人之終始也説以動

所歸妹也征凶位不當也以二體釋歸妹之義男女相感說而動者少女之事故以說而動所歸者妹也所以征則凶者以諸爻皆不當位也所處皆不正何動而不凶大率以說而動安有不失正者**无攸利柔乘剛也**不唯位不當也又有乘剛之過三五皆乘剛男女有尊卑之序夫婦有唱隨之禮此常理也如恒是也苟不由常正之道徇情肆欲唯說是動則夫婦瀆亂男牽欲而失其剛婦狃說而忘其順如歸妹之乘剛是也所以凶无所往而利也夫陰陽之配合男女之交媾理之常也然從欲而流

放不由義理則淫邪无所不至傷身
敗德豈人理哉歸妹之所以凶也**象**

曰澤上有雷歸妹君子以永終知敝雷震

於上澤隨而動陽動於上陰說而從女
從男之象也故爲歸妹君子觀男女配
合生息相續之象而以永其終知有敝
也永終謂生息嗣續永久其傳也知敝
謂知物有敝壞而爲相繼之道也女歸
則有生息故有永終之義又夫婦之道
當常永有終必知其有敝壞之理而戒
慎之敝壞謂離隙歸妹說以動者也異
乎恒之巽而動漸之止而巽也少女之
說情之感動動則失正非夫婦正而可

常之道久必敝壞知其必敝則當思永其終也天下之反目者皆不能永終者也不獨夫婦之道天下之事莫不有終有敝莫不有可繼可久之道觀歸妹則當思永終之戒也

初九歸妹以娣跛能履征吉

娣大計反跛波我反。○女之歸居下而无正應娣之象也剛陽在婦人爲賢貞之德而處卑順娣之賢正者也處說居下爲順義娣之卑下雖賢何所能爲不過自善其身以承助其君而已如跛之能履言不能及遠也然在其分爲善故以是而行則吉也

象曰歸妹以娣以恒也跛能

履吉相承也歸妹之義以說而動非夫婦能常之道九乃剛陽有賢貞之德雖娣之微乃能以常者也雖在下不能有所爲如跛者之能履然征而吉者以其能相承助也能助其君娣之吉也九二眇能視利幽人之貞九二陽剛而得中女之賢正者也上有正應而反陰柔之質動於說者也乃女賢而配不良故二雖賢不能自遂以成其內助之功適可善其身而小施之如眇者之能視而已言不能及遠也男女之際當以正禮五雖不正二自守其幽靜貞正乃所利也二有剛正之德幽靜之人也二之才如

是而言利貞者利言宜於如是之貞非不足而爲之戒也**象曰利幽人之貞未變常也**守其幽貞未失夫婦常正之道也世人以媟狎爲常故以貞靜爲變常不知乃常久之道也**六三歸妹以須反歸以娣**三居下之上本非賤者以失德而无正應故爲欲有歸而未得其歸須待也待者未有所適也六居三不當位德不正也柔而尚剛行不順也爲說之主以說求歸動非禮也上无應无受之者也无所適故須也女子之處如是人誰取之不可以爲人配矣當反歸而求爲娣媵則可也以不

正而失其所也**象曰歸妹以須未當也**未當者其處其德其求歸之道皆不當故无取之者所以須也**九四歸妹愆期遲歸有時**九以陽居四四上體位之高也陽剛在女子爲正德賢明者也无正應未得其歸也過時未歸故云愆期女子居貴高之地有賢明之資人情所願娶故其愆期乃爲有時蓋自有待非不售也待得佳配而後行也九居四雖不當位而處柔乃婦人之道以无應故爲愆期之義而聖人推理以女賢而愆期蓋有待也**象曰愆期之志有待而行也**

所以愆期者由已而不由彼賢女人所願娶所以愆期乃其志欲有所待待得佳配而後行也**六五帝乙歸妹其君之袂不如其娣之袂良月幾望吉**袂弥世反幾音機○六五居尊位妹之高貴者也下應於二爲下嫁之象王姬下嫁自古而然至帝乙而後正婚姻之禮明男女之分雖至貴之女不得失柔巽之道有貴驕之志故易中陰尊而謙降者則曰帝乙歸妹泰六五是也貴女之歸唯謙降以從禮乃尊高之德也不事容飾以説於人也娣媵者以容飾爲事者也衣袂所以爲容飾也六

五尊貴之女尚禮而不尚飾故其袂不及其娣之袂良也良美好也月望陰之盈也盈則敵陽矣幾望未至於盈也五之貴高常不至於盈極則不亢其夫乃爲吉也女之處尊貴之道也

象曰帝乙歸妹不如其娣之袂良也其位在中以貴行也

以帝乙歸妹之道言其袂不如其娣之袂良尚禮而不尚飾也五以柔中在尊高之位以尊貴而行中道也柔順降屈尚禮而不尚飾乃中道也

上六女承筐无實士刲羊无血无攸利

上六女歸之終而无

應女歸之无終者也婦者所以承先祖奉祭祀不能奉祭祀則不可以爲婦矣筐篚之實婦職所供也古者房中之俎菹歜之類后夫人職之諸侯之祭親割牲卿士大夫皆然割取血以祭禮云血祭盛氣也女當承事筐篚而无實无實則无以祭謂不能奉祭祀也夫婦共承宗廟婦不能奉祭祀乃夫不能承祭祀也故刲羊而无血亦无以祭也謂不可以承祭祀也婦不能奉祭祀則當離絶矣是夫婦之无終者也何所往而利哉

象曰上六无實承虛筐也

筐无實是空筐也空筐可以祭乎言不可以奉祭祀也女不可

以承祭祀則離絶而已是女歸之无終者也

伊川程先生周易下經傳卷之七

元本伊川程先生周易經傳

第三册

宋 程頤撰

中國國家圖書館藏元刻本（卷十配鈔本）

山東人民出版社·濟南

伊川程先生周易下經傳卷之八

䷶ 離下震上 ○豐，序卦：得其所歸者必大，故受之以豐。物所歸聚，必成其大，故歸妹之後受之以豐也。豐，盛大之義。爲卦震上離下，震，動也；離，明也。以明而動，動而能明，皆致豐之道。明足以照，動足以亨，然後能致豐大也。

豐，亨，王假之，勿憂，宜日中。 假，更白反。○豐爲盛大，其義自亨。極天下之光大者，唯王者能至之。假，至也。天位之尊，四海之富，羣生之衆，王道之大，極豐之道，其唯王者乎？豐之時，人民之繁庶，事物之殷盛，治之豈易周

爲可憂慮宜如日中之盛明廣照无所不及然後无憂也

彖曰豐大也明以動故豐

豐者盛大之義離明而震動明動相資而成豐大也

王假之尚大也

王者有四海之廣兆民之衆極天下之大也故豐大之道唯王者能致之所有既大其保之治之之道亦當大也故王者之所尚至大也

勿憂宜日中宜照天下也

所有既廣所治既衆當憂慮其不能周及宜如日中之盛明普照天下无所不至則可勿憂矣如是然後能保其豐大保有豐大豈小才小知之所能也

日中則

昃月盈則食天地盈虛與時消息而況於人乎況於鬼神乎既言豐盛之至復言其難常以爲誡也日中盛極則當昃昳月既盈滿則有虧缺天地之盈虛尚與時消息況人與鬼神乎盈虛謂盛衰消息謂進退天地之運亦隨時進退也鬼神謂造化之跡於萬物盛衰可見其消息也於豐盛之時而爲此誡欲其守中不至過盛處豐之道豈易也哉

象曰雷電皆至豐君子以折獄致刑雷電皆至明震並行也二體相合故云皆至明動相資成豐之象離

明也照察之象震動也威斷之象折獄者必照其情實惟明克允致刑者以威於姦惡唯斷乃成故君子觀雷電明動之象以折獄致刑也噬嗑言先王飭法豐言君子折獄以明在上而麗於威震王者之事故爲制刑立法以明在下而麗於威震君子之用故爲折獄致刑旅明在上而云君子者旅取愼用刑與不留獄君子皆當然也

初九遇其配主雖旬无咎往有尚

雷電皆至成豐之象明動相資致豐之道非明无以照非動无以行相須猶形影相資猶表裏初九明之初九四動之初宜相須以成其用故雖旬

而相應位則相應用則相資故初謂四爲配主已所配也配雖匹稱然就之者也如配天以配君子故初於四云配四於初云夷也雖旬无咎旬均也天下之相應者常非均敵如陰之應陽柔之從剛下之附上敵則安肯相從唯豐之初四其用則相資其應則相成故雖均是陽剛相從而无過咎也蓋非明則動无所之非動則明无所用相資而成用同舟則胡越一心共難則仇怨協力事勢使然也往而相從則能成其豐故云有尚有可嘉尚也在它卦則不相下而離隙矣

象曰雖旬无咎過旬災也聖人因時而處宜隨

事而順理夫勢均則不相下者常理也然有雖敵而相資者則相求也初四是也所以雖旬而无咎也與人同而力均者在乎降已以相求協力以從事若懷先已之私有加上之意則患當至矣故曰過旬災也均而先已是過旬也一求勝則不能同矣

六二豐其蔀日中見斗往得疑疾有孚發若吉

蔀普苟反又音部○明動相資乃能成豐二爲明之主又得中正可謂明者也而五在正應之地陰柔不正非能動者二五雖皆陰而在明動相資之時居相應之地五才不足既其應之才不足資則獨明

不能成豐既不能成豐則喪其明功故爲豐其蔀日中見斗二至明之才以所應不足與而不能成其豐喪其明功无明功則爲昏暗故云見斗斗昏見者也蔀周匝之義用障蔽之物掩晦於明者也斗屬陰而主運乎象五以陰柔而當君位日中盛明之時乃見斗猶豐大之時乃遇柔弱之主斗以昏見言見斗則是明喪而暗矣二雖至明中正之才所遇乃柔暗不正之君既不能下求於己若往求之則反得疑猜忌疾暗主如是也然則如之何而可夫君子之事上也不得其心則盡其至誠以感發其志意而已苟誠意能動則雖昏蒙可開也雖

正

柔弱可輔也雖不正可正也古人之事庸君常主而克行其道者已之誠意上達而君見信之篤耳管仲之相桓公孔明之輔後主是也若能以誠信發其志意則得行其道乃爲吉也**象曰有孚發若信以發志也**有孚發若謂以己之孚信感發上之心志也苟能發則其吉可知雖柔暗有可發之道也**九三豐其沛日中見沬折其右肱无咎**沬亡對反肱古弘反○沛字古本有作旆字者王弼以爲幡幔則是旆也幡幔圍蔽於內者豐其沛其暗更甚於蔀也三明體而反暗於四者

所應陰暗故也三居明體之上陽剛得正本能明者也豐之道必明動相資而成三應於上上陰柔又无位而處震之終既終則止矣不能動者也它卦至終則極震至終則止矣三无上之應則不能成豐沬星之微小无名數者見沬暗之甚也豐之時而遇上六日中而見沬者也右肱人之所用乃折矣其无能爲可知賢智之才遇明君則能有爲於天下上无可賴之主則不能有爲如人之折其右肱也人之爲有所失則有所歸咎曰由是故致是若欲動而无右肱欲爲而上无所賴則不能而已更復何言无所歸咎也

象曰豐其沛

不可大事也折其右肱終不可用也三應於上上陰而无位陰柔无勢力而應既終其可共濟大事乎既无所賴如右肱之折終不可用矣

九四豐其蔀日中見斗遇其夷主吉四雖陽剛爲動之主又得大臣之位然以不中正遇陰暗柔弱之主豈能致豐大也故爲豐其蔀周圍掩蔽之物周圍則不大掩蔽則不明日中見斗當盛明之時反昏暗也夷主其等夷也相應故謂之主初四皆陽而居初是其德同又居相應之地故爲夷主居大臣之位而得在下之賢同德相

輔其助豈小也哉故吉也如四之才得在下之賢爲之助則能致豐大乎曰在下者上有當位爲之與在上者下有賢才爲之助豈无益乎故吉也然而致天下之豐有君而後能也五陰柔居尊而震體无虛中巽順下賢之象下雖多賢亦將何爲蓋非陽剛中正不能致天下之豐也

象曰豐其蔀位不當也位不當謂以不中正居高位所以暗而不能致豐日中見斗幽不明也謂幽暗不能光明君陰柔而臣不中正故也遇其夷主吉行也陽剛相遇吉之行也下就於初故云行下

求則爲吉也**六五來章有慶譽吉**五以陰柔之才爲豐之主固不能成其豐大若能來致在下章美之才而用之則有福慶復得美譽所謂吉也六二文明中正章美之才也爲五者誠能致之在位而委任之可以致豐大之慶名譽之美故吉也章美之才主二而言然初與三四皆陽剛之才五能用賢則彙征矣二雖陰有文明中正之德大賢之在下者也五與二雖非陰陽正應在明動相資之時有相爲用之義五若能來章則有慶譽而吉也然六五无虛已下賢之義聖人設此義以爲教耳**象曰六五之吉**

有慶也其所謂吉者可以有慶福及一天下也人君雖柔暗若能用賢才則可以爲天下之福唯患不能耳**上六豐其屋蔀其家闚其戶閴其无人三歲不覿凶**闚苦規反閴苦鵙反○六以陰柔之質而居豐之極處動之終其滿假躁動甚矣處豐大之時宜乎謙屈而處極高致豐大之功在乎剛健而體陰柔當豐大之任在乎得時而不當位如上六者處无一當其凶可知豐其屋處太高也蔀其家居不明也以陰柔居豐大而在无位之地乃高亢昏暗自絶於人人誰與之故闚其戶閴

其无人也至於三歲之久而不知變其凶宜矣不覿謂尚不見人蓋不變也六居卦終有變之義而不能遷是其才不能也

象曰豐其屋天際翔也闚其戶閴其无人自藏也

六處豐大之極在上而自高若飛翔於天際謂其高大之甚闚其户而无人者雖居豐大之極而實无位之地人以其昏暗自高大故皆棄絕之自藏避而弗與親也

䷷ 艮下離上

○旅序卦豐大也窮大者必失其居故受之以旅豐盛至於窮極則必失其所旅所以次豐也爲卦離上艮下山止而不遷火行而不

居違去爲不處之象故爲**旅小亨旅貞**旅也又麗乎外亦旅之象

吉以卦才言也如卦之才可以**彖曰旅**小亨得旅之貞正而吉也

小亨柔得中乎外而順乎剛止而麗乎明是以小亨旅貞吉也六上居五柔得中乎外也麗於上下之剛順乎剛也下艮止上離麗止而麗於明也柔順而得在外之中所止能麗於明是以小亨得旅之貞正而吉也旅困之時非陽中剛正有助於下不能致大亨也所謂得在外之中中非一揆旅有旅之中也止麗於明則不失時宜

然後得處**旅之時義大矣哉**天下之事當隨時各適其宜而旅爲難處故稱其時義之大**象曰山上有火旅**火之在高明无不照**君子以明愼用刑而不留獄**君子觀明照之象則以明愼用刑明不可恃故戒於愼明而止亦愼象觀火行不處之象則不留獄獄者不得已而設民有罪而入豈可留滯淹久也**初六旅瑣瑣斯其所取災**瑣瑣猥屑○六以陰柔在旅之時處於卑下是柔弱之人處旅困而在卑賤所存汙下者也志卑之人既處旅

困鄙猥瑣細无所不至乃其所以致悔
辱取災咎也瑣瑣猥細之狀當旅困之
時才質如是上雖有援无能爲也四陽
性而離體亦非就下者也又在旅與它
卦爲大臣之位者異矣**象曰旅瑣瑣志窮災也**志意
窮迫益自取災也災眚對言則有分獨言則謂災患耳**六二旅即
次懷其資得童僕貞**二有柔順中正之德柔順則衆與之
中正則處不失當故能保其所有童僕
亦盡其忠信雖不若五有文明之德上
下之助亦處旅之善者也次舍旅所安
也財貨旅所資也童僕旅所賴也得就

次舍懷畜其資財又得童僕之貞良旅之善也柔弱在下者童也強壯處外者僕也二柔順中正故得内外之心在旅所親比者童僕也不云吉者旅寓之際得免於災厲則已善矣**象曰得童僕貞終无尤也**羇旅之人所頼者童僕也既得童僕之忠貞終无尤悔矣**九三旅焚其次喪其童僕貞厲**處旅之道以柔順謙下爲先三剛而不中又居下體之上與艮之上有自高之象在旅而過剛自高致困災之道也自高則不順於上故上不與而焚其次失所安也上離爲焚象過剛則暴下故

下離而喪其童僕之貞信謂失象曰旅其心也如此則危厲之道也**焚其次亦以傷矣以旅與下其義喪也**旅焚失其次舍亦以困傷矣以旅之時而與下之道如此義當喪也在旅而以過剛自高待下必喪其忠貞謂失其心也在旅而失其童僕之心爲可危也

九四旅于處得其資斧我心不快四陽剛雖不居中而處柔在上體之下有用柔能下之象得旅之宜也以剛明之才爲五所與爲初所應在旅之善者也然四非正位故雖得其處止不若二之就次舍

正

也有剛明之才爲上下所與乃旅而得貨財之資器用之利也雖在旅爲善然上无剛陽之與下唯陰柔之應故不能伸其才行其志其心不快也云我者據四而言

象曰旅于處未得位也得其資斧心未快也四以近君爲當位在旅五不取君義故四爲未得位也曰然則以九居四不正爲有咎矣曰以剛居柔旅之宜也九以剛明之才欲得時而行其志故雖得資斧於旅爲善其心志未快也

六五射雉一矢亡終以譽命射食亦叐○六五有文明柔順之德處得中道

而上下與之處旅之至善者也人之處旅能合文明之道可謂善矣羇旅之人動而或失則困辱隨之動而无失然後爲善離爲雉文明之物射雉謂取則於文明之道而必合如射雉一矢而亡之發无不中則終能致譽命也譽令聞也命福禄也五居文明之位有文明之德故動必中文明之道也五君位人君无旅旅則失位故不取君義

象曰終以譽命上逮也

有文明柔順之德則上下與之逮與也能順承於上而上與之爲上所逮也在上而得乎下爲下所上逮也在旅而上下與之所以致譽命也旅者困而未得所安

之時也終以譽命終當致譽命也已譽命則非旅也困而親寡則爲旅不必在外也

上九鳥焚其巢旅人先笑後號咷喪牛于易凶號戶羔反咷道刀反喪易並去聲○鳥飛騰處高者也上九剛不中而處最高又離體其亢可知故取鳥象在旅之時謙降柔和乃可自保而過剛自高失其所安宜矣巢鳥所安止焚其巢失其所安无所止也在離上爲焚象陽剛自處於至高始快其意故先笑既而失安莫與故號咷輕易以喪其順德所以凶也牛順物喪牛于易謂忽易以失其順也離火性上爲躁易

之象上承鳥焚其巢故更加旅
人字不云旅人則是鳥笑哭也**象曰以**
旅在上其義焚也喪牛于易終莫之聞
也以旅在上而以尊高自處豈能保其
居其義當有焚巢之事方以極剛自
高爲得志而笑不知喪其順德於躁易
是終莫之聞謂終不自聞知也使自覺
知則不至於極而號咷矣陽剛不中而
處極固有高亢躁動之象而火復炎上
則又甚焉

䷸ 巽下巽上 ○巽序卦旅而无所容故受之以巽巽者入也羇旅親

寡非巽順何所取容苟能巽順雖旅困之中何往而不能入巽所以次旅也爲卦一陰在二陽之下巽順於陽所以爲巽也**巽小亨利有攸往利見大人**卦之才可以小亨利有攸往利見大人也巽與兌皆剛中正巽說義亦相類而兌則亨巽乃小亨者兌陽之爲也巽陰之爲也兌柔在外用柔也巽柔在內性柔也巽之亨所以小也**彖曰重巽以申命**重巽者上下皆巽也上順道以出命下奉命而順從上下皆順重巽之象也又重爲重復之義君子體重巽之義以申復其命令申重復也丁寧之

謂也剛巽乎中正而志行柔皆順乎剛是以小亨以卦才言也陽剛居巽而得中正巽順於中正之道也陽性上其志在以中正之道上行也又上下之柔皆巽順於剛其才如是雖内柔可以小亨

利有攸往利見大人巽順之道无往不能入故利有攸往巽順雖善道必知所從能巽順於陽剛中正之大人則爲利故利見大人也如五二之陽剛中正大人也巽順不於大人未必不爲過也

象曰隨風巽君子以申命行事兩風相重隨風也隨相繼

之義君子觀重巽相繼以順之象而以申命令行政事隨與重上下皆順也上順下而出之下順上而從之上下皆順重巽之義也命令政事順理則合民心而民順從矣

初六進退利武人之貞

六以陰柔居卑巽而不中處最下而承剛過於卑巽者也陰柔之人卑巽太過則志意恐畏而不安或進或退不知所從其所利在武人之貞若能用武人剛貞之志則爲宜也勉爲剛貞則无過卑恐畏之失矣

象曰進退志疑也利武人之貞志治也

進退不知所安者其志疑懼也利用武人

之剛貞以立其志則其志治也治謂修立也

九二巽在牀下

二居巽時以陽處陰而在下過於巽

用史巫紛若吉无咎

者也牀人之所安巽在牀下是過於巽者也牀人之所安巽在牀下是過於巽者也過所安矣人之過於卑巽非恐怯則諂說皆非正也二實剛中雖巽體而居柔爲過於巽非有邪心也恭巽之過雖非正禮可以遠恥辱絕怨咎亦吉道也史巫者通誠意於神明者也紛若多也苟至誠安於謙巽能使通其誠意者多則吉而无咎謂其誠足以動人也人不察其誠意則以過巽爲諂矣

象曰紛若之吉得中也

二以

居柔在下爲過巽之象而能使通其誠意者衆多紛然由得中也陽居中爲中實之象中既誠實則人自當信之以誠意則非諂畏也所以吉而无咎

九三頻巽吝 三以陽處剛不得其中又在下體之上以剛亢之質而居巽順之時非能巽者勉而爲之故屢失也居巽之時處下而上臨之以巽又四以柔巽相親所乘者剛而上復有重剛雖欲不巽得乎故頻失而頻巽是可吝也

象曰頻巽之吝志窮也 三之才質本非能巽而上臨之以巽承重剛而履剛勢不得行其志故頻失而頻巽是其志窮困可吝之

甚也

六四悔亡田獲三品陰柔无援而承乘皆剛宜有悔也而四以陰居陰得巽之正在上體之下居上而能下也居上之下巽於上也以巽臨下巽於下也善處如此故得悔亡所以得悔亡以如田之獲三品也田獲三品及於上下也田獵之獲分三品一爲乾豆一供賓客與充庖一頒徒御四能巽於上下之陽如田之獲三品謂遍及上下也四之地本有悔以處之至善故悔亡而復有功天下之事苟善處則悔或可以爲功也

象曰田獲三品有功也巽於上下如田之獲三品而遍及上下成巽之正

功也**九五貞吉悔亡无不利无初有終先庚三日後庚三日吉**先西薦反○五居尊位爲巽之主命令之所出也處得中正盡巽之善然巽者柔順之道所利在貞非五之不足在巽當戒也既貞則吉而悔亡无所不利貞正中也處巽出令皆以正中爲吉柔巽而不貞則有悔安能无所不利也命令之出有所變更也无初始未善也有終更之使善也若已善則何用命也何用更也先庚三日後庚三日吉出命更改之道當如是也甲者事之端也庚者變更之始也十干戊己爲中過中則變

故謂之庚事之改更當原始要終如先甲後甲之義如是則吉也解在蠱卦

象曰九五之吉位正中也

九五之吉以處正中也得正中之道則吉而其悔亡也正中謂不過无不及正得其中也處柔巽與出命令唯得中爲善失中則悔也

上九巽在牀下喪其資斧貞凶

牀人所安也在牀下過所安之義也九居巽之極過於巽者也資所有也斧以斷也陽剛本有斷以過巽而失其剛斷失其所有喪資斧也居上而過巽至於自失在正道爲凶也

象曰巽在牀下上窮

也喪其資斧正乎凶也巽在牀下過於巽也㢲卦之上巽至於窮極也居上而過極於巽至於自失得爲正乎乃凶道也巽本善行故疑之曰得爲正乎復斷之曰乃凶也

☱☱兌下兌上

○兌序卦巽者入也入而後說之故受之以兌兌者說也物相入則相說相說則相入兌所以次巽也

兌亨利貞兌說也說致亨之道也能說於物物莫不說而與之足以致亨然爲說之道利於貞正非道求說則爲邪諂而有悔吝故戒利貞也

彖曰兌說也剛中

而柔外說以利貞是以順乎天而應乎人說以先民民忘其勞說以犯難民忘其死說之大民勸矣哉 說音悅先西薦反難乃旦反○

兑之義說也一陰居二陽之上陰說於陽而爲陽所說也陽剛居中中心誠實之象柔爻在外接物和柔之象故爲說而能貞也利貞說之道宜正也卦有剛中之德能貞者也說而能貞是以上順天理下應人心說道之至正至善者也若夫違道以干百姓之譽者苟說之道違道不順天干譽非應人苟取一時之

說耳非君子之正道君子之道其說於民如天地之施感於其心而說服不斁故以之先民則民心說隨而忘其勞率之以犯難則民心說服於義而不恤其死說道之大民莫不知勸勸謂信之而勉力順從人君之道以人心說服爲本故聖人贊其大

象曰麗澤兌君子以朋友講習

麗澤二澤相附麗也兩澤相麗交相浸潤互有滋益之象故君子觀其象而以朋友講習朋友講習互相益也先儒謂天下之可說莫若朋友講習朋友講習固可說之大者然當明相益之象

初九和兌吉

初雖陽爻居說

體而在最下无所係應是能卑下和順以爲說而无所偏私者也以和爲說而无所偏私說之正也陽剛則不卑居下則能巽處說則能和无應則不偏處說如是所以吉也**象曰和兌之吉行未疑也**有求而和則涉於邪諂初隨時順處心无所係无所爲也以和而已是以吉也象又以其處說在下而非中正故云行未疑也其行未有可疑謂未見其有失也若得中正則无是言也說以中正爲本爻直陳其義象則推而盡之**九二孚兌吉悔亡**二承比陰柔陰柔小人也說之則當有悔二剛中之德孚

信內充雖比小人自守不失君子和而
不同說而不失剛中故吉而悔亡非二
之剛中則有悔矣**象曰孚兌之吉信志**
以自守而亡也
也心之所爲志二剛實居中孚信存於
中也志存誠信豈至說小人而自失
乎是以**六三來兌凶**六三陰柔不中正
吉也之人說不以道者
也來兌就之以求說也比於在下之陽
枉已非道就以求說所以凶也之內爲
來上下俱陽而獨之內者以同**象曰來**
體而陰性下也失道下行也
兌之凶位不當也自處不中正无與而
妄求說所以凶也

九四商兌未寧介疾有喜四上承中正之五而下比柔邪之三雖剛陽而處非正三陰柔陽所說也故不能決而商度未寧謂擬議所從而未決未能有定也兩閒謂之介分限也地之界則加田義乃同也故人有節守謂之介若介然守正而疾遠邪惡則有喜也從五正也說三邪也四近君之位若剛介守正疾遠邪惡將得君以行道福慶及物爲有喜也若四者得失未有定繫所從耳

象曰九四之喜有慶也所謂喜者若守正而君說之則得行其剛陽之道而福慶及物也

九五孚于

剥有厲九五得尊位而處中正盡説道之善矣而聖人復設有厲之戒蓋堯舜之盛未嘗无戒也戒所當戒而已雖聖賢在上天下未嘗无小人然不敢肆其惡也聖人亦説其能勉而革面也彼小人者未嘗不知聖賢之可説也如四凶處堯朝隱惡而順命是也聖人非不知其終惡也取其畏罪而强仁耳五若誠心信小人之假善爲實善而不知其包藏則危道也小人者備之不至則害於善聖人爲戒之意深矣剥者消陽之名陰消陽者也蓋指上六故孚于剥則危也以五在説之時而密比於上六故爲之戒雖舜之聖且畏巧言令色

安得不戒也說之惑人**象曰孚于剝位**易入而可懼也如此**正當也**戒孚于剝者以五所處之位正當戒也密比陰柔有相說之道故戒在信之也**上六引兌**它卦至極則變兌爲說極則愈說上六成說之主居說之極說不知已者也故說既極矣又引而長之然而不至悔吝何也曰方言其說不知已未見其其所說善惡也又下乘九五之中正无所施其邪說六三則承乘皆非正是亦有凶**象曰上六引兌未光也**說既極矣又引而長之雖說之之心不已而事理已過實无所說事之盛

則有光輝既極而強引之長其无意味甚矣豈有光也末非必之辭象中多用非必能有光輝謂不能光也

䷺坎下巽上　○渙序卦兌者說也說而後散之故受之以渙說則舒散也人之氣憂則結聚說則舒散故說有散義渙所以繼兌也爲卦巽上坎下風行於水上水遇風則渙散所以爲渙也

渙亨王假有廟利涉大川利貞

渙離散也人之離散由乎中人心離則散矣治乎散亦本於中能收合人心則散可聚也故卦之義皆主於中利貞合渙散之道在

乎正固也彖曰渙亨剛來而不窮柔得位乎外而上同渙之能亨者以卦才如是也渙之成渙由九來居二六上居四也剛陽之來則不窮極於下而處得其中柔之往則得正位於外而上同於五之中巽順於五乃上同也四五君臣之位當渙而比其義相通同五乃從中也當渙之時而守其中則不至於離散故能亨也王假有廟王乃在中也王假有廟之義在萃卦詳矣天下離散之時王者收合人心至於有廟乃是在其中也在中謂求得其中攝其心之謂也中者心之象剛

來而不窮柔得位而上同卦才之義皆主於中也王者拯渙之道在得其中而已孟子曰得其民有道得其心斯得民矣享帝立廟民心所歸從也歸人心之道无大於此故云至于有廟拯渙之道極於此也

利涉大川乘木有功也 治渙之道當濟於險難而卦有乘木濟川之象上巽木也下坎水大川也利涉險以濟渙也木在水上乘木之象乘木所以涉川也涉則有濟渙之功卦有是義有是象也

象曰風行水上渙先王以享于帝立廟 風行水上有渙散之象先王觀是象救天

下之渙散至于享帝立廟也收合人心无如宗廟祭祀之報出於其心故享帝立廟人心之所歸也係人心合離散之道无大於此**初六用拯馬壯吉**六居卦之初渙之始也始渙而拯之又得馬壯所以吉也六爻獨初不云渙者離散之勢辨之宜早方始而拯之則不至於渙也爲教深矣馬人之所託也託於壯馬故能拯渙馬謂二也二有剛中之才初陰柔順兩皆无應无應則親比相求初之柔順而託於剛中之才以拯其渙如得壯馬以致遠必有濟矣故吉也渙拯於始爲力則易時之順也**象曰初六之吉**

順也初之所以吉者以其能順從剛中之才也始渙而用拯能順順乎時也

九二渙奔其机悔亡机音几○諸爻皆云渙渙謂渙之時也在渙離之時而處險中其有悔可知若能奔就所安則得悔亡也机者俯憑以爲安者也俯就下也奔急往也二與初雖非正應而當渙離之時兩皆无與以陰陽親比相求則相賴者也故二目初爲机初謂二爲馬二急就於初以爲安則能亡其悔矣初雖坎體而不在險中也或疑初之柔微何足賴蓋渙之時合力爲勝先儒皆以五爲机非也方渙離之時二陽豈能同也若能同則成濟渙

之功當大豈止悔亡
而已机謂俯就也
象曰渙奔其机得
願也
渙散之時以合爲安二居險中急
就於初求安也賴之如机而亡其
悔乃得
所願也
六三渙其躬无悔
三在渙時獨
有應與无渙
散之悔也然以陰柔之質不中正之才
上居无位之地豈能拯時之渙而及人
也止於其身可以无悔而已上加
渙字在渙之時躬无渙之悔也
象曰
渙其躬志在外也
志應於上在外也與
上相應故其身得免
於渙而无悔悔亡者本有
而得亡无悔者本无也
六四渙其羣

元吉渙有丘匪夷所思渙四五二爻義相須故通言之彖故曰上同也四巽順而正居大臣之位五剛中而正居君位君臣合力剛柔相濟以拯天下之渙者也方渙散之時用剛則不能使之懷附用柔則不足爲之依歸四以巽順之正道輔剛中正之君君臣同功所以能濟渙也天下渙散而能使之羣聚可謂大善之吉也渙有丘匪夷所思賛美之辭也丘聚之大也方渙散而能致其大聚其功甚大其事甚難其用至妙夷平常也非平常之見所能思及也非大賢智孰能如是

象曰渙其羣元吉光

大也稱元吉者謂其功德光大也元吉
光大不在五而在四若二爻之義
通言也於四言其施用於
五言其成功君臣之分也**九五渙汗其**
大號渙王居无咎 五與四君臣合德以
剛中正巽順之道治
渙得其道矣唯在浹洽於人心則順從
也當使號令洽於民心如人身之汗浹
於四體則信服而從矣如是則可以濟
天下之渙居王位爲稱而无咎大號大
政令也謂新民之大命救渙之大政再
云渙者上謂渙之時下謂處渙如是則
无咎也在四已言元吉五唯言稱其位
也渙之四五通言者渙以離散爲害拯

之使合也非君臣同功合力其**象曰王居无咎正位也**王居謂正位人君之尊位也能如五之爲則居尊位爲稱而无咎也**上九渙其血去逖出无咎**去羌呂反逖湯歷反○渙之諸爻皆无係應亦渙離之象唯上應於三三居險陷之極上若下從於彼則不能出於渙也險有傷害畏懼之象故云血惕然九以陽剛處渙之外有出渙之象又居巽之極爲能巽順於事理故云若能使其血去其惕出則无咎也其者所有也渙之時以能合爲功獨九居渙之極有係而臨

能濟乎爻義相須時之宜也

險故以能出渙象曰渙其血遠害也若如遠害爲善也象文爲渙其血乃與也其膏同也義則不然蓋血字下脫去字血去惕出謂能遠害則无咎也

䷻兌下坎上○節序卦渙者離也物不可以終離故受之以節物既離散則當節止之節所以次渙也爲卦澤上有水澤之容有限澤上置水滿則不容爲有節之象故爲節

節亨苦節不可貞

事既有節則能致亨通故節有亨義節貴適中過則苦矣節至於苦豈能常也不可固守以爲

常不可貞也

彖曰節亨剛柔分而剛得中節之道自有亨義事有節則能亨也又卦之才剛柔分處剛得中而不過亦所以爲節所以能亨也**苦節不可貞其道窮也**節至於極而苦則不可堅固常守其道已窮極也**說以行險當位以節中正以通**以卦才言也內兌外坎說以行險也人於所說則不知已遇艱險則思止方說而止爲節之義當位以節五居尊當位也在澤上有節也當位而以節主節者也處得中正節而能通也中正則通過則苦矣**天地**

節而四時成節以制度不傷財不害民

推言節之道天地有節故能成四時无節則失序也聖人立制度以爲節故能不傷財害民人欲之无窮也苟非節以制度則侈肆至於傷財害民矣

象曰澤上有水節君子以制數度議德行

澤之容水有限過則盈溢是有節故爲節也君子觀節之象以制立數度凡物之大小輕重高下文質皆有數度所以爲節也數多寡度法制議德行者存諸中爲德發於外爲行人之德行當義則中節議謂商度求中節也

初九

不出户庭，无咎。户庭，户外之庭；門庭，門内之庭。初以陽在下，上復有應，非能節者也。又當節之初，故戒之謹守，至於不出户庭，則无咎也。初能固守，終或渝之，不謹於初，安能有卒？故於節之初爲戒甚嚴也。

象曰：不出户庭，知通塞也。爻辭於節之初戒之謹守，故云不出户庭則无咎也。象恐人之泥於言也，故復明之云：雖當謹守不出户庭，又必知時之通塞也。通則行，塞則止，義當出則出矣。尾生之信，水至不去，不知通塞也，故君子貞而不諒。繫辭所解，獨以言者，在人所節唯言與行，節於言則行可知，言當在先也**九二不出門庭凶**二雖剛中之質然處陰居說而承柔處陰不正也居說失剛也承柔近邪也節之道當以剛中正二失其剛中之德與九五剛中正異矣不出門庭不之於外也謂不從於五也二五非陰陽正應故不相從若以剛中之道相合則可以成節之功唯其失德失時是以凶也不合於五乃不正之節也以剛中正爲節如懲忿窒欲損過抑有餘是也不正之節如嗇節於用懦節於行是也**象曰不出門庭凶失時極也**不能上從九五剛中正之道成節之功乃係於私暱之陰柔是

失時之至極所以凶也失時失其所宜也**六三不節若則嗟若无咎**六三不中正乘剛而臨險固宜有咎然柔順而和說若能自節而順於義則可以无過不然則凶咎必至可傷嗟也故不節若則嗟若己所自致无所歸咎也**象曰不節之嗟又誰咎也**節則可以免過而不能自節以致可嗟將誰咎乎**六四安節亨**四順承九五剛中正之道是以中正爲節也以陰居陰安於正也當位爲有節之象下應於初四坎體水也水上溢爲无節就下有節也如四之義非強節之安於節者

也故能致亨節以安爲善强守　象曰安而不安則不能常豈能亨也

節之亨承上道也　四能安節之義非一象獨舉其重者上承九五剛中正之道以爲節足以亨矣餘善亦不出於中正也

九五甘節吉往有尚　九五剛中正居尊位爲節之主所謂當位以節中正以通者也在已則安行天下則説從節之甘美者也其吉可知以此而行其功大矣故往則有可嘉尚也

象曰甘節之吉居位中也　既居尊位又得中道所以吉而有功節以中爲貴得中則正矣正不能盡中也

上六苦節貞凶悔亡上六居節之極節之苦者也居險之極亦爲苦義固守則凶悔則凶亡悔損過從中之謂也節之悔亡與它卦之悔亡辭同而義異也象曰苦節貞凶其道窮也既節苦而貞固守之則凶蓋節之道至於窮極矣

䷼兌下巽上○中孚序卦節而信之故受之以中孚節者爲之制節使不得過越也信而後能行上能信守之下則信從之節而信之也中孚所以次節也爲卦澤上有風風行澤上而感于水中爲中孚之象感謂感而動也內

外皆實而中虛爲中孚之象又二五皆
陽中實亦爲孚義在二體則中實在全
體則中虛中虛信
之本中實信之質**中孚豚魚吉利涉大**
川利貞豚躁魚冥物之難感者也孚信
能感於豚魚則无不至矣所以
吉也忠信可以蹈水火況涉川乎**彖曰**
守信之道在乎堅正故利於貞也
中孚柔在內而剛得中二柔在內中虛
爲誠之象二剛
得上下體之中中實爲孚**說而巽孚乃**
之象卦所以爲中孚也
以二體言卦之用也上巽下說
化邦也爲上至誠以順巽於下下有孚

以說從其上如是其孚乃能化於邦國也若人不說從或違拂事理豈能化天下乎

豚魚吉信及豚魚也信能及於豚魚信道至矣所以吉也

利涉大川乘木舟虛也以中孚涉險難其利如乘木濟川而以虛舟也舟虛則无沉覆之患卦虛中爲虛舟之象

中孚以利貞乃應乎天也中孚而貞則應乎天矣天之道孚貞而已

象曰澤上有風中孚君子以議獄緩死

澤上有風感于澤中水體虛故風能入之人心虛故物能感之風之動乎澤猶

物之感于中故爲中孚之象君子觀其象以議獄與緩死君子之於議獄盡其忠而已於决死極於惻而已故誠意常求於緩緩寛也於天下之事无所不盡其忠而議獄緩死最其大者也

初九虞吉有它不燕

九當中孚之初故戒在審其所信虞度也度其可信而後從也雖有至信若不得其所則有悔咎故虞度而後信則吉也既得所信則當誠一若有它則不得其燕安矣燕安裕也有它志不定也人志不定則惑而不安初與四爲正應四巽體而居正无不善也爻以謀始之義大故不取相應之義若用應則非虞也

象

曰初九虞吉志未變也當信之始志未
有所從而虞度
所信則得其正是以吉也蓋其志未有
變動志有所從則變動虞之不得其正
矣在初言求
所信之道也九二鳴鶴在陰其子和之
我有好爵吾與爾靡之和胡卧反靡亡
皮反○二剛實
於中孚之至者也孚至則能感通鶴鳴
於幽隱之處不聞也而其子相應和中
心之願相通也好爵我有而彼亦係慕
說好爵之意同也有孚於中物无不應
誠同故也至誠无遠近幽深之間故繫
辭云善則千里之外應之不善則千里

之外遠之言誠通也至誠感
通之理知道者爲能識之 象曰其子和之中心願也 中心願謂誠意所願也故通而相應 六三得敵或鼓或罷或泣或歌 罷音皮○敵對敵也謂所交孚者正應上九是也三四皆以虛中爲成孚之主然所處則異四得位居正故亡匹以從上三不中失正故得敵以累志以柔說之質既有所係唯所信是從或鼓張或罷廢或悲泣或歌樂動息憂樂皆係乎所信也唯係所信故未知吉凶然非明達君子之所爲也 象曰或鼓或罷位不當

也居不當位故无所主唯所信是從所變得正則所信有方矣

六四月幾望馬匹亡无咎幾音機○四爲成孚之主居近君之位處得其正而上信之至當孚之任者也如月之幾望盛之至也已望則敵矣臣而敵君禍敗必至故以幾望爲至盛馬匹亡四與初爲正應匹也古者駕車用四馬不能備純色則兩服兩驂各一色又小大必相稱故兩馬爲匹謂對也馬者行物也初上應四而四亦進從五皆上行故以馬爲象孚道在一四既從五君復下係於初則不一而害於孚爲有咎矣故馬匹亡則无咎也上從五而

不係於初是亡其匹也係初則不進不能成孚之功也**象曰馬匹亡絕類上也**絕其類而上從五也類謂應也**九五有孚攣如无咎**五居君位人君之道當以至誠感通天下使天下之心信之固結如拘攣然則爲无咎也人君之孚不能使天下固結如是則億兆之心安能保其不離乎**象曰有孚攣如位正當也**五居君位之尊由中正之道能使天下信之如拘攣之固乃稱其位人君之道當如是也**上九翰音登于天貞凶**翰胡旦反○陽性上進風

體飛颺九居中孚之時處於最上孚於上進而不知止者也其極至於羽翰之音登聞于天貞固於此而不知變凶可知矣夫子曰好信不好學其蔽也賊固守而不通之謂也

象曰翰音登于天何可長也

守乎至於窮極而不知變豈可長久也固守而不通如是則凶也

䷽艮下震上

○小過序卦有其信者必行之故受之以小過人之所信則必行行則過也小過所以繼中孚也爲卦山上有雷雷震於高其声過常故爲小過又陰居尊位陽失位而不中小者過其常也蓋爲小者過又爲小事

過又爲小過亨利貞過者過其常也甚過之小以就正也事有時而當然有待過而後能亨者故小過自有亨義利貞者過之所以就正也事有時而當然有待過而後能亨者

過又爲過之小小過亨利貞過者過其常也甚過之小以就正也事有時而當然有待過而後能亨者故小過自有亨義利貞者過之道利於貞也不失時宜之謂正可小事不可大事飛鳥遺之音不宜上宜下大吉過所以求就中也所過者小事也事之大者豈可過也於大過論之詳矣飛鳥遺之音謂過之不遠也不宜上宜下謂宜順也順則大吉過以就之蓋順理也過而順理其吉必大彖曰小過小者過而亨也陽大陰小陰得位剛失位而不

中是小者過也故爲小事過過之小小者與小事有時而當過過之亦小故爲小過事固有待過而後能亨者過之所以能亨也**過以利貞與時行也**過而利於貞謂與時行也時當過而過乃非過也時之宜也乃所謂正也**柔得中是以小事吉也剛失位而不中是以不可大事也有飛鳥之象焉**小過之道於小事有過則吉者而彖以卦才言吉義柔得中二五居中也陰柔得位能致小事吉耳不能濟大事也剛失位而不中是以不可大事大事非剛

陽之才不能濟三不中四失位是以不可大事小過之時自不可大事而卦才又不堪大事與時合也有飛鳥之象焉此一句不類彖體蓋解者之辭誤入彖中中剛外柔飛鳥之象卦有此象故就飛鳥爲義

飛鳥遺之音

不宜上宜下大吉上逆而下順也

事有時而當過所以從宜然豈可甚過也如過恭過哀過儉大過則不可所以在小過也所過當如飛鳥之遺音鳥飛迅疾声出而身已過然豈能相遠也事之當過者亦如是身不能甚遠於聲事不可遠過其常在得宜耳不宜上宜下更就鳥音

取宜順之義過之道當如飛鳥之遺音夫声逆而上則難順而下則易故在高則大山上有雷所以爲過也過之道順行則吉如飛鳥之遺音宜順也所以過者爲順乎宜也能順乎宜所以大吉象曰山上有雷小過君子以行過乎恭喪過乎哀用過乎儉行下孟反○雷震於山上其声過常故爲小過天下之事有時當過而不可過甚故爲小過君子觀小過之象事之宜過者則勉之行過乎恭喪過乎哀用過乎儉是也當過而過乃其宜也不當過而過則過矣初六飛鳥以

凶初六陰柔在下小人之象又上應於四四復動體小人躁易而上有應助於所當過必至過甚況不當過而過乎其過如飛鳥之迅疾所以凶也躁疾如是所以過之速且遠救止莫及也

象曰飛鳥以凶不可如何也其過之疾如飛鳥之迅豈容救止也凶其宜矣不可如何无所用其力也

六二過其祖遇其妣不及其君遇其臣无咎陽之在上者父之象尊於父者祖之象四在三上故為祖二與五居相應之地同有柔中之德志不從於三四故過四而遇五是過其祖

也五陰而尊祖妣之象與二同德相應在它卦則陰陽相求過之時必過其常故異也无所不過故二從五亦戒其過不及其君遇其臣謂上進而不陵及於君適當臣道則无咎也遇當也過臣之分則其咎可知

象曰不及其君臣不可過也

過之時事无不過其常故於上進則戒及其君臣不可過不可過臣之分也

九三弗過防之從或戕之凶

小過陰過陽失位之時三獨居正然在下无所能爲而爲陰所忌惡故有當過者在過防於小人若弗過防之則或從而戕害之矣如是則凶

也三於陰過之時以陽居剛過於剛也既戒之過防則過剛亦在所戒矣防小人之道正已爲先三不失正故无必凶之義能過防則免矣三居下之上居上爲下皆如是也

象曰從或戕之凶如何也陰過之時必害於陽小人道盛必害君子當過爲之防防之不至則爲其所戕矣故曰凶如何也言其甚也

九四无咎弗過遇之往厲必戒勿用永貞四當小過之時以剛處柔剛不過也是以无咎既弗過則合其宜矣故云遇之謂得其道也若往則有危必當戒懼也往去柔而以

剛進也勿用永貞陽性堅剛故戒以隨宜不可固守也方陰過之時陽剛失位則君子當隨時順處不可固守其常也四居高位而无上下之交雖比五應初方陰過之時彼豈肯從陽也故往則有厲

象曰弗過遇之位不當也往厲必戒終不可長也位不當謂處柔九四當過之時不過剛而反居柔乃得其宜故曰遇之遇其宜也以九居四位不當也居柔乃遇其宜也當陰過之時陽退縮自保足矣終豈能長而盛也故往則有危必當戒也長上聲作平聲則大失易意以夬與剝觀之可見與夬之

篆文同而音異也

六五密雲不雨自我西郊公弋取彼在穴弋餘職反○五以陰柔居尊位雖欲過爲豈能成功如密雲而不能成雨所以不能成雨自西郊故也陰不能成雨小畜卦中巳解公弋取彼在穴弋射取之也射止是射弋有取義穴山中之空中虛乃空也在穴指六二也五與二本非相應乃弋而取之五當位故云公謂公上也同類相取雖得之㢡陰豈能濟大事乎猶密雲之不能成雨也

象曰密雲不雨已上也陽降陰升合則和而成雨陰巳在上雲雖密豈能成

兩乎陰過不能成大之義也

上六弗遇過之飛鳥離之凶是謂災眚六陰而動體麗過之極不與理遇動皆過之其違理過常如飛鳥之迅速所以凶也離過之遠也是謂災眚是當有災眚也災者天殃眚者人為既過之極豈唯人眚天災亦至其凶可知天理人事皆然也

象曰弗遇過之已亢也居過之終弗遇於理而過之過已亢極其凶宜也

離下坎上 ○ 既濟亨卦有過物者必濟故受之以既濟能過於物

必可以濟故小過之後受之以既濟也
爲卦水在火上水火相交則爲用矣各
當其用故爲旣濟天
下萬事已濟之時也　**既濟亨小利貞初**
吉終亂　既濟之時大者既已亨矣小者
尚有亨也雖既濟之時不能无
小未亨也小字在下語當然也若言小
亨則爲亨之小也利貞處既濟之時利
在貞固以守之也初吉方濟
之時也終亂濟極則反也　**彖曰既濟**
亨小者亨也利貞剛柔正而位當也　既濟
之時大者固已亨矣唯有小者亨也時
既濟矣固宜貞固以守之卦才剛柔正

當其位當位者其常也乃正固之義利於如是之貞也陰陽各得正位所以爲既濟也**初吉柔得中也**二以柔順文明而得中故能成既濟之功二居下體方濟之初也而又善處是以吉也**終止則亂其道窮也**天下之事不進則退无一定之理濟之終不進而止矣无常止也衰亂至矣蓋其道已窮極也九五之才非不善也時極道窮理當必變也聖人至此奈何曰唯聖人爲能通其變於未窮不使至於極也堯舜是也故有終而无亂**象曰水在火上既濟君子以思患**

而豫防之水火既交各得其用爲既濟時當既濟唯慮患害之生故思而豫防使不至於患也自古天下既濟而致禍亂者蓋不能思患而豫防也

初九曳其輪濡其尾无咎曳以制反濡音儒○初以陽居下上應於四又火體其進之志銳也然時既濟矣進不已則及於悔咎故曳其輪濡其尾乃得无咎輪所以行倒曳之使不進也獸之涉水必揭其尾濡其尾則不能濟方既濟之初能止其進乃得无咎不知已則至於咎也

象曰曳其輪義无咎也既濟之初而能止其進則不至於極

其義自无咎也**六二婦喪其茀勿逐七日得**喪息浪反茀方拂反○二以文明中正之德上應九五剛陽中正之君宜得行其志也然五既得尊位時巳既濟无復進而有爲矣則於在下賢才豈有求用之意故二不得遂其行也自古既濟而能用人者鮮矣以唐太宗之用言尚怠於終況其下者乎於斯時也則剛中反爲中滿坎離乃爲相戾矣人能識時知變則可以言易矣二陰也故以婦言茀婦人出門以自蔽者也喪其茀則不可行矣二不爲五之求用則不得行如婦之喪茀也然中正之道豈可廢也時過則行

矣逐者從物也從物則失其素守故戒勿逐自守不失則七日當復得也卦有六位七則變矣七日得謂時變也雖不爲上所用中正之道无終廢之理不得行於今必行於異時也聖人之勸戒深矣**象曰七日得以中道也**中正之道雖不爲時所用然无終不行之理故喪茀七日當復得謂自守其中異時必行也不失其中則正矣**九三高宗伐鬼方三年克之小人勿用**九三當既濟之時以剛居剛用剛之至也既濟而用剛如是乃高宗伐鬼方之事高宗必商之高宗天下之事既濟

而遠伐暴亂也威武可及而以救民爲心乃王者之事也唯聖賢之君則可若騁威武忿不服貪土地則殘民肆欲也故戒不可用小人小人爲之則以貪忿私意也非貪忿則莫肯爲也三年克之見其勞憊之甚聖人因九三當既濟而用剛發此義以示人爲法爲誠豈淺見所能及也

象曰三年克之憊也 憊備拜反○言憊以見其事之至難在高宗爲之則可无高宗之心則貪忿以殃民也

六四繻有衣袽終日戒 繻而朱反袽女居反○四在濟卦而水體故取舟爲義四近君之位當其任者也當

既濟之時以防患慮變爲急繻當作濡謂滲漏也舟有罅漏則塞以衣袽有衣袽以備濡漏又終日戒懼不怠慮患當如是也不言吉方免於患也既濟之時免患則足矣豈復有加也

象曰終日戒有所疑也

終日戒懼常疑患之將至也既濟之時當畏愼如是也

九五東鄰殺牛不如西鄰之禴祭實受其福禴羊略反○五中實孚也二虛中誠也故皆取祭祀爲義東鄰陽也謂五西鄰陰也謂二殺牛盛祭也禴薄祭也盛不如薄者時不同也二五皆有孚誠中正之德二在濟下

尚有進也故受福五處濟極无所進矣以至誠中正守之苟未至於反耳理无極而終不反者也已至於極雖善處无如之何矣故爻象唯言其時也**象曰東鄰殺牛不如西鄰之時也實受其福吉大來也**五之才德非不善不如二之時也二在下有進之時故中正而孚則其吉大來所謂受福也吉大來者在既濟之時爲大來也亨小初吉是也**上六濡其首厲**既濟之極固不安而危也又陰柔處之而在險體之上坎爲水濟亦取水義故言其窮至於濡首危可知也既濟之

終而小人處之其敗壞可立而待也**象曰濡其首厲何可久也**既濟之窮危至於濡首其能長久乎

䷿ 坎下離上○未濟序卦物不可窮也故受之以未濟終焉既濟矣物之窮也物窮而不變則无不已之理易者變易而不窮也故既濟之後受之以未濟而終焉未濟則未窮也未窮則有生生之義為卦離上坎下火在水上不相為用故為未濟**未濟亨小狐汔濟濡其尾无攸利**汔許訖反○未濟之時有亨之理而卦才復有致亨之道唯在慎處

狐能度水濡尾則不能濟也其老者多疑畏故履冰而聽懼其陷也小者則未能畏慎故勇於濟汔當爲仡壯勇之狀書曰仡仡勇夫小狐果於濟則濡其尾而不能濟也未濟之時求濟之道當至慎則能亨若如小狐之果則不能濟也既不能濟无所利矣

彖曰未濟亨柔得中也

以卦才言也所以能亨者以柔得中也五以柔居尊位居剛而應剛得柔之中也剛柔得中處未濟之時可以亨也

小狐汔濟未出中也

據二而言也二以剛陽居險中將濟者也又上應於五險非可安之地五有當從之理故

果於濟如小狐也既果於濟故有濡尾之患未能出於險中也**濡其尾无攸利不續終也**其進鋭者其退速始雖勇於濟不能繼續而終之无所往而利也**雖不當位剛柔應也**雖陰陽不當位然剛柔皆相應當未濟而有與若能重慎則有可濟之理二以汔濟故濡尾也卦之諸爻皆不得位故爲未濟雜卦云未濟男之窮也謂三陽皆失位也斯義也聞之成都隱者**象曰火在水上未濟君子以慎辨物居方**水火不交不相濟爲用故爲未濟火在水上非

其處也君子觀其處不當之象以慎處於事物辨其所當各居其方謂止於其所也**初六濡其尾吝**六以陰柔在下處險而應四處險則不安其居有應則志行於上然已既陰柔而四非中正之才不能援之以濟也獸之濟水必揭其尾尾濡則不能濟濡其尾言不能濟也不度其才力而進終不能濟可羞吝也**象曰濡其尾亦不知極也**不度其才力而進至於濡尾是不知之極也**九二曳其輪貞吉**在它卦九居二爲居柔得中无過剛之義也於未濟聖人深取卦象以爲戒明事上

恭順之道未濟者君道艱難之時也五以柔處君位而二乃剛陽之才而居相應之地當用者也剛有凌柔之義水有勝火之象方艱難之時所賴者才臣耳尤當盡恭順之道故戒曳其輪則得正而吉也倒曳其輪殺其勢緩其進戒用剛之過也剛過則好犯上而順不足唐之郭子儀李晟當艱危未濟之時能極其恭順所以為得正而能保其終吉也於六五則言其貞吉光輝盡君道之善於九二則戒之恭順盡臣道之正盡上下之道也

象曰九二貞吉中以行正也

九二得正而吉者以曳輪而得中道乃正也

六三未濟征凶利涉大川未濟征凶謂居險无出險之用而行則凶也必出險而後可征三以陰柔不中正之才而居險不足以濟也未有可濟之道出險之用而征所以凶也然未濟有可濟之道險終有出險之理上有剛陽之應若從涉險而往從之則濟矣故利涉大川也然三之陰柔豈能出險而往非時不可才不能也**象曰未濟征凶位不當也**三征則凶者以位不當也謂陰柔不中正无濟險之才也若能涉險以從應則利矣**九四貞吉悔亡震用伐鬼方三年**

有賞于大國九四陽剛居大臣之位上有虛中明順之主又巳出於險未濟巳過中矣有可濟之道也濟天下之艱難非剛健之才不能也九雖陽而居四故戒以貞固則吉而悔亡不貞則不能濟有悔者也震動之極也古之人用力之甚者伐鬼方也故以爲義力動而遠伐至于三年然後成功而行大國之賞必如是乃能濟也濟天下之道當貞固如是四居柔故設此戒象曰貞吉悔亡志行也如四之才與時合而加以貞固則能行其志吉而悔亡鬼方之伐貞之至也六五貞吉无悔君

子之光有孚吉五文明之主居剛而應剛其勳得中虛其心而陽爲之輔雖以桒居尊勳之至正至善无不足也既得貞正故吉而无悔貞其固有非戒也以此而濟无不濟也五文明之主故稱其光君子德煇之盛而功實稱之有孚也上云吉以貞也桒而能貞德之吉也下云吉以功也既光而有孚時可濟也**象曰君子之光其暉吉也**光盛則有暉暉光之散也君子積充而光盛至於有暉善之至也故重云吉**上九有孚于飲酒无咎濡其首有孚失是**九以

剛在上剛之極也居明之上明之極也剛極而能明則不爲躁而爲決明能燭理剛能斷義居未濟之極非得濟之位无可濟之理則當樂天順命而巳若否終則有傾時之變也未濟則无極而自濟之理故止爲未濟之極至誠安於義命而自樂則可无咎飲酒自樂也不樂其處則忿躁隕穫入于凶咎矣若從樂而耽肆過禮至濡其首亦非能安其處也有孚自信于中也失是失其宜也如是則於有孚爲失也人之處患難知其无可奈何而放意不反者豈安於義命者哉**象曰飲酒濡首亦不知節也**飲酒至於濡首

不知節之甚也所以至如是不能安義命也能安則不失其常矣

伊川程先生周易下經傳卷之八

伊川程先生周易經傳卷之九

繫辭上

天尊地卑乾坤定矣卑高已陳貴賤位矣動靜有常剛柔斷矣方以類聚物以羣分吉凶生矣在天成象在地成形變化見矣是故剛柔相摩八卦相盪鼓之以雷霆潤之以風雨日月運行一寒一

暑乾道成男坤道成女乾知太始坤作成物乾以易知坤以簡能易則易知簡則易從易知則有親易從則有功有親則可久有功則可大可久則賢人之德可大則賢人之業易簡而天下之理得矣天下之理得而成位乎其中矣天尊地卑尊卑之位定而乾坤之義明矣尊卑既判貴賤之位分矣陽動陰靜各有其常

則剛柔判矣事有理物有形也事則
有類形則有羣善惡分而吉凶生矣
象見於天形成於地變化之跡見矣
陰陽之交相摩軋八方之氣相推盪
雷霆以動之風雨以潤之日月運行
寒暑相推而成造化之功得乾者成
男得坤者成女乾當始物坤當成物
乾坤之道易簡而已乾始物之道易
坤成物之能簡平易故人易知簡直
故人易從易知則可親就而奉順易
從則可取法而成功親合則可以常
久成事則可以廣大聖賢德業久大
得易簡之道也天下之理易簡而已
有理而後有象成位在乎中也○聖

人用意深處全在繫辭詩書乃格言○繫辭本欲明易若不先求卦義則看繫辭不得○如繫辭之文後人決學不得譬之化工生物且如生出一枝花或有剪裁爲之者或有繪畫爲之者看時雖自相類然終不若化工所生自有一般生意○程子无繫辭説卦序卦雜卦全解東萊呂祖謙精義載程子解并及遺書今並編入續六十四卦之後題之曰後傳庶程子有全易云

聖人設卦觀象繫辭焉而明吉凶

剛柔相推而生變化是故吉凶者失得

之象也悔吝者憂虞之象也變化者進
退之象也剛柔者晝夜之象也六爻之
動三極之道也是故君子所居而安者
易之序也所樂而玩者爻之辭也是故
君子居則觀其象而玩其辭動則觀其
變而玩其占是以自天祐之吉无不利

聖人既設卦觀卦之象而繫之以辭明
其吉凶之理以剛柔相推而知變化之

道吉凶之生由失得也悔吝者可憂虞也進退消長所以成變化也剛柔相易而成晝夜觀晝夜則知剛柔之道矣三極上中下也極中也皆其時中也三才以物言也三極以位言也六爻之動以位爲義乃其序也得其序則安矣辭所以明義玩其辭義則知其可樂也觀象玩辭而能通其意觀變玩占而能順其動不違於天矣

彖者言乎象者也爻者言乎變者也吉凶者言乎其失得也悔吝者言乎其小疵也无咎者善補過也是故列

貴賤者存乎位齊小大者存乎卦辨吉凶者存乎辭憂悔吝者存乎介震无咎者存乎悔是故卦有小大辭有險易辭也者各指其所之彖言卦之象爻隨時之變因得失而有吉凶能如是則得无咎位有貴賤之分卦兼小大之義吉凶之道於辭可見以悔吝爲防則存意於微小震懼而得无咎者以能悔也卦有小大於時之中有小大也有小大則辭之險易殊矣辭各隨其事也易與天地準故

能彌綸天地之道仰以觀於天文俯以
察於地理是故知幽明之故原始反終
故知死生之說精氣爲物游魂爲變是
故知鬼神之情狀與天地相似故不違
知周乎萬物而道濟天下故不過旁行
而不流樂天知命故不憂安土敦乎仁
故能愛範圍天地之化而不過曲成萬

物而不遺通乎晝夜之道而知故神无方而易无體一陰一陽之謂道繼之者善也成之者性也仁者見之謂之仁知者見之謂之知百姓日用而不知故君子之道鮮矣

道易之義天地之道也故聖人作易以準則天地之道彌編天地之道彌徧也綸理也在事爲倫治絲爲綸彌綸徧理也徧理天地之道而復仰觀天文俯察地理驗之著見之跡故能知幽明之故在理爲幽成

象爲明知幽明之故知理與物之所以然也原究其始要考其終則可以見死生之理聚爲精氣散爲游䰟聚則爲物散則爲變觀聚散則見鬼神之情狀萬物始終聚散而已鬼神造化之功也以幽明之故死生之理鬼神之情狀觀之則可以見天地之道易之義與天地之道相似故无差違相似謂同也知周乎萬物而道濟天下故不過義之所包知也其義周盡萬物之理其道足以濟天下故无過差旁行而不流旁通遠及而不流失正理順乎理樂天也安其分知命也順理安分故无所憂安土安所止也敦乎仁存乎同也是以能愛範圍俗

語謂之模量模量天地之運化而不過差委曲成就萬物之理而无遺失通晝夜闔闢屈伸之道而知其所以然如此則得天地之妙用知道德之本源所以見至神之妙无有一方所而易之準道无有形躰道者一陰一陽也動靜无端陰陽无始非知道者孰能識之動靜相因而成變化順繼此道則爲善也成之在人則謂之性也在衆人則不能識隨其所知故仁者謂之仁知者謂之知百姓則由之而不知故君子之道人鮮克知也○又遺書曰原始反終是知生死之說但窮得則自知死生之說不須將死生便做一箇道理求○又曰人能原始

知得生理便能要終知得死理若不明得便雖千萬般安排著亦不濟事○又曰原始則足以知其終反終則足以知其始死生之說如是而已故以春爲始而原之其必有冬以冬爲終而反之其必有春死生者其與是類也○又曰問易言知鬼神之情狀果有情狀否曰有之既有情狀必有鬼神曰易說鬼神便是造化也又問如名山大川能興雲致雨何也曰氣之蒸成耳又問既有祭莫須有神否曰只氣便是神也今人不知此理才有水旱便去廟中祈禱不知雨露是甚物從何處出復於廟中求耶名山大川能興雲致雨却都不說著只於

山川外土木人身上討兩露土木人身上有兩露耶又問莫是人與妖曰只妖亦无皆人心與之也世人只因祈禱而有兩遂指爲靈驗尔豈知適然○又曰問世言鬼神之事雖知其然不能无疑懼何也曰此只是自疑尔曰如何可以曉悟其理曰理會得精氣爲物游魂爲變與原始反終之說便能知也須是於原字上用工夫或曰游魂爲變是變化之變否曰既是變則堅者腐存者亡更无物也鬼神只恁說與賢雖會得亦信不過須是自得也或曰何以得无恐懼曰須是氣定自然不惑氣未充要強不得○又曰魂謂精魂其死也歸乎天消

散之意○又曰樂天知命通上下之言也聖人樂天則不須言知命知命者知有命而信之者尔不知命无以爲君子是矣命者所以輔義一循於義則何庸斷之以命哉若夫聖人之知天命則異於此○又曰仁者不憂樂天者也○又曰範圍天地之化而不過者模範出一天地尔非在外也如此曲成萬物豈有遺哉○又曰範圍天地之化天本廓然无窮但以人目力所及見其寒暑之序日月之行立此規模以窺測他天地之化不是天地之化其躰有如城郭之類郁盛其氣假使言曰升降於三萬里中不可道三萬里外更无物又如言天地

升降於八萬里中不可道入萬里外天地盡學者要默識天地之化如此言之甚與天地不相似其卒必有窒礙處有人言无四海便使无海亦須是有山無陰陽處便無日月○又曰晝夜死生之道知生之道則知死之道盡事人之道則盡事鬼之道死生人鬼一而二二而一者也○又曰冬寒夏暑陰陽也所以運動變化者神也神无方故易无體若如或者別立一天謂人不可以包天則有方矣是二本也○又曰一陰一陽之謂道自然之道也繼之者善也出道則有用元者善之長也成之者却只是性各正性命者也故曰仁者見之謂之仁

知者見之謂之知百姓日用而不知故
君子之道鮮矣如此則亦无始亦无終
亦无因甚有亦无因甚无亦无有處有
亦无无處无〇又曰生生之謂易是天
之所以爲道也天只是以生爲道繼此
生理者即是善也善便有一箇元底意
思元者善之長萬物皆有春意便是繼
之者善也成之者性也成甚性須得〇
又曰一陰一陽之謂道此理固深說則
无可說所以陰陽者既曰氣則便是二
言闔闢便是感既二則便有感所以闔
闢者道便是陰陽老氏言虛而生氣非
也陰陽闔闢本无先後不可道今日有
陰明日有陽如人言形影一時不可言

今日有形明日在影有便齊有○又曰離了陰陽便无道所以陰陽者是道也陰陽氣也氣是形而下者道是形而上者則是密也○又曰一陰一陽之謂道道非陰陽也所以一陰一陽者道也如一闔一闢謂之變○又曰這箇義理仁者又看做仁了也知者又看做知了也百姓日用而不知此所以君子之道鮮矣此箇義理亦不剩亦不欠只是人看他不見○又曰止於至善不明乎善此言善者義理之精微无可得名且以至善目之繼之者善此言善却言得輕但謂繼此道者莫非善也不可謂之惡

顯諸仁藏諸用鼓萬

物而不與聖人同憂盛德大業至矣哉富有之謂大業日新之謂盛德生生之謂易成象之謂乾效法之謂坤極數知來之謂占通變之謂事陰陽不測之謂神運行之跡生育之功顯諸仁也神妙无方變化无迹藏諸用也天地不與聖人同憂天地不宰聖人之心也天地无心而成化聖人有心而无爲天地聖人之盛德大業可謂至矣富有溥博也日新无窮也生生相續變易而不窮也

乾始物而有象坤成物而躰備法象著矣推數可以知來物通變不窮事之理也天下之有不離乎陰陽惟神也莫知其鄉不測其爲剛柔動静也又遺書曰鼓萬物而不與聖人同憂此天與人異處聖人有不能爲天之所爲處○又曰天理鼓動萬物聖人循天理而欲萬物同之此所以有憂患○又曰鼓動萬物聖人之神知則不可名○又曰聖人人也故不能无憂患天則不與堯存不爲桀亡也○又曰日新之謂盛德生生之謂易陰陽不測之謂神要思而得之○又曰所以謂萬物一躰者皆有此理只爲從那裏來生生之謂易生則一時生

皆完此理人則能推物則氣昏推不得不可謂它物不與有也○又曰生生之謂易生生之用則神也○又曰天地陰陽其勢高下甚相背然必相須而爲用也有陰便有陽有一便有二纔有一二便有三一二之間便是三巳往便无窮老子亦言三生萬物此是生生之謂易理自然如此維天之命於穆不巳自是理自相續不巳非是人爲之如使可爲雖使百萬般安排也須是有息時只爲无爲故不息中庸言不見而彰不動而變无爲而成天地之道可一言而盡也○又曰生生之謂易天地設位而易行乎其中矣乾坤毀則无以見易易不可

見則乾坤或幾乎息矣易畢竟是甚又指而曰聖人以此洗心退藏於密聖人示人之意至此深且明矣終无人理會易也此此也密也是甚物人能至此深思當自得之

夫易廣矣大矣以言乎遠則不禦以言乎邇則靜而正以言乎天地之間則備矣夫乾其靜也專其動也直是以大生焉夫坤其靜也翕其動也闢是以廣生焉廣大配天地變通配四時陰陽

之義配日月易簡之善配至德易道廣大推遠則无窮近言則安靜而正天地之間萬物之理无有不同乾靜也專動也直專專一也直直易也惟其專直故其生物之功大坤靜翕動闢坤射動則開應乾開闔而廣生萬物廣大天地之功也變通四時之運也一陰一陽日月之行也乾坤易簡之功乃至善之德也○又遺書曰乾陽也不動則不剛其靜也專其動也直不專一則不能直遂坤陰也不靜則不柔其靜也翕其動也闢不翕聚則不能發散

子曰易其至矣乎夫易聖人所

以崇德而廣業也知崇禮卑崇效天卑法地天地設位而易行乎其中矣成性存存道義之門易之道其至矣乎聖人以易之道崇大其德業也知則崇高禮則卑下高卑順理合天地之道也高卑之位設則易在其中矣斯理也成之在人則爲性人心存乎此理之所存乃道義之門也○又遺書曰兵法遠交近攻須是審行此道○又曰天地設位而易行乎其中何不言人行乎其中蓋人亦物也若言人物行乎其中則人只於鬼神上求矣若言理言誠

亦可也而特言易者使人默識而自得之也○又曰天地設位而易行乎其中是敬也敬則无間斷躰物而不可遺者誠敬而已矣不誠則无物也詩曰維天之命於穆不已烏乎不顯文王之德之純純亦不已純則无間斷○又曰成性存存道義之門亦是萬物各有成性存存亦是生生不已之意天只是以生爲道○又曰天地只是設位易行乎其中者神也○又曰成性存存道義之門道无躰義有方也○又曰成性存存便是道義之門

聖人有以見天下之賾而擬諸其形容象其物宜是

故謂之象聖人有以見天下之動而觀其會通以行其典禮繫辭焉以斷其吉凶是故謂之爻言天下之至賾而不可惡也言天下之至動而不可亂也擬之而後言議之而後動擬議以成變化聖人見天下深遠之事賾深遠也而比擬其形容躰象其事類故謂之象天下之動无窮也故觀其會通會通綱要也乃以行其典禮典禮法度也物之則也繫之

辭以斷其吉凶者爻也言天下之深遠難知也而理之所有不可厭也言天下之動无窮也而物有其方不可紊也擬度而設其辭商議以察其動擬議以成其變化也變化爻之時義擬議而言之也舉鳴鶴在陰以下七爻擬議而言者也餘爻皆然也○又遺書曰至誠則動動則變變則化故曰擬之而後言議之而後動擬議以成其變化

鳴鶴在陰其子和之我有好爵吾與爾靡之子曰君子居其室出其言善則千里之外應之況其邇者

乎居其室出其言不善則千里之外違之況其邇者乎言出乎身加乎民行發乎邇見乎遠言行君子之樞機樞機之發榮辱之主也言行君子所以動天地也可不慎乎見易傳中孚九二爻同人先號咷而後笑子曰君子之道或出或處或默或語二人同心其利斷金同心之言其臭

如蘭見易傳同人九五爻初六藉用白茅无咎子曰苟錯諸地而可矣藉之用茅何咎之有慎之至也夫茅之爲物薄而用可重也慎斯術也以往其无所失矣見易傳大過初六爻勞謙君子有終吉子曰勞而不伐有功而不德厚之至也語以其功下人者也德言盛禮言恭謙也者致恭以存其

位者也見易傳謙卦九三爻亢龍有悔子曰貴而无位高而无民賢人在下位而无輔是以動而有悔也見易傳乾卦上九爻不出户庭无咎子曰亂之所生也則言語以爲階君不密則失臣臣不密則失身幾事不密則害成是以君子慎密而不出也見易傳節卦初九爻子曰作易者其知盗乎易曰負且

乘致寇至負也者小人之事也乘也者君子之器也小人而乘君子之器盜思奪之矣上慢下暴盜思伐之矣慢藏誨盜冶容誨淫易曰負且乘致寇至盜之招也見易傳解卦六三爻大衍之數五十其用四十有九分而爲二以象兩掛一以象三揲之以四以象四時歸奇於扐以象閏

五歲再閏故再扐而後掛天數五地數
五五位相得而各有合天數二十有五
地數三十凡天地之數五十有五此所
以成變化而行鬼神也乾之策二百一
十有六坤之策百四十有四凡三百有
六十當期之日二篇之策萬有一千五
百二十當萬物之數也是故四營而成

易十有八變而成卦八卦而小成引而伸之觸類而長之天下之能事畢矣顯道神德行是故可與酬酢可與祐神矣

有理則有氣有氣則有數行鬼神者數也數氣之用也大衍之數五十數始於一備於五小衍之而成十大衍之則爲五十五十數之成也成則不動故損一以爲用天地之數五十有五成變化而行鬼神者也變化言功鬼神言用○又曰二五合而成陰陽之功萬物變化鬼神之用也○又曰顯明於道而見其功

用之神故可與應對萬變可贊祐於神道矣謂合德也人爲順理以成功乃贊天地之化育也

子曰知變化之道者其知神之所爲乎易有聖人之道四焉以言者尚其辭以動者尚其變以制器者尚其象以卜筮者尚其占是以君子將有爲也將有行也問焉而以言其受命也如嚮无有遠近幽深遂知來物非天下之至

精其孰能與於此參伍以變錯綜其數
通其變遂成天地之文極其數遂定天
下之象非天下之至變其孰能與於此
易无思也无爲也寂然不動感而遂通
天下之故非天下之至神其孰能與於
此夫聖人所以極深而研幾也唯深也
故能通天下之志唯幾也故能成天下

之務唯神也故不疾而速不行而至子
曰易有聖人之道四焉此之謂也知變化之
道則知神之所為也合與上文相連不
當在下○又曰言所以述理以言者尚
其辭謂於言求理者則存意於辭也以
動者尚其變動則變也順變而動乃合
道也制器作事當躰乎象卜筮吉凶當
考乎占受命如響遂知來物非神乎曰
感而通求而得精之至也○又遺書曰
寂然不動者誠也感而後通者神也動
而未形有无之間者幾也誠精故明神
應故妙幾微故幽誠神幾曰聖人○又

易傳序曰易有聖人之道四焉以言者尚其辭以動者尚其變以制器者尚其象以卜筮者尚其占吉凶消長之理進退存亡之道備於辭推辭考卦可以知變象與占在其中矣君子居則觀其象而玩其辭動則觀其變而玩其占得於辭不達其意者有矣未有不得於辭而能通其意者也至微者理也至著者象也體用一源顯微无間觀會通以行其典禮則辭無不備故善學者求言必自近易於近者非知言者也予所傳者辭求辭以得意則在乎人焉○遺書曰或問變與化何別曰變如萬物方變而未化化則更无舊迹自然之謂也莊子言

變大於化非也○又鼎卦傳曰以木從
火爲然之象火之用唯燔與烹燔不假
器故取烹象而爲鼎以木巽火烹飪之
象也制器取其象也乃象器以爲卦乎
曰制器取於象也象存乎卦而卦不必
先器聖人制器不待見卦而後知象以
衆人之不能知象也故設卦以示之卦
器之先後不害於義也或疑鼎非自然
之象乃人爲也曰固人爲也然烹飪可
以成物形制如是則可用此非人爲自
然也在井亦然器雖在卦先而所取者
乃卦之象卦復用器以爲義也○遺書
曰卜筮之能應祭祀之能享亦只是一
箇理蓍龜雖无情然所以爲卦而卦有

吉凶莫非是此理以其有是理也故以是問焉其應也如響若以私心及錯卦象而問之便不應蓋沒此理今日之理與前日已定之理只是一箇理故應也至如祭祀之享亦同鬼神之理在彼我以此理向之故享也不容有二三只是一理也如處藥治病亦只是一箇理此藥治箇如何氣有此病服之即應若理不契則藥不應○又曰感而遂通天下之故以其寂然不動小則事物之至大則无時而不感○又曰寂然不動感而遂通者天理具備元无少欠不爲堯存不爲桀亡父子君臣常理不易何曾動來因不動故言寂然不動感便通感非

自外來也○又曰寂然不動萬象森然已具在感而遂通感則只是自内感不是外面將一件物來感於此也○寂然不動感而遂通此已言人分上事若論道則萬理皆具更不說感與未感○又曰老子曰无爲无不爲當有爲而以无爲爲之乃是有爲之也聖人作易未嘗言无爲惟无思也无爲也此戒夫作爲者也然下即曰寂然不動感而遂通天下之故是動静之理未嘗爲一偏之說又答與叔書曰心一也有指體而言者寂然不動是也有指用而言者感而遂通天下之故是也○又遺書曰唯神也故不疾而速不行而至神无速亦无至

須如此言者不如是不足以形容故也　天一地二天三地四天五地六天七地八天九地十子曰夫易何爲者也夫易開物成務冒天下之道如斯而已者也是故聖人以通天下之志以定天下之業以斷天下之疑是故蓍之德圓而神卦之德方以知六爻之義易以貢聖人以此洗心退藏於

密吉凶與民同患神以知來知以藏往其孰能與此哉古之聰明睿知神武而不殺者夫是以明於天之道而察於民之故是興神物以前民用聖人以此齊戒以神明其德夫是故闔戶謂之坤闢戶謂之乾一闔一闢謂之變往來不窮謂之通見乃謂之象形乃謂之器制而

用之謂之法利用出入民咸用之謂之神

自天一至地十合在天數五地數五上簡編失其次也天一生數地六成數才有上五者便有下五者二五合而成陰陽之功萬物變化鬼神之用也○又遺書曰開物成務必也有濟世之才○又明道行狀曰道之不明異端害之也昔之害近而易知今之害深而難辯昔之惑人也乘其迷暗今之入人也因其高明自謂之窮神知化則不足以開物成務言爲无不周徧實則外於倫理○又曰生生之謂易天地設位而易行乎其中乾坤毁則无以見易易不可見

則乾坤或幾乎息易畢竟是甚又指而言曰聖人以此洗心退藏於密聖人示人之意至此深且明矣終无人理會易也此也密也是甚物人能至此深思當自得之○又曰安有識得易不知退藏於密密是甚○又曰退藏於密密是用之源○又曰知不專爲藏往易言知來藏往主蓍卦而言○又曰易要玩賾齋戒以神明其德夫○又曰聖人以此退藏於密以此齋戒以神明其德夫○又曰凡物之散其氣遂盡无復歸本原之理天地間如洪爐雖生物銷鑠亦盡況既散之氣豈有復在天地造化又焉用此既散之氣其造化自是生氣至如海

水潮日出則涸是潮退也其涸者巳无也月出則潮水生也非却是將巳涸之水爲潮此是氣之終始開闔便是易一闔一闢便是變○又曰眞元之氣氣之所生不與外氣相雜但以外氣涵養而巳若魚在水魚之性命非是水爲之但必水涵養魚乃得生爾人居天地氣中與魚在水无異至於飲食之養皆是外氣涵養之道出入之息者闔闢之機而巳所出之息非入之氣但眞元自能生氣所入之氣止當闔時隨之而入非假此氣以助眞元也是故易有

太極是生兩儀兩儀生四象四象生八

卦八卦定吉凶吉凶生大業是故法象
莫大乎天地變通莫大乎四時懸象著
明莫大乎日月崇高莫大乎富貴備物
致用立成器以爲天下利莫大乎聖人
探賾索隱鉤深致遠以定天下之吉凶
成天下之亹亹者莫大乎著龜是故天
生神物聖人則之天地變化聖人效之

天垂象見吉凶聖人象之河出圖洛出書聖人則之易有四象所以示也繫辭焉所以告也定之以吉凶所以斷也易曰自天祐之吉无不利子曰祐者助也天之所助者順也人之所助者信也履信思乎順又以尚賢也是以自天祐之吉无不利遺書曰因見賣兎者聖人見河圖洛書而畫八卦然何必

圖書只有此兎亦可作八卦數便在中
可起古之聖人只取神物之至著者尔
只如樹木亦可見數兎何以无尾有血
有脂只爲是陰物太抵陽物尾長陽盛
者尾愈長如雉是盛陽之物故尾極長
又其身文明今之行車者多植尾車上
以候雨晴如天將雨則先垂向下才晴
便直上○又曰孔子感麟而作春秋或
謂不然如何曰春秋不感麟而作然麟
不出春秋豈不作孔子之意蓋亦有素
因此一事乃作故其書之成復以此終
大抵須有發端處如畫八卦因見河圖
洛書果无圖書八卦亦須作○又易傳
曰大有之上有極當變由其所爲順天

合道故天祐助之所以吉也君子蒲而不溢乃天祐也繫辭復申之云天之所助者順也人之所助者信也履信思乎順又以尚賢也是以自天祐之吉无不利也履信謂履五五虛中信也思順謂謙退不居尚賢謂志從於五大有之世不可以盈豐而復處盈焉非所宜也六爻之中皆樂據權位唯初上不處其位故初九无咎上九无不利上九在上履信思順故在上而得吉蓋自天祐也

子曰書不盡言言不盡意然則聖人之意其不可見乎子曰聖人立象以盡意

設卦以盡情僞繫辭焉以盡其言變而通之以盡利鼓之舞之以盡神乾坤其易之緼耶乾坤成列而易立乎其中矣乾坤毁則无以見易易不可見則乾坤或幾乎息矣是故形而上者謂之道形而下者謂之器化而裁之謂之變推而行之謂之通舉而措之天下之民謂之

事業是故夫象聖人有以見天下之賾
而擬諸其形容象其物宜是故謂之象
聖人有以見天下之動而觀其會通以
行其典禮繫辭焉以斷其吉凶是故謂
之爻極天下之賾者存乎卦鼓天下之
動者存乎辭化而裁之存乎變推而行
之存乎通神而明之存乎其人默而成之

不言而信存乎德行遺書曰言貴簡言愈多於道未必明杜元凱却有此語云言高則旨遠辭約則義微大率言語須是涵養而有餘意所謂書不盡言言不盡意○又曰天地設位而易行乎其中矣乾坤毁則无以見易易不可見則乾坤或幾乎息矣易是箇甚易又不只是這一部書是易之道也不要將易又是一箇事即是盡天理便是易也○又曰天位乎上地位乎下人位乎中无人則无以見天地書曰惟天地萬物父母爲人萬物之靈易曰天地設位而易行乎其中乾坤毁則无以見易易不可見則乾坤或幾乎息矣

又曰且喚做中若以四方之中爲中則四邊无中乎若以中外之中爲中則外面无中乎如生生之謂易天地設位而易行乎其中豈可只以今之易書爲易乎中者且謂之中不可捉一箇中來爲中○又曰乾健坤順人亦不曾果然躰認得乾坤毀則无以見易○又曰繫辭曰形而上者謂之道形而下者謂之器又曰立天之道曰陰與陽立地之道曰柔與剛立人之道曰仁與義又曰一陰一陽之謂道惟此語截上下最分明元來只此是道要在人默識之也○又曰形而上者謂之道形而下者謂之器若如或者以清虛一大爲道此乃以器言

非道也○又曰佛氏不識陰陽晝夜生死古今安得謂形而上者與聖人同乎○又曰或問繫辭自天道言中庸自人事言似不同曰同繫辭雖始從天地陰陽言之然卒曰默而成之不言而信存乎德行中庸亦曰鬼神之爲德其盛矣乎視之而不見聽之而不聞躰物而不可遺使天下之人齋明盛服以承祭祀洋洋乎如在其上如在其左右詩曰神之格思不可度思矧可射思夫微之顯誠之不可掩如此夫是豈不同○又曰昨日之會大率談禅使人情思不樂歸而悵恨者久之此說天下已成風其何能抹持國之爲此學者三十年矣其

所得者儘說得知有這道理然至於反
身而誠却竟无得處他有箇覺之理可
以敬以直內矣然无義以方外也其直
內者要之其本亦不是譬之贊易前後
貫穿却說得是有此理然須默而成之
不言而信存乎德行處是所謂自得也
談禪者雖說得蓋未之有得○又師說
曰天者理也神者妙萬物而爲言者也
帝者以主宰而名也易因爻象論變化
因變化論神因神論人論德行大躰通
論易道而終于默而成之不言而信存
乎德行易要玩賾齋戒以神明其德矣

伊川程先生周易繫辭上經卷之九

繫辭下

八卦成列象在其中矣因而重之爻在其中矣剛柔相推變在其中矣繫辭焉而命之動在其中矣吉凶悔吝生乎動者也剛柔者立本者也變通者趣時者也吉凶者貞勝者也天地之道貞觀者也日月之道貞明者也天下之動貞夫

一者也夫乾確然示人易矣夫坤隤然示人簡矣爻也者效此者也象也者像此者也爻象動乎内吉凶見乎外功業見乎變聖人之情見乎辭天地之大德曰生聖人之大寶曰位何以守位曰仁何以聚人曰財理財正辭禁民爲非曰義遺書曰天地之道常垂象以示人故曰貞觀日月常明而不息故曰貞明

○易傳序曰上古聖人始畫八卦三才之道備矣因而重之故六畫而成卦○易傳否曰有大人之德居至尊之位故能休息天下之否是以吉也无其位而雖有其道將何爲乎故聖人之位謂之大寳○又曰天地之大德曰生天地絪緼万物化醇生之謂性告子此說是也而謂犬之性猶牛之性牛之性猶人之性則非也萬物之生意最可觀此○又曰富者衆人之所歸惟財爲能聚人

古者包羲氏之王天下也仰則觀象於天俯則觀法於地觀鳥獸之文與地之

宜近取諸身遠取諸物於是始作八卦
以通神明之德以類萬物之情作結繩
而爲網罟以佃以漁蓋取諸離包羲氏
沒神農氏作斲木爲耜揉木爲耒耒耨
之利以教天下蓋取諸益日中爲市致
天下之民聚天下之貨交易而退各得
其所蓋取諸噬嗑神農氏沒黃帝堯舜

氏作通其變使民不倦神而化之使民宜之易窮則變變則通通則久是以自天祐之吉无不利黄帝堯舜垂衣裳而天下治蓋取諸乾坤見易傳既濟彖○又遺書曰聖人主化如禹之治水順則當順之治則順治之古之伏羲豈不能垂衣裳必待堯舜然後垂衣裳據如此事只是一箇聖人都做得了然必須數世然後成亦因時而已所謂溥博淵泉而時出之也須是先有溥博淵泉方能時出自无溥博淵

泉豈能時出之○又曰識變知化爲難古今風氣不同故器用亦異是以聖人通變使民不倦各隨其時而已矣後世須有作者虞舜爲弗可及矣蓋當是時風氣未開而虞舜之德又如此故後世莫可及也若三代之治後世決可復不以三代爲治者終苟道也

刳木爲舟剡木爲楫舟楫之利以濟不通致遠以利天下蓋取諸渙服牛乘馬引重致遠以利天下蓋取諸隨重門擊柝以待暴客蓋取諸豫斷

木爲杵掘地爲臼臼杵之利萬民以濟蓋取諸小過弦木爲弧剡木爲矢弧矢之利以威天下蓋取諸睽遺書曰服牛乘馬者因其性而爲之胡不服馬而乘牛乎上古穴居而野處後世聖人易之以宮室上棟下宇以待風雨蓋取諸大壯古之葬者厚衣之以薪葬之中野不封不樹喪期无數後世聖人

易之以棺椁蓋取諸大過上古結繩而治後世聖人易之以書契百官以治萬民以察蓋取諸夬是故易者象也象也者像也彖者材也爻也者效天下之動者也是故吉凶生而悔吝著也陽卦多陰陰卦多陽其故何也陽卦奇陰卦耦其德行何也陽一君而二民君子之道

也陰二君而一民小人之道也易曰憧
憧往來朋從爾思子曰天下何思何慮
天下同歸而殊塗一致而百慮天下何
思何慮日往則月來月往則日來日月
相推而明生焉寒往則暑來暑往則寒
來寒暑相推而歲成焉往者屈也來者
信也屈信相感而利生焉尺蠖之屈以

求信也龍蛇之蟄以存身也精義入神以致用也利用安身以崇德也過此以往未之或知也窮神知化德之盛也遺書

曰易聖人所以立道窮神則无易也○又曰窮神知化化之妙者神也○又曰窮理至命必本於孝悌窮神知化由通於禮樂劉安節曰孝悌之行何以能盡性至命也世之言通以性命爲高遠孝悌爲淺近而不知其一說道无本末精粗之別洒掃應對形而上者存焉世豈无孝悌之人而不能盡性至命亦由之

而不知也人見禮壞樂崩則曰禮樂亡矣然未嘗亡也夫盜賊人之至不道者必有統屬必有聽順然後能羣聚而謂禮樂一日亡乎知禮樂之无所不在而未嘗亡也則於窮神知化也何有○又見易傳咸九四爻易曰困于石據于蒺蔾入于其宮不見其妻凶子曰非所困而困焉名必辱非所據而據焉身必危既辱且危死期將至妻其可得見耶見易傳困卦六三爻易曰公用射隼于高墉

之上獲之无不利子曰隼者禽也弓矢者器也射之者人也君子藏器於身待時而動何不利之有動而不括是以出而有獲語成器而動者也見易傳解卦上六爻子曰小人不恥不仁不畏不義不見利不勸不威不懲小懲而大戒此小人之福也易曰屨校滅趾无咎此之謂也見易傳噬

嗑初九爻善不積不足以成名惡不積不足
以滅身小人以小善爲无益而弗爲也
以小惡爲无傷而弗去也故惡積而不
可揜罪大而不可解易曰何校滅耳凶
見易傳噬嗑上九爻子曰危者安其位者也亡者
保其存者也亂者有其治者也是故君
子安而不忘危存而不忘亡治而不忘

亂是以身安而國家可保也易曰其亡其亡繫于苞桑見易傳否卦九五爻子曰德薄而位尊智小而謀大力小而任重鮮不及矣易曰鼎折足覆公餗其形渥凶言不勝其任也見易傳鼎卦九四爻子曰知幾其神乎君子上交不諂下交不瀆其知幾乎幾者動之微吉之先見者也君子見幾而

作不俟終日易曰介于石不終日貞吉介如石焉寧用終日斷可識矣君子知微知彰知柔知剛萬夫之望見易傳豫卦六二爻○又曰介于石理素定也理素定故見幾而作何俟終日哉○又理素定然後能見幾而作不明乎理何幾之能見子曰顏氏之子其殆庶幾乎有不善未嘗不知知之未嘗復行也易曰不遠復无祇悔元吉見易傳復卦初

九爻天地絪縕萬物化醇男女構精萬物化生易曰三人行則損一人一人行則得其友言致一也遺書曰道二仁與不仁而巳自然理如此道无无對有陰則有陽有善則有惡有是則有非无一亦无三易曰三人行則損一人一人行則得其友只是二也○又曰絪縕天地之感○見易傳損卦大

三爻子曰君子安其身而後動易其心而後語定其交而後求君子脩此三者故

全也危以動則民不與也懼以語則民不應也无交而求則民不與也莫之與則傷之者至矣易曰莫益之或擊之立心勿恒凶見易傳益卦上九爻子曰乾坤其易之門耶乾陽物也坤陰物也陰陽合德而剛柔有躰以躰天地之撰以通神明之德其稱名也雜而不越於稽其類其衰

世之意耶夫易彰往而察來而微顯闡
微開而當名辨物正言斷辭則備矣其
稱名也小其取類也大其旨遠其辭文
其言曲而中其事肆而隱因貳以濟民
行以明失得之報或曰乾坤易之門其
也曰乾坤天地也萬物鳥有出天地之
外者乎知道者統之有宗則然也而在
卦觀之乾坤之道簡易故其辭平直餘
卦隨時應變取舍无常尤爲難知也知

乾坤之道者以爲易則可也易之興也其於中古乎

作易者其有憂患乎是故履德之基也

謙德之柄也復德之本也恒德之固也

損德之脩也益德之裕也困德之辯也

井德之地也巽德之制也履和而至謙

尊而光復小而辨於物恒雜而不厭損

先難而後易益長裕而不設困窮而通

井居其所而遷巽稱而隱復以和行謙以制禮復以自知恒以一德損以遠害益以興利困以寡怨井以辯義巽以行權益長裕而不設謂因有此理而就此充長之設是撰造撰造則爲僞也○又曰謙爲卑巽也而其道尊大而光顯○又曰雖在困窮艱險之中樂天安義自得其說樂時雖困也亟而不失義則其道自亨

易之爲書也不可遠爲道也屢遷變動不居周流六

虛上下无常剛柔相易不可爲典要唯
變所適其出入以度内外使知懼又明
於憂患與故无有師保如臨父母初率
其辭而揆其方既有典常苟非其人道
不虛行易之爲書也原始要終以爲質
也六爻相雜唯其時物也其初難知其
上易知本末也初辭擬之卒成之終若

夫雜物撰德辨是與非則非中爻不備噫亦要存亡吉凶則居可知矣智者觀其彖辭則思過半矣二與四同功而異位其善不同二多譽四多懼近也柔之爲道不利遠者其要无咎其用柔中也三與五同功而異位三多凶五多功貴賤之等也其柔危其剛勝耶見易傳講卦六四爻

易之爲書也廣大悉備有天道焉有人道焉有地道焉兼三才而兩之故六六者非他也三才之道也道有變動故曰爻爻有等故曰物物相雜故曰文文不當故吉凶生焉

卦者事也爻者事之時也三分而又兩之足以包括衆理引而伸之觸類而長之天下之能事畢矣○又曰夫易者有變易以從道也其爲書也廣大悉備將以順性命之理通幽明之故而盡事物之情

而示開物成務之道也易之興也其當殷之末世周之盛德耶當文王與紂之事耶是故其辭危危者使平易者使傾其道甚大百物不廢懼以終始其要无咎此之謂易之道也夫乾天下之至健也德行恒易以知險夫坤天下之至順也德行常簡以知阻能說諸心能研諸侯之慮定

天下之吉凶成天下之亹亹者是故變
化云爲吉事有祥象事知器占事知來
天地設位聖人成能人謀鬼謀百姓與
能八卦以象告爻彖以情言剛柔雜居
而吉凶可見矣變動以利言吉凶以情
遷是故愛惡相攻而吉凶生遠近相取
而悔吝生情僞相感而利害生凡易之

情近而不相得則凶或害之悔且吝將叛者其辭慙中心疑者其辭枝吉人之辭寡躁人之辭多誣善之人其辭游失其守者其辭屈天地設位聖人成能且行乎天地之中所以爲三才天地本一物也地亦天也只是人爲天地心是心之動則分了天爲上地爲下兼三才而兩之故六也○又曰易爻應則有時而應又遠近相取而悔吝生

伊川程先生周易繫辭下經卷之九

伊川程先生周易經傳卷之十

說卦傳

昔者聖人之作易也，幽贊於神明而生蓍幽贊於神明而生蓍用蓍以求卦非謂有蓍而後畫卦參天兩地而倚數，觀變於陰陽而立卦，發揮於剛柔而生爻，和順於道德而理於義，窮理盡性以至於命和順於道德而理於義義即是天道也易言理於義一也求是即爲理義言理義不如且言求是易曉求是之心俄頃不可忘理於義此理云者猶人言語之間常所謂理者非同窮理之理。所務於窮理者非道須盡窮了天下萬物之理又不道是窮得一理便到只是要積累多後自然見去。窮理盡性矣曰以至於命則全无着力處如成於樂樂則生矣之意同。窮理盡性以至於命三事一時並了元无次序不可將窮理作知之事若實窮得理即性命亦可了。如言窮理以至於命以序言之不得不然其實只是窮理便能盡性至命也。窮理盡性至命一事也才窮理便盡性盡性便

至命如木可以爲柱理也其曲直者性
也其所以曲直者命也理性命一而已
○理也性也命也三者未嘗有異窮理
則盡性盡性則知天命矣天命猶天道
也以其用言之則謂之命命者造化之
謂也○理則須窮性則須盡命則不可
言窮與盡只是至於命也昔者聖人之作易也將以
順性命之理是以立天之道曰陰與陽
立地之道曰柔與剛立人之道曰仁與
義兼三才而兩之故易六畫而成卦分

陰分陽迭用柔剛故易六位而成章立天之道曰陰與陽立地之道曰柔與剛立人之道曰仁與義兼三才而兩之不兩則无用又曰陰陽剛柔仁義只是一箇道理○仲尼言仁未嘗兼義於易曰立人之道曰仁與義而孟子言仁必以義配蓋仁者體也義者用也知義之為用而不外焉者可與語道矣世之所論於義者多外之不然則混而无別非知仁義之說也○立人之道曰仁與義據今日合人道廢則是今尚不廢者猶只是有那些秉彝卒殄滅不得

天地定位山澤通氣雷風

相薄水火不相射八卦相錯射音石數往者順知來者逆是故易逆數也數色主反雷以動之風以散之雨以潤之日以晅之艮以止之兌以說之乾以君之坤以藏之晅況晚反說音悅帝出乎震齊乎巽相見乎離致役乎坤說言乎兌戰乎乾勞乎坎成言乎艮說音悅後同萬物出乎震震東方

也齊乎巽巽東南也齊也者言萬物之
潔齊也離也者明也萬物皆相見南方
之卦也聖人南面而聽天下嚮明而治
蓋取諸此也坤也者地也萬物皆致養
焉故曰致役乎坤兌正秋也萬物之所
說也故曰說言乎兌戰乎乾乾西北之
卦也言陰陽相薄也坎者水也正北方

之卦也勞卦也萬物之所歸也故曰勞乎坎艮東北之卦也萬物之所成終而所成始也故曰成言乎艮南北之位所以定者在坎離也坎離又不是人安排得來莫非自然也○艮止也生也止則便生不止則不生此艮終始萬物又曰陰陽消長之際无截然斷絕之理故相攙掩過終始萬物萬物盛乎艮此儘神妙須研窮這箇理神也者妙萬物而爲言者也動萬物者莫疾乎雷撓萬

物者莫疾乎風燥萬物者莫熯乎火說萬物者莫說乎澤潤萬物者莫潤乎水終萬物始萬物者莫盛乎艮故水火相逮雷風不相悖山澤通氣然後能變化既成萬物也橈乃飽反熯呼但反說音悅悖必内反○天者理也神者妙萬物而爲言者也帝者以主宰事而名乾健也坤順也震動也巽入也坎陷也離麗也艮止也

兌說也乾爲馬坤爲牛震爲龍巽爲雞
坎爲豕離爲雉艮爲狗兌爲羊乾爲首
坤爲腹震爲足巽爲股坎爲耳離爲目
艮爲手兌爲口乾天也故稱乎父坤地
也故稱乎母震一索而得男故謂之長
男巽一索而得女故謂之長女坎再索
而得男故謂之中男離再索而得女故

謂之中女艮三索而得男故謂之少男兌三索而得女故謂之少女索色白反長丁丈反少詩照反下章同乾爲天爲圜爲君爲父爲玉爲金爲寒爲冰爲大赤爲良馬爲老馬爲瘠馬爲駁馬爲木果圜音圓駁邦角反○説卦於乾雖言爲天又言爲金爲玉以至爲駁馬爲良馬爲木果之類豈盡言天若此者所謂類萬物之情也故孔子推明之曰此卦於天文地理則爲某物於鳥獸草

木則爲其物於身於物則爲其物各以例舉不盡言也學者觸類而求之則思過半矣不然說卦所敘何所用之坤爲地爲母爲布爲釜爲吝嗇爲均爲子母牛爲大輿爲文爲衆爲柄其於地也爲黑釜房甫反嗇音色震爲雷爲龍爲玄黃爲旉爲大塗爲長子爲決躁爲蒼筤竹爲萑葦其於馬也爲善鳴爲馵足爲作足爲的顙其於稼也

爲反生其究爲健爲蕃鮮旉音孚筤音郎萑音丸馵主樹反蕃音煩巽爲木爲風爲長女爲繩直爲工爲白爲長爲高爲進退爲不果爲臭其於人也爲寡髮爲廣顙爲多白眼爲近利市三倍其究爲躁卦坎爲水爲溝瀆爲隱伏爲矯輮爲弓輪其於人也爲加憂爲心病爲耳痛爲血卦爲赤其於

馬也爲美脊爲亟心爲下首爲薄蹄爲曳其於輿也爲多眚爲通爲月爲盜其於木也爲堅多心（輮如九反亟紀力反曳以制反）離爲火爲日爲電爲中女爲甲冑爲戈兵其於人也爲大腹爲乾卦爲鱉爲蟹爲蠃爲蚌爲龜其於木也爲科上槁（乾音干蟹户買反蠃力禾反蚌步項反）艮爲山爲徑路爲小石爲

門闕爲果蓏爲閽寺爲指爲狗爲鼠爲黔喙之屬其於木也爲堅多節蓏力火反黔其廉反喙况廢反兌爲澤爲少女爲巫爲口舌爲毁折爲附決其於地也爲剛鹵爲妾爲羊鹵力杜反

序卦傳

有天地然後萬物生焉盈天地之間者

唯萬物故受之以屯屯者盈也屯者物
之始生也物生必蒙故受之以蒙蒙者
蒙也物之穉也物穉不可不養也故受
之以需需者飲食之道也飲食必有訟
故受之以訟訟必有衆起故受之以師
師者衆也衆必有所比故受之以比比
者比也比必有所畜故受之以小畜物

畜然後有禮故受之以履履而泰然後
安故受之以泰泰者通也物不可以終
通故受之以否物不可以終否故受之
以同人與人同者物必歸焉故受之以
大有有大者不可以盈故受之以謙有
大而能謙必豫故受之以豫豫必有隨
故受之以隨以喜隨人者必有事故受

之以蠱蠱者事也有事而後可大故受
之以臨臨者大也物大然後可觀故受
之以觀可觀而後有所合故受之以噬
嗑嗑者合也物不可以苟合而已故受
之以賁賁者飾也致飾然後亨則盡矣
故受之以剥剥者剥也物不可以終盡
剥窮上反下故受之以復復則不妄矣

故受之以无妄有无妄然後可畜故受
之以大畜物畜然後可養故受之以頤
頤者養也不養則不可動故受之以大
過物不可以終過故受之以坎坎者陷
也陷必有所麗故受之以離離者麗也
有天地然後有萬物有萬物然後有男
女有男女然後有夫婦有夫婦然後有

父子有父子然後有君臣有君臣然後有上下有上下然後禮義有所錯夫婦之道不可以不久也故受之以恒恒者久也物不可以久居其所故受之以遯遯者退也物不可以終遯故受之以大壯物不可以終壯故受之以晉晉者進也進必有所傷故受之以明夷夷者傷

人也傷於外者必反於家故受之以家人家道窮必乖故受之以睽睽者乖也乖必有難難乃旦反下同故受之以蹇蹇者難也物不可以終難故受之以解解者緩也緩必有所失故受之以損損而不已必益故受之以益益而不已必決故受之以夬夬者決也決必有所遇故受之以

姤姤者遇也物相遇而後聚故受之以萃萃者聚也聚而上者謂之升故受之以升升而不已必困困乎上者必反下故受之以井井道不可不革故受之以革革物者莫若鼎故受之以鼎鼎主器者莫若長長丁丈反子故受之以震震者動也物不可以終動止之故受之以艮艮者

止也物不可以終止故受之以漸漸者進也進必有所歸故受之以歸妹得其所歸者必大故受之以豐豐者大也窮大者必失其居故受之以旅旅而无所容故受之以巽巽者入也入而後說音悅下同之故受之以兌兌者說也說而後散之故受之以渙渙者離也物不可以終

離故受之以節節而信之故受之以中孚有其信者必行之故受之以小過有過物者必濟故受之以既濟物不可窮也故受之以未濟終焉

雜卦傳

乾剛坤柔比樂師憂臨觀之義或與或求屯見而不失其居蒙雜而著見賢遍反震

起也艮止也損益盛衰之始也大畜時
也无妄災也萃聚而升不來也謙輕而
豫怠也噬嗑食也賁无色也兌見而巽
伏也見賢遍反隨无故也蠱則飭也剥爛也
復反也晉晝也明夷誅也井通而困相
遇也咸速也恒久也渙離也節止也解
緩也蹇難難乃旦反也睽外也家人内也否

泰反其類也大壯則止遯則退也大有

衆也同人親也革去故也鼎取新

也小過過也中孚信也豐多故也親寡

旅也離上而坎下也小畜寡也履

不處也需不進也訟不親也大過顛也

姤遇也柔遇剛也漸女歸待男行也頤

養正也既濟定也歸妹女之終也未濟

男之窮也夬決也剛決柔也君子道長

小人道憂也

伊川程先生周易經傳卷之十

上下篇義

乾坤天地之道陰陽之本故爲上篇之首坎離陰陽之成質故爲上篇之終咸恒夫婦之道生育之本故爲下篇之首未濟坎離之合既濟坎離之交合而交則生物陰陽之成功也故爲下篇之終二篇之卦既分而後推其義以爲之次序卦是也卦之分則以陰陽陽盛者居上陰盛者居下所謂盛者或以卦或以爻卦與爻取義有不同如剝以卦言則陰長陽剝也以爻言則陽極於上又一陽爲衆陰主也如大壯以卦言則陽長而壯以

文言則陰盛於上用各於其所不相害也乾父也莫亢焉坤母也非乾无與爲敵也故卦有乾者居上篇有坤者居下篇而復陽生臨陽長觀陽盛剥陽極則雖有坤而居上姤陰生遯陰長大壯陰盛夬陰極則雖有乾而居下其餘有乾者皆在上篇泰否需訟小畜履同人大有无妄大畜也有坤而在上篇皆一陽之卦也卦五陰而一陽則一陽爲之主故一陽之卦皆在上篇師謙豫比復剥也其餘有坤者皆在下篇晉明夷萃升也卦一陰五陽者皆有乾也又陽衆而盛也雖衆陽說於一陰說之而已非如一

陽爲衆陰主也王弼云一陰爲之主

非也故一陰之卦皆在上篇小畜履

同人大有也卦二陽者有坤則居下

篇小過雖无坤陰過之卦也亦在下

篇其餘二陽之卦皆一陽生於下而

達於上又二體皆陽陽之盛也皆在

上篇屯蒙頤習坎也陽生於下謂震

坎在下震生於下也坎始於中也達

於上謂一陽至上或得正位也生於

下而上達陽之暢盛也陽生於下而

不達於上又陰衆而陽寡復失正位

陽之弱也震也解也上有陽而下无

陽无本也艮也蹇也震坎艮以卦言

則陽也以爻言則皆始變微也而震

之上艮之下无陽坎則陽陷皆非盛也唯習坎則陽上達矣故爲盛卦二陰者有乾則陽盛可知需訟大畜无妄也无乾而爲盛者大過也離也大過陽盛於中上下之陰弱矣陽居上下則綱紀於陰頤是也陰居上下不能主制於陽而反弱也必上下各二陰中唯兩陽然後爲勝小過是也大過小過之名可見也離則二體上下皆陽陰實麗焉陽之盛也其餘二陰之卦二體俱陰陰盛也皆在下篇家人睽革鼎巽兌中孚也卦三陰三陽者敵也則以義爲勝陰陽尊卑之義男女長少之序天地之大經也陽少

於陰而居上則爲勝蠱少陽居長陰
上賁少男在中女上皆陽盛也坎雖
陽卦而陽爲陰所陷溺也又與陰卦
重陰盛也故陰陽敵而有坎者皆在
下篇困井渙節既濟未濟也或曰一
體有坎尚爲陽陷二體皆坎反爲陽
盛何也曰一體有坎陽爲陰所陷又
重於陰也二體皆坎陽生於下而達
於上又二體皆陽可謂盛矣男在女
上乃理之常未爲盛也若失正位而
陰反居尊則弱也故恒損歸妹豐皆
在下篇女在男上陰之勝也凡女居
上者皆在下篇咸益漸旅困渙未濟
也唯隨與噬嗑則男下女非女勝男

也故隨之彖曰剛來而下柔噬嗑彖
曰柔得中而上行長陽非少陰可敵
以長男下中少女故爲下之若長少
敵勢力侔則陰在上爲陵陽在下爲
弱咸益之類是也咸亦有下女之象
非以長下少也乃二少相感以相與
所以致陵也故有利貞之誡困雖女
少於男乃陽陷而爲陰揜无相下之
義也小過二陽居四陰之中則爲陰
盛中孚二陰居四陽之中而不爲陽
盛何也曰陽體實中孚中虛也然則
頤中四陰不爲虛乎曰頤二體皆陽
卦而本末皆陽盛之至也中孚二體
皆陰卦上下各二陽不成本末之象

以其中虛故爲中孚陰盛可知矣

上下篇義終

国家社科基金重大委托项目《子海》整理与研究成果之一

儒家角色伦理学

一套特色伦理学词汇

Confucian Role Ethics: A Vocabulary

〔美〕安乐哲／著
〔美〕孟巍隆／译　田辰山等／校译

山东人民出版社·济南
国家一级出版社　全国百佳图书出版单位

图书在版编目（CIP）数据

儒家角色伦理学：一套特色伦理学词汇 / 〔美〕安乐哲著；〔美〕孟巍隆译. -- 济南：山东人民出版社，2017.3（2019.1重印）

ISBN 978-7-209-10402-9

Ⅰ. ①儒… Ⅱ. ①安… ②孟… Ⅲ. ①儒家－研究 Ⅳ. ①B222.05

中国版本图书馆CIP数据核字(2017)第026368号

儒家角色伦理学

——一套特色伦理学词汇

RUJIA JUESE LUNLIXUE

〔美〕安乐哲 著 〔美〕孟巍隆 译

主管部门 山东出版传媒股份有限公司
出版发行 山东人民出版社
社　　址 济南市英雄山路165号
邮　　编 250002
电　　话 总编室（0531）82098914
　　　　 市场部（0531）82098027
网　　址 http://www.sd-book.com.cn
印　　装 山东省东营市新华印刷厂
经　　销 新华书店

规　　格 16开（170mm×240mm）
印　　张 22
字　　数 270千字
印　　数 3001-6000
版　　次 2017年3月第1版
印　　次 2019年1月第2次
ISBN 978-7-209-10402-9
定　　价 68.00元

《子海研究编》序言

中华传统文化的重要载体之一是中国古籍，中国古籍分经、史、子、集四个部类。子部古籍全面反映了中国古代哲学思想、学术文化、科学技术、生活方式等内容，具有重大学术价值和应用价值。2010年全国哲学社会科学规划办公室委托山东大学实施国家社科基金重大委托项目“《子海》整理与研究”。项目主体分为《子海精华编》《子海珍本编》《子海研究编》三部分。

《子海研究编》收录国内外创新性子学研究专著。子学是中华文化思想学术的主要组成部分。从文化学的角度来看，子学有黄河流域姬周农耕文化和长江流域荆楚矿冶文化两大源头。黄河流域的姬周农耕文化以土地为主要生产资料，而土地的不可迁徙性导致农耕民族世世相守而重视人际关系，农业生产对经验积累的依赖性使农耕民族形成尚老传统，它们成为姬周礼乐文化的主体精神并在春秋文化下移过程中浓缩为重“人人关系”的儒家学说。而长江流域的荆楚矿冶文化则在矿物冶炼和金属铸制过程中催生出了“阴阳变化”“五行流转”等理念，这种理念成为荆楚族认识世界、解说自然的理论工具，并在与中原姬周农耕文化碰撞中丰富为道家学说。墨家、名家、法家、阴阳家等其他先秦诸子则是在儒、道两家思想的交互影响下，针对不同社会需求形成的认识世界、治理国家、指导社会发展的不同学说，与儒、道两家共同构成先秦诸子主体学说。

先秦诸子学说博大精深，从关系学角度可分为三类：以“人人关系”为关注重点的儒家学说等，以“天人关系”为关注重点的道家学说等，以“生死关系”为关注重点的仙道学说等。侧重“人人关系”研究的儒家之学在社会政治、伦理、教育、学术等方面颇多创见，后乘汉武帝“独尊儒术”之倡，渐踞中国传统文化核心地位，影响施及今日。汉武帝尊儒政策使他家诸子学说渐趋式微，曾经一度显赫的其他诸子学说或走入“歧途”，或流为“小道”。前者如仙道学派对“生死关系”的关注，秦汉以降误入“肉体长生”的歧途，因而抛弃慰藉世人心灵、助人解脱痛苦的原有社会功能，故有东汉以降佛教文化的突入；后者如关注“天人关系”的道家学说，秦汉起或部分转为关注社会人生，或部分流为方技数术，不仅在与儒家思想的长期竞争中处于不利地位，而且使其天人关系的学说无法发挥指导和推动科技进步的社会作用，终致明清以来西方科技风靡中国。

至清中期社会危机加深，学人怀疑经学的社会作用，欲重兴子学以昌国运。自此迄今，子学研究大致可分为三个阶段：19世纪中期至20世纪20年代，学界以传统考据法为主、吸收西学理论和方法为辅来整理子书以重兴子学；20世纪20年代至70年代，在西方学术体系和研究方法冲击下，用西学理论和方法研究子学成为主流，训诂考据等传统研究方法退居末位，呈现传统子学研究向现代子学研究的转型；20世纪80年代至今，出土文献等新材料不断面世激发着学人追寻早期诸子学说本来面目的学术兴趣，中华文化重兴的时代理念又激励学界摆脱西学研究体系束缚而力图重构中华学术研究体系、话语体系、评价体系，回归原典，子学研究也因此进入新阶段，出现大批较高学术品位的研究著作。但是，在西学框架体系影响下所形成的经济学、政治学、军事学、管理学等社会科学对社会现状和发展趋向的“垄断性研究”理念，使得百年来的子学研究侧重于“学术本原研究”“借鉴价值探索”而较少像先秦诸子那样承担“社会导师”的学术责任，难以实现清中期“重兴子学以昌国运”的本初愿想。

鉴古方可知今，今日国家治理和社会发展仍需从传统文化中汲取学术营养，传统子学对增强中华文化认同感和民族自豪感，对稳定社会、推动社会发展仍具重大意义。故此，我们在全球遴选子学研究创新性著作来编辑《子海研究编》。

郑杰文

2017年1月于山东大学国际汉学研究中心

《儒家角色伦理学》中文版序言

我很高兴《儒家角色伦理学》（英文版）一书现在有了一个较为可靠的中文译本。这要感谢孟巍隆（Benjamin Hammer）、田辰山和黄田园等译者以及编辑们的艰苦努力，中文译本才得以完成。通过《儒家角色伦理学》中文译本，我期待与中国学术界同事进行更深入、热烈的交流。

我创作“儒家角色伦理”的初衷就是基于儒家角色伦理当中的“关系”这个事实。我们活着，并非只是肉体意义上的一个生命；我们做的一切，生理的、心理的、社会的，毋庸置疑是关系的、协作的。儒家角色伦理看重人的各种特殊角色；各种特殊角色成为约定俗成的各种关系样态，呈现为家庭与社会的生活——作为儿子、教师、祖母、邻居等我们离不开的各种生活角色。

在儒家思想之中，这些特殊角色不仅仅是我们关系的表述，它们也具有指示性，示意着家庭与社会角色本身含有的规范意义，向我们指明恰当作为的方向。关系一经存在，则家、国之繁荣兴旺就是我们根据这些关系条件所能成就的最好状态。

人皆为社会产物，深受与我们互动的他人的影响。这已是所有派别哲学家广泛认同的观点。不过，在西方古代与现代话语中，出于某些原因，人的社会性被边缘化，并在道德与政治（以及本体论）层面，几乎不被作为人类的本质对待。这种观点认为，我们的社会自身不可能存在多大意义的价值，因为我们所处的具体环境在严格意义上讲是偶然性的，我们对它束手无策。

也就是说，我们的父母是谁，讲什么母语，是什么种族等，都不是由我们来选择的。所以，“自我意志”决定人类的意义、尊严、人格与价值，乃至使个人赢得所有人尊重的品质。“自我意志”即人具有的采取目的性行为的能力以及自决作为的能力。当然，为让人类真正自主，他们必须不被暴力威胁，也不受本能与情绪控制。也即，他们可以自由和理性地做选择。

不过，我们需要实行我所说的“故事叙述性的人”的观念是基于这样的事实：现代道德与政治哲学所基于的“自由意志个人”概念，至少已经造成四种恶劣影响：

第一，它使得美国、欧洲与亚洲越来越多的崇尚极端自由主义的资本家声称，“购买道德”表现为对个人自由不受任何限制的辩护。个人自由不受任何限制是政治正义的基础和最终根据，而且由此出发，将任何对这一自由有阻碍的正义观念，都以“根本不道德”的名义加以拒斥。对个人做出如此的定义，一直为某种放任主义的全球自由资本主义市场提供道德支持，而这种经济正迅速造成现代民族国家内部、国与国之间乃至全球人类贫富不均的日益恶化。无论保守派、自由派、社群主义者还是社会主义者，只要他们继续用自己不同版本“自由意志个人”的概念话语去反对极端自由主义，这些极端主义者就总能反击他们，并一直控制道德制高点。

第二，“自由意志个人”的概念是有害的，理由是它对西方知识分子意识的垄断控制。这个原教旨的“个人”观念根深蒂固，已使人们几乎看不到除了这种个人主义（不谈后马克思主义时代的似乎没有个性的集体主义），还会有什么其他选择。其实，在西方的政治与道德话语中，任何对人类（当然包括我们自己）不用自由的、自我意志的、理性的（及通常自利的）视角看待，都已经变得极其困难，这也使得如要以任何其他理念为依据去对待人类，也同样极其困难。其实，对人类的本质特性与行为的最好理解是将他们视为原教旨自由、自我意志、理性的个人——这种推定假设是在没有任何替代选择意义上，已然成为一种被默认、不可批判的意识形态。而且从此意识形态角度看，社会关系与行为将被视为合理的——正当，只是在于这些关系与行为是作为如此定义的“一己个人”之间的协议。

这样，在这一“契约”意识形态中，人群社会不是人类的自然状态和为人类的，而只是离散、不联系的个体人达成的人为建构。在这个“契约”意识形态中，程序与惩罚在主流司法概念中倘若不起决定作用，也起主导作用。在这种情况下，任何对个人自我意志具有挑战性的追求社会公正的努力，都会被认为是欧洲“社会主义”而遭到唾弃；任何恢复公正方向的动作示意，都将可能被认为是“非公正”而遭到抵制。此外，只要我们的思维轨迹是由这种“个人”意识形态控制的，无论是在判定公正观念上，还是在对待这样的公正观所根植的任何“人”的概想上，就不可能有什么客观或公允。因为这种公正观或人的概念居然敢与“自由意志个人主义”过不去。

第三，原教旨个人主义的一个必然后果很有讽刺意味，它没有兑现所做过的承诺。简单地说，其实损人利己行为带不来自我利益，为服务别人而牺牲自己利益的利他主义行为最后也给他人带不来什么好处。在杜威哲学与儒学“人是由关系构成的”思想中，我们看到，你与邻居的利益是密不可分、互相包含的。

第四，个人主义根深蒂固的危害，或许最显著的害处在个人主义意识形态外围有一圈实现自我的光环：我们越是把自己视为一个独立意志的个人，为实现自己的利益而与他人实行契约，就越会像那样去做，而且最终会变为那样一个人。焦虑、变态和暴力已变成当代城市的生活特性，其直接原因就是家庭功能的失效以及我们未能将本来相互联系的生活转化为共享价值与利益的社会。

儒家角色伦理的道德生活有一种整体性与令人神往的视野，它基于人的直接经验，其目的也是服务于人的直接经验。

第一，儒家角色伦理坚持以关系为本，不接受任何将人视为最终个体性的概念。人与人的分散、不联系是个抽象概念，也是一个误导性的虚构概念，人与人的相互关系是一个事实。简单而言，我们生活中所有的角色所显示的，就是事实的人与人关系的更细致性与特殊性。我们不讲什么至上“自我”概念，并不意味着放弃个人的独特性，反而是提高它。“自然种类”的说法，通常是为“有一种共享人性”及与之相随的“一个本质自我”的声称提供论据，它缩小人与人的差别程度，而人与人的差别性恰是我们在儒学的“人”观念中所有的，也即人是由有活力、多层次、有特性的关系构成的。

第二，儒家角色伦理拒绝接受不加质疑的质性本体论（substance ontology）和以此为根据的“行为体”（agency）概想；它把“行为体”和“行为”假定为二元分离的。儒家角色伦理学的核心观念是“仁”，没有“行为体/行为”的二分。“仁”是“人”的故事叙述，不是对“人”进行分析理解。“仁”是把人自己的行为与身边榜样人物的行为互相联系起来，修养而成的，不只是行为上合乎一些抽象道德原则。正是这个原因，“仁”究竟是指一个“仁人”，还是指这一“仁人”的行为，经常是不分的，恰如“仁”同源词的“人”不分单、复数的情形一样。“仁”是一个开放性概括，它基于“仁”行为的特殊历史性成就，不是指被称为“人类”（beings）的一帮，其一切成员皆生来固有某种本性质素。其实，“人”相当于英语中的“动名词性”概念——动作性名词——它描述“成为仁人”的过程性。

第三，儒家角色伦理十分重视“体”在成就人格与“仁”行为中起到的能动统一角色——以体为本，接受滋养与培育，人的行为呈现光彩。“体”作为“體”的简写，不是偶然的；也就是说，字面就很清楚，“体”的蕴意即“人之本”。“体”总是作为人与世界、生命体与环境之间的协同，在同一时间既是肉体也是生机、是所见到的也是生活着的、是接纳的也是反应的。不仅是世界塑造人的身体，而且也是我们通过身体感官，对经验的世界进行构造，进行概念化与理论化。其实，正是因为“身体”是中介，我们祖先及其文化通过它才得以活在我们身上，所以才有所说“身体发肤，受之父母，不敢毁伤，孝之始也”[①]。

第四，儒家角色伦理重视道德想象过程对思想与生活上“成仁”所起的重要作用。对儒家角色伦理来说，它是有教养的想象力，汲取我们所有人文资源中的滋养，教我们谨言慎行，使我们可充分调动一切潜能，在我们的关系之中达到最理想的成长状态。委实说，恰是这种在关系中的成长，才是道德之本质所在。

最后，儒家角色伦理并不与德行伦理（virtue ethics）或其他什么伦理“理论”搞竞争，其实它更是一种道德生活观，它不接受“理论/实践”二元对立。每当捧起儒学经典，我们想到的都是，当然要借鉴其一系列观念，对自己的所为进行检讨反思，而我们更根本的，是以文化英雄之教诲与榜样为精神激励，将我们自己修养为更好的人。

（黄田园　译）

① 《孝经·开宗明义》。

原 序

香港中文大学举办的“钱穆系列讲座”，2008年我很荣幸受邀去做了几次报告，都是以“欣赏儒学”（Appreciating Confucianism）为题。我用“appreciating”这个词（在此译为“欣赏”），包含两个意思，“欣赏”与“增值”。那时我就有了想法，准备在那些讲座基础上加以扩充，成书出版。

当然，在这本书中，我要讲出我所领会到的、这一至今仍充满活力的、世界上最悠久的文化传统之一的思想内涵。这意味着，在这本书中，我将把儒学当作一种文化意义叙述，对其独具之特性与价值，尝试进行评价，做充分赏析性的阐发。我要竭尽自己之所能，做到对儒学之博大精深，有所揭示。为达到这一目的，在第一章，我想谈及关于如何做出恰当跨文化比较的问题。我的想法是，我们需要尽量把正在研究的文献置于其本身所在的原文化叙事之中，让它讲自己的故事。第二章是“儒学的诠释域境”，探讨《易经·大传》、中医传统和唐君毅阐述的中国自然宇宙观，将它们作为重合性文化资源，概括出一种一直绵延不绝的中华文化的宇宙认识；这种宇宙认识为儒家哲学的发展提供了一种诠释域境。这个诠释域境，虽然不是百分之百精确，但是允许我们充分想象，使我们能够做到，尽量理解一个更接近于原汁原味的儒学传统。第三章题目是“儒家人生观：至于‘仁’”，我将概述什么是儒家境界的成功仁德人生，这一仁德人生所基于的是一种很不同的、关系性的、对各种角色的人的思考。这种人生观与原教旨性个人主义形成鲜明反差。原教旨性个人主义始于古希腊，经过数世纪演变，不断变换名义，成为现今大部分西方伦理、社会和政治的理论积淀。第四章题目是“儒家‘角色伦理’”①，我将探讨，对于儒家哲学而言，家庭亲情才是培育道德品质的起点，这使得儒家传统具备了一套十分不同的语汇和呈现与西方基于“原理”（超绝的）与“德行”（个体的）概念截然不同的道德伦理体系。第五章是“儒家思想‘以人为中心’的宗教感”。我将诠释，成功家庭培养出来的成功个人价值与灵魂深处“以人为中心”（非神性）的趋群感所构成的儒家“宗教感”之间，存在的那种共生不分、相互依存关系。儒学这种“宗教性”将意义寓于对经验的认识，绝不像我们耳熟能详的亚伯拉罕（《圣经·旧约》故事中犹太人的始祖）“以神为中心”的“宗教”。它是“修身”与“养性成仁”而得的特殊个人价值，而又被“奉献”于天下，令人具有强烈归属感的本能满足，它构成充实的宗教性（趋群性）感受。在最后的“跋”中，我试图对儒学角色伦理观做一些批判性评价，尝试探讨早期经典这种独特儒学版本伦理观具有的优点和局限。我以为，哲学事业的责任在于，它不仅有利于我们对不同意见的理解，也向我们显示应当赞同什么样的思想。希望我以批评为出发点的这种评价，于将来对“角色伦理”做出更恰当、周全的研究有所裨益。

然而，要先正确认识儒家传统而后给予恰当评价，恐怕仅仅是“欣赏”（appreciating）的第一步；因为如果分析一下“appreciate”这个英

① 英语为“Confucian Role Ethics”，曾一度被汉译为“儒家角色伦理学”；这个“角色”在汉语中是个多余的词，因为英语“role”是特别为适合英语语境增加的词汇，为的是表达儒学的人的家庭与社会的关系含义，否则儒家“伦理”就会在英文“ethics”译词的意义上，被理解为宗教超绝意义那种“戒律”性伦理。加上“role”，恰是为将儒家伦理与它区别开来。而将它再译回汉语中来，就成了多余甚至不恰当的概念；因为汉语“伦理”二字含义已然是“人伦关系”之意，“角色”加上去反而增强角色的表演性质而变得不当。相比之下，为了保持原英语意味，本来“身份”不存在表演性意味，而且“role”也具有汉语身份之意，所以在此如选择“身份”，似乎尚可。不过这里还需说明的是，“身份”平常也作英语“identity”的汉译，但是并不含英语中“identity”所含的不变性，确是复杂。不过尽管如此，我们仍是在汉语翻译中使用“角色”的说法。（田注）

语单词，就会发现，其中还有另一层我想强调和发挥的更重要的含义："appreciate"（增值）与"depreciate"（贬值）是反义词；在这里，我认为对儒家角色伦理的解读，若能使用当代伦理学专业话语，将会增加角色伦理学的价值，为其注入崭新价值与意义。

在赫伯特·芬格莱特（Herbert Fingarette）纪念文集中，有我多年的合作伙伴与挚友罗思文（Henry Rosemont Jr.）教授的一篇论文，题目是《背负权利的个体人与肩负角色的人》。这篇文章是他从那篇具有开创性的论文开始，对"儒家角色伦理观"论题的思考。他像任何一位优秀儒家哲学家那样，为人们指出，作为人类，我们到底是怎样生活的：人是完全处于域境、情势、当然关系中的人。罗思文说：

> 人都在具体文化社群之中出生长大，各文化社群皆有自己的语言、价值观、宗教倾向、风俗习惯、传统以及相应的对"为人"的基本认识。简而言之，没有于文化之外而独立的人。每个人都有具体的希望、恐惧、欣喜、悲伤、价值、观念，但是这些情感与观念总是与人是如何认识自己分不开，而人对自己的认识又受到所从属文化社群的极大影响。①

儒家哲学也要求人对日常经验重要性持有这样的认识，因为儒家哲学将普通经验视作起点，也将其视为它所认为的道德生活的判断基点。由于这种情况，设定性定义的抽象、背负权利的个体人及设定在此基础之上的权利话语，乃至"自由""自治""个体""原则""理性"等的一套概念，这些在西方构成道德主体人抉择的必要条件，在中国古代儒学经典中都找不到相对的词汇。三个世纪以来，这种对人简化主义认识的笛卡儿式哲学版本，统治着

---

① Rosemont（1991b），第72页。

西方关于道德与宗教思想的理论。而事实上，这样一种无实感、纯逻辑、抽象漫画式对人的认识，与竭尽全力追求生活意义的人，与人实感的、有血有肉的“希望、恐惧、欣喜、悲伤、价值、观念”没有什么关系。对人类经验如此荒唐假定的思维形式，罗思文和芬格莱特都感到是严肃的问题，认为这种做法构建的是普适人权，对它宣扬、辩解，而且起更大的作用，使伦理理论的话语得以继续。这里简述一下两位学者的观点：两人承认，人权教条是一套影响巨大、有价值的指南守则，同时，他们也警告，如果把它奉为绝对的、唯一的、解决一切社会和政治问题的原则，就会引起多种不良后果。同时，它也会阻碍寻求对其他潜在建设性方法的视野。

儒家思想是另一种选择，其出发点反映的是道德人生，与抽象、简化式“背负权利”的个体人概念形成鲜明对照。在这一点上，罗思文向人们推荐“肩负角色”的人的观念：

> 但早期儒家认为，不可能有孤立存在的“我”可做抽象概念考虑：我是我的所有角色的一个结合体；这些角色都是我生活着的与具体的别人的关系。……总体看，这些角色交织着，于我们每个人，形成了一种特殊的个人身份形态；这种情况是，倘若我的一些角色变了，别人的角色也必然变了，我也就成为另一个不同的人。①

在讲述这种把人视作当然关系之中的人的时候，罗思文强调，这是一种成就了“人”角色的社会相互作用、相互依存的内涵：

> 而且，从社会环境的角度看，就更清楚了；在很大意义上，我自己的身份不是我个人实现的；我自己变成什么样子，我自己负的不是

① Rosemont（1991b），第90页。

全责。当然，要成为一个好人也需要大量自身的努力。不过不一样的是，在很大程度上，我自己是谁（who）以及我该怎样被认同（what），主要取决于他人，与我互动的他人，正如他们是谁、该怎样被认同，同时也部分地取决于我对他们的作为。①

在这篇充满新见解的论文中，罗思文指出儒家哲学的当代价值，因为儒家哲学直接探讨的是充分发掘人类经验实在条件的内在可能问题。罗思文提出了两个挑战性的问题：一是对儒家角色伦理这个观念，从儒学本身意义做出充分表述的早期儒家经典，具有的是一套什么样的概念？现在这本书就是一个初步尝试，意在响应罗思文提出的这一基础性却又是关键性的任务，确定儒家角色伦理观的语汇；第二个挑战问题，无疑是更艰巨的任务，是要对我们所有文化资源进行批判地汲取，如何阐释出一套创新性与包容性的概念来，用罗思文自己的话说：

> 我不想暗示，早期儒家哲学对我所提出的各种各样的问题做出解答，就是唯一的最佳途径。……仍有一些西方哲学的观念应肯定、也应保留；其他一些则必须变化、适应，或者做充分语义扩展，用以更精准表达非西方概念和概念群；还有一些其他西方哲学观念可能必须整体摈弃，让位于虽然今天尚未出现，但必会在新（和旧）概念和概念群提出和审查过程中，于将来研究中产生的一套其他概念。②

下面对角色伦理进行充分阐述的过程，角色伦理将被视作一种具有创新性、令人兴奋的道德生活愿景，将发生儒家哲学与现有西方伦理学说之间持续必要性对话。对话是为了对这些在对待人行为的从善与道德判断方

① Rosemont（1991b），第91页。
② Rosemont（1991b），第92、94页。

面，区别很大的思想路径进行创造性汲取。

下面我会在一些地方提及一位现代哲学家唐君毅的著作。他提供了大部分我们所展开的对什么是“人生圆成”理解的现有学术根据。唐君毅的论证体现的是严谨的儒学伦理，指出学习做人最根本的是做人的实践，而且在这一过程中，找到了一套语汇，这套语汇可以对“做人”所要取得的成就起到促进作用。正如罗思文在他总结儒家角色伦理学的特点时所说，做人无非就是大家一起做角色之事与关系之事，否则就不是做人。

作为一名中国哲学学人，多年来我有机会在许多学术机构的环境中学习、教学。这些地方在体现儒家哲学价值观上，地位都很独特、优越。人处于这样的环境中是很幸运的，我享受与很多朋友的友谊，从中备受启发，逐渐懂得了当与他人达到合一状态情景之时的意义。这些美好的、具有转变生命意义的齐心协力，比起从任何书本学到的东西都实在，都是实景课堂，教导我如何理解与找到恰当语言，去表达处于当然关系的“人”，这才是儒家角色伦理的实在情景与真正内涵。我胸中装着随时可呼之即来的楷模——刘殿爵教授，我的良师益友；还有与他一起的香港中文大学同仁们的珍贵友谊。这本书就是我献给他们的。

目　录

第一章　导论：西方视野中的“儒学”

第一节　历史的儒学及其现代命运

孔夫子是哲学家、教育家。“Confucius”是“孔夫子”（Kongfuzi）的拉丁化；之后“Confucianism”变为英语中以他名字（非原中文）表达的中国（儒家）传统思想。

孔夫子是2500多年前的一个真实历史人物，是一份厚重精神智慧遗产的集大成者。这份遗产代代传习，形成整个中华文化的基本特征。孔子形象历来具有思想深刻的一面，学生对他的记忆，许多亲切瞬间呈现于《论语》主要章节中。这些记忆渗透了孔子的文化价值和意义。不过，孔夫子对自己的评价是，他所传授给人们的经典来自历史，而非他本人创作，即“述而不作”①。

可能出于这样的一个原因，在中文里，中国传统思想不是由“孔夫子”这一称呼表述的，没有像英文“Confucianism”那种含义，而是用一个古代知识分子阶层名义的“儒”做表述。在数百年过程中，这个文人阶层为文化传统持久延续地奉献“革故鼎新”的儒家学问。这样一份与孔夫子本人学问一脉相承的遗产，称为“儒学”。儒学是中华文化始终得以不断

① 《论语·述而》：“子曰：‘述而不作，信而好古，窃比于我老彭。’”

融合积蓄的一个开放性核心，为中华传统倾注盎然活力，使之成为紧密凝聚的一体。应该说，“儒学”是80多代自强不息的中华学人传承、评注、再诠释、再确认过程的产物，跨越千年历史；“儒学”不断注入新鲜血液般的
P1 伟大智慧元素，一直生生不息、绵延不绝。

当今处于21世纪初，正值儒学的价值力量作为前所未有地被呼唤的文化力，走向世界舞台的关键时刻；对于我们而言，对儒学最为恰当的“欣赏”（appreciating）态度，是参与到这个滚滚向前的洪流中。在这个动荡不安的历史时刻，在20世纪人类发生残酷大屠杀的教训之后，我们所有人皆须竭尽全力，在人类文化中寻找一切可能的资源，于最有效开发人类经验方面，比过去做得更好。应该说，充满活力的儒学遗产，恰是一笔实实在在的资源。儒学启迪、激发人们在新文化方向方面的灵感。作为一笔遗产，它在过去两百多年之中，由于经济和政治原因，曾一度名声式微，受人冷落。就此而言，本书提出基本论点：我们正处于一个大转折时期，可以说在很大意义上，正值新世界文化秩序方兴未艾之际；儒学所提供的哲学财富，不仅是中华文化焕发活力、走向复兴的资源，也是更广大世界性的文化利益资源。所以，我们会发现，如果到绵延不绝的儒家传统中发掘可促成与其他文化实行建设性对话的元素，加深认识，进行阐释，将其付诸实践，那么儒家哲学在今天可能成为充实我们思想与生活方式的重要资源。而且，同其他文化汇通将是“儒学”获得更进一步内外提升的体现，提供有利于其本身创造性成长与创新的机遇。

儒学自身发展的内外提升，不是今天才发生的事情。早在公元前300多年，儒学内部就发生过重大的历史性演变。荀子作为一个锐意进取的早期儒家学者，为加强儒家思想的论述力量，吸纳墨家学派的辩论话语，且基于儒家立场，丰富儒家思想，吸取兵家观点，总结出儒家的军事战略；他还利用法家的严格秩序理念，把严以律己引入他的儒家省身养心思想中。荀子这些吸收、采纳其他学派思想与观念的举措，都是对儒学提升与创新

的促进。西汉（公元前206年—公元25年）时，儒学成为国家的主导思想，之后延续达2000年之久。对荀子而言，广泛吸纳是为我所用。他所吸收的思想资源，恰是来自那些曾对儒学最具竞争力的思想流派；这种做法是一种有计划、从根本上很成功的谋略，加强、促进了以海纳百川为特点的中华传统的不断发展。 P2

儒学的提升创新，包括吸收外来思想文化。中国历史上发生过两波“西学”风潮对儒学海岸的冲击，遗留下一个个西学潮洼和文化交错区，这些地带表现出活跃的实验性人文现象。

第一波“西学潮”为东汉时期（公元25年—公元220年）来自南亚佛教思想的挑战，它使中国文化在一定程度上发生重塑。在这之后的数百年中出现了新儒学，它是为回应佛教思想挑战而形成的混合新儒学派（道学）。这一新儒家派，其实深受佛家“人成长与改造”思想的启迪。当然，宋明时期新儒学人物，把异域佛家哲理作为自己的对手，对它抱有牵强夸张的理解，态度上自然是抨击。但是同时，他们对本是与之竞争的精神资源，采取吸收性阐释的态度，因而对自己原有的崇高“圣贤”精神内涵进行重新阐释。当然，在儒学与佛学碰撞中，也产生了彻底中国化的佛家宗派，如华严、三论、禅宗等，成为享誉天下的中式佛教。之后，儒学又以各种不同形式继续向东亚乃至更远的地方传播。这种情形一直持续至今。

第二波“西学潮”始于16世纪末。以利玛窦为代表，耶稣会会士向中国传播欧洲古典学术与科学。一个半世纪后，又有新教传教士传播广义人文学与科学。接着，一批中国学者如严复致力于进化论的翻译，目的是通过对西方科学、民主的诉求，而使中华文化吸收西方的科学、民主观念。第二波“西学”浪潮继续于20世纪、21世纪冲击中国海岸，不过它是以意识形态的竞争展开的，也即马克思主义的社会主义以及“资本主义民主”。今日中国学界仍未摆脱与第二波西学相伴随的西方分类学和各类理论模式的影响。20世纪涌现了一批中国哲学家，80年代后，这批学者被称为“新儒家”（New Confucianism）。但是，这些人即使不是全部也大部分陷入中西比较的教条，有明显意图地将中国传统思想与纯属西方舶来品的系统哲
P3 学混杂。例如熊十力就曾试图用整合佛教瑜伽行派、西方以及中国思想的方法，而使儒学焕发活力；牟宗三则对康德观点进行综合与批评性运用；唐君毅富有想象力地运用黑格尔和怀特海的主张；方东美选择、创新地大体吸纳西方哲学史，这种状况后来一直继续着。无可置疑，新儒家继续对西学元素进行混杂，使得儒学在体系上变得比以往任何时候都令人生畏。另一方面，学界对此种情况的客观批评是，一些新儒家模仿抽象的西方哲学理论，对儒家思想进行反复系统化、书斋化、理论化，必然在很大程度上造成儒学失去根基，漂泊于人们的实际生活之外。

我想阐明的观点：儒家思想价值对世界哲学文化传统的不同层面本应能产生的影响，虽姗姗来迟，不过正如旭日东升，正在地平线喷薄而现；儒学思想与其他思想文化创造性的融合局面，必将伴随作为一支当代经济与政治力量的中国的崛起而加速。[①]随着儒家文化价值在当今时代的广泛传播，成为一种全球性文化元素，不光是与它相遇的其他文化会受到挑战、出现改变、变得更加丰厚，儒家思想本身也会在这一过程中流变不已。

儒学到底于我们当今世界文明的再塑造有什么影响？我们对这一问题做出更具体的预想之前，如果先想一下，对于儒家思想影响世界会有什么样的反对意见，则更有利于我们讲道理。对古代中国持批评态度的人们可能会感到，对中国文化持如此乐观态度，是不是在为一个奄奄一息、仅具古物研究价值的传统呼喊；当新中国最终在世界民族之林享有一席之地时，也不免仍会有许多人把传统视作压身的负担。可能还有人将“儒家身份伦理”“儒家民主”等类说法视为不存在的逻辑；在他们看来，如果真能出现一个不太腐败、更民主一些的中国，它即使不是幻想，也必是一个“后

① 预期文化对全球的影响，我们不可低估财富的力量。参见Peerenboom（2007）的论点。

（抛弃）儒家”现象。更有人会对儒学文化价值必将影响世界文化的说法不屑一顾，认为这或许是听起来不错的预言，却是一个毁灭性幼稚的异己信仰皈依，是对中国理想化，忘记了20世纪初新文化运动中勇敢的改革志士们刺耳却激情满怀的呐喊。他们肯定会说，如此夸大儒学价值，无疑是浪漫的想入非非；这是罔顾儒家思想使中国遭受的痛苦与屈辱；中国先是对不断扩张的外国帝国主义进行数十年抵抗，之后是多年内绕不过去的现代化浪潮。 P4

第二节　莱布尼茨向往儒教中国

对于我讲的儒学文化将对世界文化产生影响，会有观点认为我的预期过高。我对它进行回应，可能最好是回溯一下早期欧洲发生的崇儒历史。① 人们想到中华文化在今天崛起的预言，不免会记起几百年前的戈特弗里德·威廉·莱布尼茨。他是早期时代的比较哲学家，却绝不是个不切实际的天真浪漫家。他那时所做的，是探讨中国儒家的积极意义，是出于为他所处时代与社会的文化考虑。②从根本上说，莱布尼茨是个普适主义者，本不该对有实用主义特点的儒家文化持肯定评价。政治观点上，莱布尼茨是个联邦主义者；宗教方面，他是个大基督教一体主义者；语言学上，他研究、希望发现他所设想的能揭示“宇宙”与“思想结构”相统一的“宇宙特点”的象形文字，利用这种文字达到世界沟通的统一，而这一可能性是在多语音象形字的汉语之中。③他发现，《易经》八卦二分体的阴爻阳爻符号与他自己创造的微积分学二元制计算法是对应的；他还发现了东西方共

---

① 对世界发生的文化影响做出预期，人们不应当低估财富的力量。参见Peerenboom的论述（2007）。

② 莱布尼茨论述中国著作的英语翻译，参见Leibniz（1994）；探讨莱布尼茨与中国的关系的研究，参见Perkins（2004）。

③ Perkins（2004），第141—143页。

同使用《圣经》纪年表，远古开始有相互对应的大洪水神话，一个是《圣经·创世纪》的诺亚方舟，另一个是大禹治水，据说大禹建立了夏朝。

莱布尼茨临终（1716年）之前的几年间，他可能是期望能受到上帝款待而撰写了《论中国的自然神学》一文。[1]他在文章中讲到，早期中国文明本是很接近基督教的，但是中国人“迷失了真理甚至遗忘自己的古代来源”[2]。莱布尼茨阐述早期儒家经典处处赞美“天”（Heaven，H为大写，意 P5 为天堂）；他论定，这种文化传统“纯属基督教，盖因它重述的是已经铭于我们心中之自然法”[3]。莱布尼茨接着说，很不幸的是，外来文化对中国的侵入干扰以及儒学的妄自尊大，使现代中国及其官僚患上一种理论与宗教的健忘症，已不晓得什么是心智之科学以及什么是上帝之真理。莱布尼茨对西方哲学传统所做贡献背后的普适主义、理性主义动机，使得一些学者认为他对中国本身没有什么兴趣，只是对异种文化表示屈尊的利用主义，说得更难听些，是文化帝国主义而已。一言以蔽之，这样评价莱布尼茨，评价他苦心钻研东亚文化，只是意在说明，他对中国的赞誉，不过是以他国之文化高雅，印证他欧洲的普适真理原则。如此对待莱布尼茨的学者，真是需要对他有更多一些了解才好。

莱布尼茨1697年至1699年完成《中国近事》[4]一书。阅读其序言，我们看到的是一个智力极高、洞察深邃的莱布尼茨。他对欧洲和中国文化的成就，进行了综观性比较；他的评价，即使那些对古代中华文化抱有最赏识态度的诠释者，也不会感到不满意。莱布尼茨甚至认同，在技术、工艺、器物等方面，欧洲与中国处于平等地位、不相上下，任何一方占有的“知

① 莱布尼茨用不太好的法语撰写了这篇论文。这一失败或许出乎意料地“疏远”了他跟上帝的关系，因为在当时至少在某些法国沙龙里，人们认为“接近”上帝与恰当使用法语是分不开的。

② Leibniz（1994），第75页。

③ Leibniz（1994），第105页。

④ 此书原名为*Novissima Sinica*，拉丁语，或有译为《中国近论》《华夏新事》者。

识，与对方交流，都会获利”[1]。不过在数学、逻辑、形而上学尤其是神学方面，欧洲占有明显优势。确实，我们欧洲人在“概念思维方面远远领先，概念是大脑将自己与物质脱离而获得的”[2]。我们欧洲人拥有理论科学，在抽象理性工具方面胜过中国人，抽象理性工具可让我们走向可论证性的真理；而中国人辛辛苦苦拥有的，只是一般工匠经验的几何知识而已。

作为不得已而离题的话语，莱布尼茨指出他那个时代的欧洲，在第二个方面也胜过中国，不过这对欧洲恰是一种耻辱。他痛惜地说，我们在军事技术方面也占绝对优势。莱布尼茨认为，欧洲在这方面高出一筹，并非是中国愚昧和无能，而是因为一种有意识的选择，这反倒是中国人为自己增光的地方，因为作为一个民族，他们正当地“蔑视一切在人类之间制造和诱导暴力的东西”[3]。

其实，中国厌恶冲突与暴力，同莱布尼茨认为的中华文化的成就是联系在一起的。他的解读是，中国在追求民本哲学方面是卓越的，恰是因为这点，中华“文明”奠定了远远超过欧洲的准绳。他自己说： P6

> 谁曾相信，世界上居然还有这样一个民族（虽然在我们眼里，我们各方面都非常发达），它在思考社会生活戒律方面比我们还先进？随着对他们的深入了解，我们发现这个民族就是中国人。就算在工业、工艺上我们与他们不分上下，在心智科学上我们胜过他们，但是他们的实用哲学毫无疑问凌驾于我们之上（尽管承认这点实在有些丢脸）；实用哲学就是适用于日常生活与人世间伦理、政治观念的戒律。简直不知如何形容，中国的整个典章制度是多么出色，与其他民族的典章制度形成鲜明对比，整个指向是使社会稳定安宁、建立社会秩序，这

① Leibniz（1994），第46页。
② Leibniz（1994），第46页。
③ Leibniz（1994），第46页。

样人与人之间的关系可以最大可能地避免不和谐。……毫无疑问，中国比任何其他民族，都达到了更高水准。他们在一个广大人口范围所实际成就的，远比我们这里宗教派别为数颇少的创始人的范围做得还要出色。①

莱布尼茨指出，中国不断发展成功的实用哲学，在家庭、社群、政治、宗教等诸多层面，完全建立与维持社会秩序的做法是超群的。莱布尼茨把这种令人振奋的公共素质归功于“礼”。“礼”是根据人在家庭和社会中的身份及其等级关系而使自身在人群之中的举止行为，给人一种“宗教感”（人群感）气氛。

我们服从上级，尊重年长者，多么好！在儿女与双亲的关系中，儿女对双亲几乎连恶语相向之心都没有，更不会听到，多么有宗教性（人群感）啊！……而且，是在平等的人之间，是在互相并无责任承担的彼此之间，有种美妙的尊重感和一种行为秩序的存在。对我们来说，这些行为不是太能按照理性和规则所习惯的，它带点奴性；但是在他们看来，这习惯成自然之行为，是心情愉悦、日用不知的。②

那个年代莱布尼茨所能获取的关于中国的信息还是有限的，但是这个哲学家对自己形式主义的哲学倾向是警觉的，认识到可能会被它引到相反
P7 的方向。这说明他的确是一位令人赞叹的、执着的、真诚的人类经验观察家。他得出自己对欧洲与中华文化的见解，他看到二者之间有明显差别：一方面是欧洲的抽象理论寻求公理性、假说性论证的学术价值；另一方面是中国传统的非单一逻辑和效果的实践。这一区别广义地分辨出欧洲对理

① Leibniz（1994），第46—47页。
② Leibniz（1994），第46—47页。

性科学产生效益的信心和对另一种选择的回报——它源于高超的生活艺术。其实，莱布尼茨不只是出于对中华文化的同情和尊重，才替利玛窦提倡的基督教宽容主义采取辩护态度；他辩护的基点是确信普适性民用哲学会努力建立一个框架，使人群的社会、政治和真正宗教生活得以完善；而要实现这个目的，就须参酌中华文化在这个方向上所努力取得的切切实实的成就。

第三节 “智慧”出了问题

莱布尼茨的《中国近事》对欧洲、中国进行了文化对照。关于这个对照，我们或许可以这么说：他称赞欧洲文化在抽象知识与可论证真理方面具有优势;同时，亦称赞中国文化在实用智慧方面是超过欧洲的，亦即“世俗人生的日常生活伦理与政治戒律”①方面。莱布尼茨对欧洲、中国的思想演进差别做了厚重的文化归纳概括，他所使用的语言是有其历史背景的，把我们带向对eidos（理念）、theorie（学说）、episteme（知识）②等概念的追究。这些概念可谓古希腊哲学形而上学与认识论中建构形而上学现实主义体系的砖石材料；对古希腊哲学而言，理念的等于是最真实的。莱布尼茨所阐述的欧洲成就，明显是理念主义的： P8

> 在知识深度与理论分科方面，我们超越他们。因为除了逻辑学、形而上学及非物质存在的知识，都是我们当之无愧独领风骚之外，我们还在以心智从物中抽象出概念的思维上，远远领先……而中国人对这样伟大的心智之光，对论证真理的方法，看起来是无知的。③

---

① Leibniz（1994），第47页。

② 译者注：此三词皆是希腊语。

③ Leibniz（1994），第46页。

如果回顾古希腊开辟的这一哲学领域，我们会注意到毕达哥拉斯（Pythagoras）对抽象、理性科学的心智思考固然是赞赏的，不过同时他还认为，这样的思智离不开乃至依赖于宗教习俗，其根据是想当然地认为人类灵魂不灭；它还依赖于一些定期斋戒禁欲活动，从属于社会、政治改良复杂程序，从属于持续性伦理思考，从属于音乐之愉悦与严格的人类养生之法，甚至从属于严格的饮食方式和禁忌。历史学家讲述这段人类兴盛的故事时，在他们看来，毕达哥拉斯令人信服的说理和他的整体观、实际生活方式，可最贴切地称为“philosophia”[1]（热爱智慧）。可是这个西方哲学故事发生了什么变化？“philosophy”（philosophia）的“爱智”原本含义变成了什么？人对“爱智”的理解还是原来的吗？还有，哲学目的在于探索以实践运用去印证理论的真理性，这有助于我们乐观对待人类经验吗？

毕达哥拉斯整体观的美好人生，随着时间流逝而淡去；他主张的名副其实的“哲学”（philosophical）之旅，对以理论为真知的实际智慧探求，也久而久之让位于与之很不相同的另外一种朝圣之旅。对于这个变化，我们以哲学家身份到底该怎样看待：从作为伦理和精神生活方式的哲学变为东拉西扯推定的哲学，这个转变已变成皮埃尔·哈道特（Pierre Hadot）最近一些论著大书特书的题目。哈道特指出，在古代思想家中普遍存在这种观点，即“哲学不是智慧，而只是一种由智慧这一概念引发的生活方式与讨论”[2]。希腊传统同基督教传统结合，中世纪的经院哲学被置于服务于神学的地位；在这段时间里，对理论与精神抽象的崇尚，意味着实用智慧、辩
P9 术和美学都被视为一种风行不已的二元主义。由此，人们看到的是，本体论与形而上学问题愈来愈成为思考焦点，造成一种高思智、尖端性探究，发现抽象、无条件知识及注重对“确定性”的承诺。

---

① 译者注：“philosophia”为希腊语，意为“爱智慧”；亦为英语“philosophy”（哲学）之词源。

② Hadot（1994），第46页。

Logos[①]原本既有ratio也有oratio的语义[②]，即理性的解释和论辩，而后来变成只是ratio的意义。经多次辗转改变，philosophia（爱智慧）就完全蜕变为philoepisteme（爱知识）。如此一来，必然真理性知识和真理变成系统哲学的术语，而“智慧”则变成迄今为止在西方学术领域的哲学圈子绝少提及的概念。虽然哲学专业核心内容仍包括讲授和研究形而上学与认识论，但在课程表中找不到“sophiology”[③]（智慧学），而且当今我们这个时代的教学评判分数，优良学生的成绩，在规定中都没有“智慧”这一项。[④]

---

① 译者注：“logos”为希腊语，语义为言辞、演讲、理智；它为“logic”（逻辑）与“-ology”（～学）之词源。

② 译者注：二词皆为拉丁语；ratio意为计算；oratio为说话。

③ 译者注：此词为作者所造，意为“智慧学”。

④ 哈道特所做研究，确实是对今天学术领域哲学专业学科弊病的及时指正。哲学已变成主要坐以论道之事，似乎对探求实用智慧无丝毫兴趣，而且是时代错置，是企图用同一种术语建构属于自己的历史叙事。哈道特自己对这一问题做出回应，谈到哲学已经在何种程度变成一种抽象与理论活动，跟日常生活脱离了关系；他发现了在罗马哲学时代就已经出现过的经院倾向，也讲述了在中世纪，伴随着对亚里士多德的哲学评论越来越成为主流，作为不可缺少的大学文化，其理论地位显著攀升。不过也有人指出，哈道特对正反两方面的情况都讲得过头了。20世纪哲学革命中的西方哲学界，虽然我们从中可以找到对哈道特论点不利的反例，但对他的基本观点并不存在质疑，即哈道特总结的，现代学术的哲学已基本失去早期关注精神和哲学生活的特点。我对哈道特的论点表示支持，哲学家应当返回自我改造的原初任务，但是我不能苟同的是哈道特认为的属于哲学家生活方式的“精神修炼”与“自我改造”的实际内容。哈道特提倡的要结合实际，其本身不是目的，而只是一种权宜手段，目的是最终符合理性的标准和规范，是达到、领悟与遵循抽象与理论的要求。哈道特的这种意义的哲学，虽然很不同，是在不同场合讲的，却仍然崇尚对人经验的还原理性化；途径是“对逻辑、物理和伦理效能做活的实践”，使得人变为好些的人，而不是学那些不讲原则的诡辩家及其他人。〔Hadot（2002），第172页〕用哈道特自己的——即他叙述柏拉图学院生活的话说：

> 柏拉图时代，辩证法是严格规定的论辩技巧。……出于自己的真诚努力，是对话者在他们之间，自己发现独立于他们之外的真理，只要他们服从逻各斯超绝的权威。在这里，也像在所有古老哲学里那样，哲学是运动，它让个体人超越自己，追求在他之外存在的东西。对柏拉图而言，这个东西便是逻各斯。话语蕴含理性与普适性的诉求。……柏拉图申明，我们必须运用灵魂的优质部分——除去智力，没有别的——在这样一种状态：它达到与宇宙同一，同化于神……这是死亡修炼，因为死亡正是灵魂与肉体的分离；哲学家利用自己一生，致力于使他的灵魂脱离肉体。……这一修炼，是必须去做的，正是肉体与精神的苦行、禁欲——是灭情欲，去实现对纯净的智力的服从。〔Hadot（2002），第62、63、66、67页〕（转下）

西方哲学中自我认识的这个早期转变，并未被20世纪变革的内部批判运动所遗忘。[①]阿尔弗雷德·诺思·怀特海（Alfred North Whitehead）诊断出他所称的“错置具体性谬误”（the fallacy of misplaced concreteness）的弊病；它是在推理之中发生的一种错误，把形式的、抽象的东西当成实在的、具体的东西；也即，理念的被当作真实、实在的东西。[②]怀特海对历史和这

（接上）哈道特在这里引《斐多篇》作为精神修炼的例子，展示与众不同的哲学生活方式。但是柏拉图这篇对话不仅明显诋毁人修养活动中的身体和感情的作用，而且提倡一种个人道德观，讲的是外在性、妄自尊大的个体人，而不是内在性、身处本然关系的、需要对他人情况做出反应的人。这种假设推定性的哲学生活方式，明显不同于我们在儒家哲学中发现的哲学生活方式那种美学感、整体观和容纳性。儒家哲学不依赖事先预设法则与原理之上进行论证的权威性，而是努力争取平凡生活的不平凡，做法是实验性地让潜在能动得到最佳的发挥。

我发现在对哈道特的这点批评上，安靖如（Steve Angle）对儒家“圣人”的比较哲学研究，恰好与我的观点相合。安靖如指出：

> 古希腊的圣人概念往往与神性理念绑在一起，神性是个全善尽美境界，在人世之外。只有神才具有真正智慧，而人只是可以、应该努力去追求智慧（sophia）；这样做的人才是“爱智”，称为“哲学家”（philosopher）。由于这些个体人热爱和追求的东西是与有限之人的知识根本不同的，希腊理论家基本都认为，有这种追求，须与日常生活相分离。他们主张，人们应通过精神修炼，越发以一种吸引力量接近神性智慧，达到对他们生命的塑造。对很多哲人来说，最美好的生活（快乐的生活称为eudaimonia）便是冥思（theorie）。〔Angle（2009），第18—19页〕

安靖如还讨论了亚里士多德的“phronimos”——拥有实用智慧的人。这是个明显有很大差别的理念，与“philosophia”难以兼容。“phronimos”不含儒家的“仁者”“君子”“圣人”三种范畴之间的联系，不分性。安靖如引余纪元的话说：

> 亚里士多德认为，履行实际的自我不会导致履行理论的自我，反之亦是。这是两种不同的人生模式，二者不可互为替代。亚里士多德将实现理论的自我列于实践实际的自我之上。相比之下，对孔子而言，只有一种延续不断的过程是理性自我的发展，在此过程中，一个人的道德品格是持续深化、完善的。

① 或许可作为一个论点提出，即20世纪哲学的变革在很大程度上，仅是以实用主义、诠释学、应用伦理学、存在主义等这几个例子为主要思想运动的，也是一种汇合起来要求恢复“智慧”地位的努力；这样一个曾以“智慧”作为价值的传统，后来对抽象、理论东西投入得太大，而把人的普通生活经验当成代价。

② 参见Whitehead（1979），第10页。

一“致命病毒”的后果做了回顾，认为它变成人对联系性内涵应有认识的束缚，使人看不到它的内在性、本然性和丰富性。他批评柏拉图、亚里士多德与伊壁鸠鲁，认为他们“对抽象化之祸”（the perils of abstraction）无感觉，将知识设定为封闭的、完整的，事实上对日常实际事物上获得智慧的可能性采取屏蔽态度。怀特海的说法是，同这些伟大人物具有分不开的关系的西方“思想史”：

……是一个振动性披露与窒息性封闭的悲剧混合体。在完全知识的确定之中，一种“穿透感”丧失了。这种教条主义是求知的反基督。在事物的充分、具体连接中，事物的品性也连在一起，进入连接的品性当中，连接本身与事物成为一体。[①]

怀特海这里讲的“穿透感”，是他对预设推定确定知识的妥协而言的；“穿透感”是能动的向前，向前之所以可能，是基于众多的特殊的具体物间与其自身的丰富联系。其实，对怀特海来说，智慧本源与实质恰恰是修养 P10
而来的，是能够创造运用人对事物最恰当互相联系认识的程度。

怀特海以“友谊”为例对关系进行阐述，关系是两个不同品性人之间相互牵涉之本然。真正意义的友谊之所以延续，在于“充满活力的坦诚”，表现为二人丁实实在在意义上的相互“欣赏”，即因为这种友谊，二人相得益彰，美美与共。重要的是，成就这种朝气勃勃的友谊，并不是以牺牲二人的特殊性与整体性为代价的，反而是因友谊而获滋养。这里所说“整体性”，既指朋友各自的禀赋特性，也意味着源自友谊的“合二为一”。这个“整体性”同时也是实在关系的内涵与宇宙意义之始源。在友谊形成的成长中，最根本的是友谊成长的不断充满活力的形态，它才是最实实在在

① 参见Whitehead（1938），第58页。

的东西，这种形态将人视作互不联系的个体，成为一种虚构的抽象。

将关系视作内在、本然与丰富的这种认识，是怀特海所说的“审美”意义，而非“理性”意义秩序。怀特海认为，任何美感成就，都是对特殊细节最全揭示的追求，是发生在效果整体性上的；在这种情况下，它是友谊本身的“连通性”[①]。倘若预设推定“知识”是在对一些抽象、普适真理演绎理解中发现的，那么，“智慧”源头的最终所在，则是在使具体关系和谐化的务实与非理性美学努力中、在充分发挥关系的丰富性中发现的。对怀特海来说，“真正的”智慧是在“真正的”友谊之中找到的。

怀特海严厉批评古典的希腊审美观念，说它对特殊性细节与取得和谐之间所应有的平衡性失去了眼界：

> 对希腊艺术的欣赏，总有一种挥之不去的渴望，翘望细节显示一种野性独立，摆脱那种压抑性的和谐。任何最精美形式的艺术之作，都成就一种令人惊叹的平衡感。整体展示着它的组成部分，每一组成部分都显现自己由此得以增加的价值；部分构成整体，整体超越部分，
> P11 而不是对它们造成损伤。[②]

如果我们转到什么是做人的最高境界的问题，我们会发现，人的关系的开放性使某一家庭、某一邻里闾巷充满意义。或者更生动地说，人的关系的开放性使在根本上交织不分的关系呈现一种“意义生成”之状态（meaning making）。任何将“和谐”视作以牺牲特性之展现为代价、作为“达到一致”的要求的看法，都是对获得智慧可能性施加限制；一点也不夸张地说，这甚至会是对生命的威胁。怀特海指出：

---

① Whitehead（1938），第60—63页。
② Whitehead（1938），第62页。

我们的生命是在开放的经验中流逝的。失去这种开放感，等于我们正在失去作为灵魂才有的基本属性。我们是降低自己，只为与过去统一而保持一致。完全的统一一致意味着失去生命；剩下的不过如同枉然存在的非生物体而已。①

这里怀特海讲的根本道理是，通过关系的最恰当对待而实现积极有益的和谐性，实际就是共享的、愉悦的智慧，它只能在特殊而又关系交织的人的实在、相互性经验中呈现。在这个意义上，智慧永远呈现为多向的而非单向的，互系的而非单一的，开放的而非封闭的。智慧首先是具体的、局部的，只有这样，才能作为一种有作用的知识具有可抽象性。

现在我在比较哲学意义上对上述观点做个简洁梳理。细节之间表现差别，对于实现真正非理性美学和谐，是一个关键因素；以牺牲差异性为代价对共性做夸张性的强调，恰恰对取得实在和谐的可能性造成威胁。其实，实现与维持一种健康的和谐，有赖于差别的、持续不断的、有效的相互联系。虽是这样说，怀特海并非是以具体细节取代它们的抽象秩序。他反而提倡恢复具体与抽象之间适宜与容纳性的平衡，从而弥补古希腊形而上学那种变得不适宜地强调后者（抽象）、牺牲前者（具体）的缺陷。②

当我们继续探讨儒学道德人生观时，会发现西方哲学以强调抽象和不偏袒作为伦理裁决标准的倾向，而儒家哲学是以强调更多眷属情怀、偏袒 P12
之心作为道德意识来源的倾向，二者之间需要说通的东西应是不少的。其实，正是这种被“强调点”的差别，预示着在世界文化秩序的重塑中，儒家思想将起到重要补充性作用。

---

① Whitehead（1938），第62页。

② 无论如何，毕达哥拉斯对抽象数学有巨大的贡献。其实，在苏格拉底看来，哲学的问题恰与怀特海所说“错置的具体性”相反——他认为和谐的不平衡导致了重具体、轻抽象问题。苏格拉底认为，毕达哥拉斯的达到平衡思想，出于他要求具体事物做到和谐的情感意愿，但它不过是一种听起来好听的辩论家“智慧”，象征大多数的意志，诉求是将抽象原理视作调控性理念。

第四节　启蒙运动的“理性”：西方内部的批判

莱布尼茨欣赏两个世界的不可同日而语的差别而又互补的价值。两个世界：一方是欧洲的演绎理性主义，另一方是儒家从下到上的非理性美感主义。很是遗憾，莱布尼茨的“欣赏”态度，在大多数工业革命继承者们的身上找不到，在他们眼里，启蒙运动“理性”才是城里的唯一游戏。确实，现代欧洲对儒家传统的理解在19世纪与20世纪变了，基本上是把儒家文化放进一种儒家原本没有的理念主义框架中去看，并在之上强加了欧洲自己的从上到下的假设推定，因而很大程度上，儒家文化变成了一幅被扭曲、讽刺的漫画。黑格尔就是一个典型例子，在辩证法驱动的目的论中，他用“理论—演绎法”去认识伦理学以及几乎所有问题。在他眼里，中国人不仅不道德，而且没有是非概念。中国人没有任何的“个人独立”意识，所以不能为自己确定任何道德戒律的权威。黑格尔以为，对中国人来说：

> 道德判断与要求是以法律表达的，但也因此，个人意志是接受作为外来力量的法律控制的。个人禀性、良心、形式自由，没有一样是被承认的。正义的执行只是于外在道德基础之上。政府只是作为强制性特权而存在……道德在东方也同样是个正面的法律问题；而且，虽然道德方略（他们伦理的本质）可能是完美的，但个人内心的感悟应该怎样，是个外在决定的问题……我们服从时，因为被要求做到的是由内在的认可确定的；这时，法被视作必然的、绝对有效的、无半点有
> P13 待于个人意志来确认之义。[1]

① Hegel（1956），第111—112页。

将中国道德观理解为纯粹客观的，不讲任何个人内心认可的看法与黑格尔对康德“道德律”（moral law）的批评一致，说它过于抽象；康德“道德律”意在对人自然道德的直观表现实行公式化，做法是以假设使纯粹理性思想得以应用，不以具体信仰、社会机构以及传统做依据。尽管它们对塑造人们思想起到作用，然而黑格尔始料未及的，儒家的“礼”与“法”（law）是根本不同的观念，它远不是那种外在性道德力，而是需有一个施用、个性化和内化过程要求的——我们发现这一灼见在莱布尼茨那里是有的。以礼法实现治理，才是为社会提供自治秩序基础的深思熟虑策略；其实，恰恰是这种个人亲身认证，排除了任何对外来强制政治的需要。①

不管怎么说，黑格尔心目中的东方专制主义形象，一直到今天还有很大的影响，依然是对东方阐释的框架；东方专制主义，即一切权力在皇帝一人手里，它构成中国历史、政治和哲学——这深深影响西方学术界的认识。②更有甚者，启蒙运动对秩序本质的预设推定，向人们授意以中国专制主义作为解读，也给西方哲学史本身造成后果；它造成比简单解读问题严重得多的问题，造成对中国文化传统整体结构性的误解。其实，问题已变得比这还要深得多，以至于20世纪西方哲学内部，已酿成一场迅猛的革命。

莱布尼茨固执的理论——演绎科学价值观，已成为欧洲自我意识特点的烙印，形成一种根深蒂固同时也是谬误的思维方式。20世纪，随着西方哲学叙事进入自我批评时代，这种思维方式越来越成为抨击对象。威

---

① 参见《论语·为政》“道之以政，齐之以刑，民免而无耻；道之以德，齐之以礼，有耻且格”。社会自治的理念以推动人的廉耻感而实现。

② Paul Cohen（1984）指出，战后美国学术界对近代中国历史发展持有“影响—回应”与“传统—现代化”两种西方中心论的认识；这是一个绝好的例子，反映出黑格尔式的对中国文化的解读，其力量和影响多么大，仍明显地存在于对现代中国历史的研究中。还可参见Hall and Ames（1999），在该书中，我们认同柯文此种对中国历史认识的批判以及他主张以中国为中心的研究方法，并在此基础上做了进一步分析。我们也不同意现代化等于西方化的流行提法，但我们同时认为，只承认中国文化内部动力，就在关系性上认识问题而言，这种解释还不是足够的。就是说，我们坚持重申“东方化”的重要性，因为在中西方文化之间互相依赖的关系论述中，它是个重要因素。

廉·詹姆斯（William James）就是个例子。他原是艾默生（Ralph Waldo Emmerson）重视过程与特殊性思想的继承者，但他担心用这种精加工的理性主义方法探究世界，对它投入如此之大得到的后果而搞出的哲学，终是如同“一种山丘上闪光的大理石神殿”[①]：

> 理论性转动的头脑，总是倾向将它考虑的物过分地简化。这就是一切绝对主义和片面教条主义的根源，绝对主义与片面教条主义，不
> P14 仅在哲学，也在宗教内无处不在。[②]

实际上，詹姆斯是个过程哲学家，主张克服对“物”的质性认识，途径是对“物”之间出现的结合与转化，也要给予同等地位重视；他还指出，每一句话的完结，都应该以“以及……”收尾。这对一个把哲学定义为“特别固执的思维清晰的努力”的哲学家而言，詹姆斯的“清晰”概念是不简单的。其实，对人类经验复杂性心怀尊重的他，其挑战是针对理性主义，这是他视为自己所做的核心哲学贡献：

> 让模糊性和不可言传性的东西回归到它在人思维活动中本应在的位置去，这是我如此急切地强调让人关注的。[③]

理性主义根深蒂固偏见的现实残余看起来还活着，并且充斥于我们今天哲学的话语中。罗思文评价当今权利话语、探讨对“人”认识概念的其他选择时，邀请对宣扬抽象、理性主义互不联系模式的“人”的概念具有限制的非西方传统文化出来说话。他说：

---

① James（2000），第15页。
② James（1984），第222页。
③ James（1892），第165页。

首先，把人视作自治、理性个体这种认识，恐怕在世界上相当数量的人眼里，简直就是错的。用的是意义贫乏（根本就是官僚主义）技术性词汇，强调的是法律、抽象逻辑、政策陈述编制，运用的全是没有道理的假设性例证，那么应该说，当代以权利为说辞的道德和政治哲学家，与有血有肉的人的真实希望、惧怕、欢乐、悲哀、所想和所行，都已不再有什么关联。从笛卡儿时代开始，西方哲学家们日益抽绎出一种与真实人相脱离的纯粹认知活动；并且认定，这种通过与肉体相脱离的“思考器官”使用的逻辑推理，是个体人的选择、是自治本质；在哲学上它比实实在在的人更根本，因为实实在在的人，只是作为他们是谁的偶然存在形式，因而不具有哲学重要性。①

罗思文这段话告诉我们，西方哲学界对于莱布尼茨式理性主义各种形式的盲目服膺、严格遵循，不过是个理性的败笔。这种败笔那么普遍、那么顽固地被哲学精英们演练。约翰·杜威（John Dewey）是对这种“畸形专业”最早且持续进行批评的思想家，并将它“誉”为“顶级哲学谬论”（the philosophical fallacy）。简单说，“顶级哲学谬论”就是对过程结论进行的预 P15
设推定，作为那个过程的前提；只要我们明示什么“原理”可从变动不居经验中获得认同、被孤立、可抽象，不论时代的，可被不断重复性运用，从而理性化成一种“永远—发生”历史。杜威早就发现，作为一种“哲学思维之最无孔不入谬误”，它毫不理睬经验的历史性、发展性和时空性的错误。在他看来，这种方法论的问题是：“从有机体中抽象出什么元素来赋予它含义，把它定为绝对性。”此时又开始把这一元素尊为“一切真实与知识的起因与根本”②。

① Rosemont（1991），第62—63页。

② Dewey（1969—1972），卷1，第162页。关于“顶级哲学谬论”历史，参见Tiles（1988），第19—24页。

这一谬误的明显例子，是经验论者认为：赤裸的感官材料才是知识之开端，而不是在原始感觉整体性上加以构造的仅为抽象的东西。谬误也表现为理性论者的偏见：认为通过对存在不确定性方面的控制而赢得的一致性与稳定性，是人实践的基础，而不是它的结果；这正如一个由一神建立秩序的宇宙，被设想为是人与社会的秩序模式而不是相反的模式。可以确定地说，我们把结论安排在前提位置，就是一个“顶级哲学谬论”。正如好奇的旅游者琢磨，为什么美国内战中那么多战斗都是在国家公园里发生的？[①]

事实上，作为哲学研究者，工作责任要求我们去提醒人们警惕一切形式的谬误推理。可是，就像一个牧师那样，周日还在气势汹汹地责骂一种罪过，周一他自己就去犯这种罪过。即使我们自己，也很少能绝对地从谬误思想的坏习惯中解脱。谬论有时是被“礼貌的阴谋”(polite conspiracy)忽略的——例如，如果人们不在乎本书的作者会把最后几页调用作“前言”；还有，我们将希腊早期思想家称为“前苏格拉底哲学家”，给人印象好像是他们不可避免地以某种方式，曾提前想到过后来迷倒城市广场赤脚哲学家们的那些问题。这两个例子的“结论—前提”错置谬误都是无意也无害的。

另外，因为避免这种谬误(即把经验后果错置为前提)极为困难，我们或许也常常对它视而不见，不认为它有所不当；正如威廉·詹姆斯引述
P16 克尔凯郭尔(Kierkegaard)的话说“我们是生活向前，但是理解倒退”[②]。还有，在刘易斯·卡尔(Lewis Caroll)的《镜中缘》(*Through the Looking Glass*)里，白王后对爱丽丝说：“只向后看不过是可怜的记忆。”博赫斯(Jorge Luis Borges)也担忧——当我们对过去进行理解的时候，经验结果怎

① 译者注：作者阐释什么是前提、结论颠倒错置的“顶级哲学谬误”，将它比喻为美国内战战场与后来将它们变为国家公园；这个前因、后果顺序，如果旅游者不明白，则会提出谬误的问题，即美国内战为什么选择在国家公园进行。

② James(2000)，第98页。

么总是被端出来；他的结论是“生活在本质上即时代错置”。

究竟什么时候会导致人们犯“顶级哲学谬误”的条件，对这个问题，当然也像对几乎任何问题一样，哲学家众口不一。具有强烈本体论倾向的人，从认识秩序与本质存在秩序的二分看问题会申明：把“唯一超绝本体存在”(being)置放于世界“万象的存在”(beings)之前，“唯一超绝本体存在”通过“万象的存在”得以体现，是永远没错的。而持目的论的人，可能在什么“遥远神性事件”中发觉“认识之根据与目的”，或者预先想到的是，“已生就”(ready-made)的人，他的完美性要通过本身潜力“实在化”(actualization)。

对“顶级哲学谬误”，我可举出许多例子，当中更具危险的是那种时代错置谬误；“错置时代”就是从某一种理论的特定建构出发，狭隘、倒退地解读历史，最后在历史叙事起源处找到，不是别的而是对那一历史叙事反思的结果。这是“目的论”编纂史的偏见：比如黑格尔学派的、基督教的，其实还有科学的。与“倒着读历史”谬误并行的，还有一种“横着读历史”的神话。[1]就是说，有一种信仰普遍流行，以致引发误解，认为社会机体(如家庭)在全世界范围发展都是一个模样的。我们所设想的家庭，作为我们经验中的一个社会机制，已经从更压抑性的变为更解放性的了。通过对其他世界各地家庭“原始”形态的研究，我们能获得对西方家庭进化的了解。马塞尔·莫斯(Marcel Mauss)是这样理解神圣的启蒙运动的“人”概念的；在与其他传统的“人”观念的联系上说，这是个非常艰难地建立起来的概念：

> 由简单化装舞会(masquerade)到面具(mask)，由“角色”(personage)到“人”(personnel)，再到名字，再到一个个体的人；从

① 见Madsen(2003)与Thornton(2005)。

> 一个个体人到一个具有形而上、道德价值存在（being），从一个道德意识到一个神圣存在；又由一个神圣存在到一个思想与行为的根本形式——这套程序如此告成。……这样的程式，只是为我们、为推行到我们身上。乃至它的道德力量——“人”（personnel）的神圣特性，也
> P17 遭到质疑，不仅是整个东方（它尚未达到我们的科学水平），甚至在发现这种原理的国度，也被质疑。我们大规模拥有的财物需加以保护。这一理念，会与我们一同消失。①

这样的启蒙思维往往自视高尚，将其他传统的对人经验做出梳理的方法不屑一顾地称为“雏形的”或“前理性主义”，最后实际给予“传统的”定义，褒义一点就是“前启蒙的”意思，贬低则变为“尚未启蒙”的意思。

这些“顶级哲学谬误”的形式，不仅是更有害的而且是最难避免的。毕竟，谁要想在建构历史叙事上使之有某种连贯性，就得依靠一些含义模式。这样，对自然必然性的预设推理就会得到提升，抽象模式就会成为系统知识的推定对象。不管怎么说，杜威很久以前就看出的“顶级哲学谬误”今天已变成我们的哲学问题。西方哲学领域内部，在诠释学、存在主义、后结构主义、现象学、后现代主义、新实用主义、新马克思主义、解构主义、女权主义等旗帜下，内部批判矛头继续指向“顶级哲学谬误”；共同的矛头所向是罗伯特·所罗曼（Robert Solomon）称为的“超绝虚构”（the transcendental pretense）——“顶级哲学谬误”变成了各种不同形式：神学本体思维、理念主义、本质主义、形式主义、客观主义、原教旨主义、结构主义、超绝主义、绝对主义、逻各斯中心主义、主导叙事和“所予的神话”（the myth of the given）以及系统哲学旋转木马上的一切此种原则性的主张。②

---

① 原英译来自Carrithers et al（1985），第22页。

② 我将在第五章回到“顶级哲学谬误”这个问题上来，我不赞成把我们理解的儒家经典宗教感坚持暗喻为是注入一种超绝主义。

第五节　儒学的“局限”

我在下面对儒家身份伦理的探讨中，会讲到儒家思想人生观的局限性。不过儒家伦理的局限性不是“顶级哲学谬误”（以诉求预设推定性道德原理而达到理想化的伦理生活）这种问题。很久以前，莱布尼茨就首先发现，如果不是要到儒家文化那里去找抽象道德理论，我们对儒学的看法就会恰当得多；我们该关注的，是它所有的对人们日常生活的激励能力，而且是它在“成千上万人中间”成就的一种宗教性精神。这种精神的质感，远比 P18 “我们宗教秩序的创始人所成就的”[①]更优异。在莱布尼茨看来，儒学对世界文化的潜在贡献在于它的人生哲学的各种共生层次：伦理、社会与政治哲学以及宗教哲学。

我们这本书要做的不是一味翻来覆去地歌颂儒学。众所周知，在长久历史过程中，儒学价值一直经历跌宕起伏的变化，它经常遭到贬低，正如同它经常受到赞同者颂扬一样。在很大程度上，我们可以说，中国历史从未出现过（恐怕也永远不会）像儒家经典中描述的那种崇高境界；其实孔夫子本人生前也悲怆地感叹：“吾未见好仁者！”“吾未见刚者！”[②]可想而知，自他的时代到今天，曾达到过孔夫子崇高要求的好仁者与刚者，人数不会很多。[③]

从内部看，儒学也常被统治者利用，引起阶级分化或男女地位不平等。中国数百年间出现过不少专制暴君，在儒家伦理名义之下，世代实行压迫。中国家庭出现的父权制，经常把内涵丰富的“孝”观念简单地执行为对成年男子的盲目、绝对服从。儒家思想因此而遭到贬斥的情况一直延续到今天。其实，今天如果看看新加坡政府那种家长制恩赐式态度，我们会发现

---

① Leibniz（1994），第46—47页。

② 参见《论语·里仁》“吾未见好仁者”；《论语·公冶长》“吾未见刚者”。

③ 参见Hall and Ames（1987）第六章和Rosemont and Ames（2008）“绪论”，其中有类似论点。

它已经把本来充满活力的儒家传统变成了枯燥教条，将一种灌输性政治意识形态强加给无辜的小学儿童，使之成为正统道德教义，这表明儒家传统存在价值自损现象。[1]

儒家哲学也曾因外部原因而使自身价值受损。这种情况发生在儒学被介绍到西方学术界的过程中。很多儒家哲学的关键词汇与术语被强加上它自身原不含有的亚伯拉罕宗教价值观，结果在很多人眼里，儒学被简化成不过是一种天性贫血的二等品基督教。看看标准公式的翻译：“天”译成heaven，“礼”是ritual，“义”是righteousness，“道”是the way，“仁”是benevolence，“德”是virtue，“孝”是filial piety等。所有翻译为西语的这些语汇，一起唤出一个预设建立的、单一秩序的、神授的宇宙。它由正义的
P19 上帝一手指挥，激发人类的信仰与服从意识。

有些学者后来做过一些努力，要把被植入基督教土壤的儒家思想挽救出来。不过效果经常是透过东方主义的棱镜重建儒学理念和价值观；这样做在外表上保存了儒家哲学一体性，但阉割了深刻的宗教性一面，将它简化成一种世俗人文主义。这样可能更糟，因为把儒家文化在哲学意识方面的包容和权宜态度解读为是无结构、不确定性的。诠释者习惯于将儒学的整体性意识简化为神秘主义或隐秘主义。

这样一来，学者们要么过分地以基督教要么过分地以东方主义解读儒家语汇，造成儒学研究在西方高等学术内部处于宗教学系和地域研究院系，而并没有在哲学课程设置中占据一席之地。在书店里，儒家典籍译书地位也被降低，只是在“新世纪”或被疑为“东方宗教”之类的书架上陈列。[2]钱穆一度想要对重要儒学术语做更细微、妥帖的解释；他很肯定的一点是，

---

① 见Makeham（2008）。

② 译者注：“新世纪”指神灵或非科学活动，如打坐、占卜或替代性医药和从事这些活动的人物。在美国，此两类范畴深受传统学科学者的歧视甚至蔑视，往往被视为非主流且学术价值不高的异端邪说。

儒学词汇表述的是特殊、深刻的儒家人生观视野，是人们在其他语言中根本找不到对应词汇的。[①]钱穆这个论点的提出，并不是一种文化纯粹主义和语言不相通性的主张；相反，他认为如果有恰到好处的揭示阐释（这是对本书非常期待的效果），儒家世界是可在很大程度被外面的人“欣赏”的。这是钱穆为一个独具特色与价值的传统所做的申明；在他看来，这个传统所拥有的术语是它自己定义的，这个定义是传统的人经过数千年的生活经验得出的；他预料了我们必须面对的现实困难，就是要在别种语言之中，回避它们表述的本质性意义与解释，努力抓住儒学语汇深刻性与内在联系性的含义。

第六节　比较文化研究归纳概括方法的必要性

今天，儒家思想自身价值进一步受损的原因却来自本不该来的地方——对儒家传统本来做严格诠释的人们，有些人甚至跟钱穆一样，是致力于弘扬儒学传统价值的，但在根本上不同意钱穆所提的“文化翻译之难题”观点。P20 我想对在这个难题上持不以为然态度的一些当代学者讲点不同看法：我赞同莱布尼茨与钱穆都做过的、我们今天能看到他们对文化研究的厚重归纳概括；我感到，如果我们尊重对不同传统之间呈现的深刻差异，如果我们怀有意愿，要尽最大努力避免贫乏无力的文化简化主义，那么就应该承认，他们做的是十分必要的。

一些汉学家认为，要做得好，我们就不能对中国历史和文化笼统做归纳概括。其实，金鹏程（Paul Goldin）指出20世纪不少杰出汉学家所做的是“现代版东方主义”；为了理解中国文化，他们特意提供了一个语义环境。他认为这些学者“为陪衬物化的西方而也把中国物化，作为一种对立相反

① Dennerline（1988），第9页。

视域，提供（中国）思想习惯与（西方）思想模式的一个反论性例证”[1]。作为另种选择，他说：

> 如果有一种归纳概括对中国有效，那就是中国是概括归纳不了的。中华文明太大、太复杂、太古老了，根本就没有什么能对它施以归纳概括的确凿基准。[2]

而我认为，这个方法也追求实证阐释的客观性，提倡的无外乎还是天真的实质主义。希拉利·普特南（Hilary Putnam）干脆彻底拒绝这种极端性实质主义，他不仅排斥这种想法——我们对于思想会达到一种独立性的实在认识，也排斥这样的想法——一个认识客体会事实上构成实在。他指出：

> ……我们称作“语言”或“理智”的这种元素，深深地渗入“现实”中，以致我们对自己要进行表述这个工作，将自己作为“独立于语言之外”东西的成像者（mappers），一开始就是子虚乌有的事。就像“相对主义”，不过形式不太一样，“实在主义”根本就是白费劲，是提倡一个从“无视角”观察而得的世界。[3]

普特南继续论述，这样一种人对自己环境的渗透和改造，延伸为人的着眼处和人对自己所处世界抱有的价值观，它要求人要接受自己的反身思考力，也即，作为“‘存在’就不可能没有一个不反映我们自己利益与价值
P21 的世界观”[4]。

---

① Goldin（2008），第3页。
② Goldin（2008），第21页。
③ Putnam（1990），第28页。
④ Putnam（1990），第178页。

在本书第三章讨论中，我们会发现，儒家“体”（体现经验）和“礼”（追求人身份与关系相适宜的礼仪行为）与普特南说法不一样的地方只在于儒家更为彻底，它超越20世纪哲学关注的“语言”和“理智”问题，强调整个身心的人都参与（作为经验的）同化与改造世界的过程。我们进一步指出，思维和生活的文化差别对这一改造过程是根本性的，它关键地影响着我们在应如何阐释其他文化问题上可能会有的意图。

我们探讨其他文化传统，应带有什么样的企图，是必须要有自我意识的。一些有自我意识、对他们自己伽达默尔式“偏见”保持公平态度的阐释者还是失败了；他们的申辩理由为他们依靠的是“客观性”词典。但事实是这种词典本身已具有严重的文化偏见色彩，所以它不是一次而是多次欺骗读者。就是说，词典不仅不能向读者提供词汇在文体中的实际语义，而且还大言不惭地指鹿为马。

诠释工作应有的自我意识，不是要去有意地扭曲中国哲学传统和它的过程性宇宙观，而是要恪守它的基本前提。正如每一代人都对早期思想家选择继承，重新按照它自己需要的样子塑造他们，每一代人也是按照自己的需要，对世界哲学经典进行重新建构。我们也一样，都是逃脱不了具体时间、空间的人。

同那种自认为是从“无视角”观察世界的幼稚实在主义相比，我想指出的是，永远处于呈现、形成状态的文化词汇大树，它本身根植、成长在深厚的、相对稳定的沃土中。它是从未被宣布的、世世代代积淀而成、渗透到语言、习惯和动态传统生活形式中的想法。

我还想进一步说，不承认文化基本特点的差别，将其视作过去那种反对“本质主义”或“相对主义”或“东方主义”原罪的屏障，本身并不是无辜的。其实，颇有讽刺性的是，对文化归纳概括持如此敌意之感，所导致的正是对自己偶然性文化的预测推定，所做的正是失去批判力的抽象本质化，导致的正是使它们暗暗地渗透到自己对其他传统的思维与生活方式

P22 的解读中。[①]

这个道理换个方式来说，即我坚持要说，比起对文化努力做负责的归纳概括，唯一更危险的是没有能做出负责的归纳概括。归纳概括没有必要非拒绝欣赏传统文化的丰富性与错综性。实际上，恰是有归纳概括才可真切细节，通过归纳概括为笼统的历史发展提供内容的丰厚性。我们做文化比较工作，除了开放阐释的途径，没有别的选择，也即，随时准备对曾有过的临时性一般判断进行修改。这种修改是根据阐释框架之内越来越多细节获得解读与理解之后的新信息而进行的。哲学阐释者必须让研究中国哲学的学人意识到，造成中国哲学叙事与西方很不相同的是那种整体的、不同寻常的思想路径；正是这样的路径提供哲学词汇的喻义，确定其语义特征。

路德维希·维特根斯坦（Ludwig Wittgenstein）所言“语言的界限便是我们世界的界限”，如果是真知灼见的话，那么或许我们为了准确、深化与促进理解，需要加强语言，使文化的归纳概括得以运用。举一个人们熟悉的例子：我们都知道，如果做到了对古希腊词汇有充分细微差别的理解，比如说logos、nous、physis、kosmos、eidos、alethea等，我们就能搞懂笛卡尔，而且至少在某种程度上，能对古希腊经典有整体感，对它进行更深刻的阅读。如果能归纳、整理出查阅中国古文献都可运用的一套哲学关键词汇表，我们就很容易在古文献原始的思想视域里，确切辨识这些经典文献的含义。确实，如果我们要想探求和确切了解儒家的身份伦理学，确实有意按照它本来观念的意义接受这样一种人生观，我们就会很需要这样一个词汇表。

我们深化理解儒家身份伦理词汇的特殊思想路径，难道是一成不变的

① Goldin（2008），第2页注6中赞赏普鸣与浦安迪的研究，因为他认为两位学者同他一样，都避免做归纳概括。下面第五章本人将以浦安迪的《中庸》译文做适当例证说明，使用文本却对文本的阐释域境没有充分重视，会发生把自己文化的预设推定误读到文本中的情况。

吗？这种问题是违反中国过程性宇宙观的，是以表述它的语言为基本前提的。最近，特别是在中国古代汉语问题上，葛瑞汉（Angus Graham），一个非常杰出的汉学家指出，古代汉语是表述互系不分宇宙观的万物变化状态，“它的句型结构把我们带进一个过程的世界，对于过程，我们问的是‘根源何处？’因为过程是动态的，也问‘什么时间’”[①]。因为这个原因，我一直认为，对中国文化的一种整体性、叙事性理解，会远比分析方法对它深层文化思想路径更具有揭示性；因为单纯分析方法是把分析对象孤立化、去域境化，但是对象本身是脱离不开时间、地点及具体情势的。我们知道解读《易经》，对于“变”和“通”，态度都得是积极的；“变通”即中国哲学的叙事内涵，不是对它俩搞“二选一”。 P23

过去100多年间，在允许中国哲学有它自己声音的长期努力下，一些优秀的中华文化诠释者一直在为阅读中国经典建构一个阐释视域而进行坚持不懈的努力。建立这个阐释视域的第一步，是澄清那些文化预设推定想法，我们常把这些预设想法带到中国经典的阅读中；然后阐明那些不同寻常的中国宇宙观想法，讲述它们如何构成与西方哲学叙事的反差特点与不同。近些年来，一些发表的学术文章阐明学术争论：人们致力于寻找永远的不完美，但经常又是对同一些人所做归纳概括进行支持论证，这能有什么价值？

举个例子，在普鸣（Michcal Puett）的专著《成神：早期中国的宇宙观、祭祀与自我占卜》（*To Become a God: Cosmology, Sacrifice and Self-divination in Early China*）中，他详细讨论了一些早期汉学家的努力，然后把他们的努力撇在一边，提出一个关于阐释中国古代文献及导致这些文献所处时空场合历史事件的文化框架。

---

① Graham（1990），第408页。

普鸣将其中一流中国文化诠释者分为一组，说他们属于“进化论类型”，其中包括马克斯·韦伯（Max Weber）、冯友兰、卡尔·雅斯贝尔斯（Karl Jaspers）以及现在的罗哲海（Heiner Roetz）。根据普鸣的看法，这组学者的共同特点是将一种普适理性视作“黄金标准”，然后对照着它来衡量中国文化的发展程度。最后这些诠释者分成两派：一派声称中国的文化发展也是经过从原始理性到理性阶段的转变；另一派则对这种说法表示怀疑。普鸣认为，雅斯贝尔斯是这个进化论组中影响最大的代表人物，因为他提出，“超越”理念的出现，创造出一个意识的普适形式。在《历史之起源与目标》（*The Origins and Goal of History*）一书中，他论述“轴心时代”（公元前800年—公元前200年），提出在“轴心时代”人类才第一次体会
P24 了“自我深处的绝对性与超越的理性”[1]。一些哲学家拥护这一观点，将它视作普适性历史。他们声称，不同传统中间有一个普遍意识出现，而不是各自生成的思想构成它们的独特性。确实，当看到雅斯贝尔斯认为的无论历史“源起”还是历史“目的”全是先验决定的。令人奇怪的是，雅氏这一论点，在什么意义上能算是具有“进化”意义的论点？“进化”指的是开放、绵延不断与偶然性的演变过程，其中贯穿着基因漂流、新生物的自发呈现、创生不可预料性的混合形体。雅斯贝尔斯论述的不是这个，而是一种普适性的历史观教义；讲的是通过一种必然性不可避免的趋同程序，是一个意识的普适形式出现。这才是我们所熟悉的对目的论必然性推动历史的意念化。其实，要是我，我会把这组理性主义者的概想称为一种“文化本质主义”；虽然考虑到他们的普适主义招牌，也还是跟种族中心主义脱不了干系。

然而普鸣已选择另一组诠释者，给他们定性为“文化本质主义”，这些人是葛兰言（Marcel Granet）、牟复礼（Frederick Mote）、李约瑟（Joseph

① Jaspers（1953），第2页。

Needham）、葛瑞汉、张光直、郝大维（David Hall）与安乐哲。[①]这一组诠释者相同的地方是，他们都坚持认为如果要想理解中国那种整体性的宇宙观，不能忘掉的是那种非同一般的、永远变化着的思维方式。另外，这组人还主张，这个生生不已的中国宇宙观展示的世界是自然主义的、自动生成的、自我赋义的世界，而不是必须依赖一种外在形而上学的原则，作为它单向的秩序源头。

葛兰言是最早倡导这一观点的汉学家，我们不妨以他为例。据普鸣所说，葛兰言努力维护中国哲学，说它是切实可行的对人的经验做出梳理与解释的方法。葛兰言的“论据作为这一哲学的基础，是一个与在西方占据统治地位宇宙观迥然而异却又同样重要的宇宙观”[②]。葛兰言分析、阐述了早期中国宇宙观的条件特点，他强调“人世范畴之外，不存在什么超越原则的世界”[③]。普鸣进一步认识到，葛兰言并不是把这些宇宙观意义只解读为汉朝时代的一种特殊历史发展，而是将它视作中国人思维的总体特征。……然后，葛兰言用了书*La pensee Chinoise*的最后四分之一部分，从 P25
孔子开始，逐一对思想家进行分析。他的分析显示，每一位思想家为建构“这一中国宇宙观”，都完成了自己特殊的方面。换句话说，葛兰言“没有

---

① 本杰明·史华兹（Benjamin Schwartz）很著名，他的学生喜欢他，记得他印了一种T恤衫，正面的字是“on the one hand”（一方面），背面的字是“...but on the other”（另一方面）。的确，普鸣也认为史华兹“在两种概想范式之间保持了微妙的平衡”〔Puett（2002），第11—13页〕，两个概想范式即“进化主义”与“文化本质主义”。但是因为简化论的理性主义方法否认整体宇宙观的可能性，所以我把史华兹归到第二组。史华兹认可雅斯贝尔斯“超验”这一概念，但后来对这一词的含义进行彻底修正，使它适合于中国的整体性宇宙观。史华兹把超验定义为“这一时间的”，这样就可以最好地与“内在的、宇宙的与社会的秩序”联系在一起。史华兹接受把中国宇宙观也说成“理性主义”特点的，但他强调“这种理性主义与古希腊各种不同的理性主义有根本区别。我们的理性主义是一个意象，一种包罗万象的秩序，它不否认、也不会简化还原为一个什么终极的原理，作为一种预设推定的存在。……它是一种综合而非分析的秩序概念”〔Schwartz（1975），第59页〕。史华兹强调，远不是什么外在化的多神和魂灵，“区分神与人的分界线不是一刀切地划分的，似乎人是具有神性特征的”〔Schwartz（1985），第25页〕。

② Puett（2002），第8页。

③ Granet（1934），第279页。

把宇宙观理解为对早期孔子这样人物的继承或者反动的一种后来发展，而是把互系性思维解读为一切中国思想的主导原则”[①]。

这里，普鸣还有一层意思在说，互系的中国宇宙观只是特殊地发生在汉代，那么他是否还认为这个宇宙观突然就“无中生有”地出现了——汉代以前的思想家本来并没有一个世界观对汉朝时期形成的深奥互系性宇宙观起过继往开来的作用？在第二章，我会引用吉德炜（David Keightley）与普鸣相反的观点。吉德炜详尽阐述了从商代（公元前1600年—公元前1046年）到中国哲学成形时期的周代（公元前1046年—公元前256年）再到西汉（公元前206年—公元25年）[②]之间思维方法上的延续性。还是那个问题，如果把“互系性思维”说成“运用原则”，就把它变成一种理性主义了。但是互系性思维在不同语境里的意思是不同的。要对争论的分歧问题做出判断，我们得在理性或逻辑思维（分析的、追求固定规则性模式的封闭性）的超历史性含义与互系性思维的历史含义（综合的、追求以特殊细节构成具体统一的开放、美学揭示性）之间保持一个清晰界限。在怀特海定义逻辑秩序与审美秩序的时候，他找到了这个界限，说清了它们的差别：逻辑秩序作为封闭行为具有普适性，而审美秩序作为开放行为，是根本的历史性的。[③]逻辑要求将严格的本质认同性作为“本质主义”根据；艺术只认可具体个别物之间的类比关系。葛兰言以及持同样见解的其他诠释者，在通过中国原典古籍追溯这一直觉常识时，是具有历史感自我意识的，在运用它对方方面面中国经验做出阐述的时候，包括宇宙观在汉代已经清楚地形成，也是具历史感的；即使这样，把它们定位为“文化本质主义”，又是
P26 从何说起的呢？

---

① Puett（2002），第9页。

② 吉德炜（1978），第211—212页：“这篇深入分析性论文的论点是，周与汉两代长久传统的世俗价值与典章制度，在很大程度上反映着商代思想和行为习惯特征，源于至少1000多年前商代神权与崇拜的宗教逻辑。”

③ Whitehead（1938），第60—63页。

普鸣这里赘述的理性与审美意识之间的区别，郝大维和安乐哲已将它阐明为第一与第二问题思维的不同，同样也是类比与单一起因（causal）思维的不同。普鸣认为，像葛兰言一样，郝大维与安乐哲所做的是分别塑造古代中国与西方文化的两种有很大反差的基本观念。[①]他说得太对了！而且像葛瑞汉、郝大维和安乐哲甚至“认为这两种思维方式，在中国和西方文化中不同程度地都存在着，而且……因此提出中国思想是可以充分同化到当代西方思维中的”[②]，也是肯定的。但是如果本质主义被理解为一种归纳概括，申明一个民族具有的特定属性和特征，既是普适的也是这个民族所独具的，这些特定属性与特征不依赖于它置身的环境，这些属性与特征是一种相对主义，文化彼此不能兼容，那么，普鸣怎么会将这些学者归类于倾向“文化本质主义模式”的阐释？相反，这些诠释学者的方法更应是开放、包容的多元主义。鉴于这些学者对中国文化的认识已构成重要不同文化叙事彼此积极对话的一个预演，确切地说，我称其是“进化的”才是最符合语义的。

普鸣要批判他眼中的“郝大维与安乐哲那样的对比方法的核心危险性”，宣称“建构这样的对照性框架会要求我们对个别文本做断章取义的处理，将它解读为正在做对比的整个文化的基本观念”。[③]对普鸣来说，“这些阐释方案的一切——根据学派、对文化做的本质主义式定义、进化论框架等等所做出的解读——结果都是消除特别文本的论点在其当时所具有的特殊力量”[④]。

可是我们要问，享有共同语言、文化和历史的人们，也势必会享有某种共同的哲学思想。难道因为这一观点，我们就否认他们同样地彼此不仅

① Puett（2002），第17页。
② Puett（2002），第18页。
③ Puett（2002），第23页。
④ Puett（2002），第25页。

是有可能而且是一定会存在重要差别的？这些差别在我理解他们的经典过程中，就应该忽略不计和不做任何评判？如果主张文本必须是在这些共享的文化思想氛围中去解读，这个主张怎么会去做断章取义的事情，或者阻
P27 止我们去理解其文本文化思想氛围中形成的那么多不同？

恐怕更重要的问题是为了负责的文化比较研究，普鸣到底能为我们提出什么更好的方案呢？让普鸣用自己的话来说：

> 简而言之，我建议将上面两个框架都扔掉——比照模式、进化模式统统不要。相反，我们应当采取一种如何更能从细微差别出发的方法；用这种方法，对在单一文本中提出的单一论点，对个人提出论点的意义，不做任何先验预设推定。[1]

在这里，普鸣的意思和金鹏程一样，提议我们对文化不要搞归纳概括，文献本来是什么样，就按照什么样子去读它。可是我们赞同普特南拒绝"无视角实在主义"意见，也就是说，我们自己的利益和价值观对我们有效的文化诠释起指引作用，它们让我们看到只能是我们才会看到的东西。亨利·大卫·梭罗对人经验中获取新知识的不可避免的协作性有深刻的思考，他说：

> 一个人只接受他准备接受的东西，不管是身体的、知识的，还是道德的。……我们听得见和听得懂的只是我们已经有所了解的东西。……于是，每个人一生都是在跟踪着自己，听、读、观察、旅行，所做一切都是跟踪自己。他的观察是一个系列链。现象或者事实，凡是无论如何与他的其余所见所闻连不上的，他就看不到。[2]

① Puett（2002），第24—25页。
② Thoreau（1962），第13册，第77页。

普鸣的关键论点是，互系性的宇宙观是“辩证地”产生的——排他性的二分体（即神性祖先的“太一”与人间尘世）合二为一，也即，人的个体存在争相变成一个神。

准确地说，中国互系性思想是一种把感知有差别的元素拉凑到一起的努力，认为有一种延续性形式，对诸多互不相干的实体是压倒性的。[①]

普鸣把他的这一方法论使用在《太一生水》上。《太一生水》系1993年发掘的残缺郭店《道德经》的一个重要部分。虽然他承认该篇文献中的“‘太一’是弥漫于一切的，即万物之母也是万物之齐物者”[②]，但最后还是落在老套的单一起源、“多背后之一”的单极宇宙观；在这样的宇宙观中，P28
太一与水与由祖先生成的其他一切物之间的相系不分关系，并没有被他当作意义重大的要素。普鸣解释说：

这一宇宙观，人和鬼神对环境没有影响，宇宙不过是一套互相回应的自然力量。圣人不过是他们正确理解这些过程，知道“太一”，称为“道”。……宇宙有一固有秩序，由“太一”生成、守常，为人提供行为基础。所以，取得力量与知识不是靠把神灵的权力为己所用，而是靠理解和服从宇宙之道。[③]

对普鸣来说，《道德经》思想也是奠基于一个原祖的生成——“道”。[④]《太一生水》与《道德经》主要思想的明显区别在于对“道”这一独立不居

① Puett（2002），第164页。
② Puett（2002），第162页。
③ Puett（2002），第163页。
④ Puett（2002），第164页。

的神力，人类是服从、遵顺的，还是阴谋篡夺它的权力。普鸣说：

> 争论于是转到“人跟这个‘一’之间到底是什么关系”这样的问题上。人对这个“一”的形态就是简单地服从，还是也可通过“一”获得力量？①

在普鸣看来，《道德经》的信条与《太一生水》不同的是，圣人被假设为具有吸收“一”的力量的能力，因而他可以做到对人和宇宙的控制，所凭借的是这种普罗米修斯式的狂妄自大：

> 紧紧抓住“道”，得道的人能使万物归附，可利用公然命令管理民众，甚至能教天地和合。在某种意义上，他就变得跟始祖一样，能生秩序且守恒，令万物归服。②

不像《太一生水》所说的圣人，他单纯地是去领悟和遵从一个先验的宇宙秩序，《道德经》里的圣人则是虚伪地符合：

> 始祖，为的是窃取它的力量与创建自己所要的秩序……这样他就两个都能控制：自然世界，会像人间世界那样听命于他，而不是相反……从此之后他就能欺骗人们，让他们相信未来所见现象都是自然
> P29 的，而实际是他的个人意志。③

这种对《道德经》的嘲讽解释一点也不奇怪，而且在我看来，它并不

---

① Puett（2002），第164页。
② Puett（2002），第166页。
③ Puett（2002），第167页。

恰当。早有韩非子，后有赫利·克里尔（Herlee Creel），一直就有人像克里尔那样，持道家"别有用心"论，说道家文献含有宣扬虚伪、个人野心和政治控制之意。[①]而我认为，这样的歪曲诠释对这种经典文献的深邃宇宙观与政治思想不公平。[②]

我再引述另外一个声名显赫的学者的声音，他对文化归纳概括坚决反对，正是这样的反对声音构成我们下决心对文化传统独特性进行表述的因素。这个声音来自张隆溪。张隆溪当然不会不清楚，儒家与基督教文化意识之间的微妙差别以及这些差别的实际影响，他是一个十分博学的比较文学学者，对西方叙事的文化经典如同熟悉中国的原典文献一样精通。他赞同二者差别是一个这样的程度：

> 中国帝制的后期，儒家思想牢牢禁锢中国人的头脑，传教士成功地改变了中国人信仰的人数微乎其微，如按这种情况判断，没有人可以忽视中西文化传统之间的悬殊差别。[③]

另外，张隆溪还多次指出，比较哲学家对中国语言与文化所做诠释之中的那种关于中国语言与文化的根本差别的断言（我认为我是属于这些人的），是"卫道士"的态度，是"相对主义"，因而认为文化具有不可比性。他确信地说，我们永远不会找到文化与文化之间严格的本质身份性，可我们能找到"等同性"：

---

① 参见《韩非子·解老》《韩非子·喻老》与Creel（1970）。

② 在Hall and Ames（2003）中，我们为自己对《道德经》所做的"哲学式"阐释，提供了充分说明。

③ Zhang Longxi（1999），第41页。

> 中国与西方的语言和文化区别是显而易见(obvious)的，就是说，在词源意义上，“挡道”(standing in the way-obviam)就像“障碍”(obstacles)；为了理解与交流，扫清道路正是翻译的任务；要在变化的文化差别表层下找到等同性的东西。①

对张隆溪来说，造成这样等同性的东西存在可能的，是在文化彼此间
P30 思维时对等同性的确认：

> 我反对这种对差别以及对文化独特性的过度强调……为了语言与文化的基本可翻译性，我想指出……只有当我们承认不同的人民与民族，同样都有思考、表达、交流、创造价值观的能力，我们才能消除自己的种族偏见……②

关于“等同性”问题的争论，张隆溪的愤慨对象其实是芮沃寿(Arthur Wright)以及跟芮沃寿具有大体相同观点的人；我本人与我的同仁是首当其冲被他指责的。张隆溪引述芮沃寿，将他作为直接批评的对象，令张隆溪不满意的是他反对其提出的文化之间有不同思维和语言模式观点：

> 这里，中西方文化的差别被说成是根本差别的思维与语言模式，是作为能力或没有这个能力来表达的抽象理念。③

对张隆溪来说，比芮沃寿夸大文化区别更恶劣的例子是谢和奈(Jacque Gernet)。谢和奈把基督教和中国思想之间的紧张关系，不仅说成“不同的

---

① Zhang Longxi (1999)，第43页。

② Zhang Longxi (1999)，第46页。

③ Zhang Longxi (1999)，第44页。

思想传统”，而且还是“不同的精神范畴与思想模式的”。[①]张隆溪又拿出这样一个具体词汇作为例子，申明那些断言中国语言没有合适的等同语来翻译本质的亚伯拉罕的上帝概念，事实上是在说“上帝或神性这个理念在中国人头脑中是不可思议的，是中国语言不可表述的”[②]。

我和张隆溪目标并不是不一样。其实，我和很多其他张隆溪所批评的对象诚心诚意地赞同他提出的文化的可翻译性和表明的立场，这也是我们所说所做一切去支持的。我们根本不是什么“纯粹主义”或“相对主义”；不管把我们描绘成什么，也不能把我们与像（天主教）方济会神父安东尼奥·德·卡巴列罗（Antonio De Caballero）的反妥协主义者相提并论；张隆溪把他看成文化不可通融论的代表。卡巴列罗趾高气扬，目空一切，张隆溪说他是“顽固的纯粹主义，不妥协地坚持无任何染指的原教旨”，凡非原教旨的，皆为“真理效颦版”。[③]我们把自己称为文化多元主义（而不是“纯粹主义”）；我们认为，把我们与张隆溪分开来的是张隆溪对文化间如何才是可翻译的几个基本说法。这在我们看来，他的概念含义是有问题的。 P31

首先，似乎很合理的，张隆溪感到不可接受的是“本质主义”这个怪怪的东西；而就像任何一个“普适主义”（universalism）的严谨哲学概念一样，它本身很大程度就构成一种文化特质性畸变。事实上，“普适主义”（universalism）密切地与“超绝谬误假设”（the transcendental pretense）相关。我们在上面已经论述，“超绝谬误假设”是前达尔文时代非常流行的西方哲学叙事谬误。这一谬误与杜威批评的“顶级哲学谬误”（the philosophical fallacy）直接就是一回事。毕竟，如果我们先有意向相信有“essence”（不变本质）这种东西，我们只能提出“本质化”（而不是类推论理——analogize）；这作为对事物的一种思想方法，不是在古代中国传

---

① Gernet（1985），第9页。

② Zhang Longxi（1999），第42页。

③ Zhang Longxi（1999），第40页。

统中形成的，是与之不吻合的。“本质主义”这个概念，来源于人们熟悉的古希腊把“本体论”（ontology）假设推定为“存在之科学”（the science of being），还来源于“严格本质等同的运用”（the application of strict identity）——作为“个体化原则”（the principle of individuation）。正是“本质”（essences）这个概念奠定了柏拉图学派的理念主义和亚里士多德学派作为“自然类属”（natural kinds）的“种别说”（doctrine of species）。

其次，张隆溪提出不同民族与文化在思考能力上是“平等的”（equal），这是一种包容、开放、尊重的意向；这种信念于一些学者听起来是挺好的，但作为伦理认定，是毫无意义的。认为其他传统拥有自己文化特性思维模式，并不是认为这些传统不知道如何思想，除非我们信仰，事实是“只有一种思维，即此一思维，也即，我们的思维——是唯一的思维”。对我来说，那种毫无批判意识的臆想，认为“其他文化必须实行与我们同样的思维”，恰是“本质主义”与“种族中心主义”的真正定义。我坚决认为，恰恰是认识到文化间存在的差别，认识到它的程度，认识到它是怎样在生存状态与思维构成中出现的，对它进行审时度势地理解——恰是一开始本来就有这样的考虑，才要求我们做恰当的文化翻译工作；我坚决相信，最终结果是“功夫不负有心人”。当然我还要指出，文化上偶然性的思维方式，可以是多元性的而非相对主义的，是互相包容的而非自我中心的。如果比较研究领域向我们提供的是它所承诺的相互吸收发展，我们必须充分发挥想象力，在不同文化的视域中看待它们，充分欣赏形成于不同文化之间的差异。[①]

另外，我赞赏怀特海提出的“抽象化之祸”；我认为，如果我们有能
P32 力找到具体性与抽象性之间、特殊细节与生态一致之间的适度点，一种丰富的审美和谐性的实现，则要求我们发挥想象力去认识和尊重文化之间的

① 参见Rosement and Ames（2009）提出的概念簇，阐述了其他伦理传统中将本传统概念簇作为自己的独特语言的这种差别——即使那些享有共同沿袭叙事的传统，也有概念簇独特语言的差别。

差异性。对这些多姿变化的差别，我们如果没有可能去认识，我们需要打交道的东西，只会是一片没有任何生气、味同嚼蜡的“同一性”[①]。

再次，张隆溪的恼怒很大程度似乎是来自芮沃寿、谢和奈（我敢说也包括我和我的同仁）这样的文化阐释者，因为这些人同意“思维与言说方式有根本差别”的论点，而且（用张隆溪的话说）还提出，中西文化之间的区别是“是否具有抽象思维表达能力”[②]。对他来说，那些认可思维方式差别的人认为思想方式差别在于对抽象的作用价值给予不同程度的重视，这是错误的，是对中国语言和文化的贬低：

> 从这样的构想看，汉语被说成是一种表达具体东西和特殊对象的语言，一种沉陷于物质层次，无法升华到物质与字面意义层面之上，进入精神高度的语言。这种论断，所讲的不是中文翻译具体外国词汇和概念，而是在针对整体中国语言的本性与能力。[③]

---

① 为阐述何谓“和而不同”之重要，《左传·昭公二十年》以烹调、音乐及文化演变之延续为例：“齐侯至自田，晏子侍于遄台，子犹驰而造焉。公曰：‘唯据与我和夫！’晏子对曰：‘据亦同也，焉得为和？’公曰：‘和与同异乎？’对曰：‘异。和如羹焉，水火醯醢盐梅以烹鱼肉，燀之以薪，宰夫和之，齐之以味，济其不及，以泄其过。君子食之，以平其心。君臣亦然。君所谓可而有否焉，臣献其否以成其可。君所谓否而有可焉，臣献其可以去其否。是以政平而不干，民无争心。故《诗》曰：“亦有和羹，既戒既平。鬷嘏无言，时靡有争。”先王之济五味、和五声也，以平其心、成其政也。声亦如味，一气，二体，三类，四物，五声，六律，七音，八风，九歌，以相成也。清浊，小大，短长，疾徐，哀乐，刚柔，迟速，高下，出入，周疏，以相济也。君子听之，以平其心。心平德和。故《诗》曰：“德音不瑕。”今据不然。君所谓可，据亦曰可。君所谓否，据亦曰否。若以水济水，谁能食之？若琴瑟之专一，谁能听之？同之不可也如是。’饮酒乐。公曰：‘古而无死，其乐若何？’晏子对曰：‘古而无死，则古之乐也，君何得焉？昔爽鸠氏始居此地，季萴因之，有逢伯陵因之，蒲姑氏因之，而后大公因之。古者无死，爽鸠氏之乐，非君所愿也。’”

② 参见Zhang Longxi（1999），第44页。其实，在Rosement（1974）和Ames and Rosement（1998），第39—43页等，我们曾阐明，中国书写文言具有一种独特抽象性，即语义的丰富重叠，具有一种产生模糊性的趋势，要求读者具有不断消化模糊的能力。

③ Zhang Longxi（1999），第45页。

以我对张隆溪这段文字的理解，他在这里接受了两个古希腊“本体”概念为奠基传统的常识性二元对立预设推定。

第一，张隆溪否认“有截然不同的思维与言说方式”，认为文化有差别在“内容”和“对象”问题上，而不是在主观性的方法上，也即，好像“思维”和“对什么的思维”才是有差别的。这里隐含的意思是，思维模式和思维内容可以构成本质上分割的两件事，因为人的思维器官功能是一种前文化性质的，是某种超乎人类经验范畴的东西已决定它的结构的。“内容”与“对象”的差别，还包含一个人们更为熟悉的预设推定，也就是关于人类思维器官的一些定义不仅是包罗万象的普适性的，而且还假设什么是人的最杰出、最具有价值的本质。诸如思想/肉体、理论/实践互为排斥的二元主义，从未对中国互系的阴阳宇宙观造成负面影响。在中国宇宙观中，“身心”与“知行”从来就是人生经验中相辅相成、相连不分、相互兼有的
P33 偶对双方。其实，人经验的延续性与整体性是以“体用”“变通”这样的观念表述的；这样的宇宙认识，对绝对性二元主义的范畴具有屏蔽性。

第二，张隆溪的指责中还隐含着另一个预设假设且是深刻二元对立的，即由本质化概念的思想器官派生而出的理论与精神意念体比人的日常经验实际作用要高贵；致力于这种抽象活动，会使人升华，与上帝之心更靠近。这种抽象作为智力性工作，在其理论确定性上，比起具体化实在经验更真实、更精致；它向我们提供不受任何变化的世界污染的知识质量；从儒家看来，抽象来自世界，抽象恐怕应是忠实于世界的。实际上，张隆溪是在对一个神性本体论传统的高贵与傲慢表示认同；这一传统自命执着于抽象，进行预设推定，抽象对人经验的阐释比起对实用智慧的追求，比起由实用智慧而出的另一种精神与宗教情操，是更高贵、更智慧的。

第三，有意思的是，张隆溪维护儒家哲学的理由，恰是一个长期流行、瘸瘸拐拐走到今天的谬论；很多20世纪、21世纪的西方哲学家为了使它在西方叙事中寿终正寝，一直做着很大努力。当今西方哲学内部，刮起强烈

的内部批判之风，作为批判角色的当代哲学家，正在想办法扭转理论提升的方向，意在恢复曾被丢掉的东西。

第四，张隆溪忽略了一个重要差别，就是我们舶来索绪尔的langue（语言）和parole（言说）的差别；它们的分别在于，一个（langue）是进化、理论、概念结构的语言系统，它由千年之久积淀的知识塑形而成，带给了人言说的可能性；另一个（parole）是任何自然语言的实用，是我们的具体个人的言说。[①]作为多元论者，我们需要这个区分传播我们的观点，可以指出，中国语言没有形成、到今天也还没有一个本土观念或术语，可以用来捕捉亚布拉罕概念的“上帝”（God），而我们因此也可以说，仍是这个汉语，却又具备着所有必要的语义与语法资源，能对这一理念（God）给我们一个恰当叙述。我们在这里所说的汉语缺乏“langue”（西方的进化、理论、概 P34
念结构语言系统），其实无异于钱穆非常准确地讲的“西方语汇讲不了儒学的话”；你在英语和德语里是无法找到“礼”这个概念的，尽管用这两种语言你都可以围绕它讲出一大套话来。

最后，张隆溪在批评我们持有的不同文化对抽象思维有不同的相对价值观点时，他无意中站在一个我认为是完全恰当的批评角度上，给儒家思想护了驾。他的辩护对现在和将来、西方与中国的很多学者，如比较突出的伯特兰·罗素（Bertrand Russell）、金耀基等，对儒家思想局限性的有益批评都是一种阻止。在本书里，我要加入这些学者的行列，指出儒家道德哲学需焕发新的活力，适应现代世界的复杂性，以其对家庭情感重视作为道德力量的切入点与本质，放之于更广大的管理理念框架中，用于防范泛滥不已的错误对待亲情关系和因而导致的裙带主义、任人唯亲及其他各种

① 我“借用”索绪尔这一区分，是因为我不想支持那种“结构主义”（structuralism）；“结构主义”接受langue与parole的严格分开。我反而同意米哈伊尔·巴赫金（Mikhail Bakhtin），因为他把语言的这两方面视为相辅相成、互相进化、总是辩证的关系。说话逐渐变化着语言结构，变化结构也引导、影响着由它而产生的说话。

形式的社会与政治腐败现象。正像亲情需要正直品质的辅导培养，个人家庭亲情需有更扩展性理念的指引辅导。

总而言之，我和张隆溪可以对文化翻译有彼此不同的思考，这本身或许就是多元主义的健康发展。也可以说，我们相互的对文化可翻译性问题的不同立场，哪怕没有在什么方面出现一些互补性，但肯定也有启发性。如果超越所处的辩证批判态势，我们很可能都承认彼此的立场，各有所长；如只是一家之言，则无有长进之可能。

第七节　比较文化研究离不开“类比法”

抛弃“我们思维都是差不多的”这种想法（作为开始正面地对待儒学的第一步），是一种尽量努力做到“以这一传统自己的视角对待该传统”，是想办法给它一个恰当的阐述，叙述它自己是如何演变的。但是如上述所说，文化简化主义长期成为向西方学术界引进儒学的障碍，那么我们怎
P35 样才能解决这个问题？如果说，跨文化解读确实是如所定义的“合作性”（collaborative）、“共生性”（symbiotic）、“演变性”（transformative）的，那么怎样做才算是“按照儒学自己的视角对待儒学传统”呢？

亚历山大·蒲柏（Alexander Pope）在其《论人》一书中问道：“如不从我们所知出发，将如何推理？”把这个问题引进到现在的讨论中，我们可能会同意：我们只能通过“我们到底知道什么”来知道什么是我们不知道的。这就意味着，跨文化理解必须以类比开始，每一传统必须在它自己的文化资源中找到一套词汇，这套词汇能使这一传统重申，用总有些不完美的方式来理解什么是该传统的哲学和文化资源，这也使它更好理解自己。我们不能对其他文化直接采取拿来主义，而是必须类比对待。

面对大量未加整理、丰富的原始典籍文献，作为阐释者，我们只是位居具体时空的一些人；在这种情况下，任何的跨文化接合点本身都是一个

必定避免不了的文化简化主义（cultural reductionism）程式。而且必然地，我们太仓促地建立的阐释策略和企图包揽一切的理论（“哲学的”以及其他的），一旦运用到文化与文献的阐释实践中，不仅帮不了我们，还会把具体情节置于相当大的风险境地。罗伯特·弗罗斯特（Robert Frost）说，“翻译所牺牲的正是诗”，而我认为，作为一个艺术家，这是十分正常的，他关心作为文句交割的翻译：最好效果也会使诗歌变味，翻译不好则是诗意全无。

更进一步说，对于我和与我差不多思想的同道人，我们对西方学术界阐释儒家思想，面临一个更为自然的问题：在我们力求避免从前那种对中国经典总体做假设推定的简化论解读的努力中，我们在事实上是不是顾此失彼了——避免了一个，却用了另一个仍然是西方哲学对这些经典文献的解读？我们是否虽然从用希腊或笛卡尔的解读之中，以及别有用心的基督教的解读之中“解救”出中国传统思想文化，但是又给它强加了实用主义、过程思想的体系呢？

当然，为了使总是令人有不完美遗憾的阐释工作更上一层楼，我们也需要有海德格尔（Heidegger）提倡的“解构”（destruktion）精神，即通过分解钙质保护层以及“抛光工艺”使一些说法褪去外表，现出真正本色，让关键哲学术语恢复其在本视域内的原初喻义。这一过程是“保守”的，如 P36
果用考古学意义比喻的话，就是尽最大努力将它恢复到原始视域中的那种情况；同时它也是“激进的”，因为我们要做的是找出根植于中华文化土壤中的喻义，这些喻义本身是活的，是与其语义的树木生长在一起的。尽管我们还有实际的阐释性局限，但我们必须能够做到何种程度就做到那个程度，符合“逻辑允许原则”（the principle of logical charity），充分发挥想象力，以使属于其他文化叙事的原典文献，显现自己的诗意——那深不可测属于自己的、未经染指的情节与独具的特色。但只是有让原典显示“客观”细节的那种坚决的发掘精神，还是不够的。

首先，我们想起包赫斯《博闻强记的富内斯》(*Funes the Memorius*)提供的形象，问我们到底能不能进行真正的对原汁原味实在发生事物特殊性的“思考”，这种思考是对具体情节不加任何干预的，干预指的是心理先有的阐释法或其他什么。[1]不用我们自己的“真实性”(facticity)概念，如果免除我们自己文化意识的影响，用一种清纯与天真烂漫阅读这些文献，是只有在某种程度上可能的。也许不去虚构什么不可能的客观性，我们需要的只是一种文化阐释工作中的诠释开放性。当然，最具有悟性的“阐释者”是培根的蜜蜂，它必须在培根蚂蚁的文本细微性(但是没有办法，它在用语和喻义取之不尽的细节中丢失了)与培根蜘蛛编织的、域境化概括归纳性的、总是纤细的网二者之间调和。也就是说，除了对文本细微性必要的尊重精神，我们的确需要伽达默尔阐释敏感。这一阐释敏感性起源于对我们自己主观预先判断倾向的警觉，是它让我们在进行中的、不可避免的文化界限的融合过程中，既对文本细微性也对阐释概括归纳采取开放态度。[2]

当然，我们可以认为“翻译”(interpretation)，它字面意思是“二者之间的协商”(go-between negotiation)，是类比的呈现，是建立、聚为一种模式，真正体现于“我们知道什么”与“我们会知道什么”之间促生的互系关系。这些互系关系是否有成效，取决于它们在多大程度上成为喻义增加或是减少的来源。而且，这种“才智”如果发挥有效，当我们能够在个人生活中成功地积蓄、充分地利用这些充满意义的内在联系时，就实际
P37 取得了几分真正的智慧。

---

① 在这个故事中，包赫斯刻画了一个具有准确无误记住自己每日生活所有细节能力的人物，24小时时段的所有小细节，需要花整整24个小时记住它们。这样的具体性完全颠倒古希腊的“抽象化”，排除了超越细节，对自己经验进行思考与主观熟虑的可能性。在柏拉图看来，对特殊性是不能加以思考的。

② Gadamer(1989)，第306—307、374—375页。

第八节 整体性与枝节性类比：联系性与比照性类比

当然，如果说类比是我们必须要做的，那么同时我们也必须考虑到，并非所有类比都是合适的。我们上面概述西方学术界对中国哲学的研究情况时提出，对所做比较如果选择不当，则会变成导致扭曲和文化偏见的顽固来源。“基督教式”或者“海德格尔式”对中国哲学解读都是粗率而且有强加性的，乃至“实用主义”或“怀特海式”解读，也是接二连三在读者面前显露出在比较中对中国传统与西方类比对象的两方面扭曲。尽管如此，我们没有其他选择，只能对有效的类比加以确认，需要用心，具有想象力，经过时间检验使之成为合格与精练的。到达这一步，我们就可做到向我们的世界引进文化新思想，以丰富我们自己的思维与生活方式。

如果这样做，我们需要的类比须是枝节性的，如同商品零售是计件式的而非批发式的。举个例子，拿《中庸》来说，《中庸》把人的作用颂扬为与天地参，对这一点，我们或许在怀特海那里发现有类比性，怀特海提出，要恢复一种可行的“创造力”概念，以其作为一种重要的人的价值。[①]与此同时，我们或许还清楚记得，怀特海对创造力这一解释唤出的作为本源性的上帝以及上帝心中那永不消失的“永恒事物”，是阴影不散的亚里士多德目的论。也正是这一目的论，给怀特海这一特点的思想设下了与中国古代过程性宇宙观不相关联的界限。

还有，从“创造力”词条两个参考来源出自怀特海这一情况，我们可以看到，类比的有效性既可是关联性的，也可是比照性的；我们可从两个

① 怀特海提出，把上帝认作本源而非创造性的，这使得正统神学不成体系了。因为一个完美、超越上帝的存在有威胁到创造力本身的可能。因为那里已经有一个完整精美的上帝，这已是一切。有了怀特海对创造力概念传统含义的挑战，“creativity”（创造力）一词已经成为1971年《牛津英文词典》补充版的一个单独词条，其中三个参考来源，有两个出自怀特海*Religion in the Making*一书。

方面学习到很多。的确，亚里士多德的目的论以及他对形式逻辑的依赖，将它作为追求可证性真理的方法，这些很可能构成一个清晰的对中国哲学的反差点；但同时，亚里士多德在提倡一种聚成性实用智慧时对柏拉图抽象的抵制，倒是与古代儒家道德哲学的一个核心思想十分吻合，即对思维与情感习惯的修养精神。在这样的文化阐释工作中，我们做得好，是要类
P38 比选得好，但不挑不选是绝不可能的。

从诠释学角度进一步来说，这样的类比探索与适当使用不会是被动的。再看弗罗斯特是怎么说的，翻译总是对失去韵味与道理有切实风险，但同时肯定能在翻译中“找回”的，还有一种额外的结合意义与优雅的分寸。我们可以尽情地尝试，但我们避免不了，总是在某种程度上有“臆想编制”解读成分并以它“改造”所读文本。不过同时，这样或那样，总是有一种在翻译中扩展文本喻义的可能性，将它变为我们自己的版本。这样一种对文本的“欣赏”（“增值”——appreciate），不仅变得对其视域与深刻性有意识，而且创造性地与之呼应；在与之加深亲密感的过程中，给它加上我们的特殊价值，使文本进一步扩展。例如，20世纪前半叶，阿瑟·韦利（Arthur Waley）翻译了唐诗与日本农曲，得以与“布卢姆茨伯里派”（Bloomsbury Group）名人，如T.S.埃利奥特（T.S. Elliot）、弗吉尼亚·伍尔芙（Virginia Woolf）、E.M.福斯特（E.M. Forster）、雷顿·斯特拉奇（Lytton Strachey）、罗杰·弗莱（Roger Fry）等成为齐肩显赫的文学人物。他之所以加入了这些人的行列，是因为他具有用优雅语言为世界读者阐释前现代亚洲文化和让新艺术升华到世界地位的能力。

其实，《中庸》变得意义更丰富了，因为埃兹拉·庞德（Ezra Pound）对它创造性的解读和“翻译”，变成了“不摇摆的枢轴”（unwobbling pivot），我们也让它变得更有意味了。“创造总是在伴随中发生”，且这过程本身是循环的。埃兹拉·庞德与唐诗的特异缘分，激发、鼓舞着阿瑟·韦利后来进行大胆尝试，带动了20世纪的新体自由诗发展，后来被称为“现代主

义”和“意象主义”，还有当代西方诗感特征的“矢量主义”。而且正是这种西方现代主义最近又带动中国后代诗人放弃传统艺术形式主义，开始用自由体写作当代中国诗歌。正如中国诗人受到西方创造性运用中国传统诗词的启发，我们也能够通过更好地理解《中庸》，在另一种不同而且更鲜明的光亮中看到我们的怀特海和亚里士多德。世事就是如此往来反复的。

由于跨文化比较必然要类比，相关双方文化在直观地相互“鉴赏”，在持续的对话之中，彼此创造性地解读对方，带来对方本身意义的增值。P39
深厚、坚实的人际和文化关系，乃是“此一世界”生生不息之源头；关系丰富了家庭、社会与宇宙意义，当然，也丰富着儒家文化的意义。P40

第二章　儒学的诠释域境

第一节　“互系性思维”作为“常识”

我在第一章指出，我们的天然语言在久远的时间长河中沉淀下一种弹性根基，它构成了文化传统的特质；而认识到这个现象，对于进行积极的文化比较工作而言，是必要的出发点。正是语言结构及内容一以贯之地传达的世界观，延续着一个文化本质性的东西，它成为一种共享与统一性常识。进一步说，找到并对这个宇宙观做出叙述，把它视为一个潜在的千变万化文化思想的棱镜，而不是在传统之间建构不可比拟性，其实可起到一种预防措施的作用，避免我们堕入本质主义与还原主义，带上文化相对主义的印记。

席文（Nathan Sivin）指出，“人类惊人的创造力似乎是基于对较为小簇的思想的重组与再塑”[①]。在这一章，我想指出，葛兰言在《中国人的思想》中第一次提出中国互系性思维方式，之后葛瑞汉在《道的辩论者们》中对互系性思维进行深入探讨，可以说这是一小簇却又极具生命力的一种思想[②]；其实，我想说明的是，中华文化传统内具有悠久历史而形成的互系性思维方式，与古希腊形而上学的现实主义是并行发生、发展的。形而上学

① Sivin（1974），第11页。
② Granet（1934）与Graham（1989）。

现实主义对西方哲学叙事范畴与文法的形成，起到定型作用。在思考中国与西方科学的产生问题上，席文又发现中国与古希腊另一类似的可比性： P41

> 科学的发生，在中国与在其他国家一样，意图在于了解，虽然个体事物总在不断变化，总是发生了，又消失了，可大自然作为一种连贯性秩序，为什么不仅持续如常，而且还在自我适宜？在西方，最初是努力寻找不变的实体，认为它是从一切围绕人的事物（尽管它们在外表是很不一样的）之中构成的一种基本质相的东西。在中国则不然，最早且经过长期形成的有影响的科学思想，是有时间意义的。中国哲人把瞬息万变的一切事件都纳入自然过程的反复循环中去理解。①

罗思文和我都多次指出过，席文这个观点不仅可延伸涵盖科学，而且可涵盖伦理的讨论。原子般的“基本质相”作为“固定不变实体”的西方科学观念，在道德伦理与宗教上也同是如此路向：它早在古希腊毕达哥拉斯时代就已产生，认为人都有一颗“自立”“永生”的灵魂。我们已说明，中国人讲“人本质”，不是宣称存在一个质相、“个体性”的灵魂，而是互相关联视域，把个人行为纳入“自然循环过程之中”，把文化与社会视作与自然宇宙相统一的方面。②

那么在中华文化雏形阶段，互系性思维的特质及其活力是怎样的？它是如何既通过自然也通过人世去解释事物的呢？我们可能要问，在早期中国人生活的世界，是什么在驱动这种互系性思维的“重组与再塑”，使得它从特殊类型知识中心扩散出去，成为对许多中国人一般活动范畴进行叙述的词汇（如医疗、书画、园林建筑、诗词歌赋、占卜、战略兵法、厨艺

---

① Sivin（1965），第110页。

② Ames and Rosemont（1998），第25—26页。本书的第三章试图探讨这种互相关联的人及其相关的概念组，这实际上是对笔者与罗思文那次合作的进一步发挥。

烹调、礼仪、风水等）呢？

威廉·詹姆斯，一位过程思想家，向我们提供了他对文化的“变”与“通”的思考。同时他作为一位质疑本体论的后达尔文实用主义者，下决心克服那种倒退追溯性的唯理论与经验论归结人类经验的方式；他认为这种方式让我们做的，只是在哲学上装备一种“死疙瘩宇宙”（block universe）的假设思维——这是他的一个术语，用来表述“封闭、先验决定世界、不
P42 存在任何鼎新与自发性”。为了重申“过程”性，也是要对“总是呈现新秩序的变化性、特殊性、创新性与进行式呈现性”进行表述，詹姆斯刻意带领我们脱离“根本、永恒与超绝实体的假设推定”；这套东西于上千年之间隐秘在西方语言与世界观之中。不过，哪怕是想从“永恒性”死死抓牢之手中努力逃脱出去，詹姆斯还是清醒地意识到，做到认识实在即变化，本身必须依靠对事物的一以贯之性（或是依靠人对生活经验加以理性化方法的平衡）的认知做保证；他将它称作“常识”。詹姆斯是这样说的：

> 我们对事物进行思维的根本方法，是距离我们极遥远祖先们的发现；这些发现得以在所有后来经验中自始至终地保留下来。这些根本方法或者发现，构成人类思想发展的巨大平衡阶段，即一个“常识”阶段。[1]

于是，詹姆斯继续反复描述他所认为的根深蒂固的“常识”的基本范畴；这一提纯的智慧是由我们的祖先们传下来的，“事物、种类、相同性或差异性、思想、肉体、主观、对象与属性、起因影响、想象的、真实的”等不一而足。虽然我们可以对詹姆斯进行适当批评，因为他将我们所熟悉的常识范畴（其实是形而上学现实主义的一套缺陷词汇）当成定义性“人类

① James（2000），第76页。

思智”，没有把真正的文化差别考虑在内，即便如此，他对于文化厚度性基本观点的阐述还是很有道理的。数百年的历程中沉淀于我们思维与生活方式中的，是一种持久稳固的深层基质，是一种成为表面变化基础的经久不变的内在脉冲力；无疑，这一“常识”在不可避免的变化过程中，是始终容易受到影响的，而相对也可以说，它同时是弹性的、坚毅的。

约翰·杜威讲述西方哲学的前达尔文历史时指出，“我们语言中极少有像‘物种’这个词汇一样如此把思想史缩短的”——古希腊哲学的eidos，成为柏拉图语汇中的“理念”或“形式”以及亚里士多德语汇中的“物种”。[①]可惜，杜威同他的老师詹姆斯一样，在把（由eidos这一概念产生的）形而上学现实主义（作为人类的，而不是作为西方哲学前达尔文）普适化的时候，一样犯了没有对文化差别加以考虑的错误。杜威说： P43

> 确实，只有两种可选路径。要么我们必须在变化中事物的相互作用中寻找知识的合适对象或组成，要么从变化的影响中逃离，必须到一种超绝的境界中寻觅它们。“人类思智”[②]，继续像过去那样臆想，尚未踏上无路可走的“生成与转变”荒地去冒险实验时，就已经将“不变、终结与超绝性的逻辑”追究到无从再继续追究下去的地步。[③]

弗里德里希·威廉·尼采（Friedrich Wilhelm Nietzsche）比谁都更敏锐地意识到，文化特殊性的确造成深层基质的形成及其内容差别，他称之为“文法哲学”（philosophy of grammar），不同语言族系有不同特质。关于印欧语系，他认为：

---

① Dewey（1998），第40页。

② 原英文为斜体。

③ Dewey（1998），第41页，笔者自加斜体字。应该说明的是，虽然杜威此处用词不是非常严谨，但他本人还是比较了解文化简化论的问题的。“精神分析学家”目前把西方世界独有的心理现象当作全人类固有的本性和天性来治疗。〔Dewey（1922），第153页〕

> 印度、希腊与德国语言的哲学化功能具有奇特的同族系相似性，这很容易解释。语言只要有亲族性，亲族性就不会不显示功能；因为它们有共同文法哲学（我指的是下意识地所接受的相似语法功能的支配与引导），一种类似发展和顺序性的哲学系统性，开始就是事先备好的；同时也以同样方式，对其他的对世界阐释的可能性进行屏蔽。[1]

詹姆斯、杜威、尼采等人对深层的语言偏向力量所提出的观点可视为一个软性版本的萨皮尔-沃尔夫假设（Sapir-Whorf Hypothesis）[2]，这种假设对抗着任何强硬的语言决定论，或许会开创一种新局面，也对我们伟大哲学人物们以往原创的通常评论方法进行反思。这不是要贬低这些哲学人物对他们传统所具有的定义性影响，而是我们要问，在何种程度上，思想史上的柏拉图、亚里士多德以及孔子，脱离整体文化而独立建立了他们的哲学人生？他们在接受古代先贤传下的语言结构与功能之后，又在何种程度（当然是具有穿透性洞悉力）把隐含于其中的语义讲清楚了？作为文化考古学者，他们在什么程度上只做“恢复”或只将祖先传给的“常识”“暴露”给后人？或者说，在何种程度上他们贡献了属于自己的“文法哲学”？

尼采认为，文法对思想模式的促进或者限制作用是肯定的；由此可以
P44 推论，不同的文化应是有不同“文法哲学”的。其实，有先见之明的英国修辞学家I.A.理查兹，考虑到从一种文化之“常识”向另一文化之“常识”（他的例子是从当代西方传统向古代中国传统）转换的困难性，也担心“分析”作为研究方法论，很可能会引进与早期中国传统十分“格格不入”的“世界观”和“思维方式”。他说：

---

① Nietzsche（1966），第20页。

② 译者注：这个假设认为我们所使用的符号能帮助我们形成思考问题的方式或习惯，也有助于形成我们的世界观及行为方式。该假设认为，不同文化领域的人感知刺激物并进行交流的方式是不同的，这种不同至少部分来源于他们语言的不同。

> 西方思想传统提供了一套精致器件：共相、殊相、实体、属性、抽象、具体、一般性、特殊性、（非本质）特性、性质、关系、复杂性、偶然、质相、有机整体、总和、类别、个体、具体共相、物体、事件、形式、内容，等等。而我们已知，孟子思想中根本没有这套东西，根本没有相同定义的替代词。我们运用这套机器时除了太容易带进来形而上学的思维之外，还出现的实际问题是，运用这套机器导致孟子思想变形。……应当谨防，不能把一种结构（西方特殊训练使我们极容易操作的这种结构）——唯心主义、现实主义、实证主义——强加于可能根本没有这种结构的思想模式之上，而后者可能根本就无法用这种逻辑机器来进行分析。①

这里，理查兹再次明确给出西方人熟悉的那套形而上学现实主义词汇，即詹姆斯用在上面那些“常识”（一种作为研究方法而崇尚“分析”的“常识”）范畴的词汇；这也是使我们习惯成自然的一套“器件”。但它正是理查兹表示担忧的“器件”，因为我们毫无意识地就会将它转入到对古代中国经典的解读中来。那么，儒家得以产生的那个中国古代世界观的“常识”，那种深层文化基质，非同一般的思想意识，又是什么呢？

我们不妨先了解一下一种对“常识”的整体性叙事讲述，而不是对它采用“分析”法的理解，以此开始讨论早期中国宇宙观的过程意识。②也就是说，我们可把儒学历史性认同为中国人自己的总处于演变而且一以贯之的文化核心（或曰道统），然后扩展并从不同程度将它认同为韩国、日本和越南所接纳的中华文化重要特征。有意思的是，这样一种被人理解为强渗透力、经久不衰意义的儒学，在孔子之前就已形成。不过后来孔子基本也 P45
是这样理解的，声称自己仅是文化传承者，而非创新者——他的哲学精髓

① Richards（1932），第89、91—92页。
② Ames（2001）深入探讨这个问题。

来自周代乃至之前继承的遗产：

> 子曰："述而不作，信而好古，窃比于我老彭。"①

历史给予的对孔子的记忆，可以作为中华文化叙事标志特征的"变通"思想特别精通的榜样。他忠贞于中华传统的核心经典，实现对一以贯之文化"常识"的有效传承；同时对这套特殊哲学词汇的发展做出了自己的贡献，成为一个涌现新思想的源泉。我们有感于他谦逊地给自己所定的文化传承者角色，但是仍有充分理由说，孔子是传承者，但也是开创者。在总体效果上，孔子对自己继承公元前一千多年以前的文化传统，是有明显意识的：

> 周鉴于二代，郁郁乎文哉！吾从周。②

与此同时，似乎也是孔子倡导、重新定义并在内涵上深化"仁""君子""义""礼"等关键观念，使它们成为规范化哲学术语。另外，孔子提倡

---

① 《论语·述而》。"The Master said: Following the proper way, I do not forge new paths; with confidence I cherish the ancients——in these respects I would presume to compare myself with Old Peng." 我们把"述"译为"to follow the proper way"，这样就能够保留原文所暗含的"道"这个比喻。在早期经文中，"作"这一词（我们译为"to forge new paths"）往往与"圣"联系在一起。因此可以把孔子的自我描述视为自谦之辞。所谓"老彭"便是彭祖，商代的大臣，据说高寿八百余岁。既然叫作彭"祖"，又享有长寿，那么这个人物无疑作为一个民族历史长期连续的缩影。另见《墨子·非儒下》《墨子·耕柱》两篇，都说孔子仅仅是传述文化的人而已，也批评他的学说是一种缺乏生命力的保守主义。墨家如此批判儒家（这是笔者完全不同意的观点），如今在学术界是很普遍的看法。Hsiao（1979），第79—142页也长篇论述孔儒思想的这种所谓"保守主义"，并称之为"法古"。具体而言，第64页，用回顾性的理解去诠释《论语》的这句话，以为周朝的黄金时代是孔儒思想的根源。他认为："很有可能，孔夫子只会允许当时的人传述古文化，因为周朝的贤君明王已经建立了完全符合人性的理想典章制度。"

② 《论语·八佾》。另见《泰伯》篇："舜有臣五人而天下治。武王曰：'予有乱臣十人。'孔子曰：'才难，不其然乎？唐虞之际，于斯为盛。有妇人焉，九人而已。三分天下有其二，以服事殷。周之德，其可谓至德也已矣。'"

个人修养，将其作为儒家的标志性行为，成为儒家伦理学以及以孝为核心的成仁理念的基础。鉴于这种情况，就不难理解朱熹将《论语》列为“四书”第二经典的原因；清楚的是，《论语》不仅提供传统的根本词汇，也提供个人修养楷模的叙事；个人修养是儒家人生观的核心，是“四书”第一经典《大学》的主要论述内容。 P46

吉德炜一生研究商代占卜，为人们了解孔子时期所继承的早期文化遗产精髓，提供了相当具有洞悉力的见解。据他研究，被看作典型中华传统思想的不少来源，或许都需追溯到青铜器时代占卜者们所具有的意识和世界观。①

> ……现代历史学家从商代考古、艺术与文字记载，推断公元前一千多年前青铜器时代贵族们用以治理他们生存秩序的理论性谋略与基本观念，是有可能的。②

吉德炜相信，商代文化的一些特定基本观念，到了中国古代哲学形成期，得以进一步发展，并获得更充分的阐述：

> 从见到的甲骨文所能向我们透露的公元前第11和公元前第10世纪形而上学概想显示：我们一般认为中国思想史在东周时期存在的儒家与道家的哲学矛盾，实际上500年前就已经以不同形式出现了。③

跟尼采一样，吉德炜看到语言本身所具有的结构已是一种资源，从它

① Keightley（1988），第389页。吉德炜并不是唯一持此见解的人。除他以外还有不少出色的专门研究商史的学者也持此说，如Chang（1964）与Granet（1977）。

② Keightley（1988），第367页。

③ Keightley（1988），第388页。

出发可开采出一条基本文化概想与价值观的脉络：

> 不必求助于萨皮尔-沃尔夫的语言相对性假设，人们仍然可以想见，商代甲骨文文法能给我们许多关于那时候的人对现实，尤其是对自然力量的概想。[1]

那么，吉德炜与一些学者从商代文化考古资料中发现并认清的潜在概想具体是指什么呢？古代中国世界观一以贯之传承下来的“常识”——深层文化基质，是指什么呢？为了确认这些非同寻常的基本概想，吉德炜把生生不息过程中的中国宇宙观与古希腊形而上学超绝主义的理想化实体世

P47 界观做了对比：

> 简单说来，古希腊哲学是柏拉图派关于确定性、理想形式与正确答案的形而上学，伴随着伦理学方面的复杂性、悲剧性及无可解决的矛盾。形而上学的基础是坚实的，道德问题是极为现实的，也是如实体本身一样费解的。而对于早期中国人来说，倘若实体总是处于变化中，人不可能有一个悲剧壮观的位置并保持长久不动。东周时代儒家的道德英雄主义，并不把世界本质或人性视作什么变化的悲剧性条件进行叙述。[2]我认为，缺少这种悲剧性叙述，与儒家伦理没有形而上学基础有很大关系。[3]

---

① Keightley（1988），第389页，注1。

② 译者注：西方哲学与文学通常带有悲剧性意义，由主人公本人或人类世界固有的致命缺点反衬主人公的潜力、雄心或大局好转前的机遇。

③ Keightley（1988），第376页。

吉德炜肯定地把今天许多古典中国阐释者所认为的中国特质"互系性思维方式"归结为占卜的根源；《易经》"系辞"部分对这种思维方式有明确、详尽的解释。据吉德炜的理解，甲骨占卜表述：

> ……一种神学或者形而上学，认为世界是两个互相交换的模式，时而令人悲观，时而令人喜悦，但其中一种模式的萌芽，总是蕴含在另一种类模式中。至少如武丁铭文所揭示的，商代形而上学是一种阴与阳形而上学。①

吉德炜引用《易经·大传》所讨论的"变化过程"的"变化"观念——一种"替换与转变"的循环——作为对商代形而上学已有变化模式的后来表述。这一变化概念是用两极相反符号语言表述的，两极互含，两极为一。②

互系性思维方式可让人们对这个千变万化的世界有深刻的认识与参与意识。互系性思维至少可追溯至商代，它是一种主流思维模式；通过生态性的二元联系、鼎新比喻、喻义意象、启发性图案的扩散与聚集，展示既复杂又具阐释性的力量；生态性二元联系的各种形式，都在平常经验中获得重视、考量与检验。这是孔子所继承的一脉相承的思想方法，又进一 P48
步获得他和弟子们的阐发，在后来传统中继续传承，把它作为我们所说的"儒学"成仁人生道路的基石。我们可小心翼翼地将这样一个宏大的阐释视域称为一种"互系性宇宙观"或者"互系性'气'的宇宙观"；同时要认识到这样一种情况，即席文、戴梅可这些学者所研究的、令人信服地论述的"'气'观念在整个历史早期阶段经过的演化变化"③。

---

① Keightley（1988），第377页。

② Keightley（1988），第374—375页。应该指出，在这点上吉德炜的看法与Schwartz（1985），第19页；Graham（1989），第320页；Henderson（1984），第30—41页；还有最近的Puett（2002），第149—152页中的观点有根本的不同。他们皆以为互系思维才是汉代思想的表现。

③ 见Sivin（1987）与Nylan（2010）。

第二节 《易经》奠定中国自然宇宙观

道家与儒家经典在体现中国思想和作为文献证据体现中国早期宇宙观方面，都具有重要地位。在这方面，《易经》同样享有重要地位。不过，在经久不衰受人瞩目方面，在一代又一代中国文化人对它满怀奇趣方面，在对中华文化自我意识产生历久弥新影响方面，儒、道文献中没有任何单一篇章能与《易经》相比。无论如何，《易经》迄今仍被尊为“六经之首”。其实，正是这部喻义不绝的文献及其历代相传的注疏训诂，为中华宇宙观奠定了技艺的术语。

《易经》是个复杂文体，包括一个用于认识宇宙互系相连关系的符号组图构成的经文部分与七篇传文。这七篇传文，又有三篇各自分为上、下篇，总合起来又称为“十翼”。经文部分历来被用作有效互系性思维的启发法，出现年代远比七篇传文早得多，往往被单独称为《周易》。七篇传文也是个复杂文体而且显得不成一体。虽然传文成书时代比《经》要晚，但其中内容，作为对早期中国宇宙观的概括总结，以及作为对中国人世界观
P49 产生一以贯之影响的文献，仍然极其重要。传文中有一篇为《系辞》(另称《大传》)，堪称我们目前拥有的探索早期中国宇宙论最重要的材料。鉴于1973年于长沙马王堆汉墓遗址出土的公元前168年帛书《系辞》，我们至少知道关于其编撰成书的一个最晚年代。

在分析这篇深刻、变化无常、晦涩难懂的《大传》时，裴德生(Willard Peterson)指出，“这是已有两千多年历史的中国传统关于宇宙如何运行、人类如何与它的运行相联系的最重要论述。尤其自宋至清时期，所谓《大传》乃是为几乎每一次‘物质世界与人位置’问题抽象讨论所用的词汇与概念而提供的最具权威文献”[1]。

---

① Peterson（1982），第67页。

夏含夷（Edward Shaughnessy）在根据马王堆的材料对《大传》做新译本时，响应裴德生对《大传》重要性的评价，他说："《易经·系辞》的世界观，利用《易经》的媒介，使人与自然合一，令人信服地说明，它是对互系性思维最到位（当然也是最精妙）的表述；这一思维对中国哲学体系的整个内容是那么具有根本性。"[①]夏含夷指出："确实，对两千多年的中国思想来说，《易经》占据如此一个核心地位，以至对《易经》注释传统的要求都需达到几乎整个中国思想史的高度。"[②]他这么说，并非夸大其词。

就《易经》的文本而言，它本身就是一堂刻意展示的世界观示范课。也就是说，当我们看待特别"事物"性质时，在一个过程性世界观中对它进行思考，特别视点与它们视域的关系呈现一种对世界系统的全息性认识。如裴德生所说，《易经》文本本身作为一个特别视点，对"在天地大范畴之内运作的关系与过程进行复制"，因而为那些意在理解《易经》文本的人们，提供一扇显示宇宙正在运行的窗户。这是对这些关系与过程知识的及时运用；它是在人的社会范畴采取有效行为的基础。[③]他接着说："《易经》与宇宙是不分的，它等同于宇宙，且它就是那种运作的关系。"[④]这一点恰是《大传》本身清楚申明的： P50

《易》之为书，广大悉备，有天道焉，为人道焉。[⑤]

---

① Shaughnessy（1997），第1页。

② Shaughnessy（1997），第1页。

③ Peterson（1982），第85页，为了回答"占卜的文本（即《易》）如何能够与整个宇宙'联系'起来"这一问题，裴德生（Willard Peterson）用duplicated（复制的）这一词来形容它们之间的关系，并说："用哪个词形容这种关系都不妥，我选的这个词也只不过是抛砖引玉而已。"他接着阐明宇宙同《易经》之间的关系，也就是笔者所谓"焦点/领域"关系：它们都是完全一样的"二者之一"，每一个都是另一个的反映，它们是互相"包容"的。〔Peterson（1982），第91页〕

④ Peterson（1982），第91页。

⑤ 《周易·系辞下》。在翻译《易》片断文字的时候，笔者大量借鉴现存的译本，尤其是Peterson（1982）、Shaughnessy（1997）、Lynn（1994）。

《大传》以围绕一簇关键哲学词汇为结构。世界作为人直接的经验，为人提供一个似乎无穷尽的偶对互系词汇表，如高低、动静、刚柔、盈虚、大小、明暗、寒暖等，不一而足。源自世界的这种互系性、偶对性、动态性拉力，界定、划出范畴，而变化的过程正在其范畴之内发生。而且正是这些拉力，成为新事物产生的源泉；新事物时刻伴随着变化过程。[①]

古代经典有一个大家很熟悉的比喻，用作对新事物产生与旧事物衰落的描述，将其视作世界的永远特殊的现象，即“天门”：

> 是故，阖户谓之坤；辟户谓之乾；一阖一辟谓之变；往来不穷谓之通；见乃谓之象；形乃谓之器；制而用之，谓之法；利用出入，民咸用之，谓之神。[②]

这段文字，同《大传》的许多文字一样，以观察动态中的自然过程为开端，然后以如何在变化世界中采取相应有效通变举措为建言，启迪人的经验与活动：

> 是故，形而上者谓之道，形而下者谓之器。化而裁之谓之变，推
> P51 而行之谓之通，举而错之天下之民，谓之事业。[③]

《易经》的宗旨是处于永远变化的世界同人本身的经验活动须有变通关系；目的是交代人实践经验的基本规范性与方略性，回应关切人生的紧迫

---

① 《周易》在历代充当着整顿中国式世界观的启发式文本，为读者提供图像性的比喻和词汇以便思索。其他重要文献也有类似的作用，提供了许多比喻。例如《春秋繁露·正贯》篇用类似的语言和思想声明《春秋经》也有整顿社会与人生的作用，说：“是以必明其统于施之宜，故知其气矣，然后能食其志也；知其声矣，而后能扶其精也。知其行矣，而后能遂其形也。”

② 《周易·系辞上》。

③ 《周易·系辞上》。

问题：面对自然变化的过程，人的什么形式的参与活动，才能产生对现有世界条件最佳状态的利用？这是一种自然现象与人的行为现象相系不分、彼此互相塑造的状态。

儒家的道德本身是一个宇宙现象，是人与自然合力运行之中实现的过程协同：

> 天地之大德曰生，圣人之大宝曰位。何以守位曰仁，何以聚人曰财。理财正辞，禁民为非曰义。①

处众有精神，产生于对变化之透彻领悟（知几），亦来自此彻悟激励而致使之最恰宜行为。简言之，精神因求生活之高远而生发：研究事物之起始未发之状，预知其未来可能，则有志而用其最利。君子因“内在精神”行为，成为楷模而被彰显，为众之所望：

> 知几其神乎？君子上交不谄，下交不渎，其知几乎，几者动之微，吉之先见者也，君子见几而作，不俟终日……君子知微知彰，知柔知刚，万夫之望。②

其实，于此种总是“适宜”且能动性的作为之中，得以显现的是一种“精神”（神性），是一种人生追求之最高境界： P52

> 过此以往，未之或知也。穷神知化，德之盛也。③

---

①《周易·系辞下》。

②《周易·系辞下》。

③《周易·系辞下》。

《大传》叙述的是传统本身的由来起源，讲的是人与自己相应的所处环境，如何于以往、现在而常态性地与天地相合。远祖伏羲、神农近取诸身，远取诸物，始作八卦，类万物之情，通神明之德，知“变通”之道，并将此种“变通”之领悟视作人所处世界一以贯之的特点。二祖“是以明于天之道，而察于民之故”，画卦，以效之、象之、则之；举而措之天下之民。需要注意，两位古代圣贤并不是脱离价值观而探求客观自然界的科学家，恰好相反，他们致力于人们自己理解与叙述的事业：

易，穷则变，变则通，通则久。[①]

伏羲、神农所实践的是一种“域境化”做法，即有效地实现、将人类经验与自然运行过程视作同一域境，且使其相合，努力将宇宙的可用性创造潜能，利用到最好程度——伏羲、神农在对《易经》一套深邃卦象的建构之中，耕种出一种“文化”与“自然”之间厚重的不分性。这是一种被体悟到的人的经验与自然促使文化间相互对接的和谐性，这种和谐状态鲜明地表达于对这一关系特点的描述性用语中，如“天人合一”（宗教性、自然、文化的域境与人经验的不分性）、“天人相应”或“天人感应”（精神领域与人经验的相互照应——不分）。值得注意的是，这种用语所表示的，是人类经验方面延续不分的共生相互性，而不是世界中两个原本分立不连的方面后有的结合性。人类的修养不是把世界与人类经验作为两件分立的事物而使它们结合在一起，而是让同属经验的两个本身不可分的部分，由
P53 于生态连续性（“我与我的世界”）而更深度、紧密地相合。

其实，自然与人文（比如石头的自然条纹与岩画）之间那种可想而知的不分性，能够得到印证的事实是，同一词汇既可用来表达人类的也可用来

① 《周易·系辞下》。

表述自然生态界的鼎新性。例如："道"、"气"、"文"（纹）、"理"、"阴阳"、"变通"，是既表达人文也表述自然世界的语汇。

我们与周围世界的协同鼎新关系，并不存在起始性与开创性的"logos"（逻各斯——理性）。语言及其作用和被人持续言说为存在着的世界，是同时发生的。想象力并非想象的；即经验世界的制造意义过程，是想象的灵感，而想象力源于生活的现实。

基于这种充满希望的开端，伏羲与神农的后代，即黄帝、尧、舜等，继续发展新技术、运输方式、社会组织和风俗习惯，事事都获得特定《易经》卦象的启示，每一卦象都提供一定自然事物的动态象征：

> 圣人有以见天下之动，而观其会通，以行其典礼。①

这个日渐成就、持续不已的建构与礼化过程，使人的经验作为记忆保留在《大传》中，发挥启迪的作用，因而使这个世界的生活充满魅力，精神恒常，生生不息：

> 黄帝、尧、舜氏作，通其变，使民不倦，神而化之，使民宜之。②

人与自然世界之间显现的生生不息的共生关系，是使充实的人生得以实现的灵感。 P54

通晓《易经》所揭示的变化与生生不息过程，不仅可使人类生活获得道德与美感，而且还可通向宇宙神化通幽的境地。我们能理解到这一绵延不断文化的宗教感效果是很重要的；即，人类经验的迷人、精神境界（达到神化）并不属于另一世界。恰好相反，这个"神"，属于这个世界人类享

---

① 《周易·系辞上》。

② 《周易·系辞下》。

之不尽的产物，是人神境界的精纯高度：

夫《易》，圣人之所以极深而研几也，唯深也，故能通天下之志。唯几也，故能成天下之务。唯神也，故不疾而速，不行而至。①

久而久之，对人生所持的这种高度期盼，导致一种可称为“准无神论”的“以人为中心”的宗教感——一种不必去祈求独立、超越神灵、以它为宇宙秩序本源的宗教感。人类，不是依靠参照一种有限的假设预定，去寻找宗教的超绝主义与超自然主义，而是让自己成为自己所在世界的深刻意义源泉——这一仅有的世界。具有宇宙含义的人的协同创造力启动了《中庸》；《中庸》作为朱熹“四书”之最后一书，是朱熹对儒家人生作为的终极告白——发出了它宗教性的音符：

唯天下至诚，为能经纶天下之大经，立天下之大本，知天地之化育。夫焉有所倚？肫肫其仁！渊渊其渊！浩浩其天！苟不固聪明圣知
P55 达天德者，其孰能知之？②

第三节　互系性宇宙观与中华传统医学

另一个探讨这种“互系”宇宙论的渠道是传统中医。人们常会发现，标准中医课程都一脉相承地从充分理解中国古代哲学入手，以此发掘传统中医术语及语义的意象与文化比喻。③或许作为研究中国哲学的学者，需好

---

① 《周易·系辞上》。

② Ames and Hall（2001），第113页。又《中庸》第三十二章：“唯天下至诚，为能经纶天下之大经，立天下之大本，知天地之化育。夫焉有所倚？肫肫其仁！渊渊其渊！浩浩其天！苟不固聪明圣知达天德者，其孰能知之？”

③ Sivin（1987），第441—442页，附录D提供了一个中医学校教程的大纲。

好报答为研习古代中国哲学而入门的传统中医，去研究奠基中医传统的自然宇宙观，以它作为一个标志，于迅速流动的哲学话语中找到我们的位置并保持一个可靠立脚点。古代中国具有生命活力、变化不已的“气”，在现代可概念化为一个被称为“生命能量场”（vital energy field）的说法。不过，正像我们必须要提高警惕的，不能把人性作为一个“质相”（essential）概念加到儒学经典上那样，我们也必须小心，不要把“气”这一概念“硬塞”到儒学经典上，将它视为一元论或同质唯物论的概念。这个“生命能量场”不仅是弥漫性的，作为一切事物的一种共享条件，使它们彼此延续不分，也作为一切特殊性事物得以显现的媒介，同时也是一切事物彼此构成的媒介，是任何以事物的关系与之相关联的特别结构，兼有较为主观性与较为客观性方面，将它区分开来，确保其具体性与特别性。

对“气”的恰当理解，可作为“个体性”与“多元性”、延续性与差异性存在的原因。[①]其实，具体“形式”与生命活力的“气”，实际是同一变换不已现象的两个“非分析性”方面：“转变性”与“形式”也同是对一事物过程阶段性理解的含蓄表达。所谓“非分析性”，我认为“形式”与“生命活力”无非是从两种视角对同一现象的观看，而这两种视角的分开，只是为了相对于一个方面，而达到强调另一个方面的目的。所谓“过程阶段性”，“形式”是参与过程的，是出现的可识别的节点，而不是静止的结构。这样，生命活力的“气”与各种表述“形式”的方法，是解释性的，而不是一个本体性（本质性）词汇。也就是说，对于两个词汇，我们都需要根据一个变化的关系（它把我们的位置放在我们过程的经验之中）给出合适的叙述。我们每人都是由许多层次的关系造成的，而且在这个意义上，我们之间是延续不分的。但是话又说回来，我们的生命根植于许多层次关系之中，是具体与特别的我，别无他人。 P56

① 细读了张载《正蒙》以后，金氏在Kim（2008）与（2010）持续反驳气是一种一元性本体论这个观点。

现在，一提“气”字，就会联想到健康、医学、强身健体这种领域的“生命能量场”。将“体”理解为“气”是很有帮助的。但就古代互系性宇宙观而言，“体”字如同对“气”的任何预想，使用必须得当，任何事物都是一个相续不分的气场，都会立即显示自己既是一个“生命体”又是一个“环境”，为“肉体”亦为“精神”，为“体”亦为“用”，为“世”亦为“界”，为“通”亦为“变”。正因为“身”是被如此理解的，所以传统中医为我们提供了一个理解“气宇宙观”的窗口，我们可从一种与众不同的角度理解万物，万物构成着这个世界。医学人类学家冯珠娣（Judith Farquhar）指出：

气既是结构的也是功用的，是材料与时间形式的统一体，只要摘出其中任何一面而析言之，它就失去所有连贯性。①

这样，生理学系统功能是均等性的，像传统中医意识那样，对较为稳定持久的解剖学结构，并不给予特殊对待，而且治疗方略必须是整体性、兼容性的，而不是特殊性和排斥性的。根据冯珠娣“结构与功能是同一事物两个方面”的观点，她致力于寻找一种适当语言，以表达传统中医对“身体”与众不同的过程意识理解与正规解剖学生物医学意识之间的比照：

中医最经典的，是将“体现”设想为一种充满活力、复杂的过程交织系统，设想为一种生理学，它必须是活生生，通过对体征、症候和主观感觉中枢分析理解的。②

---

① Farquhar（1994），第34页。

② Farquhar（1994），第162页。

这种互系性宇宙观对形式结构的功能理解是根本“域境性”的，即将“事物”（如“生命肉身”或“作为经验之身”）置于它总是处在变化状态的“环境”中去，这样形成一种内在与外在的“场景”；身体被从内外两方面看待，作为或多或少的主观，亦作为或多或少的客观。“形成状态”（体）与“功能状态”（用）之间，有不可简化的错综复杂的关系，它在“身”这个象形字中被抓住；“身”字常被一般化、简单化地译为“body”，而它却需要更细微得多的理解。“身”不仅指一个具体和主观生命的人身，更是甲骨文“”和金石文“”中所表示的，它的古字体清晰显示了一个怀孕身体的象形字，强调着嵌含的内外含义，即它的特殊生命力，它的生殖功能性，它的社会性，它的旺盛的、生育的延续性。① P57

医学人类学家张燕华分析了“身”“体”二字分别指代的不可简化的主观性与动态进行性含义，把二字放在一起，一般用来指“body”（身体）：

> 如果我们非要把“身”与“体”这两种bodies拆开做个区分，我们可以说“身”指的是社会意义的“人身”，而常用作动词的“体”则更加强调“体现”，作为一个知与行的过程。二者都屏蔽二元对立式的“心与身”“主与客”。②

---

① 笔者使用的是香港中文大学关子尹等人建造的“Cognitive Analysis of Archaic Chinese Script Components”数据库。这两个字样的编号分别是“一期殷契佚存586”与“西周中期CHANT：246”。建造这么一个数据库的原因是很令人信服的。现代汉字中的偏旁往往有意符的作用，例如从“木”的字跟植物或木材有关系，从“心”的字跟思想或感情有关系。香港中文大学数据库的基本论点是，甲骨文和青铜器铭文以及出土文献中的古老字符比起简单化与规范化了的汉代隶书文字更能显示文字的本义，通过细心的分析我们能够挖掘出来这些本义。在这里，关子尹强调“身”字的“怀孕”含义。若干学者十分注重“仁”字的古老写法，即上面从身，下面从心，在表面上可以凭此挑战“仁”的互系性质。不过既然知道“身”字原来代表的孕妇的身体，那么“仁”仍然可被视为互系观念。

② Zhang Yanhua（2007），第36页。

“体会”这个词最能表现“体”的动词性；它是一种有生气、本能性、一体性的获知过程，是一种协同性认知，它源于实在的经验，致使一种分享性感悟获得实感确认。冯珠娣指出，“我们的常识都是诉诸一种唯物论，它必然将现象简化为一时可见的集合物件”。如果我们想克服这种常识倾向，就必然选择那些将“事物”理解为时间上的存在，也理解为包含主观性、存在主义维度的。也就是说，基于“事物”的时间性与反映性，我们不管出于什么目的要对“事物”进行理解，都必须要将它们考虑进去。“身体”是必须作为历史性或“通过时间”因素来理解的：

> 体征、经验与观察，这才是医疗诊断的物质基础。它们的实在度一点也不亚于脏腑器官，而它们在生命时间之外，是不可想象的。①

因此，任何将“身体”简单地视为物体来治疗的倾向，都会违背中医传统所立于的互系性宇宙观；这一宇宙观是生命的、域境的、过程性的观
P58 念意识。因此并不奇怪，在传统中医诊断实践上，作为身体反映层面的病人的自我叙述，是有极大重要性的：

> 证据表明……中医重视（病人的）每日自我感觉；中医不否认身体的客体性质，但同时，特别注重病人个人时间中身体发生的变化过程，这方面的信息只能通过患者本人叙述，才可成为医疗诊治考虑的范围。②

在传统中医中，主观的“活的身体”与“为他人而在的身体”是不分的；这一不分性为对作为有机体的“自我”达到理解，提供了方法。“身

① Farquhar（1994），第386页。
② Farquhar（1994），第386页。

体”——一下子就作为存在经验的、自我意识的“我”，也作为“我为其他主体而活的身体”被嵌入“我”——是自我与世界之间无法分解的延续性。张燕华认为，既用来表达生命的形体也表达活力层面的词汇，必须理解为决然的相对性与过程性。

> 虽然“精神”一词被译成英文“mind”或“spirit”，可无论怎么说它也是属于“身体”的。……作为根本的“精”是提供能量转化过程的基础，能量是由食物精化而来；“精”因为“获得性精”而实现浓缩与强化。中医理论将精与气（“air”“breath”“vital energy”）视为同一生命能。集而谓之精；散而谓之气。如果说“精”作为“生命能”的养育性一面，气则是作为它的活性结构一面。……如果说“精”“气”作为生命之本，神则是生命之貌。……换句话说，神是生命活动本身的现象。①

生命能的流动需要协调性与方向性；“心”作为指导方向的力量，它是一种具体情形内在的能动潜力所进行的调节与导向。

> ……心是一个功能系统，是它实现着一个人“作为人”或“成人”的持续过程，作为生理的、心理的以及社会的……这个以过程为中心的“心”的生理机能特殊性……顺应按照一定社会条件与自然环境畅通无阻的变化过程。② P59

如果“事物”都是由它们所在的关系构成的，那么我们对任何事物追问它是“什么的”与“如何的”之时，都必须从复合关系整体（whole

① Zhang Yanhua（2007），第37—38页。
② Zhang Yanhua（2007），第41页。

complex of relations）入手。事实上，那么多自我修养学说，一直作为哲学探索的焦点问题，无论以修身还是以修心为主（一般是二者兼修），目的都是做到一种心静与平顺状态，以利气流通畅无阻，贯彻整个机体乃至机体外在的各种环境。我们可对“心”进行一番阐述。

如果隔离心脏这个器官，让它脱离本身所处的自然环境（身体），剥夺它的生机，用不了两分钟就变成一块死肉。不过从生理学上看，我们能够明白它是“体”（形成）与“用”（作用）的生生不已过程，“心”则是处于延续不已、共生关联过程之中的密集性生机焦点；在其内部，循环系统的复杂内在网状关系的滋养，是通过对外界无边环境的采用——风、水、阳光、空气等所有对生命必不可少的条件。当所有这些关系之中的“心”达到且保持一种流动的宁静与平衡，没有阻碍，没有呆滞时，我们则称之为“健康”；也许更确切一些，就它的过程性延续不止这个特点而言，我们应称之为“健康着”（healthing）。要阐释“心”，我们需找到它，作为一个具体、生机的集中点，在其所处的丰满关系基体中看待它。我们需要从整体着眼，将它视作一个在进化性场域中的聚焦视点。

当然“心”也有主观性和社会性——有情、有智、有精神。“心”是情感与思维密集所在，它渗透且表述于构成我们自己“角色”与关系的宽阔状态中。每当我们在家庭与社会生活事务中，实现一种无障碍的和谐与平衡状态时，我们都可称之为“快乐智慧”。

这样理解的“心”，还有三点值得说明。首先，追问“心本身的定体是什么”这种问题，无论从生理学还是社会学意义而言，都是导向错误的问题，因为“心”是活力的，与它所处周边环境分不开；“心”不是别的，
P60 无非是它处于很多环境关系中的所为。再者，我们总以为心脏薄膜相当于它的一个边界，实际上是有渗透孔、有液体流动的，其作用无非表明它是内嵌的、活动的中心交集点，而非排外性界限，由它来分出内外。最后，我们在下章将论及“心”物质性、智力性和情感性的意象，将其作为一种

以关系构成的人的思维方式，将人作为在角色与关系之中行为的体现点，将角色和关系作为对人的定义。

中医所提倡的健康生活方法与目标，喻义在这种“心”的意象之中；它可实现一种平衡状态；在这个平衡状态中，通过社会与自然活动的恰到好处，可使人与人的相互关系之经验发挥最佳状态。这样做的话，人就能在舍与得、行与不行的临界点上，避免出现“过”与“不及”：

> 这里和谐的定义是与汉语“度”相关联的。……换句话说，在一种充满活力的相互作用条件下，当每一特殊方面都以其特有方式延展自己，达至恰当之度，也即“相得益彰”时，和谐状态因而形成。①

第四节　互系性宇宙观即生态宇宙观

可是，我们怎样把传统中医互系宇宙论的真知灼见发挥出来，运用到对“物”的性质的一般理解上去？我们怎样把根本上与所处环境不分、具有反射性的生命体，推及至更广大的世界中去？

这种过程性宇宙论，不情愿将有生命的时间与物质分离开来，用亚里士多德的话说，“结果是没有根据把主动、有效动因与被动物质动因相区别”；这种思想方法是把“气”理解为一元物质、认为一切皆是源自它而建构的。事实上，类似“自然”“天地”这样的用语，历来被分别译为英文“nature”和“the world”，可实际上它们并不简单地指示“a world”（一个世界）或者“the world”（特指这个世界）；实际上这两个中文词是指作为身在其中经验的那种积极、延续、自生的过程。因为这个原因，根据传统中医生理为本原则，这种用语的形态、行进（动名词）形式，如果不是 P61

① Zhang Yanhua（2007），第51页。

英语语言的不规则语法，那么应是它们蕴含意义的合理表述：“自然”是“naturing”（为其自己然也），“天地”是“worlding”（“为其天也地也”或“为其世也界也”）。

从“一个充满生机世界”这样的认识所能得出的，是在有感知与无感知、有生气与无生气、有生命与无生命之间并无一种最终界限。而在传统西方思想中，追求一种物质与精神的二分叉，以阐释“物”的生命与精神特性已成为一种常识，总是把赋予生命的“原则”与被它赋予了生命的“东西”设想为二元分离。然而在“气”观念上，“气”就是“气”，不存在什么分离着的、需要去赋予它生命的“东西”。所以，这种互系性的“气宇宙观”是“万物生命观”（hylozoistic）。也就是说，生命与物质是同一“实在”的不可分的方面；是同一事物从两种角度的看待。世间存在的，只有“气”场及其大量“生气勃勃”的、充满“气”场的聚为焦点表现。“事物”既是“一”也是“多”：“a wife”（一个妻子）、“a mother”（一个母亲）、“a daughter”（一个女儿）；更恰当地说，是“wifing”（做着妻子）、“mothering”（做着母亲）、“daughtering”（做着女儿）——每个角色都是一个女人自己所处的许多不同特点的关系所约定的身份。这样的“事物”既是生命力脉动的延续（通），也是演化（变），是始终处于不以人意志为转移的环流且终极性的转化过程。

“时”是作为量性转化来理解的，是作为活着的具体“事物”。它具有抽象性且有时是量化性描述，用来表示经验之中相互关系的动态性、过程性与生命本质；一旦从某一或另一角度来看是最富于有效性的，“时”意为“时中”，而且对促成事物众多因素而言，“时”为“适时”（timely）。“气”是性命“攸关”的，意思是说，比起它的固定形式，事物的内在活动过程是更首要的，这种情况否认形式与功用、物质与精神、主观与客观、某一聚集点与它所处场域之间存在什么严格与最终性的二元分叉。

“气”是能量化场域，它表现为特别性而且总是每件“东西”变化之中的聚焦点，这种情况构成人的经验。这些总处于某种情势的“东西”所具有的明显特别性（所谓“万物”）对于为“自然分类”（natural kinds）信条提供根据的“本体形式”或“理念”“范畴”“原理”或者“纯性物类”（人们认为存在的）而言，是一个屏蔽。所以“东西”从自己的“特别性”开始，按照特别性归类、分组和推类，它们之间存在的联系性可感知共性，是具体条件类比性的。基于观察与约定俗成的分类对“东西”做出辨别， P62
这样所做的分类同白天、季节变化、方向、神祇、颜色、味道、声音、数字、气味、身体部位等有联系。葛兰言是这样说的：

> 中国人并不注重对现象顺序的观察，反而更关注事物的不同方面交替。如果他们认为两方面是相接的，那不是动因/效果这样的单线关系原因造成的，而是一物的正、反面的“偶对性”；用《易经》的内容比喻，是像声与回声，光与影那样的。①

这样的活动性、关系性辨别与相互赋予意义的联系性，远不是任何意义的终极性；李约瑟称之为“过程性”和“弥漫性”，“是在广阔力场自发性出现的形态；它充满活力的结构，我们至今尚未理解”②。李约瑟接着还说，对这些生生不已互系关系的聚合与运用，让人们做起事来产生有效性：

> 智慧的合力在于：在相系不分的关系源泉中建立直观类比相应联系的数量相加。③

举一个建立这种对应联系的例子。比如，对心理情感与身体健康之间

① Granet（1934），第329页。
② Needham（1956），第291页。
③ Needham（1956），第290页。

相系不分关系的理解，可给人一种智慧，使我们超越忧郁病本身而对忧郁症状做出合理解释，是一种对人的健康素质而言的情感中心性功能意识。

不是将世界划分为（本体性）“类别”，而是将之视为“阴阳性”及相系不分性，这是上古中国世界观自然宇宙论的切实内涵，开始于商代文献的记载，而后于汉代复杂的宇宙图及阴阳五行说之中成形继而系统化。①正如陈荣捷指出，这种相系不分的“气宇宙论”的成形结构与功能特点（或者更简单地说，事物“变成什么”及它们“做着什么”）之间的相互依赖不分，是内含于早期文献典籍中互系不分的阴阳这一词汇之中的；这种关联性一直延续于传统中，而且在数百年过程之中，逐渐变成阐释性词汇，表
P63 达于诸如“体用”“知行”互系偶对性的广泛应用之中。②

> 《道德经》第四十二章曰：“万物负阴而抱阳，冲气以为和。”③

一切事物皆由偶对关系组成，这些关系可实现为最好效果（比如健康、强壮），其途径是人的有教养想象力的从心所欲联系以及由悟性所激发的互相联系过程。道家经典中，如《管子·内业》等阐述的静修思想，强调以正确的体姿、饮食、气功等修身技巧，进行内外协调，让体内状态与外在环境达成和合一致，修炼者从而可得健康长寿。④

气是一种意象，性质如水，可意会，不可言传，令亚里士多德式概念范畴的西方语言与思维无所适从。也就是说，气同时为“一”也为“多”；当其聚集时，则结合而成形，形状为其环境所致，而其环境既有守持性也有变动不居的特点。于价值意义而言，气属尊也属卑；可用水的比喻对它

① Major（1993）。
② Chan（1963），第141页。
③ 另见《道德经》第十章与第五十五章。
④ 见Roth（1999）。

进行理解：水赋予生命，具净化作用，灌溉人的世界，洗涤人的身体与心灵。同时，水也具破坏性、污垢性，可通过动物体腔肠顺流而下，进入排污水道，实乃有伤大雅之物。同样，于最为升华、最为优雅精神方面，如人本身，由最为阔达之气构成；同样这个人，于低级、肉体方面，则由低级之气构成。正如水可为“一物”（水），亦可为“一动作”（浇水），可为“一属性”（湿性），亦可为“一形态”（瀑布），气亦如此，它不可分解至不同范畴中去，它的“呈形”与“功能”是分不开的。另外，水非一简单客观现象，而是作为生命与活力，可教人内在地促使世界成长。气不仅是所谓的人，而且是内感之生命力，生化人极致高尚之审美造诣。 P64

公元3世纪，王弼注解《道德经》，以“体用”阐述生生不息转化的理念，“体用”即“呈形”与“功能”之不分；从那时起，这一观念就成为中国宇宙观的主旨意义。它起初由道家延伸，之后进入儒家、释家哲学的阐释性理念，逐渐成为一个表述互系性宇宙的根本用语。[①]“体用”表述一个非二元对立宇宙，一切经验必须从将其置于关系整体之中开始，一切两末之别（如人性与行为、肉体与思想、物质与生命）都不过是简单地从不同角度看待同一件变化着的现实。“呈形”与“功能”（即“为何”与“如何”两范畴）只是一种阐释性、非分析性语汇，表述人经验的起伏性与无休止性延展节律，既是其形式的也是其具有生气的方面。比如，人所认为的一物的“为何”以及它的“如何”，只是同一延续过程的两个相连的方面。经验之中的现象世界与其持续变化的活力源泉之间，不存在本体性差异。

重要的是，关于无尽无休、动态演化的思想意识，渗透于传统之中，它是对主流儒家思想家达到理解的必要参照背景条件。即使总是很务实的孔子，也有表现思辨意识之时，孔子之思辨，诉诸的是水的活生生动态，概想的是人生的变迁与流变：

---

① “体用”一词最早见于王弼注《道德经》第三十八章，不过也可以说，同样一种宇宙观思想，在更早的文献也曾使用不同语言表达，如《周易》就有“变通”的理念。

> 子在川上曰：“逝者如斯夫！不舍昼夜。”[1]

香港学者信广来在《孟子与早期中国思想》一书序言中论及孟子的“气”的用法。他先叙述《春秋左传》《国语》两部古典史书中多处对“气”认识与用法的阐述。这些地方都认为，气为生命之力，是人之“为何”、人与人之所处自然世界活力之所在。[2]《孟子》中多处谈及“气”，但并非它的一些诠释者所认为的，孟子之“气”是神秘主义。[3]我认为恰好相反，孟
P65 子不过是阐释他那时代早期中国读书人的人生常识而已。其实，要在当今这个时代理解这种“气”的世界观，应当考虑到，它是一种特别的中国古代经典式的类比，而现在在很大程度上是一种以数量、基因及原子论为自然分类的设想；这一设想传统，自西方文化的古希腊开始，一直塑造着西方常识的思维。

第五节　互系性宇宙观即道德宇宙观（德心道场）

不过，“气”不是因为作为对人类经验性质的一个假设，才简单具有宇宙论意义的。“气”恰当的生态协调作用，使它承载着深刻的道德和心理生理元素。下一章，我将讨论儒学经典之作《大学》，提出一种主张：在整体上塑造中国哲学传统的一以贯之、深入人心之精义，是人的内业修养。孟子在德行修养问题上的观点是，将“气”的场域作为具体道德能量来理解。他讲到自己的“养浩然之气”之能力，将“浩然之气”阐述为“至大”“至刚”：

---

[1] 《论语·子罕》。

[2] Shun（1997），第67—68页。

[3] 不止Chad Hansen（1992）一个评论家认为孟子的“气”是一种道德神秘主义。

孟子曰："……我四十不动心。……"

（公孙丑问）曰："不动心有道乎？……敢问夫子恶乎长？"

曰："我知言[1]，我善养吾浩然之气。"

敢问何谓浩然之气？

曰："难言也。其为气也，至大至刚，以直养而无害，则塞于天地之间。其为气也，配义与道；无是，馁也。是集义所生也，非义袭而取之也。"[2] P66

如果以"视点/视域"（或"心/场"）这样的宇宙观语言再阐释，孟子等于在说，如修养恰到中和，则"浩然之气"可使人与其所在场域的关系达到"至大至刚"境界。这一"宏大视域（至大）与聚焦视点（至刚）"的意思是说，如果人之"养气"达到最成功之处，那么在最广大的"气"（"道"）环境中，所成就之"义"也就最高。这种状态，可取得持之以恒的道德，人在所处"道"之环境的最深远要素关系上，已达得最大程度的潜能与效果（"德"）。《孟子》对这一思想有清晰的阐述：

万物皆备于我矣。反身而诚，乐莫大焉。强恕而行，求仁莫近焉。[3]

这段话的"诚"，历来被译为sincerity（诚恳、真挚）或者integrity（正直）。在经典文献中大多数情况下出现的"诚"字，确实是这个意思；这段话中的"诚"也不例外。但是，从一个作为过程、作为一切相互关系看待的世界来看，"诚"是纽带，它把人与他人的关系联合成一体。这种状态，使个

---

① 这句话出自《论语·尧曰》，强调人的"知言"在其与他人关系上取得最佳状态之间的关系。原话为："不知言无以知人也。"

② 《孟子·公孙丑上》。

③ 《孟子·尽心上》。

人的协同创造活动过程达到可能。在这样的情形下，“诚”(integrity) 并非简单个人所保持“拥有”的“什么”或者说个人本质不变的“是谁”；而是人的“做人”“成人”，使之成功与家庭和社会和合为一体。所以，“诚”是人的圆成一体性与创造性过程。“诚”不是静止不变本质性的“一体”，而是在构成人的特定自然、社会与文化天地中，多维关系的“圆成为一体”过程。[1]这种“圆成一体”与“创造”的不可分性，在《孟子》这段话中通过“仁”的观念被强化；“仁”是对“人”互系性、圆成性的观念表达，它表示自己与他人的圆成是互含的。《论语》中有关于“成仁”的解释：

> 夫仁者，己欲立而立人，己欲达而达人。能近取譬，可谓仁之方
> P67 也已。[2]

从无处不在的“气”的角度看，现象世界不仅为过程与变化所在，而且对关联性与情景化事物，具有有效施展艺术力量的生态条件。在这样的世界里，人生经验构成一个域境，其中无数的聚焦视点则是构成它的万物。其实，除了“大气”域境，《孟子》这段话也同样强调作为“焦点”之“我”(一个特别的焦点)，把它视为世界呈现过程中品质与意义的能动参与者。在环流不已的“气”之外，没有什么“外在”视点。生生不已的世界必然需从某一个具体视点或其他视点去看待，所以气的“场域”总是特殊的、不同视角的；这种视角是无间断性的“此”或“彼”，也可说延续性的“我”或“你”。此外，每一特别视角都是具有“全息性”的，即每一视角都处于它所在充满关系的域境，“域境”使得这一视角“域境化”；这一充满关系的域境，也因这一视角的聚焦程度以及解析程度，而产生大

---

① 参见 Ames and Hall (2001) 一书序言，其中对“诚”的特殊用法有详尽阐述；它首先出现于《孟子》，之后《中庸》有精微论述。

② 《论语 · 雍也》。

小不同意义。如此说来，富有意义的人生，也增加着宇宙的意义。

这样，将“气”的意义定为一个相系不分的场域，上面《孟子》的那句“万物皆备于我”更白话的表述或许可以是：“气的场域是我的视点，它处于我的广袤至大关系网之中，在此，气皆备于我矣。”其实，朱熹恰是如此解读《孟子》这段话的：

> 此言理之本然也。大则君臣父子，小则事物细微。其当然之理无一不具于性分之内也。[①]

如果把这一意思用更纯熟的语言加以表述，我们还可以说：人的生命生活给宇宙带来影响。在我的生态关系之中，我与整个可经历之宇宙相系不分；而且在我本人所做修养的程度上，我已具有从至刚、充满意义角度看待我生命生活的能力，我已具有使整个宇宙都增加意义的能力。一旦可以这样理解，就不难发现，儒家的修身内业中既有对人也有对宇宙的根本宗教性元素。如果把宗教性理解为个人价值的至刚与归属的至大感，那么 P68
人在家庭、社会以及宇宙中获得的充满意义的生命生活，其本身就是深厚、愉悦情感之源泉。

第六节　互系性宇宙观的“以人为中心”的宗教感

如果我们把对“至大域境”之内的“至刚聚焦视点”追求，翻译成一种人类社会语汇，我们可以说，“君子”是一种公共资源，是可资他人积极向上的榜样。君子之所以对他所在的社会具有榜样效果，源于他们对自己的勤勉修养，修养使他们得以在林林总总的关系之中成长。人由于这种

---

① 朱熹：《孟子集注·尽心上》。

“至刚”及公认价值而受到赞颂，成为社会效仿的对象。同样，他们通过在平辈或上、下辈之间形形色色的尊重之礼，扩散影响。《孟子》中的观点认为，作为影响深远之人，君子已是“至大”；作为人们追求卓越人生的指路灯塔，也是“至刚”。

这样的特殊榜样显示的是生生不息的社会之道；“道”需要模范人物引领人们去学习，这样，它就要求儒学哲学家发挥个人示范作用——如同一个先遣兵，为未来后辈探索并指明一条“道路”。这样一种类比式的要求，在观念上是双向性的：既是给予，也是获取。人修养的本身就意味要向楷模人物学习，将被尊为表率的人物视作自己所处世界的文化引领者。同时，向贤者学习而取得个人成长，也让个人产生一种对行为素质的追求志向。这种行为素质，久而久之，又将成为他所在家庭与人群的一种持久不断志向；最后，将这种志向充实到人类的文化宝库中去。

崇拜一神或多神，将它（它们）视为超绝独立、静止不变存在的秩序，但中国古代传统中没有这样的宇宙观；中国古代传统关注的是人本身所在的世界，这种宇宙观把祖宗、圣贤，把高贵人格提升到超越的地位，并历久
P69 不衰地赞颂它的超越性角色。对文化楷模的崇拜虽然是深刻宗教性的，但它“以人为中心”，而且是一直被很好保留的一种敬仰或崇尚，并不是一种对超绝神的崇拜；这就是说，并不是将崇拜对象的完美性，联想为完全独立、凌驾于它的信仰者。截然不同的是，孔子作为一个人生典范，其鼓舞作用因为儒者群体发挥的世世代代文化传承引导作用，伴随这一人群的品格而扩大。起到典范作用的人物与后学者之间存在的依存与相互性关系，又作为一个很好的例证，说明过程的、处于变化之中事物的世界，是一种事实，它对那种（将世界作为个体看待的）绝对不具有联系性的概念是屏蔽的。先生与学生是互为关系，在互为关系中，他们或是先生或是学生的角色定位，正是源自他们的互相依存与彼此的关系构成性；也就是说，按照“互系”“气宇宙观”要求进行的阐释，只能用“视点/域境”（“心/场”，即“德”与“道”）的方

法，而不能用“部分/全体”的语汇。先生与学生互相离不开彼此，无论是谁的成就，都是于此种关系中最得道的发挥。

从“部分/整体”意识向“视点/域境”意识的转移，其中一个含义是与思想理路相联系的，即它以互动的人类经验活力为特质：人与万象、万物的变化过程的相互性，以它作为一个场域。诸如“主观与客观”“行动与反动”“起因与效果”等此类人们熟悉的概念，它们的根据都是一种假设，都是在讲，作为外在性彼此之间相关的事物，几乎是没有什么联系的；本质不变主义的思想，强调先验潜在性及对它的后天实现，概想一个被目的论假设推动的单线单向因果关系，都是没有办法行得通的。相反的是，所有这些互相作用，都需理解为相互依赖与交结的“所做之事与所经历之事”，在这一过程中的相互促进成长与创新进步。对我们以及处在同一相互依存生态、一起生活于其中的其他人或物来说，我们塑造着他们，也让他们塑造着我们。一切创造都是相互的：我们作用于世界，也作用于自己；我们在修养自己的同时，也改造了世界。

上述关于气的讨论中，我们已经在中国宇宙观和海德格尔批评过的西方“神学本体论假设”的主要特点之间做了一些区分。现总结一下：其一，“气”观念承认的是一个生生不息的现象世界，它的构成是林林总总、变化不已的过程和事物；现象的背后不存在什么假设推定、永恒与静止不变的“真体”。这个世界在同一时刻既是生命的过程，也作为在它这一过程 P70
之内的生命的万有内容。其二，在这一被理解为“气”的世界观中，到处是“贯通”(continuity)的，无论什么时间、什么地点，世界是跨越时空贯通的。这样的一个世界，要求我们诉诸一种“视点/域境”(“心/场”或“德/道”)的诠释方法，而不能用“部分/全体”的分析模式；因为需要理解的对象是内在关系，而内在关系存在于具体特殊的事物及由它们构成的环境世界。其三，经验的整体性是最重要的。如果是这样，只有从一个抽象概念过程中去看，经验才能被理解和区分为不是“主观”即“客观”、不是“一己”即“他者”。其四，宇宙是有生命的，它内在地被经验化，对宇宙的阐述，必然要有一个具体特殊主体、活生生存在的维度。最后一点，因为不存在不相联系的、外在相关的“物体”或“东西”，所以必须对给予它们的单线单向阐释进行淘汰，代之以“情势的”、相互依存、协同不悖及相互促进过程的直观阐释。因为伴随着这些过程的，是新事物天然性的出现，如果轻易地用一种单线单向因果关系进行分析，这些过程就要被简化。变化与新事物呈现，二者都是真实的，谁都是不可否定的。

第七节 “关系”的相互性与相构性

我们将在下面第三章讨论《大学》，去深刻理解它所确立的、带有根本性的儒家自我修养思想。这一具有开创性的经典篇章，着眼于人类经验诸多方面的一切生态联系性和互相依赖性，以及在这种情势下协作的人生成仁过程的追求。儒家提倡的是从认识人类经验的整体性和人类经验的关系性相互构成性质出发。而且因为一个人及一件事本身就是由相互依存的关系网所构成，对某一事物发生之影响，必然在某种程度或意义上对所有事物都有影响。家庭之内充满情分意义的关系使得整个宇宙都具有更多情分的意义；而缺乏情分的关系有损于整个宇宙。

换句话说，“互系性”宇宙论为儒家思想发展与进化提供了一个域境；在这一互系的宇宙之内，没有事情是自己产生的。没有无本之木、无源之
P71 水。如果讲人的身体，呼吸是肺与空气的共生协同；观看是眼睛与阳光，跑步是腿与地面，友谊是朋友之间的共生协同。一切活动都是发生在一个具体环境中的，所以在本质上都是相互性的。所以毫不奇怪，我们会发现，表述中国自然宇宙观的技术性语汇，都是偶对而不是单一性的，反映这种普遍的互系性。语汇都是具有相互性、协同性含义的，如“天人”“天地”“体用”“变通”“太极”“无极”“阴阳”“道德”“理气”“无有”，等等，

没有一个术语可独立存在，立意为独立、单线决定性原理。在这一生态宇宙之内，不存在一个超然、独立的“一”理念，没有单一起因、单一基础，没有终极性标准，也没有一个高于一切的秩序。与此种认识相一致，我们在第五章讨论中国自然性宇宙观的宗教性内涵，将引述葛兰言的观点。他像许多其他有高明见解的中国及西方汉学家一样，告诫我们“中华智慧不需要上帝理念”[①]；没必要假设“一”，将它作为解释万物的意义根据。

宇宙秩序总是作为人类活生生经验之整体性显示出来，如果我们开始对它进行思考，可将经验视为既具动态延续性也具多层次多样性的两个方面——既是生生不息的环流过程，也是具体的圆成现象。也就是说，我们人类经验场域中任何具体现象，都可以作为从许多不同方式观察的着眼点：一方面，它是一个特别的、持久类的具体物，另一方面，从全部信息性上说，它又包含整个宇宙并且正处在一切皆蕴含在它本身的特殊性与活态的关系形式之中。每一现象都是一种对整个宇宙注解的特别方式。其实，一件事物与其所在场域之间的彼此互含，又是一个对立面互含的例子——这是构成中国自然宇宙论的一切现象的特点——此种情况，即特别具体事物和非个体总量性整体。

作为一个启发，把这种抽象的宇宙观理念讲得更具体些，我们可以用复数“人”的概念作为一个例子。我们可以说，复数人“persons”作为“一”，是他们具体个人的意义，也是人们与同他们站在一起的其他人存在的延续不断关系。不过这些“相同”之人也是“多”，不仅是对许多具 P72
体个人总称而言，而且是就他们每一个人都被划分开来并且有时构成“多种”冲突的关系而言。也就是说，每一人都构成一个切切实实包括许多“自我”的场域，而且通过此场域，这些不同的“自我”与人格都在表现着为人父母、为人子女、为人同事、为人对手、为人老师、为人情人、为人

① Granet（1934），第478页。

施恩者，又为人所报复者等不同角色。

此种“一”与“多”的不可分性是“礼”的基础；礼是人的角色及社会关系的恰宜状态。“礼”这一观念，表达一种充满活力的社会形态；在这形态之中，人都是特殊的人，都是特殊状态的角色和关系，同时也是协同的，如同许多“公体人”（corporate persons），每个具体角色与关系，是由“公体性”定义的，如“儿子与母亲”“祖父母与孙儿女”。每一个人都是特殊具体人，同时构成人的一般角色与关系。下面我们仔细分析“性”这一观念（一般被翻译为“human nature”——人之本性），会发现它也必须被理解为这种“一”与“多”的意义。在一个人所处的具体特殊域境内，是不存在互不联系、不变本质、生来固有、可复制的“性”的，真正存在的人，只是具体特别又类比性相似、总是由特别角色与社会关系构成的人。另外，我们是对人和人类做出概括性归纳，其方法是把特殊情况与特性之点联系在一起，而不是后溯到不变的实质公式那里，去寻找单线单向原因。

我们来探讨一下“性情”（自然倾向与延展环境）这一偶对双义词，它可作为人类经验的一种解释。“性”的说法一般是指人自家庭环境开始的那种初始状态，它的生命力的表述是作为关系状态中的“成长”，这种关系状态就是那种初始条件。相对于其他人来说，它是一个人的“为何”与“做何”。正如我们将会知道，性也意味生存的资源，在人的周围，服务于人对人性圆成（成仁）的追求；我们理解的人性圆成是求诸内心。而另一方面，“情”是在形态上看待人的成长，向我们提供充满活力、具体的环境条件；这一具体环境条件，让我们知道，一物对它所在域境而言，它的真实意味着什么。例如，一个人究竟是谁（情），取决于他的原初之性（端）的
P73 素质性成长，在于所取得程度的“至大”“至刚”。所以，“情”既是任一特定情势的真实性，也是渗透在这一特殊情势中的情感。任何在“情况”与“与此情况相呼应情感”二者之间划分出事实/价值区别的认知，都是失败的。

事实与价值的不分性，质性与量性的互相依赖性，是没什么不同的。即，我们可以被视作客观性的本质东西，比如说，做你自己、显示你的个性——只是对人与人之间相互尊重关系的简单抽象，而这些关系对此人来说都是不同的，恰是区分他或她的独特个性的。如果将人从这些健壮关系中抽离而去，那么他简直就谁也不是，根本不是“人”了。所以，质从量中来；“个体性”并非与生俱来的，而是在与别人关系之中人所成就和具备的与众不同。当我们承认，诸如“性情”之类的宇宙观术语，都是偶对性，都是这样互为含义的，我们真是只能这样理解，即一事物的所在域境，必须时时刻刻被考虑在内，将其视为与这一事物本身具备之性密不可分的一部分。

当把眼光转向社会，去思考促使每个人都变得具有具体个性、作为独特的人而相区分的那些角色与社会关系礼数之时，我们必须认识到，是这种关系中成就的共享、同步之“乐”将我们聚到一起，将我们变成和谐家庭与社会的一员。当对这一特别而原初的人性进行思考，对这一促使我们成人、具有成长能力的原始条件（端）进行思考之时，我们必须再一次把千变万化的环境条件（既有真实性也有情感性）也包括进去，那些相同人性正是在此环境条件之中，焕发出生命力。这种偶对互系术语，“公体”角色（communal roles）与礼乐，人之四端与展开的环境和性情等例子中，总是采用两个非分析性看待同一现象的方式，即特别具体的事物与其所处环境的不分性。一切事物皆须理解为既具基因性也具形态性的，既是在此着眼的聚焦视点的，也是在此场域（是“德”也是“道”）的。对这一中国自然宇宙观而言，正是一切事物严格意义的相系不分，要求人们从总是域境化又特别具体性方面思考，而不是去假设什么不变质相与自然种类的理念。 P74

我们所熟悉的西方认识论语汇，如“comprehending”（理解）、“grasping”（领会）、“getting”（了解）、“understanding”（明白）等，都含有寻觅偶然事件和现象背后的“客观”“去域境化”质相（不看森林只看树木式）的喻义，我们只有通过使用人和事物名称的方法，才能算正确将它们做出分类。而与此相反，中国互系性宇宙观的“知”这一词汇，语义是“理解”或“了解”（unravelling the patterns），是“知道”（finding a way and knowing how to proceed）或“通达”（penetrating through），是引导去展开一个总是变化不已关系域境的全图，使得我们能使用从另一视角得到的一个人或一件事的另外名称。这种总是有条件的双关性认识观表示喻义的来源，也是指一个人的重要性，它来自不断生成的关系，因此，这些总在变化不已的关系必须本身就是“知”的内容。要理解他人，必须在他们与别人的关系之中了解他们。人们恰当地被别人知晓，是通过称谓他们所生活的人群中所具有的很多角色和关系：一个具体人所具有的身份会有如姑、婶、姨、老师、邻居、堂表姊妹、教练等许多角色。只有通过知晓一个人在与别人相关的许多角色和联系之中活生生的身份，才真正获得了解他的途径。

这样的宇宙观所具有的个体性原理，不是（西方那种）既得的且可复制性的、固定不变的质相本身，被认为构成人类自然类性的——那同一灵魂，一种天国赋予的人类本性，一种理性思智，一个德行属性，一个自我意识的“自我”，一个独立行为体；恰好相反，这个“个体性”观念，是一个伴随质性成就而来的与众不同，是人在适应同家庭与社会的联系之中形成的。在儒家这种担任由多种关系构成的不同角色的人身上，人不是“在社群中实现联合的个人”，反而恰恰是由于我们在社群中有效联系在一起，从而使我们变得特殊了，变成关系构成的个性人了。我们不是“有了思想，再同别人说话”，而是因为我们有效地互相说话而使家庭与社会产生共同想法，变为繁荣；我们不是先有了心，然后才互相同情，而是因为我们彼
P75 此感同身受，才成为一个一心一意、自我调节的社会。其实，“互系性喻义”（通过互相联系性的生活去定义和实现一个世界）才是儒家在交流时的社会创建人生意义的方法。①

① 译者注：作者原使用的paronomasia为希腊语，意思是以其他称谓指代本物，即使用某一词汇的不同意思，或用发音相近的一些词汇达到一种特殊效果，如幽默、双关语等。

第八节　儒学："被造者"作为"创造者"

在中国传统宇宙论中，《易经》为五经之首，很早就产生这样的观念，即知识来源于约翰·杜威所说的"万变事物相互作用"（无时无处不在的生生转化不息过程）。[①]中国宇宙论也有一种与怀特海所称的"本体论原理"（the ontological principal）相一致的观念，即"局限本体平等"理念（一种"本体有限平等"理念，给予所有事物一个平等申明，说它们自己是真实的）。[②]我们或许可将这种宇宙观另外称为"现实主义多元论"。这个"本体论原理"是对任何事物真实性的肯定，无论它是任一还是每一个事物，是任何一种事物还是每一种事物，这个真实性都由它许多层次的关系构成。《中庸》说：

> 天地之道，可一言而尽也。其为物不贰，则其生物不测。[③]

这样的一个充满具体特别性的"个体"世界是多格调的，而不是单一秩序的；这秩序是被视为独特、多样的，而且其多样秩序的总和不受某一特别模式或东西（例如神）的支配。[④]相反，秩序是呈现出的一种和谐状态，是从变化不已的关系中达到的，是在不静止的整体（即万物）当中达到的。由于没有"多背后的一（one behind the many——例如神）"作为终极意义来源，也就不可能存在"单一秩序世界"，也就没有严格意义的

---

① Dewey（1998），第41页。

② Whitehead（1933），第356页。

③ 《中庸》第二十六章。

④ 译者注：作者在这里造了一个词"pluri-verse"。"宇宙"本是universe，其前缀"uni"乃"不可分的一"之意。作者这里用"pluri-verse"，因为"pluri-"有"多"之义，所以指的是"多样性"宇宙。

“kosmos”（宇宙）——假设一个外在的秩序强加者；有的只是处于过程之中的进化状态的和谐；和谐作为生命的质量而被表述，是持之以恒、共同创造性的具体特别者所取得的；他们共同创造一个属于自己的世界。

在这个世界中，一切都由它们条件制约的关系构成，价值并不来自“无中生有”，不是从什么独立、外在本源而来，不是从“一神”“自然法”概想而来，不是从柏拉图“缪斯”理想而来，也不是从什么标新立异、遁
P76 世隐居的天才那里而来。恰好相反，意义丰富的所在皆是场合性的、情势性的。意义产生于其所在的、培养深化的关系，即我们总提起的“ars contextualis”：“在自己角色与关系上找到最佳情景化状态的艺术。”[①]当然，缺少一个假设的特权性秩序，并不排斥意义的形成，而意义的形成在于类比性特别者之间，当然也不排斥为了有利于人在这一世界的活动而建立可操作的范畴。在本书最后一章我们将阐述，人是可以被赋予意义地概括为“人类”的。其实，正是这个可作为宇宙共创者的“被创造之物”的能力与责任，在儒家角色伦理与儒家的宗教感之间建设了一条直通的路线。

第九节　唐君毅提出的“过程性宇宙观”

我们已经知道，中国的过程性宇宙观思想无疑来自古代渊源。然而这一思想以无数不同形式自始至终贯穿于历史中，乃至在当今也一直呈现着。唐君毅是现代中国最杰出的哲学家之一，于20世纪80年代被学界誉为新儒家之中的佼佼者。虽说唐君毅已故去数十年，但在回答“我们应当如何叙说这个一以贯之的中华宇宙观”问题方面，他做出的回答至今为人叹服。在我心目中，唐君毅对哲学做出了巨大贡献，他在文化哲学领域所做的高屋建瓴论述，充满世界意义。他的早期著作，反映着他极深而研几的惊人

---

① 见Hall and Ames（1987），第246—249页；Hall and Ames（1995），第273—275页；Hall与Ames（1998），第39—43、111—112页。

才华；他以极具穿透力的敏锐，针对在20世纪之前对大多数西方哲学话语一直发挥极大影响的形而上学思维，对于它的建立基础——推定假设，同那种互系思维所基于的、中国传统一以贯之的宇宙认识所做的对照，是极其鲜明精辟的。这种宇宙认识至今还作为中国变化不已的世界观框架。唐君毅铿锵有力地提出若干新观点，这些新观点揭示了欧洲启蒙运动普适主义导致的世界同质化倾向。如果我们认可儒家文化话语将对世界产生很多独特与重要贡献，我们就不能不重视唐君毅提出的这些新观点。 P77

当代哲学家郭齐勇发表过一篇重要文章，认为唐君毅属于典型新儒家，在很大程度上以《易经》及其历代注疏作为最重要依据，汲取经典文献的思想，在宇宙观问题上提出自己的新见解。这一代新儒家都在现代哲学思想与《易经》深远宇宙观的交叉点上进行探讨，论证了中国哲学大体上区别于西方传统的特点在于它是一种看待活生生生命力的自然观，是一种栩栩如生的宇宙观。其中，人类自我圆成的目标在于完全融入整个宇宙和谐性的最好状态中去。①

本人尝试建立一个阐释性域境，探讨儒家伦理学，将它建立于唐君毅提供的几个观点之上；这几个观点都被视作一种特殊比较性语汇，用以恢复儒家宇宙观，儒家哲学话语是在这个宇宙观中逐步形成的。这种语汇是另一种不同语言，它吸收经典文本的思想，重述本书前面篇章讨论过的《易经·大传》阐述的那个互系性“气宇宙观”，也是蕴含在传统中医所基于的世界观。②本书下几章，我将使用唐君毅的这些关于中国自然宇宙观的

① Guo（2004）。

② 应当指出的是，唐君毅在他的《中国文化之精神价值》（1953）序中，否定了他早年著作《中西哲学思想之比较研究集》（1943）中提出的一些观点。这些宇宙观思想是在这里提出的。本人认为唐君毅的贡献在于，在他晚期著作中，确实有超过早期著作的更深刻思想。在本书下一章，我将主要以唐君毅的《中西哲学思想之比较研究集》为依据，探讨他关于在中国自然宇宙论框架内“什么叫作人的圆成”的观点。他对自己早期研究做出批评的一个重要因素是，早期著作没有充分考虑不同传统有效结合的可能性。但是，这一批评不是基于他以《周易》为根据对中国自然宇宙观进行思考而做出的。

思想，探讨历代弘扬儒家哲学思想过程中一直沿用的某些关键儒家语汇；这些语汇现在也是构成儒家角色伦理的语汇，即儒学的孝、仁、君子、礼、义等观念。

在分析儒学传统的宇宙观背景条件时，唐君毅着力于对在“部分”与“整体”之间的一种全息意义、互相依赖以及和合相生关系进行阐述；中华文化的独具特色之处以及最具有生命力的贡献，是它的生态关系思想。作为这一传统文化的根本特点，唐君毅给出一种哲学的整体观，即：

> 中国文化之根本精神即将“部分与全体交融互摄”之精神；自认识上言之，即不自全体中划出部分之精神（此自中国人之宇宙观中最
> P78 可见之）；自情意上言之，即努力以部分实现全体之精神（此自中国人之人生态度中可见之）。[①]

为了更清晰地梳理唐君毅对“个别/整体”之间关系的抽象论述，我们或许可借用“家庭关系构成的这一个人”（this person）的实在情形作为一个切入点。即，唐君毅说“个别/整体”相互关联性与依赖性的最佳效果状态，是这样一种思想，当它转化为人群社会更为实在的社会与政治活力之时，这种思想就会变成相互融合、感同情愿与高度有效合作的价值，这种价值从家庭亲情的源泉自然流出。这种共生关系显现为出自家庭之内而扩延至社会的一种盎然和合相生状态。

唐君毅所用的语言，我在这里将它译成“particulars”（个别）与“totality”（整体）。但是考虑到这种宇宙观的有机性思想之根本特点，如果使用一种能表达关系内在性、构成性本质的“视点/视域”（foci / fields）或者“生态情景事物”与所在“环境”（“ecologically situated events” and

① Tang（1991），第11册，第8页。

“environments”），如此表述“特点”的话语会更为贴切，更能把“部分”/“整体”之间的关系论述清楚。在唐君毅对中国自然宇宙观概括的七个特点之中，他抓住并细致阐述了事物的有机互相依存性与人的经验的过程性。

唐君毅展示了他的审美整体论框架；他的论述起点，是儒家对实践性经验真实性与充分性的肯定，但不求助于日常所发生普通事物之外的超自然因素。唐君毅关于“中国宇宙观特质”之第一个说明就是“无定体观”，直截了当地摈弃“以外”有什么“固定之体以为（形而上学的）支持者”；这样，他认可的是“气”的“流行”与事物之间在往来不息流动过程之中的本体偶对性。①

我们已经知道，这个互系性的“气宇宙观”不是西方简化主义的“多背后有绝对一”的那种“一元本体论”。活生生的个别者与其所处具体关系构成着它们自己，这是确凿的。在“无定体观”看来，没有“这种东西意味着什么”（what it means to be this kind of a thing）这样的“本质化基质”，而且，没有任何“东西”可以被解析为“不可分的”，可变成表述分类学的“自然种类”。人的经验是由本身独特性的千变万化、林林总总形态的 P79 气构成的，这种状态一般被总体性对待，被称为“万物”。每一个特别体的独特性，作为一个具体关系结点，由其本身潜在的可能性伴随着；因而排除了任何关于它们之间严格不变本质的概想——没有任何两物是一模一样的。另外，考虑到关联的内在性，本来以为的“东西”，由所处的关系而构成，互相之间对照地存在着，如同很特别、相互制约“现象”的一条溪水般的流动状态——一种由许多层次的共生而发，在事物的非个体性整体内，存在本体的偶对性。由总是变动不居关系编织的网构成的任何一个“事件”，其本身就是一种整体性的鼎新与特别性的说明；即，它是“这

① Tang（1991），第11册，第9—11页。

一”特别经验“环境场域”的“这一”特别“聚焦视点”。

很重要的一点，“聚焦视点”与其所在的不断展开的“环境场域”，总是处于一种充满活力的过程之中。其实，经验的过程性流动，没有初始与推定的终结，这是唐君毅特别利用《易经》的语言，提出的“生生不已观”[①]。人类这样的经验是延续不已、历史性、自然性的，其意义是自生、呈现的，并不是付诸一个形而上学、超自然的本源，也没有任何先验决定的终结。古代中国认识的现象世界是永无休止的流动，它的形态特点，明显只能是“形态之转变”（trans-form-action）。

事实上，《易经·大传》讲得很明确：“故神无方而易无体。”[②]裴德生将这句话诠释为：“‘无方’是指无法辨别分成部分的，是任何概想界限划不出界限来的。”[③]严格说来，事物的过程性与特殊性使得它们摒弃理性与可预测性。另外，变化无体是另一种说法，是说在一个变化不已的过程中，形态必须要理解为只是一定的变化节奏，而不是固定不变的结构。我们视为“东西”的，事实上是无休止的、过程性流变的“事件”，这些“事件”
P80 移转变位之间的空隙，才是一切生命与生长不尽的源泉。[④]

唐君毅对“生生不已观”的进一步解释是，任何确凿性的线性决定主义或者外在推动体与儒家宇宙观都毫无相关——他称之为“非定命观”[⑤]。生生不已的化育过程具有内在演变的能量，它伴随着构成这一过程的“事件”变化易位而展开。相比之下，宿命论是引进一个关于“必然”的概想，这样它就违反了生生不息化育过程的思想，“创造”和“鼎新”都变为毫无

---

① Tang（1991），第11册，第20—22页。

② 《周易·系辞上》。

③ Peterson（1982），第103页。

④ 事实上，至少早在明代时，中国就出现“东西”这一词汇。字面上是“东”和“西”两个方向词，强调了中国对现象认知的关系性与情景性认识。这一传统词汇常被解释为与人口密集的集市地点相关。

⑤ Tang（1991），第11册，第17—19页。

意义的概念。相反，因为没有任何固定不变模式或主宰之手，经验是一个呈现为有的、偶然性世界的无限延展；它所根据的只是它自己内在创造过程的节律。

唐君毅敏锐地意识到，那种目的性、先决条件意义的宇宙观，对任何时间性的价值概念都是排斥的；而他认为时间本身，与这个充满特殊性“东西”而呈现出来的世界密不可分。其实，实实在在的变化与成长，也是生命，它作为鼎新而自发呈现，出现在特殊具体关系之中，由关系构成了“东西”；所以实实在在的变化与成长，不过是实实在在时间的另一说法。

非决定性的模糊，使得总处在变化状态的宇宙秩序呈现形如蜂窝的状态，说明事物的“体”和“用”（形成与作用）总是共生性的；这一思想正好反映在“变通”及“体用”这样的宇宙观语汇喻义之中。而且，一切“东西”的形式皆随时不断通过调节达到功能的稳定，在根本上都不能不顺乎变化过程本身的主宰。虽然一些“东西”比起其他“东西”的形体具有更大延续性，但没有任何“东西”最终能够避免转变形态。

中国宇宙观的变化特点本是儒家思想立言之本；对此，唐君毅给出两点说明：“无往不复观”与“合有无动静观”。[①]他在论述中国宇宙观时，将它称为“the world as such”（如此世界）——一个特殊、唯此、无垠之世界；一个论事者，总是内省地身在其中。他说： P81

> 中国哲人言世界，只想着我们所处的世界。我们所处的世界以外有无其他的世界……不说我们的世界是一世界“A World”，亦不说这世界“The World”，而只是说世界，天地，“World As Such”，前面不加冠词。[②]

① Tang（1991），第11册，第11—16页。
② Tang（1991），第11册，第101—103页。

在世界之外，并没有一个外在立脚之处去宣称什么客观真理；人总是内省地隐含于对他们的世界进行安排的方式之中。所以，如果要对这一世界说点什么，总是一件志趣选择之事，总是以自己理解而言。任何对当时现状的批评，是指向“我们”的，而非指向“他们”：“我们必须努力做得更好。”

没有什么终极根据可以用来发表对这个世界的客观声明，这种情况使得事实与价值互为依赖、互为必要，也使得客观定义、简单说明这种东西变得很成问题。总是有观察者有兴趣将其中的价值喻义关涉在他的观察之中，他对自己所观察事物的说明也具有很大倾向性。这样，区分什么是科学，什么是艺术，什么是化学，什么是炼丹术，什么是天文学，什么是星相学，什么是地质学，什么是风水学，什么是心理学，什么是面相学等之间的界线，总是无法做到严格。其实，是“说明书”还是“法规”，二者之间的距离变成人们自己的意识程度问题。

在没有造物主的情况下，也就没有一个关于它的伟大计划或最终目的，因而也就没有单向线性的因果关系。对立面的相互必然性——昼之于夜、幼之于老、盈之于空、缩之于伸，等等——皆给予一种对变化的螺旋形阐释；其中，过程虽然是自成一体特殊性的，但总是返回自己。正如《道德经》所说“反者，道之动”[①]。对于一年之中的季节而言，春转而为夏，夏转而为秋，秋转而为冬，接着周而复始，来到一个新的而又熟悉的春季。这种反复循环的路径也呈现在天干地支的六十年（花甲）循环之中。

唐君毅强调，秩序是呈现出来的，是偶然性的；他的说法叫作“非定
P82 命观”，即“一切无作者之一义”。有时是一种非确定方面，它以经验中每一参与者的独特性为必然性，为它的秩序性，造成每一经验路径具有鼎新和情势具体性、不可逆转、反诸自身和程度上的不可预测性。人与人之间

① 《道德经》第四十章。

有足够的相似性，可归纳出确定性——对人性做出暂定概想——同时每一人也是独一无二的，属于某种类其中之一。每一人都是由充满活力的许多层次特殊关系所构成的，它决定这个人的人生路径。也正是这种每人所具有的独特性，屏蔽了采用对数模型理解人们行为的可能，使任何关于人的定义都只能是开放性的、有条件的和处于过程当中的。

唐君毅的中国自然宇宙“合有无动静观”（决定性与非决定性、动与静之不分）摒弃了空间存在绝对“空”、时间存在“永恒”的这种可能。讲“空”，它是有固定边界的“空”；任何“静”，都是在“动”之中达到“平衡”，需要不断地调节。更宏观地看，“合有无动静观”是指秩序的互系性与环流性；任何对未来事物的预测总要考虑到事物向相反方向转化的倾向。“虚”只有相对于“实”才是可能的，相反亦然；“静”（平衡）只有相对于“动”才有可能，相反亦然。

总结以上论述，唐君毅所概括的、为儒学奠基的宇宙观，明显是具有等第性、历史性、特别性和自然发生性的。为进一步说明中国过程性宇宙观的特质，唐君毅采用了蕴义更深厚的一个表述——“一多不分观”①。“一多不分”同时表达一与多、独特性与多重性、延续性与多样性、完整性与集成性等特点之间的不可分性。重要的是，这个内在性、构成性关系的观念，这个任何“一”的构成都必然含“多”的哲理，作为中国自然宇宙观的一个特征，是蕴含于以上所有讨论过的论点之中的。

在宇宙论上，“一多不分观”说明的是，经验场域的任何现象，都可作为一个从许多不同角度去观看的聚焦视点。例如，一个人，在自己是“一个特别人”的同时，也可是“父母之女儿”“丈夫之妻子”“孩子之母亲”“政治家候选人之一选民”等。

一方面，她是一个很独特且矜持的个别人，但同时她也是整个宇宙， P83

① Tang（1991），第11册，第16—17页。

一切的发生都蕴含在她所具有的深厚和广泛关系网脉之中的人。这一特别性个人的自我圆成目标，在于去修养很多这样的关系，在于使其内含的可能性得以充分展现，致使周围条件所提供的机遇发挥最好的效果。

因为秩序常常是一种不确定、自然发生和呈现一定状态的和谐，它的偶然性取决于构成着秩序的那些很多因素；秩序既不是严格性直线的，也不是遵从纪律奔向既定终结点的。“家”的意义不是被预设决定的，而是家庭常态之必需及其成员之众人拾柴——这也是成员之间关系达到并显现的富于意义的质量。所以，儒家的“和”（圆成）——“仁”，虽然可做到，却不是“一致”“完结”“完美”“关闭”这些语言可表述的。恰恰相反，“和”作为秩序，是一种持续不断、场景艺术的美学造诣——是使人的角色及其关系实现的最好的域境化艺术效果。通过如此努力而实现的和谐，对它最适宜的表达是采用审美语言，如雅、深、精、稳、洒、灵、正等。不诉诸什么本源原则及随其而有的单向线性目的论，这个世界就不存在一个先验的伟大计划。因而在这个世界起调节作用的，是特殊性、适时的自我适宜性，即参与因素的协同，恰到好处地对待任何情势，这才是儒家思想的“和”。

下面一章我们将讨论唐君毅的第七点说明——“性即天道观”[①]，对修身养性之人及其所处环境的协同关系进行论述，以此作为宇宙意义的来源。唐君毅在这一说明中特别指出，人性无非是体现自然与文化过程本身的展开（所谓“性即天道观”）。人开始自己的生涯，既是作为“一”，也是作为“多”；即人之发端，即使人各有别，但对于个体之间来说，所差几稀。况且，这样的人们在一个充满深厚文化与价值意义的关系模体中出生，文化与价值意义在他们的生命初始阶段、在小小家庭亲情内核的呵护氛围中，早就陶冶了他们。这种自然、文化环境滋养了人，人则在长大成熟之后，

① Tang（1991），第11册，第22—25页。

以他们的行动回馈社会；他们是在这个社会中成长起来的。重要的一点是，人与环境之间的关系是共生的、相互的，而不是单边的、导引性派生的。当孔子说“天生德于予”[①]（自然与文化环境赋予我个人之德），我们也可以说，是孔子对中国文化特质的形成做出了伟大贡献。 P84

我们可以说，社会成员的成长生涯，从一开始只不过是“人”到社会上，成为行为具有德风的君子。达到这一步，是因为做到了最充分发挥与他人关系恰如其分的状态（仁）。只有少数人能做到与天地参，用自身体现的价值和精神意义，去成就当时那一特殊历史时代的人文风貌，这也是他们最终作为“圣人”脱颖而出、如此这般成为绵延不绝的宇宙意义之源。在人生长其中的自然、社会及文化场域，在生生不息的宇宙之中，人必须成为最恰宜、最充分协同者，这才是儒家的哲学期待。

儒家角色伦理在其精髓之处，从根本上同我们更熟悉的西方伦理“理论”区别开来的，是“关系构成人”这一观念；人能通过一种道德性造诣，实现一种高境界的人生愿景。下面一章，我们将对“仁德关系造诣”的人进行详细讨论。 P85

① 《论语·述而》。

第三章　儒家人生观：至于“仁”

第一节　是“本质不变人”还是“做人”

“人类是什么？”这是恒久追问不已的希腊问题，是柏拉图在《斐多篇》、亚里士多德在《灵魂论》里都发问的问题。对这个问题最为经久不衰的回答恐怕是从毕德哥拉斯开始的，是个本体论的回答：“人类”的本质（或曰“存在”—“being”）是一个永恒、成形、自给的灵魂。“认知自己”（know thyself），作为苏格拉底的至理名言，指的就是“认知”这个灵魂。我们每一个都是个体（本质性）的人，从这个概想出发，是“存在为”（being）一个质性一体的人。

可是一个人是“在什么方式上”变为完成性的人的？这正是《大学》《论语》《孟子》以及《中庸》的整个“四书”作为主脉、恒久不衰的儒家问题。而对它的回答，从孔子开始时就是一个道德性、审美性和根本的宗教性回答。变为人，要对人的行为进行勤勉的修养，这是通过鲜活的家庭、社会与宇宙性角色与关系而体现的。[①]在这样一种儒学传统中，我们是互相需要性的。贯穿于人行为的“成人/成仁”，就是我们“做”；而要“做”，就是一起“做”，否则就不是“做”了。[②]

① 参见《论语·颜渊》：“克己复礼为仁。”

② “对孔子而言，除非在场最起码有两个人，那就没有人（仁）。”〔Fingarette（1983），第217页〕

对人的本体性构成的“存在”与儒学的“做人”人生二者的根本不同，人们一直未曾给予足够关注；而结果是，人们毫无觉察地将儒家的脚用鞋 P87 拔子穿到希腊的鞋子中。本章要讨论的就是这一议题。近些年考古发现的文献令人振奋，令人信服地告诉我们这一代学者要回过头去，重新看待新发现的文本。这样做使我们发现一些过去忽视的问题，还有一些已可以根据新发现材料有确定答案的问题。

例如，我们发现实在性的“情”，对于儒家传统的形成起到根本作用；孔子过世后，我们可把传统的延续从孔子之孙子思追溯到孟子，即思孟学派。这样一来，我们必须对早期儒学经典重新思考，对它做出更为认知性、概念性、理论性的阐释，以保证我们适当地对待人修养中情感的一面。

另外我还看到，这些考古文献为我们提供了更多文本证据，确认了儒家“关系构成”的“成人”观念，也是对于将人视为互不联系的“存在”及“质性”的人观念的一种根本区别。这种在儒家“仁”与自古希腊以来根本性的个人主义之间所做的区别且具有的哲学含义，是很让人信服的，是具有持久力量的。如果我们不认识到这一差别，那么我们会继续根据儒家传统所没有的假设来推定，并将其“理论化”。

当今学者中，有多少人没有以“互不联系、分离个体人”去区分儒家的“仁”？有多少人因而把儒家“仁”以一种“质性”方式去解读与阐释的？我将从分析《论语》中一段大家非常熟悉的话开始，对这一问题展开讨论：

君子务本，本立而道生。孝弟也者，其为仁之本与！①

① 《论语·学而》。

P88 什么意思？什么是务“孝弟”这个“仁之本”？[1]我们难道不应该把这种“孝弟”行为作为“仁”人性的一种实在性的表达吗？把“人性”作为结果看待，而不是把它作为人行为的终极始因看待，我们不是把马车与马前后倒置了吧？

南宋哲人朱熹编纂了“四书”，似乎是赞同这个倒置的。在他对《论语》中这段话进行解释时，朱熹引用了先哲二程的话。二程认为《论语》这段话的“为仁”本该读为“行仁”：

> 孝弟行于家，而后仁爱及于物，所谓亲亲而仁民也。故为仁以孝弟为本。论性，则以仁为孝弟之本。或问：孝弟为仁之本，此是由孝弟可以至仁否？曰：非也。谓行仁自孝弟始，孝弟是仁之一事。谓之行仁之本则可，谓之仁之本则不可。盖仁是性也，孝弟是用也，性中只有个仁、义、礼、智四者而已，曷尝有孝弟来。然仁主于爱，爱莫大于爱亲。故曰：孝弟也者，其为仁之本与！[2]

一种对二程这一注疏常见的理解，是认为古代儒家思想本来有将人作为“质性存在”的观念，而且认为二程是合理地将人性与修养分开，旨在说明我们也可与孟子相联系的那个内在、质性、排他的人性。这里有另一种理解，则是说作为新儒哲人的二程，由于受到原始印欧释教的影响，依
P89 然离开了孟子的“为仁”思想，把人性作为一种固有、质性的东西对待，认为它是原始潜因，是在之后所谓变为一种“人存在”(human being) 意义上得到“实化”(actualized) 的。此外还有一种理解，是说在宋朝时，新儒

① 我与罗思文特意把“孝”译为“familial reverence”，而不用传统的“filial piety”。“familial reverence”的优点是它在一定程度上摆脱“piety”这词所暗含“效忠上帝”的以及“paterfamilias”的下服从上的意义。而且，“familial reverence”还保留孝的神圣意味及“下对上”的积极责任，这两点在礼乐制度的社会中扮演重要角色。

② 朱熹：《论语集注·学而》。

哲人虽然受佛教影响，但是佛教在中国已经彻底实现了中国化，它已无法再把这种“二元分离”（disjunction）思想带入对孟子人性的理解之中。进一步说，这里讲的人性观念与孟子“四端之说”是一致的。“四端”被理解为人的行为修养之“本”。这个“本”绝对不能理解为是与构成“为仁”这一有机过程的其他因素相独立的。第三种见解是将人性与修养作为相互依赖和互系范畴对待的，是把二者视为共生与相互蕴含的。其实，在孟子那里，“性”常是用作动词，表达物“成”。[①]在为二程提供一种生态宇宙论的语境中，你必须将“本”这一观念放在它与树的整个成长过程具有的关系中理解，而且必须具有对人或者对任一事物的“性”的思考，把它作为具有关系的整个动态形式的持续结果。

我所探求的，是对前两种对二程的理解做出回应，提出第三种理解，阐释人如何“为仁”，而这种阐释与我们在第二章探讨的中国古代自然宇宙论的基本传统观念相一致。我要做的，意在把《论语》中这段特殊的话与儒家经典整体性做出合理的解释。这种解释方法不是把希腊的“质相人性”（essential human nature）悄悄植入儒家的思想之中，而是把儒家的“人性”观念在“气”的宇宙论中去定位，是要发现一般认为与“人性”有关的那种单一性、排他性词汇的东西，如“本”“潜性”“始因”和“本源”，应该理解为“双向”“相互”和“自反”的。“树”是一个有机整体，当想到“树”是在“本”上成长的，也要想到“本”反过来也是在“树”上成长的。这种情况让我们想到覃雅·斯特赤的一首诗： P90

“根”就是地下成长之“枝”，

而“枝”——冲天成长之“根”。[②]

① 《孟子·尽心上》。

② Storch（2009），第54页。

这样将“本”与“树”视为一共生整体的理解，把“本”作为一种独立、单一原始之因设想的另一种变换考虑，引起人的思考：宇宙论的认识需要面对最根本、最经久不衰的“意义从哪里来”这一哲学发问，有一种“情势”(situated)的回答。以亚布拉罕的传统，回答很简单：意义来自一个高高在上的“神本源”(a Divine source)、来自“个体”的“独立”，即耶和华或上帝，或者阿拉，是赋予我们生命的目的。而儒家人生观并不诉诸某种独立性“原则”，而是告诉我们，意义来自共生性，来自本身意义丰富的盘根错节的关系。一个人致力于“为仁”——成就自己在家庭环境关系的最恰宜性，既是对人、社会乃至宇宙意义的起点，也是其根本的源泉。就是说，通过成就和开拓于家庭环境之内与之外的健康关系而对个人人格进行修养。这样，他丰富了宇宙意义，使宇宙更宏大了；反过来，获得丰富意义的宇宙，也为人自己人格修养提供了丰富的养分环境。

道德动机是个人修养的驱动力，孔子对这一点是很坚决的。孔子一般都是很谦恭的，但在对自己的看法上，有一点不仅不谦让，实际是反复自诩的，即“好学”。对孔子来说，“好学”十分具体，就是不退缩、意志坚决地作为一个人来“为仁”。“成仁”是一生的追求，简单地说，就是由家里开始，而且不能简化，是双向、相互性的——很有教养、文雅的一种精于为人处世能力的表达。《论语·雍也》有孔子这样一句话“能近取譬，可谓仁之方也已”。《论语·颜渊》也有“为仁由己，而由人乎哉？”此外，
P91 孔子对“志于学”而有的“成仁”效果最高的期待是《论语·宪问》中的“下学而上达”。

其实，在这样的儒家传统中，有一条从“为仁”向以人为中心的“宗教感”的直接通道，可作为对人格修养的最高表述。儒家“宗教感”，也即获得价值感和人格归属感，其强烈意义，在充满意义的人与人的关系交融成长之中油然而生；当家庭与社会成员都诚心诚意渴望在其与他人关系之上奉献自己之时，它是人们为一种被激发的灵感而活着的“精神”。这

种“宗教感”本身，是家庭兴旺、社会繁荣的源泉，也是它的效果。具有这样“宗教感”的生活也是社会生活品质的直接效果。换句话说，人倾向聚群的“宗教性”不仅是社会幸福生活之“本”和幸福社会发展成长的“种子”，而且最重要的，它是成熟果实、光彩四射的花朵。人的修身与人的精神性，二者的共生协同，生动地蕴含在常用语言之中。这种语言也常是研究“中国宗教感”的学者，将儒家传统的家国忠孝与亚布拉罕传统的崇拜上帝进行区分而启用的。也就是说，“天人合一”即儒家传统的“宗教感”的特质。

第二节 《大学》奠定人生观

作为根本性原初经典的《大学》，早在儒学传统的起始阶段即奠定了儒学人生观的基础，阐明人之为人的过程。《大学》指出，只有致力于人格修养的刚毅生活训练，人才能达到博大智能与道德开悟，最大程度地参透人生的意义。这一言简意赅而跨度宽宏的儒学经典的中心思想，讲的是个人、家庭、社会乃至宇宙的修养与滋养，根本是连通一气、相互蕴含的，务必总是以人的修身作为起点：

> 大学之道，在明明德，在亲民，在止于至善。知止而后有定，定而后能静，静而后能安，安而后能虑，虑而后能得。物有本末，事有终始。知所先后，则近道矣。[①] P92

有了致力于修身的开宗明义，《大学》便以正文叙述古代先王圣君由于置身于如此的人生道路而实现的与宇宙相联系的意义：

---

① 朱熹：《大学章句》。

> 古之欲明明德于天下者，先治其国；欲治其国者，先齐其家；欲齐其家者，先修其身；欲修其身者，先正其心；欲正其心者，先诚其意；欲诚其意者，先致其知。致知在格物。物格而后知至，知至而后意诚，意诚而后心正，心正而后身修，身修而后家齐，家齐而后国治，国治而后天下平。[①]

每个人都有一特殊角度，对待家庭、社会、理政组织以及宇宙，以尽己态度，精心呵护它们的发展与关系，每个人都有可能对关系产生十分细腻的感觉，因为这是人置身其中的、使之构成的家庭与社会关系，因而使关系成为更清晰、具有更丰富意义的聚光点。《大学》所言“学”是修身，是养成充满活力、超越个人习惯的行为。[②]

正如《大学》教导人们，在为仁成仁的重要人生道路上，我们必须将“本”抓住：

P93 自天子以至于庶人，一是皆以修身为本。其本乱，而末治者，否矣。其所厚者薄，而其所薄者厚，未之有也。[③]

《礼记》中的《大学》则在篇末提出，圆成人格道德为智慧之最高境界。原话为：

> 此谓知本，此谓知之至也。

---

① 朱熹：《大学章句》。

② Dewey（1998），第299页，将这样教养出来的习惯（cultivated habits）叫作“habitudes”：习惯的影响是有决定性的，因为凡是有人类特色的行为都是后来学来的，而学习的核心无非就是培育习惯。……习惯的行为并不排斥思维的运用，但习惯决定思维的渠道和模式。〔Dewey（1998），第298页〕

③ 朱熹：《大学章句》。

同样，这里“本”及其“果”（智）被视为一有机整体，是共生，否则二者皆不能生。

在与儒家人生观相联系的语义环境中，我努力提供一种语言，去理解中国的自然宇宙论，用它将这个宇宙论与那个还原论（简约）、单一秩序、“一在多背后”本体模式的宇宙论区别开来。后者是古希腊形而上学的思维，你要获知“多”是什么，必须向后去追溯本源和始因的真理，它处于“多”背后。相反，我们所发现的是，在中国自然宇宙论中，有一种共生性、整体性“视点/视域”式的秩序。在《大学》的有机、生态思想意识之中，它更为言简意赅地阐明：家庭的意义蕴含在、依赖于每个家庭成员的有效修身；延伸开去，整个宇宙的意义也都蕴含在、依赖于每一家庭与社会成员的有效修身。特殊的人的价值是人的文化的来源，人的文化又反过来成为一种聚合性源泉，为每一个人的修身提供了一个域境。

儒家人生观当然具有重要的理论意义，而它经久不衰的力量是从对人切实经验较为直接的表述开始的。这是一种试验的自然主义，不是依赖形而上学假设推定，或者是什么超自然遐想。相反，它将关注点放到加强人的作用可能性上，这是人自己身边的、通过提升日常事务的意义所能做到的。一个祖母或外祖母对孙辈的爱，是直接的最为日常性的事情，而同时也是最为非凡的事情。 P94

孔子的深刻思想，是本着对人普通经验最基本与最经久的常见事情，进行阐述而形成的，如“孝”、敬人、朋友、培养“耻”感、成长和教化、社会生活等。这样，他的思想往往不脱离现实生活。儒家思想的一个最显著特点，是其渗透与适应的能力（porousness and adaptability），孔子的教导使中华传统文化具有坚韧性。简而言之，他思想的贡献，就是将他那个时代的文化遗产内化为自己的，让传统智慧适应自己时代的历史性，之后又推荐给后来人，让他们也这样做。①

---

①《论语·述而》：“子曰：‘述而不作，信而好古，窃比于我老彭。’”

《论语》所塑造的孔子形象，并非是有意识要建立什么一切人都要遵循恪守的通行公式，而是唤回孔子这个具体的人的故事：他怎样通过与他人的关系修身为“仁”，如何完成了一个圆满的人生，受到周围人的仰慕。对《论语》这个书名本身，我们也许可以做一点自由性的改动，将它更具体地解读为“伦语”（“角色伦理之语”）。其实在阅读《论语》时，我们所感知的是关系构成性的孔子，用一生的时间，尽可能成功地“活”他的许多角色：作为关爱的家庭一员[1]；作为良师益友[2]；作为慎言慎行的仕宦君子[3]；作为热心邻居与乡人[4]；作为问政事常为持异见者[5]；作为对祖先感恩戴德的子孙[6]；作为文化遗产的热忱继承者[7]；甚至作为“冠者五六人，童子六七人，浴乎沂，风乎舞雩，咏而归”[8]中之人。他为后世留下值得效仿的榜样，而不是“原则”，是劝诫而不是命令。他深刻思想的力量与价值在于，其要努力说明的一个事实，即这些思想是具有眼见为实的说服力的，是随时可运用到后世后代（也包括今天的我们）的情形中的。

其实，以中国自然宇宙论为一个语义环境，是什么使得儒学比经验主义还要有经验性（也即，是什么决定了儒学的根本就是经验主义）？是这样一个事实：它尊重具体事物的特殊性，同时也需要概括性智慧——在对未
P95 来的积极方面进行预期的时候，要把这种特殊性考虑进去。儒学不是宣扬什么普遍原理，假设一种自然种类分类学，这种假设基于一种严格质本身

① 《论语·公冶长》：“子谓公冶长，‘可妻也。虽在缧绁之中，非其罪也’。”“子谓子贱：‘君子哉若人，鲁无君子者，斯焉取斯？’”

② 《论语·季氏》。

③ 《论语·卫灵公》：“卫灵公问陈于孔子。孔子对曰：‘俎豆之事，则尝闻之矣；军旅之事，未之学也。’明日遂行。”

④ 《论语·子罕》：“子见齐衰者、冕衣裳者与瞽者，见之，虽少，比作；过之，必趋。”

⑤ 《论语·颜渊》：“季康子患盗，问于孔子。孔子对曰：‘苟子之不欲，虽赏之不窃。’”

⑥ 《论语·述而》：“子曰：‘甚矣吾衰也！久矣吾不复梦见周公！’”

⑦ 《论语·八佾》：“子曰：‘周监于二代，郁郁乎文哉！吾从周。’”

⑧ 《论语·先进》。

的理念；儒学总是从现实的概括总结出发，针对那些生气勃勃、具体事物“特殊的”历史呈现，如对孔子自己故事的叙述，即这样一个例子。

第三节　从“齐家”到“治国”

对孔子思想超越时空的宏大诉求，是从几乎对每一个人的生活都适用的深刻理解开始的，无论何时何地，都多多少少是在他/她自己具体家庭环境中反映的。对孔子以及对他出现之后的世世代代中国人来说，人的基本单位指的是：这个家庭的“这个”具体人，而不是“单独、互不联系”的“个人”或者什么“平等地抽象”且“类属性”的家庭概念。其实，在读孔子之时，我们读不到其中有什么“核心本质”之人，而是基于“核心本质”，我们在“本质上”是“人”；是我们把家庭和社群关系层层剥掉之后，仍保持着不变。也就是说，在我们复杂与动态性的行为习惯背后，没有“我”(“己”)，没有“灵魂”，不存在互不相系的“个体人”。我们每一个人，都是不可简化的(社会的)，都是作为我们要去“活”的，是各种角色的总和——它们不是影视剧中的那种角色，而是在我们与他人的关系及相互性中“扮演”的角色。这样，人生目的是为自己、为他人求得和谐和睦相处的愉悦，途径则是通过在那些角色与关系上达到一种恰到好处的适当行为方式；是那些角色与关系构成了我们的独特性。这里用音乐做比喻，是最妥当不过了。和谐性要求每一组成成分保持自己之纯正，并同时加入与其他成分融为一体，构成一个与所有组成成分之总和明显不同且更具意义的有机个体。我们每个人的统一性，来自我们追求一种交响乐队的队员角色与关系的那种包容的和谐。

儒家思想之根基为人们日常之生活；家庭生活无处不有的那种自然敬畏，为其活生生之源泉。对儒学而言，家庭关系之意义与价值，不仅是社会秩序性之根基，家庭关系还具有宇宙及宗教性的喻义，对我们每 P96

一个人之于延展开去的关系网都具有道德的责任，关系所到之处，远不止我们各种角色自我所在之处，要达到这样的理解，出发点则是维护好家庭的纽带。[①]

家庭对个人成长影响之深，始于婴儿从出生起就自然地对家庭关系的依赖。如果婴儿期让我们学到了什么，它教给我们的最重要的第一课就是人之经验的无可逃避的相互依存性。其实，当孔子不太有出息的学生宰我不愿为父母遵行守丧三年传统之时，孔子加以申斥，指出父母在婴儿身上也是要悉心三年养育他们，为他们成长为人而尽责。[②]

家庭被视为社会和宇宙所有秩序的核心；正如我们在《大学》中读到，从个人于家庭内部的修养开始，所有意义的涟漪，都围绕一个中心一圈一圈向外散射而去，而后则又返回来抚养这个本源。如果我们谈及人伦（角色）是什么，或者有关人伦的更为根本的进行时态的一种表述——去“活”人的角色与关系——正如我们在古汉语中对这一过程的理解，其实“伦”字是一组直接同源汉字之一，这些汉字是各种对辐射秩序的不同表述。我们可以从“輪”（轮子、轮流）字开始。我们身份角色的“纽带”性，在表“挑选”含义的“掄”字和表“拧绳、织线”含义的“綸”字上被加强了。这一簇汉字连在一起，共同喻示对关系作用形态以及理想秩序的发展、巩固。但是，对于“活”我们的身份角色动态的、叙述的话语方面，恐怕最能通过同源表意的是“論”“淪”[③]和“侖”[④]。其实，“侖”字可追溯至甲骨文，字形为“开口”（亼）与编为“册”的一串竹简“”，意指一书写而成文献，表达着条理有序的思维。[⑤]

---

① Tang（1991），第4册，第210—215页。

② 《论语·阳货》。杜威也重述婴儿的依赖特性，说：“养成习惯之依赖于周围人群的风俗习惯，这是婴儿时期无助特点的自然结果。”〔Dewey（1998），第298页〕

③ 《说文解字·水部》，“小波为沦”。

④ “思索、思想、条理化、贯通”。

⑤ 见关子尹“Multi-function Character Database”甲骨续存1.477。

当我们将这一组同源汉字的各种各样联系放到一起看的时候，洞悉而现的是，人们认为的恰宜“关系”的滋养而成之来源，从根本上是话语的：在家庭及延伸到社会的环境中，在人所有身份的圈子之内，人自己所具有关系的聚合及人对自己给予的表述。简而言之，蒸蒸日上、“家庭为本”的社会，形成于人与人的不间断、家庭特点的有效交流。换句话说，所有人要去“活”的角色，其最广之意义，是“言说”家庭角色，是在人类经验之内延续与一致的根本渊源。家庭角色，是对关系做出最大限度发挥的大思维，也因此成为一种对秩序（社会、政治和宇宙秩序）实现更宽宏阐释的灵感。对儒学而言，是通过不断沟通交流的家庭和社会——这种话语性的生活，人才能做到对日常生活加以赞美，对一般生活加以礼仪化，让习以为常之事显出活力，向社会习俗注入生命灵感。这是每天从根本上去做的普通的精神沟通。 P97

第四节 “家庭关系”的“话语性”

归根结底，什么叫家庭“关系”？首先，我们不将“我”作为实体分开，不分开的“我”于是进入“我们”的关系之中。如果人由关系“构成”，那么“我们”则是出发点；我们成长的是我们的生命，其意义只是在于那些关系的延伸与放大；这些关系，如作为母亲、妻子和邻居，已是我们共享的。对“人”是由关系构成的概念认识而言，关系已经是由时间过程所承载、不同层次和不同范畴话语构成的了。我们通过延续话语和其他话语媒介，如肢体、接触和举止，互相进行语言塑造。当然“礼”，作为人身份和关系既成的一种恰宜性呈现，本身就是语言，不仅是限于语言的互相对话，也是人去“活”自己身份与关系过程中肢体与举止的、音乐与会餐的、敬畏与瞩目尊重的语言。在孔子看来，人就是一个社会的成就，就是一个适应的成功，其可能途径就是对社会想象力和智慧的应用。社会非派生于个体，个体亦非社会力量产物。恰恰相反，社会是来自生态及有机性的“行”与“经历”，“行”与“经历”总是具体人的，是在社会与个
P98 体人合一的社区中的。[①]由于变化就是现实，任何成就总是有具体时间的，使得我们总是作为未完成状态之物，去迎接偶然环境的永远不确定的挑战。然而，这一成就同时也总是过程的、程序的和属于未来圆成的。

社会不是别的，正是人群之间进行持续性的“交谈”，而那些进行有效言行的佼佼者被称为“君子”。他们促使社会兴旺发达，同时促进群体成员的相互关系更和谐并培养整体意识。君子言行所带来的效果不仅直接影响社会，而且还大范围地对天下产生深刻持久的影响。

这一古老、绵延不已的中国宇宙观以及做人与做人的话语，既是一事物之内容也是其外形，是这样在积极关系之中产生意义。人之做人则是具体意义的关系。所以，家事和兴是增强家庭话语的结果，而社会繁荣也是社会成员的交流与心心相印的结果。更重要的是，这样的儒家传统中，所有关系，哪怕天地万物宇宙关系，都是用家庭关系话语来表述的。

在思考语言的力量和内涵方面，伽达默尔（Hans Georg Gadamer）指出：

> “使用”语言一点也不重“用”；相反，语言是媒介，是自然环境：语言是我们生存生活的自然环境，就像鱼生活的水……语言交流使所喻义的事物变得越发明显实在。当语言这样把人们联系在一起，它就成为一种“自然语言”。[②]

中国的过程宇宙论将伽达默尔对语言的这一深刻见解，向更深层推进，并提出：语言在广义上远比“媒介”的意义更深，语言的意义由“我们是

---

① 杜威用他的“doings and underdoings”之类语言描述这个进化过程：“我们利用过去的经验来构建新的经验与更好的未来。”〔Dewey（1976—1983），第12册，第134页〕

② Steele（2002），第196页。

谁”构成；“我们”是关系相连的、不可简约的“民”。交流具有话语的塑造人功能，《易经·大传》对这一点讲得十分清楚。一个人的认同，当然是位置确定的“体”与“家”；它的定义实际是通过积极的话语而形成或建立一种聚焦式的敬畏关系，它包括“体”和“举止”，还包括文字和语言、 P99
音乐、礼仪化的身份和关系、会餐等。在整个儒学经典中，争论主题是如何正确、高效地使用语言，即“正名”，认为关系是根本性的，是一个繁荣社会在其所有斑驳重叠的方方面面所达到的基本点。“正名”是如何才能达到人与人互相关系最恰宜的度，因而也是最富于意义的度。其实，恰当性的行为和蕴义性的“素质”，都表达在“义”字中，“义”是儒家观点的一个核心术语，指的是人生的圆成。“正名”，作为带来社会秩序效果的本源，在孔子思想之中得到阐述：

> 子路曰：“卫君待子而为政，子将奚先？”子曰：“必也正名乎！”子路曰：“有是哉，子之迂也！奚其正？”子曰：“野哉，由也！君子于其所不知，盖阙如也。名不正，则言不顺；言不顺，则事不成；事不成，则礼乐不兴；礼乐不兴，则刑罚不中；刑罚不中，则民无所错手足。故君子名之必可言也，言之必可行也。君子于其言，无所苟而已矣。”①

“正名”一词，一直被译为英语的“the rectification of names”（“校正名称”），指的是我们所有行为应与我们“名号”与“阶层”所规定的意义相符；“正名”当然是含此一必要之义。对孔子而言，“正名”所指的是在严格使用官阶名号与政府清廉之间存在的一种必然联系。《春秋左传》中记载：有一个人，因救了一个地位尊贵的人得到奖赏。但他拒绝了赏赐的一 P100

① 《论语·子路》。

座城池，却希望以公子等级配备穿戴。孔子听说此事后，怒斥此人，与上面摘引《论语》那段话甚是相似：

> 仲尼闻之曰："惜也，不如多与之邑，唯器与名，不可以假人。君之所司也，名以出信，信以守器，器以藏礼，礼以行义，义以生利，利以平民，政之大节也。若以假人，与人政也。政亡，则国家从之，弗可止也已。"①

贯穿《论语》的一个重要主题就是孔子所强调的礼，这一点也不能疏忽，正式礼仪活动必须与相应官阶恪守一致，否则，朝政倾塌之危将至。②具体言之，孔子沮丧不已，是因为在自己的国家鲁国，季氏僭礼篡权，主持只有国君才有特权做的礼乐仪式。③

当然，活着的语言拥有自己的历史，其内容具有约定俗成的意义。从这一方面来说，它在意思上是回溯性的。但是"正名"并非到此为止，它有前瞻性。也即，它是一种活着的语言，必须在使用时对总是变动不已的环境具有敏感性，而且必须尊重谈话参与者的特殊性。这是《论语》中时而可见的；在六处不同地方，学生问孔子"何谓仁"，而每一次对话，孔子都是对不同学生有不同的回答。原因是，颜回是一个贫穷、少言寡语、
P101 谦恭谨慎的人，而不像子贡，他很有钱、自信、坚定、个性强。我们可能

---

① 《左传·成公二年》。《韩诗外传》卷五也记载类似的故事，讲孔子侍季孙而操心正名的问题。见Lau and Chen（1992a）。

② 《论语·八佾》："子曰：'禘自既灌而往者，无不欲观之矣。'"《论语·八佾》："'然则管仲知礼乎？'曰：'邦君树塞门，管氏亦树塞门。邦君为两君之好，有反坫，管氏亦有反坫。管氏而知礼，孰不知礼？'"《论语·先进》："南容三复白圭，孔子以其兄之子妻之。"《论语·先进》："季氏富于周公，而求也为之聚敛而附益之。子曰：'非吾徒也。小子鸣鼓而攻之，可也。'"

③ 《论语·八佾》："孔子谓季氏，'八佾舞于庭，是可忍也，孰不可忍也？'""三家者以《雍》彻。子曰：'相维辟公，天子穆穆，奚取于三家之堂？'""季氏旅于泰山。子谓冉有曰：'女弗能救与？'对曰：'不能。'子曰：'呜呼！曾谓泰山不如林放乎？'"

要想到，语言有文法与形态性含义，也有语义性的力量，这种情况要求它具有一种整体合意性的恰当到位的语感。并不简单的是，人说话的内容传达着意义，语言传达意义还在于场合、时机和对象。①

的确，作为一个君子，必须得说的话的效果，不仅对社会有直接影响，而且对整个天下也具有流传下去的深刻影响。君子作为有效言行之本源，可以理解为对社会环境构成内部发生一系列特定现象起到的促成作用。

> 君子居其室，出其言善，则千里之外应之，况其迩者乎？居其室，出其言不善，则千里之外违之，况其迩者乎？言出乎身，加乎民；行发乎迩，见乎远。言行，君子之枢机。枢机之发，荣辱之主也。言行，君子之所以动天地也，可不慎乎？②

话语的质量在于其适当（宜）度；这种“适当性”的感觉，是人产生的一种真挚的付出感与对富于意义关系的归属感。其实，它是话语洋溢的一种真挚性的实感，是交流的有效性基础。它区别于那种操纵行为，是十分有造诣的和谐结合；它区别于宣传，是伦理劝说；它不是侵犯个性，而是开放的亲密性；它不是煽情，而是激动人心的鼓舞。

第五节　人伦角色，体认以礼

要探讨人身份的儒家视角理念，我们可能要从威廉·詹姆斯对“质性”与“属性”同一性提出批评讲起。“质性”与“属性”同一性，是人们熟悉的一种西方“本质”理解，是一种对人在根本作为“个体”的认识。詹姆斯 P102

---

① 见Mattice（2010），他有力地论证，若要了解“正名”这一观念，则需要用回顾与展望两种视角予以考量。

② 《周易·系辞上》。

斯用“气候”作为类比，说明没必要把“灵魂”或“自我”或“思想”的超然本质，引进到对人身份的分析中：

比如今天温度计显示温度低，这会被认为是“气候”的原因。而“气候”实际指的只是一段日子的称谓，但是它被对待为是存在与“日子”背后的什么，而且一般情况下我们都确实将这个称谓置于具有这个称谓的事实“背后”，似乎它确是一种什么静止的存在。但是事物的这种现象属性，并不存在于任何事物之内，而是它们互相之间的黏附或者附着——这种事实，才是“本质”所有的理念所表示的。事实的背后什么东西也没有。[①]

而儒学是另外一种做法，它不是通过什么超然灵魂，或者自我，或者思想（mind），去对待人的认同问题，而是在人自己行为当中做到的协和性和一体性之中去发现相同的黏附性，这种黏附性是由人的身份角色和关系体现的。在“四书”经典中，《中庸》是第四部且最令人振奋的作品。我们清楚地知道，家庭情感才是礼仪根本的来源，是在礼仪化人的身份角色与建制之中培养而来的。

仁者，人也，亲亲为大；义者，宜也，尊贤为大。[②]亲亲之杀，尊贤之等，礼所生也。[③]

---

① James（2000），第42页。

② 我们应该注意这几个字之间的音义关系，如仁与人、义与宜。

③《中庸》第二十章。见Ames and Hall（2001），第101页。鉴于孔儒思想以家庭作为道德感的出发点，因此我们不接受“中庸”这一书名的传统译法，即*Doctrine of the Mean*，反而自己把它译为*Focusing the Familiar*。这样做是有意地选用与“family”同词根的“familiar”一词。应该注意，*Doctrine of the Mean*作为译名最早见于理雅格1861《中庸》的译本，但到了1880年以后，把全部《礼记》翻译时，他又一次翻译《中庸》一文并抛弃了原来的译名，采用*The State of Equilibrium and Harmony*。

钱穆提出，以家庭为中心的礼仪化身份角色与关系（礼）是一种深层文化认同，必须从根本上与经常变化很大的地方风俗区别开来，一地与另一地都是不一样的。钱穆认为，是共同遵行的礼，而不是各地不同的风俗，构成了中国文化生生不已的基体： P103

在家里“礼”得到传播，但我们一定要区分“家庭”和“家族”。通过家族，社会关系准则从家庭成员延伸到亲戚。只有“礼”被遵守时，包括双方家庭所有亲戚的“家族”才能存在。换言之，当“礼”被延伸的时候，家族就形成了，“礼”的适用范围再扩大就成了“民族”。中国人之所以成为民族就因为“礼”为全中国人民树立了社会关系准则。①

所以，“伦”——“协调的家庭关系”，也干脆即字面上中国（一个特殊性民族纽带）意思的“纶”。

跟钱穆一样，唐君毅也肯定家庭情感为核心的独特儒家价值。而且对他来说，“家为中心”是区分西方与中国价值的最为深刻的差别之一。他对照了西方的哲学叙事，在西方哲学、文化演变的广袤视域之内，家庭，作为社会组织，却未对宇宙秩序理念起到有意义的启发作用②；确实，我们找不到可与孔子哲学“孝悌”为本相当的任何“家为中心”的哲学理念。与“孝”字形近源同的关键汉字也同样启示着“孝”赋予的文化价值。不同辈分之间的恭敬（孝）使得家庭在对家内榜样与文化楷模“敬”与“效”的蕴义上黏附在一起，“孝”也恰是汉语中表达各种含义的“教”字形的半边组成部分。

---

① Dennerline（1988），第9页。

② Tang（1991），第4册，第210—302页。大体说来，西方哲学史很少注重家庭在社会上的重要性。虽然如此，唐氏还指出亚里士多德与黑格尔是例外，都承认家庭的重要地位。可是他还批评他们都没有意识到“大家庭”概念在宇宙论上与宗教上的重要性。

用钱穆的话说，正如“家庭”“家族”与“民族”都是以具体家庭成员行为的向外辐射形态扩大，是在对这些身份与关系体现之中的一贯性，构成着作为具体人的认同性。我们可以用一个至今现代汉语仍使用的常用说法，来作为对家庭根本重要性进行分析的启示，家庭是儒家的人取得身份的基础。在英语中，我们会说“每一个‘体’(或一)，请
P104 站起来”(everybody or everyone, please stand up)；使用的是“体”和假设为互不联系的“一”来指代“人”。这样强化了语言学对“不可再分性”的单独个体作为社会组织最小单位表述的假定性。按照这种假定，我们还会说“anybody(任何体——任何人)”“nobody(没有体——没有人)”“somebody(一些体——有人)”；也会说“anyone(任何一——任何人)”“no one(没有一——没有人)”“someone(一些一——有人)”。

但是作为中文本身，我们得说“大家请站起来”(这在英语中却是“big family, please stand up”)，语义的含义是家庭关系被视为“人”的构成，而且确实是——我们作为家庭一员特殊身份的生命同在，而不作为任何单个的个体，构成着最小的社会单位。在这个一般不引人注意却是反差鲜明的“everyone(每个一)”和“big family(大家)”两个用语之间蕴含着的，是“individuated(假设个体)”“self-sufficient(自立)”，所以“discrete human beings(互不联系的人类本体)”与一种“情景的”“关系中做人”之间却被默认有根本差别。情景的、关系中做人，是成长、完成一种作为具体人的自己，它是通过对家、国关系结点中总是协同、相互性身份角色而自强不息地尽己。

如果把这个儒家视角应用于对我这个人的理解上，我则会这样说，我当然是个道成肉身和有自己生命、呈现为个体的人，而且我的躯体与我所属的“大家”认同是一体的。也即，我必须认同自己是刘殿爵的学生、宝妮的丈夫、詹森与奥斯汀的爸爸和(陈)素芬的老师，是(关)子尹和(张)灿辉的朋友和同事，是郝大维和罗思文的长期学术伙伴，等等。这些

角色身份与关系，是我们共同发展的，若要充分理解我们个人的认同性，它的负荷是一生一世的分量。这些美好的身份角色与亲密关系总是复杂和持久的，是真正鼓舞我表现自己总在做人的动力。从儒家角度思考人的认同性，我们必须充分认识，我们作为自己和作为与他人的许多层次的关系，是怎样让我们能够成就和坚持做人的一贯性。对这种一贯性最到位的理解，是它是一个认同的动态视点，而不是一种割裂与互不联系性。我们会想到对心理物理与精神心性的视点与功用的理解，将其作为儒家的“人”理念的恰当类比。同时，如同对“什么是心本身”这个毫无意义的问题，我们 P105
必须避免类似想当然的假设：人是体现的与角色的，这必然让我们按照信奉“人”作为个体“自我”（selves）理念去理解。

“體”部首为“骨”作为古汉语出现较晚。①虽然马王堆出土文献表明它可追溯到公元前168年，帛书的“體”是现在这个部首“骨”字体，但先于它，早在周代青铜器中的部首为“身”如“軆”；后来竹简字体又从“肉”（膿）。②我们可从“體”的三种不同字旁（即骨、身和肉）来解析“體”所表达的含义。我们必能允许，“體”以“骨”为部首，其喻义可涵盖“行文之体”，即一个“有结构”“有样式”“施以体认”而后达到知晓世界的过程，不仅是认知、有效的，而且是自内而外的。每个人与世界都是协作的关系，去识别、形成观念以及使经验变成理性，体认赋予我们的文化一个形态、一种语言、一个生态环境。我在前面曾引述希拉里·普特南的《人格化的现实主义》，他提出“语言”和“思想”，其中伴随着价值观，渗透着人的经验，其深刻的程度，以致要从中抽出什么独立存在的现实，简直就是一种胡说。③儒家更为整体角度的哲学，对普特南的这一观点则做出更

① 大部分汉字属于形声字，即有一个意符，譬如从木字旁的字或从心的字，也有一个声符，从此得其声。

② 见关子尹“Multi-function Character Database”中山王方壶CHANT：9735.3与马王堆，十问，6。

③ Putnam（1990），第28页。

深刻的阐述：不仅是语言、思想或确切的人的廉耻感渗透在现实之中，而是作为人的全部整体性也在其中。

部首为“身”的“軆”字强调体认经验的另一侧面，也就是将生命生活的、具有存在意识感活着的身体放到所处的与他人动态的关系当中去考虑。经验总有一个自觉侧面，既是内在也是外在的。部首为“肉”的“膿”强调“肉躯”——骨肉之体。在其最原生意义上，“体”通过这三层相互性必须存在的侧面，起到一种纽带作用，将人的自觉意识与环境连接在一起，同时也在人的思维、感觉过程与人的行为样式之间起调节作用。

P106 张燕华对“身体”的主动与意向性质，做出以下精确的描述：

> “身体”既是肉体的，也是肉体以外的，它对社会的世界与自然的世界具有感觉、认知、创造、推理及体认其变化和嬗演的能力。它就是世界：同时也是情感、道德、审美与内心的……或者说，肉体、精神和情感三个层次都是互相渗入与互动的……它的实际逻辑，包含的是动态过程、常态嬗变以及表述关系语言之中的一种“身体”语言。①

整个世界都被带入视点，织入每个具体化的人中，“贵身”的观念充分表达了这一思想，它是《道德经》的一个中心观点。也就是说，出于一个关系构成之人而去关怀自己，是对这个世界珍重态度的一个延伸：

> 故贵以身为天下，若可寄天下；爱以身为天下，若可托天下。②

儒家传统中，身体发肤受之父母，同时受之的是一种血脉的涓涓不息

---

① Zhang Yanhua（2007），第6页。

②《道德经》第十三章。《道德经》第二十六章用否定式语言表达同样的意思：“奈何万乘之主，而以身轻天下。”

之流，渊源追溯至祖先，贯穿其中的是一种延续感、归属感与宗教感（这些情感之中有着祖先的存在）。对人体的尊重，是尊重人的祖先，尊重与他们的相系不分；而对身体的不尊重，则是可耻的亵渎祖先的血脉。正如《孝经》首章所说：

身体发肤，受之父母，不敢毁伤，孝之始也。[①]

身体毫发无伤，这个责任是贯穿整个儒家经典的重要观点。《礼记》中说：

天之所生，地之所养，无人为大。父母全而生之，子全而归之，可谓孝矣。不亏其体，不辱其身，可谓全矣。[②] P107

儒家经典论述"孝"的内容常常提到孔子的高足曾子，《论语》也记载曾子临终之言：

曾子有疾，召门弟子曰："启予足！启予手！《诗》云：'战战兢兢，如临深渊，如履薄冰。'[③]而今而后，吾知免夫！小子！"[④]

人所有的使自己毫发无伤责任与家庭之有"孝"是双向的。古代社会施用刑法，"刑"字有"刀"以示含义：对重罪施用如断肢、刺字等致残身体为主的肉刑。这种刑罚是一种特殊手段，意在"杀一儆百"，也是使罪犯因肉刑之耻，死后在祖宗面前毫无颜面。

---

① 《孝经》。另见Rosemont and Ames（2009）。

② 《礼记·祭义》。

③ 《诗·小雅·小旻》。

④ 《论语·泰伯》。

内森·席文对先秦与秦初时期的人体、天地与国家之间的相互关系进行了研究，指出：“自然、国与人体的观念是互相依赖的，称其为浑然而一是最适当的理解。”[1]也许，古代被归为汉代儒家董仲舒名下的著作堪称原始经典，对众多微观宇宙与宏观宇宙的天人感应进行阐述。[2]董仲舒不仅指出一年四季变化与人情绪高低之间的联系，还探讨了众多人体骨骼和生理与外部宇宙结构的明显联系。[3]在此之前还出现了精心发明的家庭具体关系与人体部位相对应的语汇：“生身”指代父母，“骨肉”指代子女，“手足”
P108 指代兄弟之情，“腹心”指代朋友，以及“同胞”指代国人。[4]

在《礼记》及其他经典中，有进一步对作为整体“理”的恰当构成同人身份角色以及关系之间相互不分联系的探求，指出人具有的道德性也存在于宇宙的和谐运行中。对具体人进行的思考，其意义在于无论肉体、社会性还是宗教性的，人的身体都是关系及其作用的特别集结基质，都必然是人与其所处的许多境域的协作。没有任何人体——没有任何“体”不是生命生活的、社会的，或者说肉体的，是与他者不构成任何关系的自己的行为。

在这样的儒家传统中，我们可把“體”及其同根汉字“禮”（在身份角色及关系之中取得恰宜性）作为互系看待，提出二字表达的是，对同一现象的两个路向看待：它们是分别指“一个活着的身体”与一个“具体活的身体”。如果要用当代医学人类学的词汇表述“活着的”与“呈现的”之间的非分析性关系，我们可以引用张燕华的说法，她认为“精神”不是什么因为真知而有、与“身体”相反的，而是构成它的——人生气勃勃的生命活动，不是与它具体的体现相分别的，而是与它为一体的，是它的表现。[5]

---

① Sivin（1995b），第5页。

② 参考《春秋繁露·三代改制》与《春秋繁露·天辨在人》。

③《春秋繁露·人副天数》。

④ Zhang Zailin（2008），第20—22页。

⑤ Zhang Yanhua（2007），第38页。

“體”与“禮”在《礼记》中进一步成为相互不分联系的，成为“礼之大体”。

凡礼之大体，体天地，法四时，则阴阳，顺人情，故谓之礼。訾之者，是不知礼之所由生也。[①]

彼得·布伯探讨了“體”和“禮”这两个同根字的共同点，同意“形式”（即有机形式）……似乎是这两个词的纽带，能证明的就是古代中国学者总是在古汉语字典中反复用“体”解释“礼”。[②]司马黛兰（Deborah Sommer）返到《诗经》中去考察“体”的用法，可以说发现了它最早的含义。在早期文献中，“体”是与植物的繁殖联系的字，植物繁殖不是靠种子，而是把根、茎干、块茎或其他植物的肉质部分分为节段，把它种上，让它长成“新幼苗”[③]。司马黛 P109 兰认为：“对于农业社会的人们来说，通过蔬菜阶段进行繁殖这种知识，是一种人人皆知的事。”[④]块茎发芽，被截断又生长，还有去掉叶子不能再用的草药根再次长出大量叶子和茎干，这样的过程既是延续性也是初始性的。从这些古代事例中，司马黛兰提出了一种对“体”的抽象认识，即：

一词多义词汇的意义不明确程度，可将它们分隔为细小的单位，每一细小单位经常皆可作为对整体的类比，而且与整体分享一种根本同体与共性认同……当一个“体”被节碎为部分（真实性或概念性的），每一部分在特定层面都保留着某种整体性，或者说变为大的全体的一个缩影，缩影是整体的一种构成。[⑤]

---

① 《礼记·丧服四制》。

② Boodberg（1953），第326页。这或许能解释“体”字的简化形体，即从“人”，从“本”。见Ames（1993），第169页。

③ Sommer（2008），第295页。

④ Sommer（2008），第296页。

⑤ Sommer（2008），第294页。

虽然司马黛兰对早期文献的调查得出了“体的行为经常更像植物而不是像人”[1]这个结论，可是我还是不能明确地在这两个范畴之间画一条清楚的界限。其实我要在她的分析上更向前一步，以此对中国古代的思维方式，尤其是关于人的血脉性延续，提供真切的深度透视；而且这样做，也为从园艺到人类文化，提供一个推断的机会。在前面第二章中，我们介绍过唐君毅的“一多不分观”。如果把人的繁衍也作为一种对这一观念的说明，这样的特征描述，又是一种对“派生”的肯定，也即一个截然不同与独特的人的出生，是源自那些血脉性在先的人。同时，在这个生生不已、既塑成他人也被他人塑成的化生过程中，“众多”血缘祖先皆是延续与在这个化生为一些别人的过程中持续活着。这也是，当人正变为具体性，他们是谁已经是具体人的时候，这些特殊人的父辈和祖辈继续在他们身上活着，正如他们自己也将会继续在他们后代人的身上活着一样。我们提出的“视点/视域”语言，作为一种对特殊人与一个整体性人之间的思维方法，似乎立即就与司马黛兰未直接说的那种全息性有了关联。她说：“每一株新幼苗在某种意义上仍还是母体植物，而且从一种生命形式到下一代，有一种认同
P110 的物质延续……母体植物及其第二代幼苗既同时是自立的也是同体的。”[2]

我们也许还可将这个“体”的血统的详细阐述更向前推进一步。如果我们对这个代代相传、总是具体化知识的复杂传播进行思考，这个分裂、扩散与派生的过程还能给我们提供更多启示。“体”是知识文化素材的分流中枢——语言的便利与娴熟、宗教礼仪与方式、厨艺美感、歌曲和舞蹈、道德观念与价值的形体感、认知技术的教授与学习等——作为一种生生不已、辈辈相传的过程，通过它，一个生生不息的文明得以绵延不绝。[3]

---

① Sommer（2008），第294页。

② Sommer（2008），第294页。

③ 可参见Shusterman（2008）对身体的理解，特别是该书专门讨论詹姆斯与杜威的第五、六章。

社会“身（体）”扩散到实实在在的家庭之中，扩散到构成社会“身”的社会角色与关系当中。而且，正像“体”并没有带着一个“超级”理念的“自我”（或像“灵魂”——一种机器里的鬼魂）一样。所以同样，在人们去“活”自己角色和关系的过程中得到的恰宜性（礼），辅助这个“体”实现了对一个人的构成，它也是本初性。这也是，一个人的行为素质不是在一个离散独立“主体”或“个性”理念上的被调节或者被复制，因为“离散独立主体”理念是从社会和自然关系具体形态中把人置之于外。相反，人的认同存在于形成的浑然而一之中，存在于融合之中，存在于具体身份角色之中；身份角色构成了人的行为延续不已的习性——人的认同性存在于它的一以贯之中。

这些身份角色源自“孝”，而且之后获得延伸；它们获得延伸的过程，是十分简明意义的以家庭关系为替代，把社群纳入到家的范畴。当我们尽己于各种身份角色之时，我们又反过来被塑造为人。唐君毅对“礼”的功用做了如下描述：

> 又《礼运》篇在说大同之世之理想时，人所念，唯是人人之得其所。此中礼义之观念，摄于此“人”之观念之中。然后实现此志之历程中，则必须通过人对人之礼义，然后有此人与人之各得其所。[1] P111

唐君毅在这里重申一个观点，它也是《论语》的观点，即认为任何“真正之和合”必须通过一种浓烈身份角色与关系的恰宜感，身份角色与关系就是将人置于家庭与社会（“礼之用和为贵”）。儒家的“和”远比“不乱”的含义丰富；“不乱”是可通过简单加强社会秩序达到的。而要根本取得家庭情感基础上充分调理而成的“和”，是要将人实行聚焦对待；人是

---

① Tang（1991），第15册，第99页。

社群的组成部分，在社群中，人人都养成耻感与责任感（“有耻且格”）。

拉丁字“proprius”（它的字面意思是“使某物成为自己的”），同根字还如“proper”（本身）、“appropriate”（适当）、“propriety”（得体）和“property”（属性）。这个字根“prop”提供了一系列同根词用语，对于翻译确定个人身份的儒家哲学术语十分合适，因为这样翻译是把人作为一个积极参与者，他尽己于人的各种（物性与社会性）生活形态的个人化，使这些生活形态成为属于一个具体人他自己的。这一对人的角色总是自反性的个性化（我是这个母亲的儿子），对于找到哲学语汇的有效翻译，是有直接效果的。例如，如果我们接受，需要对儒家“人”坚持一种关系性而不是质相性的理解，那么“义”就不会是“righteousness”（一种推定个体人服从外在神性的原则）。而“义”必须是在那些与自己的具体家庭和社会的关系之中包容性的“自己的恰当行为”。也就是说，“义”是最符合具体情况的行为，而不是简单地执行一些外在的原则或法规——什么绝对正确的行为。同样，“正”也不简单就是“正确”或“矫正”行为或语言（又是什么外在的标准）。相反，“正”必须是作为一个具体人与所处的一个特定的社会境域进行协调的包容性的“自己恰当的行为”或“名正言顺”。作为关系性的，“政”不是简单的“政府”，而是一种反身性的“恰当治理”，它必然性地源自家庭生活的家，而后向社会和政治组织辐射性地延伸。[1]还有“礼”也不是简单“丝毫无误地履行典仪”，而是个人的、坚持不懈的、由人的身份角色与关系所决定的最为适当的行为，因此而达到成就的礼仪性
P112 品质。正如《论语》所说：

祭如在，祭神如神在。子曰：“吾不与祭，如不祭。”[2]

---

① 《论语·为政》。

② 《论语·八佾》。

在非正式和具体个别人方面，全神贯注地参与礼仪社会，要求对可视为一种文化特质的普遍社会建构和价值观进行再实践、再创造。这使得人在身份角色以及关系中形成了一种礼仪机制，与简单的执法守法有很大不同；它是人在坚持不懈地将传统变为自身东西的过程之中修养而成的一种耻感。下一章我们将讨论，“耻”作为道德良心的关键观念，显得愈加重要，因为“耻”是经过努力而来的意识，即人是在家庭、社会相互依赖中生活的，每个人都要为我们共处的这个世界的美好前途而对自己的行为负起责任。

如果我们认真阅读儒家典籍，会发现它提倡的生活方式，认真地涉及关乎人的面部表情与肢体动作，它是这样一个世界，认为生命生活是一种特殊的具体行为表现，要求聚精会神、毫不懈怠地关注细节。重要的是，这种“礼”主导下的人的表现，起源于一种真知灼见：个人成长只有在纪律之内才可能，这纪律就是形式化的身份角色与举止行为。不过，如果没有持续的个性化，只有简单的形式，就会体现为强制性、非人性化的法。而另一方面，在无“形式”条件下的超限度个人行为，往好里说，是随心所欲，往不好说，则是胡作非为。只有形式与个性化做到恰当结合与平衡时，家庭和社会才能呈现文雅、脱俗与自行调节。

张燕华的说法是“关系审美”，她充分注意到兴旺之家强盛的情感因素。这种情感因素起到的作用是在辈分中与辈分间培养出那种对继承与归属的感同身受：

> “人和”（harmonious interpersonal relationships）的文化审美，在中国家庭伦理观念中有充分的表达。“人和”对家庭人员根据自己的家庭地位去如何互相关心、如何互相对待起到的作用是指导性的。“家和”还包含一个纵向层面：对和合家庭关系的关心推及逝去的亲人，也即延伸到精神层面。……这与中国的“通”（connection and P113

flowing）的意识是相联系的。对中国人而言，“和”必是一种健康过程的“通”。[①]

在这种纵向层面的强化家庭认同延续性、对祖先的关怀之外，还有一种重要的横向家庭相互依赖的关系层面，这个层面向外扩展，通过的是与儒家人生观的生命相系的朋友的角色。张燕华论述为：

> “人和”的文化审美，还有一个重要性，即“人和”向一个人的近亲家庭及亲属圈之外的延伸，通过的是广泛的“人情”关系网，这个“人情”网是精心勤勉地建立和维持下来的，它是送礼、帮忙、服务、尊重等各种形式的社交互动。[②]

第六节 “友”之开放性

张燕华关于文化审美的阐述，引起我们对儒学角色伦理中“友”观念的重要性进行思考。在儒家关系网之内，朋友之情具有转化的力量，这种转化力量只有在将其作为一种“家”本身的延伸与扩展理解时才能够恰当解释。作为儒家“家为中心”伦理的一个层面，“友”是一种确定的、具有补偿性的意义与价值来源。直接的家庭关系一般都是出生就有的、血缘性的，而朋友关系的结成是偶然的，必然是多样的和刻意选择的。我们可以将“友谊”看作门道，老朋友们走这个门道进入这个家，加入这个家，为这个家的各种关系层次增添明显的深刻的含义。

对于儒学而言，朋友的重要性在于它的作用好似开放的通道，使得像港湾似的安全平静的家能通往外部，与更具不确定性且时而需花大气力的社

---

① Zhang Yanhua（2007），第50页。

② Zhang Yanhua（2007），第50页。

会、政治和文化世界衔接。当子路问“何如斯可谓之士矣”，孔子只是答：

> 切切、偲偲，怡怡如也，可谓士矣。朋友切切、偲偲，兄弟怡怡。[①] P114

在这里，孔子想到的是朋友关系可能在某种意义上比亲情关系更要难做。从亲属那里得到关爱与呵护，人可想当然地接受，而在社会事务上，成功的人生对关系则要求有更高的觉察力与原则性。但是，从一生的友谊关系中所收获的益处切实是巨大的，它为人带来使个人成长得以实现的非同小可、更好的资源。在这样的儒家思想中，“交友”是十分平白意义的参与彼此的“交”中，直到让友谊本身成为最具体实在的东西，而使关系获得发展的这些“个人”则会越来越成为一种抽象的存在。

在选择朋友上，孔子强调：“君子……无友不如己者。”[②]这种态度表明了孔子对人生的认识。他认为个人品格的成长或消退，都是“关系”对人的影响。我们不禁又要问：“富有意义”的友谊，这意义从何而来？在柏拉图—基督教世界观中，“意义”具有超越性来源，“友谊”是工具化的，是献身于一个共同的目的。论述友谊议题《费加罗》的结论是：朋友是共同性的人。而当“人们的共同性”是一种朝向超越之善的爱时，他们是真朋友。同样，对基督教而言，“菲利亚”(philia)作为朋友或者亲人之爱，是附属于“阿伽培”(agape)——超越上帝之爱的；对上帝之爱通过的渠道是他所创造之物彼此之间的爱。

亚里士多德与柏拉图一样，将人的共同点视为友谊的基础。在这两种情况中，都有一种赋予“自为”的高级价值。在亚里士多德看来，有一种低级层次的偶然性友谊，是以功利与快乐为目的的；但是“真”朋友是比

---

① 《论语·子路》。Hall and Ames（1994），第77—94页、第257—69页深入论述儒家观念中的友谊。

② 《论语·学而》《论语·子罕》皆有此语。

照之下的“另一个自己”或者“第二个自己”，因为它们都反映一个人自己的能力特质与心灵智识活动，这是大家的共识。亚里士多德确实使用了“镜子”的比喻，来阐明为什么真朋友的相同能力特质是自知之源。①相较于实际型的朋友，他更赞同“冥思式的朋友”；具有这种能力性质的友
P115 谊并不多，具有同样能力特质的人只是一个小圈子内的精英们。②理论之于实际生活，思辨性视野之于日常道德活动，具有一种高尚性。所以对亚里士多德来说，可被心灵捕捉的永恒真实，必须给予超然于友谊的优先地位，甚至是当它意味着人必须对自己的老师也要反戈一击时，就像他对柏拉图那样：

> 我们或许必得考虑普适之善，彻底弄清它的含义，尽管这一探求是爬坡之径，因为事实是：这种“形式”(“forms”，本体之真实——译者注)是我们“自己朋友”提出的……虽然二者皆可贵，虔诚之心要求我们将真实置于朋友之上。③

有点像他的古希腊同行，孔子也认为朋友在某种意义上有共同的看法。

> 曾子曰：君子以文会友，以友辅仁。④

沈美华发现孔子与亚里士多德在“朋友”观念上有许多点都是相近的，对二者的重要类似点做了认真阐述。⑤但是除了这些共性，也必须要考虑到亚里士多德和孔子关于友谊的观点还是有很大距离的。亚里士多德是根本

---

① Barnes（1984），1213a20-26。见Yu Jiyuan（2007），第4页。
② Barnes（1984），1157b5-1158b11。见Yu Jiyuan（2007），第214页。
③ Barnes（1984），1096a11-16。
④《论语·颜渊》。
⑤ 见Sim（2007），全第七章。

性的个人主义，其中蕴含着：人具有形而上学与生物学同一性，遵循终极与不变的原始法则，以始因的独立性为思考对象，并进行以理性中心性为基础的道德抉择。而孔子与柏拉图和亚里士多德不一样，朋友之意义的根本不是来源于外在，而是友谊本身发展过程的呈现。朋友的人品尊贵是各有千秋的，也是由于彼此不同，才具有协同共进的机会。“君子和而不同，小人同而不和”[1]可谓儒家友谊观的一个经典论断。当卫公孙朝问于子贡曰“仲尼焉学”，子贡的回答很有包容性：

> 文武之道，未坠于地，在人。贤者识其大者，不贤者识其小者。
> 莫不有文武之道焉。夫子焉不学？而亦何常师之有？[2] P116

我们得到的启示是，每个人都不同，孔子向每个人学习，有的学得多，有的学得少。对绝大多数与他人的关系，既有正面也有负面考虑，这样的宽宏大度有利于人的道德提升；孔子在很多地方都传达这种思想：

> 子曰：“三人行，必有我师焉。择其善者而从之，其不善者而改之。”[3]

个人成长是亲朋关系达到很积极的状态导致的结果。在向外寻求和发展丰富含义的友谊方面，我们有空间、有自由度，这与我们的亲属血缘关系性质不一样。孔子强调，发展、扩大人们的友谊，可以大力弥补亲属关系的局限性，这对个人成长来说确实是个机会。但是如果择友不当，朋友也可能有损于自己的成长。他提出：

---

① 《论语·子路》。
② 《论语·子张》。
③ 《论语·述而》。

> 益者三友，损者三友。友直，友谅，友多闻，益矣。友便辟，友善柔，友便佞，损矣。[1]

孔子这里的意思是，“友”在家庭亲属关系的外围开辟了一个轻松的环境，为更有意识、有意志地造就有个人特殊性的关系，也为形成个人人格提供了可能。“友”是自愿选择关系，但仍是以家庭意识为基础，而且有潜力为个人提供超出正式亲属纽带的成长意义与复杂性。

“友”的共同性与重合性，包含在“朋”这个喻义“友谊”的汉字中。在甲骨文中，这个字的原形是一个两串贝壳的货币单位“”；后来它所
P117 表达的具体含义是同一师傅的“同门”或“师兄弟”。“同学”和“学长/姐”的称呼直到现在还流行，不过它们的儒家含义强调的是互相依赖关系和“不同”，而不是同一性和个性。“友谊”作为一种发挥想象力的成长机会，是建构在关系之中的，这正是使用频率高一些的“友”呼唤的意思。“友”字在甲骨文中是两只手“”，有时两只手还牵在一起“”，喻义一种共同的友谊纽带。[2]“友”起初与“右”同源，即右手，其引申含义为备受尊崇。它的同源字是“佑”（“护佑”）和“祐”（“福佑”）。结合这些连带关系来看，我们就能领会到，真正的朋友是一个被尊崇和恭敬的对象，宛如助人成长的福佑。

“友”还有第二个语言学相通的字“有”，它与“有”（富有）是同源又同音的关系。“有”也作为“友”的通假字出现。在青铜器铭文中，“有”是人以尊贵的右手抓着一块肉，是一种农业社会罕见、贵重及有神性的物品形象：“”[3]。这里启示我们：真正的朋友讲的就是亲近，与你咫尺不

---

① 《论语·季氏》。

② 见关子尹“Multi-function Character Database”西周中期CHANT：2735、甲骨文合集CHANT：1025与甲骨文合集CHANT：1025A。

③ 见关子尹“Multi-function Character Database”西周中期CHANT：9091。

离，是蕴藏于个人生活中，具有日益深厚意义的资源。

孔子对“友”有严格的具体定义，这体现在两个跟他关系很近的学生——子夏和子张对于“与人交”理解分歧的对话中。孔子过世数年后，两个学生各成为自己一派的掌门，对孔子说的话及他当时的意思是什么，各有解释：

> 子夏之门人问交于子张。子张曰：“子夏云何？”对曰：“子夏曰：‘可者与之，其不可者拒之。’”

从这段对话看，似乎子夏对“交”的理解保留了孔子本人交友的严格选择性。但是这样的狭义理解遇到了争执。子张不同意，指出：

> 异乎吾所闻：君子尊贤而容众，嘉善而矜不能。我之大贤与，于 P118
> 人何所不容？我之不贤与，人将拒我，如之何其拒人也？[①]

我们现在对孔子之“交”的态度有两种不同的理解，如何去明辨——如果想想两个弟子各自的性格气质将对我们的辨析很有帮助。《论语》及其他典籍常有提及二人性情和言谈举止之处。

子张因无条件的利他主义，时常受到孔子的批评，说他注意外表而不注重实质，使用的语言也不确切。[②]有一段讲道：

> 子张问善人之道。子曰：“不践迹，亦不入于室。”[③]

---

① 《论语·子张》。
② 《论语·颜渊》。
③ 《论语·先进》。

在这里，孔子特别批评子张的是他对有德君子——那些可称为真朋友的人不够恭敬，这样将导致自己没有机会与人建立君子朋友关系，这种关系通向建立真正人格的大门。

子夏则是另一种人，文采飞扬，是孔子学生当中被老师夸赞有学问次数最多的。在儒家传统中，他是一个对儒家经典传承有重要贡献的人。子夏是《论语》后五章的中心人物，十分强调学的重要性，同时提出，在“仁”方面做得好，才是学问的真正意义。其实，连孔子都承认他从与子夏谈话中学到了不少东西。头脑中有了子张、子夏两个人的基本印象，我们就会想到，不少人可能赞成子张的逻辑，倾向于认为对“友”意义的恰当表述似乎就是他那种平等主义与广泛包容的观点。但是子夏强调友谊的重大意义是有益于个人成长，更准确地传达了孔子关于交友的思想。

不过，孔子可能真从子夏那里学到不少东西，但他更承认是从颜回
P119（他最爱的学生）那里学到的。在《论语》中，孔子从头至尾反复提到颜回，给予他很高的评价，唯独给他这个杰出学生以“仁”[1]和“真好学”[2]的评价。其实，他甚至把颜回视为在好学方面比他自己和其他人还高的地位：

> 子谓子贡曰：“女与回也孰愈？”对曰：“赐也何敢望回？回也闻一以知十，赐也闻一以知二。”子曰：“弗如也！吾与女弗如也。”[3]

当然，这里的“学”有直接的道德与宗教感，是指通过勤勉修养的个人成长，以及在处理齐家理政关系方面表现的卓越才能。孔子本人之于其学生，一点也不显得神秘和超然，在教导学生方面则十分坦诚，他说：

---

① 《论语·雍也》。
② 《论语·雍也》《论语·先进》皆有此语。
③ 《论语·公冶长》。

二三子以我为隐乎？吾无隐乎尔。吾无行而不与二三子者，是丘也。[1]

同时孔子也提出，人值得尊重的是他对社会的贡献，而不是他的年纪大。他鼓励对尚未显露头角的后生要给予适当的尊重：

子曰："后生可畏，焉知来者之不如今也？四十、五十而无闻焉，斯亦不足畏也已。"[2]

鉴于孔子对于其时代人的批评态度，以及对学生超群表现的恰当到位赞许，我们可以领略到，他对导师性友谊的严格定义是基于一种更实质性人的不同，而不是什么等级的高低。毕竟是，好老师从好学生身上学得多。我们必能总结出：就孔子身边情况而言，他承认学生也是丰富意义友谊的源泉。他对颜回极其赞赏的态度，或许就是这种情况： P120

颜渊死，子哭之恸。从者曰："子恸矣！"曰："有恸乎？非夫人之为恸而谁为？"[3]

第七节 "成人、成仁"之内在性

我们已经看到，在儒家这个我称为"human-becoming"（成人）的模式里，人的个人实现是不可还原（简约）地"包含他者"（other-entailing）而且一切关系皆是含有亲属性的。朋友也变成家庭成员。个人幸福、家庭

---

① 《论语·述而》。
② 《论语·子罕》。
③ 《论语·先进》。

兴旺、国家繁荣都是同构和不分的。我们回顾一下亚里士多德的“human being”（人本体）概念，这样能把“human being”和“human becoming”（成人）二者之间的差别理解得更清楚。在对人认识上做鲜明的对比，说明亚里士多德与孔子之间存在根本不同，这对于比较哲学家沈美华，也不失为一个关注焦点：

> 孔子并不求助于我们称之为“自我”（“self”的术语包含若干意义）的实体，更不用一个形而上学的“psyche”（心智）……当亚里士多德问“人的幸福是什么”，他立刻就转到关于“本体人”（human being）的问题上去了。这个“本体”（being）的焦点和源头就是“心智”（psyche），“心智”才是特殊属于人的。亚里士多德认为，人自己这一部分完善，这是我们最好的，最珍贵的。尽管这部分根本上在人类每一个成员那里都是同一的，从而也保证我们有所谓共有人性和共同基本优点（后来亚里士多德学派也认为保证人的道德平等），实在性的“心智”却总是指“这个心智”（this psyche），所以它是个体的。①

下面我要分析，古代儒家经典是用它自己的观念在说话，而不是用亚里士多德的概念，它所诉诸的是人实在生活经验的直接叙事而不是抽象实体。这样做，是为对亲情亲密性进行复原提供正当理由，是将亲情作为永远呈现为道德秩序的坚实基础。我还将进一步分析，出于西方目的人们纠缠不放地理解和讲述的伦理理论与儒家努力鼓励人们做好人的“成
P121 仁”观念之间是有差别的。沿着罗思文的路径，我们把这个儒家观念称之为“角色伦理”。我们并不刻意把它提升为另一种可选择的道德“理论”（theory），甚至不是人得到充分发展的愿景，而是一种将社会、政治、经

① Sim（2007），第8、13页。

济、审美、道德以及人类生活宗教层面都整合为一体的理论。这样，我们不是亚里士多德“心智”概念的互不联系意义上的个体，而是多种角色内在联系着的人，这些角色决定着我们是谁，承认我们在行为上具有的特殊性差别和道德能力。换句话说，我们是我们去“活”的、与我们同胞互相协同的角色的总和。

从儒家角度的人与人关系的“成人”看问题，我们总是容易重复一个误判，一想到伦理原则与道德能力，就落入那种“人性”才是“本体”（beings）人所在的思维套路。原则、道德能力、人性也同样是全部从生生不已行为的具体现象抽象而来的。用“人性”想问题，用原则和道德能力想问题也一样，我们都会易于默认一个回溯性动因或者目的论理由，而不是提供一个更为整体性、前瞻性、域境性和过程性叙事，阐释什么叫作“成人”，或“human becoming”。如果是这样，我们就会假设推行人性不是天赐潜在性，是需要去实现的，或者是什么超验理念，是需要去达到的。有些学者是有这个信仰的，认为自由主体和道德责任要求有个人存在，从而使其孤立于它所在的关系，办法是提出这么一个什么是人的定义，一个事先做好的“人本体”（human beings）定义，或者说一个具有目的论指向的手；事实是清空任何坚实存在的主体或责任理念。[①]

消极自由作为无约束，本身是没有益处的。正如杜威所说：“没有人、没有思想曾因为没有了约束而获得了解放。”[②]对儒家文化而言，真实的自由是具体的：是个人在角色与关系中获得充分实现自己的机会，首先让自己于家庭中建构自己，然后向更广阔的社会延伸。自由是人成长最成功的状态；它基于自己全心全意地参与亲属等社会关系并享受其中。

---

① Sim（2007），第13页与他处，仿佛很重视这一点。她这样理解孔子：儒家的“自我”概念……互相关联的程度高得我们都很难以想象，这个“自我”究竟怎么能够当儒家伦理责任感的出发点呢？

② Dewey（1998），第301页。

同样，真正意义的“平等”并非数量上的等同，也不是什么质性一样和有共同认同身份的，而是公平合理的受益与施惠。人在自己的一生中，
P122 逐渐变为一个“成仁之人”并为增加家庭与社会的意义价值而全力回馈；“平等”是让这样的个人拥有从事自己特殊事业所需的所有可能获得的东西。这样的“平等”虑及的是受益人、施惠者，是在他们正常的人生过程的多种角色上，依次接替、轮流性实现资源最佳化。对总是具特殊性的人来说，如此的“平等”意味着拥有要完成事业的所有必需资源，并使这些资源变为他们自己最好的思想。

“正义”的理念，并非诉诸抽象原则去执行不偏不倚的法，不是对事物的特殊性不予理睬，而是要做到对所有人都一视同仁。“正义”理念指在家庭与社会中，人处在角色和关系的特殊细节上，通常会出现偏私性，从而使这种情况实现最恰宜状态成为复杂和创造性的过程。从亲属关系开始的人类经验，它的明确等级性与活动性状态，必须包含在这个等式中，而这个等式表达着儒家的“平等”理念。儒家对“自由”“平等”和“正义”的认识，完全不是摆弄这些术语本身，而是嵌筑在具体实现“成仁”的人生追求之中，是对个人角色和关系（礼）做到恰到好处。

我们来看一则《荀子》里的典故，它可以给我们提供用以分辨同“心智”（psyche）为中心构成的单极一体大相径庭的以“求成仁之人”构成的多元一体的起始点。单极一体是互不联系的“人本体”，渴望追求自为和独立；多元一体是人嵌筑于其中之人，来源于一种人与人相系不分的“大家”意识。其实，对于“成人”所言“正直”，不是“你已确实本体上是人”，而更是一个“融为一体”的持续进行过程。

“仁”作为一种核心的哲学思想，是由孔子启用和阐发的新词。学生曾多次向他请教“仁”的含义，但其门下弟子请教其含义时，孔子对每人的回答都不同。这其实显示着孔子的因人施教。《荀子》记载，一天孔子给学生讲课，一个个地问学生，看他们是如何理解“仁”这个新观念的。

第一个学生是子路，有学习热忱但能力不是很强。他的回答中有些新 P123
见解，认为“仁”是教别人树立信心，培养自尊，即“使人爱己”。孔子说，其实这样的人已做到有修养，可称“士”。第二个学生子贡，是较有悟性的学生，他对“仁”的理解是反向的，认为“仁”是一种“利他”的“爱人”。孔子赞同，认为这样的“爱人”之人确实已具有一种很高的修养，不仅可称“士”，还应称“士君子”。

接着，孔子最称心的学生颜回也简洁明了地回答“仁”即“自爱”。孔子兴奋不已，认为这才是对仁最为言简意赅的理解。他把这样的自知之明称为真明理，称他为“明君子”[1]。

当然，在互不联系的“人本体”(human beings)之间，难想象“自爱”如何使人“成仁”。其实，这样去理解“仁”，会让人误解是一种孤芳自赏，将无法引出人对待关系会具有道德能力。“成人”在“自爱”上的不同之处是一种另样理解的“自我”，是把“自我”理解为一种多元关系的延展动态。颜回认为，“成人”理念已经是互系的意思了，所以“自爱”不是“自我导向”的“自我中心”主义，不是那种想象的“使人爱己”，也不是“他人导向”“爱人”的利他主义。其实，对内在而不是外在关系构成的人来说，角色是构成而非偶然的，这样的一种“自爱”，由于是嵌入于“我们”之感的，所以它是双向的。它即刻便是反身性与广博性的爱。

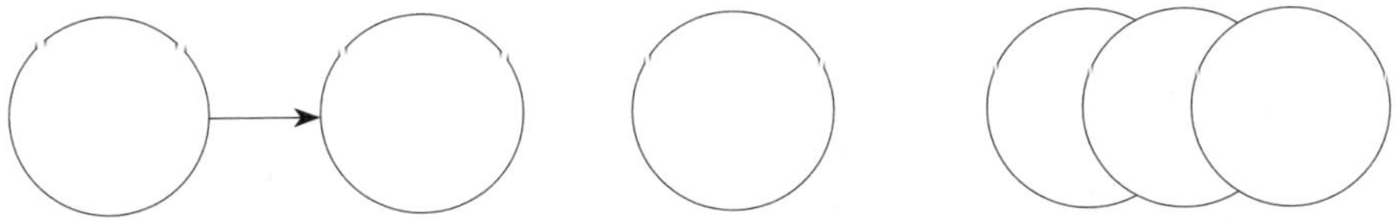

外在关系、互不联系的“人本体”　　　　关系构成、互系的“成人”

也就是说，“自爱”意味着要关怀我置身其中的那些特殊角色与关系，
将关怀它们当成滋养自己，将它们视为个人实现的根本源泉与实体——“自 P124

① 《荀子·子道》。

爱”，爱的是与我的妻子、孩子、同事等我所置身其中之关系。

如“自爱”用二字构成的反身意义词在《荀子》中的应用，表示了他与人的关系，这在儒家经典之中很常见。其实，芬格莱特就指出，翻译儒家哲学著作如“自省”一类词汇，最好用反身前缀词型“self–”（自—），如“self–examing”（自省），或者是用后缀词型“–self”，如“examining myself”（检查自己），这里是作为一种刻意做法，为的是避免造成出现“self”（自我）是作为一个质相、高级地位的实体化。[①]这也是，他要让我们在“examining myself”（检查自我）中，避免把“self”作为独立名词形式。[②]我把芬格莱特的原文引在这里：

> 在英文里我们为什么要把本来是抽象“self”呈现为实体，给它独立名词的形式？然后又归罪于孔子，认为他的思想有什么“内在实体”理念，一个人有什么“本体”核心（无论是“唯我中心”还是理想型）……我们应当把这作为注意的一点，不要把孔子当成是在讲“the self”（抽象自我）的。我们讲一个人，要把他当成一个“行为”的人去说，不要把“人”搞成“actor”（行动主体）的概念性，是什么内在怀有一颗道德或心智内核，使这个内核表达才有行动。而相反，作为现实的根本道德人……是社会的关系，是众人与许多其他事物获得的他们特殊、人性相关的特质，还有参照与作为群体生活形态而有的、他们的作为人而所处的地方。“人”是抽象的，是社会实在中概念化抽象而来的一系列复杂特性；而社会现实又不是抽象的，恰是具体的现实。[③]

---

① 也即不使“自我”（“self”）成为西语中那种形而上学的抽象本体化含义。——校译

② 见《论语·里仁》。“子曰：‘见贤思齐焉，见不贤而内自省也。’”译为“The Master said, When you meet persons of exceptional character think to stand shoulder to shoulder with them; meeting persons of little character, look inward and examine yourself.”

③ Fingarette（1991），第198—199页。

芬格莱特的这个观点经常被误读。他没有否认人类经验有至关重要的主观层面，而是要强调，那样的主观方面从来就不是独立于人的群生生活形态、独立于社会实在的。换一种说法，芬格莱特不想抽象化和实体化儒家的“人”观念，置之于人的整个经验的本身之外，而这个经验是人去“活”的，是通过构成人的社会实在的及自己与他人的角色与关系而“活”的。P125

第八节 “成人、成仁”之能动性

卫德明（Hellmut Wilhelm）认为，“创造过程是一分为二的，这是中国早期经典中常见的思想”。他讲的是个人、社会与宇宙现实的相系性和域境性，这种情况造成一切创造活动都是“共造”①。卫德明的深刻见解也是《论语》中反复阐述的，即人如何通过效仿楷模，创造自己成人：

> 夫仁者，己欲立而立人，己欲达而达人。②

孔子说仁者“己欲达而达人”，意思是说，自己在具有人生意义的关系中长期获得滋养，进而使自己与他人都实现人生增值。用芬格莱特的话说，仁者嵌在社会现实之中，是其关系形态的构成。任何互不联系、独立“自我”都是从这同一个、实际上被扭曲的实在抽象而来。丰富且实实在在的关系是世界成长的源泉，充实于人的家庭、社会和宇宙。是这样，在儒家哲学的成人语汇中，消极“道德缺陷人”（小人），是与那些语言上被描述为成人与扩展相对照而言的，如个人之“德”是双关语义的“得”，“神”喻义为“伸”，“君”意味“成仁”等。其实，宇宙变得宏大、美好，原因是当今之与孔子相会，也是继续培养弘道之人。

---

① Wilhelm（1977），第37页。

② 《论语·雍也》。

对儒学“诚”观念的思考——过去被译为“sincerely”（诚意）、“honestly”（诚实）或“with integrity”（正直）——有一种关系发展的意义。首先在字形上“诚”为“成”与“言”的结合，表示通过各种形态的有效
P126 交流获得的一种成就。从《说文解字》这种最早的字典起，传统字典中的“诚”和“信”二者大多是相互摄义的。“信”意味着情势的，而不是“主体为中心”的“可信度”与“可信度”附属的“信任”相结合。“信”是一种情况，基于所有行动方互相对待的行为都是有诚意、诚实的。这样的诚恳关系要培养而成，不仅必须有人一贯的特殊人格表现，还得使他们有具体的、社会的关系合为一体的整合感。而且，这些关系自然呈现出的意义也正是这种协作性个人创造活动的意义。其实，“co-”（共同）这个前缀是一种多余性的，因为事实上只是这种情势“共造”——立刻是“认知与情感”的、审美与强宗教的——才可称为合理的“创造性”。或者消极地说，“无中生有”（creatio ex nihilo）作为创造，没有情势域境是没有逻辑的，因为没有任何作为孤立和独自自我的东西，能够做出什么来的。

“自爱”从直接情感出发，也就是说，做人的主导性是用心——是思维也是情感。头脑的思维与心的情感密不可分，认知与感情也不可分离。没有离开感情的理性思维，也没有无所认知的情动。正如我们在第二章讨论的，中国古代关注的是宇宙观的过程和变化，而不是形定与静止。人们经常发现，在传统中医中，关注的是生理系统而不是人体解剖，而且之于生理机能和器官的位置，着眼点是生理机能。因为是这样看问题，所以讲“心”首先会关注“思维”与“情感”，然后才从这里比喻地讲到与“思维”和“情感”相联系的具体器官。“心”只是一个比喻性的器官，因为事实上心是一个没有具体界限的活动散发中心（或焦点）。人与人的诚信关系发展而成的所在之点，其实是个充满思虑的情感水库，在我们的心和脑中荡漾。这只是说，充满创意的个人相互交往，人们互相做的与经历的事情，
P127 展开着互相对待的情感，这才是充满意义关系的源泉和本质。

第九节　唐君毅论“做人”为人性

唐君毅在对儒家事物之“性”观的一般性讨论中，非常恰当地先从“性”的词源讲起，将它与“生”（命）直接相联系。对于整个联系的阐述，他认可人类经验总体具有不可简约化的关系和域境性特点，而且注意到，因为这个原因，任何与人相联系的事物的“性”都必然有两种含义：“性”表示一件具体事物本身生生不已的生命及其功能。此外，它表示一物的延续与对他物生存的价值。比如，“地性”不仅基于本身的条件，具有各种不同的矿物性，或稳定与坚硬性，还在于其生生载物之道，为植物提供养分，且由此延续，为动物提供食物，以及提供适合人类栖息的环境。[①]与此类似，儒学观念的人都是关系的、互相的，“人”不全在于“是人”，而更重要的在于同别人一起、为了别人、为世界的事物“做”什么。

我们在第二章末尾列举了唐君毅提出的一系列观点，是他对一以贯之、变化不已的中国自然宇宙观的概括。唐君毅的这些论点为我们提供了重申和加强中国宇宙观意识的另一套语汇。我们可从《易经·大传》中引述出这样的中国自然宇宙观。唐君毅在最后一点中提出，中国的宇宙观含有一个特点：它会让我们深刻地理解人生经验的方向性与恒常偶然性。对唐君毅而言，“性”是暂时的、笼统性的性情，既有一贯性，同时也总在与他物的互动中有所纠正。用唐君毅自己的话说，中国的宇宙观理念是“性即天 P128
道观”。对这一观点，他做了进一步阐述：

> 中国自然宇宙观中，共相非第一义之理。物之存在的根本之理为生理，此生理即物之性。物之性表现于与他物感通之德量。性或生理，

① Tang（1991），第13卷，第28—29页。

乃自由原则、生化原则，而非必然原则。盖任一事象之生起，必由以前之物与其他之交感，以为其外缘。而一物与他物之如何交感或交感之形式，则非由任一物之本身所决定。因而一物之性之本身，即包含一随所感而变化之性。[①]

对唐君毅来说，我们可能持有的任何关于“人”的目的论或基因论的观点，都必须由具体域境内自发产生的新鲜事物来说明，由具体情况中持续显现的新进展来说明。所以，“人性”是伴随时间的聚合，对人类方向性、开放性的性情倾向的一般性概括，它无非是对人承续天道自然与文化，不断达到“仁”的表述。也就是说，任何人性必须得从整个宇宙延续演变的意义去发现，去理解。事实上，对唐君毅来说，它不是什么生来固有的禀赋，恰恰是刻意、创造性变化的不确定性，这才是人性最突出的特点。人性当中天赋的东西（它的初端性），其最重要的是人的成长、修养与向善倾向。

为了阐明这个偶然性的呈现认识，唐君毅对《中庸》的开篇做了解释。在他的评注中，唐君毅想方设法屏蔽任何对“天”观念的神性释意（而它一直是被译为带有神性含义的“天堂”——“Heaven”），也屏蔽任何对“人性”做
P129 出的不变质相性解释。在对“天命之谓性”的说法解释时，唐君毅明确指出：

所谓天命之谓性，非天以一指定命运规定人物之行动运化，而正是赋人物以“多多少少不受自己过去之习惯所机械支配，亦不受外界之来感之力之机械支配，而随境有一创造的生起而表现自由”之性。[②]

然后唐君毅接着指明，他所认为的人的独特性，是人的自由与创造力的自我意识程度，这是人与他物的区别：

---

① Tang（1991），第4卷，第98—100页。
② Tang（1991），第4卷，第100页。

且物必愈与他物感通，而后愈有更大之创造的生起……个体之德量，由其与他物感通，新有所创造的生起而显；亦由时时能自觉地求多所感通，求善于感通，并脱离其过去之习惯之机械支配，及外界之物之力之机械支配，而日趋宏大。但此非一般物之所能，唯人乃能之耳。[①]

在这个意义上，《礼记》有言：“人者天地之心也。”[②]它是通过无可约简的人与人的相互关系，人在自己的行为中反思自己而具有的自我意识，追求亲和关系的自由与创造性。

唐君毅对“人性”的充分阐述，表现了他对古代儒家“做人”(成人)思想的存在意识色彩具有很强的敏感性。在他看来，“然就一具体存在之有生，而即言其有性，则重要者不在说此存在之性质性相之为何，而是其生命存在之所向之为何”[③]。只是在那生存的事物中，才有生命、成长和目的，所以它有“性”。我们已经看到，在事物之中，人是一个很特殊的情况。人的“性”是不能以我们理解的其他现象的“性”那样去对待的，因为人对自己的不断演化构成，有一个内在生存的角度，这一角度是人在对其他物的致知之中所没有的。在思考经验与认识的关系时，唐君毅指出： P130

人之现实性不必能穷尽人之可能性，而欲知人之可能性，亦不能如人之求知其他事物之可能性，而本推论与假设以客观知之；而当由人之内在的理想之如何实践，与如何实现以知之。即对人性有知，自亦必有名言概念，加以表达。然此名言，乃顺此所知而随机以相继的形成。[④]

---

① Tang（1991），第4卷，第100页。
② Tang（1991），第4卷，第22页。
③ Tang（1991），第13卷，第28页。
④ Tang（1991），第13卷，第21—22页。

唐君毅强调，人的愿望的现实性生存实现是最根本的，因为它们产生于人所追求的认识与话语变化不已的域境，对要实现的个人愿望所处的位置，是给予充分关注的。他把古代中国哲学家之间关于“什么是性”问题的谈话，与当代心理学科学分离，指出后者有一种将人“本体”作为一种客观现象对待的倾向。唐君毅认为，正是这反身和自我意识的生存性追求，才是古代儒家“性”观念最根本的特点。唐君毅认为，实际上，恰恰是这种受到激发、创造性变化的不确定性才是人性最有意义的特点：

> 如西方人之Property, Characteristics, Propensity及Essence诸名之所指，皆是一定之性相性质或性向。然吾人若由人之面对天地万物与其所体验之内在理想，而自反省其性之何所是时，是否可言人有定性，则大成问题。因人之所面对之天地万物与理想，皆为变化无方者……中国思想之论人性，几乎大体上共许之一义，即为直就此人性之能变化无方处，而指为人之特性之所在，此即人之灵性，而异于万物之为
> P131 一定而不灵者。[①]

什么是人性的始端条件，最重要的是成长、修养和向善的倾向，这是人类追求激进变化的能力。在唐君毅的整个阐述中，尤其是讲到人类现象时，他强调的是“性”根本的关系性和相互性：

> 依吾人之意，以观中国先哲之人性论之原始，其基本观点，首非将人或人性，视为一所对之客观事物，来论述其普遍性、特殊性或可能性等，而主要是就人之面对天地万物，并面对其内部所体验之人生理想，而

---

① Tang（1991），第13卷，第24页。

> 自反省此人性之所是，以及天地万物之性之何所是。缘是而依中国思想之诸大流，以观人之性，则人虽为万物中之一类，而不只为万物之一类。[①]

如果我们跟着唐君毅的“人性”说法，把“生”的含义作为于其境域关系之内明显的特点去概述“成人、成仁”观念，就必须承认：这样一个复杂的“人”是生气勃勃、内在活性的。它不仅受环境影响，还具有自由目的、自我意识和自知之明的创造性。这一反身性动作过程的“自我”，是不可约简相互性的，在其域境化的关系中，既塑造别人，也被人塑造。这个“做人”的过程强调追求和“行”，表达着在加强人生意义的生命和成长过程中，要充满理想，遭受曲折时，也会有成就感。这样，对人的认识完全是自然性的，无须诉诸对“自我”的一种形而上学的单一实体（灵魂抑或心智），所以它是聚焦、集合活力，而不是有严格界限的单一体。“成人”过程总是体现与被体现，如同渗透性薄膜，追求其意义的实现以及其关系变化形态的一以贯之。这是生命观，是精神的，也是物质的。它给出的是修正主义与自发 P132
呈现性的对“人”的认识，是动态的，也是主观的；从与他人的人际关系中，培养出一种形变和反身意义的自我，人通过符号程序与象征能力对文化愈加适应，这些关系中的符号程序与象征能力也塑造了自我。人是彻底内嵌的，只能通过从场域走向中心，从整体到特殊对它加以理解，把它的域境化关系全盘考虑进去。在它成己成物创造性的宇宙观背景下，“成人”是创造与永远独特地集结，是和合世界的关系的过程。在儒家的艺术观念上，这种对人的认识是人在传承文化遗产“天道”中孜孜不倦追求成仁的表达，所以唐君毅才坚持说“性即天道观”。成就个人的独特能力，通过家、国关系达到整体的亲密无间。这种成长意义成为“仁人”的自觉恭敬、尊崇及感恩之情，直接通行至精神层面——人人相连日益加深的宗教感。“做人”观念带给儒学

① Tang（1991），第13卷，第21页。

语汇生命力，将“德”这一术语转化为一种“自得”之追求，将“义”转化为同他人关系中的一种责任与可信性。

我要更进一步指出，对于这样一种人性思想，唐君毅的“新儒家思想”并不很“新”。其实，“做人”的这种相互性与多方面意义事实上与《大学》建立人生观、提倡的儒学思想是一以贯之的。我讲过，这种儒家人生观是彻底的人的经验，它的意义在于实现一个国人的文化、道德、精神成长的最高整合。对孔子而言，这是和合国运的开始，是始终不渝的个人修养。通过在家、国、自然关系中的成长，立志学习圣贤之人的最高追求是宇宙精神的螺旋形上升。儒家圣人与普通人并无两样，只不过他们通过
P133 对亲属与国家关系的全神贯注与勤勉律己，学会如何以最非凡的方式去做最普通的事情。正如《中庸》所说：

> 道不远人。人之为道而远人，不可以为道。①

道德人生观念不是别的，是要转变直接的人与人的关系，它是儒家经典熟悉的议题：

> 子曰：“仁远乎哉？我欲仁，斯仁至矣。”②

儒家认为“人皆可以为尧舜”，这个观点经常被误读为一种本质主义的断言，认为人性之中都有一种普遍的天然潜在的成圣因素，一旦导致成为实在，就会让一个人有那种超人天赋，就可以某种无可比拟的方式打造世界。一些解释家在古代儒家思想中搜寻民主成分就抓住这个说法，将它作为一种明确性的平等主义。我们知道，唐君毅关于人性的过程性与暂时性理解已经

① 《中庸》第十三章。见Ames and Hall（2001），第93—94页。

② 《论语·述而》。

排除这样一种人们熟悉而不存在的意义。其实，在唐君毅看来，同样是“人皆可以为尧舜”，恰恰说的是日常普通事务切实含义的自然生成，本身即圣贤大德的含义与内容。那些普通人在自己生命中获得了实在意义，就是圣人之行。我们都有起始性条件和文化资源，我们一切人都有机会这样有意义地去度过一生。成圣的潜能并不存在于脱离自己世界的个人自己之内，而是需要有一个转变过程，转变包括最实在意义的他们所处的世界。圣人出现时，作为成人，他们也是公平合理的，在完全情势的、互系的事业中自然成长。

第十节　我们的非同寻常观点

孟子对成仁这一独具儒家特色思想的论述是权威的。另外，唐君毅对 P134
“人性”也提出细致、独到的解释，这也要求我们重新审视，人们对孟子所谓“人性”观点给予的大量阐释。我们分析孟子，应该首先要认识那些潜在性的假设推定，人们可能不经意地就用了它，认为可以达到对孟子原话最好的解释。麦克尔·桑德尔（Michael Sandel）在他写的《自由主义与正义的局限》一书中，对人们用来表达自我意识的多种概念进行分析，其中之一就是“人性”。他指出：

> 讲“人性”，经常讲的是古典的一个目的论概想，是与一种普适人的“不变本质”的理念相联系的，无论什么样的时空条件，都是固定不变的。[1]

约翰·穆勒（John Stuart Mill）就是持这种假设推定概想的一个典型例子。他认为一切社会活动都可溯源到固定不变的人性范畴：

---

① Sandel（1998），第50页。

> 社会现象的法则不外乎是人类在社会状态下绑结在一起的行动与情感法则。但是人类即使处于社会状态，也还是人；他们的行动与情感顺从个体人性的法则。①

我们所熟悉的自由主义自我意识——个人主义、自治、平等和自由——常常伴随对人的假设推定：现成品的全权个体人从麻木的政治管制中解放出来，去追求属于自己的利益，是一种对功能民主制度的保证。打破强制将使个体人毫无障碍而处于自由奔放的自然状态。这种状态在健康的政治生活中，作为充分发展的参与者有利于彰显自己。这种带有自发、起源和天赋性意识的语言属于这样的信仰，即一个毫无约束个人具有天生固有、由己而发的绽放性。

这样的假设推定已有很长历史了。正如有些时候一些实在主义的形而上学的继承者，仍将其视为一种常识。我们发现在语言中沉淀有一种言传而不宣的理念，即特殊物包含可复制性的普适基质，个体性之物是作为同类型个体“成员”的。我们关于“知”的逻辑，是找出、抓住作为在暂时
P135 具体特殊事物之中的可知普适性。这样就可以对知识物体直呼它们之名：个体的、具体的和类性的。虽然我们很少进行自我意识分析，我们却十分认可这样的假设推定，认为它是理所当然之事，用这个方式对待我们的平常经历。是这种久而久之形成的思想习惯，使人们把人类量性的“个体性”作为想当然与不假思索的常识。②

经经典自由派的启蒙思想者康德、洛克和穆勒的大力宣扬，它已成为一种历久不衰、势力强大的理念，已变成政治哲学的流行观点，已经影响许多中国和西方汉学家对孟子“人性”思想的诠释。

---

① Mill（1930），第6册，第608页。

② 虽然现代科学知识促使我们从新的视角观察世界，但是传统的观念与思想仍然非常执着。当代科学允许我们用新的、生态的视角去看世界，并了解“万物纯属互相关联的东西，并不存在什么天生固有的特性”。〔Dewey（1998），第220页〕

第十一节 《孟子》论“做人”

总体来说，现有的诠释很多都是将孟子理解为弘扬一种抽象、天生固有、不变本质人性先验的概想，一种天生而就的潜在性，之后要在生命经历中实在化的。①如这种诠释所言，孟子对“什么是人类”给出了明确解释。

这里存在的问题是从本质主义出发讲孟子，提出这样一个问题：我们如何定义人？是用一种抽象、简约化推理，假设天生固有、孤立存在的

---

① 或许使用Leslie Stevenson的*Seven Theories on Human Nature*（《人性的七个学说》，最近增订为“十个学说”）作为课堂教材的哲学老师不会看到这种文化偏见而感到不知所措，可是专门研究中国思想的出色学者都喜欢从这点入手。譬如参见Munro（1977），第19—20页、57页。他评论上文唐君毅已评论过的《中庸》首段，说：“如此了解的人性就意味着，行为改变不了人性，它是天生注定的。新儒学家也肯定了人本性的固定性。……中国人理所当然地将泛人类的东西与天生的东西联系起来，又将天生的与固定不变的东西联系起来。”

另见Schwartz（1985），第175、179页，他也用类似的思路把“性”描述为“‘天赐的’或‘神授的’个人趋势、倾向或发展的潜质”，也是“冲着特指的、注定的方向发展与成长的天生趋势”。

在Hansen（1992）的专著*A Taoist Theory of Chinese Thought*里，他指出，“大部分支持葛瑞汉对孟子评价的学者们仍然认为孟子的学说以道德改革为中心”（第194页）。可他对此辩论说，孟子对性的“天生观”完全排斥道德改革的可能性。陈汉生（Chad Hansen）坚信，“首先物体的内涵，也就是其性质的具体结构，并不是身外因素的结果。……道德是内在的”（第174页）。“因此在每一个具体情况下，总有一个绝对正确的选择”（第178页），因为“天性支配我们的心那样做”（第177页）。陈汉生总结孟子的“天生观”如下：

我们可以这样理解孟子，就是人人心里都具备着完整的道德体系。这种道德体系使人能够接触任何中性的身外因素后而做出正确的道德选择。但这种道德正确性，除了说它源自心里以外，它并没有任何其他形而上的根据。这样理解就可以保持孟子的观点，即从形而上学来讲，道德是内在的，不是外在的。〔Hansen（1992），第187页〕

Ivanhoe（1990）认为葛瑞汉看法的价值，即“人性取决于正确的发展道路”（第34页），可是他还坚信，从“存在主义”角度而言，道德的存在并不依赖于人的选择，反而只不过是“人性的表现”（第33页）。又说，“人性具有特定的内容。……其中的各个组成部分都被布置成为一种很特殊的结构，且随着个人的成长，这个结构越发定型”（第47页）。

Kanaya Osamu（1966）也把人性视为精练的、内在的东西。他指出，“从性本善学说出发，道德教育的重点从身外的来源转变为心里内在的结构。所希望的是道德教育的内容先发自内心，进而往外扩散，逐步改善人的整体”（第127页）。金谷治（Kanaya Osamu）也把这个观点视为一种全人类平等主义说，对孔夫子的高人一等的优越感有一定的挑战。

“始因”，将人置于他们的角色和关系之外，还是另一种选择：将人的初始条件和所处域境考虑进去，然后对发生的整个聚结进行研究分析？我们如何解释成长？用一种对“始因”的复制性叙述（儿童已是个成品的成人）或用一种目的论叙述（儿童不过是现存“理念”成为现实之初步阶段），还是一个通过人的行动现象学、我们随手拈来的“域境化”故事叙述？我们必须要问关于“人类”的形而上学方式思维是否与儒家自然互系性宇宙观的“做人”人生观相吻合。这个人生观似乎不仅对动机及其实在的努力有要
P136 求，而且对不断变化的环境应具有的创造性想象力也有要求。如果像这样经常假设推定，孟子提出的是一种关于“人性”的高高在上且本质性的概想，那么我们能让它与孟子自己简单的“人之所以异于禽兽者几希”说法对上号吗？如果孟子其实讲的是一种不变质相的真实性，那么他又为什么用“端”——起初征兆、倾向、发芽——这样的简单比喻语言呢？

为便于对“人性”做一种过程性理解，我们以“始端”为例：“修成身份及关系之礼。”就一个婴儿而言，出生于他所在的家庭生命形态环境中，必然是有素质和习性倾向的。随着时间推移，婴儿成长为这个社会体的一位既响应又有责任的成员。但是当我们把关于人性讨论排斥性地置于抽象个体婴儿而非包容的具体家庭关系网内时，我们思维的扭曲性局限就产生了。无论我们如何看待一个人的出生，他对群体生活组织和结构最初始的回应，使得家庭成为未成形人与社会和文化的连接点——作为信仰、技能、志趣、是非观、职业等方面和富有意义集中点——这是对人从中生长带有支配性创造力的源泉，成仁之人最终也对它报以特殊意义。

婴儿从小就有交流倾向，他出生在文化意义的世界，世界向他提供交流资源，这是婴儿有效参与它所在家庭与人群的必要资源。如果需要证明“人性”的重要性，去给一个独特的人意味着什么做出定义，在于具体社会情况，个人是社会的一部分，而不是排他性、未成形的单子个体人。我们必须要参照的，是截然不同的人类文化内部思维与生活惊人多元化的方式。

另一方面，人的初始条件并非不变质相的人，惊人相似的野孩现象可以证明这一点。他们生活在没有家庭生活环境的动物性世界，与人类生活脱离了联系。因此，他们不可避免地成为野孩。P137

其实，我在下面想要阐明孟子提出的关系构成的“成人”观点，此观点是对“人”的认识，是一个需在根本不同于任何将人类做后溯性（追溯到神造人——译者）和质相概想认识的观点。进一步来说，最近出土的儒家典籍《五行》篇不少方面都呼应着《孟子》，有力证明了对孟子“人性”观点的解释，“什么是成仁”，它讲的是一种前瞻的、过程的、相互联合的和彻底的域境。

正如我在别处阐述的，要理解《孟子》的人性，第一步是把它清晰地与另一个起重要作用的观念区别开来。孟子有一套词汇用来阐述修身养性的人生观，那个重要的观念就是“心”（heartmind）[1]。诠释孟子思想的学者有一种显著倾向，就是忽略“性”与“心”的重要差别。这种混淆是因为“性”作为创造性过程，是根植于“心”的，而作为自然性的初始人性条件，人一般是确有一些特定根本倾向的。但恰是看这些特定根本倾向，我们才会认识到，正是变化、成长、向善的创造性过程构成“人性”。

《孟子》明确地阐明，人皆有心，心皆存向善行为之始端，被比喻地表述为“四端”：

> 恻隐之心，仁之端也；羞恶之心，义之端也；辞让之心，礼之端也；是非之心，智之端也。人之有是四端也，犹其有四体也。有是四端而自谓不能者，自贼者也；谓其君不能者，贼其君者也。凡有四端于我者，知皆扩而充之矣，若火之始然，泉之始达。苟能充之，足以保四海；苟不充之，不足以事父母。[2] P138

---

① Ames（1991），第145—146页。

② 《孟子·公孙丑上》。

这一段阐述的是“心”的初始条件。不过，我们得想到“性”的字形是“心”和“生”（初生、生长、生活），要把“生”的意思考虑到“心”中去。为进一步辅助理解，《孟子》又明确指出：

> 君子所性，虽大行不加焉，虽穷居不损焉，分定故也。君子所性，仁义礼智根于心。其生色也，睟然见于面，盎于背，施于四体，四体不言而喻。[①]

如果我们把这段与上段比喻的说法（“人之有是四端也，犹其有四体也”）联系起来看，即可领略到，“四端”与“四体”都是成长的起始所由。[②]其实，只有通过勤勉的修养过程，“性”才可充分得到发挥：

> 孟子曰：“尽其心者，知其性也。知其性，则知天矣。存其心，养其性，所以事天也。”[③]

一个“心”和“性”不加区分会产生问题，特别是张岱年“既然圣人也是人，因此圣人之性也是人人所备之性”[④]的观点。对《孟子》小心细读，张岱年肯定可断言，圣人之心也是与人人相似之心。其实，《孟子》所说之心，是拿它作为器官来对待的，与有视觉和听觉的器官一样。[⑤]而张岱年认为的似乎是，“性”与“心”一样，是人人皆有的天赋潜能，而圣人无非是成功做到实现潜能的人。不过唐君毅指出，“性”的潜能不在于

---

① 《孟子·尽心上》。

② 《孟子·公孙丑上》。

③ 《孟子·尽心上》。需注意的是，我将此段话的“知”译为“to realize”，这比简简单单的“to know”更有履行和行动的含义。

④ Zhang Dainian（1982），第250—253页。

⑤ 《孟子·告子上》。

“性”本身之中，而是一物同所处各种环境之间创造性的协同过程。人是个“人”并不把他造为一个“圣人”，而“成为”圣人能最充分造就一个人。说“人人皆备圣人之性”与说“如圣人般行为的是圣人”，二者之间区别很大。成为圣人的潜力与相互联系的活动是一起呈现没有分别的，人与人 P139
的相互联系性是人生命生活的本质构成。孟子把这一点讲得很清楚：

曹交问曰：“人皆可以为尧舜，有诸？”孟子曰：“……尧舜之道，孝弟而已矣。子服尧之服，诵尧之言，行尧之行，是尧而已矣。”①

学者们一般都要引用的《孟子》中的一段，把孟子的“性善”理解为“人性在本质上是善的”（Human nature is essentially good），是这样说的：

孟子曰：“乃若其情，则可以为善矣，乃所谓善也。若夫为不善，非才之罪也。恻隐之心，人皆有之；羞恶之心，人皆有之；恭敬之心，人皆有之；是非之心，人皆有之。恻隐之心，仁也；羞恶之心，义也；恭敬之心，礼也；是非之心，智也。仁义礼智，非由外铄我也，我固有之也，弗思耳矣。故曰：‘求则得之，舍则失之。’或相倍蓰而无算者，不能尽其才者也。”②

我想指出，基本上对这段做了误读是因为把“内”和“外”之间的不同理解为互相排斥和本质性的了，而不是作为互系的、经验的和环境的作用。类似的误读可能是颜回把“仁”说成“自爱”，“自爱”被理解成排他的而不是关系性的。这里的重点是这些行为倾向，是将关系构成的人置于经验之中，这样他们的主观性意向和客观行为必须都得到承认。道德行为

① 《孟子·告子下》。
② 《孟子·告子上》。

P140 是人与世界之间的协同，而不只能是从外在或内在派生的行为模式。

也许理解这段的关键点，是把“善”解释成我们倾向去做的事情，而不是我们在本质上是什么，“可以为善矣”是行动、成为、做善。这一对善的积极理解认为，善是活动的质，是人倾向于通过人的实际情况去达到的，而不是什么脱离一个人的环境对作为人格天生固有素质的表达。[①]

“善”是一种必须加以培养并使之成熟的习性，《孟子·告子上》的一段经常被引用的话，是个很明确的观点：

> 孟子曰：“水信无分于东西，无分于上下乎？人性之善也，犹水之就下也。人无有不善，水无有不下。”[②]

刘殿爵是这样翻译的：

> It is certainly the case……that water does not show any preference for either east or west, but does it show the same indifference to high and low? Human nature is good just as water seeks low ground. There is no man who is not good; there is no water that does not flow downwards.

这个翻译存在的问题是，“Human nature is good just as water seeks low ground”这个表达没有把原句的对称韵味翻译出来。考虑到原文的工整排比

① Yang（1998）认为，虽然“体用”观念只能用于宋以来的儒家学说，但这种思想在《孟子》中已出现过。本书第二章已经讨论过，“体用”指形体与功能的互存特征，也就是说，我们思想的对象与思维的方式是相辅相成的。然而根据杨泽波对孟子思想的分析，他把性看成完全内在的东西，在个人行为中逐渐得以体现。这样就违背了“相辅相成”的原理，因为他把性当作一个固定不变的基础。

② 《孟子·告子上》。第二种解读和翻译方法是威尔纽斯大学的Vytis Silius先生在信札中向笔者建议的。

句型，我们也许可以这样翻译：

Water certainly has no inclination to flow eastward as opposed to westward, but does the same hold true in its flowing downwards or upwards? Human “xing” seeks efficacy（善）just as water seeks to flow downwards. There is no person who does not seek efficacy; there is no water that does not flow downwards.

这段话重点要说的是，人性之于人格成长之善，人是有向善追求的，而不是说“性”本身的“本体”是“善”。

第二个重要考虑是人对自己天生性情倾向所做修养的努力能带来的不同效果——天生倾向，如果不去修养它，将会完全失掉。有些人能变得比别人好许多许多，表明纪律性强、形成习惯的行为具有至关重要的作用，而成长的东西都不过是人的原始条件。孟子反复讲这个观点，人的原始条件产生效果，只是因为它获得积极启用，正是这种刻意行为本身——其实就是一个量子般的差异，带来人格上的一切变化： P141

公都子问曰：“钧是人也，或为大人，或为小人，何也？”孟子曰·“从其大体为大人，从其小体为小人。”曰：“钧是人也，或从其大体，或从其小体，何也？”曰：“耳目之官不思，而蔽于物。物交物，则引之而已矣。心之官则思，思则得之，不思则不得也。此天之所与我者。先立乎其大者，则其小者，不能夺也。此为大人而已矣。”[1]

《孟子》也承认，某些特定性情倾向是人与生俱来的，是人受环境影响

① 《孟子·告子上》。

的原因。可是孟子提出“存性”，要“存”的“性”种类，只是那些性情倾向之中的、获得充分修养时使我们成人之“性”。人有味觉、视觉、听觉和嗅觉等（作为身体感觉器官）体质性辨别力，但是这些感觉不只是人才有的。因而，孟子将其称为基本条件“命”，而不是自然之“性”：

> 口之于味也，目之于色也，耳之于声也，鼻之于臭也，四肢之于安佚也，性也；有命焉，君子不谓性也。仁之于父子也，义之于君臣也，礼之于宾主也，知之于贤者也，圣人之于天道也，命也；有性焉，君子不谓命也。①

我们作为人一出生就被置于家、国等多形态、多联系的角色与关系之中，而且正是这些深厚的环境条件，才使我们有恻隐之心，有羞怯、恭敬
P142 之心，有规矩之感和赞同与反对之心——其实，这就是伦理感。伦理感根植于心，是对人一出生就已有的条件的一个一般性概括。恰恰是这一伦理感，成为之后贯穿具体个人人生的特殊叙事话语，是人与世界协同而成的“性”的叙述。孟子说：

> 居移气，食移体，大哉居乎！夫非尽人之子与？②

在这个意义上，我们可以说人与人的相似性相较而言并非重要得不行，而更重要的是人与人在文化素养程度上的区别与独特性。而且，“成人”意义是什么？它是对人的叙事故事和所成就事业的共同历史所做的一般性总结。正是这个原因，孟子指出：“天下之言性也，则故而已矣。”③

---

①《孟子·尽心下》。
②《孟子·尽心上》。
③《孟子·离娄下》。

第十二节　从《五行》篇看《孟子》[1]

我要用1973年湖南长沙马王堆首次出土及而后1993年湖北荆门郭店再次出土的《五行》篇来肯定孟子的“四端”确实为修养成人的缘起条件。我还同意，“四端”在这个意义上可称为“天生”。此外，基于这一文本，“四端”正如《五行》篇论及的前“四行”，是阐述人在根本上是域境化、联系的和变化而来的，是首先具备的条件。在这种情况下，生命的头几年中具有恰当操行的最大动力和意义，不是来自脱开家庭关系的“人”本身。恰恰相反，它来自已经生成的、附属于家庭一方的自己的角色和关系。鉴于此，我认为，对孟子人的天性倾向的观念，须给予一种宗族谱系与历史性理解，而不是一种基于形而上学的思辨认识。 P143

> 人之为人的那些角色与关系，我指的是一般说来，没有无母亲的孩子，没有无兄弟的兄弟，而且肯定的，没有确定成活的婴儿出生之时不是在一个家环境中，有人爱他，使他活下来并健康成长。其实，家庭形成的习惯首先来自抚养与教育婴儿，婴儿的天生条件是第二位的，因为他主要依赖于家庭对他的启发、促进与表现。人性“四端”深深扎根在家的关系中的，而且一开始人就是在关系的意义与价值中

① 鉴于李约瑟与席文对“行”字的了解，我们把《五行》篇译为“Five Modes of Proper Conduct”。此“proper”一词指某种行为根据某种具体的关系因事制宜。这样翻译也有助于我们把“行”理解为互相关系中的德行，而不是个人秉性的“美德”。Needham（1954），第243—244页写道：“（古人）对五行的‘行’概念并不是五种原始特质的系列（他们不存在什么‘粒子’‘物点’之类的问题），反而代表五种基础性的过程。”这种思想颇具中国特色：回避特质，注重关联。

在李约瑟的基础上，Sivin（1987），第74页进一步得出结论：“五”就是five的意思；“行”的相关意思是“to do, to act, to move, to set in motion; action、activity、motion”云云。等到《五行》篇文本的年代得到可靠的判断以后，假如“五行”这概念果真最早使用于道德行为的问题上，那么我们几乎可以肯定“行”字指的是不同种类的行为。

成长的，成长来自家庭亲密关系这个直接的第一源泉。这样的关系是人成长和被称为特殊型个人的起点，而且在时机成熟时成长为仁人。

在“女儿与妈妈”这种双向附属意义中总是特殊型的人，不是“有”关系，或者“进入”关系，而是由关系构成，是那些纽带把她们置入大家庭这个场域中，使她们成为“焦点”，具有不可忽略的关系性。她们的起点是“我们”而不是“我”。正如孟子说的，“万物皆备于我”[①]，一切事物中，最直接和最重要的是人的亲属关系。其实，任何假设推定而来的“个体性”，都必须认识到：或者是来自这些具体、天生和第一性条件的抽象性，或者是在人与他人关系中修养而成的特殊性，使人成为一个可认同的尊重对象。[②]同样，任何“家”的理念，也是这些具体、特殊人之上的一个抽象，是这些人集合着并有机地构成人的连接。它既是特殊的人，也是特殊的家庭，是实实在在的特殊关系形态，呈现为一种人与人充满生机的“焦点/视域”关系。

从《五行》篇的目录我们就能意识到，它的成书年代早于《孟子》，而且对人具有与《孟子》清晰可见的呼应联想性，表明《孟子》的内容可能直接或间接地受到了《五行》篇的影响。[③]《五行》篇阐述的是“五行”（仁、义、礼、智、圣）怎样伴随时间流逝集合成一套统一的“德行”，进
P144 一步体现在人的行为中。这是需要修养而成的五种习得行为，为的是最大

① 《孟子·尽心上》。

② 杜威也曾提出过类似的观点：“说人类的某些潜在的关系，在一个特定的人出生到这个世界之前就已存在，不过是说出了一个人人皆知的常识而已。”〔杜威（1922），第59页〕

③ 譬如，《五行》篇就写道：“金声而玉振之，有德者也。金声，善也；玉音，圣也。善，人道也；德，天道也。唯有德者，然后能金声而玉振之。”

《孟子·万章下》有很相似的片段：“孔子，圣之时者也。孔子之谓集大成。集大成也者，金声而玉振之也。金声也者，始条理也；玉振之也者，终条理也。始条理者，智之事也；终条理者，圣之事也。”除了用词和比喻的明显相似性，这两段文字都以贤与圣等概念收尾，说明《孟子》这段话用了《五行》篇作为根据。另外，《荀子·非十二子》中有一段充满争议的文字，将孟子、子思同五行思想联系起来，并加以严厉批评。见Ames and Hall（2001），第137—143页。又Lloyd and Sivin（2002），第259页专门探讨早期道德思想与五行学说的关系。

限度地积极行之于家庭与社会。重要的是，“五行”的明显次序与实质内容和作为人心的积极原始条件的孟子“四端”观念（它启动和体现于“性”中，使之成长为圆满道德之人）之间存在明显的联系。[①]我们怎样将这两套行为合二为一呢？

《五行》篇开篇的一个主要贡献在于强调一种思想——将恰当操行融合为一体本身就是我们道德习惯的第一源泉与实质。在很大程度上，我们是什么——是我们做的事情。对孟子“人性”观的最好理解是：一个道德成长过程，开始于家庭环境内的原始条件，成就于总是域境化、道德习性化的生机勃勃的形态中。也就是说，“这一”家庭是“这一”特殊型个人达到修养之可能的入门与源头。“这一”特殊型人的成长，又反过来赋予“这一”家庭以意义。

《五行》篇是将“五行”作为“德”而不是人性“四端”阐述的，这是很重要的。正如《五行》篇开篇段落就说，“五行”是修养而来的，是习性的形成过程之“和”：

> 仁，形于内谓之德之行，不形于内谓之行；义，形于内谓之德之行，不形于内谓之行；礼，形于内谓之德之行，不形于内谓之行[②]；智，形于内谓之德之行，不形于内谓之行；圣，形于内谓之德之行，不形于内谓之行。[③]德之五行，和谓之德，四行和，谓之善。善，人道也； P145
> 德，天道也。[④]

---

① 《孟子·公孙丑上》。

② 在马王堆本的《五德》篇中，“贤”在前，“礼”在后；郭店本的《五行》篇则正好相反。“五行”正是孟子的“四端”内容再加上第五行：圣。《孟子》中的《公孙丑上》《告子上》《尽心上》皆论及四端，并且次序与郭店的文本相同，即仁、义、礼、智。

③ 《周礼·地官·师氏》：“师氏……以三德教国子……教三行。”郑玄注：“德行，内外之称。在心为德，施之为行。”

④ 在修养而得的习惯道德与普通行为之间做区分是《孟子》一书的主旨。例如《孟子·告子下》：“有诸内必行诸外。”《孟子·公孙丑下》有“德行”一词；又《孟子·公孙丑上》：“以德行仁者王。”

《五行》篇第一段强调人的道德修养，这可能与孟子做的一个类似区分有联系，就是区分形成道德习性和一般行为：

> 孟子曰："人之所以异于禽兽者几希。庶民去之，君子存之。舜明于庶物，察于人伦，由仁义行，非行仁义也。"[①]

《五行》篇这一段最后两行区分人道与天道，进一步讲的是对天人关系协同性的认识，而非互相排斥的认识。不应忘记，它不是一种神性主义——一个独立的造物神，单向地赋予人一个质相的本质。《论语·述而》中孔子说："天生德于予。"《孟子》对此也有同样的说法，上文已引过，即"心之官则思，思则得之，不思则不得也。此天之所与我者"[②]。如果在这两句话的解释当中，我们考虑到天人（自然、文化域境与人）之间所应有的共生与相互依赖关系，我们可以将它读作，天不但给人提供了原始条件，也提供了个人向善修养发生的应有文化遗产和环境。但重要的恰恰是，人道德行为的形成习性成为天道的扩展和表达。对人与天而言，我们知道它们是彼此相互附属的关系，这才是意义聚集的根本来源，才是为人提供充满
P146 不断成长意义的域境。

第十三节　实验主义"人伦观"

在第一章"导论"中，我提出"类比"对文化翻译而言不仅重要，而且是必不可少的。还有，我认为所选择的类比互系性，有助于对既可是联系性也可是对比性类比的理解。我们寻找这样的关联，还需要考虑到单项

---

① 《孟子·离娄下》。
② 《孟子·告子上》。

类比间的联系，而不是整体附会式的一概而论。[①]我们要想深刻思考和力求清晰地解释儒家根本嵌入的、关系构成的、总是作为过程而呈现的“人”，可以拿杜威的“个体性”作为一个有潜在效力联系类比的例子。其实，杜威的“个体性”或许既可作为联系性也可作为对比性类比，把儒家的人是由关系构成的观念分析得更清晰。杜威的人类行为现象学结合了威廉·詹姆斯的过程心理学和乔治·米德的社会心理学，将人置于他们所处的自然和社会关系中。正如米德指出，“自我”与世界是相联系的：如果没有他人存在，“自我”在经验中不会出现。婴儿先有声音等的经验，后有自己肉体的经验；对婴儿来说，没有什么是它自己的经验，所以也就没有什么它可指认为是外在的东西。……只有浅薄的哲学家才会要求“我们得从‘自我’出发。……世界存在之前，没有‘自我’；‘自我’存在之前，也没有世界。‘自我’的形成过程是社会性的”[②]。

这些实用主义哲学在西方叙事中是革命性的。它抛弃一个高高在上、独立自在“精神”假设推定的“陈旧心理学”。在《人性与行为》一书中，杜威提出不少呼应唐君毅在“人性”问题上提出的观点，前面已有引述。两位哲学家都对“人性与行为相分离”提出质疑，争辩二者在根本上是否可分。其实唐、杜二人都使用了奥卡姆剃刀[③]，“剃”掉了高高在上的“人、灵魂、自我”等实体并指出，行为习性、修养而成的道德性情倾向本身就 P147

① 作者在这里使用的是“retail”（零售）和“wholesale”（批发）。所谓“零售”，即一些概念在西方语义环境中找到它原本含义之时，发现在中国传统语义环境中可找到有可比性的雷同观念。而“批发性”是指在西方语义环境的整体意义上，发现在中国传统语义环境中找不到有可比性的雷同观念。其主要原因是西方语义环境与其特有的本体超绝及二元性虚设前提推定的逻辑是分不开的，而中国传统语义环境在此意义上毫无牵涉。——译者注

② Mead（1982），第156页。

③ 这个原理被称为“如无必要，勿增实体”（Entities should not be multiplied unnecessarily）。有时为了显示其权威性，人们也使用原始的拉丁文形式。公元14世纪，英国奥卡姆的威廉对当时无休无止的关于“共相”“本质”之类的争吵感到厌倦，于是提出唯名论，只承认实际存在的东西，认为那些空洞无物的普适性假设推定都是无用的累赘，应无情“剃除”。因为威廉是奥卡姆人，人们便把这句话称为“奥卡姆剃刀”。

是向善成仁的主旨；没有什么感觉需要去诉诸一个独立自在的“主体”或“品质”，它把“人”孤立起来，将其作为一个动机力量，置于社会与自然关系的形态之外。

唐君毅着眼于人行为的联系和附属性质，强调总处于情势和域境化意义的“性”，而杜威认为必须要进行斗争，以克服自己传统之内已变得根深蒂固的缺位性假设推定：

> 关于一个单一、简单而又不可分解灵魂（作为定体——译者注）的教义，造成人无法明白，现实的习惯才是知识与思想的来源。不少自以为获得科学解放以及那些自由宣扬迷信灵魂的人，坚持一套“什么”才是知者的谬误观点，也就是说，有一个分离于外的“知者”。①

儒家认为，人是由关系构成的。反之，杜威用的是一种很不同的语言，却在很大程度仍是类比的。他认识到人是习惯与冲动的动态结合。

> 当今时期，心理学将不再用“席位”“直接原因”或“车辆”等这些概念——现在这已是教义式的申明。具体习性做着观察、识辨、幻想、回忆、判断、构想、推理等这一切。“意识”，不论是流动式的还是特别的感觉与印象，都是习性作用的表现，都是它的形态、运行等中断与重组……的现象。一种特定微妙的习惯与冲动的结合，是观察、记忆与判断的前提。②

杜威更进一步认为，作为初始条件将我们嵌入人群社会的，不管是什么，都必然伴随着一个教育与成长的实际过程：“我们生来就是与人相联系

① Dewey（1922），第176页。
② Dewey（1922），第176—177页。

的有机存在，但不是生来就是一个社区成员。”[1]对杜威而言，“个体”不是量的概念，不是一种前社会潜能，也不是什么孤立的独立存在。相反，它是质性的，是通过为自己所处的社会做出特殊贡献而发生的。“个体性”圆成我们具体是谁，作为与他人的区别[2]，它是一种只能在火热的社会生活环境中才做到的圆成。杜威指出：“个体性决不能与社会性搞对立。恰是通 P148
过社会联系，人才得到个体性；恰是通过社会联系，人才能得以施展个体性。”[3]这样解释下的个人，不是一个东西，而是一种“形态现象”，是可用描述独特性、一体性、社会活动、关系性、定性成果的语言阐述的。

我们可以采用一些杜威关于人成长习性的见解，它作为一套替代性的语汇，为儒家关系性、境况性和做人成长联系性的观念提供一种相关性类比。首先，对把人的行为抽象实体化并作为一种孤立自在的主体理念，以及把“本能”植入孤立个体人的做法，杜威是批评的：

> 传统个人主义与对进步、爱好的追求相结合，说明了为什么对本能的范畴与力量的研究发现引得不少心理学家认为本能是一切行为的源头，占据一个领先于习惯的地位。这个心理学正统是建立在个体人相对其所在的周边环境的“孤立”之上的。灵魂、心智或意识等一直被视为自守的和自闭的。[4]

杜威所诉诸的是生活于实在境况的人的经验，他对假设推理的一个自立自在“自我”之有机关系形态的第一性做了抵制。此外，他还质疑、摒弃了“本能第一性”，使之让位于文化生活形态的共享。他指出，将婴儿与其所依

① Dewey（1998），第297页。
② Dewey（1969—1972），第3册，第304页。
③ Dewey（1969—1972），第4册，第38页。
④ Dewey（1922），第93—94页。

存的关系隔离起来，婴儿都会很快死掉。就是说，婴儿若只靠自己的身体，而没有被赋予文化意义关系的接触与干预，那么他一天也存活不了。甚至婴儿的动作和手脚举动所蕴含的意义，都是来自其所出生的成人社会域境：

> 除非通过社会依赖关系和伙伴关系，否则婴儿未成形的与不连贯的本能冲动，不能成为协同的有用能力。其精神冲动只不过是小起点，是一种对其依赖的大人们的知识与技能的学习、吸收。这些小冲动是向外伸的神经触角，从风俗习惯中获取营养，之后营养使婴儿增强使用独立性动作的能力。它们是把现存社会力量转化成个人能力的机制，
> P149 也是再塑成长机制。[①]

杜威是个不折不扣的革命家，敢于打破传统。他提倡以关系构成、具体境况为本，并认为这是社会智慧和追求圆满生活的所在。当我们对无时不有、变化不定的事务做出恰宜、到位的应对，并在实际域境中进行协调时，“个体人”身份本身便是个抽象概念：

> 它的意义是以具体境况的独特性与道德的根本特性为基本事实，将道德考虑的重量和负担转给智慧。这样做不是取消责任，而是确认责任。道德境况是要求在实际行动之前先做判断与决定。境况的实际意义……采取的情况所需要的行动，不是自明的而是必须去寻找的。[②]

在对人进行社会建构的观点中，杜威是激进的。对人在任何角度都是完全独立于他与别人的关系之外的观点，他当然是拒绝的。其实，他更认可

---

① Dewey（1922），第94页。
② Dewey（1960），第173页。

“除了对他人有制约的关系之外，人什么都不是”[①]的观点。詹姆斯·坎贝尔（James Cambell）指出，杜威的这句话容易且经常被误读为否认个体。[②]但是我们知道，杜威的“个体人”是指“人是无可简约的、社会的”，但不是否认一体性、独特性和人类多元性。恰恰相反，它正是对这些特性的认可。

坎贝尔评论杜威的“人被创造于社会关系之中”时，引用了亚里士多德“潜在”和“实在”的语汇：

> 杜威所说的不仅仅是有了适宜条件的潜能之物即可变为实在之物，举个例子，就如同一粒种子变成一棵植物那样。他反而说的是，没有社会作用，人是不完整的；人只有生活在社会环境持续不断的过程中，才能成为人应该有的样子——作为社会团体成员以及基于社会的自我。[③]

同样，我们也可以说，孟子的心之“四端”不是生来固有、质相本质的，不是其“自我”性才使我们是“人”（human beings，人的本体存在）。P150
“四端”当然是天生具有的，是作为起始的关系条件，以家庭为纽带。但“四端”只是人成长过程中大体依赖之“端”，关键在生活实践中，从中获得力量，成为家庭与社会的积极参与者。“四端”所讲的，是具体伦理的、美感的、认知的和宗教的“端”，人从这里成长而来。所以，儒家的人生观是将未成形却是有机的、相互依存的人纳入家庭并使他们在生机勃勃、活力充沛的社会中转变为积极参加者。

杜威在阐释语言的中心作用和其他话语的形态上（包括标志、符号、举止与社会机制），以及解释社会如何使其成员成长方面，做出了大量工作：

---

① Dewey（1981—1990），第7册，第323页。
② Campbell（1995），第53—55页。
③ Campbell（1995），第40页。

> 通过说话，人戏剧性地自己认同自己的潜在性行为及所做事迹。他不是在一个接一个的生活舞台，而是在一场同时重叠上演的戏中扮演诸多角色。在这种情况下，心智（mind）成长起来。[①]

在杜威看来，心智（mind）是“一个延伸性能，是由一个有感觉的造物向其他造物伸展与他们进行有组织的互动产生语言、交流的性能”[②]。因此，杜威称其为“心”，它是在世界实现的过程中得以创造的。“心”，正如世界是“成为”的，而不是“本体存在”的。问题是，我们怎样才能积极地、享受地进行这一创造性过程？心与世界如何变化，不只受人的态度影响，而是由真正的成长与产出力决定。此外，它也是伴随这一过程的实效与乐趣。另一种情况则是，一个无法有效交流的社会，因那些“成人”方面失败的人“愚蠢”的暴力与“无情”的残杀，而遭到破坏，社会动荡不安。

在儒家思想以及杜威实用主义哲学中，人与社会成长的过程是受有效沟通交流驱动的。杜威说：

> 所有人的明显特质都是后天学习的，而不是天生的，学习使人与其他动物区别开来。以人的方式学习且达到人的效果，并不只是要使原始能力变强，从而提高技艺。学习做人，是通过“给予—获取”沟
> P151 通交流的成长，是一种作为一个社会个别独特的成员的积极意义，是一个人懂得信仰、欲望和方法以及为有机能量进一步转换成人类资源与价值观做贡献。[③]

这里给出的杜威的立场可能表面上与《孟子》中的语句相矛盾：

---

① Dewey（1922），第176页。

② Dewey（1922），第176页。

③ Dewey（1922），第176页。

人之所不学而能者，其良能也；所不虑而知者，其良知也。孩提之童无不知爱其亲者，及其长也，无不知敬其兄也。亲亲，仁也；敬长，义也；无他，达之天下也。[1]

不过，无论杜威还是孟子都会认可这一事实，即一切活动都是人与环境之间的协同。这样，人就在原始条件起作用的活动中显示出自己的巨大能力。杜威看到的是一切人的行为的相互性本质，人的行为总是以“行事和经历”为必要。而孟子指出，任何行动总是带有一层主观意义，而且人变得有道德不全然是由于“外在”原因，关键在于要懂得：孟子摒弃德行行为源自“外在”之物的观点，他不是说这样的行为是全然独立于外在人的角色与关系环境的一个内在本质的实在化与彰显。相反，像后来的杜威一样，孟子断言，人与人的成长都是正在呈现的主观和客观世界的协同。

杜威的观点对人与域境不分性的深刻见解是很有帮助的，尽管它关系构成人的发展观点脱离原教旨的个人主义，但在拒绝抽象的道德唯心主义之时，对具体境况的根本性与复杂性认识不足。最重要的是，尽管他意识到早期婴儿教育的重要性，并基于作为一个十分尽职的父亲的个人经验，P152
但杜威还是没有形成明显的观点，概括总结出：绝大多数人联系性成长的所在将会是他们的家。其实，儒家独特的成人观与杜威修身观存在根本的差别。儒家强调的直接家庭角色与关系是获得道德力的切入点与基础。[2]

---

① 《孟子·尽心上》。我对此段的理解依从朱熹的注，把良能理解为本能，把良知理解为本知。

② Sullivan（2000），第23页曾注意到杜威作品中关于男女平等问题的缺陷。尽管“对女权问题杜威是个政治积极分子，他的实用主义与女权主义学说都十分重视多元论、透视主义以及理论、实践的关系。但虽然如此，杜威的著作极少论及性别问题。这点很令人失望”。沙南·沙利文（Shannon Sullivan）重点指出，“杜威的丰富作品中对女性个别生活经验，包括男女之间的区别，很明显缺乏专题论著”。这一点跟杜威基本学说相矛盾。令人更为诧异的是杜威本人也很清楚社会上固有的重男轻女倾向。杜威知晓众人不关注个别女性的情况并对此表示遗憾：“作家，往往是男性作家，喜好阐述女性的心理，好像是在谈一个柏拉图式一般观念似的，不过同时将男人当作个别人物看待，对男人总是因人制宜。”〔Dewey（1922），第153页〕

儒家角色伦理与实用主义相区别和明显的不同点是，它要求某些基本道德考虑需在家庭生活内部。比如，实用主义思想家在自己的传统中必须得发展出一套对所熟悉的自由词汇（如自由、平等与正义）的修正认识。这些词汇在中国经典中本来就没有，因为这种抽象概念、道德原则、价值和德行等理念都是存在并来自生活经验的，都是在家庭和社会人的特殊角色和关系中形成的。

正如上述所言，如果我们历数一下数世纪以来公认的西方最杰出的哲学家的重要贡献，那么我们会发现除少有几个例外，我们绞尽脑汁也想不出有任何值得注意的思想家曾把家庭视为组织和提升人类经验的有效模式。柏拉图《共和国》拒绝考虑家庭，亚里士多德诋毁“家庭”为匮乏之源，这都很有典型性。[①]甚至约翰·杜威的关系宇宙论及其强调的大社会常与儒家观点做类比，其实也仍是属于本传统主流的，主张作为民主化前提，中国必须摒弃“家庭为中心”[②]的传统。

毫无疑问，这种从亲情出发对被视为“偏颇”关系的重要性长期不予理会的观念与那些哲学家将“公正为本”概念视为伦理行为的必要条件紧密为盟。哲学家们看重的是普适原理，客观常规、不受个人感情影响的目的论一致性和道德理性，将此作为道德秩序的终极来源与保证。这种不重视家庭且以西方哲学道理为道德秩序准则的行为，与儒家形成鲜明的对照。
P153 儒家世界观把家庭喻为理政，并事实上将一切关系都对待为家庭关系。[③]正

---

① Sim（2007），第40—41页，注34确实指出，亚里士多德在一定程度上表示重视家庭的重要角色。不过同时也说，家庭对于社会秩序的作用总是次于法律及由此派生的一般知识。的确，沈美华（May Sim）认为，可以使用这种客观原理去解决儒家文化史上固有的以任人唯亲为中心的腐败问题。或许黑格尔可以视为例外：他在《法哲学》一书中重点论述家庭的道德价值，还论述家庭成员之间的团结与相互依存的特点。关于西方哲学史上不重视家庭作用这一说法，另一个例外是简恩·亚当斯（Jane Addams），她对杜威思想的影响很大。参见其*Democracy and Social Ethics*（2002）。

② Dewey（1976），第13册，第230、103页。

③ 社会学家金耀基（Ambrose King）持有此见解。见King（1985），第58页。

是儒家道德意识的这种独特性，使得罗思文和我将它称为“儒家角色伦理学”，努力想将它与其他较为熟悉的伦理理论区别开。[1]我们将在下一章进一步进行论述，“儒家角色伦理学”的鲜明特征是直接的亲属亲情，不仅是道德能力教育的切入点，而且也是在所有人类生活秩序层面的最佳激励与模式。其实，亲情是儒家哲学的根本道德认识论。我们首先是通过感同身受来理解彼此的。

第十四节 “本”“源”“势”“因”释义

在《孟子》及其他儒家经典中，人们熟悉的运用园艺和畜牧比喻，例如知“本”，经常被理解为强调具体的植物和动物的成长，变为他们“本”来应是什么：他们简单地达到内在潜能的实现（实在化）。事实上，恰是农业和养畜具有的对人为环境和大量人为努力的极大依赖性，使得园艺性和畜牧性成为关系构成“成人”的贴切类比。如果没有持续的干预，大多数种子将远非会变成它们本该是的什么，而是变成任何本该不是的所有东西。如果不是因为我们认为它们会“自然”变化，而对它强度干预培养条件，大多数种子不仅根本变不成它们本应“自然”的是什么，还会变成任何它们本应“自然”的不是什么。如果没有出于我们认为的他们会“自然”地变为“什么”的大量干预和护理修正的帮助，大部分橡子会变成松鼠，玉米大多会变成奶牛，鸡蛋大多会变成炒鸡蛋。任何种类的“本”或“子”及它将会变成的“什么”，既在于环境的偶然作用，也在于其“开始”的最初条件。

现在看“源”。“道”常被解释为“源”，这可能为我们理解“源”有所启示。“源”的意义与对“人性”的解释是相联系的。“源”的传统解释

① Rosemont and Ames（2009）。

是原始之点，不含发生在原点之后的派生。从地理学讲，喜马拉雅山脉是长江的起源。如果我们讲“动因”(efficient cause)概念，“源”就变成解析含义的独立于产品的东西，它是产品的“动因”，它是“创造”与“起
P154 始”。从制造者那里，什么东西被制造了，它就是制造者的派生。这样含义的“源”，跟“道”没什么关系。“道”远非独立于人类经验世界之外，而恰是正在发生过程中一切事物的非总和性整体，“道”是世界浑然而一的整体过程。作为“本源”涵义去理解“道”，可参见《道德经》中的那句“道法自然”①。成长和变化的动力在于这个世界内部本身。在这里，整个正在发生现象的场域密切牵连着任何一个由关系构成的现象。

如果带着这种较为抽象的思考去考虑我们怎样理解“人性”，将“人性”作为成为人应该是“什么”的那个“源”，那么我们就必须承认，人性是一种暂定的概括。它按照人生总体而概括并在它的自然与社会关系之中度过。“人已然成为什么”的持续进行过程，其具体偶然性与“源”(“人性”)的相关性，一点也不亚于“人如今从何而来”的相关性。这个“源”是人生关系本身协同、开放的特性“以及”在这种协同之中什么生成了。在成人过程中，像交友的过程一样，造者与被造者之间手段与目的之间，动因与效果之间，“源”与“生成物”之间都是不可分的。

更进一步说，我们可以清楚解释“潜能”概念，强调儒家观念的“人”，人与环境是不可分的。“潜能”对于“做人”来说，不只是简单的“四端”，而且是那人本身生来固有的、将亲属关系排除在外的东西。首先说，这样的人是没有的。因为人是由关系构成的，人的“潜能”实际上是从具体、偶然的联合做事之中呈现的，是随着时机而在这个特别家庭的特别人身上成熟、结果。所以，我们在这里对“潜能”可以得到最好的解释。它不是事先已有或已做好的，而是与变化不已的环境同步而行的；它不是

① 《道德经》第二十五章。

通用性或者普适性的，对关系的人的一生而言，它总是独特性的；它不是作为固有和典型天赋而存在，而只能是这个特别叙述展开之后事后获知的。[①]这样，我们的论点则是，如用“仁”（行仁习性）、“义”（在充满意义 P155
关系中的恰宜适当行动）、“礼”（达到角色与关系意义的适宜度）、“智”（智慧之举）等观念去理解人性，人性内涵的大部分都是后天得来的，而不是天生的。“性”一点也不比“仁”（圆成行为）更是质相不变与天生固有的，二者既是“源”也是“结果”。就是说，它们都表述顺其而生的习性形成过程中的非确定性原始条件。“智慧之举”不是把事先已存在的智慧运用于一种境况中，而是有根有据的有素行动，它与人采取行动之效用同时出现。

成为“人性”的最深刻成因为人出生的家庭与文化特性。如果家庭是在充满健康成熟的文化中，重要成员呈现很讲道德及家和万事兴的关系，那么对于未成年人以及为他们成长的投入和可用资源就会很多。如果家处于凋零及囿于缺失教养环境，人的成长则会是一条更为艰难的道路。但是，传说中舜所侍奉的是道德败坏的父亲瞽叟及后母，仍能将体现丰富文化资源的尧帝作为榜样，做到勤勉修养，磨砺成圣。舜的环境足以表明，文化资源是敞开的，人人可吸收，激励自己成仁成圣。

“天人合一”（自然与文化域境，同人的经验之间互系不分）——这个流行成语的基本意义是阐述儒家宗教感的意识，讲的也是与“潜能”同一的道理。人是受文化的陶冶才成仁的，成仁的生活才可成为文化资源，才能使人成仁具有可能。“潜能”是在这样孜孜追求的人与富于灵感的世界协

① 与此相似，Dewey（1998），第223页说：“只有交往了以后才会认出‘潜在性’（potentialities）。在特定的时间，一个体身上存在着未得以实现的潜在性，这是因为存在着该个体尚未与之交往的其他事物，而这些事物也构成了其潜在性的界限。”离开了历史的种种境况，林肯就不是林肯，历史境况也并不是为造就林肯而发生的。事实上，林肯是个人与历史境况之间的相互合作，这种合作在林肯身上表现为若干明显的行为习惯，他的个性因此得以确立。“那种认为潜在性由于其与某种前定的目的相联系因而是内在的、确定不移的观念，不过是一种极端狭隘的技术状态的产物。”

同合力中萌发的。

再来看“动因”。由于是关系建构性的，“动因”不是人们所见到的发生事物状态之外或之前的什么“动体”，而是关系本身的创造性作用及于是有的“起因”性。于是，“势”这个原为军事内涵“因”的汉字立刻浮现在我们的脑海中。“势”是指在展开、呈现状态的总是具有特殊性和包括空
P156 间、时间以及存在性等因素。“势”是布局、契机、恰时、地势、士气、装备以及后勤等条件的差别变化求积分式考量运筹。这些条件构成环境倾向，而且可以为产出良好结果进行校正与调配。

如果将人性作为“起因”去认识，则有一个逻辑谬误，并将它视为一种重复行动。就是说，我们的行为是“仁”，因为我们有个“仁”潜能，事实上，它是道德行为习性与天生条件应被理解为共生与相互决定的。如果我们问“先有鸡还是先有蛋”，我们得必须允许它们是一起有的，否则二者谁也没有。从古代西方形而上学角度，我们也许会说，中国宇宙论不是用“奥克汉剃刀”剃过一次，而是两次。中国宇宙论没有一个超越、独立的“一神”概念，没有那样一个世界起因之源，而是开始于自我生成世界本身处在发生过程的东西。中国宇宙论不是诉诸一个独立性本质（或说“灵魂”）作为人的行为来源，而是从研究事物展开与聚集的现象学开始，认为道德习性存在人的行为本身。它是这样一种将人视为关系构成的“做人成仁”的认识，是我们现在转而要谈的儒家角色伦理学——它从为培养成仁行为习性的具体家庭、社会性指南转到从这些指南呈现而出的另一种
P157 宗教感情怀。

第四章　儒家“角色伦理”

第一节　源于关系而产生的“价值”

如果在西方语境中讲到行为指南，人们可能都会趋向一种不假思索的设想，即只要有个“词语”，就该有一“事物”与之相对应。“勇气”或“正义”不仅有直接与它相对应的所指物，而且这个所指物无论如何还是独立于我们行为的，也因而成为我们行为的先决条件，具有一种起因地位。或者说，作为我们行为的先决目的，具有目的论地位。当人们把“勇气”“正义”作为“原则”而言说时，“原则”有一种很强的先决条件性、“普用性”与“起源性”含义。“原则”隐含着的也确实正是这种涵义：根本起源点，质相或决定性特质，原初能力或禀赋，“原发性、启动性或决定性的力”，高级秩序准则（higher order norm，低等或具体行为规则皆由它而来），行动的固定或先决模式，行为公理等。

可是事实上，我们要说，以儒家视角思考，如果非得说“勇气”或“正义”确有它所指的东西，那么根本上，它是人从家庭与社会关系中的勇敢或正义性行为归纳而来的。“勇气”是一位母亲在危急状况下保护自己幼子那种不退缩的刚强精神特征，而“正义”则是一位老师对学生申请材料做出认真、谨慎评估。这个“原则”不是固定不变与本源追溯性的，而总是最实在地指向独特、具体的关系；这个关系是人基于过去经验的类比性认识。它被“公

P159 认”是具有“德行”的，实际是造诣，一种行为本身的素质；人在修养与个人成长上，自己付出最大的努力，从而使人的行动具有作用和实质性成果。

如在前面第二章讨论，唐君毅对相互依赖性且有潜在成果性的关系做到最充分发挥——如“部分”与“整体”——尤其是“视点”与“视域”或者生态性情势境域之物与生态环境之间——将其视为在宏观意义上的中华文化的卓著和最为重大贡献。他对“个别/整体”之间的相互性与协同性关系，持有整体性、审美性视野，而且以此为中华宇宙论的根本。进一步来说，当它转化为人类家庭和社群的更为实在的社会与政治范畴之时，这种思想就变为对包容、共情与高度有效合作价值的赞许，变为个人、政治和宗教满意度的根本源泉。

被如此理解的“价值”本身，无非是提高关系之所值。当我们意识到，价值其实是从对每天做得不错的行动方式的简单特征概括中而来，而不是植根于或从先决原理起源而来。这样，儒家的（道）德人生观念，它的域境性、情势性及可能的“价值”本身，就会显而易见。人，作为关系的构成，其人格的持续不断改善与“价值”提高，只能在人们的分享性活动与共同经验环境内发生。而且这种行为，在以关系发展为最大考虑鼓励之下，所求则是获得最大意义。

约翰·杜威建立了他的实用主义伦理观。他提出，要对行为模范给予某种特殊价值的表达时，我们须用副词，而不用名词。他建议，例如最好避免用health（健康）、justice（正义）、courage（勇气）这样的质相性（substantive）名词来讲述价值；因为名词的这样使用，容易将这些“价值”抽象化，给它们强加一种先决与单线决定性地位，使其成为话语实体（an object of discourse）。而他认为，使用副词会使我们的话语回归正在继续、具体与熟悉的生活过程。在杜威看来，如果讲追求健康、正义或勇气，只是在说人们要努力“活得健康”“活得正直”或“活得有勇气”。杜威的这个意见还是保持在英语语法框架之内。我们或许可将他的见解冒昧地向前推进一步

（冒点险，把语法向后推一步），提出，“价值”的主动与语法程序性，可最有效地以“health-ing”（健康地）和“justice-ing”（正直地）的“动名词形态地”（gerundively）表达。“动名词”的使用，立刻给人一种行动动态感和个人气质或习性定式感。这样我们就可避免那种强加喻义——一个独立无联系行为体（discrete agency）是与我们共同做出的分享活动截然分开的——这种理念；而且这是启示，分为行为体与行为本身，只不过是对同一现象的两种观察途径而已。对杜威的“价值”观点可做进一步合理化引申，正如“假设性行为体”是对活动状态关系的演化母体的一个抽象一样，这些“价值”本身的孤立化与个体化在人行动中变得明显，还包括一个总是从复杂、变化情势而来的抽象过程，而在这一过程某一时间，其广阔视域在发挥作用。 P160

儒家“角色伦理”当然给出了对行为的指导性规则，但是它不是求诸“抽象”的“原理”价值或者“德行”（virtue），而是从根本上根据我们实际熟悉的、社会的“角色”而找到“指南”。这些“角色”具有存在性指导意义，而不是“抽象”（原则）。依据我们的生活经验，在兄弟姊妹这样“角色”里，我们有实在性的直观体悟。“角色伦理”所给予的指南，是如何活得最有成就感，而且是在人活动的不可避免复杂性上做考虑，对“恰当行为”做出解释。与“抽象原理”相比，它在我们的实在性“角色”与关系之中，有一种至关重要的“恰当性”，相当具体地提示我们——下一步该怎么做。

《论语·阳货》记载：

> 子曰：“由也！女闻六言六蔽矣乎？”对曰：“未也。”“居！吾语女。好仁不好学，其蔽也愚；好知不好学，其蔽也荡；好信不好学，其蔽也贼；好直不好学，其蔽也绞；好勇不好学，其蔽也乱；好刚不好学，其蔽也狂。” P161

我们必须认识到，《论语》给予的孔子形象所意味的不是一般性的

"学"，而是"学做人、成人"。孔子明确地对这种"学做人、成人"与更有认知性的"学"做了区分。我们一般理解的"学"，是通过参照下面这段《论语·学而》中的话。它充分显示，作为家庭关系与更开阔社会的接合，人具有那种特性突出、彻底的性格：

弟子，入则孝，出则悌，谨而信，泛爱众，而亲仁。行有余力，则以学文。

"学"字在甲骨文里是""，字面上很清楚，可理解为"手把手"与"（建）房屋"之意。青铜器铭文引入"子"，字形变为""，既作为人成长的"所在地"，也作为很有决定性的时间[①]。《说文》以"觉"释"学"[②]，一种学养与精神专注之觉悟。"学"的过程要求人在自己生存生活之关系网络的深刻觉悟，从而可成为一个不断增强自觉性与责任心的家庭和社会成员。鉴于此，我们可看到，如"智慧"或"勇气"这样的任何特殊优点，都是一种行为特性，都是在开明与智能的社会生活特殊相互影响之中培养的。事实上，对牵涉关系的特殊性和复杂状态采取尊重的行为可能更清楚和准确地被指为慈爱家长的"parent-ing"（作为家长）、孝顺儿子的"son-ing"（作为儿子）、忠诚朋友的"friend-ing"（作为朋友），等等。"原则""德行""价值"现在都是抽象指示器，都是我们所赋予过程性关系的演变意义；它们都是在我们特殊活动中成就的、体现的。其实，我们所活着
P162 的"角色"和关系，才是第一位的；它们是我们从中抽象、总结（也确实是将复杂内容简单化的）出"原则""德行"和"价值"的混合的行为活动。

① 参见关子尹"Multi-function Character Database"京津4836与西周晚期CHANT：4324。

② 译者注。参见许慎撰、段玉裁注《说文解字》，在线查询：http://www.zgzkw.com/shuowen/imgbook/index20.htm，"学觉……学然后知不足；知不足然后知自反也；按知不足所谓觉悟也"。

第二节 “子为父隐”而得“直”

为了说明儒家伦理“价值”的具体发生情势，《论语》中有一个经常为人们引用的事例，给我们的启示是两种不同判断是非方法之间的鲜明比照；一种是对原则的“事后诉诸”，将原则作为裁决行为是否正确的基础，而另一种是把不失时机地培养家庭关系恰当性作为急需并将它作为所有家庭、社会和政治道德的首要根据。孔子晚年周游列国，离开蔡国，来到楚国叶县。叶公早知孔子以道德良师闻名，要向孔子证明自己是个善于治国的君主，他的百姓素有秉公守法的品质。于是，他向孔子讲述了其治地的一位为正直品质而牺牲父子之情的年轻人，人称“直躬”的故事：①

> 叶公②语孔子曰：“吾党有直躬者，其父攘羊③，而子证之。”孔子曰：“吾党之直者异于是。父为子隐，子为父隐，直在其中矣。”④

---

① 这个年轻人的名字很有含义，“直”即纯正、正直、诚实，“躬”是身体，尤指对某人优点的刻意公开展示。Sommer对古汉语的“体”的各种指称进行分析，她认为，“躬”字“最常所指是人自觉地做出一种动作的过程，一般是在礼仪氛围中，有观众的场合，是对行为人德行特点的视觉展示。……‘躬’的体态，是一种仪式的、风格化的、非自发的，是受传统道德观念与社会允诺导向的”。在这种氛围内，“躬”释放一种严肃正经的感觉——这个年轻人刻意对大庭广众显示自己的德行。〔Sommer（2008），第307页〕

② 叶公还出现在《论语·子路》，它记载楚昭王二十六年（公元前490年），叶公向孔子问政，孔子回答“近者悦远者来”。

③ 按朱熹解释，父亲是摆脱穷困窘境；“攘”意指“困境之下”而“盗”。朱熹倾向认为这位父亲行窃，是迫于赤贫之需，为的是让自己饥饿的孩子糊口。但按照这种解释，父亲的假设论定之罪就立刻蒸发了且儿子显得特别坏。或许在孔子心里的是个更为复杂情况。

④ 《论语·子路》。这段内容切中的恰是儒家角色伦理“孝”观念与道德想象这一中心问题。《韩非子·五蠹》《吕氏春秋·当务》《淮南子·氾论训》对同一内容均有记载，不过是另外一种有意思且让人高兴的版本：这个聪颖的年轻人，要求代父坐牢，因为父亲已年迈多病，受到邑吏大加称许，将其视为模范孝子。当他否认请求被接受，可以代父服刑，他又请求邑吏思考，如果仍是要监禁被他称赞的“模范孝子”，将给社会道德造成什么影响。邑吏经过一番考虑之后，真的作为对其道德品行素质的嘉许，释放了这个青年人。

孔子在这里提倡人群、社会，最后是政体这一理念，它所滋养的黏合力，来自组织结构；而家庭成员之间享有的忠诚、信赖关系，就是这种组织结构。[1]他将自然平常心看到的事情诉诸官府，不是我们处理家里人犯小过失应做的事情；这种做法，只是在别无他法之时的最后一种选择——最起码，我们几乎完全确定，已为解决问题千方百计地做了努力。只要是牵涉家人，甚至是牵涉邻居与朋友的问题，我们在对情况进行处置时，需要
P163 优先考虑并要求我们有主观能动创造力和想象力。

我们以儒家“角色伦理”的内在要求，即在具体特殊的情况下，如何做到最好程度地把握恰当性，使形势得到好转——“义”。对这件事情的意义进行阐明，同时也让情况变得有些复杂。为此，“谏”，即为人子你有义务，当家长有错误行为之时，必须表示反对并加以纠正，成为儒家经典讲“孝”中很突出、关键的内容。考虑到这一点，我们就必须要能想到，对孔子在这件事情上的看法的期待，作为这位“子为父隐”当事者，必然要想一切办法，对因为自己父亲的行为而遭受损失的任何社会成员做出弥补，而且还要更进一步，规劝父亲改过自新。

儒家“角色伦理”不是抽象理论，不是指对那些我们经常碰到的特殊情形的错误状况，根据“原则”做出道德判断；“角色伦理”也不是把主导地位交给为达到一定道德目的，而刻意去开拓的理性手段。在总结伦理“理论化”背后那些一般假设的特征过程中，“理论化”是把作为相关因素理由的家庭角色排斥在外的，罗思文与我形成的见解：

> 假若每个人的尊严都来自与这个“个人主义”相联系的高价位素质——自立、平等、理性、自由——那么，我们则必须在一切时间都

---

① 参见Rosemont and Ames（2008）；我们对这样的情况，做了深入研究——“忠孝”不可两全。在该篇文章中，我们阐明：“孝”不可能是造成腐败的原因，它造不成社会道德成为必须妥协的一方，因为它本身即“至善行为”（仁）的本源。

尊重的，就只是这些素质而已；因此，性别、年龄、种族、宗教、肤色，等等，就在我们如何决定与他人相待的问题上，不再有什么重要意义。我们义不容辞地朝这个方向而去，追求普适原则与价值，将其视为可行之于一切人，可行之于一切时间的东西。……只有人人将自己的个体化特点脱去，我们才可能开始思考去开发一套能够应用于所有实例的道德原则理论。对于家庭来说，假使我们哪怕想一想，想出怎么去提问“忠诚”与“义务”一致性相关的道德问题——这恰恰是我们无法做到的事；因为只要我们在道德问题中说“我的母亲”这个词，我们就不是在谈“抽象、自立”的个体人，而谈的是曾养育过我们，把我们带来这个世界，养育、呵护我们，为我们福祉伟大地献出她自己——我们的母亲。所以，我们试图到儒家著作中去寻找什么普适性原则，等于以方作圆，是做不到的事情；因为儒家思想是特殊性 P164
导向的[①]——不含糊的特殊性——与康德、边沁和穆勒追求不含糊的普适性的程度一样的。在古代中国经典中为道德判断寻找抽象原则根据，等于让我们的头脑去期待一种康德式思维，去把特殊文化差异思考为符合“绝对命令”（categorical imperative）的条件；而实际上，“绝对命令”正是对无条件性、普适性法则的标准检验。简单地说，在特质的儒家“忠孝不能两全”问题面前，做个决断，我们是不可以求助于西方道德理论的。[②]

---

① “导向特殊性”原英语为“paradigmatically particularistic”，意为以某种事例作为导向性榜样或样式。如此，榜样本身即特殊性的。

② Rosemont and Ames（2008），第12、14页。从儒家经典之中进行“概括归纳”，当然是可能的；但是这样做，距离去宣称什么普适性“原则”，还远得很；因为普适“原则”只需一个范例就可被驳倒。但是“概括归纳”则不会被单个甚至多个反例驳倒，而能被一个更好的“概括归纳”驳倒。我们诉求的不应该是“所有”（一切），而应该是“多数”或“大多数”。（唯有更好的笼统说法才能驳倒原有的笼统说法。）我们不应当老追求“所有”“一切”，而应当追求“众多”或者“最多”。有些人可能倾向说，《论语》的否定式“黄金法则”（golden rule），即“己所不欲，勿施于人”，就是一个导向性普适原则。而我们认为，更正确、更到位地看，这条应视为一个大致性概括归纳，是人应该采取的一种态度，是对在自己与他人关系上做出最为恰当（转下）

儒家思想不是诉诸一套什么外在的“客观性原则”，而是提倡一种人要努力活得有德行的路径。这种活法，是在家庭和人群当中的，是成就所谓人与人“仁”的关系的行为。对于根植在关系中的生活整体观，如此要求人持久地修养一种审美感、道德感以主宗教感的意识，使人致力于追求对自己所做一切事业理想境界的恰当性，这是一种在自己所具有身份角色上、各种关系上，发挥个人天赋的努力，为的是尽力达到人生之最大意义。

既然如此，《论语》这一段被儒家视为有问题的，它不是一个把个人行为与政府执法二者置于互为张力的法律问题，不是一个包庇罪犯（或说阻挠执法）的案例。儒家提出的问题不是“其父攘羊”而“子为父隐”是正义的，而在于考虑，需对那些优先必做的行为做出决定、做起来，为的是有利于达到最佳状态的社会、政治和谐。这样一来，这个问题就变成：在追求社会、政治和谐问题上，“孝”大还是“忠”大？这是《大学》以比喻手法阐述的问题，这样奠定下的根基，如同为日后长成葱郁参天的大树提供了先决条件。其实，问题落实之点不在于父亲作为一个与任何他人无关、自立的个体，犯下政府不容的罪过；而在于针对“父子”构成的这样相系不分关系，在如此非正常、棘手状况下，做出怎样的判断才算是必要的、正当（直）的。为了保障家庭、社会以及政府，今后仍能对这种天人根本关系，心怀依赖与信任——在这种情况下，人要对自己行为做调整，究竟应该怎么做？

对儿子来讲，要做到得当处理（直）与父亲的关系，一定要有想象力，
P165 思维有前瞻性与预见性，以此为基础决定自己行为。甲骨文“”与青铜器铭文“”“直”，“目”上加竖线，表示行路时目光需要有深刻性与前瞻

（接上）的决定，而不是事先就已假设的，对一切人都是正确的“原则”。我们所修养的“恕”德行，是以家庭关系开始的；然后随着生活范畴的扩大，我们将这种意识，用想象力延伸至同我们很不一样的人身上。的确，“己所不欲，勿施于人”远不是什么对“普适主义”道德的证明，反而正是对它的反驳。

性。其实，如根据《说文》则是："直，正见也。"此外，"直"的道德意义是明确的，因为它与"德"字构型直接相关。"德"在马王堆出土竹简上的字形是"悳"，上有"直"，下是"心"。其次，"直"的道德涵义还明显表现为它常作为另一同源字"值"的借用字。[①]孔子在这里讲的道理是，从有利于家庭和人群和睦方面而言，儿子对自己父亲的诉讼行为，并以此视为最正确做法的行为，是不齿的，最终也是有悖于国运昌隆的。"直"是表达道德正当性的比喻，它允许家庭找到举措方位。"直"是件很难做的事情，它要求丰富的想象力及其有力发挥，为扭转形势，坚持自己路向，找到最适当的做法。

或许我们可以用比较熟悉的现代实例打个比方。假如家长发现自己孩子有一次商店扒窃行为，怎样做才是最适当的处理方法呢？一种可能做法是诉诸治安维护行动，家长拨打报警电话，叫来警察，把罪犯抓走，然后还会通知当地报纸报道这件案子。通过这样一系列做法，他们保持了自己的清白，也使相关当局与公众出来处理了这种不幸局面；家长把犯错的孩子送上法庭，并使他的行为见诸报端。犯罪分子迅速、公开地被绳之以法，这确实起到了惩一儆百效果，当然是最好的做法，因为行窃是百分之百犯法行为。但是，什么样的家长才会真这么做呢？

我们多些想象力的做法，恐怕是想到去利用耻感，而不是诉诸惩罚来解决问题。更为明智一些的家长，那些对待事物讲究恰当性（"直"或者"正见"）的家长，对这个有点刚愎但还是不错的孩子，只是一时做了件坏事的情况，可能会领着他到犯事现场，让孩子自己直接面对被窃的店主，就发生之事进行交涉；这种情形使得家长和店主一起充分利用人的耻感力量，对孩子行为起到改造作用。这样做达到的效果，大体是对这件事情实 P166
现暂时的纠正：送还主人被窃的财物；从长远看，家庭与社区都获得保障，

① 参见关子尹"Multi-function Character Database"甲骨文合集CHANT：＊0601及西周中期CHANT：4199。

因为一方面对孩子进行了教育，另一方面也加强了所有有关人所在的社区团结。这种做法不仅更有创造性，而且具有很大德行，也更接近我们一般实际中的做法。用这种做法解决问题，用必要的创造力，将一件坏事变成好事，符合大家每一方的利益（家长、孩子、店主，乃至国家）。而我们如果没有点心智和眼光，对孩子采取抛弃态度，让他顺坡急剧下滑，很可能导致最后结果是犯罪的一生，那样则是对谁都没有好处。

上述一系列有些想象力的措施，可视为“父为子隐”。按儒家观点，由于“孝”是双向责任，且长辈有错误，儿女有进谏之责。对于实行“为父隐”的儿子，开动脑筋，以丰富想象力，恰到好处挽救局面，处理这种道德过失；我们做到这一点，是一点也不亚于家长责任的。

家庭亲情是儒家“角色伦理”的根基，还由于这个传统的“政体”是家庭直接的延伸，也因此而称为“国家”，所以孔子进一步提出，一个很好“齐家”的人，本身对于“治国”是同等重要的。这是孔子遇到一个小人时想表达的；这小人认为孔子终身遗憾，从来没有受到过重视和被委任过重要官职，他当着孔子的面，明知故问，为什么有才能而未能求取到适当功名：

> 或谓孔子曰：“子奚不为政？”子曰：“《书》云：‘孝乎惟孝，友于兄弟，施于有政。’是亦为政，奚其为为政？”①

这段话容易让人们将孔子想成是个最低要求者，也即，每个人在我们家庭中，做一点对大一些范围政治秩序的小小贡献。可我认为，孔子观点恰恰与此相反。我们政治生活（宗教生活也如此）大部分真实意义的发生，都少不了与家庭事情相关。如果我们问，国家与家庭二者之间，哪个在宇

---

① 《论语·为政》。孔子逝世之后数百年内出现的历史资料都在孔子立场上反驳这一小人的问题。事实上，孔子逝去后一百多年，有记载说孔子曾出任鲁国大司寇，后来还出任过鲁国国相，再后来汉代时被封为鲁国“素王”。

宙和谐的问题上更有重要影响？我们必须承认，家庭是政治形态的本源与 P167
根据；如果没有美满的家庭，就没有美满家庭导致的兴旺社会，政治规则将形同虚设或者更糟。在这个意义上，我们认为任何不致力于社会兴旺的堂皇“强国”借口，都是空洞的抽象，用怀特海的话说，是个“错置具体性谬误”（misplaced concreteness）。

我来梳理一下儒家“角色伦理”所阐明的观点。它提出人在家庭的“角色”以及与他人、人群构成延伸的关系；它把人行为的具体形态指称为各种各样“身份角色”，如父亲、母亲、儿子、女儿、老师、朋友和邻居，这些“身份角色”本身是蕴含“规范性”的词汇，其强制作用比抽象的训令还要大。

在最具体意义上，这种“角色”提倡一种充满生存实在意义的品格与追求，以一系列行为作为家庭与人群生活的根据。在儒学“角色伦理”中，“做母亲”和“做邻居”并非只是“描述性”的，而是具有伦理“训令”功能，但又不同于抽象原则的；它们起的作用是作为具体导向的，以利于人们决定下一步该怎么做。

> 齐景公问政于孔子。孔子对曰：“君君，臣臣，父父，子子。”公曰：“善哉！信如君不君，臣不臣，父不父，子不子，虽有粟，吾得而食诸？”[1]

“家国”关系作为行为导向和一种“规范性”语言，在运用之中，它一般比起诉诸简单的理念或原则更清晰与深刻。因为简单理念或原则，事实上是从某些先决于具体经验的复杂性中抽象而来的。

---

① 《论语·颜渊》。《论语·学而》：“有子曰：‘其为人也孝弟，而好犯上者，鲜矣；不好犯上，而好作乱者，未之有也。君子务本，本立而道生。孝弟也者，其为仁之本与！’”《论语·为政》：“或谓孔子曰：‘子奚不为政？’子曰：‘《书》云：“孝乎惟孝，友于兄弟，施于有政。”是亦为政，奚其为为政？’”比较一下这段话，其观点都是“齐家”是“治国”之根本。

第三节 “致中和”而“万物育焉”

儒家“角色伦理”在面对更为抽象层次的秩序上，并不是没有能力的。我们发现，儒家文本除了有时也诉诸抽象理念语言，它还借用社会与审
P168 美意识的艺术术语。“中”“和”是最常用的这等词汇，用来表达较为概括性、聚合性的意义，表达人创立的功德，“功德”出自强穿透力的价值观。“和”指和谐、和谐状态、和谐性（harmonizing, harmony）；“中”指居中、平衡、聚焦点和保持平衡（centering, equilibrium, focus, balance）。“和”这个观念是一种实现的“和”状态，不是简单地凭借削弱分歧而有的“相异性”互相容忍；而更重要的，是一个创造性与丰富性结果——差异性被协调导致出一种最佳状态。其实，“和”的原始字形，指的是一种理想效果，是达到和保持人与自然的一种天籁之声。甲骨文中的“和”字，出现比较早且复杂，字形是“”，青铜器铭文的是“”。这个早期的“龢”字形含“龠”，是一种芦苇制作的管乐器，呈现一种奏乐之中的气氛，比喻之中使人体会到和谐之感。

意为“居中、平衡”的“中”，在甲骨文中的字形是“”和“”，出现在青铜器铭文中是“”。它们所指的含义，恐怕是再普通不过的召集军、民的两种警示，一是作为视觉信号的旌旗，一是作为听觉信号的建鼓。“中”象征旗杆上的旗帜随风飘扬，立于广场中心，以召集民众。“中”字中的“◎”，其实像鼓形，以木立鼓，称为建鼓。中，和也，从口丨上下通。另，与龢字中龠乐器一样，中字的“鼓”形也暗示着音乐与和声。[①]

《中庸》直接喻意“和”与“中”，此二字的重合意义表示儒家追求的

---

① 参见http://humanum.arts.cuhk.edu.hk/Lexis/lexi-mf/bronzePiece.php?piece=%E2%97%8E。另见关子尹“Multi-function Character Database”甲骨文合集CHANT：1490、战国早期CHANT：17、甲骨文合集CHANT：2929C、甲骨文合集CHANT：2924A、商代CHANT：6213。

远大抱负——人道与天地感应相参。《中庸》首章即明示“天地位、万物育”与人情感的“中和、未发”之联系：

> 喜怒哀乐之未发，谓之中；发而皆中节，谓之和。中也者，天下之大本也；和也者，天下之达道也。致中和，天地位焉，万物育焉。① P169

简而言之，人喜怒哀乐之未发，为天下道德之大本，得以中节而致中和；如此，儒家至善人生观和盘托出——万物育焉。此处强调，这种儒家的至善观点，通过家庭“角色”与关系进行教养才是真诚的。家庭才是在人一切“身份角色”与关系中所实现的“礼”的本源和必不可少的基础。如《论语·学而》所言：

> 礼之用，和为贵。先王之道，斯为美；小大由之。有所不行，知和而和，不以礼节之，亦不可行也。

根据这样的道德是非观，优良行为可以加深、加强我们的关系并使之持久。不受关系与角色调停的行为、行动，皆毫无意义。那便是说，纯为维持秩序而贯彻的外来、强制性和谐（如通过法律、命令、原则、规则等），便完全失去了人性，因为缺乏人的参与和配合。譬如，有一些性情特征很容易流于冷漠、怯懦、粗暴与蒙昧之弊，而一经过适宜关系的调停，便升华而转变为礼让、谨慎、勇敢与坦率的品质：

> 子曰：“恭而无礼则劳，慎而无礼则葸，勇而无礼则乱，直而无礼则绞。君子笃于亲，则民兴于仁；故旧不遗，则民不偷。”② P170

---

① 参考我们的译文，Ames and Hall（2001），第89—90页。

② 《论语·泰伯》。

这样通过家庭角色、关系对行为进行的恰当教养以及如此君子行为而激发的担当心，结晶为恭、慎、勇、直的品质，具有为社会承认的意义与价值。

第四节　礼义在，有廉耻

我们还有一种方法可以看到儒家“角色伦理”与较之更为“形式的”还原论（简化主义）原则（或曰“基于‘西方’德行”的理论）之间有很大差别。这种方法要求我们对整体观的儒家道德做出解释，说明它对人经验的特别性、非形式、域境化方面，为什么远远不是被忽视、边缘化，而事实上是被作为至关重要的对待。首先，它有一种审美视角，对人行为采取整体观认识。这样，一切因素都或多或少与判断一种举动是否道德有关。因为儒家“角色伦理”关心的是，要争取让最恰当“中和”效果经验的各个方面作用都达到协同；它所启用的话语在根本上是一种审美语言。作为审美观例子，我们可以观察到优雅与道德性，或反之，庸俗与非道德之间不可分的关系。有人问孔子什么是“孝”，孔子说，“孝”不是什么可预先开方子开出来的如何行为的一套东西。其实，他给出的是“举止和态度为本”，有了这个本，行动就被带出，而不是具体形式的行动本身：

子曰：“色难。有事弟子服其劳；有酒食，先生馔，曾是以为孝乎？”[①]

P171 相反，因为道德本身不过是那些有利于恰当关系的行为做法而已，所以，任何对家庭和人群关系有涣散影响的行为在性质上都被视为不道德的。人们认为有些生活方式散漫不羁的人对整个社会都会有腐蚀影响。所以生活方式极为重要，漫不经心不考虑他人利益的人会变为他人担心的对象。

---

① 《论语·为政》。

彬彬有礼很重要，因为人们很关注亲切与风度仪态带有的那种适宜性与恰当性。在很大程度上，道德与在别人接触时的稳重与举止是分不开的，其本质的正确性与否还在其次：

曾子言曰：“……君子所贵乎道者三：动容貌，斯远暴慢矣；正颜色，斯近信矣；出辞气，斯远鄙倍矣。笾豆之事，则有司存。”[1]

这样的道德表现出的正直品格表达着一种社会责任心的“耻感”，是儒家文化的高尚价值。正如我们看到的，“耻”是如此强烈的一种道德意识表述，在一个人的教养之中，它可变为一种普遍流行的价值使整个社会都充满亲和感和自律性。上面已论述过，适度地运用羞耻感作为道德规劝的手段，能够有力地发展社会的包容性与自我调整性（“有耻且格”《论语·为政》），否则“无耻”就是“井下之毒”[2]（poison in the well），让不循规蹈矩的人不受约束、胡作非为，无视他们本来应有的在家庭、社会的“角色与关系”。这种自私之人对于道德人生所依赖的社会休戚与共的破坏性是巨大的。

孔子的“耻感”是很强的。《论语》的《子罕》《乡党》《先进》这几篇，人们一般不是很留意；这几篇贯穿一系列较为人性化的细节，勾画出作为历史人物的孔子。即使我们对孔子这些个人情况有所注意，一般也不被认
为有多大哲学意义并觉得与孔子道德人生观没太大关系。事实上，我们忽 P172
略了这些细节，就忽略了其中蕴含着的孔子心怀志向的确凿性。可以说，恰是这几篇，记录的是孔子本人人生的某些具体时刻；这些时刻才是最具

① 《论语·泰伯》。

② “井下之毒”等于说“一个坏苹果腐烂了一筐”，类似中文“害群之马”；它也是一种辞令技巧和逻辑谬误，利用负面情绪联想，在辩论当中的实在证据情况下转移话题——“Poisoning the well is a rhetorical technique and logical fallacy that uses the association of negative emotions to distract a subject from actual evidence in an argument.”参见http://rationalwiki.org/wiki/Poisoning_the_well。

写实性的，才最生动地呈现一个士大夫的儒雅风度。他每日入朝觐见的举止，一下子既是形象化，也是深刻个性化的：衣服的剪裁、步履的节奏、域境与仪态适中的敏锐感、身姿与面部表情、“踧踖如也怡怡如也”说话的语气声调、恭敬的举手投足，甚至气息节律，等等。

我们看到，儒家“角色伦理”根本地、一贯地讲的是具体情况下具体人的行为。如果是这样，孔子本人的恭敬谦和与君子风范，以及世世代代对这一风范的继承贯彻，对于理解“角色伦理”如何真正起作用——作为直观教学，很有直接关系：

> 入公门，鞠躬如也，如不容。立不中门，行不履阈。过位，色勃如也，足躩如也，其言似不足者。摄齐升堂，鞠躬如也，屏气似不息者。出，降一等，逞颜色，怡怡如也。没阶，趋进，翼如也。复其位，踧踖如也。①

从这段话以及不少类似的文字中，我们应当明白履行“角色”和关系的礼数，不是简约到通行的、形式的先决规定的“礼拜”或（宗教）“仪式”，其举行也不是“已定的”时间，而是为宣告一个人的地位及其不同人生节点；而“礼”是通过“角色”和关系、人的言行举止恰当性的表述，所以蕴含意义要丰富得多。

出现在甲骨文“”和青铜器铭文“”的“礼”字，比汉唐以来通行的
P173 “禮”字形稍微简单一些：一个礼器含放着两块玉，用以乞求福禄。②“礼”明

① 《论语·乡党》。

② 关子尹“Multi-function Character Database”甲骨文合集CHANT：2809，西周早期CHANT：6015。“‘豊’是‘禮’的初文，从‘壴’从‘玨’，‘壴’像鼓形，‘玨’像两吊玉，因为古时行礼常用玉和鼓，故以‘壴’‘玨’表示礼之概念。”参见：http://humanum.arts.cuhk.edu.hk/Lexis/lexi-mf/search.php?word=%E8%B1%8Ahttp://humanum.arts.cuhk.edu.hk/Lexis/lexi-mf/search.php?word=%E8%B1%8A；又说：“打着绳结的玉串与有脚架的建鼓，表示敬奉美玉，击鼓敬神，金文承续甲骨文字形。”参见http://www.vividict.com/WordInfo.aspx?id=3871。

显有形式与宗教含义，但是它的突出含义，以其作为社会生活的特点而言，在于它指的是具体人的、非形式的和特殊性方面的。这些含义中有一种躯体性，而人身体经常会比语言更有效传达那种必要的恭敬情义，以加强人群各种生活形式参与者们的纽带关系。读者应已注意到上面引述那段话中，孔子入朝觐见时身体举止表达“礼”的方式。“礼”含有一种深刻功效作用，“礼”之中人的情感充满联系性，且对关系性的活动起到加强作用，提供给社会组织机制一种拒绝断裂的拉力。通过实践“礼”达到自身修养，必须要理解为，是基于参加到具有深刻审美感的道德修养中来的人，是基于这样的每一参与者的独特性。“礼”是具体的人对自己进行叙述的一个过程——是优雅气质的修养与表达，是一种态度、一种威仪、一种气派、一种内在。“礼”是决然性的个人实践，是展示作为对自己、对他人实现的价值；通过这种公共话语，人构成和开放着自己——从一个独特个人的意义，作为一个完全的人朝着对所有人有益的方向发展。

重要的是，它没有片刻喘息；“礼”所要求的是时时刻刻对人所做事情的每一个细节的最大倾注与毫不松懈的用心。从入朝觐见的大场面，到入睡时应该用什么姿势；从接待高贵的客人，到一人独处的正当方式；从正式宴会场景如何举止，到随意场合的恰当举手投足，君子无不做到极致。有一次，孔子生病了还依然对政事公职怀有强烈的敬业精神。因此，他给人们留下令人叹服的印象。

> 疾，君视之，东首，加朝服，拖绅。[①]

其实，我们对《论语》中间部分章节刻画的孔子形象进行研究，发现他是个在日常生活例行事项的行为中表现出大志向的人并发挥出履行“角

---

① 《论语・乡党》。这段话叙述的是一种礼仪：房主的床一般放置在南面窗户西侧。君主如探访，君主自东登阶而至。东阶虽为房主之居，但君主为一国之主，需由东阶上下。

色"与关系的至善至德。这足以构成一种强大能量，转变人与人共同生活
P174 的经验，让平凡展现魅力。

第五节　成人至仁

至于如何找到一种适当语言来表达儒家思想中由关系而构成的"做人"，儒家给出的是整体性观念的修养而成的个人行为。它需要对以家庭为根基的人的经验有一种基本审美认识，将它作为求得人在自己"角色"与关系范畴中实现最佳成效的造诣。人们发现，这个决然非个体的、与情景相呼应的"人"观念，需要一种"视点/视域"（从森林看树木）阐释情景，而不是那种人们习以为常的"个体—社会""部分—整体"金字塔式理论的假设性语言。"视点/视域"（从森林看树木）这种意象，虽然不一定具有足够动态与流变喻义来准确捕捉儒家"人"观念的活力，却至少对那种必需的全息性"前台性与后台性活动"[①]（foregrounding-backgrounding activity）有间接的暗喻；这样，人就可以不断地对自己做出调整、巩固，把自己作为"视域"展开的家庭与社会意象关系的特殊"视点"。

我们发现，对儒家观念的"人"进行探索，将"人"作为关系性活动的结构状态，在某种程度上是杜威式"个体性"理念的贴切类比———实际相联系生活过程中出现的特殊和杰出人。杜威给我们这一关系构成的"人"，可区分出儒学"人"与杜威意义的"个体"的根本不同之处，是儒家"角色伦理"无处不在的家庭关系力量。以"家庭视域"为前提，我们可以说家庭的团结、正直与价值，是家庭成员之间达到恰到好处、相互尊重状态的效果；以家庭个体成员视域为前提，我们则可说，具体人的团结、正直与价值，是家庭及其展开的社会中具体人所生活的各种"角色"与关

---

① 整个场景之中距离观众近的与远的局部场景，亦如在一视域中视点的中心位置，距离它近的与远的局部情况。（译者注）

系都达到实际协调状态的效果。人的一生，时时刻刻都是在所有这样“角色”及其关系中度过的；而且每一“角色”都发生在对任一其他“角色”起到决定作用的活动中。我是母亲和父亲的儿子，同时我也在调整与增强作为哥哥对妹妹的关系和作为弟弟对哥哥的关系。其实，哪怕有时它是有冲 P175
突性和处于紧张的，它也是与我的“角色”要求与反馈相适应的互系关系，恰是这种情况赋予我，作为个人越来越成为“视点”（突出）的稳定品质，这个“稳定性”就是别人可能认为的我的个性与品德。

儒家道德观，根本上说就是人的成长观：成为一个功德圆满的人（仁），成为大人，成为至善之人，成人，成为君子。依据儒家本身的话语，这个由关系构成的道德人，它的如一性的首要原初点与根由称为“仁”及仁源自之“本”——“孝悌”。（《论语·学而》曰：“孝弟也者，其为仁之本与！”）。

我拿《论语》作为首要参考及本源，把“仁”定义为至善至德的个人品行，理由是“仁”这一词汇与孔子本人的关联是最为密切的。孔子曾多次被弟子问到什么是“仁”。这种情况说明，其实孔子重新赋予“仁”涵义，是从自身出发使“仁”喻义更为清晰。这也说明，同孔子交谈的弟子们对孔子所给予的旧词新意，感觉不是很舒服。孔子对“仁”做出创造性新含义的贡献是基于较早语汇中“仁”出现次数不多且不太重要的实际情况的。“仁”观念根本就没有出现在最初部分古代经典中，晚期部分也不过只出现三次。这种很小频率讲“仁”的情况，与《论语》对照十分明显。“仁”在《论语》499小节的58小节中，共出现过105次。“仁”观念的中心地位，是由孔子才开始的；这种情况见证着：对“人”的认识，首先是定性为关系的，它在定性为关系认识之后，才是数量性关系的。也即，只有通过培养稳定关系以及随之而来自尊的加强，起初不成熟、尚未成“视点”的林林总总关系，久而久之才在关系中形成一名出类拔萃的杰出个人。

“仁”字由“人”加“二”构成，关于这一字形的关系性喻意，有很多论述。如上述提及，在孔子之前经典中，“仁”相对是个很不起眼的字，仅频率很低地出现于甲骨文“亻=”与金文“𡰥”。谈到“仁”的字形构成，最P176 新的郭店考古发现，从“身”（有孕之体），下从“心”，引出人们饶有兴趣的猜测。学者们认为这样一个构形含义，表达一种与妇女怀孕之身相关意义，捕捉到的是那种温柔、文静和亲近感（孺），这正是被认为的“仁”的意义，被人们联想为属于儒家传统的。[①]

在西方哲学著作中，最常见的“仁”翻译是“benevolence”（善意）和“humaneness”（慈悲、同情）。“humaneness”比译为“benevolence”似乎好一些，因为“仁”指的是整体性的个人行为：一个人修养而得的认知感、审美感、道德感和宗教感；这些是通过“角色”和关系喻意的行为结合在一起，即一个人的品格。正是这样的“域境自我”——充满意义的关系发源地——构成了一个人，一个不可简约的社会人。“仁”不仅是智能与精神的，也是形体的；它包括一个人的仪态与举止，一个人的举手投足与身体语言交流。我认为，将“仁”译为“benevolence”，是狭隘地对待一个来自传统的广义得多的思想，是将它心理学化；而产生“仁”观念的传统在其认识与提升人本身经验的努力中是不需要“psyche”[②]（灵魂）这个理念的。虽然“benevolence”的某些意思也是“仁”的重要方面，但是把它当成标准翻译则会削弱“仁”观念，相当于从众多道德性格层面，只孤立地截取其中一个单一面，其代价是牺牲了由做人、成人这一错综复杂事物而结合在一起的太多的其他意义。

不过，以“humaneness”表达“仁”，也有它的局限性。

① 参见关子尹“Multi-function Character Database”殷虚书契前编2.19.1与2840中山王鼎的参考书目。“仁”这一核心哲学观念的字形构成从有孕之体“身”字，引人们提出，如果古代儒家伦理行为被理解为是自关系而成长的行为，那么嫌弃女性、重男轻女该是一种对“仁”基本前提的诅咒。

② “psyche”是西方思想传统表达先验超绝主义与二元主义个体性的特质概念；作为它的汉语翻译词汇“灵魂”并不含其本身此类意义（译者注）。

“humaneness”喻意的是，作为物种的人类，它的所有成员共同拥有的之所以为人类的，一起分享的、质相的前文化条件——一种天赋人性。“仁”没有这么容易；它远远不是什么本体的天赋潜质，而是人与生俱来的起始条件和所处自然、社会和文化环境之间联系互动中，人自身有能力做到的事情。虽然我们全都可以投身“仁”，但是在实际中实现至善至德的“仁”，却是不多的情况。孔子认为，这是件很难走到顶端的审美事业，是不平凡和最伟大的功德。[①]的确，人类的出生是家庭关系构成的发源地和中心点，所以也因而有“本性”(原初之性格)。但是“仁”，首先而且最重要的，是一个自这些关系的“生”(成)过程，最后长成一个对社会生气勃勃、强壮和健康的参与者。正是出于这个原因，孔子一旦 P177 谈起纪律和教育，就会说“性相近也，习相远也”(《论语·阳货》)。孔子更着意的是胸怀“成仁”大志及具体做法；他并不执着于崇高的形而上学思辨，用于人的初始条件(性)或者在人的生存、生活超自然域境(天道)中，抽象出什么人类道德的先决本源。[②]

如果将“仁”译为“humaneness”，还有一个问题。虽然“仁”是从“具体人”的人格转变概括而来，“仁”也被进一步模糊化，因为它必须要同这些人的特别具体条件联系起来理解；即对这一个人说的“仁”，不是对另一个人说的“仁”。如果考虑到“仁”的实现，它是通过对域境形态的诉求

① 《论语·颜渊》：“颜渊问仁。子曰：‘克己复礼为仁。一日克己复礼，天下归仁焉。为仁由己，而由人乎哉？’颜渊曰：‘请问其目。’子曰：‘非礼勿视，非礼勿听，非礼勿言，非礼勿动。’”孔子对门下几个最杰出弟子，非常了解他们各自的长处，但只说“不知其仁”(《论语·公冶长》)。他也不愿意对“仁”做反向定义，理解为“克伐怨欲不行”(《论语·宪问》)。他知道一些历史榜样的刚正不阿、拒腐蚀，他还是不情愿将他们称为“仁”(《论语·公冶长》)。事实上，唯有他身边众人之中的颜回一人，他愿意称“仁”。人们怀疑，孔子称颜回“仁”，是否由于最喜爱的弟子刚刚死去的缘故。

② 作者这里是指，孔子的进路不同于西方思想传统思考超自然形而上学思辨的框架，在抽象个体性意义上论说“仁”思想；(译者注)参见《论语·公冶长》：“子贡曰：‘夫子之文章，可得而闻也；夫子之言性与天道，不可得而闻也。’”

及其与之协同的努力，而不是通过遵循一套“原则”，这样，“仁”[1]的这种特别性是被进一步放大的；没有什么（普适性）模版，没有公式，没有纯理念。就像一件艺术作品，“仁”是开放性而不是封闭性过程，不接受固定不变定义和临摹复制性的意义。最后，想想唐君毅的反复强调，要理解什么叫“成人”是个深刻的主观性与存在意义的问题。“仁”对我们每个人都是挑战，都是要努力实现我们所能想到的最好的自己的志向。

强调了“仁”的具体性，我们还得想到，“仁”当然还有一个较为“客观性”的层面。“仁”需要“权威”——人要来到社会任职，自己本身就体现对传统价值与建制的一个特殊诠释，在自己的“角色”与关系中追求一种最恰宜和优雅的仪态（礼）。当然，在自己“角色”上显示出的坚毅仪态，明显地，是一种守旧性过程对传统的运用与内化——也即“将传统作为自己所有”。这等于从个人角度彻底落实本传统的是非观，即“把传统占为己有”；但是“礼”，作为制度化道德行为视野域境，也是其他选择的开始之地。在这个意义上，“仁”是深刻创造性的。“成人（仁）”之道虽然是传统，由世世代代传承而来，却远不是外来赋予的。“仁”的作为是“修道”，是要求人坚持不断地参与到自己所处的时间地点之文化的巧妙“由
P178 己化”[2]（authoring）中。

实行“自上而下”强制的“权威主义”命令和“自下而上”、恭敬的、人的行为取得“可信赖性”，在这两种截然不同概念之间比照，是很有益处的。行为取得的“可信赖性的人”是榜样，榜样对他人是激励，他人对这一“成人”机会愉快地做出反馈，而且，没有任何被迫感，在对改造自己品行的过程中，对这样的君子表示信服。《论语》记载的“仁”的品行，其显赫与高尚，清晰地表现在对“山”的比喻：“仁者乐山”“仁者静”“仁

① 参见《论语·雍也》《论语·子路》等。

② 《论语·卫灵公》：“子曰：‘人能弘道，非道弘人。’”

者寿”[①]，成为一座令人肃然起敬的精神灯塔、当地文化与社会的一尊偶像标记。

虽然人们都会认同，“仁”为翻译儒学的核心词汇，但是再努力搜索，能找到的对应英文，也必然是令人失望的；所以，对儒家思想做英文翻译，是不被立即采取的第二选择措施；第一选择措施是鼓励学习中国哲学的人直接学习中文词汇。尽管如此，我还是倾向于以“consummate person或conduct”（极致、圆满的人或行为）作为对“仁”的暂定翻译。这是个经过认真考虑的选择。“consummate”的前缀“con-”含有“群体”（collective）与“集中”（intensive）感，意思是指“一起、合着”（together、jointly），可以恰当地用来对应不可简化（还原）的关系性，这样就可以对应“仁”的特殊性意义。还有，那种“summa”的“圆满”（completion）形态，具“开放性”而非“封闭性”喻义，指一种事项处理意义的成熟与硕果，它远不是什么形而上学意义所讲的“外在赋予潜质变为现实”。“summa”表达的是至善效果，是特殊的成就，而且不是复制某些过去的成果；因为这样，“summa”表达人群社会对一个人取得的特殊成就给以的高度颂扬（例如拉丁语“summa cum lauda”，意为学生在毕业典礼上被授予的最高荣誉，因为他取得最优秀的学业成绩）。

第六节　“仁”：率性之为

“仁”应说是最率性之为，即什么对行为目的最恰当，就去做什么。“率性”就是让所做的事情达到最有效的程度。而如果要做的事情是“做人”，那么就要将行为修养为“仁”的地步，确切地说，就是人能做到让自己所做的事情恰到好处，有最大成就。但是，当威廉·詹姆斯使用“率

① 《论语·雍也》：“子曰：‘知者乐水，仁者乐山；知者动，仁者静；知者乐，仁者寿。’”

性”（expedience）一词，讲他对“真理”的实用性理解是一种思维的权宜方式时，招致了大量批评。结果后来，一旦“纯”提权宜和“赤裸地”提
P179 权宜，就会招致激烈的批评，被当成詹姆斯式“实用主义”。也许如果我们问一下“是什么原因导致只要‘权宜’是指行为，就会是负面意义”这个问题，我们就会懂得，“仁”的观念为什么不是那种以个人主义为基础的概念。

普通争辩中的“权宜”一词之所以变成一个问题，因为它一般都是指“我/他”“手段/目的”这样排斥性二元对立二者中的一方。它的意思是把某人一己之利益摆在首位，而去牺牲别人的利益；是一种一己之私心在驱动，而不是什么原则在起作用。而且，“权宜”常常带有一种为欲望目的而拔高手段的作用，以服务于某人需求的急迫性。

不一样的是，“我/他”“手段/目的”二者之间的分裂观，用来服务于“行为上的权宜性”说辞，与儒家的“仁”观念风马牛不相及。在儒家看问题的角度上，人是由其所有关系而构成的，“做人”的目的在于“成仁”，这样一来，“我/他”“手段/目的”二者之间的分裂观就毫无意义了。也就是说，如果构成自己人格的他人做得好，我也会不错的。老师与学生要是做得很好，是一起都做得好；要是做得不好，是二者都不好。进一步说，儒家的观点是，“理”对文化概括性起到指导作用，它是从有效的行为上，而不是从先验而有、本身合理的规则上。这种规则一般都被当成判断行为的规律性标准。如果这样，“率性”行为本身就是根本性、持续性的“理”的源头，而不是违反“理”的。在“手段/目的”意义上，儒家传统把二者都赋予“仁”的意义，即“手段”与“目的”是互含不分的。人的作为是为“成仁”而“行仁”，“行仁”即“成仁”。手中掌握了儒家的这种理，我们就可合理地认为，“仁”其实就是行为方式的“率性”（“权宜”）。

第七节 “德”之于“行”，在人伦之义

从儒家角度看西方传统的哲学话语，西方在“德行”（virtue）问题上思考方式的主要弊病是，总倾向把各种“德行”实行“质相化”与“形而上学化”，并且给予它们属于自己的生命，这样就把它们做成了“重犯” P180
约翰·杜威所说的“顶级哲学谬论”的东西。这样一来，就把作为结论的固定与最终的原则，作为起因移到（人）经验之前去了（变成了对道德原则的诉求了）；我们错误地把“质相类别”（kinds）及“分类”当成了对复杂的、由关系决定的、社会情势事物的合理表述（变成对“德行个体人”的诉求）了；我们以为，因为我们有抽象名称，所以也有与抽象名称对应的“东西”（如作为“德行”的“勇气”“正义”，在任何地方都有对应这二者的“东西”）。

如果说儒家思想根本上是审美感的，那么就不会觉得奇怪，儒家用的语言，是诸如“美”“恶”[①]这类表达人品行为的词汇。可是“美”在古汉语的意思相当于“beautiful”（美的）而不是“beauty”（美本质）；它是指某些关系是怎样在一个特殊域境中来到一起的；它不以“名词化”和“质相化”表示“美本身”。同样道理，人的作为变为“有德行的”，关注的也是这些作为是怎样在一个具体动态环境中来到一起的，而不是去看“德行本体”。这样，无论我们把什么称为“德行”，都不是别的，而是活力的、境域的、实际的、创造力的最佳状态。

这就是说，“仁”不是一种具体“德行”（specific virtue），可以给予命名，可孤立地分析为对一个人的性格做定义表述；它不是用一种圆成人格（做人、成仁）的方式去行为，这种行为可以不根据具体情势的规定性和复

① 《论语·尧曰》。

制性；恰恰相反，“仁”是一个统称，是作为在具体“角色”气质上修养而成的“德行”（造诣virtuosity）；它在于使任何具体行为皆能做得格调文雅、恰到好处。因而使得如此这般行为变为对一切人具有深远意义的源泉——“义”。所以有一次孔子对学生说“刚毅、木讷，近仁”（《论语·子路》）。他还在另一次对话时说道：

> 能行五者于天下，为仁矣。……恭、宽、信、敏、惠。恭则不侮，
> P181 宽则得众，信则人任焉，敏则有功，惠则足以使人。（《论语·阳货》）

对“仁”的品行所做的不同阐述，都是不同例子所表示的、保持良好关系意义的“德行”（善virtuosity）所能达到的各种程度。“仁”不是“善”，而是一种“行之有效”的“善于……”“……方面不错”“对……善”“对……有益”“对……是好事”“对……有好处”“善于……相处”“善于使用……”以上各种“善”表示在社会经验展开之中对待关系的智慧。作为“正确”行为，“仁”是“恰当”“适宜”“正当时”，即“正当”有利于搞好关系之“时”及“适宜于”目的。作为“端正”行为，“仁”是在关系中进行必要调节，充分利用现存环境条件的共有可能性。“仁”不是第一性地去溯源“什么”，而是前瞻性的“如何”。[1]而且，“仁”不属于某一人的本质固有东西，而是必然存在于“一个人对他人、为了他人，意味着什么”的范畴。以关系决定品行素质、以关系决定品行的价值，以此作为一

① 这里的“第一性地去溯源‘什么’”和“前瞻性的‘如何’”，是对中西思想传统特点的简洁精准区分。自古希腊开始西方传统的突出特点是：所谓“思想”，即一切意义探索，都追溯到超绝人经验之前的那一宇宙的本体本源那里去。“本体”是静止不变质相的，属于“什么”范畴；中华传统没有西方的反顾追溯本体“什么”的倾向，而是一切精力投向对“道”（对万物内在联系）的思考；思考内在联系，即思考事物的“如何”，而非最终本质“什么”；不是还原论地回溯，而是着眼在目前与未来，皆落在“怎样（如何）”的范畴；所以相比之下，是一种前瞻性的“如何”倾向。（译者注）

种要求——就互相依赖和互相联系而言，在问及动机和对应结果时，知道人们做的是什么事情；如果这样的话，“仁”就是功效与消耗的不同，是文雅与丑行的差别，是致使关系健康还是受损的差别。

这种关系的回应性，是孔夫子所说“苟志于仁矣，无恶也”（《论语·里仁》）和“唯仁者能好人，能恶人”（《论语·里仁》）的意思。他认为，具有关系敏感性并有反应之人，是“仁”的最重要来源和最明智的判断者，因为他们所致力的，是做适合情景、对任何人都最适当的事，即“义”，而不是狭隘地只做对自己有利的事。[1]

“仁”是前提，也是结果。作为具有转化力量的造诣，作为前提，“仁”召唤出具体的道德行为，以满足具体情势对人格的热切期望。仁不是一种具体德行；情景环境是决定性的，由它决定什么是最适宜的德行。然而，按照“仁”的要求，它又是一种特定德行。例如，可以将一种鲁莽行为转化成一种勇敢行为的，应该是这样一种方式，即采取的行为是关系情景的，而且从动机也从后果考虑这一德行如何做出：这个行为是出于考虑谁的利益？是服务于谁的利益？它所有利于加强的又是什么性质关系？答案就是其道德价值来自情境的适当性，来自这一行为所成就的意义——“义”： P182

子路曰：“君子尚勇乎？”子曰：“君子义以为上。君子有勇而无义为乱，小人有勇而无义为盗。”（《论语·阳货》）

第八节　德风之起，“角色”之命

在《论语》中我们经常看到的，也是《大学》呈现的，是人对自己修养的那种辐射结构，人生至善的视野在这个结构中展开，从直接的家庭关

① 《论语·里仁》。

系展开，而且此时，作为家庭“角色”的一个直接展开，向外推延，充实到更为广大的社会中去。其实，正如“家庭”是儒家世界观无处不在的比喻，“孝”既是手段，也是目的，还是儒学的灵感和反响。正如“行仁”为的是“成仁”，“行孝”为的也是“成孝”。在儒家思想中，家庭具有中心作用，适于家庭的基础是亲情，从这个基础，形成我们领受人生的路径。《论语》中出现多次的期待，人的旅途从与父母相伴启程，在我们整个人生，现实中或精神层面，任何境遇都不曾远离父母。[①]儒家的人生是家庭的人生。

正如《论语》《孝经》提倡“仁”，是以孝为本。《孝经》在《开宗明义》章明确提出，人的价值与教化来自家庭亲情的根据：

> 子曰：“夫孝，德之本也，教之所由生也。”[②]（《孝经·开宗明义》）

翻译为英语“family reverence”的汉字“孝”，字形由“老”与“子”构成，这样的特殊意象组合要传达的，是一种生存主义意识；“仁”需要人
P183 走向或开拓自己的存在意识，在与他人的关系中，“成仁”作为人意味着什么，正如“仁”“孝”直指我们生存的经验。其实，“老”字在甲骨文中的最早字形，是个长发老人拄着拐杖“”，后来到了小篆中，它变成了“”；拿这个“老”比较甲骨文（“孝”）的最早字形“”，就会发现，拐棍改成了“子”，变为青年人搀扶着老人。

这里引的这段《孝经》文字，孔子把“孝”与“教”互相联系起来。利用二字的同源词关系，“教”只是给“孝”字加了个偏旁（攴）。它是出现在甲骨文中的“”（“教”），似乎给人一个熟悉却已不流行的“教”的

---

① 《论语·里仁》：“子曰：‘父母在，不远游，游必有方。’”“子曰：‘三年无改于父之道，可谓孝矣。’”“子曰：‘父母之年，不可不知也。一则以喜，一则以惧。’”

② 《孝经》的英文译文，可参见Rosemont and Ames（2009）。

意象；它的形象的最生动之处是“手”、“棍”和“学生”的适时结合。[①]《说文解字》将“教”定义为相互性和辈分的“教，上所施，下所效也”[②]。重要的是，“教”字本身已是强调，对于教育的实在内容与目的而言，以体悟“孝”为本；这也正如“孝”“教”同时享有和“效”字的同源词关系，强调长辈对其子孙施教的榜样作用。

《孝经》第一章中“孝”的内容，又一次被定义为如《大学》中那种辐射与远大志向的结构，这一结构从最具体的呵护自己身体开始，再使之外延，直至取得光宗耀祖的荣誉：

> 身体发肤，受之父母，不敢毁伤，孝之始也。立身行道，扬名于后世，以显父母，孝之终也。夫孝，使于事亲，中于事君，终于立身。P184
> （《孝经·开宗明义》）

围绕“孝”的核心观念的一套词汇，认可一切“善”、价值和德行，认可它们实际的、处于情势的、相互渗透的、具备人的气质的性能，为道德行为提供具体特殊的规矩。虽然在母亲如何对待儿子，伯叔、娘舅如何对待侄子、外甥，包括必要时勇敢地对他们施加保护或以正当态度对待他们等方面，我们都有“必须感”，但是当把“勇敢”和“正义”作为“抽象德行”时，在具体怎样去做这个问题上，我们必然感到不知所措，必须进行挣扎性的求知；在给道德行为寻求一个标准时，僵化不变地参与到人对实际情况的理解有一种歧义含糊性，因为实际情况是复杂的家庭关系，而我们正在努力辨别、约定和采用道德原则，这种歧义含糊性可能就会走偏，看上去，它挺坦率直白，但在实在意义上，它一点也不明确。

---

① 见关子尹“Multi-function Character Database”甲骨文合集CHANT：0039A、小篆（康熙图）、西周晚期CHANT：3937、甲骨文合集CHANT：3233等出处。

② 《说文解字·教部》：“教，上所施，下所效也。”

人们往往不能对“孝”达到深刻理解，这种障碍来自于普遍、简单化地在“孝”和“顺从”之间画等号。①重要的是须注意到，儒家世界观把家庭作为普遍秩序模式来提倡，而并不认为等级社会群体形式必然一点好处也没有，或者说，简单平均主义是永恒的价值。作为从开放性现实生活的人类经验获得的道德感，儒家思想在影响一代代人对待家庭生活结构方面，总存在差别。其实，儒家是依赖等级性和恰当尊敬方式的，只要确定这种等级性和尊敬达到了家庭凝聚性的必然条件即可。从根本上说，这是等级结构内部的强制性，而非等级本身必然会危害关系。关系遭受的困难来自对关系意义的简约化，不管源于哪里，只要有单极性的瓦解、强制和压迫作用于关系，都会造成关系意义简约化。

子女对长辈应有的“下对上”的遵从与尊敬，必须要与“家长制”和“父权”——那种古罗马式“一家之长”制、自父亲的从上至下、单向的权力与特权——严格区别开来。其实，家庭关系就像中国传统宇宙观中的所有关系
P185 一样，都是双向性的。长辈以自己为表率对下一代施行教育，在他们自己的时代，自然是受到年轻一代的尊敬，但是值得期待的是，年轻一代的成员们，从长辈那里学得很多，也从对长辈之需与亲情的服侍中获得很大的愉悦：

> 礼者，敬而已矣。故敬其父则子悦，敬其兄则弟悦，敬其君则臣悦，敬一人而千万人悦。所敬者寡，而悦者众，此之谓要道也。（《孝经·广要道》）

从生存意义上说，我们可以这样理解，一个女儿悉心照料自己年迈的母亲，将这种尽道德之责当作孝敬机会，而不看成负担。

---

① 可参见Sim对孔子观点的类似思考，她借用亚里士多德的话，企图纠正孔子：“就是说，我们今天认为，孔子提倡的对虐待型父母或暴君式统治者要盲目服从与忠诚，它对接受这种愚忠的人的损害，不亚于对这种愚忠的执行者。”〔Sim（2007），第14页，注3〕

理解孝道究竟是怎么回事，一个很重要的考虑是，教诲是以身作则做出来的，不是命令出来的。老一辈教育自己子女怎样恰当地遵从，最好的方法是，对孩子们的祖父母表现出同样的尊敬态度，也在祭祖场合对孩子们表现出这种态度。孩子们则会效法长辈在家里、在社会的行为作风。

然而，“遵从”只是“孝”比较明显的一方面，它还有不时被忽略的另一方面；时常在家庭中做到“孝”，如同朝廷上的忠君之臣，需要进“谏”，并非只是恭顺而已。进“谏”不是随意的或可做可不做的，而是要严格问责要求的。例如《孝经》中学生问“孝”是否可被认为是顺从，孔子很不认同：

> 曾子曰：“……敢问子从父之令，可谓孝乎？”子曰：“是何言与？是何言与？……故当不义，则子不可以不争于父，臣不可以不争于君。P186
> 故当不义则争之。从父之令，又焉得为孝乎？”（《孝经·谏诤》）

《荀子》一书也是这样的观点：《子道》篇一大半内容都在阐述复杂的关系，都是对把“孝”或“忠”理解为盲目顺从的批驳，并以大量现成事例说明，对长辈或上级权威要求不加分析地顺从，恰是不孝、不忠。[①]

进“谏”是一件包容性和思考性的事情，思考集中点在于“我们”，是对“我们”的询问：“‘我们’怎样才能做得更好？”面对这种情况，进“谏”必须与那种抗议性的表达行动区别开来，抗议性批评是排斥性和对立性的，是一种反对：只是针对“你”的。当然，为了有效地使人接受行“谏”，改变原来的做事，进“谏”说服别人，必须对对方的感受与态度保持敏感，并善于应对，有丰富想象力。不过，这种对上级权威的进“谏”是有底线的，它决不容许顽固地以自己的判断与长辈抗争。虽说作为后辈

① 《荀子·子道》。

对父母有进“谏”之责，却并不意味长辈就一定有听后辈进谏的道理。孔子这样说：

事父母几谏。见志不从，又敬不违，劳而不怨。(《论语·里仁》)

家庭纽带还有第二个重要层面，谓“悌”：即同代之间弟对兄表示的“敬”。其实，正如“孝”表达长辈、晚辈之间的合宜关系一样，“悌”被视为自然而然与显而易见的一份情谊，以致其原始字形就是“弟”字，后来才变得更复杂一些，“弟”加上“心”，变成了“悌”。它表达的儒家思想是，“悌”的行为，首先直接在家庭之中培养，会流淌、跨越最原初的边界，像波纹一样向外扩展开去，延伸到社会，让社会也如同一个“超级家
P187 庭”般凝聚在一起：

君子敬而无失，与人恭而有礼。四海之内，皆兄弟也。君子何患乎无兄弟也？(《论语·颜渊》)

家庭相敬（孝）的第三个重要层面，本身既是“孝”也是“悌”的延伸，是“友”，它超越人的辈分之别，把家庭中兄弟关系衍伸至“友”的人伦中来。

家庭始终是出发点；世界的兴旺发达是目标。用“角色”作为一个具有生存内涵与道德性的词汇，打通了家庭、社会与国家的界限。这一具有辐射性、有机性观念的关系秩序，所表达的儒家思想是，美满家庭是昌盛国家的直接、真正源头。这一点孔子讲得很清楚，《论语·为政》曰：

季康子问：“使民敬、忠以劝，如之何？”子曰：“临之以庄，则敬；孝慈，则忠；举善而教不能，则劝。”

或谓孔子曰：“子奚不为政？”子曰：“《书》云：‘孝乎惟孝，友于兄弟，施于有政。’是亦为政，奚其为为政？”

《孝经》对“孝”与“忠”的直接关系讲得非常充分，以致不少评论者都从数十年生活经验出发，认为《孝经》的首要目的还是给老百姓灌输顺从统治者压迫的思想。[1]尽管他们并不肯定，但我认为或许并非如此。

如上所述，“仁”的源头就是身边的家庭关系。一旦作为源头的家庭关系在社会和政治范畴得到广泛践行，“仁”的品行就对社会上那些遵行“仁德”的人变为榜样力量。这样，“仁德”便被视作君子的必然条件。[2]一个人成为君子，也就成为“仁人”，这是不可简约协同性的，需依托各种榜样作用的交相关系；它不是对“抽象原理”的遵行：

子谓子贱：“君子哉若人！鲁无君子者，斯焉取斯？”[3]（《论语·公冶长》） P188

第九节　立志笃行，安身立命

当然，理想的人生圆成（成仁）有各种不同方式。道德哲学的传统倾注在于探索某些名义、固定不变的道德点，一种底线——自我证明、不可反对的原则，或者一种理念生活模式，或者某种意志抑或理性能力，或二者兼有，或者某种自然法，可从中归结出一切其他准则。下一步则是阐明这一道德箴言，奉陪一切冲撞者，然后开始将它运用于特殊案例中，作为解

---

① 参见Rosemont and Ames（2009），第3页。

② 《论语·里仁》：“子曰：‘……君子去仁，恶乎成名？君子无终食之间违仁，造次必于是，颠沛必于是。’”

③ 此外另见《论语·子罕》：“子欲居九夷。或曰：‘陋，如之何？’子曰：‘君子居之，何陋之有？’”孔子提出，居于野蛮人之间的君子对野蛮人会起到转化作用。

决办法。在这个形成习惯的“至善人生”理念中，“原则”先于特殊案例上的运用，由“原则”来发挥作用，在道德问题出现时作为解决办法。这样，“原则”就必须是一种时刻准备状态，道德问题一旦发生，它就赶快过来发挥作用。

儒家角色伦理学却不是从一种企图开始，去隔离、抓住以及对某些道德行为的缘起因素做出解释，说它是什么原点的原则或者主体、力量。恰恰相反，对于儒家角色伦理学，起点是考虑发生了什么，而结束是让正在发生的更好地发生。在儒家角色伦理学中，成仁的道德造诣，宛如一件艺术作品，是一种造诣与想象力的特别表达，是一种高度的惬意感；而且只是于这一意义、于这一维度，它才在一定程度上用“对”或“错”，“正确”或“不正确”这样的语言评价。这时，“仁”绝不是在难以把握的情势之下，去严格运用某种先决的、不言自明的道德原理；“仁”相当于积蓄而成一个道德意义宝藏，它体现在人们的身上，提升和改造人类的经验。对于找到这样一种归属感，孔子是十分明确的：一个与法制统治的权威社会相区别，以“敬”为气氛、以自我运行为调节、非强制性的家国。

> 子曰：“道之以政，齐之以刑，民免而无耻；道之以德，齐之以礼，有耻且格。”（《论语·为政》）

P189 “仁”是一种道德艺术，它提升社会整体意义的质。“仁”作用的发挥是将人置入社会，修养一种共享高雅的气质，反映在各式各样的行事之中，是特别为道德匮乏的情形准备的。在理想情况下，家国具备“仁”的意识，而只在偶然、个别的时候，即一旦这种行为习惯不能实行，要求在特殊问题上做出刻意处理的情形出现之时。为达到这样一种理想，孔子寄托于一种家国的建立，所依赖的并不是诉诸法治。

子曰："听讼，吾犹人也，必也使无讼乎！"（《论语·颜渊》）

根据这个观点，我们可以得出，对道德法则教义的诉诸，与对法治的诉诸没有两样，本身就是对社会失败的承认——"仁"太匮乏、太晚了！建立一种人与人关系的社会性，可阻止出现人的滥为状态，正、义就多起来了，就不会只是依赖所谓对行恶之人的惩戒了。

当然，如果把"仁"理解为对待关系的艺术，就可立刻与"智"（活得聪明）形成一种互为性的联系，而且这样也就没有什么奇怪，这两个语汇就如同雨水冲刷山脉，山脉造成雨水，在儒家语词上，从来是不可分的。

子曰："知者乐水，仁者乐山；知者动，仁者静；知者乐，仁者寿。"（《论语·雍也》）"仁者安仁，知者利仁。"（《论语·里仁》）

"知"字，或者字形下边多了表达"说"的"曰"或"太阳、日子"的"日"的"智"字，在英文里一般被译为"knowing"、"knowledge"或"wisdom"。"知"还指"知己"，是将"知意味着什么"的问题人格化，将它作为"可信赖的人际关系形态"，这种关系形态作为家国之人可智慧地生活在一起的条件。从"智"的甲骨文字形""去探讨"智"的语义，一种解释是，一个大人以口头或文字形式向下一代传授智慧。"智"还有一个甲骨文字形是""，而一些晚期青铜铭文"智"或"知"的字形是""："矢"和"口"；"口"以及表示交流意思的其他字如"言"、"示"、"耳" P190
和"心"等，是经典中国哲学重要术语，出现次数很多，却不是最多的字。与"曰"的语义一起存在于"智"字中，这种结合关系反映着作为社会的、交流的"知"的重要性。其实，欧洲著名语言学家高本汉，或许受到一些甲骨文不同字形的启发，推测"智"字中的"矢"原本是指代"人"的。

如果这一说法正确，那么“智”就包含了社会学知识的范畴，而不是什么与世隔绝的知识。鉴于儒家的“人”具有不可简约的社会性，所以所知范畴不是个体人之所知，而是社会之所知，这样“知”作为实用智慧，是作为一种社会幸福的直接资源被感知的。

“智”的社会层面性引出第二种看法：“智”是具有改良含义的，它所求的是改善世界。孔子说：

> 知之者不如好之者，好之者不如乐之者。(《论语·雍也》)

这里的“知”，当然有认知层面的意思。但是对这个认知的理解，必须是一种延伸出去的意义，且已经修养为沟通的性质，人之乐由此而出。导引之下、目的性强的知识，比起简单性认知，是受到推崇的；而事实上有益于家国社群享有欢乐的知识是更好的。斯宾诺莎《伦理学》的最后一个命题说“福佑不是‘德’的回报而是‘德’本身”，如果我们对这句话做点随意改动，我们可能会说：幸福不是智慧生活的回报，而是智慧本身。也许更确切一点，我们应该说，幸福不是智慧生活的目的，而是智慧人生的情感特点。

古汉语没有把“知”与“智”分开。由于没有“理论/实践”“我/他”的那种严格二分性，所以必须经过社会性行动检验为真，才有资格被称
P191 为“知识”。它必须是具实际效果的。由于“知”有这样重要的实用内涵，我们可以将这种“智慧”理解得更充分，将它作为“智性社会实践”(intelligent social practice)。而且因为“知/智”总是包涵“实践”，所以它总是特地性的(localized)知识、情景性的智慧。什么时候也不会有“无定位的观点”，没有“上帝眼之观”，可提供严格的“客观”角度。如果事情是这样的话，认知世界就是反身性和价值性的：是从这个视点向外推荐这个世界。

可以说，“认知”被理解成智性社会实践，不仅具有信息量，也具有行动力量。“知”是作为，作为改变世界。按这个意思，“知”还可以译为 realizing（实现），以此突出“将预想结果变为现实”这种含义，即创造一个特别的世界。“知”是规范性地创造世界。在此还要重申，“知”包涵“行动”的力量：它必然导引一种感受认识论。“知”对于那些相互感同身受的人们的感受、信仰和心境产生直接、重大的影响。这样的“知”切实地改变他们的感情和思想。

我们知道，中国人的认知语汇传达一种“对事务安排”（mapping out）与“开辟路径”（making one's way）的意念。这样的“知”语言，相当于我们一起行路时的观察标识，以便走在正确的方向上。这种意念一直传承延续到现代汉语之中，“我知道”这种说法在语言上可清晰地表述为“我知道路径”“我走这条道”，呈现为一种语感性的东西，传达给别人的既是举止姿态，也是一种到达彼地的最佳途径。“知”对显而易见的具体条件具有意识性和想象力，能看到可能性，并且通过思考的仁性，在自己的家国环境中，赢得聚合支持与迎接未来的热情所必需的向心力。“知”之于古代儒家世界，的确是一种“乐知”（joyful wisdom）源泉。这种思想是社会智性，在广泛普遍性上，在重要方面屏蔽掉需要“伦理意志”（ethical deliberation）的具体硬实的情况，也屏蔽掉与之伴随的对“常规性理念”（regulative ideals）的诉求。

值得注意的是，“我知道”是一种及物语法，但“道”并不是这种语法的“谓语”，而是包含实实在在的“主语”意义。这种情况就像“生活”、“历史”或“经验”，不能以二元论意义去对待。“道”表示指导在世间生活的一种质量道路（qualitative way），它既包含主观性，也包含客观性，是不可分的。“主语”的属性及其做出的行为形式同样是不可分的。“道”不 P192
承认亚里士多德的“范畴”，而是同时与主语、谓语条件保持联系性，同时也与“知”的质量以及所知世界的条件保持相关性。“知”既给予其主体

“仁”的质量，也给予我们其所知之物，既给予我们采取行为的具体情势，也给予我们采取行为的本身形式。

第十节　儒家角色伦理诠释词汇

“仁”是经过修养的人格，在以家为起端的多范畴多层次关系的任何场合中，都能获得最可取的意义。这样，就总是与社会性成果的“知”连在一起。《论语》提供给人们一套语汇，用以理解“仁”是怎样伴随人及其所在家国的道德成长，怎样伴随时间的积累聚合生成一种民族性精神——一种一以贯之的家国伦理与文化特质。儒学经典围绕的问题是人怎样恰如其分地驾驭具体情势；人怎样利用可对行为起智慧指导性的人事资源，在现有条件基础上使事物得出最好的结果；还有，什么才是有助家国、文化及人的成长的长远前途？

我们从道德的不确定性开始，道德不确定性发生在人的经验的所有方面。在仁性人生的角度，在人生每时每刻不可懈怠的精心意义上，在这种精心所能促生的变革意义上，都存在一种切实的至关重要性。正如孔子说：

> 不曰“如之何，如之何”者，吾末如之何也已矣。（《论语·卫灵公》）

每一实际情形，都具有自己形态的关系与条件，都是需要精心梳理与忖度的。在任何事态的既有事实之外，这一实际情形也潜藏着事情向前发展的多种可能性。前景究竟如何，全凭人们恰如其分的把握之度与相应处
P193 置素质结合的想象力。每一形势都有特质性，都要求雄厚的道德智性来担当，以便于在最大程度上兑现其可能性。道德想象的核心作用是至关重要

的，因为总有一些应对举措比另外一些举措更好。这种可能性之间的渐变差分，其意义是，作为一种仅对习惯性反应的平衡来说，要求每时每刻都要对潜在发生的变换情况给予严密注意，这时，要求对情况做出清醒的判断以保证最佳可能，还要有充分的道德之心促使该可能恰如其分地实现。

孔子对仁德人生的全局性视野，要求对所有具体情况保持悉心不懈的注意，以找到最为有效路径。仁德人生是一种不屈不挠的毅力，行仁是没有时间段的。孔子将颜回视为得意门生，赞许有加，其实就是看中他对待自己的所有行为都一丝不苟地合乎“仁”的要求：

回也，其心三月不违仁，其余则日月至焉而已矣。(《论语·雍也》)

不论人的学问达到何等程度，“仁”要求学问要切合身边实际：

博学而笃志，切问而近思，仁在其中矣。(《论语・子张》)

第十一节 “恕”：推己及人

一次，孔子曾对学生说他的“道”(即他的“仁”)是一以贯之的。学生中年纪稍长的曾子，对在场其他学生解释：

夫子之道，忠恕而已矣。(《论语・里仁》) P194

又有一次，孔子把“恕”强调得更为“首要”，称之“可以终身行之”：

子贡问曰：“有一言而可以终身行之者乎？”子曰：“其恕乎！己所不欲，勿施于人。”(《论语・卫灵公》)

“恕”是儒家伦理核心的重要语汇。“恕”所表达的，既是道德困惑，也是对找到最恰宜回答所做的开创性探索。儒家经典对“恕”进行过多次阐明，《说文解字》也将“恕”解释为“仁”之最理想效果。“恕”与“仁”是一种体用关系。正如“仁”是类比，即人的既相似又相异的角色与关系的恰宜协调，“恕”也是相对于他人行为，自己做出的相应行为。

赋予“恕”如此核心性的意义，是根据人做出的有效相应性行为以及确定人的道德判断时，想象力之无可比拟的重要性。想象之发生，不是什么附加性、附属性或补救性的，而是一种感同身受力，产生于人的必要的教育和修养所需的所有资源。如同任何审美性的判断，想象是花用气力，成就特殊细节与整体效果之间的相应，这是在一个整体环境中达到的，而且这样做，扩展了道德考虑的场景及其深刻性。

“恕”有“胸怀宽阔”与“宽容”的含义，在哲学上被译为“altruism”（利他主义——陈荣捷）、“reciprocity”（互惠主义——杜维明和雷蒙·道森）、“consideration”（虑及——阿瑟·韦利）、“mutuality in human relations”（人与人关系的相互性——芬格莱特）、“understanding”（体谅——森舸澜）、“using oneself as a measure in gauging the wishes of others”（以自己为忖度虑及他人意愿——刘殿爵）等种种说法。[1]“恕”是一种虑及他人的宽阔胸怀，它伴随着类比性意想，明确地蕴含在字形构成的语义当中：“如”的意思是“像、如同、好似、相似”等；“心”含情感性与理智性。“如”的甲骨文字形为“”，意为“质问人”[2]。“恕”是“虑及他人”：在自己做事的时候想到他人，对他人表示尊重。这一类比尊重理念也体现在同源字“汝”（你）的含义里。

---

① Chan（1963），第44页；Tu（1989），第34—36页与Dawson（1981），第41页；Waley（1938），第105页；Fingarette（1972），第55页；Slingerland（2003），第242页；Lau（1992），第15—16页。

② 见关子尹“Multi-function Character Database”甲骨文合集CHANT：0470。

相较于用更抽象和计算分析或者理论方法对道德行为进行定义，“恕”的含义是明显不同的。如果懂得“推己及人”，这种具体、场景性的道德倾向，是最有效用的形态表现。其中蕴含的意义，是对直至有了道德答案 P195
为止所做的“尊重”行为的重要性的认同，同时还包括将他人的利益考虑在内。

“恕”在根本上是一种审美倾向，源于由“孝”“悌”主导的家庭纽带，在这种纽带中，“人格”在努力践行自己的角色和关系的过程中实现——祖孙之间，孙子既把祖母作为尊重对象，也将她作为自己人格成长的资源。在全部时间中，“恕”被扩展为塑造和深化家庭范畴之外关系的相应素质。如此之“推己及人”，成为一种机敏性、思虑全面性人生的无所不在、无所不有的性情。

“恕”的思想由捉摸不定的情势而生，即对一种特殊情况感到困惑，不知如何对待。那么解决这种状态就在于：人通过丰富想象而找到转机，使自己从窘境中走出来。最后结果是一件智慧的作品，知道如何去做才是最恰宜的行为取向。通过一个类比性思维过程，人有了自己去应对的态度，将面对的情况与记忆中以及可想象的情况互相联系起来。我们可以将这样一个过程进行总结，“恕”就是为一种域境化困惑寻找解决方法的意念，从而确定自己该如何行为。“恕”最好的状态，是呼唤清晰的记忆，想到各种类比的情形，能把最为妥帖的相互联系性建立起一种穿透性智慧，同时也能提供一系列创造性想象为可能出现的局面及后果做出预想。这样的类比思维过程正是《论语》中经常被引用的话：“能近取譬，可谓仁之方也已。”(《论语·雍也》)

“恕”有一种认知与谋虑功用，但是我们要适当地“理性化”(rationalize)地认识这个认知、谋虑过程。“恕”需要的是一种全面性对待。与“恕”在一起的，也许还有为达到更有效探讨而更核心性的过程，即通过感受而知——它要求做到的是以感同身受的心理对情势环境的审视。正

P196 如同一种批判性疑问可变成一个思智习惯问题，一种对待他人的感同身受回应也可变成一种习惯成自然的情感备至行为模式。实际上，“恕”这一习惯成自然模式的形成，就发生在潜在性成长之中，从一种谋虑性做法变成人与人关系行为上的一种即时性、无自我意识的道德智力。

在儒学经典中对角色伦理智慧与想象力做出核心强调的，当然是《中庸》对“恕”观念所做的阐述：

> 子曰：“道不远人。人之为道而远人，不可以为道。”
>
> 诗云：“伐柯伐柯，其则不远。”
>
> 执柯以伐柯，睨而视之，犹以为远。故君子以人治人，改而止。忠恕违道不远，施诸己而不愿，亦勿施于人。（《中庸》第十三章）

“仁道”不是远在天边、虚无缥缈之物，而是就在日常事务的“恕”与“忠”的践行之中实现的。这段话及“伐柯”过程的意象，对践行“忠”“恕”有重大指导效果。首先，人们指导自己行为的恰当方式，总是从身边存在的资源出发，直接从特殊、具体环境之处可得的资源中，类比地形成。再者，在这一过程中，没有什么单一原因性。虽然“伐柯”样式是近身的，但是这种样式与“伐柯”成品、原有样式与正在“伐”的具体的“柯”（斧柄）之间那种必须解决的差别，只能以细致瞄察、做出决断去消除。

现有“伐柯”样式既有示范也有工具意义，新开出且有特质的“柯”（斧柄）并不完全是在现有样式上的雕琢。进一步说，现有“伐柯”样式本身，其实是为开出新成品所用的一种手段，只为造出一新工具而其自己作
P197 为其他物之样式。在这个“伐柯”的例子中，具有效力的原因只有一种，即解决手段与目的之间的常有差别；“仁”的行为对“仁”行为的理想效果产生影响，成就它的是自己的“仁”。

在现有样式与新造型成品之间类比所具有的鲜活性，将它运用到不可繁而化简的做人方式中去，得到的观念表达就是“恕”。首先，在人与人的相互交往中，绝不能斜视他人或心怀不信任。在互相影响中，这种影响产生于彼此的尊重方式以及在尊重方式里所包含的一定模式，这样在我们塑造对方、对方也塑造我们的情况下，要求我们具有最集中的精神以及对一切资源最充分的发挥——我们的记忆力、智力与想象力。在人世间，一个人的行为会对别人产生人格成长的效果，这一人格塑造过程的成品是“仁”，成“仁”的他人又反过来塑造另外的人。在整个过程中，手段与目的是呈现为一体的。我们行仁，为的也是行仁。

对于“尊重”，还有可进一步说明之点，这点可从《中庸》中得出。在《中庸》与《论语》中，“恕”作为“设身处地”，表达了另一种特点，即“恕”是从消极意义而言的——“己所不欲，勿施于人”。这一“金律”的“消极意义”说法是谦虚性的；它不去做假设推定——人必须遵行某些客观和普适性的标准，这个标准是命令性的：“你要人家怎样对待你，你就怎样对待人家。”正如“伐柯”用的是“样式”，而不是“模板”，与别人联系的人格塑造是一种引导性的融洽和谐，而不是强加的同质。不是简单性“复制”，而是需要很大程度的艺术造诣。的确，“推己及人”所需要的，是对“己”与“人”的差异性的敏感。反之，在不存在什么假设推定普适标准的情况下，出发点如果是认为一个人已经晓得对另一个人说什么才是最合适的，那么这是一种不尊重地看待他人的态度。我们要有开放与灵活的心态，要在如何最好地培养出一种关系上尽心，而这只能通过悉心 P198
地考虑对方的需要和所在具体环境可能性中实现。尽管如此，在我们努力发挥一切可能性发展与他人的关系时，“己所不欲，勿施于人”，这至少是开始的一个很好的切入点。不过，除此之外，人面对的是一个充满偶然变化的世界，是需要谋略与想象开发力的。

不过这段《中庸》还有更多意思。根据上面的引述，接下来讲的还是同一要点，即被视为“中庸”的观念——由人践行的具体的“仁”。《中庸》中有段文字描述直接的家庭角色与人伦修养出“恕”与“忠”的人格：

> 君子之道四，丘未能一焉：所求乎子，以事父，未能也；所求乎臣，以事君，未能也；所求乎弟，以事兄，未能也；所求乎朋友，先施之，未能也。庸德之行，庸言之谨，有所不足，不敢不勉；有余不敢尽。言顾行，行顾言，君子胡不慥慥尔。(《中庸》第十三章)

这里所讲的，就是人要在最直接的家庭与社群伦理关系中，采取恰宜的“敬”人格修养取向。《论语》中有很多孔子恭敬对待他人的例子，不同情况下涉及不同的人。在几个不同场合，心怀困惑的弟子请教孔子“仁”为何意，虽然孔子每次的回答都是“恕”，但都考虑到这一学生特殊的情况，给出适合于该学生的回答。

这种做事情必须要对实际情形有恰如其分的反应，又一次明显地体现在冉有和子路同时询问“怎样为仁”这个问题时，孔子给他们的是相反的
P199 教导这件事上。之后有人问为什么会对同一问题给出明显矛盾的回答，孔子明确指出二者的不同情况：“求也退，故进之；由也兼人，故退之。”(《论语·先进》)

事实上，因为“恕”必须要理解成为欣欣向荣的社会培养出人与人之间的相敬风气，孔子对此看得很重。在社会中每个人都置身自己角色和关系的活泼动态环境之中，这些角色与关系的践行只有在人与人之间的相互恭敬条件下才能实现积极的驱动。当学生在课堂上对老师传给的智慧怀有恭敬之心时，激活的是学生自己的学习潜能。当老师对学生在课堂做出的互动加以重视时，课堂气氛就会进一步激发且热烈，因而呈现教学相长，学生与老师均能备受裨益。

第十二节 “忠”：尽己所能

上节引述《中庸》中一个重要说法：君子以人治人，“改而止”。除了“推己及人”，孔子的另一个道德思想核心观念是“忠”——尽己所能。这种义无反顾做有益之事的观念，其动机成了大为讨论的议题。刘殿爵对人们一般将“忠”简单理解为“效忠”提出很大修正，指出“忠”的原始意思为“尽己所能”。

> 做翻译的人倾向把“效忠”作为“忠”的唯一对等词汇，甚至对早期经典出现的“忠”也是这样翻。这是个错误，原因是没考虑到这个词的意思在长时间发生的变化……“忠”原意为“尽己所能”，也即以“忠”精神，人对通过“恕”处世之道而得出的该做之事尽己所能。[1]

《说文解字》把“忠”解释为“敬”，这对刘殿爵解释的“忠”是一个印证。后来人们把《论语》里的“忠”解释为“尽己”。“忠”的青铜器铭 P200
文字形为“”，“从中从心”。前面对“中”字意义已有分析，意思是以旗鼓聚众。“心”可以说既是思想也有情感。这两字组成一字，意为“尽己所能”或“尽己”于事——准确地说，就是全心全意做事。显而易见，当把“忠”用于君主与臣民政治关系的语境中时，“尽己所能”就变成更为狭义的“效忠”，即使如此，“效忠”也是具有思想而非盲目效忠的。

“忠”作为“尽己所能”，是对自己所用心思与行为的诚心诚意。不难看出，具有抗辩性格的孔子，对自己被说成“好学”，并没有不好意思。孔子总是以身为榜样教给学生“怎样”做人成仁，而不是空讲“仁”的道

① Lau（1992），第16页。

理，因为人的具体行为是复杂条件，总是需要在特殊的具体情境和情势之中具备品格性。因此道德行为不能成为一种一般处方。

第十三节 “义”：行天下之大道

“忠恕”二字——“尽己”和“推己及人”，是与“义”直接关联的。“义”是孔子道德观第三核心词汇。“义”是“成就人关系之最恰宜”，即以知晓“什么是”与情景最恰宜相合之涵义，作为对道德不确定的满意回应。“恕”可以被想成对关系最恰宜情景可能性的演练，它强调细致用心地去发现如何做将是最恰宜的行为。“恕”包括“敬人”之心，意思是只有在对他人的需要和意愿给以充分考虑之后，一个人的行为才得以确定。所以
P201 “忠”意为实行这样一种道德探询过程，随之在行事中做到尽己所能。

“义”在另一方面反映人的最恰当判断。在与他人关系上，为能做出最恰宜行为，为对合乎情势的恰宜做到胸有成竹，判断自己要采取什么态度。强调要根据自己对什么怀有恰当的感觉，要怎样最恰当地与人互动。“恕”是去发现，“忠”是去做的方式，“义”是在需要伦理考虑的场合中发挥。

“义”是“达到最恰宜”，它所定位的即时行动，既具同步性又具历史性。同步性的“义”行动，意在将域境扩展得尽可能宽大，顾及场域全局的一切可能潜在力，把一些有竞争却仍是各方合理性的利益也都考虑进去。历史性的“义”行动，在当下这一时刻把身处的直接环境置入它与过去以及将来行动构成的延续中去，把仍在延续的当前全面考虑为充分发挥那些资源的最佳方法，这些资源依据过去经验，是判断将来发生情况的最有效方法。

“义”在甲骨文的字形是“”，在铭文中的字形是“”。在字形语义结构上，“义”（義），从“羊”从“我”。“羊”是与牺牲、祭祀相联系的象征，通常含吉利之义。“善”“美”“祥”等字皆从“羊”。这种情况告

诉我们，在中国传统中，“人”皆是不可简约的社会性的，单数的“我”与多数的“我们”二者之间的差异，是没有严格区分的。或许更甚者，更为独立性、主格性的“我”与社会嵌入性、宾格性的“我”，或者更为独立性、主格性的“我们”与社会嵌入性、宾格性的“我们”（于英语为“us”），在语言上都是不区分的。

另外，清朝语言学者段玉裁建议，取“义（義）”中“羊”与“我”的现代涵义，不可过度。因为人称代词的“我”，甲骨文与铭文中的字形为从戈“[illegible]”。由此，有人就提出“我”是指一种长柄锯齿状兵器。在某 P202
种音韵学意义上，它又被作为同音异形异义单独代词的“我”来使用。古代“羊”是定期大规模祭祀活动的牺牲品，所以“义”可理解为准备献祭时人的严肃、庄重态度及其恰如其分的社会身份。“我”与“义”在献祭活动上的联系，与“牺”的“祭祀、牺牲、牲畜”意思是相合的；“牺”的原始甲骨文和铭文字形写作“羲”[①]。另外，“义”[②]的《说文解字》解释是“威仪”，这里显出合乎身份的仪态的涵义在同根词“仪”上得到印证——“有仪态之人”，尤指一位显出“威仪、端庄、礼数、恩慈”之人。这种礼仪身份及其恭敬仪态，不仅表示这个人代表社会的神圣性，同时牺牲祭品也获得净化，具有神圣性。

前面已做阐释，“仁”在郭店竹简的字形构成从身从心，表意妊娠妇人，将“仁”同一种轻柔仪态相联系；同样，“义”作为一位显出“庄重、威严”，心坚意决，执戈备祭的人的形象，这中间有着内在的联系。这一鲜明对照，在发掘不久的《五行》篇中，可见到清晰的表述：

> 故义取闻而仁取匿。刚，义之方也，柔，仁之方也。（《五行》篇二十）

---

① 见关子尹“Multi-function Character Database”春秋CHANT：102。

② 见关子尹“Multi-function Character Database”中关于“义”字的讨论。

“义”历来被译为英语的“righteousness”和“meaning”；一般译为“rightness”（正确性）和“morality”（道德性）的情况，是较少的。“righteousness”这个英语词汇与一种圣经涵义无法分开，即服从上帝的意志，它引进了一个具有独立性、客观性、神性旨意的正确、道德的标准，是一个与“义”不太相干的方程式。“正义”和“公平”涵义要求的是人的决断与坚定，而“义”则是人自己与所在场域的协调，需要的是宽阔胸怀、
P203 灵活和包容性。对孔子而言，就是我们不能手执已然准备好的、曾经的硕果，进入总是变化呈新的情况中来。因为这个原因，在尊重环境特殊性上，孔子十分坚决：

君子之于天下也，无适也，无莫也，义之与比。[①]

追求至善（最好的恰宜性）是与经常描述的孔子生活态度相一致的：

子绝四：毋意，毋必，毋固，毋我。（《论语·子罕》）

在决定采取什么行为时，这样的灵活、包融态度并不排斥行动时的心坚意决。正如孔子所说：“见义不为，无勇也。”（《论语·为政》）其实，这样的意决是《论语》的一个主旨精神。

德之不修，学之不讲，闻义不能徙，不善不能改，是吾忧也。（《论语·述而》）

---

① 《论语·里仁》。在《论语·微子》中，孔子列举一系列文化英雄重要事迹之后说：“我则异于是，无可无不可。”

孔子对灵活性与意决的结合，在君子行道践行“义”中，做出阐述：

义以为质，礼以行之，孙以出之，信以成之。君子哉！①

如果要确定一个对“义”的尝试性译法，域境包含性的“appropriateness”（恰宜性）和“fittingness”（适合性）可能是意义最相近的英语词汇。这个翻译因与“义”常有同音联系的“宜”得到强化。“宜”像“义”一样，具有一种基本宗教性指向，意思是“祭祀土地”，并由此引申为以“恰、和、适”进行调节。用“appropriate”作为“义”的英语翻译， P204
它不仅具有审美和伦理涵义，还有思想的神圣与宗教意义。“至善”（最佳恰宜）关系不仅涵义丰富，而且正如我们将在下章讨论的，这样的关系也是我们与宗教群体相通的那种价值感与归属感意义充沛的源泉。

所以，“义”是一种人所成就的恰宜感，它使人能够根据一定情势的特别性，采取恰当的行为方式。进一步引申，因为关系的“恰宜性”是产生本身意义的根本来源，所以不应感到奇怪，“义”也有“意义”进入，正如它被表述以及它属于人本身的关系和行为。伴随时间的长久，“义”变成了一个充满活力的传统，遵行各种礼节，举手投足体现着聚合意义。“义”是一种何谓至善（最好恰宜性）的意义，表达于人的角色与关系构成中，确定着何谓恰到适处。而且“义”是文化的施行，人们可以享用它，这样他们就会在践行同样的角色与礼数活动中，嵌入文化。这种社会形式的享用带有投入性意义——它使得一次敬礼、一次握手和一个婚礼都充满意义；在这样的礼数践行活动中所实现与投入的“恰宜性”意义，使得人们对“义”的遵行具有深刻的自己的特色。

“义”是对待关系的恰宜性，随着时间的推移，它促进关系社会的信任

① 《论语·卫灵公》。这句话在传世文本中作“君子义以为质”云云，而定州竹简本句首则没有“君子”二字。笔者从定州本删之。

与诚信度以及彼此的信心与依靠性，这样就能滋长人们对社会的真实归属感。孔子的话清晰地阐明了这一联系：

> 信近于义，言可复也。(《论语·学而》)

第十四节 “信”：践行诺言

其实，上面《论语》这段话，我们已经转到另一个修养成仁的核心观念——“信”。我一般把“信”译为英文“making good on one’s word”
P205（信守诺言）。“信”经常被解释为“信任”和“诚信度”，可是我们需要明白，“信”不只限于“善意”的意思，它还对实际结果有要求。如果只是对所说所做的事情简单地带有诚恳态度，还不能算足够的“信”。你得有资源——人的资源或是别的什么——要去跟进，去做出你曾经的承诺。正是由于对“信”的实际要求，在古代儒家经典里，几乎找不到大篇幅讲信的话题，我们所能见到的却是，你若是做不到，就不要说。

有意思的是，面对这许多（有的可能不是）最古的汉语词汇，在解读“信”的问题上，我们必须认识到，比起信的人物来，情势是首位的。也就是说，人所在的情势中，人们信守诺言，这个“信”是双向的：既意味着讲信用人的诚信度增加，也意味他的对象对他的信心与信任度增加。这样，“信”宛如友谊，是人与人之间信用关系的一种圆满状态；这时的“主体”则是从具体情况本身的一种抽象。

“信”在《说文解字》中以“诚”作解，并且二者互训，二字意义有相当的重叠。其实，正如我们在第三章阐述的，以儒家关系构成“人”的观念，“诚”是一个人深化与他人关系的根本决定基础，而且由这种做法实现人格成长。正是在这样“表里如一”的“诚”中，充满意义关系的加强呈现为一种创造性的“合为一”。作为信守诺言之“信”，作为一种习惯，是特殊、具体的加强诚信度与信任度的方法，必须作为所有人人格成长的基础。

第十五节 “德”：品行至善

这里我们要探讨的最后一个词，是表达孔子道德人生思想的“德”——品行的至善境界，历来被转义为含规范意义的说法“virtue”（德行）和“exellence”（卓越）。甲骨文中“德”的字形是“”，意象为人行于道，眼睛凝视前方。[①]这一组合意义给人以“正道”与“直行”的感觉，两个比喻之间所喻义的是身体与道德的“直”与“真”。“德”的铭文字形为“”，加了一个“心”字，表达径直而行意识中的思想与情感因素。如前所述，几处 P206
不久前发掘的考古文本中，出现的“德”写法为“悳”，上从直，下从心，喻义为“诚实、正直、真切、正道、直率”。“德”与“直”有同源关系，而且在古体语言中，“直”为“德”通假字，二者发音相似。

至此应该清楚，构成儒学角色伦理诠释语汇的几个术语，是有机联系和意义重叠的。每一词汇都是对同一事物的一个角度，突显圆成仁德人生的某一特殊阶段或层面的重要。或许有一种感觉，“德”是作为一种更为一般性的词汇而用的，表达的是对共同经验进行有效协调而获得的人所期待的累积性成果：它既是我们身上修得的品性，也是我们所成就的社会文化精神。这样的话，上面我们探讨过的其他词汇，皆可作为“德”（至善）的涵义：

> 子张问崇德……子曰：“主忠信，徙义，崇德也。”（《论语·颜渊》）

---

① 见关子尹“Multi-function Character Database”殷虚文字·甲编2304。

在第二章讨论中，我们已经知道，中国宇宙论是从对具体事物的特别性和整体性的尊重开始的，宇宙不过是非个体性万物的浑然一体，它们是互为相融的。也就是说，人的经验世界是“kosmoi”（多个宇宙）而不是“kosmos”（有序宇宙），即“pluri-verse”（多样性宇宙）而不是“uni-verse”（单一性宇宙）；它不是由一条高于一切的单一线性秩序串起来的，而是每一事物都有自己的不同方向。比如，早期的哲学经典《道德经》，“德”具有很强的宇宙论涵义，所含之意就是这种显著的事物特殊性。也因为这个理由，《道德经》的“德”过去一直被译为“virtue”（潜德）、“power”（力量）或“potency”（潜能），喻义一种向前的动势；或者用海德格尔词汇，“德”
P207 是“dasein”，意为“显现”（presencing）、一种“此之存在”（being-here）或一个指向。“德”最普遍但并不绝对的是其正面意义而且因为它属于人而不是任何其他东西，所以具有成长与改善倾向；进一步说，它最普遍但并不绝对的，是用来描述人类所取得的卓越成就和伴随而来的影响。

道家哲学的“道”与“德”的关系，如同“视域”与“视点”；聚焦某一事物的特殊关系，建立起它的一个特别视角，作为一切可能联系的状态所呈现的一种非单序浑然一体性，这是蕴含在任何事物之中的。因此“德”是“全息性的”，这意味着，万物浑然一体中每一元素都以某种预兆形式包含和表达着这种一体性，随着在任意特殊聚焦点所获得的更大程度的清晰度，表达着更大程度的意义。圣贤人士作为社会强有力关系网络的构成，以深刻、富于意义的方式对世界进行聚焦；小人在经营他们所拥有的关系时，不是不及就是过分，总表现得既无决心也无雅量。

早期文献记载中呈现的孔子，不是推理性的，他的关注倾向只集中在普通人的经验，“德”基本是指“至善仁德”。如果我们作为一个繁荣昌盛社会的成员，用智慧去生活而且已经“获得”（知）令人惬意的个人生活，那么，“德”就是我们真正能够做的和确实能够成为的样子。就像“仁”一样，“德”一定是能从具体特别事例当中得出的，比如我们谈论的“人德”，但它是归纳总结而来的，总是从具体的模范开始。

“德”的扩展，既是一种有意图的行为，也是一种吸引的魅力——人们的拥戴必然会加于意图行事。作为一位艺术家、一位社会领导者、一名教师，你可以将你的自然、社会和文化环境条件统统调动起来，使它们展露出一种积极和谐之状的可能。你能够在你的身上体现、诠释与绽放你来自文化的风采。这样的一个具体的人，其实就是一个社会、一个世界内部的相互恭让形态之构成；在这一构成中，处于这一域境的“其他人们”的方向和意愿，都同你诠释的域境，与你所施展的影响与魅力，合为一体。

“德”是有政治和宇宙深度的。在政治范畴，“德”指的是领导者与人 P208
民之间的最为恰宜关系，领导者延伸出去、达到与他的人民的普遍文化倾向共荣的程度，领导者身上体现的是他所属社会的价值。领导者通过高超的领导力，使人民显示出相互诚敬的状态，人民表现出乐于分享领导者所建立的价值观和道德眼界的倾向，因为人民拥戴他。

“德”是通过我们服务于他人的生活积累而成的，孔子称之为“崇德”；他讲得十分明白，即“先事后德，非崇德与？”（《论语·颜渊》）在这种情况下，“德”具有一系列含义，反映情势的（而非行为主体）首要性，突显它的既“给予”又“取得”的特征。也就是说，“德”既是因为给予人们利益而获得自我价值，也是因为领导者如此“伟大”而使人民以尊敬与谢意做出回馈。“德”的途径是积极、非强制的社会关系，既有施惠人也有受惠人的心理倾向。

正是由于这个原因，我们理解“德”时，需小心谨慎，不能将行为主体视为首要性的，把君与民视为相互排斥的两个范畴——君为主动，民为被动。[①]因为“民德”显于“君德”，“君子之德，风；小人之德，草；草上

---

① 比如Sim（2007）第17页把统治者与平民分离开来，说：“对孔子而言，道德原理的体现与实践完全依赖于社会规范和君子的行为，以至于孔子把一切政治抱负寄托在一位道德榜样的身上，以期他会启发和动员他人修德。”可是我们只要看到《论语》2.3便知道，实则不然，孔子认为人民能够通过羞耻感与归属感而自我整顿。另，《论语·八佾》：“夷狄之有君，不如诸夏之亡也。”

之风，必偃”(《论语·颜渊》)；“为政以德，譬如北辰，居其所而众星共之”(《论语·为政》)以及“郁郁乎文哉！吾从周”(《论语·八佾》)。从这个意义上，“德”作为一个富饶的关系“视点”，君王即国家。“德”实为整体意义上的为政特征或精神，它体现于君王之身。在这个基点上，我们可以说“virtuality”(德行)可作为“德”的另一种翻译，因为它的古老含意是“具施展效力的内在德行或力量”(having inherent virtue or power to produce effects)。

“君”和“民”是互为依存的关系，其意义在于“君”作为“民意”之表达，通过政府这种途径，政府蕴含人民的文化气质，所以，它所协调体现的，既是“君王”也是“人民”的文化。在“德”这一观念中，为达到周围条件所能提供的和谐而发挥最大努力，与根据人的个性以及适宜性而施以正义的需要之间，总存在着一种张力。恰是在这些不同力量之间做出
P209 的微妙平衡，给一切人类环境带来内部的和谐。

准确地说，《道德经》是“德”“道”之说，通篇是对“德/道”这一“视点/视域”宇宙论的阐述。它的中心论点是使“特殊性/一般性”关系呈现最恰宜的状态——如何最有效地使这一具体特别事物从它的视域置入视点。从人的角度来说，对“德”所做的聚焦过程，能够产生“认知”、“道德”、“审美”与“精神”的意义。《道德经》对修养之人所具有的创造意义与展现能力做出阐述，强调这样一种情形，人的伦理之清晰可超越人类社会，具有宇宙意义。这样具有“上德”的圣人，也具有宇宙意义，因为是他们使人类经验与环境之间的共生关系出现最恰宜状态，这样才会有好戏演出。

《中庸》可能是儒学传统在宇宙论思考方面对早期道家思想的一个比较明显的呼应。《中庸》将古代儒家经典中“人为中心”的视点加以延伸，将君子视为天地和谐、创生的全部意义的参与者，将此种前途作为一宗旨加以论述。这样的一个参与者角色，从对“德”的修养开始，“德”的修

养实践贯穿于人对礼仪之邦全身投入建设的整个过程，在这种参与中，在角色与关系修养中获得仁德，使自己成为一个值得他人诚敬的对象。在这种“诚敬”状态的扩展和参与中，建立起一个具有文化价值的共享世界。“德”作为一个聚合体的孔子思想观，跨越时空，服务于共有的中华身份的统一性与永久长存性；体现了融合之作的整体性，有时强一些，有时弱一点，形成一种绵延不断的道德与宗教成就——“德”。下面一章我们将要转为讨论儒家“以人为中心”的宗教感。 P210

第五章　儒家思想的“以人为中心”的宗教感

第一节　厘清过程天下观与本体论的差别，不再理睬“超绝”

法国杰出的汉学家葛兰言曾精辟地指出，“中国智慧无需上帝理念”[①]。虽然说法不完全一样，但是有不少最出色的汉学家和比较哲学家都曾说起过中国哲学的这种特质。唐君毅曾肯定地说：

> 中华民族无含超绝意义的天的观念。中国人对天有个普遍的观念，就是天与我们的世界是分不开的。[②]

李约瑟也要把中国宇宙论从某种潜在的、永恒不变的结构性假设推定中脱离开来。他指出：

> 中国理想的东西不包括“上帝”，也没有“法”……所以，器械的、数量性的、强迫的和外在强加的，一律都没有，“秩序”概念是排

① Granet（1934），第478页。

② Tang（1991），第11册，第241页。

斥“法”概念的。[①]

其实，不管中国学界还是西方学界，那些中国哲学领域最好的翻译家，对中国宇宙论起始于一个孤立、超绝原则的这种说法都是明显摒弃的。[②]

如果在中国宇宙论问题上认真地考虑葛兰言的深刻见解，就会有一个重要发现：对待中国本土古代天下观、自然宇宙论思想时，它能帮我们辨 P211 别出由于使用古希腊本体论假设推定而产生的含糊其辞的说法。真正的挑战是澄清古代中国哲学的一些核心语汇，为的是让这个传统自己说话。

葛瑞汉也提醒西方译者谨慎对待这种含糊其辞，因为如果忽略这个问题将会使我们在理解中国语汇时出现偏差：

> 依据中国宇宙观，一切事物是互相依赖的，没有外来超越原则（人不须用这些原则来解释，或者有一个超绝的“始因”，一切事物都是从这给“始因”派生而来）……中国宇宙观给我留下深刻印象的新奇之处是，它揭示了西方译者的一个偏见，诸如“天”“道”之类的观念一定是带有西方终极原则的超绝特性；我们西方人难以想象，连“道”都是跟人相互依存的。[③]

尽管这似乎已是一个被广为接受的观点：“严格的超绝性”在认识古代

① Needham（1956），第290页。

② 其他学者对中国早期宇宙观也有类似的看法，参见Granet（1934），第279页；Tang（1991），第11册，第100—103页；Xiong（1985b），第297、554页；Zhang Dongsun（1995a），第271页；（1995b），第285—290页；Graham（1989），第222页；Sivin（1995a），第3页；Hansen（1992），第215页；Kupperman（1971），第189页。我们可以举一个例子，参见Giradot（1983），第64页：“诸如‘母’‘玄牝’‘玄鸟’‘元祖’以及原始的雌雄、原始的巨人、‘大块皮肉’之类的形象都跟早期道家思想的发展有关系；不过这类故弄玄虚的比喻貌似暗示着被创造的世界与创造者永远是分不开的。”

③ Graham（1990），第287页。

中国宇宙论上没什么用处；可我们还是有必要一开始就尽可能做到明明白白，即明白这个“严格哲学超越性”是什么意思，因为这个“超绝性”在西方是随处可见的哲学蕴含。或许我和我的合作者还没有像给“超绝性”下定义那样把它讲明白，结果是我们毫无意识地已造成一些学者把一种我们本来并没有的观点归咎到我们身上，然后把我们的真正主张当成他们误解的那样去批评。①

需要说清楚，“严格”哲学或神学“超绝性”，就是声称一种独立和地位高高在上的原则“甲”，它始作、决定着、主宰着“乙”，而这是不可颠倒的顺序。这是我们1987年完成的《通过孔子而思》一书首次给出的定义，之后发表的所有论著中我们一直都坚持用这个“超绝性”含义。②在柏拉图和亚里士多德那里，他们都有“eidos”的理念，而且都是原始根本性的，在各自那里的意思是“理想物”和“不可改变物种”，或者是一种独立、完美，不可改变的造物者上帝——上帝的“自给”或“自存”——产生于主流基督教神学，是这种“严格超绝性”的鲜明例子。如果至少要追
P212 溯到像古希腊巴门尼德那样占统治地位的观点，“同一”和“永恒”是原始根本的，于是经验的充满无限变化的现象世界，不可能是终极真实的，也不会是知识的对象。这样接受下来的古希腊本体论中，“真实性”必须要指

① 例如，Csikszentmihalyi（2004），第161页，注1，把笔者与郝大维的学说看作一种自然神论。根据此论，上帝先创造万物，然后不再管它，任其自然发展。齐思敏（Mark Csikszentmihalyi）曾说我们“使用‘超然存在’一词，比较接近于神学方面的超然，否认神的无所不在。这就是说‘超然论’不承认神会干涉世间”。可实际上，严格意义上的超然存在支持上帝与世界之间不对称的关系，即上帝从心所欲地主宰世界，但反过来说世界的千变万化影响不到上帝的完美。因而上帝与世界乃是对立的。上帝始终独立于世界之外，而这一点正能证明世界没有独立于上帝之外的存在。作为这种严峻超然论的另一选项，还有古代中国宇宙观的“天人合一”观念。我们译为“the continuity between the natural and cultural context and the human experience”。齐思敏进一步论证《五行》篇中所描绘的圣人与天的关系不同于凡人与天的关系，并且不是程度上的不同而是类别上的不同。如果说圣人与凡人存在实质上的区别，那么人生经验与天就被拉开了距离，无法维持天与人之间应有的互动关联。我们认为，一切人生经验都是跟天分不开的，但圣人之所以为圣人，便是因为他们与天之间的关系更密切，他们在更高的程度上与天相互授受，互相作用。

② Hall and Ames（1987），第13页，Hall and Ames（1998），第190页，另有这种对话的实例。

向现象世界的“根据”，而变化的现象“仅仅是表象”而已，是带有误导性与幻觉的。形而上学实在主义（柏拉图）以及质性本体（亚里士多德）二者都包含“严格意义超绝性”，都假设推定“自负”的本质（principles）作为知识和预知的终极对象而自存。[①]

接下来，我们讨论一下葛兰言貌似随意性的观点的哲学蕴含，即“中国不需要超绝上帝的理念”，它在各个方面都是根本原始和无处不在的，也招致中国不需要因为这个本体论差别而产生的那么多的对立性二元范畴。本书第二章我已解释过那种一以贯之的中国过程宇宙论，它可作为探讨和评价儒家哲学的另一种选择阐释语境。在第三章中我提出，西方所熟悉的二元对立主义，如主观/客观、精神/肉体、自然/文化等，都是由质性本体论派生而来的，与儒家关系构成的“人”观念，扯不上什么关系。其实，儒家的“人”观念，根本不去诉诸什么地位高高在上、独立存在的实体，诸如“灵魂”“一己”“意愿”“才能”“性质”“精神”“性格”等这样的范畴，而是恰恰相反，把人们在行为过程中体现的思维与情感的社会活动，置入到家庭、社会和自然环境构成的多层次的复杂关系中去。这样“人”就被理解为一种复杂事物，由某种主宰性“主体”决定，而不是互不联系的“东西”；是一个“成人”过程，而不是一个质性“本体”；是持续进行中的“做”，而不是“自性”的“本体”（is）；是实打实的、活性的、构成关系的形态，而不是个体性的质。

现在我们可以把这个对人的关系性认识用来观照我所命名的“儒家思

① 怀特海将形而上学家柏拉图理解成一位抽象形式主义者，这是对“转手”的柏拉图的公正评价。可是我们必须得注意“这是谁的柏拉图”。最近颇有价值的相关研究陆续问世，意在把柏拉图比较有意思的艺术家与讽刺家一面从其传世的形式主义家、唯心论者、唯理主义家的一面拯救出来。后者这一面一直被系统的形而上学理论所支配。郝大维的*Eros and Irony*: *A Prelude to Philosophical Anarchism*便是这类新文学的实例。不过这些仍然都是传世的柏拉图，已经经过奥古斯丁与西方哲学史上教父哲学家的诠释，还有20世纪科学主义的诠释。历代的这些诠释与评注作品都致力把柏拉图刻画成形而上学的现实论者。这类诠释对西方文化史影响最深远。

想‘以人为中心’的宗教感”。在西方所熟悉的质性本体语言中，“上帝”被理解为不可察觉的人类“灵魂”的放大写照，是作为主宰的“世界灵
P213 魂”。可类比于灵魂的，使得我们人类拥有一切的“本体”（beings），看不见、不可改变的本质，造物者“上帝”是那个在这一切“本体存在”（beings）背后的质性的大写字母“Being”（本体存在）——唯一的一个贯穿性、看不见的设计，隐藏在背后主宰着我们这个“universe”（同一体）“宇宙”——我们这个“单一秩序”的宇宙。威廉·詹姆斯对这种习已成癖的人类雕虫小技，把名称转为“东西”十分担忧——我们这里做的等于是，把“灵魂”这个理念作为一个本质，给出一个自立性“主体”，不是加于人类，就是加于“上帝”：

> 一组属性，是我们通过它们所认识的一个质的情况，对人的实在经验而言，这些属性就是此处唯一的“现金价值”……于是我们所使用的名字，是作为对这组属性现象的主宰方式……可是“东西”的这些现象特征……肯定不是原属存在名字中的，如果不是因为名字，它们是哪儿都不属的。它们是“adhere”（依附），或者说“cohere”（黏合），更是“彼此相互地”；而且这个“一个质”概念，是我们近不得身的，对于它，我们是想，表明这个凝聚力，质的概念是它的根据，就像水泥能黏合一片片马赛克，是必得要放弃的。[1]

而当我们转向儒家的宗教感，就发现它不用什么独立、回溯和自我存在实体性的“神性主体”作为表象背后的真实和作为一切宇宙意义的终极源头。反倒是，这个世界是自生、“自然而然”（self-so-ing）的过程，它本身就具有在构成它的多层复杂关系之中实现自我变化的能量。人的宗教情

① James（2000），第41—42页。

感本身是宗教意义的发动机，前瞻性地被理解，是一种展开而兼容并蓄的精神，是在家庭、社会和自然世界充满实性激情的活动范围内成就的。对于激励着我们生活于其中的世界的升华超越之感而言，人类既是它的来源，也是它的贡献者。

南森·席文在努力对古希腊和中国宇宙论加以区分的工作上，做出了异常重要的贡献。一方面，他坚持文化太微妙和复杂，不宜做严格性断言，而且谨慎地提醒我们进行文化比较，要反对“批发式”全盘否定的“而不是（rather than）”（笼统附会，以偏概全——译者）的方法。[1]头脑中带着这样一个启示，席文题为“比较古希腊和中国的哲学与科学”的论文，现在仍可说做出了一些根本性概括，为进行“关联类比”与“比照类比”，建立了比较框架与一套有效语汇。其实在这方面，席文的工作在发挥重大历史性效益的同时，对哲学的诠释也具有重要启示。例如，席文与他的汉学 P214
同仁一致，指出早期希腊哲学充斥着严格区分“真实/表象”的倾向，而“中国没有出现相同现象”[2]。这个观点引出的哲学推衍，比如严格区分“真实/表象”导致的假设推定本体论，与古代中国宇宙论没有什么关联，这种推衍是数不清的；席文在比较中希哲学的总结性思考中，对其中一些做了进一步总结。

一开始，席文注意到，相比之下，古代中国高端学问领域几乎不见西方逻辑，同时中国文化叙事发展中的语义学与语用学却显得普遍重要。这种逻辑与语用学的鲜明对比，从另一种路径说明对某些固定形式，中国传统是不推崇的；在这个情况中，“逻辑”就是思维“形式”——视为比“流变”“更真实”的东西。与此相关，席文观察到各种各样论述“正名”的思想，这种思想在中国传统中可以说无所不在，说明中国过程性宇宙论所用

[1] Sivin（1995a），第8页。

[2] Sivin（1995a），第3页。

语言的功能，必是反映那个“宇宙”的流动与变化的。[1]也就是说，中国宇宙论接受的是过程性、流变，而不是诉诸一些虚设的文字根据，去描绘与确保某种潜在的真实。于是语言具有临时性特点，包含被植入的崇高价值。

席文还指出古希腊和中国环境中各自哲学对话的“争辩性”与共识性期待之间的另一个重要区别：

> 我们所关心的那个时代的古希腊文化在自然哲学和科学，也如其他每个领域一样，都鼓励不同意见和辩论；在中国则始终强调共识。[2]

这里做的对比是在以下二者之间进行的：（1）理性分析会导引绝对性逻辑这种假设推定进行古希腊对话；（2）中国以协商延续为要求的包容性共识交谈。古希腊对话的驱动力是对“无可置疑”的真理的认识论探求；也就是说，它是对以数学为体现的绝对与无条件知识的追求。在中国，一种经久不衰的需要，要在过程性宇宙观之内进行关于秩序事宜的协调，这
P215 种情况蕴含着中国哲学深远的衍生。中国叙事内部这种持续不断的包容性协商，能够解释为什么所取得的诸多形式的共识在古代中国环境被视为具有崇高价值。也就是说，在取得包容性的和谐过程之中，在对正统道德一代一代地权威性再建之中，在对一个共同的经典核心思想持续不断地注疏之中，在兼收并蓄的哲学思考造诣（兼术[3]）中，在擅长交流和采纳意见的圣人的教化作用中，在逐渐认识人、宗教、自然以及文化环境之间的合

---

① 韩非子的政治思想中大量运用“形名”这一概念，也就是名称与现实之间的关系。Makeham（1994）也把“名实”（他翻译为name and actuality）看作汉代徐幹《中论》的主题。其实“名实”概念见于若干更早的文献：如名家学派的《公孙龙子》、墨家后期著作、《荀子》、董仲舒《春秋繁露》、王充《论衡》及王符的作品。

② Sivin（1995a），第8页。

③ 荀子经常被看成先秦诸子中辩证特色最浓的一位，可是他实际上也很重视舆论，体现于其“兼术”思想。

一中，在把优先性给予反身性礼仪而不是客观法则时，在崇尚恰宜榜样，将其作为正当行为而不是诉诸道德原则时……在所有这些情形中，都植入了崇高价值。葛瑞汉呼应席文的阐述，同样做出“辩证性”与共识对话之间的对比；他观察到，“辩证性”论争是那种好问“什么是真理”问题的人们的特点，这与那些好问“道在哪里”问题的人们所倡导的共识是很不一样的。[1]

“没有‘上帝’的理念”，在某些汉学家中似乎形成一种共识，在古代中国思想中也找不到对“两个世界”“真实/表象”区分的诉诸。[2]同样也没有什么地方显示早期中国思想家为对现象进行解释而去寻找和阐述本体根据——一般“本体”（beings）背后隐藏着一个大“本体”（Being），即“变化世界”背后的“一个理念世界”。“真实”理念作为一种“客观”存在直接启示着严格区分“真实/表象”和它所蕴含的二元主义世界观。它是虚设的可证明世界“客体”的能力——可制造出冠词“a”（现象）或“the”（真实）的世界——使得哲学家们认为，他们还可制造出一个“无角度”（view from nowhere），使他们自己脱域境化，站到人类经验之外。其实正是这个“无角度”，作为一个“担保者”而被建立，确保客观性描述的可能，确保“真理”将伴随这一描述，也确保确定性素质将伴随这一描述。

在中国叙事中，没有虚设假定的“客观性”理念，有的只是时过境迁的流变。没有“客观性”，那么以往的“物体”，不是对变化与转型的“客观化”，反而是化解到流变之中，成为它们周围之“变化”。其实它们 P216
并不是“物体”（objects客体），而是事物，与其他所有事物是相容不分的，是一条溪水的水流。被认知为一以贯之的“东西”，随着时间的推移，从出生、成熟到最后衰弱，虚设性地主宰一种认同性，其实是在永远不断变

---

① 见Graham（1989），第3页。

② Hall and Ames（1998）*Thinking From the Han*中的Cultural Requisites for a Theory of Truth一章进一步论述这个问题。

化的庞杂状态中的一个相对短暂的稳定。于是通过“一贯性”所设想的任何“东西”的认同性，在根本上都是一系列充满活动性的关系构成与作用意义的类推。它是一种去客观化、去事实化、行进过程中的话语，对这个语言的讲和听，是对事物流动的经验。我们已看到，在人们走进传统中医之后，挺立的是这样一种宇宙论：

> 在中国传统宇宙论中，物体不是简单散居于世界；而是这个世界构成着相互关联的过程。这些过程发生并且被气（能量流动）维持着。西方术语所指的是“物体”的东西，在中国术语中是指稳定性流变状态……任何实体都是过程中的一个过程，流变中的一个流变，而且在每一实体之内都是由过程构成。没有不作为能量流动而存在着的事物……当然，为了某种目的，它有可能被孤立起来作为有用的个体现象被对待。但是这样的分析只是个有用的虚构。①

在这样一个持久不衰的宇宙论中，对“东西”的最佳理解是消耗能量结构，因为能量量子运动是持续不断的过程的流动：

> 由消耗结构所表现的状态是自我组织性的：也就是说，这种形态发生于系统构成对能量流动的反应，造成新的制约，又对系统之内的内在相互关系进行重新结构化。只要保持着能量倾斜度，系统的内在活动性就会维持着空间与时间结构。②

“真实”这一理念作为“客观”的存在，推动了席文所归因的古希腊哲学家的分析性与辩证性对话模式，辩证法确保一个单一真理，允许互不

① Herfel、Rodriguez、Gao（2007），第59页。
② Herfel、Rodriguez、Gao（2007），第59页。

联系的争论对方在实现客观性意义上进行“反证”，提出“例外”，代表这一真理提出异议。正如我们已看到的，替代性的、共识模式的对话，反映的是更积极、更具包融意义的“抗议”——如“我证明自己无罪”这种用语表达；也就是说，“to protest”（抗议）是“为人作证”：在这样的假设 P217 下，我们所有人都清楚，无论我们会一起做出什么决定，在做决定的过程中和决定之后产生的结果中，我都郑重确认自己的谏言属实。

不要忘记葛兰言的“上帝”理念，这是相互对照的两个古代传统之间最根本的差别，即古希腊传统推崇某种永恒“本质”作为本体根据，而中国古代叙事倾向“流动过程”导向。古希腊的主导性世界观推崇一个形式的、不变的和本质的真实，而非表象流变，一个必然结果是倾向于将第一性给予互不联系性和量性，而不是质性和延续性，它重名词而轻动词，重“物体”而轻“事件”。[①]“物体”的认同性倾向是互不联系和原子颗粒性的：量性的互不联系性的一个作用是将认同性解析为本质与偶然属性，这是终极性外在的而非内在的关系。整体性是建立于互不联系但有一贯性的部分之上。社会是一堆个体人的聚合，其中每一部分都有他/她的自身同一性，如抽屉中的勺子、罐子里的硬币。社会中的每一人都是由某种同一特性定义的，所以具有一种以“前社会”“前文化”以及持久不变性自然分类其中一员的依据，将他们置于一种与其他人的外在关系中。有某种作为定义的本质存在于他们及其他物体的偶然性关系之外，为他们提供着持续不变的同一性。这种互不联系性与量性的第一性是伴随着重质性轻过程，重永恒（静止）轻变化的倾向而来的。而且，给予互不联系性和量性的第一性，反过来又倾向于对一种概念正式定义的清晰度与不变真理必要性的持久关注；这两种情况对量性、互不联系及可量度的世界，都是符合的。

---

① Redding（1998），全篇有所论及。另见Sivin（1995a）第2—3页与Hall（2000）。

第二节 重视行进过程性语言：认知“如何”

我们将意识到，中国过程宇宙论没有兴趣虚设一个“上帝”理念，其必然结果，是发生一种对不同语言的需要，用来对诸如宇宙本源、世界意
P218 义、价值来源以及创造本身是什么性质等基本问题进行思考。这不是一个简单的不同语汇的问题，从根本上来说是关于语言作用的不同思维方式。对不假思索便把自己的文化概想带到对中国哲学传统的翻译与理解意图中，对不假思索就对还不怎么懂的中国宇宙认识论强加上古希腊本体论假设推定这种危险阐释，并将这种做法延伸到对语言使用的方式上去；对以上这些情况，我们必须有自觉的意识。

这种对语言及对其作用的担忧导致另一个重要问题：人们熟悉的在字面和比喻语言之间的区分能适用于中国自然宇宙论吗？如果“字面的”我们是指准确的或者术语的、没有上下文和修饰的，我们会看到，将“道”例行地翻译为“the way”（上帝之路），将“天”翻译为“heaven”（天堂），远不是什么不少人所说的“字面的”，而是一个对最异乎寻常的种类做最幼稚解释的例子。别忘了，我们必须承认，“the way”和“heaven”于我们自己的语言学宇宙而言，立即给出的其实是亚布拉罕概想“上帝”的转喻，而且它所导致的，是与传统中国宇宙论并无干系的神学框架。①

对于古希腊哲学叙事，所谓的“字面”，意味着与“实在”相一致，所以是真实的。这样的一种“真实”概想已经普遍地被理解为“什么是真”（在小写本体“beings”背后隐藏的大写本体“Being”）和“什么是现

---

① 这种换喻（metonymy）是一种修辞方法，类似于代名词，例如借用“北京”来指中国中央政府，借用“宝座”来指君主。

象”之间（对“到底什么是真”的心理镜像）的一致性。对把这种有问题的做法带到中国宇宙观中，葛瑞汉明确地告诫我们：

> 寻找“多”背后大写的“一”，也如同寻找“变”背后的“常”（不变），老子用的观念似乎是完全与我们等同的概念。但是，其中有一个与西方传统很重要的差别，即没有中国哲人把“大一”（One）和“常”作为大写本体（Being）或者作为表象面纱背后的大写“真实”（Reality）去设想。如果我们自己更愿意将它想成绝对的“真实”（reality），这是因为我们的哲学一般来说是求“本体”（beings）、求“实”（reality）、求“真”（truth）的，而中国人问的问题总是“道在哪儿”（怎么办）。中国哲人追求的是知道“怎么生活”“怎么组织社会”，而且到了周秦之末，是“社会怎么与宇宙相联系”。[1] P219

于是，在中国过程宇宙论这一边，这种重在求“怎么”的态度，用“怎么”理解人的经验，形成了另一套东西，到头来摒弃了给予定义和精确的优先性。现象和假设的本体基础是没有区分的，所谓“真实”，准确地说，不过是变化不已的复杂形态关系，一起构成着世界万物。所以知识不是抽象形式意义而是具有选择性意义的：也就是说，知识必须是关于“这些”个别、具体因素的，因为“这些”是从“这个”角度，与“这个”正在变化的境况是最相关的。另外，将知识较为被动的认知理解转化为智慧，所依据的是出色的能力——将这些多层次相关因素与最有效的结果相互联系起来。知识不是那么现象性，也不是那么陈述性：“知”（knowing）是一种表现和参与性智慧，目标在于获得个别、具体环境之中的功效。这种知识是成效的同时也是圆满的，当然也包含封闭性，但它更重要的是作为开放性资源：充分发挥

① Graham（1989），第222—223页。

人的能力，加强特殊、具体环境的潜在可能。这样的知识不光是认知与话语的，而且还是一种技巧——可行性作为。它既需要实现“怎么”（how）也需实现它的“行动效力”（acting upon）。也就是说，它知晓怎么运用人最到位的见解与情感，利用现有潜能取得最好的效果。

这种罕见的“怎么”问题意识倾向，对于中国互系思维方式而言，具有最广义的可能蕴含，在语言运用上重在“动名词性”而非“名词性”，因为认知行为时，认知器官与认知对象都要不断调节。举一个例子，唐君毅为解释“天命”（the command or mandate of tian天之命令或授命），查阅古代哲学典籍，得出下面的说法，可说明在对“天”的理解上，反映着重在“怎么”（how）而轻“什么”（what）的认知倾向：

> “命”字代表着天与人之间的互动关系。……它不独存于天中，也不独存于人内；它反而存在于天与人相互间的关系，就是说在于其间
> P220 的互相作用、互相感应、互相授受的关系。[1]

唐君毅强调的是，“命”是双向关系性的，意义就在于“command”（命令）是“互为附属”（collateral）和“协同指导”（codirected）的：“天之命”是人对君王立德之尊的一个回应。人君深谙“怎么”治理国家，治理成功，则与人民缔造诚信关系，于是将之延伸，作为与“天”的关系。

第三节　溯“天”“帝”观之源

西方传教士从古汉语中挪来两个特殊的词，用来指代基督教概念的超绝神：“天”（或“天主”）和“帝”（或“上帝”）。近年来，特别是

---

① Tang（1962），第195页。

中国本土带宗教感的生活与西方以“以上帝为中心”的宗教相遇之后，学者们为了更好地理解中国宗教感，做了大量研究，注意力集中在“天”与“帝”的说法上。但是，也许正因为这种努力，太想精确地说明这两个说法是“什么”意思，反而没有意识到，它所追求的答案，恰与传统本身的意识倾向相反。

我们一般从周代宗教感延伸而得到的“天”的说法，出现在甲骨文的字形如“”和“”。学者们把它视为一个“意符”，意为“人头顶之物”：当然是指一般的蓝天，但是或许也包含这个蓝天延伸扩大开来的庄严崇高——天界的令人敬畏和神妙莫测。青铜铭文的字形“”[①]，已更具形态，更接近于现代“天”字。《说文解字》“天”的注解为双关之意“巅”（“头顶”），具有明显“天”、人关系的思维意识；此外从字形组成解释：“至高无上从一大”。重要的是，“天”作为它对人间世界的展开，对它的理解是它与生命的关系。

儒家经典的确对“天”这一观念赋予了意义，在某种程度上也确实使它对读者具有确定的意义，做法是让匿名的和晦涩的指涉对象，戴一个人格的面具。就像传统国画中的一些德高望重、建立丰功伟业的人物，在身 P221
材上要描绘得比他身边的人员更高大；同样在经典著作中对君子的刻画，对他们都有一种夸张性的、与天相配的言辞推崇倾向。我们可拿《论语·子张》中的一个例子对这情况做一说明：

> 子贡曰：“君子之过也，如日月之食焉；过也，人皆见之，更也，人皆仰之。”[②]

① 见关子尹“Multi-function Character Database”甲骨文合集CHANT：0198A、甲骨文合集CHANT：0198、西周晚期CHANT：2829。

② 《论语·子张》。

《中庸》最后几章也有一些这样的例子：

> 唯天下至诚，为能经纶天下之大经，立天下之大本，知天地之化育。夫焉有所倚？肫肫其仁！渊渊其渊！浩浩其天！苟不固聪明圣知达天德者，其孰能知之？[①]

在这些段落中，当对像孔子这样的文化巨人进行提升，使其与天相配时，“天”被赋予的人格形象就变得愈加特性显著与个人化：

> 叔孙武叔毁仲尼。子贡曰：“无以为也，仲尼不可毁也。他人之贤者，丘陵也，犹可逾也；仲尼，日月也，无得而逾焉。人虽欲自绝，其何伤于日月乎？多见其不知量也！”[②]

《中庸》的最后章节，颂扬人“与天地参”的能力，使孔子得以突显宇宙的精神：

P222 仲尼祖述尧、舜，宪章文、武；上律天时，下袭水土。辟如天地之无不持载，无不覆帱，辟如四时之错行，如日月之代明。[③]

现在来看“帝”这个词。“帝”的来历一般被认为与商代宗教有关。甲骨文字形是“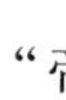”，青铜铭文是“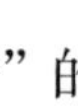”；帛书与竹简是“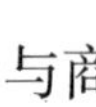”。中国古文字学者王国维解释“帝”源自“蒂”——花或瓜果跟枝茎相连的部分。文献学者徐中舒将它释读为祭天仪式点燃的火堆，而且延伸为大祭之原始字形

① 《中庸》第三十二章。

② 《论语·子张》。

③ 《中庸》第三十章。

“禘”[①]。从《论语》中我们得知孔子对禘祭极为重视：

> 或问禘之说。子曰：“不知也。知其说者之于天下也，其如示诸斯乎！”指其掌。[②]

虽然较早学者提供的“帝”的解释颇有揣测，并不确切，但我们确知“帝”也用作商王逝后谥号，这又是一个给模糊指涉的神圣对象加上人格形象的例子。

约翰·梅尔（John Major）在对中国经典做英语翻译的时候，为了找到对“帝”这一说法的合适对应词，也曾暗示这种人和神两个空间之间的流变性：

> 我把“帝”译为“thearch”——一个巧妙用词，我认为爱德华·莎伐是第一个用者；用它来指一些特殊人神之物，如上帝（Supreme Thearch）、黄帝（the Yellow Thearch）或被理想化的人君（皇帝）。“Thearch”能很好抓住中国古代思想的特点；它的特点是“神明”（同时地并毫无内在冲突地）或众高神、神话/神性君主以及神化的王室祖先：横跨神、人两边的，影响极重要的人、神之物。[③]

正如上述所知，“天”的字形所提供的并非语义信息，而是与“在人头上之物”的联系性，不仅是有形的，而且也许还是有思想的。张东荪曾说过：P223

① 见关子尹“Multi-function Character Database”甲骨文合集CHANT：1132、商代CHANT：5413、马王堆：老子甲本卷后古佚书344。

② 《论语·八佾》。

③ Major（1993），第18页。

> 中国人对于上天的要求所采取的态度，只是欲知其意，以定趋吉避凶的行为。至于天是何物，并不去问。这是因为中国人不把天视为万物的本体根据，所以也就不把本体范畴用于天。[①]

在中国经典中“天”和“地”这种哲学说法是很艰深难懂的，是经常用“远”和“玄”这种字眼形容的。

中国传统本身在对一些中国宗教性语汇的理解上，不追求任何“真实精确性”；这样一种“宗教性”情形带给汉语一种模糊性，造成一些西方阐释者对中国传统总体意义长期以来的误解。这已经是一种普遍现象，在西方人文主义者设法搞懂古代中国哲学文献的过程中，许多西方的推定假设已经悄然无声地、无人察觉地迂回渗透到被阅读的文本，已经染指了中国的语汇，使得中国语汇转变为他们可获得的西方意义所通过的途径。而且，再也没有别的地方有这种现象，为阐述中国的宗教性而诉诸语言手段。

其实，正像我在第一章就讨论过的，在过去数世纪中，为把中国学术经典翻译为西方语言建立的一套语汇，已经充满了潜意识的基督教框架，而且这种基督教化的中国文本仍然对我们影响很大。在一种永远保存的理解中国文化的汉英词典中，有无数例子，都是不恰当语言注释最终变成了标准的中西对等语汇，如“the way”（道）、“heaven”（天）、“benevolence”（仁）、“rites”（礼）、“virtue”（德）、“filial piety”（孝）、“righteousness”（义）、“principle”（理）等。人人都熟悉的神学世界观会立刻被这套语汇提示出来，完全暗示着上帝、教会和人遵从于神的意志。但是如果继续使用
P224 这样的翻译，我们必须要问：虽然“礼”有时会包含正式性与礼仪性方面，可是在什么意义上，它直接指涉家庭生活？又是在什么意义上，作为儿女的恰当行为意味着“正式礼仪”？如果不是必须服从上帝意志，那么会在

① Zhang Dongsun（1995b），第373—374页。

什么时候、什么情况下，一个母语为英语的人才会说“righteousness”这个词？一个西方中国文献学者能够读到加了大写的“heaven”（天堂）或者加了定冠词的“the way”（道），而不联想起这些说法转喻的自己熟悉的“超绝上帝”及其“圣道”？“principle”（原则）的理念（或者用来翻译希腊词arche的拉丁文principium）——作为“原始、终极根本的质、终极不可论证原理”，它能把中国的“理”一下子就塞进古希腊“多背后的一”这种形而上学思维中去——跟中国的自然宇宙论相比，能找出什么干系来吗？①

第四节　宇宙如何开始：氤氲观“认识论”

中国宇宙观并没有提出世界有一个独立、超绝本源的观点，这种一开始即没有这种意愿的倾向，必然会影响到宇宙起源论的走向。公元前2世纪重要的先秦文献《淮南子·天文训》有这样一段宇宙论的概括文字：

> 天地未形，冯冯翼翼，洞洞灟灟，故曰太始。道始于（太始生）虚廓，虚廓生宇宙，宇宙生元气。②

这里的“宇宙发生论”是个胎生和历史叙事，宇宙发生在“如此之世界”（world as such）的展开过程之中，不是对一种从世界外部而来的形而上学干预的叙述。这个叙事是个未成形、初始生命形式的出生，讲的是血脉与祖源，而不是什么本源原则或神性计划；它是一种在意义上的永远境况性、养育性的生长状态，而不是什么预先计划的潜在因素直线性的现实化。P225
这正是牟复礼在下段文字中阐述的观点：

---

① 我认为把“理”译作principle要比pattern或coherence更好，因为principle含有标准、规范之义。

② 《淮南子·天文训》。可以比较Major（1993），第62页。

中国宇宙论真正讲的是个有机过程的宇宙论，意思是说整个宇宙的一切成分全部属于一种有机整体，而且所有成分都作为参与者，以一种自发、自生生命的过程进行互动。①

本杰明·史华兹在提出下面问题时，看到的也是中国宇宙发生观的那个重要的胎生特点：

后来的中国高端文化对人类或者宇宙起源的叙事中，主导性的比喻是一个生殖或“出生”比喻，而没有制作或创造之说，这种情况是不是与“以祖先崇拜为本”的血亲意识占主导有关？②

在形而上学的“无中生有”创造推定假设（决定了某种古希腊和亚布拉罕关于本源和起始的说法）和中国自然宇宙论特点的域境化境况创造过程之间，有一种鲜明的对照。

古代中国的过程性宇宙论，认为延续、特殊性、变化、场域以及新事物，都是构成当今的延续性的条件。也就是说，在时机成熟之时，无论是后溯还是前瞻宇宙观，我们要诉诸的任何理性化语汇，作为对经验的阐释坐标图，都说明不了这个生生不已的发生过程，所以才有《淮南子》给出的那种阐述语言，比如“天墬”（地）、“道”、“宇宙”（时空）、“元气”、“虚霩”（空远）等，解放了我们此时此刻对宇宙秩序的阐释能力。同时，这些技术术语作为对变化的现实本质的深刻见解而“出生”，它们的阐释力量也必然随着时间而过时。也就是说，宇宙发生叙事是一种“认识发生论”叙事，它立刻对世界秩序的新兴阐述做出叙述，而且对这种阐释设定历史限制。人们对现今的、永远临时性的情势的相对清晰的理解，是不能变成

① Mote（1993），第15页。

② Schwartz（1985），第26页。

普适性的，也不能成为解释所有情势的依赖。宇宙发生的叙述将我们带回 P226
到一套更早的条件中去，它需要属于自己的一套理解词汇，而不用我们现今的哲学语汇阐述。正像宇宙在变化，所以对它阐释的语言也必须变化。生育过程后溯到一个玄冥混沌那里去，它是无法用我们熟悉的宇宙论语言做叙述的，而是以发现某种计划性与宇宙含义的终极本源提供逐渐的启蒙。所以不像某种传统西方宇宙发生论，它指引给我们的是一个后溯的智力本源，让它来制服混沌，中国自然宇宙发生论也引导我们回溯，从现今角度看，是到某种环境中，我们越是往后走，它就越变得玄冥、未形与幽远。

“道”常被一种宇宙“本源”语言描述为我们所知的这一世界的“本源”。但是我在上面已经指出，这个宇宙论意义的“道”，远非那个高高在上形而上学的起始原则，它独立于它的造物，实际上是把它们都包括在内持续不已的生命过程。这种世界本身自生和永远偶然性的血脉展开，是我们的经验场域。正如我们所见到的，如果秩序真是内在和新兴的，而不作为独立原则即存，那么阐述这个“世界形成”的一切语言，一定是历史的、临时的，有时是诗一般的，有时是比喻性语汇，表述“如我们所知”的这个世界秩序。

在这样一个宇宙发生叙事中的“起始”意义，如“始”所表达的——与“胎”联系的胎生起始，是由它遗赠而来的一个遗传世界，而且又从前一代祖源“传下去”。这一语言充满血脉性和宗源性，包括我们在前面探讨过的关于这种语汇内部更模糊性的表述，如“帝”以及那个常常人格化的跨越人、神两界的“天”。

“虚”在《淮南子》某些段落中的用法，要理解为域境性的，它是有形、可确定之物的一种积极性的“虚”，使得事物具有功能性。比如一个杯子的内空（虚），是预设的一个蓄满的过程。在这一例子中，胎生即“虚”，是现象世界斑驳生成之未决性本源，宇宙从其中不断生成。空
间（虚）尚未显现却很快成为确定性现象的生殖生命之源，下一时刻即将 P227

呈现的与这一时刻不同。“虚”与原始混沌的差别常被忽略掉，它被作为一个“巨大虚空”、一种黑暗未形空洞而存在，与某种古代西方宇宙发生论相似，因此没有终极的“虚”。具形与未形的事物作为一种假设，在阐述人的经验的决定性与未决性之间，都只是一种现象的参照。中国宇宙论没有超绝性，屏蔽了一种指代“到底是什么”的大写的独立质性本体论（Being）和非本体（Non-Being或Not-Being），它作为一种假设推定的现存事物并不存在。

我来进一步谈谈胎生或血脉出生与形而上学起始之间的区别。不少学者已经注意到宇宙发生论神话不是古代中国宇宙发生论的特质，而只出现于汉代的文献中。[①]例如葛瑞汉指出：

> 孔夫子所回顾的过去，不是万物的起始；前汉文献没有宇宙起源神话，三皇以前的史前史只是一片空白，对孔夫子而言就是有朝代之前的圣人尧舜。[②]

这个观点遭到金鹏程等其他学者的质疑。金鹏程十分肯定：中国宇宙发生论的出现不仅是一个早期起源，而且是普遍流行的，与古代西方资料所发现的类似。[③]但是这种例证性辩论其实很不着边际。问题的要害不是中

---

① 可参见Loewe（1982），第63页。

② Graham（1989），第12页。另见Mote 1972年的专著*The Cosmological Gulf between China and the West*，第7页。

③ 关于早期中国宇宙观缺乏创世说这个论点，Goldin（2009）对此有详细论述。据此，金鹏程（Paul Goldin）的观点跟20世纪大部分优秀汉学家相反（另见该书第六注文），他还把笔者与郝大维列于其中，我们也乐意接受。金鹏程把Hall与Ames所持的立场描述为一种“更新的东方主义”，因为我们认为中国早期的宇宙观属“非宇宙的”（acosmotic）。这是我们新造的词，意谓早期中国宇宙观所介绍的世界既没有一个绝对的开始，又不是一个“单一秩序的世界”（single-ordered world）。这两个特点，即绝对的开始与单个秩序世界，正是形而上的、超验存在的宇宙起源说的必备条件。金鹏程于是引用一系列古文献，以证明中国早期宇宙起源说确实包含着一个绝对的开始，又有一个固定、独立的原理组织。比如他分析《淮南子·精神训》（转下）

国宇宙论之中是否有宇宙发生论。这个问题很容易回答：自然宇宙论是生育性的，而且具有延续不已胎生起始的宇宙发生论。问题的节点在于区分血脉与形而上学宇宙发生论的不同；它们蕴含的不同是巨大的。对这一根本区别，吉瑞德（Norman Girardot）有清楚的阐述：

> 毫无疑问，比起别的传统来，中国古代世界观有很大不同，但是，说这个宇宙论差别是中国没有神话、没有创世神话、没有神话思想，这种说法应该立即打住。不是有没有创世神话构成的宇宙论不同，而 P228 是中国对传统神话创世故事做出的阐述方式和性质构成的不同。二者的真正差距，在根本上与早期文明对神话“混沌沟壑”进行的不同理解相联系……中国对待这个情节原型的独特性在于，创世也好，宇宙论也好，耶稣救世意义也好，都非比寻常地包含那个终极、永恒地征服某种存在性混沌灾星的史诗思想。[①]

约翰·梅尔在他阐释的《淮南子》的几个学术性章节中，讨论了宇宙发生论不同论述的某些细节之处。其实，我们可以参加到约翰·梅尔与哈尔·罗斯（Hal Roth）的对话中；他们二人比较一段文字的两个版本，第一

（接上）中一段有关宇宙起源的文字“有二神混生”，可以看作阴阳诞生的比喻。《淮南子》一书中尚有若干类似例子（如《原道训》首段），把这些“神”说成同变化一起行走的“神与化游”。高诱注曰：“二神，阴阳之神；混生，俱生也。”这二神绝不是转变过程以外的物体，反而正是转变过程内在的阴和阳两种动力。可是金鹏程没有把这两个“神”阐释为转变过程中的内在组织部件，反而视为“世界外的保管者”，它们属于“先万物的时代”，因为“万物不可能是自然而生的”。我们认为，在他从早期中国宇宙观中寻找单个秩序世界的基础原理的过程中，他没有抓住我们论据的重点，即我们区分的两种宇宙起源说：一是我们所谓的形而上宇宙观，它依赖于外在的造物主；二是整体性的、连续性的家系式宇宙起源说，转变的能量来自于其过程本身。金鹏程有一点说得没错，即古希腊思想中的众多宇宙起源说并不都属于单个秩序世界的类型，但笔者与郝大维也都已论述过kosmos（宇宙）这一观念，作为单个秩序世界，是晚起的说法，就像安纳西曼德、恩培多克勒之类早期希腊哲学家提出过多个世界的宇宙起源说。

① Giradot（1983），第12—15页。

次出现在西汉之前的《庄子》第二章。相似的叙述又出现在汉初的《淮南子》第二章。这两段文字，内容上几乎完全相同，但几乎提出了相反的哲学观点：一个是对开端的可能性进行质疑，另一个则尽力叙述从出生到逐渐发展的不同阶段。下面，我先做《淮南子》中那段的翻译（作者译文请见卷末注文）：

> （有）有始者[①]，有未始有有始者，有未始有夫未始有有始者，有有者，有无者，有未始有有无者。[②]

《庄子》第一种版本的这段话似乎与《淮南子》很相似，除了不像《淮南子》把具体现象说成“有有始者”，《庄子》的着眼点在“始者”这一观念本身：

> 有始也者，有未始有始也者，有未始有夫未始有始也者，有有也者，
> P229 有无也者，有未始有无也者，有未始有夫未始有无也者。[③]

《庄子》中这一段作者的本意，是在“概想上”“逻辑上”否认一个原初起始的可能性，办法是诉诸一个不可逃出的无限后溯；而《淮南子》那段的作者不是这样，他是要“历史地”叙述愈加朦胧晦涩的各阶段，将此作为我们知晓的、当今现象世界不断发展的生育过程。

虽然这两个不同出处的段落阐述的观点明显不同，但《庄子》和《淮南子》在一个重要的血缘宗谱宇宙发生论思想方面相同，也是这个相同思

---

① 应该注意，每一句都分前段与后段，从意义上前段隶属后段。整个段落试图建立起源过程的循序渐进的阶段。有鉴于此，第一句的句首加了个“有”字。

② 《淮南子·俶真训》。

③ 《庄子·德充符》。

想，使它们区别于古代西方传统的、人们认为近似的宇宙发生论：比如《创世纪》、《蒂迈欧篇》和《神谱》中的宇宙发生论。也就是说，我们决不能认为血缘宗谱宇宙发生论，就是那种以某种外在原理战胜混沌的形而上学宇宙发生论。混沌作为“没有形状”“浑浊”，也作为“分裂”，分别被《创世纪》的神命（意志）、《蒂迈欧篇》的理性和《神谱》的“同一”所征服。这样的“因—果传说”（宇宙本源故事）推出的是“主动体”（agency）与“意识解释”（construal）理念，引出线性的“因—果”思维和理性；推理就是解释或揭示秩序，就是线性“因—果”地去思维。

《庄子》和《淮南子》，尽管很有差别，但还是一起来到血缘宗谱一边。对它们的理解，必须一边是古代中国经典讲的历史性呈现和血缘宗谱性化育的世界——其生育繁殖力量来自世界本身，另一边是人们熟悉的古代西方故事中某种超绝原理派生的秩序。

与历史宇宙发生论相符合，在甲骨文和早期经典中人们发现的“天”“地”二字常带拟人含义，这就给一些早期和现代中国文化阐释者一种暗示，上帝有时也带有拟人性，在中西这两个说法之间，想象一种相符性。[1]不同的是，在中国一边的“天”“地”拟人性，是“以人为中心”的宗教感的一种自然延伸，它的恭敬对象是血缘宗谱、宗祖性的。其实，我们在中国宇宙论中发现的历史论拟人性，它允许祖先为子孙后代进行干预，这与超绝主义具有很大性质的不同。超绝主义所依赖的，是一种作为超绝主义知识本源的神性启示录。 P230

如果是超绝或形而上学宇宙论，初始性与决定性的原理——上帝或者柏拉图的“质相形”（forms）是独立于由它派生而来之物的，而且作为外在源头，在“混沌”之上强加一种“已预先分配”的设计。甚至亚里士多德

---

① 像利玛窦这样的早期传教士与近现代学者诸如Schwartz（1985）、Ching（1977）、Clark（2005、2009），认为中国古文献中的“天”“帝”等词指的是一个在许多关键方面同基督教的上帝相近似的超然存在的神。Huang（2007）对此做过深入浅出的论述。

把“质相形”阐述为“内在性”的试图，也没有改变它的超绝性地位；他强调不可改变“质相形”(form)与物质的关系，还有他的“自立第一动者”将自己认定为自己思想的内容，保证了对任何其他事物的独立性。这样，自然变化就成为受一种线性之目的驱动而发生的——这个说法带着我们从宇宙“起始”，来到其“预先设计”的实现。这是一个计划，有一个“开始”，有一个“终结”。某种非历史、非文化“主动体”(agent)——无数小写“本体”(beings)背后的大写“本体”(Being)、一切被造之物背后的造物者(creator)——必须作为前提假设出来，为的是解释事物为什么“是”(are)而非“不是”(are not)以及“为什么”(why)它们是自己的“什么”(what)。形而上学宇宙发生论非常大胆，向人们保证：只要能将“多”(the many)追溯到给予秩序的“一”(one)，一切皆可知。

第五节 “意义”与“价值”：儒家思想的“准无神宗教感”

如果古代中国的宇宙发生论没有将我们带回一个超绝设计的源头，那么一切事物的意义从何而来呢？在“儒家角色伦理学”和儒家“以人为中心”的宗教感之间划出一条直线，就是对这一问题的回答。

二三十年前，赫伯特·芬格莱特写了一本小书，题目是《孔子：以世俗为神圣》(*Confucius: The Secular as Sacred*)，对西方学界理解儒家思想产生了很大影响。在这本专著以及随后发表的影响很大的论文中，芬格莱特非常具有说服力地指出，在儒家世界，人的家庭、社会结构角色和关系有种“礼仪化”与“文雅性”，赋予人生经验美感与意义，建立了一种“什么是神圣”①的根本所在。我在前面第三章曾经指出，对儒家“关系构成

① Fingarette (1972)。可见本书参考书目中芬格莱特(Fingarette)有关《论语》的若干篇章。

人”的认识方法，想到两个同根字形的“体”和“礼”（在角色和关系上找到恰当性），作为我们做人、成人行进的状态。在第四章中，我又一次论述了十分核心且一词多义的“礼”（在角色和关系上找到恰当性）意识，它是儒家哲学的艺术术语，标志着作为儒家角色伦理基础的人生经验的转变与文雅提升。在这一章还可进一步指出，同样是这个“礼”意识，也可让 P231
我们清晰地领略到儒家的宗教性意识。

我们知道，作为术语的“宗教”一词，有可能来自拉丁字“religare”，意思是“紧紧地绑结在一起”。我们可以理解，“礼”怎样在家庭中作为社会语言知识与运用能力将人植入他与别人相对关系的适当位置，从而将人绑结在一起，加强社会的结构并鼓励一种强力的共同意义与归属感。尽管在儒家语境中“礼”本身不是一种机制化的形式“宗教”，但它还是以加强家庭与社会的纽带性，在人生经验中起到培养宗教质感的作用。像拉夫·爱默生（Ralph Waldo Emerson）、约翰·杜威（John Dewey），还有最近的理查德·罗蒂（Richard Rorty）和吉安尼·瓦提莫（Gianni Vattimo）这些哲学家，都有力地提出，真正的宗教感，需要免受正式宗教组织实行的有时令人窒息的齐一戒律，真正的宗教感只能在个人独特性得到充分表达时获得。事实上它是这样一种过程，允许开放的非正式性和不同人格化，这是“礼”的特质。[①]

“礼”关于家的根基可直接将“家”意识引至“宗”——祖宗、宗祠、宗族。“宗”在甲骨文的写法为，语言学家将其解释为“摆祭先祖牌位的祠堂”[②]。这种宗族联系可解释日本在近代造出“宗教”一词用以表达西

① 见Dewey（1998），第401—410页，*Religion versus the Religious*与Emerson（2003）*The Divinity School Address*，这两篇阐述由衷的宗教感觉与宗教组织的教规之间的矛盾。最近，意大利人吉安尼·瓦提莫（Gianni Vattimo）与理查德·罗蒂（Richard Rorty）既有分别论著（见瓦提莫2002年*After Christianity*与罗蒂1999年*Religion as a Conversation-stopper*）又有合著（见*The Future of Religion*，2005），专门抨击制度化了的、例行公事的宗教。

② 见关子尹“Multi-function Character Database”甲骨文合集CHANT：2041。

语“religion”这一事实；然而从字面而言，“宗教”是指宗祠和宗族训教；以“家为中心”的宗教感是它的首要含义。①《说文解字》的“礼”是语音、语义双关——“礼，履也”——行路，也即对人作为、行为的持续叙事。“礼”历来被译为“ritual”（惯例）、“rites”（礼仪）、“customs”（风俗）、“etiquette”（礼节）、“propriety”（适当）、“morals”（道德）、“rules of proper behavior”（适当行为规则）、“获得惯例角色与关系的适当性”和“恭敬”。于适当语境，以上每一英语词汇皆可表达“礼”。古汉语中的“礼”含有所有这些意义，尽管在各个不同场合，侧重程度不一样。如上面我们
P232 所看到的，礼（禮）为合成字，象形之意为向祭坛重要祖宗神位献（示）祭（礼），表示深刻的宗教意义。

在比较狭义、但是既正式也非正式意义的解释中，“礼”是个人如何侍奉家庭和社群先人神位，为活着的和逝去的创建一个兴旺繁荣的家和社会，强调的是此生此世过得好，而不是来世。将“礼”理解为流程性的、重要性的、以家和社会为中心的概念，这是古代儒家宗教感的鲜明特征，其中心点在于尊重血脉传承，表达诚挚的家庭情感与关怀（孝）。它是礼仪形式，是对故人的纪念而不是偏执崇拜。

> 务民之义，敬鬼神而远之，可谓知矣。②

对这段话的一种解释是，儒家哲学是一种世俗人文主义，不提倡把宗教活动提拔过高。而对此更为切合的一种理解，我认为对孔子而言，精神作为一种人生价值，产生于努力去做对家庭和社会内其他人最为恰当之事，而且形式性宗教作用要为这个目的而运用得当。孔子在回答他的学生季路的问题时，似乎也讲了这一观点，提出“修养和表达宗教情感的适当地点

① 见Liu（1995），第299—301页。

② 《论语·雍也》。

是家人朋友所在的这个活着的人世”：

> 季路问事鬼神。子曰：“未能事人，焉能事鬼？”“敢问死？”曰：“未知生，焉知死？”①

我们选择翻译“礼”的最宽大含义，即“努力在角色与关系中做得恰到好处”。这又是一个推敲之后的翻译。在形式方面，“礼”是那些充满意义的角色、关系和组织，它们提供交流媒介，培养社会性意识。大多数造 P233 成人们社会生活的形式与惯例化行为，都是充满意义的具体角色与关系，以上内容构成“礼”，包括餐桌行为、致意方式、告别话语、毕业典礼、婚姻仪式、下葬仪式、尊重态度、祭祀仪式等。“礼”是一种社会语法，每一次都给每一个社会成员提供一个于家庭、社会及政治的确定位置和排序。就像语法是字词的恰当安排，起到生成语义含义的作用，“礼”是角色与关系的精心协调，以利于实现社会的意义。“礼”是生命形式代代相传的阐释学，是意义出现与生成的宝藏，人采用一直持续存在的价值，将价值转化为对自己适当的永远具有特色的状态。人于今天施礼，其效用连接着以往，也连接着未来。

在最广意义上、在最文雅时以及宗教运用中，“礼”相当于“话语”，它可成为一种社会诗情与天籁之声的源泉，是那样动人地抒情于后面数卷《中庸》书中。在话语纷飞的社会，意义从最佳的关系状态呈现，是一切形

---

① 《论语·先进》。Keightley（1990）反思古代中国人对死亡的态度和看法，得出结论，死亡“不是一个问题”。当然他不是说古人临终不会有任何不安的感觉；他的意思是古人不会把死亡看作非自然、变态的、特别可怕的事情。中国的“自然”死亡理念把死亡视为生命循环的一部分。这个完全不同于犹太基督教传统，把死亡看得很重，即上帝对傲慢又不孝顺的人类所给予的惩罚。虽然“黄泉”也不是什么美好的形象，但它还是不像古希腊、古罗马与中世纪欧洲观念中的死亡那样充满着阴暗与病态之感。另见Ames（1998）。

式的有效交流带来的可能。即使任何“说辞”的“大叙述”[1]曾对我们许诺通向根本真理，皆是华而不实的，但话语是我们所有的一切，如同一种流通形式，在有效协商的形势下兴起，正如理查德·罗蒂所称，我们可设想无限“再对策”的可能（也许儒家“再处方”的说法更好）；这样，商榷就可以继续下去。[2]其实，语言变为诗，在诗中，诗文的呈现来自完全的自主性——这个世界确实是那样的。如伽达默尔指出：“这里，语言只代表自己，是它把自己带来站在我们面前。”[3]我认为伽达默尔的意思是，语言祈使世界存在，语言不能只作为反映某种既存真实的桥梁而被工具性和简化性对待。诗情语言更是表现性的，而非反映性的，是刺激性（有时深刻见解性）而非参照性的，更是言语效果及鼓舞性的而非描绘性的。在诗情之
P234 中和在“礼”的气氛的歌中，人才能最直接、最全神贯注地领略人与人之间感同身受的协同以及人们共同创造世界的那种大视野的场域。

用儒家自己的语汇强调共同的交流成长，孔子经常拿他在社会和政治相互关系中构成的“君子”观念与那些在自己所处的社会角色和关系上修养失败的人（称他们“小人”）对照。这些小人不仅对自己的环境贡献甚微，更重要的是，他们也没有生成一种对别人该有的呼应性的“耻”和“归属”感，从而未成为一名有责任心的社会成员，因而他将是一个对社会秩序构成实在威胁的人。

---

① “Mata-narrative”：“大叙述”或“元叙述”。这是个西方批判理论术语，尤其流行于后现代主义；指的是对历史意义、经验或知识叙述的叙述，为的是给予一种社会合法性，于期待中完成一个尚未完成的大理想。它具有后现代思想对类似进步、启蒙、解放等宏大叙述质疑的特点。参照下面英语：A metanarrative in critical theory and particularly in postmodernism is a narrative about narratives of historical meaning, experience or knowledge, which offers asociety legitimation through the anticipated completion of a（as yet unrealized）master idea. The term was brought into prominence by Jean-François Lyotard in 1984, with his claim that the postmodern was characterised precisely by a mistrust of the grand narratives（Progress, Enlightenment emancipation, Marxism）that had formed an essential part of modernity.

② Rorty（1989），第169页及接下来的几页。

③ Steele（2002），第217页。

其实，夫琳达·达尔米雅（Vrinda Dalmiya）试图证明，“不作为”能够如同“作为”那样暴力。[①]汉娜·阿伦特（Hannah Arendt）反而在她对阿道夫·艾希曼（Adolf Eichmann纳粹德国的高官）的清淡描写中，强调了这种“不作为”的巨大暴力度。她没有说他邪恶，而只是说他“毫无想法”和“索然无味”，似乎是对一个屠杀魔王很轻微的控告。不过，阿伦特要说的是，艾希曼的“毫不在意”——一个无耻的不能再专横人物的暴虐——源自一个被授以权力道德智障者的行为；他犯的滔天暴行，源自人性的灭绝。在儒家的世界，有一个一针见血的道理：粗暴、无头脑、无耻之人的精神分裂行为，才是道德丧失的根本缘故。

从非正式与独特性的人格一面，对礼仪性构成社会的充分参与，要求把主流风俗习惯、典章制度和价值观念反映在个性化人格之中。构成礼仪关系的秩序与法律或规定是有很大区别的，是参与、确认和从根本上做到在传统与自我之间认同的阐释性过程。

从礼的非正式、个人一面，全身参与到礼仪性社会，要求我们把传统的风俗习惯、典章制度等个人化。以礼仪为中心的社会秩序之所以区别于法治，主要在于这种个人化现象。个人化的过程指参与传统、认可传统，最后把它占为己有。礼的施行，同其他儒家美德类似，始于家庭，通过谦让的心态与行为，进而往外扩伸。从这个角度来看，礼是全社会根深蒂固的思想，一直在指导和确定过去人与现在人的关系、统治者与被统治者的关系。礼仪性的适度，如同大多数儒家事物一样，起源于家并通过家向外散开辐射式恭敬，一直远至宇宙之大。这样理解的“礼”之行，沉淀至人的社会，确认当今人口与后代人口之间的恰当关系，确认那些践行社会、政治权力者与被治理人之间的恰当关系。 P235

① Dalmiya（1998），第523页。

第六节　儒学的“宗教感”：积极的生命之花

我在别处曾提出，古代儒学既是无神论，也是具有深刻宗教内涵的。[1]无疑，它是个以祖先和文化英雄为意义的鬼神宗教传统；不管还有什么别的，但就是没有一个“上帝”。它是一种宗教意识，确认一种源自人的身心鼓舞的经验本身的共同精神。它没有教区，却有向社会延伸的家；它没有教堂神坛，却有家宴餐桌；它没有圣职，却有作为家和社会生活核心的贤人楷模。儒家思想关注人的成长和发展过程要走的道路，需是为整体的意义塑造、贡献于整体的意义；这是一种“成己成物”(creatio in situ)的思想，它与西方一神的“无中生有”创造(creatio ex nihilo)传统形成鲜明对照。[2]

我们在前面已经讨论过《中庸》；它篇幅不长，却充满光彩的思想，从汉代起就享有显著地位，体现在被辑为《礼记》四十八篇之一并作为单独流行版本。从13世纪起宋朝朱熹将其列为“四书”之一，《中庸》已是名声大作；它无疑是所有胸怀齐家治国之志的读书人以及大多数中国文人所背诵的书。因为“四书”之中，《中庸》最强有力地表达了儒家思想的宗教感，它被朱熹挑选出来，作为儒家人生观最崇高的境界。

从很多方面讲，《中庸》都是一堂儒家思想宗教感四散辐射式表达的高强度示范课，以谦恭自我修养开始，上升到与天地合一的境界。跟随朱熹，把《中庸》作为一线延续而清晰明理的文体，我们可以领略到，《中庸》前几节的韵律，是一种毫无生气的展开，是在为人类于世界寻找自己道路的不断失败中表达自己幽深的委婉。其实，这是孔子一曲激愤的悲歌：“道

① 见Ames(2003)。关于这种宗教精神的合理性与深度，Rosemont的*Rationality and the Religious Experience*(2001)有详细的论述。

② Tu(1985)进一步对照这两种创世概念，即自无生有的创造方法与儒家的自生创造方法，也就是杜维明所谓“anthropocosmic vision”(以人为主的宇宙观)。

其不行矣夫。”[1]而一旦进入正体，《中庸》速度开始渐渐加快，颂扬人之于天地之地位并提升自己“与天地参”[2]、担负共创宇宙新兴秩序的根本责任。随着《中庸》继续向前，步速显著加快，宣示要通过全身参与天地之 P236
化育大德，“故曰配天”[3]。然后，在最后的高亢韵律中，《中庸》急速冲向高潮——它的《欢乐颂》——它真的放声歌唱起来，为达到圆成的仁人的创造意义、为实现他们的世界大德而欢欣鼓舞。

《中庸》陈述的中国自然宇宙论，经验生活的世界总是一个暂时性世界秩序的无限展现，其韵律是它自己内在的创造过程，没有任何外在的固定模式或者进行指挥的手。因为没有任何造物者“上帝”，儒家宇宙论更加大大地提升所期待的“德配天地”的人类协作的创造力。一个丰富意义的世界，只能实现在人类共同协作的努力之中。

儒家的宗教感与那种亚布拉罕传统之间有几个重大差别。亚布拉罕宗教传统大体是盎格鲁—欧洲、北美文化叙事的宗教含义。我认为，不像对某种超越时空、独立、外在主宰者终极意义服从的那种“崇拜”模式（F.D.E.Schleiermacher称为“绝对依赖”宗教），儒家宗教经验本身是一种兴旺发达社会的产物；这种宗教生活质量直接来自群体社会生活质量。儒家思想的神圣性，不仅作为从数辈前人传承而来的繁荣社会的根本，也不仅是文化建立的基础，而且还是持续不断地成就而来的生气勃勃的生活质量——标志人类发展的鲜花与果实。这是一种以人为中心的宗教感，而不是以上帝为中心的宗教；这种宗教感在人为升华自己经验而采取勤勉谨慎的态度之间萌发，在成就角色、关系之礼的途径中形成。

儒家宗教感与亚布拉罕传统的第二个不同点是，儒家宗教感不是救世主义也不是末世主义。不过它确实有一种交流，它是日常普通事务中人们

① 《中庸》第五章。

② 《中庸》第二十二章。

③ 《中庸》第三十一章。

生活品质的一个具体转变，不仅提升和激励人的日常性相互联系，而且以
P237 家和社会为本，更进一步向外四散辐射地延伸而去，让世界充满魅力。当人的原始觅食行为提升为高级烹调术，当用木棍划痕成为规范的精美书法和叹为观止的青铜图案，当粗鲁动作变为礼仪的肃穆乐律和欢快舞蹈，当发出干预的咕噜咕噜声音演绎为崇高、萦绕于心的旋律，当偶然交媾的激情变成永久归宿感的温馨家庭，宇宙变得更广阔、更深远、更充满内涵。是如此之化育，使平常与普通具有优雅的气质，似乎至少提供了那种神秘宗教情感的另一种表述，而不需要那种对先验、超自然之物的诉诸。

当然也会有人把儒家思想以人为中心、不崇拜先验神的宗教感看成没有充分宗教意义。他们仍不相信这样一种另样的以人为中心、自然主义宗教意识具有足够力量，可在根本上合理地标之以“宗教”，这样大幅度降低门槛，充其量也不过将之称为“世俗人文主义”。对于我的观点，他们会很有争议，因为我认为，儒家哲学宗教意义的核心在于重视“礼”的生活，这是一种实实在在的“准无神”宗教感，有必要有一套重要的区别于无神论的语汇。

但是儒家对这种怀疑态度的回应，很可能与约翰·杜威对传统机构化宗教提出的批评不谋而合；杜威认为从对一种先验之物的诉求之中，使人世变化沧桑，一点也得不到什么暂缓与真正解脱：

> 就算可用千次辩证论确凿地表明，生命作为整体意义是由一个超绝先验原理所控制，最后走向一个终结性、一切都包括在内的目的；尽管如此，真理与错误、健康与疾病、善与恶、希望与恐惧，仍然实打实地就像现在一样，是什么的还是什么，在哪儿的还在哪儿。①

---

① Dewey（1976—1983），第4册，第12页。

杜威在这里坚定地认为，那种关于一个先验超绝本源的说法，不能为我们现实经验中的世界带来任何真正变化；不过，可能杜威说的仍不够到位。难道儒家还不能使杜威进一步地认识到，事实上笃信超绝先验发生了实在的代价——其实是“宗教”代价——这个代价就是影响人实在关系的开放可能？也就是说，家庭力量的作用，作为人精神成长的一个四散辐射 P238
性的中心，会缩减下去，原因是，自然的家庭与群体关系被认知为竞争的、把人引入歧路的及依赖于一些高高在上的超自然关系。换句话说，当人的关系被置于服从一种个人与先验超绝崇拜对象关系的时候，无论这种服从会带来什么好处，这种红利都会必然成为对家庭和社会组带关系的一个代价。在儒家环境中，是人自身呈现为深远的群体、文化和根本宗教恭敬的对象。在取得人们日常生活经验中所感受的强烈宗教质感之外，圣贤之人仍将继续作为他们家庭与社会备受尊敬的先人，也作为祖先遗产“天”的赋予者，这是更为广泛意义的中国文化特质。这是祖先与传统圣贤经过长时间的付出积累而成，是它使文化与宗教遗产形成并蕴含丰富的意义。

我们已经理解，对于儒家来说，是深受鼓舞的人生创造性可能，致使宇宙充满魅力，这是“宗教感”更重要的意义。“融入思想”的亲情与友情魅力在亲朋之间相互的感同身受中油然而起。其实，这样的情感洋溢又得以“增值”——也径直提升着宇宙价值。其中，丰富多彩的关系得以成熟。我们共同的宇宙是我们情之所系，它变成更壮丽宏伟的时空，因为我们将拥有深深的、身心鼓舞的——彼此相待的感情。

有点讽刺意味的是，对传统宗教组织与作为来说，可将儒家解读为挑战之点，同时也可解读为一种美国修正主义神学不可理解的、服务于自由宗教感的东西。我们可能会深受20世纪初期神学家亨利·鲁巴（Henry Leuba）的鼓舞，因为他呼吁：

> 上帝真的存在吗？他是怎样存在的？他到底是什么？那么多无关紧要的问题！不是上帝，而是人生，一种更宏大、更充满意义、更令人惬意的人生，归根结底，才是宗教最终的目的。人生之爱，于任何
> P239 的发展，于任何发展层次，都是宗教的搏动。①

我们可以来看看爱默生的颇具争议却又十分具有启迪作用的“神学院致辞”。他悲怆地指出，人类已经失去了能见到自己神性的能力：

> 关于神性本质的教义被遗忘，疾病感染、阻碍体质。人曾是一切；现在成了附属品，成为被讨厌的东西。而且由于内在圣灵是不能消除以尽的，教义遭受这种损害——只把神性给一两个人，而不给其他的一切人，愤怒地拒绝他们。②

爱默生坚持，耶稣的真正信息是他是人，不是神，而且他“用张开的眼睛见到了灵魂之神秘”：

> 被它严峻的和合性吸引，为其美丽而心醉，他活在他之中，在那里拥有他的存在。一切历史之中仅有的。他评价人的伟大。有一个人，对于同在于你与我中的东西，是真实的……这就是他，一个真人。他已看到，法则在命令我们，受到法的命令，他并不难受。他大胆地，用手、心，还有生命宣布：他是上帝。这就是他，一个真人。这就是他，正如我认为的，历史仅有的灵魂，它充分领略到人的价值。③

① Leuba（1901），第572页。
② Emerson（1979），第712页。
③ Emerson（1979），第713页。

杜威同样高度看待人的能力。他坚决笃信，根本的宗教与道德意义的民主，来自它具有的有利于人充分发扬价值的能力：

> 政府、事业、艺术、宗教，一切社会组织都有价值，有一个目的。这个目的就是有利个人能力获得自由与发展，不分种族、性别、阶级与经济地位。而且，对所有人都是一个说法，对他们的价值考验，就是看在多大程度上，他们做到了对每一个人实行教育，开发他潜在的全部能力。[①]

杜威之前的鲁巴和爱默生，都会解释真实的宗教感，将其作为人在赋予宇宙意义以及因此而赢得对这一宇宙最丰富意义的归属感方面，关于自己独特人格的充分奔放。在这之中，人创造了自己，也创造了他们的世界。 P240

第七节 “创造”之本质：“与天地参”的儒家宗教感

我认为儒家的宗教感恰是这样一种与天地合一的创造意义；而且事实上这是一种合作创造性，是唯一的一种真实创造。对儒家宇宙论而言，其实没有什么事情是仅在自己意义上发生的。要论述这一道理，我想要在几个不同层次上探究“合作创造”的观念。首先如儒家所说的我们经历的与人合作关系，就我自己而言，是与刘殿爵、郝大维和罗思文等人，我个人曾享有的学术与情感的合作历程——在很大程度上，我们都互相创造了彼此。在一个更为概括的层次上，我要说，儒家宗教性所看重的创造，是人

---

① Dewey（1976—1983），第12册，第186页。

与人作为伙伴，在家庭和社会之中彼此相互塑造的过程。[①]最后，在最高和最普遍性层次，我要提到儒家“三才”的观念和这样一种观点，认为人的创造是一体性不可分之“一才”，在生生不已宇宙精神的进化过程中进一步赋予天地灵感，是必不可少的。

有几个问题，贯穿在我们对创造性质问题探索进行的理论中，也使我们对理解儒家传统如何围绕这一思想，能阐述出一条较为清晰的脉络。它们是：（1）通常在人的经验中可运用“创造”这一观念的方面都有哪些？（2）我们使用“创造”和“起始”，这二者之间是否是同一含义？如果是，为什么？（3）“一体性”、真实性、真挚性、创造性等观念有怎样的内在联系？（4）在“创造”之中，人的情感和思维起到什么作用？（5）在中国哲学语汇中“创造”是如何表意的？

我准备用我们自己对《中庸》的翻译以及阐释，分别对以上有关创造性本质的几个问题进行回答。一直被作为《中庸》标准翻译的是1861年苏格兰传教士理雅各的译本。这个译本参照了比它还早的耶稣会士译文，成为对后期欧洲文字《中庸》译文产生深刻影响的版本，并一直延续。对理
P241 雅各而言，《中庸》首章对宇宙秩序的叙述，是不生疏、没有疑义的：

> 天命之谓性；率性之谓道；修道之谓教。（理雅各译为：What heaven has conferred is called THE NATURE; an accordance with this nature is called THE PATH of duty; the regulation of this path is called INSTRUCTION.）

从理雅各对《中庸》的理解看，这是个彻底无疑的开宗明义神论，但

---

① 虽然关系常有不对称，我们只需记得《论语·子张》关于合作创造相互性之重要的一段：卫公孙朝问于子贡曰：“仲尼焉学？”子贡曰：“文武之道，未坠于地，在人。贤者识其大者，不贤者识其小者，莫不有文武之道焉，夫子焉不学？而亦何常师之有？”

是接下来叙述的则是不伦不类的牵强附会，其实就是亵渎神灵地对人类“创造性”进行颂扬，对基督教基本信仰的颠覆。他完成翻译之后，即立即出于自己的忠实信仰，对《中庸》内容及其影响表示担忧，向给予《中庸》高度评价的中国传统发出挑战：

> 它的开篇还好，只是作者对他开宗明义的箴言，实在没有做到论理成章，他走进了晦涩，我们无法从中探求摸索我们的道路；而当我们从玄之又玄走出之时，又被作者对圣贤完美华而不实的描绘搞得困惑不已。他为唤起自己同胞的自豪做出了非常大的贡献。他把圣贤颂扬得比上帝、比信仰更崇高，他教导万民无需有什么外在精神作用。它如此这般与基督教迥然不同。……人们会将它参照为一种有力证明，他们的先贤祖先是如何缺乏理解上帝以及他们自己的智慧。①

是什么如此特别地让理雅各对《中庸》的严厉批评显示地如此坦率？他完全明白，他对《中庸》首章的神学理解与后面内容颂扬人类创造性的广大宇宙意义之间，存在深刻不一致；即以一种人类的创造性，挑战《圣经》所言造物者上帝创造人的权威。理雅各深知《中庸》的矛头，但愿它不是这样的矛头——人类在他们的圣贤领导之下，在自己的世界之中，为达到他们的“自我圆成”所必需的一切，都不去诉诸什么超然绝对的神；况且，这些人类楷模，对围绕在他们周围、充满人类创造性的世界的鼓动作用是如此之强大，乃至天地也没有必要去诉诸它们之外的更为终极的“真实”。宇宙创造力是一种人与他所在世界的充分合作；这是一种与白诗朗

① Legge（1960），第55、383页。理雅各提出自己见解的另一处是在《庄子》中的一则轶事里：南海之帝为倏，北海之帝为忽，中央之帝为混沌。倏与忽时相与遇于混沌之地，混沌待之甚善。倏与忽谋报混沌之德，曰：“人皆有七窍，以视听食息，此独无有，尝试凿之。”日凿一窍，七日而混沌死。理氏注文说，“尽管如此，‘混沌’让位于另一种状态固然是好事。‘倏’与‘忽’干得不错”。〔Legge（1962），第267页〕

P242 所谓“世界依赖性质的神性实在”相合辙的宇宙论。[①]

正如我们所看到的，理雅各并不缺乏真正对《中庸》进行“以人为中心”诠释的文本证据。《中庸》在首章，强调求得世界情感的表达，实现创造性和谐与中和，对人类世界中自己的能力与责任，以及人类成功将如何有助于整个宇宙的生气勃勃、一切事物各得其所，做出了叙述。这个在根本上具有情势性的、多元的创造过程，可通过《中庸》对儒家“诚”观念赋予的宇宙意义，在文本中找到毫不含糊的描述。“诚”是人们所熟悉的词汇，通常译为英语“sincerity”（诚恳）、“honesty”（诚实）或是“integrity”（表里如一），但是其运用中包含一种人们所不熟悉的宇宙论意义，使我们立即走到另外一种诠释方法上去，将“创造”理解为一种潜在性转换过程，是这一能力的特征：[②]

《中庸》第二十五章：

> 诚者自成也，而道自道也。诚者，物之终始，不诚无物。是故君子诚之为贵。诚者，非自成己而已也，所以成物也。成己，仁也；成物，知也。性之德也，合外内之道也，故时措之宜也。

---

① Bethrong（1998），第1页。

② 我们把“诚”译为“creativity”，理由和文献证据见于Ames and Hall（2001），第30—35页。早期与晚期注释家屡次把“诚”译为“ceaselessness”（不已）与“continuity itself ”（持续性本身）。在《中庸》第二十章里，朱熹把它训为“真实无妄”（what is genuinely real without lapse）与“天理之本然”（what the patterns of nature really are），说人人“未能真实无妄而欲其真实无妄”（the desire to make genuinely real what cannot yet be so）。Chan（1963），第96页将“诚”的这两个方面结合起来，说是一直处于转变、变化状态中的现实，坚持“诚”是“一种动力，一直在促进事物的转变与完成，将人道与天道加以协调”。Tu（1989），第82—83页得出明确结论，说“诚”“可以理解为一种创造力”，又“同时是自给自足的创造过程，不断为万事万物注入生命力”。毫无疑问，“诚”包含着一个创造的过程，虽然如此，把它翻译成“creativity”仍然有问题，这是由于现代英语对这个词的曲解与不准确的使用造成的。

我们的英语译文为：

Creativity（cheng 诚）is self-realizing（zi cheng 自成）, and its way（dao 道） is self-advancing（zi dao 自道）. Creativity references things and events（wu 物）taken from their beginning to their end, and without this creativity, there would be nothing happening. It is thus that, for exemplary person（jun zi 君子）, it is creativity that is prized. But creativity is not simply the self-realizing of one’ s own person; it is also what realizes other things and events. Realizing oneself is becoming consummate in one’ s conduct（ren 仁）; realizing the world is wisdom（zhi 知）. This is an achieved excellence（de 德）in one’ s natural tendencies（xing 性）and is the way of integrating what is more internal with what is more external. Thus, when and wherever one applies such excellence, it is fitting.

《中庸》另外还有几段，颂扬人的这种创造意义与世界圆成能力，十分明确地将人归属为“参天地”共创者。文中阐述人与社会以及自然环境在世界创造之中的协同合作，提出在人与自然的创造力之间，存在深刻共生性：

《中庸》第二十二章：

唯天下至诚，为能尽其性；能尽其性，则能尽人之性；能尽人之性，则能尽物之性；能尽物之性，则可以赞天地之化育；可以赞天地之化育，则可以与天地参矣。

英语翻译为：

Only those of utmost creativity (zhi cheng 至诚)in the world are able

> to get the most out of their natural tendencies (xing 性). Only if one is able to get the most out of one's own natural tendencies is one able to get the most out of the natural tendencies of others; only if one is able to get the most out of the natural tendencies of others is one able to get the most out
> P243 of the natural tendencies of things and events (wu 物) ; only if one is able to get the most out of the natural tendencies of things and events can one assist in the transforming and nourishing activities of heaven and earth; and only if one can assist in the transforming and nourishing activities of heaven and earth can human beings take their place as a member of this triad.

《中庸》在这一颂扬基础上又向前推进一步，将人类的最佳创造性认同为“圣贤”。“圣贤”不仅是赋予意义的源泉，也具有宇宙魅力的品格。《中庸》以一种赋予“天”的充分夸张手法，描绘这一过程及人类创造世界的价值：

> 唯天下至圣，为能聪明睿知，足以有临也；宽裕温柔，足以有容也；发强刚毅，足以有执也；齐庄中正，足以有敬也；文理密察，足以有别也；溥博渊泉，而时出之。溥博如天，渊泉如渊。见而民莫不敬，言而民莫不信，行而民莫不说。是以声名洋溢乎中国，施及蛮貊。舟车所至，人力所通，天之所覆，地之所载，日月所照，霜露所队，凡有血气者，莫不尊亲，故曰配天。[①]

正如我在前面所述，大家都熟悉的儒家说法“人皆可以为尧舜”，常被本质性地误读，以为圣贤具有人性之中某种普遍的天赐潜在性，如经过

① 《中庸》第三十一章。

实在化，任何人皆可具有超常天赋，有此天赋即可以一种不可比拟之能力对世界施加影响。可是我们已经知道，即使儒家有关系构成人的观念，这一说法也可另外解读，它是对《中庸》所叙述的，在广泛的社会、自然与文化环境意义上的过程世界中的人类经验达到最佳状态的一种承认，这是 P244 一种真正的创造与圆成，而且在日常事务中显现生生不已并自发产生的实在意义，其本身就是圣贤德行的意义与内容。这一圣贤的潜在力是伴随时间出现的，是在这些人物最成功的“成仁”故事中存在的。

我们可以将理雅各的愤然不满，归因于他在19世纪英国哲学运动中产生的难以消解的“共识论思想”，归结为他所诠释的，居然对造物者上帝的角色也敢于进行挑战的自不量力的傲慢。“共识论思想”对基督教及其现行道德进行死硬、僵化不变的辩护，将其作为常识的真理根据，用以对抗休谟怀疑论产生的腐蚀力量。无论理雅各的愤懑来自何处，不对允许人类作为宇宙创造的“参与者”一事保持沉默，似乎今天在我们中间仍然是一种常识，继续反映在《中庸》的当代翻译者身上，继续伴随着理雅各对《中庸》首章毫不妥协的神学诠释。但是不像理雅各，陈荣捷清醒地意识到自己的基督教思想，于是认识到《中庸》对任何神论“创造”这一概念的离经叛道，诠释家却迂回地将人们熟悉的神性创造概念渗透到翻译中来，而且通过这种做法，否认人类作为参与者创建宇宙秩序的任何真正地位。[①]

我想以最近企鹅出版社出版的浦安迪（Andrew Plaks）《中庸》译本举例。浦安迪作为译者，并不认为将《中庸》的文本放入它本身的语义环境中是对避免误读文化简约主义所必需的，他把《中庸》翻译成了一种它本来没有的超绝主义思想。[②]在对首章的分析当中，他向《中庸》引进了本体

① 例如Chan（1963）第95页说the Way of Heaven（天道）“超越时间、空间、物质与运动，同时也是不停的、永恒的、显而易见的”。

② 对金鹏程来讲，浦安迪与普鸣这两位当代美国汉学家都不同意现代学界公认的看法，即中国没有创世传说，并且二人拒绝对中国采用概括定论，而对具体地与本质地既讲明自己文化传统也讲明中国文化传统的特质，采取回避态度。参见Goldin（2008），第2—3页。

论“两个世界”和“两种分立存在秩序”的思想，将在人世范畴追求补偿性的可能和谐同“宇宙大基础的静止整体性”分割开来。他论述说：

> 在这里我们知道，儒家行为的道德观、自我修养是这枚硬币的另
> 一面，被理解为“道”的完善（可以说“修理”或“恢复”）过程；似
> P245 乎“这道”，一直被直接定义为一种“内在性”，它根本的性质是
> 天“命”而来，是需要某种如此“修补”的。这是我们首先要说明的，
> 《中庸》不是关系到宇宙之“道”所避讳的本质，这点之所以重要，在
> 于这可能是儒家伦理体系的本体基础。恰恰相反，《中庸》集中力量讲
> 的是人的方面，是达到更可通向的一种“道”，即，在人事世界，完
> 善人自己的道。①

在《中庸》这一开篇段落，浦安迪发现，他所看到的逻辑，是对《中庸》通篇起到统贯作用的，有时对似乎不连贯的章节，也能维持一种没有分割感的整一性和贯穿性：

> 对上下文零散杂乱思想起到整一作用的关键，在于抓住并不断运用外在表现中隐含的说理，并反复巩固接下来的每一讨论环境；它是宇宙和人世存在层次之间本质性的差别，它向人进行努力的集合行为赋予第一性意义，这意义是对人类领域进行秩序化与完善所要求的。②

从第二十章开始，《中庸》便逐渐明显区别人道与天道的差别（浦安迪将天道译为“the Way of Heaven”）。浦安迪把这个区别理解为一种人们常理解的方式，一个独立、排他及完善的鲜明对照性的宇宙秩序，伴随着斗

① Plaks（2003），第74页。
② Plaks（2003），第78页。

争这种完美化方式可能实现在人类经验上：

> 根据这个逻辑，“天道”与“人道”之间划出了一道莫大分界线；正如在对待第一章“中庸”与“和谐”平行观念上我们所看到的，这种尽善尽美的质量仅被归属于宇宙秩序，而把艰苦地追求一种程度差些的表里如一的整体性，交到人的手中。①

在《中庸》颂扬人的创造，把人称为与天地相参的一方而对这种描述采取保留态度方面，浦安迪站到了理雅各一边，认为这种语言具有冒犯性，因为它与我们自己的神学常识是相冲突的。但具体内容上他又与理雅各不一样，他指控的是，在他解读的字里行间，是一种毫无羁绊的人类自大，而浦安迪恰好相反，找到了净化语言的方法（他自己的术语）：

> 对最完美程度修养的最高形而上学结论的阐述，已经在首章结尾处 P246
> 有所提示，表现在对两个不常见用语的运用上。第一个是“赞”，引进了在宇宙秩序延续创造之中的参与含义，想来不止是个旁观者。我们只能对作者究竟希望我们怎样去理解这些词汇进行设想……第二个不常见的用语简直更为令人瞩目：把数字“三”写作古汉语形式的“叁”，并将其变为一个及物动词，意思是“作为第三方面参与其中”。这样一来，原来隐喻的有参与宇宙运行过程的潜力，现在被提升为在宇宙动态结构上的一个更高的力量，把人当成了完全的合作者。②

浦安迪在寻找一条解读《中庸》文本的可能道路方面，也煞费苦心。这一方法在神性的创造源头和事实的人作为合作者之间，保留了适当的等

① Plaks（2003），第77页。
② Plaks（2003），第97页。

级距离：

> 原作者在“神”字前加“如”字，立刻起到软化效果，让人们认为儒家“圣人”只是看上去体现着神性的特征……另外，有充分依据可以论证，早期典籍中“神”字常作为指神性特质，尤其是指先见之明或预先感知，也指神之本体。既然这样，就对此段有种消毒性，使它具有良性意义被翻译为：“他看上去被赋予了像神一般的能力。”[①]

但是在上引第二十二章、第二十五章和第三十一章中，我们已经肯定，《中庸》简直太明显，它对生为人类，对它们在宇宙生生不已过程中的重要创造作用，做出毫不掩饰的颂扬。而对浦安迪而言，“宇宙与尘世事物层面之间不可改变的本质区别”，限制着人的角色不可能超出那个只作为超越性理念的历史表象；也就是说，“要将这一抽象的宇宙理念转译到它的表象体现中去”[②]。因为对中国经典这样的本体论解读，《中庸》首章的“天下之大本”这句话，被翻译成了“万象包括的本体存在基础”；浦安迪是用传统经典注疏者的观点强化他的本体论解读，认为这些注疏者意识到，从一个完美本源那里赋予而来的神性特征，它的接受者无须进一步再做什么。浦安迪说：

> 古代注释家是一致的，这一普适之道，这一在一切人类与万物身
> P247 上、反映在它们固有的本性之道，不需要人再去进一步“修养”。人所需要的通过“道德教义”约束所做的“修养”，其实更是对自我与世界加以秩序化的正确儒家之道。[③]

---

① Plaks（2003），第98—99页。

② Plaks（2003），第78页。

③ Plaks（2003），第80页，注3。

按浦安迪的诠释，哪怕人类真是像设想的那样，是宇宙创造力的完全伙伴，仍然十分显然，人类并没有给真正的“真实”增添什么。

浦安迪对儒家世界观的认识，威廉·詹姆斯用了一个轻蔑的批评说法，称之为“封闭的宇宙”。一点也没有什么真实变化和不同性，这种“绝对主义”告诉人们的，正如詹姆斯的《多元宇宙》一书所嘲笑的“理性主义的封闭、整体、纯粹、完善的宇宙”①。杜威对他老师的这种说法解释说：

> 他（威廉·詹姆斯）厌恶机械论与理想主义，因为它们坚持一个封闭宇宙观点，对创新与新奇不留余地。二者都牺牲个性以及由于个体性而有的一切价值、道德和审美，这是因为根据绝对理想主义以及机械唯物主义，个人不过是整体所决定之下的一个部分，他是构成整体的一个部分。只有多元论的哲学，只有认识真正不确定性和变化、将其作为真实与内在本质的哲学，个体性才会被赋予意义。只有这种哲学才能给予创造活动的斗争以合法性，才会提供机会有利于真正的新生事物诞生。②

然而在同一时刻，我们还可说浦安迪是在向他的英语读者交代对《中庸》的一个常识性理解；即，求助于读者们本身所具有的常识上的一种解读。其实如果我们此时在普通语言意识上运用常识去思考如何理解“创造”的情况，就能明白“以上帝为中心”的“创造意义”，皆是理雅各和浦安迪诠释《中庸》采用的认识，这在我们的思维与言说之中，仍然是一种根本性方式。

在对“创造性”进行深入研究时，作为对研究的指南，我们第一个要问的问题：我们一般运用“创造”这一理念，指的是哪一种范畴的人

---

① James（1977），第147页。

② Dewey（1994），第35页。

类经验？我们知道，它是指最让人感到舒服的艺术与文学领域，即与创作艺术和文学故事有关的娱乐行业。但当我们转到日常严肃的事业活动
P248 时，道德、神学、科学，甚至“事业”一词本身，与“创造性”一起都成为一种可疑性的事。如果我要是了解到某位朋友很有道德“创造性”，在我可能正很惬意地羡慕他那放荡不羁的魅力时，我还会担心，他做什么都行，就是不要凑巧碰上我相貌不错的妻子或者我那天真无邪的孩子。如果人们都说我们教会的某位邻居很有神学创造性，那么就不是我，而是教皇更担心他们的永恒灵魂情况了。如果某位科学家同事，大家都知道他做克隆人体器官实验很有创造性，他的数百万美元科研基金就很可能有风险。如果我的理财师在账目计算方面很有创造力，最后使我一夜暴富，那么国家税务局不是直接把我丢进监狱，就是查我账户。在哲学学科内部，人们可以争辩伽德默尔的辩术很有哲学玩味，因为它挑战亚里士多德的严肃与严格，这是我们的传统认为哲学探索应有的品质。其实，当罗蒂以狂笑作为对我们学术的抨击之时，在不少人看来等于将他放逐到哲学界高墙之外，进入斯坦福的比较文学系，得到的是他被逐出专业学会大门的结果。

进一步而言，当“创造”一般与文学和艺术创作相提并论的时候，我们似乎不会把作为人的经验的这些创作活动视为“因”单线单向而派生出“果”（或曰“进步”）这样的情况。例如，拿我们的艺术史感与一些历史观比较一下，如基督教的、马克思主义的、黑格尔的、科学的，等等。我们对理性化的人类经验持有常识性理解，存在一种强烈的目的论假设推定，是目的论驱动着宇宙进步，无须求助于任何人类的实在性参与。

与这个被删节的“创造”价值相平行的一个问题，似乎伴随着我们对 spontaneity（自发性）这一词汇的常见使用与逻辑扭曲。布鲁恩·布鲁雅（Brian Bruya）提出：

> 我们能明白我所说的在伊壁鸠鲁和克律西波斯对自然人类活动所做解释中“自发性矛盾说”是怎么开始的。克律西波斯告诉我们，亚里士多德关于包括人在内的自然物体的内在目的论，让我们明白，一切运动都是“自发性的”，即在自然秩序之外，没有“不动的动者”。P249
> 而对伊壁鸠鲁来说，人类必须让自己走出自然决定性，进行自由选择，即“自发地”。这种逻辑矛盾——运动自发性是作为受他者的支配，且“自发”即“自由”——源远流长，一直延续到今天的话语之中（例如我们会说“青草自发地生长”，还会说“某某人忽然自发唱起歌来”）。虽然古希腊人没有一个作为艺术术语与“自发性”对等的词，但是他们明显跟这个矛盾进行了抗争，成为这一问题一切后来思想的来源基础。[1]

“自发性”的一些同义词，在逻辑矛盾“任性”一边表明“随意性”和“分离性”，也在“自动性”那边表示某种被“预设决定”的东西；两种含义都排除主体作用。“自发性”这一词汇，不是指修养而成的最好德行，而是用来暗指随意性、非被他者决定的行为，或者是“预设决定”“自动的”行为。这一演变直接与突出“创造”的“无中生有创造”理念相关；这把“自发性”降低到一个行为主体的任意性和不可解释的行动，或者降低到一种事先定好的程序设计，对于这个设计，行为主体没有控制力。“自发性”并不表明一种从行为主体方面经过修养而成的反应性，而是表示在举止上不受限制和没经过推敲的行动。这样一种基于解读的新事物的自发呈现，远不是人的德行作为，似乎根本不包含任何个人修养。

不过假如我们去查看一下汉英词典，会发现“自发性”的意义就像“创造性”，是一种截然不同的价值。“自然”是“自发性”的中文对等词

---

① Bruya（2010），第225页。

汇，当这个词汇用于人类行为主体的时候，“自然”的灵活“自我”层面，一定要理解为“人在角色与关系域境中”，而不是什么独立、互不联系的“自我”。所以，“自然”总含有“协同性”。其实，“自然”是无拘束的最好德行素质，“自然”作为行为主体与其接触的媒介体及环境进行有效互动时，表达《庄子》中讲到的匠人和开明君子的特征与行为：

> 庖丁为文惠君解牛，手之所触，肩之所倚，足之所履，膝之所踦，砉然向然，奏刀騞然，莫不中音，合于《桑林》之舞，乃中《经首》
> P250 之会。文惠君曰：“嘻！善哉！技盖至此乎？”庖丁释刀对曰：“臣之所好者道也，进乎技矣。”[①]

“自发性”是难以赢得的行动自由，这种行动自由正反映在孔子生平不断展开的成仁中：

> 子曰：“吾十有五而志于学，三十而立，四十而不惑，五十而知天命，六十而耳顺，七十而从心所欲，不逾矩。”[②]

英国哲学家约翰·侯普·马森（John Hope Mason）最近出版《创造力作为价值：一个现代信仰的来源与呈现》一书，他指出：“‘创造’呈现为一种价值（正如英雄主义、荣誉、虔诚及各种德行），只是19世纪的事情，即，当科学与技术发展促进人的独立性之时，当自由市场经济带动创新之时，当改革‘进步’变为一种期望之时……”[③]但是对马森而言，在西方文化叙事之内，“创造”的概念有一个复杂的历史，它至少包含两种截然不

---

① 《庄子·养生主》。

② 《论语·为政》。

③ 其实，我们可以从文艺复兴时期的哲学中找到反例，如尼古拉斯·德·库萨与维科。

同的语义——其实，这个历史仍然继续制约着我们今天理解与使用这一概念的方式。在最一般而且肯定非排他性意义上，理雅各和浦安迪解读《中庸》时，明显带有一种始终存在的想当然，即“创造”只属于造物者上帝，它暗示着道德的“善”、协调一致和精神灵性。在关于一个超绝、完美上帝的教义中，我们得到一个“无中生有之创造”[①]与道德性二者的等式。上帝开口发令，便有了世界，“……是好的”。《圣经·诗篇》第二十四篇声称：

地和其中所充满的，都属耶和华，是他造的我们，非我们自己。

《约翰》第一章第三节声称： P251

万物通过他而产生，没有他，什么也不会产生。

当然，“无中生有之创造”教义的历史，在古希腊、希腊化及亚伯拉罕传统之内，是一个复杂的故事，而在保证具有独立力量、绝对主权与自我存在上帝之说方面，它是个家喻户晓的神学主题，起到塑造我们常识认知的作用，正像理雅各和浦安迪二人的主导思想所显示的那样。

第二种对我们理解“创造性”有关的传统是普罗米修斯：创造性是冒险的原创天才人物们的事情。普罗米修斯的创造性是宙斯正义与人类文明鲁莽的泰坦拓荒者之间斗争的产物，他偷了火种，人类文明得以开始。但这是取代上帝，这种创举是黑暗、危险、破坏性的，是可质疑的道德价值。

马森会把康德、柯勒律治（William Coleridge）、卡莱尔（Thomas Carlyle）和阿诺德（Matthew Arnold）当作对“创造”具有主宰稳定性作用的楷模，恰如上帝所做的事情（当然是在不同意义上的），还会将马基雅维

① 有意思的是，耶稣童贞女之子的传说也是“自无生有”模式的实例，可以“保持上帝的同一性、纯正性与精神性”，参见Hope Mason（2003），第26页。

利《君主论》、歌德《浮士德》、米尔顿《撒旦》、玛丽·谢莉《维克多》的怪物弗朗肯斯坦因及尼采《超人》都视为具有不同主题的普罗米修斯式的创造性，而且将它们作为对“以上帝为中心”的“创造性”价值的损害。有意思的是，“以上帝为中心”和“普罗米修斯”式的“创造性”都强调原始性与创新性，却不太强调意义的增加。这样发端而来的“创造性”是出于对一个独立行为主体的想象，是一种单一性本源。无论“创造性”是上帝的神权——只有上帝才配讲，还是神志恍惚的普罗米修斯式的英雄所为（鲁莽、刚愎、不动摇地独立、不知妥协、易于陷入孤立和狂躁）：这种傲慢自我典型构成对上帝秩序的挑战。情况既是这样，人类“创造性”与现有人类道德既与“以上帝为中心”也与普罗米修斯精神相矛盾。对以上帝为中心来说，上帝既对创造性也对道德性有专利性，强调“创造性”是落实在对上帝“意志”的服从。而讲人类创造性，本身即一种“自恃自大”，本身就是邪恶的。对普罗米修斯精神来说，朱庇特对正义有专权，但是没有创造性；群民顺从之道德对自由是一个障碍，只有人类“创造性”才可
P252 克服这一障碍。但是这种“创造性”既要求给死去的上帝唱安魂曲，同时也要创造一个自持的新道德。[①]

把马森的“创造性”见解与理雅各对《中庸》的批判性解读联系起来，理雅各清楚地将《中庸》对人创造性的热烈颂扬当作自大，用一种普罗米修斯式的创造性圣贤反对上帝的存在。在理雅各对《中庸》的如此解读之中，似乎他在对儒家圣贤人物做一种英雄（自豪、勇猛、孤独）的解释；一个与众不同的典范，做出超人之壮举。而对于理雅各而言，这种人类新举只能是一种类属于精巧（睿智）的产物，而对只属于上帝的智慧而言，则是相反的。

然而《中庸》以及其他儒学经典中的圣贤形象，远不是什么英雄形象，

---

① Hope Mason（2003），第30页。

而只是一个仁德最佳的协作者和交流者，从每日最普通的事务入手，精心协调治理一个繁荣、和睦的人类社会，成为可参天地之人。孔子那样的圣贤不是独立自我，不是“无中生有”的开始。相反，他们担负着嬗变的人群身份，这些身份喻示人与社会尊重与意义的关系形态，这种关系形态根本上构成了生民与民族特点。圣贤的“聖”，甲骨文形状为“”，后来青铜铭文写作“”，它最早的字形结构是简单的“耳”和“口”，于西周始加有“壬”。[①]“聖”与“聽”“聲”字同源；《说文解字》解释为“通”（沟通、贯通）。公元2世纪汉代应劭著《风俗通义》，将圣释为“圣者声也，通也。言其闻声知情，通于天地，调畅万物”[②]。圣者是高效交流者、文化体现者，一个团结紧密社会的精神中心。我们看到《中庸》颂扬的协作创造精神以及古代中国的万物互系自然宇宙论，总体上是一种生生不已的“依境创造”（creatio in situ），而不是“无中生有创造”（ex nihilo）；它叙述的是一个持续不断的意义创造过程，而不是什么单一起始性的原动因。

其实我们可以利用“无中生有之创造”理念（一种单一性起始动作）的条件，将此种对“创造”的理解，与古代的中国宇宙论相区别。 P253

第一，“无中生有”依赖于独立行为主体，将一个具有排外性的造物者与它所造之物区分开来。古代中国的过程宇宙论讲述的是情势与域境总在行为体之先。即，个体人作为行为体是一种对具体、构成性关系的概想抽象。创造性根本上是情势的和反身的，此间发生的创造行为与自己之被创造是不可分的。由于这样的“创造”总是相互的，有效进行沟通交流，所以是参与天地重新建构的生生不已过程。

第二，“无中生有之创造”强调作为价值源的独创性。而另一方面，相比独创与事物之新，“依境创造”更强调意义、价值之加强。对于意义而

① 见关子尹“Multi-function Character Database”甲骨文合集CHANT：0693与西周中期CHANT：246。

② 《风俗通义佚文》15。见Wu（1980），第415页。

言，关系的相互性是使之加强的，是意义更深更远的源泉。“依境创造”属于前瞻性，因为它强调对其运用所具有的生产性，而不是向后追溯性，寻找它推定假设的“原始动因”，将其作为价值派生的源头。对中国自然宇宙论而言，“创造性”可被孤立与限制的程度，被视为一个与任何其他事物无关、独立的行者，被视为将它丰富意义萎缩化。

第三，“无中生有之创造”是有逻辑问题的，是将设想生成什么新东西，使其具有存在性，完全归结于它的创造者。而就其本身而言，这一推定假设的“新东西”事实上是“没有的东西”。而对“依境创造”而言，恰是构成性关系之发展才是意义的根本来源，并且在关系发展过程中，将一初始不成形之物转化为逐渐具有特质的“什么东西”。

第四，“无中生有之创造”模式，诉诸一个新源头，它否定事物的特性、混杂性、历史、发展以及过程。而对“依境创造”而言，意义的宏大化恰恰是历史的本质，是它通过片段式的人生圆成轶事，讲述一个人类进化的故事。在“依境创造”过程中，用威廉·詹姆斯的话说，关系、转变和结合都是真实的。[①]人的创造性经验，其性质是动态的，人必须注重因果关系的果，也必须注重前因，注重可能性也注重先前出现的实例。正是人
P254 类经验的这种前瞻倾向，赋予一种圆成人生的可能性。这种“依境创造”论，对人的特殊经验（一种因果性）产生的积累性效果以及自然特性之幸存随之而有的（积累意义）的功效，都做了说明。

最后，“无中生有之创造”是在整个人类经验之外，去诉诸一个虚空。而“依境创造”是容纳一个不确定性“无”，将“无”作为与确定性“有”相互联系的恒常。确定性“有”与不确定性“无”相系不分地一起构成生生不息的经验过程。正如我们所知道的，对一个一切皆以“胎”为“始”源的传统而言，是没有“虚空”概念的，而只有“地势坤”那种“厚德载物”。

---

① 首要的问题是数量上的断续，这也是威廉·詹姆斯为自己设定的目标。他在《心理学原理》中论证了意识流中“联合与转化”的真实性，参见James（1984），第47—81页。

我们可以将中国古代经典，包括在本章集中讨论的《中庸》，作为实例教学课，讲授“依境创造”的观念。大多数经典著作并不是出自一位作者之手，而是许多作者思想的集成。这些著作大部分都自由地借鉴而不注明出处，都是来自当时已有的丰富著作资源库，这是它们所处的一个总体的文献环境。这些古代经典一般都是综合性文献，它们存在的意义在于世世代代一脉相承地集聚而来。况且，这个过程并非到此为止。这些经典文本的编纂校订也是一代代相传而作，他们在这些经典著作文本上的合作，即将他们自己、与自己时代和情况相关的注疏诠释写入字里行间，这样，随着数百年间这种附注的累积增加，源源不断的新意被加进这些经典文本中去。

这种注疏传统，是经典文本的意义丰富化过程，一代代学者做着工作，建立经典文本与当时日常事务之间的互相联系。古代中国思想家倾注自己的精力，对简易地理解为“道”的、处于过程与变化中的现象世界，做到最大限度的关注和利用；它其实是一个伸展不已的人类经验环境，或曰“万物”（无数的过程与事件的现象），或可简称为“一切发生之中事”。这些中国哲学家并不倾向于这样的问题：是“什么”让东西成为“真实”？“为什么”东西是存在的？他们更感兴趣的是：“怎样”使周围环境不断变化的复杂关系得以协调，生成最有益的效果？是这种经过努力而成就的个人、社会以及根本性天地的和谐，而非什么神学或目的论对本源或者对某种“大计划”的推定假设，才是中国哲学具有根本指导意义的价值。 P255

参考文献

Addams, Jane (2002). *Democracy and Social Ethics*. Introduction by Charlene Haddock Seigfried. Urbana: University of Illinois.

Ames, Roger T. (2011). "War, Death and Ancient Chinese Cosmology: Thinking Through the Thickness of Culture." *Mortality in Ancient Chinese Thought*. Edited by Amy L. Olberding and Philip J. Ivanhoe. Albany: State University of New York Press.

——(2008) "What Ever Happened to Wisdom? Confucian Philosophy of Process and 'Human Becomings.'" Special Festschrift issue of *Asian Major* in honor of Nathan Sivin. Edited by Michael Nylan, Henry Rosemont Jr., and Li Waiyee. Third Series, Volume XXI Part I.

——(2005). "Getting Past the Eclipse of Philosophy in World Sinology: A Response to Eske Mollgaard." *Dao: A Journal of Comparative Philosophy* Vol IV No 2 (Summer 2005).

——(2003). "*Li* 礼 and the A-theistic Religiousness of Classical Confucianism."

Confucian Spirituality. Edited by Tu Wei-ming and Mary Evelyn Tucker. New York: Crossroad Press.

——(2001). "New Confucianism: A Native Response to Western Philosophy." *Chinese Political Culture*. Edited by Hua Shiping. Armok, New York: M. E. Sharpe.

——(1998). "Death as Transformation in Classical Daoism." *Death and Philosophy*. Edited by Jeff Malpas and Robert C. Solomon. London and New York: Routledge.

——(1993). "The Meaning of Body in Classical Chinese Philosophy. " Self as Body in Asian Theory and Practice. Edited by R. T. Ames, W. Dissanayake, and T. Kasulis. Albany: State University of New York Press.

——(1991). "The Mencian Conception of *Ren xing* 人 性 : Does it Mean 'Human Nature'?" *Chinese Texts and Philosophical Contexts: Essays Dedicated to Angus C. Graham*. Edited by Henry Rosemont, Jr. La Salle, IL: Open Court.

Ames, Roger T. and David L. Hall (2003). *Daodejing: Making This Life Significant* (with David L. Hall). New York: Ballantine.

——(2001). *Focusing the Familiar: A Translation and Philosophical Interpretation of the* Zhongyong. Honolulu: University of Hawaii Press.

Ames, Roger T. and Henry Rosemont, Jr. (1998). *The Analects of Confucius: A*

Philosophical Translation. New York: Ballantine.

Angle, Stephen C. (unpublished). *Sagehood: The Contemporary Significance of Neo–Confucian Philosophy*. New York: Oxford, forthcoming.

Anscombe, Elizabeth (1981). "Modern Moral Philosophy." *The Collected Philosophical Papers of G. E. M. Anscombe, Volume Three: Ethics, Religion and Politics.* Minneapolis: University of Minnesota Press.

Arendt, Hannah (1994). *Eichmann in Jerusalem: A Report on the Banality of Evil.* New York: Penguin.

Barnes, Jonathan (ed). (1984). *The Complete Works of Aristotle: The Revised Oxford Translation*. Princeton: Princeton University Press.

Berthrong, John (1998). *Concerning Creativity: A Comparison of Chu His, Whitehead, and Neville*. Albany: State University of New York Press.

Boodberg, Peter A. (1953). "The Semasiology of Some Primary Confucian Concepts. " *Philosophy East and West* Vol. 2 no. 4.

Bruya, Brian J. (2010). "The Rehabilitation of Spontaneity. " *Philosophy East and West* 60: 2 (April).

Campbell, James (1995). *Understanding John Dewey: Nature and Cooperative Intelligence.* La Salle, IL: Open Court.

Carrithers, Michael, Steven Collins, and Steven Lukes (1985). *The Category of the Person*. Cambridge: Cambridge University Press.

Cauvel, Jane (1999). "The Transformative Power of Art: Li Zehou's Aesthetic Theory. " *Philosophy East and West* 49 (2).

Chan, Wing-tsit (1963). *A Source Book in Chinese Philosophy*. Princeton: Princeton University Press.

Chang, Kwang-chih (1964). "Some Dualistic Phenomena in Shang Society. " *Journal of Asian Studies* 24, no. 1 (November) : 45-61.

Ching, Julia (1977). *Confucianism and Christianity: A Comparative Study*. Tokyo: Kodansha International.

Chong, Woei Lien (1999). "Combining Marx with Kant: The Philosophical Anthropology of Li Zehou. " *Philosophy East and West* 49 (2).

Clark, Kelly James (2007). "Tradition and Transcendence in Masters Kong and Rorty. " *Morality, Human Nature, and Metaphysics: Rorty Responds to Confucian Critics*. Edited by Huang Yong. Albany: State University of New York Press.

——(2005). "The God of Abraham, Isaiah, and Confucius. " *Dao: A Journal of Comparative Philosophy*, Vol. 1, pp. 109-136.

Cohen, Paul A. (1984). *Discovering History in China: American Historial Writing on the Recent Chinese Past*. New York: Columbia University Press.

Creel, Heerlee G. (1970). *What Is Taoism? And Other Studies in Chinese Cultural History*. Chicago: Chicago University Press.

Csikszentmihalyi, Mark (2004). *Material Virtue: Ethics and the Body in Early China*. Leiden: Brill Academic Publishers.

Dalmiya, Vrinda (1998). "Linguistic Erasures. " *Peace Review* 10 (4).

Dawson, Raymond (1981). *Confucius*. New York: Hill and Wang.

Dennerline, Jerry (1988). *Qian Mu and the World of Seven Mansions*. New Haven: Yale University Press.

Dewey, John (2004). *Reconstruction in Philosophy*. Mineola, NY: Dover.

——(1998). *The Essential Dewey*. Volume 1. Edited by Larry Hickman and Thomas Alexander. Bloomington, IN: Indiana University Press.

——(1994). *The Moral Writings of John Dewey*. Edited by James Gouinlock. New York: Prometheus Books.

——(1981–90). *The Later Works of John Dewey, 1925–1953*. 17 vols. Edited by Jo Ann Boydston. Carbondale, IL: Southern Illinois University Press.

——(1981). *The Philosophy of John Dewey*. Edited by John McDermott. Chicago: University of Chicago Press.

——(1976–83). *Middle Works, 1899–1924*. 15 vols. Edited by Jo Ann Boydston. Carbondale, Ill. : Southern Illinois University.

——(1969–72). *Early Works, 1892–98*. 5 vols. Edited by Jo Ann Boydston. Carbondale, Ill. : Southern Illinois University.

——(1960). *Reconstruction in Philosophy*. New York: Beacon Press.

——(1958). *Experience and Nature*. New York: Dover.

——(1922). *Human Nature and Conduct*. New York: Henry Holt and Company.

Emerson, Ralph Waldo (2003). *The Spiritual Emerson: Essential Writings*. Edited by David M. Robinson. Boston: Beacon Press.

——(1979). "The Divinity School Address. " *The Norton Anthology of American Literature*. Vol. 1. Edited by Ronald Gottesman. New York: W. W. Norton and Company.

Farquhar, Judith (1999). "Technologies of Everyday Life: The economy of impotence in reform China. " *Cultural Anthropology* 14 no. 2 (May).

——(1994). *Knowing Practice: The Clinical Encounter of Chinese Medicine.*

Boulder: Westview.

——(1991). "Objects, Processes, and Female Infertility in Chinese Medicine." *Medical Anthropology Quarterly* (NS) 5, no. 4 (December).

Fesmire, Steven (2003). *John Dewy and Moral Imagination: Pragmatism in Ethics*. Bloomington, IN: Indiana University Press.

Fingarette, Herbert (1991). "Reason, Spontaneity, and the *Li*." *Chinese Texts and Contexts: Essays Dedicated to Angus C. Graham*. Edited by Henry Rosemont, Jr. La Salle, IL: Open Court.

——(1983). "The Music of Humanity in the *Conversations of Confucius*." *Journal of Chinese Philosophy* 10 (4).

——(1981). "The Concept of Ideal Authority in the *Analects*." *Journal of Chinese Philosophy* 7 (1).

——(1980). "The 'One Thread' of the *Analects*." *Journal of the American Academy of Religion*, Thematic Issue S, 47 (3).

——(1977). "The Problem of the Self in the *Analects*." *Philosophy East and West*, 29 (2).

——(1972). *Confucius: The Secular as Sacred*. New York: Harper and Row.

——(1966). "Human Community as Holy Rite: An Interpretation of Confucius'

Analects. " Harvard Theological Review, 59 (1).

Gadamer, Hans-Georg (1991). *Truth and Method.* 2nd revised edition. Translated by J. Weinsheimer and D. Marshall. New York: Crossroad.

Gernet, Jacques (1985). *China and the Christian Impact: A Conflict of Cultures.* Translated by J. Lloyd. Cambridge: Cambridge University Press.

Gilligan, Carol (1982). *In a Different Voice.* Cambridge MA: Harvard University Press.

Girdardot, N. J. (1984). *Myth and Meaning in Early Taoism: The Theme of Chaos hun-tun.* Berkeley: University of California Press.

Glosserman, Brad, and Scott Snyder (2009, November 13). "Not Too Fast with China. " *PacNet Newsletter*, 74.

Goldin, Paul R. (2008). "The Myth That China Has No Creation Myth. " *Monumenta Serica* 56, pp. 1-22.

Graham, A. C. (1990). *Studies in Chinese Philosophy and Philosophical Literature.* Albany, NY: State University of New York Press.

——(1989). *Disputers of the Tao*. La Salle, IL: Open Court.

Granet, Marcel (1977). "Right and Left in China. " *Right and Left: Essays on*

Dual Symbolic Classification. Edited by Rodney Needham. Chicago: University of Chicago Press.

——(1934). *La pensée chinoise*. Paris: Editions Albin Michel.

Guo Qiyong 郭齐勇 (2004). "Xiandai Xinruxue de Yixue siciang lungang" 现代新儒学的易学思想论纲 (Contemporary Confucians on *Yijing* Thought). *Zhouyiyanjiu* 周易研究 , *Zhouyi Studies*, no. 4.

Hadot, Pierre (2006). *The Veil of Isis: An Essay in the History of the Idea of Nature*. Translated by Michael Chase. Cambridge, MA: Belknap Press of Harvard University.

——(2002). *What is Ancient Philosophy?* Translated by Michael Chase. Cambridge, MA: Belknap Press of Harvard University.

——(1995). *Philosophy as a Way of Life*. Oxford: Blackwell.

Hall, David L. , and Roger T. Ames (1999). *The Democracy of the Dead: Dewey, Confucius, and the Hope for Democracy in China*. La Salle, IL: Open Court.

——(1998). *Thinking from the Han: Self, Truth, and Transcendence in Chinese and Western Culture*. Albany: State University of New York Press.

——(1995). *Anticipating China: Thinking Through the Narratives of Chinese and Western Culture*. Albany: State University of New York Press.

——(1994). “Confucian Friendship: The Road to Religiousness” *The Changing Face of Friendship*. Edited by Leroy S. Rouner. Notre Dame: University of Notre Dame Press.

——(1987). *Thinking Through Confucius*. Albany: State University of New York Press.

Hanfeizi 韩非子 (1982) *Hanfeizi suoyin* 韩非子索引 . Beijing: Zhonghua shuju.

Hansen, Chad (1992). *A Taoist Theory of Chinese Thought.* Hong Kong: Oxford University Press.

Hao, Chang (1994). “A Roundtable Discussion of *The Trouble with Confucianism* by W. Theodore de Bary. ” *China Review International* 1 (1).

Hegel, G. W. F. (1956). *Philosophy of History*. New York: Dover.

——(1965). *Philosophy of Right.* Translated by T. M. Knox. Oxford: Clarendon Press.

Held, Virginia, (2006). *The Ethics of Care.* Oxford: Oxford University Press.

Henderson, John B. (1984). *The Development and Decline of Chinese Cosmology*. New York: Columbia University Press.

Herfel, William, Dianah Rodriques, and Yin Gao (2007). “Chinese Medicine and the Dynamic Conception of Health and Disease. ” *Journal of Chinese*

Philosophy 34, Supplement s1.

Holloway, Kenneth W. (2009). *Guodian: The Newly Discovered Seeds of Chinese Religious and Political Philosophy*. New York: Oxford University Press.

Hooker, Brad, and Margaret Little editors (2000). *Moral Particularism*. Oxford UK: Oxford University Press.

Hope Mason, John (2003). *The Value of Creativity: The Origins and Emergence of a Modern Belief*. Aldershot, UK: Ashgate.

Hsiao Kung-chuan (1979). *A History of Chinese Political Thought*. Translated by F. W. Mote. Princeton: Princeton University Press.

Hsün Tzu (1966 rep.) . Harvard-Yenching Sinological Index Series, Supplement 22. Taipei: Chinese Materials Center.

Huainanzi 淮南子 (1992). *Huainanzi zhuzisuoyin* 淮南子逐字索引 . Hong Kong: Commercial Press.

Huang Yong (2007). "Confucian Theology: Three Models. " *Religion Compass* 1. 4, pp. 455-478.

Ivanhoe, P. J. (1990). *Ethics in the Confucian Tradition.* Atlanta: Scholars Press.

James, William (2000). *Pragmatism and Other Writings*. New York: Penguin.

——(1984). *William James: The Essential Writings*. Edited by Bruce W. Wilshire. Albany: State University of New York Press.

——(1977). *A Pluralistic Universe*. Cambridge: Harvard University Press.

——(1892). *Principles of Psychology*. Cambridge: Harvard University Press.

Jaspers, Karl (1953). *The Origin and Goal of History*. Translated by Michael Bullock. New Have: Yale University Press.

Kanaya Osamu 金谷治 (1966). *Mōshi* 孟子 . Tokyo: Iwanami.

Kang Youwei 康有为 (1956). *Datongshu* 大同书 (The Book of Grand Unity). Beijing: Guji chubanshe.

Karlgren, Bernhard (1996). *Grammata Serica Recensa*. Taipei: SMC Publishing Inc.

——(1950). *The Book of Odes: Chinese Text, Transcription and Translation*. Stockholm: The Museum of Far Eastern Antiquities.

Keightley, David N. (1990). "Early Civilization in China: Reflections of How It Became Chinese. " *Heritage of China: Contemporary Perspectives on Chinese Civilization*. Edited by Paul S. Ropp. Berkely: University of California Press.

——(1988). "Shang Divination and Metaphysics. " *Philosophy East and West* 38:

4 (October).

——(1978). "The Religious Commitment: Shang Theology and the Genesis of Chinese Political Culture." *History of Religions*, 17 (3–4).

Kim, Jeup-Yeup (2010). "A Revisionist Understanding of Zhang Zai's Development of *Qi* in the Context of his Critique of the Buddhist." *Asian Philosophy*, 20 (2).

——(2008). "Zhang Zai and his Qi 气 Cosmology." PhD. dissertation. University of Hawai'i.

King, Ambrose (1985). "The Individual and the Group in Confucianism: A Relational Perspective." *Individualism and Holism: Studies in Confucian and Taoist Values*. Edited by Donald Munro. Ann Arbor: University of Michigan Press.

Kupperman, Joel (2010). "Why Ethical Philosophy Needs to be Comparative." *Philosophy*, 85 (2).

——(1971). "Confucius and the Nature of Religious Ethics." *Philosophy East and West*, 21 (2).

Kwan, Tze-wan, "Multi-function Character Database" [Database of bronze and oracle bone Chinese characters]. Retrived from http: //humanum. arts. cuhk. edu. hk/Lexis/lexi-mf/

Lau, D. C. (1992). *Confucius: The Analects (Lunyu)*. Hong Kong: Chinese University of Hong Kong Press.

Lau, D. C. and Chen Fong Ching (1992a). *A Concordance to the Hanshi waizhuan*. Hong Kong: Commercial Press.

——(1992b). *A Concordance to the Liji*. Hong Kong: Commercial Press.

Legge, James (1962). *The Texts of Taoism*. New York: Dover.

——(1960). *The Chinese Classics*, 5 volumes. Hong Kong: University of Hong Kong Press.

Leibniz, Gottfried Wilhelm (1994). *Writings on China*. Trans. Daniel J. Cook and Henry Rosemont, Jr. Chicago: Open Court.

Lekan, Todd (2003). *Making Morality: Pragmatist Reconstruction in Ethical Theory.* Nashville, TN: Vanderbilt University Press.

Leuba, Henry (1901). "The Contents of Religious Consciousness." *The Monist*, 11 (4).

Li Zehou (1999). "Subjectivity and 'Subjectality:' A Response." *Philosophy East and West*, 49 (2).

Liu, Lydia (1995). *Translingual Practice: Literature, National Culture, and Translated Modernity: China, 1900–1937*. Stanford: Stanford University Press.

Lloyd, Geoffrey, and Nathan Sivin (2002). *The Way and the Word: Science and Medicine in Early China and Greece*. New Haven: Yale University Press.

Loewe, Michaeil (1982). *Chinese Ideas of Life and Death: Faith, Myth, and Reason in the Han Period (202 BC–220 AD)*. London: Allen and Unwin.

Lüshichunqiu 吕氏春秋 (1955). Xu Weiyu 许维遹 (ed). Beijing: Wenxue guji kanxingshe.

Lynn, Richard John (1994). *The Classic of Changes: A New Translation of the* I Ching *as Interpreted by Wang Bi*. New York: Columbia University Press.

Madsen, Richard (2002). "Ethics and the Family: China/West. " *Chinese Thought in Global Context.* Edited by Karl-Heinz Pohl and Anselm W. Muller. Leiden and Boston: Brill.

Major, John (1993). *Heaven and Earth in Early Han Thought.* Albany: State University of New York Press.

Makeham, John (2008). *Lost Soul: "Confucianism" in Contemporary Chinese Academic Discourse*. Cambridge, MA: Harvard University Press.

——(1994). *Name and Actuality in Early Chinese Thought*. Albany, NY: State University of New York Press.

Mattice, Sarah A. (2010). "On 'Rectifying' Rectification: Reconsidering

Zhengming in Light of Confucian Role Ethics. " *Asian Philosophy*, 20 (3).

Mead, George Herbert (1982). *The Individual and the Social Self: Unpublished Work of George Herbert Mead*. Edited by David L. Miller. Chicago: The University of Chicago Press.

Mill, John Stuart (1930). *A System of Logic, Ratiocinative and Inductive: Being a Connected View of the Principles of Evidence and the Methods of Scientific Investigation*. 8th Edition. London, New York: Lognmans, Green.

Mozi 墨子 (1948). Harvard-Yenching Sinological Series, Supplement 21. Peking: Harvard-Yenching.

Mote, Frederick (1989). *Intellectual Foundations of China*. New York: Knopf.

——(1972). "The Cosmological Gulf Between China and the West. " *Transition and Permanence: Chinese History and Culture*. Edited by David C. Buxbaum and Frederick W. Mote. Hong Kong: Cathay Press.

Munro, Donald (1979). *The Concept of Man in Contemporary China*. Ann Arbor: University of Michigan Press.

Needham, Joseph (1956). *Science and Civilisation* Vol. II, Cambridge: Cambridge University Press.

Nietzsche, Friedrich (1966). *Beyond Good and Evil*. Translated by Walter

Kaufmann. New York: Vintage.

Noddings, Nel (2003). *Caring*. Second edition. Berkeley and Los Angeles: University of California Press.

Nylan, Michael (2008). *China's Early Empires: A Reappraisal*. Edited by Michael Nylan and Michael Loewe. Cambridge: University of Cambridge Press.

Peerenboom, Randall (2007). *China Modernizes: Threat to the West or Model for the Rest?* Oxford: Oxford University Press.

Perkins, Franklin (2004). *Leibniz and China: A Commerce of Light*. Cambridge: Cambridge University Press.

Peterson, Willard J. (1982). "Making Connections: 'Commentary on the Attached Verbalizations' of the *Book of Change*." *Harvard Journal of Asiatic Studies* 42: 1.

Plaks, Andrew trans (2003). Ta Hsueh *and* Chung Yung (The Highest Order of Cultivation *and* On the Practice of the Mean). London: Penguin.

Puett, Michael (2003). *To Become a God: Cosmology, Sacrifice, and Self–Divinization in Early China*. Cambridge: Harvard University Asia Center.

Putnam, Hillary (1990). *Realism with a Human Face*. Cambridge: Harvard University Press.

Redding, Jean-Paul (1998, May 28–30). Paper delivered at conference "Thinking Through Comparisons: Ancient Greece and China: " "Words for Atoms, Atoms for Words: Comparative Considerations on the Origins of Atomism in Ancient Greece and the Absence of Atomism in Ancient China. " University of Oregon.

Richards, I. A. (1932). *Mencius on the Mind.* New York: Harcourt, Brace.

Ricci, Matteo (1985). *The True Meaning of the Lord of Heaven*. Taipei: Ricci Institute.

Rorty, Richard (1999). *Philosophy and Social Hope*. New York: Penguin.

Rorty, Richard and Gianni Vattimo (2005). *The Future of Religion*. New York: Columbia University Press.

Rosemont, Henry Jr. (2001). *Rationality and Religious Experience.* La Salle, IL: Open Court, 2002.

——(1991a). *The Chinese Mirror*. La Salle, IL: Open Court.

——(1991b). "Rights-bearing Individuals and Role-bearing Persons. " *Rules, Rituals, and Responsibility: Essays Dedicated to Herbert Fingarette*. Edited by Mary I. Bockover. La Salle, IL: Open Court.

——(1976). Review of *Confucius—The Secular as Sacred* by Herbert Fingarette.

Philosophy East and West 26: 4.

——(1974). “On Representing Abstractions in Archaic Chinese. ” *Philosophy East and West* (January).

Rosemont, Henry Jr. , and Roger T. Ames (2009). *The Chinese Classic of Family Reverence: A Philosophical Translation of the Xiaojing* 孝经 . Honolulu: University of Hawai’i Press.

——(2008). “Family Reverence (*xiao*) as the Source of Consummatory Conduct (*ren*).” *Dao: A Journal of Comparative Philosophy* Vol VII No 1 (Spring).

Roth, Harold D. (1999). *Original Tao: Inward Training and the Foundations of Taoist Mysticism*. New York: Columbia University Press.

Russell, Bertrand (1922). *The Problem of China*. New York: The Century Co. London: George Allen and Unwin.

Sandel, Michael (1998). *Liberalism and the Limits of Justice.* Cambridge: Cambridge University Press.

Schipper, K. (1978). “The Taoist Body.” *History of Religions* 17: 3, 4

Schwartz, Benjamin (1985). *The World of Thought in Ancient China.* Cambridge: Harvard University Press.

Shaughnessy, Edward L. (trans) (1997). *I Ching: The Classic of Changes*. New York: Ballantine.

Shun, Kwong-loi (1997). *Mencius and Early Chinese Thought.* Stanford: Stanford University Press.

Shusterman, Richard (2008). *Body Consciousness: A Philosophy of Mindfulness and Somaesthetics*. Cambridge: Cambridge University Press.

——(1997). *Practicing Philosophy: Pragmatism and the Philosophical Life.* New York: Routledge.

Sim, May (2007). *Remastering Morals with Aristotle and Confucius*. Cambridge: Cambridge University Press.

Sivin, Nathan (1995a). *Medicine, Philosophy and Religion in Ancient China: Researches and Reflections.* Aldershot, HANTS, UK: Variorum.

——(1995b). "State, Cosmos, and Body in the Last Three Centuries B. C. " *Harvard Journal of Asiatic Studies* 55. 1.

——(1987). *Traditional Medicine in Contemporary China*. An Arbor: University of Michigan Center for Chinese Studies.

——(1974). Forward to Manfred Porkert. *The Theoretical Foundations of Chinese Medicine*. Cambridge, MA: MIT Press.

——(1965). "Chinese Alchemy and the Manipulation of Time." *Earlham Review* I.

Slingerland, Edward (trans). (2003). *Confucius: Analects with Selections from Traditional Commentaries*. Indianapolis: Hackett Publishing.

Sommer, Deborah (2008). "Boundaries of the *Ti* Body. " *Asia Major* Third Series, Vol. XXI, Part I.

Steele, Dave Ramsey (editor) (2002). *Genius in Their own Words.* Chicago: Open Court.

Stevenson, Leslie (1974). Seven Theories of Human Nature. Oxford: Oxford University Press.

Storch, Tatyana (2009). *Japan Under Snow: Poems in Russian and English.* Philadelphia: The Coast.

Sturgeon, Donald. "Chinese Text Project" [Database of Classical Chinese Texts and Translations]. Retrieved from http: //www. ctext. org.

Sullivan, Shannon (2000). "Reconfiguring Gender with John Dewey: Habit, Bodies, and Cultural Change. " *Hypatia* 15: 1, pp. 23–42.

Tan Sitong 谭嗣同 (1958). *Renxue* 仁学 (A Study of Becoming Consummately Human). Beijing: Zhonghua shuju.

Tang Junyi 唐 君 毅 (1991). *Complete Works* 唐君毅全集 . Taipei: Xuesheng shuju.

——(1962). "The t'ien ming [*tianming*] (heavenly ordinance) in pre–Ch'in [Qin] China." *Philosophy East and West* 11, pp. 195–218.

Thoreau, Henry D. (1962). *The Journal of Henry D. Thoreau*. 14 volumes. Edited by Bradford Torrey and Francis H. Allen. New York: Dover.

Thornton, Arland (2004). *Reading History Sideways*. Chicago: University of Chicago Press.

Tiles, J. E. (1988). *Dewey: The Arguments of the Philosophers* series. London: Routledge.

Tronto, Joan C. (1999). "Care Ethics: Moving Forward. " *Hypatia,* Volume 14, Number 1 Winter.

Tu Wei–ming (1989). *Centrality and Commonality: An Essay on Confucian Religiousness*. Albany, NY: State University of New York Press.

——(1985). *Confucian Thought: Selfhood as Creative Transformation*. Albany, NY: State University of New York.

——(1979). *Humanity and Self–Cultivation: Essays in Confucian Thought*. Berkeley: Asian Humanities Press.

Vattimo, Gianni (2002). *After Christiantiy*. New York: Columbia University Press.

Waley, Arthur (1938). *The Analects of Confucius*. London: George Allen and Unwin.

Walker, Margaret Urban, editor (2000). *Mother Time*. Lanham, MD: Rowman and Littlefield.

Whitehead, A. N. (1979). *Process and Reality: An Essay in Cosmology*. Donald Sherbourne corrected edition. New York: Free Press.

——(1938). *Modes of Thought*. New York: Macmillan.

——(1933). *Adventures of Ideas*. New York: Macmillan.

Wilhelm, Hellmut (1977). *Heaven, Earth, and Man in the Book of Changes*. Seattle: University of Seattle Press.

Wu Shuping 吴树平 (1980). *Fengsutongyi jiaoshi* 风俗通义校释 (A Critical Edition of Understanding the Meaning of Popular Customs). Tianjin: Tianjin renmin chubanshe.

Xiong Shili 熊十力 (1988). 摧惑显宗记 (Getting Passed Doubts and Making Manifest the Basics). Taipei: Xuesheng shuju.

——(1985). 新唯识论 (A New Discourse on Consciousness Only). Beijing: Zhonghua shuju.

Xunzi 荀子 (1994). *Xunzi: A Translation and Study of the Complete Works*. Vol III. Translated by John Knoblock. Stanford: Stanford University Press.

Xunzi. See *Hsün Tzu*.

Yang, Zebo 杨泽波 (1998). 孟子评传 (A Biography of Mencius). Nanjing: Nanjing University Press.

Yu, Jiyuan (2007). *The Ethics of Confucius and Artistotle: Mirrors of Virtue*. New York: Routledge.

Zhang Dainian 张岱年 (1982). 中国哲学大纲 (An Outline of Chinese Philosophy). Beijing: Chinese Academy of Social Sciences Press.

Zhang Dongsun 张东荪 (1995a). 知识与文化：张东荪文化论著辑要 (Knowledge and Culture: The Essential Writings of Zhang Dongsun on Culture). Edited by Zhang Yaonan 张耀南. Beijing: Zhongguo Guangbo dianshi chubanshe.

——(1995b). *Lixing yu liangzhi: Zhang Donsun wenxuan* 理性与良知：张东荪文选 (Rationality and Conscience: Selctions from the Writings of Zhang Dongsun). Edited by Zhang Rulun 张汝伦. Shanghai: Shanghai yuandong chubanshe.

Zhang Yanhua (2007). *Transforming Emotions with Chinese Medicine: An Ethnographic Account from Contemporary China*. Albany: State University of New York Press.

Zhang Longxi 张隆溪 (1999). “Translating Cultures: China and the West. ” *Chinese Thought in a Global Context: A Dialogue Between Chinese and Western Philosophical Approaches.* Edited by Karl−Heinz Pohl. Leiden: Brill.

Zhang Zailin 张再林 (2008). 作为身体哲学的中国古代哲学 (Traditional Chinese Philosophy as the Philosophy of Body). Beijing: China Social Science Press.

Zhu Xi 朱熹 (1969). *Sishujizhu* 四书集注 (Collected Commentaries on the Four Books). Taipei: Yiwen yinshuguan.

跋：儒家角色伦理学的局限性

在本书中，我努力对儒家角色伦理学做一个诠释。这个诠释接受一套表达人生圆成具有持久愿景的语汇，让它讲自己的话。这个努力基于一个前提，即在做出决定，认可还是拒绝一种哲学立场之前，首先必须要坚持从善原则，要为其本身意义之上理解它，做出最大努力。然而经过本书所述、努力给予儒家角色伦理学最可信理论之后，我最后有必要提出一个或许是最重要的哲学问题：我们要不要奉行儒家角色伦理学？它是不是一种令人信服、实际可行的哲学态度？

儒家传统的鲜明特征是采取一种具有审美感的纵观全局态度，这要求在对任何具体行动的整体后果做出确定判断的时候，须尽量把人类经验的一切方面都考虑进去。这种整体感蕴含与表达在“道”的话语之中，“道”这一词汇将引领我们超越任何对情势的偏颇视角，从看事物的特殊性出发，领略一种总体认识：一切事物是如何来到一起，促使一种现象出现，这其中也包括这个过程所隐含的潜在可能性的轮廓。这种在认识之中的总体性，唐君毅的宇宙论曾提出，所谓“知”，是深刻理解一种情势之为“一”（它的延续性、特殊性、矢量方向）及其多样性（诸多特殊性的关系构成场域、多意义性、多语义性）。相对于亚里士多德的知识逻辑（利用分析法抓住事物本质），儒家知识是从与某一特殊情势相关的一系列特殊条件总体开始，P257
终点是通过运用一种修养而得的想象力，去努力取得最理想的效果。

而且，伦理行为服务于一个生气勃勃的社会，要求必须有这样一种整体性思维。在伦理学意义上，我们会倾向认为，道德与“什么是正确”或者“趋善”相关，似乎“对”和“错”及“善与恶”这些理念于我们来说是唾手可得的，只要我们诉诸什么先验存在标准即可：比如获得先验存在的原则（原始动因）或（由德行virtue语言——本体论语言所定义的）先验存在的理想。而从儒家视角看问题，我们发现的不是什么先验存在概念，而是经验的现象学，根据它做判断决定：一种具体特殊行动对于加强我们的关系，意味着什么结果。也就是说，我们必须要问：怎样做才会使这些特殊关系构成的情势更为理想？怎样做会使这个情况变坏？儒家角色伦理学看到的道德本质，无非是由关系所构成的任何特殊情况的积极发展。

正如我们已经知道的，相对于人们熟悉的西方伦理理论，儒家角色伦理学并不诉诸假设推定的客观原则或者仅仅诉诸理性选择。其实，作为发扬道德行为的一个做法，似乎是从它的反面开始的。把家庭情感作为培养道德能力的切入点，角色伦理是个人成长途径，是从具体、较为偏颇的关系，向外开始与延伸，而其前进的方向，是在总体上保障社区具有更为公正的纽带。在这一儒家视野中，实际原则与根本价值的出现，来自对恰宜行为具体事例的归纳总结。

总体来说，我想提出，由于儒家角色伦理学源自对人类经验的一种整体性认识，它对当前的伦理学讨论，在几方面具有实质性的贡献。儒家角色伦理学一开始就对一种推定假设的教义性个人主义构成挑战，它是精辟的；而且，我要指出，它是对动态、变化的人从经验出发令人十分信服的认识，因为人是很独特地由变动不居的多方面关系构成的。这种情况使儒家角色伦理
P258 学贡献给人们的，是对如何成仁成德圆成人生观的一种整体性思想认识。对某种形而上学原则化基础采取孤立化、确定出某种规范性，然后运用它，以此做出对恰当道德行为的判断，但儒家角色伦理学并不是这样入手的；它要回到对恰当行为的调查研究，对具体日常事务中的改善性进步做出评定。这

里秉持的观点是，对较为抽象的原则、德行和价值的理论思考必须实在化，而且应当服务于人的日常经验，以君子之行为途径进行改造。

它首先是历史典型，坚持有效且简化主义的原则，对这种行为进行沟通。这种把日常普通事务作为关注中心的情况，儒家角色伦理学提出一种整体性入手角度来进行考虑，把整个经验的场域与决定什么才是更理想恰当性的相关联。而且，儒家角色伦理学进一步重申，家庭关系作为道德能力取之不尽的源泉所具有的不可替代的功能。这里，儒家角色伦理学再一次提供了一种进行道德教育的整体性基础，它包括所有那些从家庭关系开始人生旅途的人物，那些将个人和家庭视为“中心/场域”关系，而不是视为排他性个体的人们。最后，儒家角色伦理学的生存力依赖于道德想象的成熟与实践，当然包括理性的算计，但不只限于它或被它垄断。这里，儒家角色伦理学还提供了一种判断适当行为的整体性入手方法，这一方法包括认知的、情感的、语义的等所有人类可用的资源，用于形成对现实最好的回应选项。

或许我们从儒家角色伦理学中可得到一个重要借鉴：寻求客观性和公正性在分析环境和调节恰当伦理行为中起到一个关键作用，仅仅运用这种客观标准而不对特殊情景的具体细节给予足够考虑，这对采取恰当态度本身就不是一种可靠的依据。其实这很容易证明，西方哲学最近出现的实用伦理学、德行伦理学、重视特殊性、关怀伦理学、实用主义伦理学等补课性转向，尚未把新产生的对肉体与情感的关注作为一种重要道德考虑在内，在总体上都是对生存生活经验整体性的回归以及在抽象与具体之间重建的一种恰当平衡，而做法就是重申实际与实用智慧的奇特价值。①

① 关于关爱伦理的例证，可以参考Gilligan（1982）、Noddings（2003）、Walker（2000）、Held（2006）等，还有Tronto（1999）所提到的其他作品。与此相似，在实用主义圈内，有人试图给“具体情形”（context）恢复原位：例如Lekan（2003），尤其是Fesmire（2003）。Hooker and Little（2000）专门研讨“道德的特殊神宠论”（moral particularism）。在Shusterman（2008）与（1997）以及他若干其他作品中主张，在追求完美人生时，需要考虑到躯体方面的因素。罗伯特·索罗曼，在其杰出学术生涯中起先锋作用，倡导情感哲学的研究。

乔·库珀曼（Joel Kupperman）主张他所说的“世界主义伦理”P259（cosmopolitan ethics）。他认为当代伦理思考出现的这种转向，应当加入其他可选择性文化资源。库珀曼敏锐地感觉到西方叙事偏重依赖对原则和理性选择的诉求，而不是个人的自我教养：

> 如果参考点主要是过去两个半世纪的西方系统伦理，那么很容易下结论，规范性伦理哲学的根本目的是原则的实现，原则产出决策步骤。似乎接下来会是这样一种情况，任何将自己改造成某种确定类型人的计划，其实是第二位的，而第一位的是实现牢靠的道德决策……要出现的情况有一部分会是对任何伦理的限制，因为任何伦理是以原则为考虑的，考虑的是根本原则问题，根本原则优先于生活，构成重要决策的基础。①

库珀曼承认自己已意识到系统伦理学的局限性，即系统伦理学高度依赖原则，排斥情境性、偶然性；他明白，一些其他文化传统，明显使用其他鉴别标准：

> 然而在世界其他地方，原则与推定假设的法则并非总是具有这样一种重要作用的。对非西方伦理传统做的一些考察，会是违反康德出于完全沉浸在西方传统中而提出的现成假设，推定出以法与原则为核心的伦理学。②

库珀曼在他的“世界主义伦理学”中提出，我们可以充实伦理学讨论，同时也更清晰地阐释我们自己资源的意义，如果我们努力地从正面评价其

---

① Kupperman（2010），第185页。

② Kupperman（2010），第186页。

他传统的伦理学可做的贡献，别的传统伦理学已构成对培养道德能力意味着什么问题的强有力回应。

> 亚里士多德和孔子都很清楚，对于很多什么才是最好做法的伟大决策，都不被认为是基于原则的决策。这种案例，很多都包含对事情程度的判断，还有对非同小可的细节的觉察。①

然而，它对儒家角色伦理学的贡献在于它所给人的意识是关于恰当行为的一种十分不同的思维。但同时，我们还需要考虑它的局限性，至少是在儒学资源所叙述的基础上。在其悠久历史过程中，儒家角色伦理学尽其最大努力弘扬人的充分发展，但当我们整体性理解如何才能做得最有效时，P260
这种努力本身也显出缺陷。儒家人生的目的集中蕴含在“中庸”（切中时常或做成每日需做之事）一语之中；即，使一件事达到它的“既不过分也非不及”（无过、不及）程度，一种立即让人想到传统中医的语言。②历史上对儒家角色伦理学一种常见的批评是，易于将过分注意力放在亲近关系上而受挫，因为这样滋生一种腐败性文化；同时，在现实中实践这些理念不足而受挫，理念是要做到公正但它缺少控制腐败的必要手段。

公正与偏颇之间的持续不平衡情况有其历史道理。因此，我将阐述儒家角色伦理学主要基于的经典思想资源。这些历史悠久的经典文献，起初出现在一个离我们很久远的世界，那时的人们在小范围内休养生息。小规模的家庭和社会被放到一个无可置疑的地位，成为人类休养生息的中心平台。

肯定地说，这种儒家传统的深层智慧其实不复杂：家是人类的唯一性组织机制，人最能毫无保留地将自己给予它。在儒家思想意识中，将世界改造成一个家庭，是弘扬一种相互依赖关系的方式，这种范式最能有效达

① Kupperman（2010），第200页。

② Zhang Yanhua（2007），第46—48页。

到构成人之关系所能发挥作用的目的。角色伦理运用的逻辑是，如果家里人过得好，你也就过得好。你成为一名成功的教师，是因为学生很出色，你的出色学生越多，那么你作为教师就越成功。

不过，儒家角色伦理学诉诸家庭，将它作为人类经验的组织比喻，并非一切都是良性的。其实，儒家角色伦理学高度强调家庭情感，以此作为儒家理想的仁德人生本源也给很多人带来担忧，个人将这么多精力投入到与自己直接的相关事务中，造就一个充满活力的公民社会就没有什么资源
P261 了。著名社会学者金耀基指出，儒家的人是以“伦”（人与人彼此间的具体关系）来理解的，而缺少概想与实际资源，用来更清楚地与更广义的“群”联系起来：

> 好像对我来说，儒家社会伦理不能为个人与“群”（非家庭群体）之间提出“切实可行联系”。儒家思想的问题症结在于，事实上对个人与群体之间的分界线没有给予概念性区分……关键点是在儒家思想中，虽然“群”的观念得到了认可，可个人只是倾向于将其道德关系认同于群体之中的个别人，不是认同于这一“群”本身。“伦”只存在于与个人的关系中，而不是存在于与这个“群”的关系。[①]

金耀基认为，儒家角色伦理学的最大局限在于没有对具体人成为完全的社会存在提供结构性的资源：

> 其实，有理由指出，儒家思想没有为个人提供伦理指南，用以对待一个人与没有具体关系的“陌生人”……这是一个容易察觉到的社会现象，中国人个人常常是不会在真正儒家意义上与陌生人或“群”

① King（1985），第62—63页。

> 关系中的社会“存在”的；也就是说，他常常不能把“陌生人”或“群”认真对待为关系对象，这样就没有可能做到把自己与“陌生人”或“群”作为相互依赖意义联系到一起。①

金耀基所看到的儒家角色伦理学的局限是直接的、明显的且使人不得不信；这种情况也在1920年罗素来华讲学时得到有力的印证。罗素来华正值杜威来访，两位学者在全国各地做过许多演讲，都对中国的生活有切身的体验。哪怕对中国事务仅仅是个陌生者的杜威，那时的观察也不可思议地尖锐。

金耀基的议论不但带有一定说服力，而且还能从现实中得到充分支持与印证。

1920年，年轻的罗素来华游行讲学，并观察到金耀基所描述的情况。罗素在华时间与杜威在华时间有交叉，二人不但举行全国周游讲座，而且对中国生活、文化获得了亲身的体会。虽然对中国风俗习惯不熟悉，但罗素仍然眼光敏锐，洞察精辟。他曾经指出：

> 孝，还有总体的家庭力量，恐怕是儒家伦理的最大弱点，这是这个制度的唯一出发点，是严重违反常理的。家庭情感与公共精神对立，老年人的权威强化了古代礼俗的专制。② P262

当然罗素比金耀基走的远得多，他从整体上摒弃传统的中国家庭，将它视为争取社会进步斗争中需要战胜的障碍。罗素不仅从西方自由主义理念、外来角度评价以家庭为本的儒家传统，而且毫无疑问，他的批评受到康有为、谭嗣同这些维新派人士的影响。这些人也在呼吁，作为实现中国

---

① King（1985），第64—65页。

② Russell（1922），第40页。

现代化的必要条件，一定要废除传统的家庭制度。罗素的观点是，家庭亲情是所有文明进程随处可见的一个阶段，但在充分发展时代它会被合理取代。

> 孝，当然不只是中国特有的，而在一个文化特定阶段是普适的。这方面也如同有些其他方面一样，中国独特的地方在于，在它达到一个很高的文明程度之后，仍然保留着旧礼俗。古希腊与罗马在这方面与中国没有什么两样，然而随着它们的文明发展，家庭已变得越来越不重要。而在中国，一直到我们今天，这种情况尚未发生。①

我们可以不接受罗素的普适性论断，因为他的论断把文化差别的不相关性归结为他想当然的必然社会模式进化上去——普适性历史观。而且，如果我们是儒家，还须从体现在罗素个人生活中的他对家庭关系的认识去理解。然而我们还需要想到，家庭关系塑造社会，听起来可能是有解放性的，但同时若没有根据社会化常规性理念的恰当社会制度制约，对亲情关系的依赖也会变成裙带关系、任人唯亲、地方主义和腐败发生的分裂根源。

儒家世界还有另外一个更明显的例子，即偏颇与公平的不平衡会影响发展。中国儒家学者践行儒家存在的一种传统性缺陷，有一种“唯意志论”倾向，它不仅夸大改造世界作为一种以人为目的的力量，而且低估世
P263 界具有可能抵制这种改造的力量。二三十年前的一位“康德学者”李泽厚，曾是当代中国最著名的社会批判家之一。一些当代诠释学者，尤其如庄爱莲、顾昕和刘康等所做的大量工作，是谈李泽厚摒弃“唯意志论”：人类意志力量能够成就一切这种幼稚甚至危险的思想。②这种十分流行的“唯意

---

① Russel（1922），第41页。

② 关于这个论点，笔者受到了多方面的启示，如Chong（1996），*Mankind and Nature in Chinese Thought: Li Zehou on the Traditional Roots of Maoist Voluntarism*一篇文章，以及齐慕实（Tim Cheek）客串主编的*Philosophy East and West*特辑所刊载Li（1999）与Cauvel（1999）回应Chong（1999）的两篇文章。

志论”并不是什么新事物，而是来自人类的自我实现依赖于道德意志的改造力量的儒家传统观念，并持续地与这一观念相一致。

简而言之，自古至今的中国哲学家只认可一种人类经验与自然文化环境之间的不断融合，即所谓“天人合一”。不过，这种融合经常被误解为对自然学科的削弱。它不是被理解为多少主观性东西与客观性东西的相互融合，因而尊重人类社会集体对其所在环境进行有效改造的能力“以及”自然世界对这种人类改造的抵制，而是受到一种信仰的支配，道德的主观性对一个可无限塑造的自然世界具有几乎绝对的改造力量。这样的信仰阻碍我们正确对待一种潜能——自然科学坚持改善人类条件。正是这个原因，“唯意志论”变成了一种简单主观主义，它对需求科学和技术集体努力的真正原因打了折扣，认为是对自然进行“人化”，以建立主观与客观之间的生产力关系。李泽厚认为，这种关系是人类自由的先决条件。

这种偏颇与公平的不平衡问题还会表现于对中国政治与文化领导的评价中。我已将儒家角色伦理学阐述为对互相谦恭做法的灵活用心。不过，一方面这样美感的人物具有感召力，另一方面也有危险性。孔子的最大担心是伪君子，即那些口是心非的人。作为一种“伦理”，对是否构成恰当 P264
行为与文化价值起到裁决作用的是模范人物而不是“原则”（所诉诸的是出色道德人物而不是抽象标准）。这样，最根本的问题从根据现存理想概念（或服从一套规定判断准则）转向对个人的出色行为的认同。我对“德”的鉴定，只能在从文化传统中抽出的类推基础上做，这与对创造性的中断具有的开放态度相合。从根本上说，“德”必须是显而易见的，必然因其本身的内在价值而对他人有启发的作用。

在儒家角色伦理学中，这样意义的“德”是殊荣与责任的唯一恰当基础。即使这样，儒家中经常存在出现伪君子的危险，在道义愤慨与自我道义情操之间，在提倡与自我践行之间，总是有一条薄弱的分界线。社会和政治地位是道德修养的必要条件，离这里只有一步之遥，道德高尚尺度即可用地位本身作为解释。

在跨文化融合环境的国际舞台上，儒家角色伦理学大有推荐价值。“互相依赖”的理念和“邻居过得好就是你过得好”的看待事物的态度是一种非常有益的思维框架；在这一框架中，国际社会可以朝着协商共同利益方向行动起来。儒家角色伦理学回避棘手的道德冲突问题，方法是放弃任何普适命题，并且坚持认为恰宜行为是一种特殊性环境条件中的延续性、相互性或多方协商问题。其实，道德行为的协作性质要求它应是相互的与相容的。

儒家角色伦理学也对健康的国际关系发展有所贡献，但向偏颇一方倾斜对它的这一价值会产生负面影响。人的道德和价值最终而言是来自人对具体环境的亲身参与；这个事实给儒家带来一种明显的本土与狭隘观念。这种狭隘观念体现在挥之不去的所谓“唐人街现象”。矗立的长城是中国长期以来内向视域的一个象征，而在不少人看来，它就是“世界的唐人街”。中国以长城作为统一的永久丰碑，也是“拥有世界22.5%人口的城
P265 墙背后的中国”。在悠久的历史过程中，在适当延展与缩小民族身份界限中，中国一次又一次地建设。在边界线之内居然是那样一个庞大而又多样化的社会，在自己的文化和语言中，它具有与欧洲和非洲大陆的可比拟性，而非欧非之内任何一个国家的不可比拟性。

1987年郝大维和我合著出版《通过孔子而思》，书中指出，“由于军事、暴利投机家、毫无收效的传教士的入侵，孤立主义经过数百年之后中断了，中国的‘唐人街’门被撬开一个门缝”[①]。二十五年之后，随着中国经济奇迹般地崛起，中国变化太大了，国门无疑已相当开放，但是中国仍然保持着自己对国际领导地位负有有限责任的认识。最近，各种不同机构对于中国社会各界精英如何看待中国的世界影响力增强这一问题做了调查，布拉德·格洛瑟曼（Brad Glosserman）和史考特·斯奈德（Scott Snyder）对

① Hall and Ames（1987），第309页。

这一调查的概述说：

> 他们对中国崛起的国际声望和成就，特别是对中国成功的经济发展，感到十分自豪。但是在他们的回应声中，这些中国精英似乎没有显示任何国际责任感或者说对全球领导地位的欲望。他们几乎相信，中国应当在国际事务中有积极表现，但是当问他们的国家应该担当什么角色时，70%以上都认为，中国最大的贡献应是维护中国自身的稳定和发展。被调查的中国人以压倒多数票对“中国应担负什么样的更大国际领导角色”这一问题持否定态度。90%的回答对给予中国国际领导的角色问题持否定态度。2/3的人对中国应当在解决国际纷争问题中担当特别角色这一意见持否定态度。我们调查的人居然对中国要担当亚洲领导角色都表示迟疑。在同意中国对地区经济具有积极影响时，95%的人声称中国对担当地区领导角色尚无准备。80%以上回答不同意中国要为加强地区安全担起领导责任的意见。在针对这种意见应如何具体化或实施的讨论中，我们还听到，他们对中国日益强大的力量带来的地位提升感到十分自豪，坚持说中国有对某些问题发表自己声音的权利。但是没有人站出来进一步说明他们的国家使用自己力量和 P266
> 施加影响，要怎样不从狭隘国家利益出发。①

这种对超出本国之外怀有有限责任的态度，也发生在国际上，不少人都认为这是自私自利和权宜性政策。于此，明显的动机是经济，而本应是真正人道主义的关怀，却似乎被压低了声音。

为阐述儒家人生观及其实践，我曾多次大段引述《大学》内容，从“修身”开始到最终结果“平天下”。在汉语中，“天下”的意思是“中国

① Glosserman and Snyder（2009）。

这个世界”或是更广大意义的“世界”。也许要等到中国领导人很明显地用自己的行动表示，他们已经解决了“天下”一语的后一种语义模糊性，更多倾向更广大的“世界”意义，不太重视国际责任的偏颇的不平衡性，才会有一个必然的纠正。

但是儒家哲学不存在发生这种修正与发展的内部资源，使自己更具有全球性吸引力。人类经验具有多层面的重要性，需要公允、透明和更具客观的常规性理念；儒家传统长期以来也意识到这种需要。从“义”（最理想恰当性）与“利”（个人获益）二者之间的区分开始（这是我们在《论语》和《孟子》中早就读到的），儒家思想在其历史上就一直纠结在伦理行为与公允性二者间的必然关系上。然而不是借助于什么超越性道德标准或者什么客观理性能力（必将被环境性的偶然情况所捆缚），儒家传统坚持以家庭为比喻从而发展出一个“不偏不倚”观念。这是说，哪怕在主观性与客观性视角之间做出判断，“不偏不倚”实际是通过扩展人的关注范围而做到的，即从由受制于个人自私之利的“主观”（主人的视角）到为了所有牵涉
P267 方面着想而追求最适当性（义）的“客观”（客人的视角）。儒家“推己及人”之“恕”与“尽己所能”之“忠”这样的说法，是另一种践行“谦恭”意图的转化性说法，它还保持了人所关注的范围的开放，去判断什么才是道德。关键点是，对传统来说，它是有自身资源的，要在自身资源之上建立更健康的防护措施，让它具有牵制过分偏颇的可能性。

总之，儒家思想在当代向世界贡献的最深刻见解，就在于它鼓励人们重新思考家庭的角色，将其作为圆满仁德人生之基础和首要场合，而且延伸出去，使其成为一种真正健康的民主基础和出发点。我们也能够证明，具讽刺意义的是，不合时宜的亲密关系将构成中国走向未来的一大障碍。由于对亲情与非正式家族关系的投入那么大，使得儒家传统在产生支撑一种儒家版本民主必需的正式、较为“客观”和“透明”机构方面很是缓慢；而当它产生这些的时候，这些机构又常常因为人事关系过分干预而受到牵

累和削弱。

一方面，人们所熟悉的诉诸普适性概念会因为实际运用的模糊性而遭受挫折；另一方面，儒家要为所有有关方面着想的努力，也因为缺失较为抽象、常规性理念而有残障。抽象、常规性理念如“勇气”与“正义”——它们为确定什么是以利为考虑采纳的合理性观点提供了指南。其实，中国的民主要医治绝对儒家性质的民主所存在的弊病，要不断诉诸法治与民主的正式机构，需要对因家庭情感起源的亲情关系的过分趋势加以遏制。谁知道，一个儒家思想启迪的民主久而久之不会成为一个对“自由民主”有价值的替代？这就是说，一个以儒家角色伦理学生活之道为基础的民主，不再为教旨性的个人主义与社会价值（推定合理的互不联系个体人利益与他们对美好社会发展可能应做承诺）二者之间的明显冲突所牵累。

P268

《儒家角色伦理学》中文译本校译后记

田辰山

在我的记忆中，安乐哲先生是2011年托付孟巍隆先生做他《儒学角色伦理学》一书的中文译者。2013年末，安老师托付我与黄田园二人对孟巍隆所作中文译本做校译工作。没想到时间用了这么长，快两年的时间了，我们才拿出完成校译的书稿。也很唏嘘，安乐哲《儒学角色伦理学》从英文版本到中文译稿，竟花了约四年的时间。我对这一拖延应该负有一份责任，深感内疚的同时却也还是微有快感：有释重，也有踏实。

安乐哲《儒学角色伦理学》，原著*Confucian Role Ethics*：*A Vocabulary*，2011年由美国夏威夷大学出版社出版。该书中文译稿译者为山东大学孟巍隆（Benjamin Hammer）。译稿经过多人之手，情况较为复杂，特作此后记。

孟巍隆初译稿完成后，先交与美国夏威夷大学政治学系博士生黄田园校译。黄田园完成对序言、目录、跋和第一章、第四章、第五章等部分的初步校译。

此外，我将孟巍隆译稿作为我2014年春季在中国政法大学国际儒学院讲授“中国哲学专业外语”课程的教材；学期末，我请学生分担完成对孟巍隆汉语译稿的校正及再翻译工作，作为一次对学生的实际训练。参加的同学有李晓帆、高雨龙、王康龙、高地和谭珏。

本人做最后一道校译工作，在孟巍隆原译稿基础参考了黄田园及以上五位政法大学国际儒学专业同学的校稿。特此记录，以表感谢。另外，黄田园还对我所做最后校译稿第一章、第三章、第五章和跋做了校读，也特此说明，谨此致谢。

本人是安乐哲先生20余年的学生，亦为先生学术造诣之极大受益者。对校译本书中文译稿，自感应当应分且责任重大。《儒学角色伦理学》是老师数十年来全部学术著作中分量最为厚重的，充分表现了他的学术造诣，堪称先生学术研究的转折点与里程碑。此次汉译书稿，经多人之手，辗转约两年，多次易稿，变动之大，不再多提。

我做最后校译，是从本人对安老师比较中西哲学诠释方法论的领受角度，虽本着尽量保持原译者辛苦工作的意愿，但最终在原译稿基础所做的必要改动仍然很大。这确是一番复杂、迂回辗转的心路历程与艰辛的操作。现在有些许踏实，是想到这一切努力，于尽量将安乐哲学术理路反映的确切方面，恐怕还是很重要与值得的。

最后，对安乐哲老师在百忙中多次对校译的关怀表示衷心感谢！对与我共同完成此项重要工作的朋友们表示衷心感谢！

田辰山

2015年10月2日

北京外国语大学专家楼